Joseph E. Stiglitz
Bruce C. Greenwald

Die innovative Gesellschaft

Joseph E. Stiglitz
Bruce C. Greenwald

Die innovative Gesellschaft

Wie Fortschritt gelingt und warum
grenzenloser Freihandel die Wirtschaft bremst

Aus dem Amerikanischen
von Stephan Gebauer

Econ

Die Originalausgabe erschien 2014
unter dem Titel *Creating A Learning Society.*
A New Approach to Growth, Development, and Social Progress
bei Columbia University Press, New York

MIX
Papier aus verantwortungsvollen Quellen
FSC® C014496
FSC
www.fsc.org

Econ ist ein Verlag
der Ullstein Buchverlage GmbH

ISBN: 978-3-430-20198-8

Aus dem Amerikanischen übersetzt von Stephan Gebauer
Vorwort übersetzt von Christoph Bausum

Gesetzt aus der Aldus
Satz: L42 Media Solutions, Berlin
Druck und Bindearbeiten: GGP Media GmbH, Pößneck
Printed in Germany

Inhalt

Vorwort zur deutschen Ausgabe 7
Vorwort zur Originalausgabe 17
Einleitung 23

Teil I Auf dem Weg zu einer lernenden Gesellschaft 37

1 Die Revolution des Lernens 39
2 Zur Bedeutung des Lernens 62
3 Eine lernende Volkswirtschaft 85
4 Schaffung eines lernenden Unternehmens und einer lernenden Umgebung 136
5 Marktstruktur, Wohlfahrt und Lernen 152
6 Die Wohlfahrtsökonomik des schumpeterianischen Wettbewerbs 187
7 Lernen in einer geschlossenen Volkswirtschaft ... 250
8 Das Infant-Economy-Argument für Beschränkungen des internationalen Handels: Handelspolitik unter Einbezug von Lernen 266

Teil II Eine Politik für die lernende Gesellschaft ... 305

9 Die Rolle der Industrie- und Handelspolitik bei der Schaffung einer lernenden Gesellschaft ... 307
10 Finanzpolitik für eine lernende Gesellschaft...... 347
11 Konjunktur- und Wachstumspolitik für eine lernende Gesellschaft 364
12 Geistiges Eigentum 385
13 Sozialer Wandel und die Schaffung einer lernenden Gesellschaft 425
14 Abschließende Überlegungen 448

Danksagungen 463
Anmerkungen 466
Literaturverzeichnis 535
Register 585

Vorwort zur deutschen Ausgabe

In den letzten 20 Jahren wurde es üblich, davon zu reden, dass wir uns in Richtung einer Wissens- und Innovationsökonomie entwickeln. Diese Beschreibung ist durchaus richtig. Allerdings ist noch nicht überall verstanden worden, was dies bedeutet, ebenso wenig wie die Tatsache, dass es sich in Wirklichkeit um eine Fortführung eines Prozesses handelt, der schon seit mehr als zwei Jahrhunderten andauert. Seit der Aufklärung war es immer wieder die Schaffung von Gesellschaften des Lernens, die uns die enormen Steigerungen des Lebensstandards bescherte, die die letzten 200 Jahre geprägt haben.

Als Adam Smith 1776 sein Werk *Der Wohlstand der Nationen* schrieb, sah er ebendiesen Wohlstand aus der Expansion der Märkte und den Vorteilen der Spezialisierung erwachsen. Diese beiden Faktoren sind wichtig, aber der Wohlstand moderner Nationen wird heute vor allem anderen durch das Lernen beeinflusst.

Wir sind der Meinung, dass Regierungen sich deshalb auf das konzentrieren sollten, was eine Gesellschaft des Lernens ausmacht. Es ist bislang nur wenig Aufmerksamkeit auf die Frage verwendet worden, was das für die Organisation von Wirtschaft und Gesellschaft bedeutet – oder auch nur für einen kleineren Bereich wie die Wirtschaftspolitik. Wir wollen deutlich machen, dass einige der politischen Maßnahmen, die Wirtschaftswissenschaftler in der Vergangenheit immer wieder gefordert haben, die Entstehung einer Gesellschaft des Lernens in Wirklichkeit behindert haben. Wir behaupten weiter, dass die Schaffung einer Gesellschaft des Lernens für eine Steigerung des Lebensstandards unabdingbar ist. Das gilt selbst – oder besonders – für Länder, die weit unterhalb der *Produktionsmöglichkeitengrenze* wirtschaften, das heißt für Entwicklungsländer und aufstrebende Märkte, die keine Vorreiterrolle in Wissenschaft und Technik einnehmen.

Dieses Buch hat deshalb viel zu einigen aktuellen Debatten beizutragen, insbesondere zu einem Thema, das auf beiden Seiten von Atlantik und Pazifik heftig diskutiert wird: die von Präsident Obama vorgeschlagenen neuen Freihandelsabkommen. Pikanterweise hat sich eine Mehrheit von Obamas eigener Partei gegen diese Verträge ausgesprochen. Zum Zeitpunkt der Drucklegung dieses Buches ist weder sicher, ob es eine Einigung über die Erweiterung der Transpazifischen Partnerschaft (TPP) auf zwölf Pazifik-Anrainerstaaten geben, noch, ob die Transatlantische Handels- und Investitionspartnerschaft (TTIP) Zustimmung finden wird. Es ist noch nicht allzu lange her, da war es nachgerade eine Berufsvoraussetzung für Wirtschaftswissenschaftler, sich zum freien Handel zu bekennen; dennoch stehen viele Ökonomen diesen Abkommen kritisch gegenüber. Warum?

Ein Grund ist, dass die heutige Wirtschaft eine andere ist als die Wirtschaft des 19. Jahrhunderts, an der sich das Denken der klassischen Ökonomen orientierte. In ihrem Denken hing der Handel allein von dem komparativen Vorteil ab, der aus der jeweiligen Ausstattung eines Landes mit natürlichen Ressourcen hervorging – Portugal exportierte Portwein, weil die Weintrauben in der portugiesischen Sonne besser gediehen als in Großbritannien, England dagegen exportierte Wolle, weil Schafe sich in seinem regnerischen Klima wohler fühlten. Wie wir bereits sagten, hängt der Erfolg eines Landes heute jedoch vom *Lernen* ab, und ein großer Teil dieses Lernens hat etwas mit *Machen* zu tun. Das heißt, dass man nicht lernen kann, wie Stahl produziert wird, wenn man keinen Stahl produziert – und das ist eine der wichtigsten Botschaften dieses Buches.

Wenn ein Land wie die Vereinigten Staaten aufhört, Thermosflaschen herzustellen, weil diese sich beim gegenwärtigen Lohnniveau billiger in China produzieren lassen, dann wird es nicht lange dauern, bis die Vereinigten Staaten zurückfallen –

nicht nur in der Produktion von Thermosflaschen, sondern auch in allen Technologien, die damit zu tun haben. Es mag durchaus sein, dass die Vereinigten Staaten nach wie vor die besten Universitäten der Welt haben und dass diese Tatsache die fähigsten Menschen aus aller Welt ins Land holt; es mag sein, dass diese Tatsache in Verbindung mit einer Wagniskapitalbranche, die nur darauf wartet, innovative Projekte zu finanzieren, dafür sorgen wird, dass die Vereinigten Staaten ihre Position als eines der innovativsten Länder der Welt behaupten können. Doch das allein wird dem Land keinen Wohlstand bringen, denn es wird nicht genügend Jobs schaffen – zumindest nicht die Art von Jobs, die der Mehrheit seiner Bürger den Lebensstandard der Mittelschicht garantieren kann. Es stimmt, dass Apple über eine höhere Kapitalisierung verfügt als jedes andere Unternehmen in der Geschichte der Vereinigten Staaten – doch Apple hat lediglich rund 50 000 Beschäftigte, und von diesen sind etwa 30 000 schlecht bezahltes Verkaufspersonal. Und Apple hat die gleiche Cleverness, mit der es seine neuen Designs auf den Markt gebracht hat, darauf verwendet, das Zahlen von Steuern zu umgehen, so dass es nicht einmal einen nennenswerten Beitrag zur Grundversorgung des Landes leistet, geschweige denn zur Finanzierung von Grundlagenforschung, die die Basis für eine nächste Innovationsrunde darstellt.

Unsere heutige Welt unterscheidet sich auch in anderer Hinsicht von der Welt, die die klassischen Ökonomen sich vorstellten. Präsident Obama hat gesagt, dass diese Handelsabkommen Arbeitsplätze schaffen werden. Doch diese Handelsabkommen haben sehr wenig mit neuen Jobs oder steigenden Löhnen zu tun. Die Behauptung, diese Abkommen würden für mehr Beschäftigung und höhere Löhne sorgen, ist schlichtweg falsch, und mehr noch: Die Analyse des Handelsvertreters der Vereinigten Staaten* enthält sogar einen logi-

* Der Handelsvertreter der Vereinigten Staaten (United States Trade Representative, USTR) wird vom Präsidenten ernannt und ist für die internationale Handelspolitik der Vereinigten Staaten zuständig.

schen Widerspruch. Die alten, überholten Modelle, mit denen die Liberalisierung des Handels begründet wird, gingen alle von Vollbeschäftigung aus – Handelsvereinbarungen *konnten* also gar nicht für mehr Beschäftigung sorgen. In der heutigen Welt dagegen ist die Arbeitslosigkeit hoch. Exporte schaffen Arbeitsplätze, Importe dagegen vernichten sie. Doch für die Exporte aller hochentwickelten Länder sind in erster Linie die Branchen verantwortlich, in denen diese effizienter als andere sind, das heißt, in denen sie weniger Arbeitskräfte brauchen. Und das kommt bei Handelsabkommen zwischen entwickelten und weniger entwickelten Ländern in besonderer Weise zum Tragen. Wenn die Importe eines Landes arbeitsintensiver sind als seine Exporte, dann wird selbst eine einigermaßen ausgewogene Handelsvereinbarung mehr Jobs vernichten, als sie schafft.

Die zentrale Botschaft dieses Buches – Lernen findet beim Tun der Dinge statt – bedeutet auch, dass das Lernen bei der Arbeit geschieht. Folglich geht mit steigender Arbeitslosigkeit das Lernen zurück. Bei Drucklegung dieses Buches erleben weite Teile Europas etwas, das als »verlorenes Jahrzehnt« bezeichnet worden ist: eine langandauernde Periode, die vielen europäischen Ländern Stagnation und einen Rückgang des Pro-Kopf-Einkommens gebracht hat. Wir glauben, dass ein großer Teil von Europas Problemen das Ergebnis von strukturellen Fehlern der Eurozone und falscher politischer Ansätze, insbesondere der Sparpolitik, ist. Die Vertreter der Gegenseite betonen jedoch immer wieder, dass die Produktivität durch Strukturreformen erhöht werden muss. Aber sogar wenn man annimmt, dass solche Strukturreformen zu Produktivitätssteigerungen führen, werden diese angesichts der makroökonomischen Zwänge der Sparpolitik und des stockenden Kreditflusses der Banken (der selbst zumindest teilweise eine Konsequenz der Fehlkonstruktion der Eurozone ist) nur noch zu mehr Arbeitslosigkeit führen. Aber weil die meisten Produktivitätssteigerungen das Resultat eines Lernprozesses sind, nämlich zu lernen, wie man Dinge effizienter und mit weniger

Input herstellt, und diese Art des Lernens meist bei der Arbeit stattfindet, werden diese politischen Maßnahmen auf lange Sicht selbst das Lernen und die Produktivität einschränken. Wir sind der Meinung, dass Vollbeschäftigung und ein stabiles Produktionsniveau das bestmögliche Umfeld für Lernprozesse garantieren.

Die Politik, die Europas traurige Bilanz seit 2008 zu verantworten hat, behindert das Lernen, und sie wird dafür sorgen, dass Europas Lebensstandard in Zukunft deutlich niedriger sein wird. Während dies bei der Sparpolitik ganz offensichtlich ist, laufen auch die Strukturreformen ihren eigentlichen Ziel zuwider. Das ist der Grund dafür, dass Europas Rezession so teuer ist: Europa leidet nicht nur *jetzt*, sondern die Konsequenzen werden noch jahrelang zu spüren sein. Das versäumte »Lernen« führt zu einem Absinken des Produktionsniveaus, *selbst dann, wenn die Wirtschaft irgendwann wieder zur Vollbeschäftigung zurückfindet.*

Wenn es bei den geplanten Abkommen aber nicht um Arbeitsplätze geht, worum geht es dann? Es geht darum, die Profite einiger Unternehmen (unter anderem jener, die sich besonders stark für den Abschluss der Verträge engagieren) zu steigern, und das auf Kosten von anderen. Ein Beispiel dafür ist die Steigerung der Profite großer Pharmafirmen auf Kosten von Generika. Es geht um Konzernprofite auf Kosten des Wohls (und in manchen Fällen des Lebens) unserer Bürger. Zu den besonders unschönen Regelungen dieser Abkommen gehören diejenigen, die Medikamente teurer und Generika schwerer erhältlich machen würden – eine paradoxe Vorstellung, wenn man bedenkt, dass Obama eine bessere Gesundheitsversorgung zu seiner wichtigsten Errungenschaft erklärt hat.

Auch dieser Punkt berührt eines der Themen dieses Buches: die Beziehung zwischen geistigem Eigentum und Innovationsförderung (Kapitel 12). Wir vertreten den Standpunkt, dass der US-Handelsbeauftragte mit seiner Auffassung, je stärker die gewerblichen Schutz- und Urheberrechte (*Intellectual Property*

Rights, IPR), umso besser, schlicht falschliegt. Aber es ist nicht nur moralisch falsch, Konzernprofite über Menschenleben zu stellen. Es trägt überdies nicht einmal dazu bei, das Innovationstempo zu beschleunigen. Die Geheimniskrämerei, die durch die gewerblichen Schutz- und Urheberrechte gefördert wird, ist das Gegenteil der offenen Architektur, die unsere innovativen Universitäten auszeichnet. Die wichtigste Zutat für die Produktion von Wissen ist Wissen, und die gewerblichen Schutz- und Urheberrechte blockieren den Zugang zu Wissen. Das Problem liegt unter anderem in der Tatsache, dass Unternehmen versuchen, den allgemeinen Wissenspool, der allen zur Verfügung steht, anzuzapfen, ohne selbst etwas dazu beizutragen. Das Ergebnis ist ein kleinerer Pool, und das verhindert innovative Investitionen. Kurz gesagt, es gibt zwar allen Grund zu der Annahme, dass die neuen Handelsabkommen den *Zugang zu Wissen* – darunter auch zu lebensrettenden Medikamenten – reduzieren werden, gleichzeitig gibt es aber keine Hinweise darauf, dass sie tatsächlich die Innovationsgeschwindigkeit erhöhen würden.

Das alles sollte uns nicht überraschen: Die Handelsabkommen sind hinter verschlossenen Türen aufgesetzt worden, formuliert von den Interessenvertretern der Konzerne und ohne nennenswerten Input aus breiteren Gesellschaftskreisen – nicht einmal von denjenigen Wissenschaftlern, die eigentlich zur Beantwortung der Frage »Wie können wir Innovationen und Lernen am besten fördern?« prädestiniert wären. Die großen Pharmaunternehmen waren die treibende Kraft bei der Formulierung der IPR-Regelungen, die den neuen Handelsabkommen zugrunde liegen.

Die Tatsache, dass diese Handelsabkommen das *Lernen* behindern würden, ist ein wichtiger, aber nicht der einzige Grund, sie abzulehnen. Es gibt auch Bedenken, dass die Art ihres Zustandekommens – hinter verschlossenen Türen, unter Beteiligung von Konzerninteressen, aber unter Ausschluss der Zivilgesellschaft – zutiefst undemokratisch ist. In den Vertragswerken finden sich höchst problematische Klauseln, darunter solche, die gesetzliche Regelungsmöglichkeiten einschränken –, und das betrifft durchaus nicht nur Gesetze, die Handelspartner benachteiligen würden. Diese Klauseln gefährden den Schutz von Arbeitnehmern, Verbrauchern und Umwelt. Und sie etablieren einen durch und durch unzureichenden Schlichtungsmechanismus, in dem Privatunternehmen die Oberhand haben.

Ein weiteres Thema dieses Buches ist die Bedeutung des institutionellen Lernens. Das zutiefst Beunruhigende an den Handelsabkommen ist, dass sie die *Unfähigkeit* der Vereinigten Staaten und insbesondere ihres Handelsvertreters zu institutionellem Lernen belegen. So hätten wir beispielsweise aus den Erfahrungen mit ähnlichen Vereinbarungen, den sogenannten bilateralen Investitionsabkommen, lernen müssen, welche Gefahren sie beinhalten. Philip Morris verklagt Uruguay und Australien auf Schadenersatz für entgangene Gewinne, weil die Gesetze in diesen Ländern verlangen, dass Zigarettenpackungen Etiketten tragen, die mit drastischen Illustrationen vor den Gesundheitsgefährdungen des Rauchens warnen, etwa mit Bildern von Raucherlungen. Diese Warnungen haben funktioniert – die Menschen rauchen weniger. Das war der beabsichtigte Effekt. Doch Philip Morris reichte Klage ein, und zwar mit der Begründung, dass man sie nach den Regelungen des Investitionsabkommens – Regelungen, von denen die Vereinigten Staaten verlangen, dass sie in den TTIP-Vertrag aufgenommen werden – dafür bezahlen muss, *keine Menschen umzubringen*. Das ist exakt das Gegenteil dessen, was die Regel sein sollte: Philip Morris sollte gezwungen sein, Entschädigungen zu zahlen für die Todesfälle und Krankheiten, die ihre Produkte hervorrufen, einschließlich der Kosten, die sie unserer Gesellschaft damit aufbürden.

Zu den Gründen, die für diese Abkommen sprechen, gehört angeblich, dass sie das internationale Ansehen der Vereinigten Staaten verbessern werden. Das Vorgehen des US-Handelsvertreters hat jedoch genau das Gegenteil zur Folge. Es schafft Feinde und sorgt für Verbitterung, nicht nur jetzt, sondern auf

Jahre hinaus. Was wir brauchen, ist eine offene und transparente Diskussion mit allen Gruppen nicht nur der amerikanischen Gesellschaft, sondern auch der Gesellschaft unserer *Partner*. Für den US-Handelsvertreter ist es möglicherweise eine revolutionäre Idee, diese wie echte Partner zu behandeln. Auch hier hätte man erwarten können, dass angesichts der zahlreichen Erfahrungen mit schlechten Verträgen und dem Groll und der Verbitterung, die diese nach sich ziehen, unsere Verhandlungsführer in Handelsfragen *etwas gelernt hätten*. Doch offenbar ist das nicht der Fall.

Eine lernende Gesellschaft zu schaffen setzt einen Lernprozess auf Seiten aller Beteiligten voraus. Es ist also zu hoffen, dass dieses Buch Einsichten darüber liefern wird, wie Firmen, Individuen und Regierungen ihre Lernprozesse verbessern können – wie wir zusammen eine Gesellschaft des Lernens begründen können.

Die innovative Gesellschaft ist einerseits in Bezug auf die aktuellen politischen Debatten relevant und stellt andererseits grundlegende Vorstellungen der Wirtschaftswissenschaften in Frage, die bis in die Zeit der Aufklärung, zum Werk von Adam Smith, zurückreichen. Im Gefolge seiner Arbeiten etablierte sich die Überzeugung, dass eine freie Marktwirtschaft zwangsläufig wirtschaftliche Effizienz zur Folge hat. Unter welchen Bedingungen das der Fall ist, zeigte die Arbeit von Kenneth Arrow und Gérard Debreu – eine der herausragenden Leistungen der Wirtschaftswissenschaften in der Mitte des 20. Jahrhunderts, für die beide mit dem Nobelpreis ausgezeichnet wurden. Doch ihre Betrachtungen waren in erster Linie statischer Natur. Die Analyse von Lernen und Innovation entging ihnen. Die Wirtschaftswissenschaft war zwar davon überzeugt, dass eine Marktwirtschaft von sich aus ein hohes Maß an Innovation hervorbringen würde – Schumpeter, ein weiterer großer Ökonom des 20. Jahrhunderts, stellte diese Idee in den Mittelpunkt seines Werkes –, doch war dies eher ein Glaubenssatz als das Produkt einer Analyse. Dieses Buch und die Untersuchungen, auf denen es basiert, beatworten die Frage: Es zeigt, dass weder was das Maß noch was die Richtung von Innovationen angeht, von einer Effizienz der Märkte ausgegangen werden kann, und es beschreibt die Maßnahmen, die eine Regierung ergreifen kann, um eine Wirtschaft dynamischer zu machen und die lernende Gesellschaft zu stärken.

Politiker in Europa und anderswo auf der Welt bemühen sich, die Produktivität zu steigern und Innovationen zu fördern. Wir sind davon überzeugt, dass die Ergebnisse unserer Analyse der Faktoren, die einen Einfluss auf das Innovationstempo haben, dazu beitragen können und sollten, die künftige Innovationspolitik zu gestalten. Wir haben auch erlebt, wie viele der scheinbar innovativsten Unternehmen – seien es Microsoft, Apple, Google oder Amazon – eine marktbeherrschende Stellung errungen haben. Die Wettbewerbsbehörden waren besorgt, doch allzu oft haben sie sich die Sichtweise der traditionellen Ökonomen zu eigen gemacht, die vor allem statische Effizienz betrachtet. Die betroffenen Unternehmen argumentieren in der Regel, dass ein Beschneiden ihrer Marktmacht ihre Innovationsfähigkeit beschneiden würde. Unsere Analyse liefert allen Wettbewerbsbehörden, die sich eine dynamischere Sichtweise auf diese Problematik zu eigen machen wollen, den nötigen Rahmen dafür – und sie legt darüber hinaus den Schluss nahe, dass die von Eigeninteresse der Unternehmen getragene Argumentation oftmals unzutreffend ist. Die Marktmacht dieser Giganten kann nicht nur die Preise nach oben treiben, sondern auch die Innovation bremsen.

Dieses Buch ist eine Übersetzung der gekürzten Fassung des ursprünglichen Buches. Die Originalversion beinhaltete Kommentare von Robert Solow, Kenneth Arrow und Philippe Aghion zu der dem Buch zugrundeliegenden Vorlesung, die wir am 12. November 2008 zu Ehren von Kenneth Arrow hielten; außerdem eine Zusammenfassung der Diskussion, die sich an die Arrow-Lecture anschloss, sowie einen ergänzenden Artikel Aghions zur Industriepolitik. Darüber hinaus enthielt die Originalausgabe eine weitaus umfangreichere Darstellung unserer Analyse in der Sprache der modernen Ökonomie: Mathematik. Insbesondere Teil II war in der ursprünglichen Fassung des Buches der mathematischen Analyse der Grundlagen der »Schaffung einer Gesellschaft des Lernens« gewidmet. Doch die grundlegenden Erkenntnisse können auch mit Worten vermittelt werden, und Kapitel 7 und 8 versuchen dies, unterstützt von Anhängen, in denen die zugrundeliegenden mathematischen Ideen in einfachen Diagrammen dargestellt werden. Leser, die sich für die formalen Modelle hinter der Analyse in Teil II sowie für die Beziehung zwischen Wettbewerb, Innovation und sozialer Wohlfahrt interessieren (die in den Kapiteln 5 und 6 besprochen wird), werden auf die Originalausgabe dieses Buches und auf die ausführlicheren Artikel verwiesen, die wir zitieren.

Zusätzlich zu den Danksagungen, die im Vorwort der Originalfassung dieses Buches aufgeführt sind, möchten wir uns an dieser Stelle bei Eamon Kircher-Allen, Debarati Ghosh und Feiran Zhang für ihre Hilfe bei der Vorbereitung dieser Ausgabe von *Die innovative Gesellschaft* bedanken.

Joseph Stiglitz, 2015

Vorwort zur Originalausgabe

Diesem Buch liegt der erste einer Reihe von Vorträgen zugrunde, die zu Ehren Kenneth J. Arrows gehalten wurden. Kenneth Arrow, der zu den herausragenden Absolventen der Columbia University zählt, legte im Jahr 1951 seine Doktorarbeit vor, die später unter dem Titel *Social Choice and Individual Values* als Buch erschien. Es war eine bahnbrechende Arbeit auf den Gebieten der Ökonomie, der Philosophie und der Politikwissenschaft. In den mehr als 60 Jahren, die seither vergangen sind, wurde Kenneth Arrow zu einem der einflussreichsten Köpfe in Ökonomie, Politikwissenschaft, Organisationstheorie und Operations Resarch.

Die Columbia University hat zahlreiche herausragende Wissenschaftler hervorgebracht, darunter sechs Nobelpreisträger in den letzten 13 Jahren. Die Liste der Mitglieder der wirtschaftswissenschaftlichen Fakultät umfasst Milton Friedman, der zehn Jahre lang an dieser Universität unterrichtete, Arthur Burns, der von 1953 bis 1956 dem Council of Economic Advisers der Regierung Eisenhower angehörte und von 1970 bis 1978 Vorsitzender des Federal Reserve Board war, sowie Wesley Mitchell, der gemeinsam mit Burns eine Schlüsselrolle beim Aufbau des National Bureau of Economic Research spielte, einer der wichtigsten amerikanischen Denkfabriken, die sich in den ersten Jahren ihres Bestehens darauf konzentrierte, das Verständnis für Konjunkturschwankungen zu fördern. Man könnte eine Vielzahl weiterer brillanter Köpfe nennen, darunter Harold Hotelling, Albert Hart und John Bates Clark. (Mit der nach Letzterem benannten Medaille wird alljährlich ein unter 40-jähriger Wirtschaftswissenschaftler ausgezeichnet, der einen wichtigen Beitrag zur Ökonomie geleistet hat; Arrow war der erste Preisträger.)

Obwohl so viele prominente Köpfe zur Wahl standen, lag es nahe, Kenneth Arrow zu ehren: In den vergangenen 60 Jahren hat niemand mehr getan als er, um unsere Vorstellungen von der Ökonomie – und von der Gesellschaft – zu verändern. In gewissem Sinne sind praktisch alle Theoretiker – und die meisten Politiker – unserer Generation Schüler Arrows (und wir dürfen hinzufügen, dass unsere Schüler als seine »Enkel« betrachtet werden können). Die Vorstellungen, die er vor einem halben Jahrhundert entwickelte, haben unser Denken tief durchdrungen.

Eine Vortragsreihe wie diese stellt eine Gelegenheit dar, ein Thema umfassender zu untersuchen, als dies im Rahmen von wissenschaftlichen Artikeln möglich ist. Wir begannen die Vorträge in der Hoffnung, eine lebhafte Diskussion über verschiedene Bereiche der Ökonomie, der Politikwissenschaft und der Philosophie anzuregen. Das Committee of Global Thought umspannt zahlreiche Disziplinen, und Arrow zählt zu den wenigen Gelehrten, die in den letzten Jahren interdisziplinäre Forschungsarbeit geleistet haben. Einer der Gründe dafür, dass es ein besonderes Vergnügen ist, diese Vorträge zu Ehren Ken Arrows zu halten, war unsere Hoffnung, uns jedes Jahr auf einen bestimmten Aspekt seiner Arbeit konzentrieren zu können. Da Ken über so viele verschiedene Bereiche geschrieben hat, würde es sich, so unsere Erwartung, um eine interdisziplinäre Vortragsreihe handeln, die Interessenten aus der gesamten Forschungsgemeinde anlocken würde.

Unsere Hoffnungen haben sich erfüllt. Im ersten Vortrag (den wir im Jahr 2008 hielten) konzentrierten Bruce Greenwald und ich uns auf einen Aspekt von Arrows Beitrag zu unserem Verständnis von Wirtschaftswachstum: In welchem Zusammenhang steht der technologische Fortschritt mit dem, was wir tun? In gewissem Sinne wurde diese Arbeit zum Nährboden für eine umfangreiche Literatur zur Frage des endogenen Wachstums, deren zentraler Untersuchungsgegenstand die Geschwindigkeit von Innovationen ist.

Im zweiten Vortrag griffen wir Arrows einflussreiche Doktorarbeit auf, in der er eine beispiellos umfassende Frage aufwarf – und es fällt der Fachwelt bis heute schwer, seine beunruhigende Antwort zu verdauen. Fast zwei Jahrhunderte zuvor hatte der große französische Mathematiker Nicolas de Condorcet gezeigt, dass eine Demokratie, die vor die Aufgabe gestellt wird, in einer Mehrheitsabstimmung unter drei Alternativen zu wählen, womöglich nicht imstande ist, eine klare, widerspruchsfreie Entscheidung zu treffen. Es kann sein, dass eine Mehrheit der Alternative A den Vorzug vor der Alternative B gibt, während B den Vorzug gegenüber C erhält und C von einer Mehrheit gegenüber A bevorzugt wird. Ausgehend von plausiblen Hypothesen zeigte Arrow, dass dieses Problem bei jedem Wahlmechanismus auftreten kann (mit der offenkundigen Ausnahme der Wahl durch einen Einzelnen mit alleiniger Entscheidungsgewalt).

Was dieses Paradox bedeutet und unter welchen Bedingungen es nicht gilt, wurde im zweiten alljährlichen Arrow-Vortrag an der Columbia University am 11. Dezember 2009 von den Nobelpreisträgern Eric Maskin und Amartya Sen thematisiert – zwei Wissenschaftler, die sich mit beträchtlichem Einsatz um das Verständnis des Unmöglichkeitstheorems von Arrow bemüht haben.

Im Jahr 2010 wandten wir uns Arrows Beiträgen zur Theorie der Finanzmärkte zu. Den entsprechenden Vortrag hielt Jose Scheinkman, der damals an der Princeton University tätig war und jetzt in Columbia unterrichtet. (Patrick Bolton von der Columbia University und Sanford Grossman steuerten Diskussionsbeiträge bei.)

Thema des Vortrags im Jahr 2011 waren Arrows Beiträge zur Erforschung von Umweltproblemen, insbesondere des Klimawandels. Den Vortrag hielt Sir Partha Dasgupta, die Diskussionsbeiträge stammten von Geoffrey Heal und Scott Barrett (beide von der Columbia University). Im Jahr 2012 setzte Amy Finkelstein vom Massachusetts Institute of Technology gemeinsam mit dem Diskussionsteilnehmer Jonathan Gruber (ebenfalls vom MIT) Arrows bahnbrechende Arbeit auf dem

Gebiet der Gesundheitsökonomie fort. Der Einfluss seiner 1963 vorgelegten Arbeit, die auch grundlegend für die Moral-Hazard-Theorie war, ist weiterhin ungebrochen.

Im Jahr 2013 beschäftigten wir uns erneut mit dem Klimawandel. Christian Gollier von der Toulose School of Economics hielt einen Vortrag mit dem Titel *Pricing the Planet's Future. The Economics of Discounting in an Uncertain World*. Die Diskussionsbeiträge stammten von Bernard Salanié von der Columbia University, Stiglitz und Arrow.

Das Faszinierende und Berührende an diesen Veranstaltungen waren Arrows Teilnahme und seine Reaktionen auf die von seiner Arbeit inspirierten Vorträge.

Und es war bewegend, dass die Vortragenden nicht nur eine enge intellektuelle Beziehung zu Arrow hatten, sondern ihm auch persönlich nahestanden – einige waren seine Schüler, viele seine Kollegen gewesen. Noch nie hat jemand das Angebot ausgeschlagen, den Arrow-Vortrag zu halten. So beschäftigt all diese Wissenschaftler waren, bemühten sie sich nach Kräften, ihre Zeitpläne umzustellen, um die Gelegenheit nutzen zu können, einem der großen Ökonomen des letzten Jahrhunderts die Ehre zu erweisen. Und alle hielten sie Vorträge, die des Namensgebers der Veranstaltung würdig waren.

Der erste Vortrag am 12. November 2008 war ein besonders wichtiges Ereignis, führte er doch Ken Arrow und Robert Solow zusammen, zwei der Ökonomen, die grundlegende Beiträge zu einem neuen Gebiet der Wirtschaftswissenschaften geleistet hatten: der Wachstumstheorie, dem vielleicht wichtigsten Gebiet der ökonomischen Forschung in den Jahrzehnten unmittelbar nach dem Zweiten Weltkrieg. Bei der Veranstaltung hatten die beiden Männer Gelegenheit zu einem Gedankenaustausch über die Entwicklung dieses Gebiets in dem halben Jahrhundert seit ihrer bahnbrechenden Arbeit. Philippe Aghion von der Harvard University ergänzte seine Kommentare zum Vortrag durch Anmerkungen zur Industriepolitik (einem der Hauptthemen der Diskussion) in der hier vorgelegten Arbeit *Argumente für Industriepolitik*.

Der ursprüngliche Vortrag wurde (nicht zuletzt auf Anregung Solows und Arrows) ausgearbeitet, um das Thema umfassender zu behandeln. Im ursprünglichen Vortrag hatten Bruce Greenwald und ich vor allem gezeigt, dass Arrows Erkenntnisse über das Lernen eine Neubewertung einer der grundlegenden Prämissen der modernen Wirtschaftswissenschaften erforderlich machen: Gemeint ist der Glaube an den Segensreichtum des Freihandels. Wir wiesen nach, dass es ein Infant-Economy-Argument für protektionistische Maßnahmen gibt. Solow und Arrow stellten fest, dass unsere Analyse, die zeigte, dass staatliche Eingriffe in den Markt vorteilhaft sind, auch für eine geschlossene Marktwirtschaft ohne Außenhandel gilt. Unsere folgende Forschungsarbeit, die wir hier beschreiben, zeigt, dass sie vollkommen recht hatten.

Dieses Buch beginnt mit einleitenden Bemerkungen von Bruce Greenwald und mir. Damit möchten wir Ken Arrow unsere Zuneigung und unseren Respekt bezeugen.

Joseph E. Stiglitz, 2014

Einleitung

Es war uns ein echtes Vergnügen, die erste jährliche Kenneth J. Arrow Lecture an der Columbia University zu halten und unseren Lehrer zu ehren, der während unserer gesamten wissenschaftlichen Laufbahn unser Denken und das einer ganzen Generation von Wirtschaftswissenschaftlern beeinflusst hat.

Tatsächlich war in gewissem Sinn jeder Angehörige unserer Generation ein Schüler von Kenneth Arrow – selbst jene, die nicht das Glück hatten, bei ihm zu studieren. Seine Vorstellungen beeinflussten uns ebenso wie seine Forschungsmethode und sein umfassendes Weltbild. Er ist ein Vorbild für jeden Wissenschaftler. Er hat den endgültigen Beweis dafür vorgelegt, dass das Wettbewerbsgleichgewicht ein Pareto-Optimum ist (der erste Hauptsatz der Wohlfahrtsökonomik), und sodann erklärt, warum die ihm zugrundeliegenden Annahmen falsch waren. Schließlich hat er Modelle entwickelt, die auf realistischeren Annahmen beruhen, und davon ausgehend die These von der Effizienz des Marktes widerlegt.

Sowohl Kenneth Arrow als auch Robert Solow, ein weiterer Lehrer, den wir mit unserem Vortrag ehrten, legten in einer Reihe von Artikeln, die dieses Buch inspiriert haben, brillante Analysen vor. Im Jahr 1956 wies Solow in einem Artikel nach, dass eine Erhöhung der Sparquote *nicht* zu einem langfristigen Anstieg der Wachstumsrate führt; diese hängt vielmehr von der Rate des Produktivitätswachstums ab. Im Jahr 1957 ging er den Triebkräften des Wirtschaftswachstums auf den Grund und erklärte, dass Wirtschaftswachstum zum Großteil nicht auf einer Vermehrung der Produktionsfaktoren – wie Arbeit und Kapital – beruht, sondern auf einem Anstieg der Produktivität. Bis dahin hatten sich die Ökonomen mit der Sparquote und der Kapitalakkumulation beschäftigt, nicht jedoch mit der Rolle des technologischen Fortschritts, dem wir den gewaltigen Anstieg unseres Lebensstandards in den vergangenen zwei Jahrhunderten verdanken.

Im Jahr 1962 veröffentlichte Arrow zwei wichtige Arbeiten, in denen er den technologischen Fortschritt zu erklären versuchte. In der einen konzentrierte er sich auf Forschung und Entwicklung, in der anderen auf Learning by Doing.[1] In der zweiten Arbeit erklärte er, dass wir lernen und besser werden, während wir produzieren und investieren. Wenn man mehr Schiffe baut, lernt man, Schiffe effizienter zu bauen. Die Produktivität steigt. Dies war eine der ersten Arbeiten auf dem Gebiet, das als endogene Wachstumstheorie bekannt geworden ist, in denen die Geschwindigkeit der Innovation innerhalb des Modells bestimmt wird.

Die Vorträge in der Arrow-Reihe bauen jeweils auf einem von Arrows bahnbrechenden Beiträgen auf. In unserem Vortrag stützten wir uns auf seine Arbeit auf dem Gebiet der Innovation, insbesondere auf seinen bemerkenswerten Beitrag zur Frage des Learning by Doing aus dem Jahr 1962. Dieser Artikel war teilweise ein Kommentar zu einer seiner früheren wichtigen Arbeiten. 240 Jahre zuvor hatte Adam Smith über die Effizienz des marktwirtschaftlichen Wettbewerbs geschrieben. Er erklärte, das Wettbewerbsgleichgewicht sei effizient und die Verfolgung des Eigeninteresses eines jeden Einzelnen diene aufgrund des Wettbewerbs gleich einer unsichtbaren Hand zugleich auch dem Wohlergehen der Gesellschaft. Die Ökonomen brauchten lange, um festzustellen, in welchem Sinne das zutraf (heute wird das Marktgleichgewicht als Ergebnis eines freien Wettbewerbs als Pareto-Optimum bezeichnet) und unter welchen Umständen es zutraf. Die entscheidenden Arbeiten, die bewiesen, unter welchen Bedingungen das Wettbewerbsgleichgewicht tatsächlich paretoeffizient ist, waren jene von Kenneth Arrow und Gérard Debreu.[2]

Arrow war in seinem Artikel von einer gegebenen Technologie ausgegangen, das heißt von einer Welt ohne Innovationen.[3] Seine Arbeit über Learning by Doing weckte Zweifel an dieser Annahme. In einer modernen Volkswirtschaft spielen Innovationen offenkundig eine zentrale Rolle. In dieser Arbeit sowie in einer weiteren über Forschung und Entwicklung erklärte Arrow, warum sich die Produktion von Wissen grundlegend von der Produktion herkömmlicher Güter unterscheidet.

Wenn die Technologie endogen ist, sind die Märkte im Allgemeinen nicht effizient. Aber damit stellt sich eine weitere Frage: Wie sollte der Staat in den Markt eingreifen, um die Effizienz und die gesellschaftliche Wohlfahrt zu erhöhen? Bemerkenswerterweise ist die Wissenschaft dieser Frage in dem halben Jahrhundert, das seit der Veröffentlichung von Arrows Arbeit vergangen ist, nur vereinzelt nachgegangen (beispielsweise in den Diskussionen über geistiges Eigentum und Patentsysteme).

In unserem Vortrag befassten wir uns mit den Auswirkungen des Learning by Doing auf die etablierte Annahme, der Freihandel sei grundsätzlich vorteilhaft. Diese attraktive Fragestellung hat nützliche Diskussionen und interessante Reaktionen ausgelöst. Aber während wir die Veröffentlichung unseres Vortrags vorbereiteten (es war von Anfang an geplant, die Arrows Lectures mit einer Buchreihe zu begleiten) und die Kommentare Arrows und Solows studierten, wurde uns klar, dass mehr als ein kurzer Vortrag nötig sein würde, um den aufgeworfenen Fragen gerecht zu werden. Arrows Arbeit hatte die Tür zu einer umfassenden Auseinandersetzung mit der Frage aufgestoßen, wie eine lernende Volkswirtschaft und Gesellschaft geschaffen werden kann und wie der Staat eingreifen könnte und sollte, um das Wohlergehen der Gesellschaft zu fördern.

Es war weder ein Zufall noch ein Kunstgriff, dass wir Arrows um das Lernen kreisende Betrachtungsweise zur Grundlage unseres Vortrags machten – und unsere Analyse anschließend in diesem Buch vertieften. Arrows Erkenntnisse stellten aus demselben Grund, aus dem die Vortragsreihe nach ihm benannt wurde, den perfekten Ausgangspunkt dar: Seine Beiträge zu diesem Forschungsgebiet haben auch nach einem halben Jahrhundert noch derart große Bedeutung, dass sie sich immer wieder als unverzichtbare Grundlage für die heutige Forschung erweisen.

Wie andere große Ökonomen seiner Generation (darunter Robert Solow) galt Arrows Interesse letzten Endes der Verbesserung der wirtschaftspolitischen Praxis. Die klärende ökonomische Analyse ist nicht nur an sich wertvoll, sondern gewinnt weiter an Wert, wenn sie auf spezifische Umstände angewandt wird, die politische Entscheidungen erfordern, deren Qualität so manches Mal zu leiden droht und fast immer offen für Verbesserungen ist. Indem wir die Frage des Freihandels unter dem von Arrow eingeführten Gesichtspunkt des Lernens analysieren, ehren wir nicht nur sein Werk und stellen herkömmliche Überzeugungen in Frage. Vielmehr können wir hoffentlich auch nützliche Beiträge zur Lösung politischer Probleme leisten: Wie können wir insbesondere in Entwicklungsländern den Lebensstandard rascher erhöhen?

Die Tatsache, dass die Märkte an sich nicht effizient sind, wenn Innovationen endogen sind, konfrontiert uns mit der Frage, die im Mittelpunkt unseres Vortrags stand und Gegenstand dieses Buches ist: Welche Rolle kommt der Politik in dem Bemühen zu, die wirtschaftliche Effizienz zu erhöhen? Die Anhänger des freien Marktes beantworten diese Frage oft mit dem Hinweis auf dessen Innovationskraft. Aber es gibt bemerkenswert wenige systematische Untersuchungen zu der Frage, ob die Märkte das optimale Maß und die optimale Art von Innovationen hervorbringen. Unser Vortrag sollte diese Lücke schließen und spezifische Lösungen für die Handelspolitik anbieten.

Zu der Zeit, als wir unseren Vortrag hielten, war ein Einwand gegen die Annahme, der Freihandel fördere grundsätzlich die Entwicklung, bereits seit langem bekannt: Gemeint ist die Idee, dass es angemessen sein könnte, junge Industriezweige, die noch in den Anfängen ihrer Entwicklung stecken, vor ausländischer Konkurrenz zu schützen. Wenn ein bestimmter Industriezweig dank Protektion wächst und stärker wird, weil er von Skalenerträgen profitiert, kann man davon ausgehen, dass es ein Argument zum Schutz dieses Industriezweigs gibt (Infant-Industry-Argument). Eine zweite Ausnahme vom Prinzip des Freihandels ergib sich aus der Möglichkeit, Preise zu manipulieren. Wenn ein Land eine weltwirtschaftlich dominierende Industrie hat, kann es die Handelsbedingungen oder Austauschverhältnisse (das heißt die im internationalen Handel geltenden Preise bzw. die Terms of Trade) zu seinem Vorteil gestalten. Zwischen diesen beiden Ausnahmen besteht ein Zusammenhang, und nach sorgfältiger Prüfung vertieft das zweite Argument unser Verständnis der Grenzen des ersten: Ändert man die Handelsbedingungen nicht, so ist es gleichgültig, wo sich der geschützte Industriezweig entwickelt. Beispielsweise könnte Nigeria seine Automobilindustrie so lange schützen, bis diese stark genug wäre, um sich im Wettbewerb auf den Weltmärkten zu behaupten. Aber wenn sich diese Industrie effizient in Großbritannien entwickeln kann – und solange die Importpreise die Produktivitätsgewinne widerspiegeln –, profitieren die Nigerianer ebenso sehr vom Kauf dieser Autos wie die Briten.

Tatsächlich ist das Terms-of-Trade-Argument stets schwach gewesen. Die These, Länder könnten das Verhältnis zwischen Export- und Importpreisen verändern, ist in der Praxis kaum aufrechtzuerhalten. Das gilt sogar für ein Land wie die Vereinigten Staaten von Amerika. Die Standardtheorien liefern also keine überzeugenden Gründe für Eingriffe in den internationalen Handel. Dennoch gibt es immer wieder Länder, die mit Handelsbeschränkungen *erfolgreich* sind.

Bei der Auseinandersetzung mit diesem Problem haben wir Arrows Lehren auf eine Art und Weise angewandt, die uns zu einer anderen Schlussfolgerung geführt hat. Diese neue Erkenntnis ist das Thema des Vortrags und des Buchs. Unsere Analyse hat gezeigt, dass die Erfolge der angesprochenen Länder nicht auf dem Infant-Industry-Argument für die Protektion beruhen, die Learning by Doing *innerhalb* einer Industrie begünstigt. Stattdessen gibt es ein Infant-*Economy*-Argument für Handelsinterventionen. Die Begründung ist bemerkenswert einfach: Wir erklären, warum Innovationen eher im Industriesektor als im Agrar- oder Handwerkssektor stattfinden. Im Industriesektor finden nicht nur wirksamere Lernprozesse statt, sondern dort werden auch mehr Externalitäten – mehr übergreifende positive Lerneffekte – erzeugt als in den übrigen Teilen der Volkswirtschaft. Eine Volkswirtschaft, deren Industriesektor es an Urbanität und Leistungsfähigkeit mangelt, wird selbst in diesem Sektor kaum die Produktivität verbessern. Dort wird wenig gelernt, und es werden kaum Innovationen geschaffen. Das Land muss Handelsbarrieren errichten, damit in seiner Volkswirtschaft Industrieunternehmen gedeihen können – selbst wenn dies anfangs ineffizient scheinen mag, weil es dem komparativen Vorteil des Landes widerspricht.

Bis zu diesem Punkt entspricht das Argument dem herkömmlichen Infant-Industry-Argument. Aber hier beginnen die Unterschiede: Die Unternehmen in einer geschützten Industrie erhöhen nicht nur die Produktivität in ihrem Sektor, sondern auch diejenige in der Landwirtschaft und anderen Sektoren der Volkswirtschaft. Die externen Effekte des Industriesektors sind der eigentliche Grund für Eingriffe in den Handel.

Das klassische Beispiel dafür ist der Agricultural Extension Service in den Vereinigten Staaten, durch den die Prinzipien der industriellen Forschung außerordentlich effizient auf die Landwirtschaft angewandt wurden. Diese Übertragung trug wesentlich zu den bemerkenswerten Produktivitätsgewinnen der amerikanischen Landwirtschaft bei.

Dies war der Grundgedanke, den wir in unserem Vortrag präsentierten. Wir regten protektionistische Eingriffe an, die nicht industriespezifisch sein sollten. Der klassische Einwand gegen das Infant-Industry-Argument, wonach jeder Versuch, erfolgreiche Industrien auszuwählen, zum Scheitern verurteilt sei, gilt hier nicht. Dies wiederum spricht für breitangelegte Zollschranken (oder Eingriffe in die Wechselkurse) in der Hoffnung, dass unter derartigen Bedingungen die besten Industriezweige überleben und gedeihen werden.

Wegweiser durch das Buch

In den Jahren nach dem ersten Vortrag reiften unsere Konzepte weiter. Während wir unsere Analyse in mehreren Artikeln fortführten und verbundene Bereiche weiter erforschten, wurde uns klar, dass unser Material den Rahmen einer Schriftenreihe zu einer Konferenz sprengte. Unser Vortrag über die »Schaffung einer lernenden Gesellschaft« wurde zu einem umfassenden theoretischen Gebäude, das eine Einordnung in den historischen Kontext, allgemeine und spezifische Anwendungsbeispiele und eine Diskussion der politischen Ökonomie erforderlich machte. So nahm dieses Buch Gestalt an. Das Ergebnis geht weit über den Inhalt des ursprünglichen Vortrags hinaus, obwohl die grundlegenden Konzepte dieselben sind, an denen wir uns im Jahr 2008 orientierten.

In den ersten Kapiteln des Buchs legen wir unsere Thesen dar: Der Anstieg des Lebensstandards beruht, wie Solow nahelegte, in erster Linie auf Produktivitätserhöhungen, das heißt darauf, dass wir lernen, wie wir die Dinge besser machen können. Und wenn es stimmt, dass das Vermögen zur Herstellung nützlicher Dinge das Ergebnis von Lernen ist und dass Produktivitätszuwächse aufgrund von Lernfortschritten endogen sind, dann sollten politische Eingriffe darauf gerichtet sein, das Lernen in der Volkswirtschaft anzuregen. Sie sollten dazu dienen, die Fähigkeit und die Anreize zum Lernen zu erhöhen und den Menschen beizubringen zu lernen, wie man lernt, um so die Wissenslücken zu schließen, die zwischen den produktivsten Unternehmen und der übrigen Volkswirtschaft klaffen. *Die Schaffung einer lernenden Gesellschaft sollte eines der vorrangigen Ziele der Wirtschaftspolitik sein.* Dort, wo eine lernende Gesellschaft entsteht, wird die Volkswirtschaft an Produktivität gewinnen, und der Lebensstandard wird steigen. Hingegen können viele politische Maßnahmen, die dem Ziel dienen, die statische (Allokations-)Effizienz zu erhöhen, unversehens zugleich Lernprozesse behindern. Wie wir zeigen werden, können alternative Maßnahmen langfristig zu einem höheren Lebensstandard führen. Somit ist die von uns entwickelte Theorie eine überzeugende und ausführliche Kritik am sogenannten Washington-Consensus, der in dem Vierteljahrhundert vor der großen Finanz- und Wirtschaftskrise die Vorstellungen von wirtschaftlicher Entwicklung geprägt und dementsprechend auch die praktische Politik beeinflusst hat. Unsere Theorie liefert auch die Grundlagen für eine neue Theorie des Unternehmens, für eine neue Antwort auf die Frage, die Ronald Coase vor 75 Jahren stellte: Wo verlaufen die Grenzen des Unternehmens, und was geht im Unternehmen vor? Und wir schlagen einen neuen Denkansatz für die Auseinandersetzung mit statischen und dynamischen komparativen Vorteilen vor.

In Teil I geben wir einen Überblick über den historischen, empirischen und theoretischen Hintergrund und begründen, warum die lernende Gesellschaft in unserer Sichtweise eine zentrale Rolle spielt. Wir erläutern die wesentlichen Aspekte der Schaffung einer lernenden Gesellschaft: die Prozesse und Bestimmungsfaktoren des Lernens und einige ihrer allgemeinen Implikationen für die Architektur der Volkswirtschaft – für die Gestaltung des Wirtschaftssystems und seiner Bestandteile, insbesondere der Unternehmen – und für die Politik. Wir erklären die Implikationen der (technologischen wie räumlichen) »Lokalisierung des Lernens«, erweitern das Konzept des Learning by Doing um das »Erlernen des Lernens durch Lernen« und erklären, warum die räumliche Konzentration großer Unternehmen (traditionell im Industriesektor, aber in jüngerer Zeit auch im modernen Dienstleistungssektor) entscheidend zum Wachstum beiträgt und deutliche Produktivitätszuwächse und beträchtliche Übertragungseffekte (die Ökonomen sprechen von Spillover-Effekten) auf andere Wirtschaftssektoren ermöglicht. Und wir erklären die Beziehung zwischen konjunktureller Stabilität und langfristigem Produktivitätsanstieg, womit wir ein neues Argument für die überragende Bedeutung einer stabilen gesamtwirtschaftlichen Entwicklung in der *realen* Welt liefern.

Nach einer Analyse der grundlegenden Bestimmungsgrößen des Lernens wenden wir uns den beiden folgenden entscheidenden Fragen zu: Wird in Volkswirtschaften, in denen mehr Wettbewerb herrscht (das heißt mit mehr Unternehmen), eher mehr oder eher weniger gelernt? Und ist der Markt in Bezug auf das Niveau und die Struktur von Innovationen und Lernprozessen effizient? Bei der Auseinandersetzung mit der zweiten Frage stellen wir fest, dass das Ausmaß des Wettbewerbs (bzw. aus dem entgegengesetzten Blickwinkel das Ausmaß der Konzentration) an sich *endogen* ist, jedoch durch staatliche Eingriffe beeinflusst werden kann. Wie bereits gesagt, fanden sich bereits in Arrows frühen Arbeiten Hinweise darauf, dass die Ergebnisse der Marktprozesse nicht effizient sind, obwohl er die Schumpeter'sche Vorstellung vom Markt als Motor von Innovationen nicht direkt in Frage stellte. Das Bild, das sich aus unserer Analyse ergibt, ist vielschichtig: Joseph Schumpeters Einschätzung der Monopole war übermäßig optimistisch: Schumpeter nahm an, dass Monopole nur vorübergehend bestehen können und dass der Wettbewerb um die Vormachtstellung auf dem Markt Innovationen vorantreibt. Wir werden zeigen, dass Monopole sehr viel beständiger sein können, als Schumpeter (und seine Nachfolger) glaubten, und dass der Kampf um die Vormachtstellung möglicherweise sehr viel weniger zur Innovationstätigkeit beiträgt, als Schumpeter annahm. Aber Schumpeter hatte recht mit seiner Behauptung, dass Märkte mit zahlreichen kleinen Unternehmen eher *weniger* innovativ sind als solche mit wenigen größeren.

Die entscheidende Erkenntnis, die wir aus unserer Analyse

ziehen können, lautet, dass der Staat bei der Gestaltung einer innovativen Wirtschaft und der Förderung des Lernens eine wichtige Rolle spielt. In Teil II sehen wir uns genauer an, wie der Staat diese Rolle am besten ausfüllen kann.

In den beiden ersten Kapiteln von Teil II erläutern wir die wichtigsten Resultate unserer Analyse, wobei wir uns von einfachen zu komplexeren Modellen vortasten. In Kapitel 7 untersuchen wir das Modell einer geschlossenen Volkswirtschaft (ohne Außenhandel), die zwei Arten von Gütern (landwirtschaftliche und Industriegüter) erzeugt, und erklären, wie politische Eingriffe zur Förderung des Industriesektors (beispielsweise Subvention) zu höheren Wachstumsraten und mehr Wohlstand führen. Die kurzfristigen (Allokations-)Verzerrungen, die diese Eingriffe mit sich bringen, werden durch den langfristigen Lernnutzen mehr als wettgemacht. Wir leiten einfache Formeln für die optimale Subvention ab. In diesem einfachen Modell können wir die Häufigkeit von Innovationen unter den Bedingungen von Wettbewerb einerseits und bei Beherrschung des Industriesektors durch einen einzelnen Anbieter andererseits bestimmen. Im Monopolfall dürfte es mehr Innovationen geben, aber ob die gesellschaftliche Wohlfahrt höher sein wird, ist unklar und hängt von den Lernelastizitäten und Diskontierungsraten ab.

In Kapitel 8 weiten wir die Analyse auf eine offene Wirtschaft aus und legen das Infant-Economy-Argument für Protektion dar. Da der Industriesektor nicht nur lernfähiger ist, sondern auch stärkere übergreifende Lerneffekte erzeugt, kann eine Förderung dieses Sektors durch Protektionsmaßnahmen oder industriepolitische Eingriffe das Wachstum und die gesellschaftliche Wohlfahrt erhöhen. In entwickelten Ländern spricht sehr viel weniger für Schutzmaßnahmen. In Volkswirtschaften wie der amerikanischen, europäischen oder japanischen besteht bereits eine dichte Infrastruktur, die Ideen und Innovationen hervorbringen kann, obwohl es auch dort noch externe Lerneffekte geben kann, durch die sich staatliche Eingriffe begründen lassen.

Die Theorie birgt eine Vielfalt von Schlussfolgerungen. Zur Illustration: Unsere Analyse zeigt, dass große Gruppen von Ländern profitieren können, wenn sie den Handel untereinander erleichtern und zugleich Handelshemmnisse gegenüber der übrigen Welt errichten. Wettbewerb und Anreize sind wichtig. Es ist von beträchtlichem Reiz, wenn große Gruppen von Ländern wie die Europäische Union innerhalb von gemeinsamen Handelsbarrieren untereinander Wettbewerb betreiben. Der Schutz ermöglicht die Entwicklung des »lernenden« Sektors (des Industriesektors), und ein großer Wirtschaftsraum schafft Spielraum für Wettbewerb. (Wir erinnern an unseren früheren Hinweis darauf, dass der Schutz im Lauf der Zeit verringert werden sollte.)

Die im Bemühen um Entwicklung erfolgreichen Länder – Japan und Europa nach dem Zweiten Weltkrieg sowie andere asiatische Länder – haben eine solche Handelspolitik betrieben. Sie haben sich nicht auf den Schutz bestimmter Industriezweige konzentriert, sondern zahlreiche Industriezweige in umfassende Protektionsmaßnahmen einbezogen und zugleich den Wettbewerb innerhalb der Barrieren gefördert.

Hier stellt sich auch die Frage nach den Auswirkungen auf die Finanzmärkte – und die Arbeiten von Arrow und Solow tragen viel zur Antwort bei. Wenn ein Land Kapital exportiert, importieren die Eigentümer des Kapitals de facto Kapitaldienstleistungen aus dem Ausland. So wie die Einfuhren von Industriegütern das mit ihrer Produktion verbundene Lernen nicht beinhalten, bringen auch die Einfuhren von Finanzdienstleistungen keinen der Lernfortschritte mit sich, die in diesem Sektor gemacht werden. Wenn es überzeugende Argumente für umfassende Importbarrieren für Industriegüter gibt, gelten sie ebenso für die Beschränkungen von Kapitalexporten und Importe von Finanzdienstleistungen. Diese Theorie liefert also eine neue Erklärung dafür, dass die Liberalisierung der Kapital- und Finanzmärkte das Wachstum bremsen kann. Ähnliche Argumente gelten auch für Exporte von Arbeitskräften.

Ausgehend von dieser Analyse gehen wir zu einer Auseinandersetzung mit den politischen Schlüssen über, die aus diesen Erkenntnissen gezogen werden können. Dabei schlagen wir den Bogen von der Industriepolitik über die Konjunktur- und Wachstums- und die Finanz- und Investitionspolitik bis zum Umgang mit den Rechten am geistigen Eigentum. Wir erklären, warum der Einwand der politischen Ökonomie gegen spezifische Maßnahmen zum Schutz junger Industrien – dass beispielsweise die Sonderinteressen, die von einem solchen Schutz profitieren, dafür sorgen, dass er bestehen bleibt, auch wenn die wirtschaftliche Notwendigkeit dazu nicht mehr besteht – im Kontext des Infant-Economy-Arguments viel von seiner Bedeutung verliert. Wir zeigen, dass derartige Bedenken nicht das *Ob* einer Industrie- und Handelspolitik in Frage stellen, sondern lediglich für die Frage gelten sollten, *welche* politischen Maßnahmen ergriffen werden und wie diese im Einzelnen beschaffen sein sollten. Und wir werden zeigen, dass die Rechtsvorschriften zum Schutz geistigen Eigentums dann, wenn sie nicht sorgfältig ausgearbeitet sind, Lernprozesse unterbinden können und dass ein verstärkter Schutz dieser Rechte möglicherweise Innovationsprozesse verlangsamt.

Abschließend gehen wir über die Schaffung einer lernenden *Volkswirtschaft* hinaus und wenden uns der Schaffung einer lernenden *Gesellschaft* zu. Wir lösen uns vom herkömmlichen ökonomischen Modell, das auf der Annahme rationaler Individuen mit gegebenen Präferenzen beruht, und berücksichtigen neuere Erkenntnisse der Verhaltensökonomik einschließlich der Vorstellung, dass Präferenzen und Überzeugungen zumindest teilweise sozial determiniert sind. Beispielsweise werfen wir die Frage auf, welche Möglichkeiten die Politik hat, um die Entwicklung einer lernfreudigen »Geisteshaltung« zu begünstigen.

Wir hoffen, dass diese Auswahl von Erkenntnissen genügt, um beim Leser Neugierde auf unsere Untersuchung zu wecken. Bei der Darstellung unserer Ideen gerieten wir in ein Dilemma: Die Mathematik ist die Sprache der modernen Ökonomie. Sie kann dafür sorgen, dass aus den Annahmen Schlüsse gezogen werden können. Sie kann dabei helfen, die Belastbarkeit der Resultate zu überprüfen: Wird eine Änderung der Annahmen zu erheblich anderen Ergebnissen führen? Aber sie kann auch undurchschaubar sein: Die Komplexität der Analyse kann dazu führen, dass bestimmte Annahmen verborgen bleiben. Kenneth Arrow und Robert Solow haben uns gelehrt, wie nützlich einfache Modelle sind: Wenn wir einer Frage auf den Grund gehen und ihre Lösung finden wollen, dann sollten wir uns bemühen, dazu ein möglichst einfaches und allgemeines Modell heranzuziehen. Wir hoffen, dass die folgende Darstellung den hohen Ansprüchen unserer Lehrer gerecht wird.

Aber selbst die einfachste Analyse kann relativ komplex sein. Und um die Belastbarkeit der Ergebnisse zu überprüfen, müssen zahlreiche Abwandlungen des Grundmodells untersucht werden.

Dieses Buch gibt uns Gelegenheit, einen weiteren unserer Lehrer zu ehren: Robert Solow ist der Begründer der modernen Wachstumstheorie. Solow und Arrow lehrten uns, wie wirkungsvoll einfache Ideen sein können. Die Berücksichtigung der Erkenntnisse der Ökonomie des Wissens und Lernens verändert unsere Vorstellungen von Wachstumspolitik grundlegend. Das von Arrows Arbeit über Learning by Doing inspirierte Infant-Economy-Argument betritt in der Tradition von Ken Arrow und Bob Solow zur Bereicherung wirtschaftswissenschaftlicher Erkenntnisse neue Gebiete. Wir hoffen, dass diese Erkenntnisse ärmeren Ländern helfen werden, neuartige und wirksame politische Maßnahmen zu entwickeln, um das Wachstum ihrer Wirtschaft und die Entwicklung ihrer Gesellschaft voranzutreiben.

Teil I

Auf dem Weg zu einer lernenden Gesellschaft

Kapitel 1

Die Revolution des Lernens

Von der römischen Zeit, aus der die ältesten Daten über die Pro-Kopf-Produktion stammen, bis zum Jahr 1800 wuchs der Lebensstandard der Menschheit nur unmerklich, wenn überhaupt.[1] Die meisten Menschen konsumierten vor allem Nahrungsmittel, und diese bestanden im Wesentlichen aus Grundstoffen wie Reis, Weizen und anderen Getreidearten. Ihre Unterkünfte ähnelten Scheunen, in denen die Bewohner keinerlei Privatsphäre hatten, und die Klimatisierung war auf die nötigste Beheizung im Winter beschränkt. Die Kleidung war zweckmäßig und bestand zumeist aus einer einzigen Kluft, die in der kalten Jahreszeit durch Überkleider ergänzt wurde. Eine medizinische Versorgung gab es praktisch nicht. Reisen waren schwierig, beschwerlich und im Wesentlichen auf die nähere Umgebung beschränkt. Die Möglichkeiten zur Erholung waren primitiv, und man musste selbst für sie sorgen. Nur eine kleine Minderheit von Aristokraten genoss einen Lebensstandard, den wir heute als angemessen bezeichnen würden. Nur diese Menschen hatten Anspruch auf eine Vielfalt frischer Nahrungsmittel, darunter Fleisch, auf ausreichend beheizte private Unterkünfte, auf Kleidung für verschiedene Anlässe, auf eine grundlegende Körperpflege und eine rudimentäre medizinische Versorgung sowie auf Reisen und gehobene Unterhaltung.

Ab dem Jahr 1800 kamen immer mehr Menschen in Europa, Nordamerika und Australien in den Genuss dieses höheren Lebensstandards. Gegen Ende des 19. Jahrhunderts beschleunigte sich die Entwicklung. Die Tragweite dieser Veränderung kam sogar in der Kritik an der damaligen Wirtschaftsordnung zum Ausdruck: Das Kommunistische Manifest war in mancher Hinsicht ein Lobgesang auf das Potential des unübersehbaren wirtschaftlichen Fortschritts, dessen Früchte jedoch noch nicht breit verteilt wurden.

Im 20. Jahrhundert verbreitete sich ein hoher Lebensstandard in Europa, Nordamerika, Australien und weiten Teilen Asiens, und in Asien setzt sich diese Ausbreitung bis heute fort.

Wie bedeutsam dieser Wandel war, erkennt man auch an einer anderen Entwicklung: Bis zum Beginn des 19. Jahrhunderts verbrachten die meisten Menschen den Großteil ihrer Zeit damit, sich Nahrung, Unterkunft und Kleidung zu beschaffen. Heute müssen die meisten Bewohner der hochentwickelten Industrieländer – und eine wachsende Zahl von Menschen in den Schwellenländern – nur noch wenige Arbeitsstunden in der Woche aufwenden, um diese Grundbedürfnisse zu erfüllen. Wie sie die verbleibende Zeit verbringen wollen, können sie sich aussuchen: Sie können mehr arbeiten, um Geld für zusätzlichen Konsum (von höherwertigen »notwendigen Gütern« oder Luxusartikeln) zu verdienen, oder sie können mehr Freizeit genießen.[2]

Wodurch wurde dieser gesellschaftliche Wandel möglich? Lag er an der Kapitalakkumulation oder am technologischen Fortschritt? Obwohl bereits verschiedene Wirtschaftswissenschaftler wie Joseph A. Schumpeter festgestellt hatten, dass der technologische Fortschritt die wichtigste treibende Kraft dieser Entwicklung war,[3] gelang es erst Robert Solow, den Einfluss der Kapitalakkumulation im Verhältnis zum technologischen Fortschritt zu quantifizieren.[4] Die Veränderung des Kapitaleinsatzes trug demnach höchstens ein Drittel zum Anstieg der Arbeitsproduktivität bei. Der restliche Zuwachs war in erster Linie auf verschiedene Formen des technischen Fortschritts zurückzuführen.[5]

Spätere Forschungsergebnisse deuteten darauf hin, dass die Quantifizierung möglicherweise weniger zuverlässig war als ursprünglich angenommen. Dies lag teilweise daran, dass die

Messung der wichtigsten Produktionsfaktoren (Kapital und Arbeit) schwieriger ist, als man vermutet hatte, und teilweise daran, dass Zweifel an dem zugrundeliegenden Modell, das auf konstanten Skalenerträgen und einem vollständigen Wettbewerb beruhte, wach geworden waren.[6] Die Schwierigkeit, die treibenden Kräfte des Wachstums zu identifizieren, war auch dadurch bedingt, dass diese miteinander verwoben sind – man braucht neue Maschinen (das heißt Investitionen), um neue Technologien anwenden zu können.[7] Keinen Zweifel gibt es jedoch daran, dass die Produktivität erheblich gestiegen ist und dass die technologischen Fortschritte und die Fähigkeit, »zu lernen, die Dinge besser zu machen«, entscheidend zum Anstieg der Produktivität beigetragen haben. Für unsere Zwecke genügt es, dies festzuhalten.[8]

Die Geschwindigkeit des Lernens (beziehungsweise der Innovationstätigkeit) leistet nicht nur den größten Beitrag zur Erhöhung des Lebensstandards. Sie ist auch mit einiger Sicherheit teilweise und möglicherweise sogar zum Großteil endogen. Fortschritte treten sowohl zu verschiedenen Zeiten als auch an verschiedenen Orten in unterschiedlichem Tempo auf. Auch wenn wir diese Schwankungen vielleicht nicht zur Gänze erklären können, so ist doch klar, dass die staatliche Politik dabei eine Rolle spielt. Das wirtschaftliche und soziale Umfeld, die Struktur einer Volkswirtschaft und die öffentlichen und privaten Investitionen in Forschung und Bildung wirken sich auf die Geschwindigkeit des Lernens aus. Die Tatsache, dass es beim Produktivitätswachstum über Industriezweige, Unternehmen und Unternehmensbereiche hinweg starke Wechselwirkungen gibt, deutet darauf hin, dass möglicherweise allgemeine Faktoren wie Umwelteinflüsse und öffentliche Investitionen existieren, die sich auf das ganze System auswirken, oder dass erhebliche Spillover-Effekte von einem Lernenden/Innovator auf andere vorkommen. Aber trotzdem bestehen große, bleibende Unterschiede zwischen den Ländern und zwischen den Unternehmen – die sich als große Unterschiede zwischen bewährten, durchschnittlichen und unzureichenden Methoden auf einzelwirtschaftlicher Ebene ausdrücken. Wissen wird also weder über Staats- noch über Unternehmensgrenzen hinweg zwangsläufig reibungslos verbreitet.

All das zeigt, dass eines der Ziele von Wirtschaftspolitik darin bestehen sollte, wirtschaftliche Strukturen zu schaffen, die sowohl Lernen ermöglichen als auch die Übertragung des Gelernten (Spillover-Effekte): Die Schaffung einer lernenden Gesellschaft dürfte den Lebensstandard eher erhöhen als kleine, einmalige Verbesserungen der wirtschaftlichen Effizienz oder eine Verringerung des Konsums zugunsten von Investitionen.[9]

Für Entwicklungsländer gilt dies erst recht. Die Kluft zwischen dem Pro-Kopf-Einkommen dieser Länder und dem der fortschrittlicheren ist auf das unterschiedliche Wissensniveau zurückzuführen. Politische Maßnahmen, welche sie in »lernende Gesellschaften« verwandeln würden, würden diese Länder in die Lage versetzen, Wissenslücken zu schließen und ihr Volkseinkommen deutlich zu erhöhen.[10] Wirtschaftliche Entwicklung setzt voraus, dass man lernt, wie man lernen kann.[11]

In seinem wegweisenden Modell des Wirtschaftswachstums setzte Solow der Einfachheit halber eine feststehende und exogene, von den Entscheidungen der Unternehmen unabhängige Rate des technologischen Fortschritts an.[12] Damit blieb der wichtigste Faktor einer Erhöhung des Lebensstandards unerklärt, und folglich gab das Solow-Modell auch keine Antwort auf die Frage, wie Wirtschaftspolitik das Wachstum beschleunigen kann. Daher erklärte Solow bereits im Jahr 1957, dass die Kapitalakkumulation, die anfangs im Mittelpunkt seines Wachstumsmodells gestanden hatte, relativ unbedeutend sei: Wichtig sei das, was er in seinem älteren Modell einfach *vorausgesetzt* habe. Wie nicht anders zu erwarten, entwickelte sich, ausgehend von Solows Pionierarbeit, spätestens Anfang der 1960er Jahre rasch eine Wachstumstheorie, die sich um die »Endogenisierung« des technologischen Fortschritts bemühte.[13] In den 1980er Jahren wurden weitere Fortschritte auf diesem Gebiet gemacht.[14]

Die besten Arbeiten versuchten natürlich, die Analyse des

makroökonomischen Verhaltens auf eine mikroökonomische Grundlage zu stellen. Mittlerweile gibt es einen umfassenden Bestand an Literatur zur Mikroökonomie des technologischen Fortschritts.[15] Aber viele einschlägige Erkenntnisse wurden nicht in die makroökonomischen Wachstumsmodelle integriert, die oft ein übermäßig vereinfachtes Bild zeichnen und beispielsweise die unterschiedliche Geschwindigkeit von Innovationen in verschiedenen Wirtschaftssektoren, die vielfältigen Erscheinungsformen des Fortschritts und die Beziehungen zwischen ihnen und alternativen politischen Maßnahmen außer Acht lassen. Um die Komplexität des endogenen Wachstums und die Herausforderung zu bewältigen, die sich mit dem Wunsch nach einem langfristigen, stetigen Wachstum stellt, haben sich viele Autoren auf die Bestimmung extrem spezieller Parameter konzentriert. Ein Teil der wissenschaftlichen Literatur trägt der Tatsache Rechnung, dass auf den Märkten eher kein vollständiger Wettbewerb herrscht, wenn Innovationen endogen sind. Aber das Wechselspiel zwischen Marktstruktur und Innovationstätigkeit steht normalerweise nicht im Mittelpunkt der ökonomischen Diskussion. Und ist jene Art vollständigen Wettbewerbs, die Schumpeter vorschwebte, überhaupt möglich? In einem Teil der Literatur werden Annahmen aufgestellt, die den Schlussfolgerungen vorgreifen: Wenn man annimmt, dass Außenhandel den Erwerb von Wissen begünstigt (und zwar wirksamer als eine entsprechende Menge an Binnenproduktion), dann wirken sich Behinderungen des Außenhandels nachteilig auf das Wirtschaftswachstum aus. Wie wir jedoch zeigen werden, deuten andere (und in unseren Augen plausiblere) Annahmen in Bezug auf den Innovationsprozess darauf hin, dass bestimmte Einschränkungen des internationalen Handels wünschenswert sein können.

Wenn unsere These richtig ist, dass der Erfolg der modernen Volkswirtschaften von Innovationen und Lernprozessen abhängt, dann sollte das Bemühen um ein Verständnis der Lern- und Innovationsprozesse und der politischen Maßnahmen zu ihrer Beschleunigung im Mittelpunkt der volkswirtschaftlichen

Analyse stehen.[16] Wir können uns das »Innovationssystem« einer Volkswirtschaft als Gefüge aus Grundlagenforschung und angewandter Forschung vorstellen. (Erstere wird üblicherweise vom Staat und gelegentlich von einem mit staatlichem Segen arbeitenden Monopol – ein Beispiel wären in den USA die Bell Laboratories – finanziert und im Normalfall von Universitäten und staatlichen Forschungseinrichtungen betrieben.) Die angewandte Forschung baut teilweise auf der Grundlagenforschung auf, teilweise entwickelt sie auch bereits bestehende Erkenntnisse weiter. Diese Ideen müssen verbreitet und in die Praxis umgesetzt werden. Ein Großteil des Produktivitätsanstiegs vollzieht sich, weil die Unternehmen voneinander lernen oder weil Technologien im Zuge ihrer Anwendung verbessert werden. Wir sollten uns eingehender damit befassen, wie dieses Lernen stattfindet.

Kenneth Arrow leistete Pionierarbeit in der Erforschung von »Lernprozessen«. Insbesondere in seinen Arbeiten über die Ökonomie von Forschung und Entwicklung (F & E) und über das Learning by Doing untersuchte er die Faktoren, die sie beschleunigen oder bremsen, ihre wahrscheinliche Reaktion auf normale Marktanreize und ihre Beziehungen zur makro- und mikroökonomischen Umgebung.[17] Er wies auf die Tatsache hin, dass zwar ein Teil des Wissens infolge der gezielten Bereitstellung von Mitteln für Forschung und Entwicklung gebildet wurde, dass aber ein Großteil des technologischen Fortschritts ein Nebenprodukt der Produktion oder von Investitionen war.

Zu den Fortschritten moderner Volkswirtschaften zählen Verbesserungen an den Lernprozessen: Die Akteure haben gelernt, wie man lernen kann. Diese erhöhte Lernfähigkeit ist keiner einzigen bahnbrechenden Entwicklung, sondern eher einer Reihe organisatorischer Innovationen zu verdanken.

An Arrows Arbeit anknüpfende Forscher, darunter Nordhaus,[18] fanden heraus, dass dieser Fortschritt weniger revolutionären technologischen Neuerungen zu verdanken ist als einer stetigen Anhäufung kleiner Verbesserungen in den Produktionsprozessen, wobei durchaus einige und in manchen Fällen auch viele dieser kleinen Verbesserungen auf revolutionären Veränderungen beruhen oder mit ihnen zusammenhängen können. So waren beispielsweise die Elektrifizierung und die Computerisierung gewaltige Veränderungen, aber ihre volle Wirkung entfalteten sie in kleinen Schritten.[19] So kann auch die Kapitalakkumulation nicht klar vom »Lernen« getrennt werden: Im Zuge von Investitionen werden oft neue Lösungen entdeckt, und neue Forschungsergebnisse finden ihren Ausdruck in neuen oder verbesserten Produkten.[20] Wenn das Tempo der Investitionen die Geschwindigkeit des Lernens bestimmt, dann ist es natürlich unmöglich, sauber zu unterscheiden, welcher Teil des Produktivitätsanstiegs ein Ergebnis der Kapitalakkumulation ist und welcher Teil auf technologische Verbesserungen zurückgeführt werden kann, denn beide sind untrennbar miteinander verbunden.

Die hochgradig aggregierten Modelle, auf denen die moderne Wachstums- und Entwicklungstheorie beruht, lassen einen weiteren wesentlichen Punkt außer Acht: Sieht man einmal von Marktverzerrungen ab (und die Beseitigung von Marktverzerrungen in den Modellen ist die Leidenschaft der meisten Volkswirte), so wird im herrschenden wirtschaftstheoretischen Paradigma stets angenommen, dass sich die Unternehmen auf einer sogenannten Produktionsmöglichkeitenkurve befinden. In diesem Standardmodell ergeben sich Produktivitätszuwächse dadurch, dass die die Produktionsmöglichkeiten repräsentierende Kurve nach außen verschoben wird, was entweder durch eine erhöhte Akkumulation von Kapital oder Arbeitskraft oder durch Forschung und Entwicklung ermöglicht wird. Tatsächlich behandeln viele Autoren Wissen im Grunde als eine weitere Form von Kapital – als »Wissenskapital« –, womit sie seine andersartigen Eigenschaften außer Acht lassen, mit denen wir uns im Folgenden (insbesondere in Kapitel 5) eingehend befassen werden. Tatsächlich bleiben viele Unternehmen unterhalb ihrer Produktionsmöglichkeitenkurve. Es klafft eine große Lücke zwischen den »optimalen Verfahren« (»Best Practice«) und den »durchschnittlichen Verfahren«. Die

Größe dieser Lücke ist von Land zu Land unterschiedlich. Indem man diese Lücke schließt, kann man zumindest zeitweilig das Produktivitätswachstum deutlich erhöhen. Beim typischen Unternehmen öffnen sich jedoch neue Lücken, während es die bestehenden schließt. Für die meisten Unternehmen endet dieser Aufholprozess nie.

Am erfolgreichsten sind jene Volkswirtschaften, denen es gelingt, nicht nur ihre Produktionsmöglichkeitenkurve rascher zu verschieben, sondern auch die Lücke zwischen den »durchschnittlichen« und »optimalen« Verfahren gering zu halten. Es wird mehr Wissen verbreitet und mehr gelernt. Und diese Lernerfolge haben einen großen Anteil am stetig steigenden Lebensstandard in den erfolgreichen Volkswirtschaften.

Kurz gefasst: *Die Verwandlung der westlichen Gesellschaften in «lernende Gesellschaften» Anfang des 19. Jahrhunderts und der entsprechende Wandel in Asien in jüngerer Zeit scheinen sich nachhaltiger auf den Wohlstand ausgewirkt zu haben als Verbesserungen der Allokationseffizienz oder der Ressourcenakkumulation.* Wenn das so ist, dann sollten die Ökonomen und andere Vertreter der Gesellschaftswissenschaften vor allem darauf bedacht sein zu verstehen, wie man eine lernende Gesellschaft schaffen kann. Der Erfolg in diesem Bemühen kann sehr viel mehr zur langfristigen Erhöhung des Lebensstandards beitragen als Erkenntnisse in Bezug auf die Erhöhung der Ressourcenakkumulation oder die Verringerung kurzfristiger Allokationsineffizienzen.

In diesem Buch werden wir versuchen, einen möglichst einfachen Rahmen für das Verständnis einiger wesentlicher Determinanten der Fortschrittsrate zu entwerfen. Dieser Rahmen sollte detailliert genug sein, um wirksame sektorspezifische Maßnahmen entwerfen zu können, und er sollte ausreichend aggregiert sein, um die Determinanten gesamtwirtschaftlichen Fortschritts im Blick behalten zu können.

Unsere Untersuchung geht dabei von zwei grundlegenden Fragen aus: Bringt der Marktmechanismus an sich ein effizientes Wissens- und Innovationsniveau sowie eine effiziente

Zusammensetzung von Wissen und Innovationen hervor? Und wenn nicht: Welche staatlichen Maßnahmen wären wünschenswert, um den Mangel zu beheben?

Die Ineffizienz des Marktmechanismus

Die Antwort auf die erste Frage ist einfach: *Es kann nicht angenommen werden, dass Märkte Wissen und Lernprozesse effizient erzeugen und verbreiten. Im Gegenteil: Es ist anzunehmen, dass Märkte nicht effizient sind.*

Unsere Vorstellung von der Effizienz des Marktes geht auf Adam Smith (1776) und seine unsichtbare Hand zurück – auf die Vorstellung, dass das Streben nach Mitteln zur Befriedigung der eigenen Bedürfnisse zum Wohlergehen der Gesellschaft beiträgt, so als würde dieses eigennützige Streben von einer unsichtbaren Hand in die richtige Richtung gelenkt. Es dauerte 175 Jahre, bis Kenneth Arrow und Gérard Debreu feststellten, in welchem Sinne diese Annahme zutrifft (Märkte sind »paretoeffizient«, das heißt, kein Akteur kann besser gestellt werden, ohne dass damit zugleich ein anderer schlechter gestellt würde) und unter welchen Bedingungen sie zutrifft. Arrow beschrieb die *hinreichenden Bedingungen* für eine Pareto-Effizienz der Märkte.[21] Später stellte sich heraus, dass diese Bedingungen nicht nur hinreichend, sondern vielmehr notwendig sind. Beispielsweise setzt sein Beweis für die Effizienz der Märkte voraus, dass die Informationen der Marktteilnehmer exogen sind (das heißt, es muss zwar keine vollkommene Markttransparenz herrschen, aber die Überzeugungen der einzelnen Akteure können sich nicht im Lauf der Zeit aufgrund ihrer Beobachtungen oder Handlungen verändern). Daran anschließend wurde gezeigt, dass ein Markt nicht paretoeffizient ist, wann immer er unvollkommen oder die Information endogen und asymmetrisch ist (das heißt eigentlich *immer*).[22]

Die für die Zwecke dieses Buches eigentlich bedeutsamen Annahmen, auf denen der Beweis der Effizienz einer Marktwirtschaft beruht, sind jedoch folgende: dass auf den Märkten vollkommener Wettbewerb herrscht und dass der Stand der Technologie exogen und unveränderlich ist. Das heißt also: Arrow und Debreu verzichteten bei ihrem Beweis der Effizienz der Marktwirtschaft darauf, Innovationen zu berücksichtigen. Damit ließen sie die Frage unbeantwortet, ob eine Marktwirtschaft im Hinsicht auf Innovationen effizient ist. Mit Blick auf die Tatsache, dass viele Befürworter des Markts dessen größte Stärke in seiner Innovationskraft sehen, war dies offensichtlich eine bedeutsame Unterlassung. Tatsächlich war Schumpeter so weit gegangen, zu behaupten, dass eine der dem vollkommenen Wettbewerb entgegengesetzten Marktformen, auf die viele Wirtschaftswissenschaftler ihr Augenmerk gerichtet hatten – das Monopol – in einer Innovationswirtschaft sogar ein Vorzug sein könne: Es liefere eine sogenannte Monopolrente, mit der Forschung und Entwicklung finanziert werden könne, und solange ein Wettbewerb *um den Markt* stattfinde, könne man um den Wettbewerb *auf dem Markt* unbesorgt sein.[23] Aber weder Schumpeter noch andere Theoretiker, die sich für den Markt aussprachen, weil er große Innovationskraft habe, konnten beweisen, dass der Markt in Bezug auf Innovationen effizient ist.

Sie taten es nicht, weil sie es nicht tun konnten: Wie wir im Verlauf der folgenden, auf der Arbeit Arrows und anderer beruhenden Diskussion sehen werden, darf man annehmen, dass die Märkte an sich weder in Bezug auf das Niveau noch in Bezug auf die Struktur von Innovationen effizient sind. Arrow erkannte, dass die Märkte an der Aufgabe scheitern, Wissen zu erzeugen und zu verbreiten (sei es durch die Zuteilung von Ressourcen für F&E oder durch Lernen). Daher sind Arrows Erkenntnisse über die Ökonomie von Lernprozessen – und über das durchgängige Versagen des Markts in Lernprozessen – unverzichtbar, wenn wir wirksame wirtschaftspolitische Maßnahmen gestalten wollen.

Die Analyse der Natur dieser Ineffizienzen – und ihrer Auswirkungen auf die Politik – erfordert die Entwicklung eines allgemeinen Gleichgewichtsmodells, in dem F&E bzw. Lernen ebenso wie die Marktstrukturen endogen sind. Die Ineffizienzen von Märkten sind zahlreich und vielschichtig. Beispielsweise werden wir erklären, warum manche Sektoren eher als andere geeignete Bedingungen für Lernprozesse bieten und warum manche Sektoren mehr externe Effekte (Spillover-Effekte auf andere Sektoren) erzeugen als andere. Wir werden sehen, dass in Sektoren, für die Lernen wichtig ist, zwar einerseits oft unvollkommener Wettbewerb herrscht, so dass die Produktion und das Lernen hinter ihrem optimalen Niveau zurückbleiben, weil die Unternehmen die Übertragung ihrer Lernerfolge auf andere Sektoren nicht berücksichtigen. Andererseits aber können die Produktion – und das Lernen – in diesen Sektoren gerade auch durch die Ausübung von Marktmacht eingeschränkt werden. Wir werden erklären, warum Schumpeters Einschätzung, diese Marktmacht sei nützlich (da sie die Finanzierung von Forschung erleichtere, für die ansonsten keine Mittel bereitgestellt würden) und ihr Missbrauch werde durch den schumpeterschen Wettbewerb beschränkt (einen Wettbewerb, in dem es darum geht, durch Innovation eine beherrschende Marktstellung zu erringen), nur unter Vorbehalten gilt. Schumpeters Auffassung vom Monopol war übermäßig optimistisch.

Weitere Ineffizienzen des Innovationsprozesses sind eine Folge von Unzulänglichkeiten der Kapital- und der Risikomärkte. Arrows und Debreus Darlegung zur Effizienz der Märkte beruhte nicht nur auf unrealistischen Annahmen über das Wesen des Wettbewerbs und der Innovationstätigkeit, sondern auch auf der Annahme, dass es Märkte für jegliche Art von Risiken sowie vollkommene Kapitalmärkte gibt. Wie wir in Kapitel 6 zeigen werden, treten die Mängel dieser Märkte, insbesondere in Zusammenhang mit Innovationen, nicht zufällig auf, sondern sind vielmehr ein fester Bestandteil von Innovationen.

Die Rolle des Staats bei der Schaffung einer lernenden Gesellschaft

Wenn Lernen und allgemeiner der Bereich Forschung und Entwicklung Grundvoraussetzungen für den Erfolg einer Volkswirtschaft sind und wenn nicht davon auszugehen ist, dass die Märkte effizient sind, wenn es um Entscheidungen geht, die sich auf die Geschwindigkeit des Lernens (oder von F&E) auswirken, dann ist die tiefverwurzelte Ablehnung staatlicher Eingriffe ein Fehler. Die Finanzkrise hat die Aufmerksamkeit auf die Rolle des Staats bei der Vermeidung von Krisen gelenkt. Verbreitete Umweltprobleme zeigen, wie wichtig der Staat in dem Bemühen ist, Umweltverschmutzung zu vermeiden und einen Klimawandel mit potentiell katastrophalen Folgen zu verhindern. Dies sind Beispiele für die Rolle des Staats bei der Vermeidung *negativer* externer Effekte. Die Produktion von Wissen führt zu *positiven* externen Effekten. Der Privatsektor erzeugt zu viele Güter, die negative externe Effekte hervorrufen. Daher muss der Staat Unternehmen, welche beispielsweise die Umwelt verschmutzen, finanziell entsprechend belasten oder die kontaminierenden Aktivitäten auf andere Art regulieren. Auf der anderen Seite erzeugt der Privatsektor zu wenige Güter, die mit positiven externen Effekten verbunden sind. Auch diese durch den Marktmechanismus hervorgerufene Verzerrung muss durch staatliche Maßnahmen korrigiert werden.

Diese Eingriffe sind jedoch komplexer als jene, die der Korrektur negativer externer Effekte dienen. Es gibt zum Beispiel begrenzte und eindeutig identifizierte ökologische Externalitäten und gutentwickelte Werkzeuge, um die diesen externen Effekten zugrundeliegenden Fehler des Marktes zu korrigieren. Es besteht auch weitgehende Einigkeit über die externen Effekte, die von unzureichend regulierten Finanzmärkten hervorgerufen werden können, und nach der Finanzkrise bildete sich sogar eine allgemein anerkannte Vorstellung von einer guten staatlichen Regulierung des Finanzsektors heraus. Aber Lernen berührt sämtliche Aspekte einer dynamischen modernen Volkswirtschaft, und das gilt gerade für Schwellenländer, die danach streben, sich in fortschrittliche Industrieländer zu verwandeln. Wenn der Markt im Hinblick auf Lernprozesse versagt, dann treffen die nachteiligen Folgen dieses Versagens die gesamte Volkswirtschaft. Sie sind diffus. Daher bedarf es umfassenderer staatlicher Eingriffe, um sie zu korrigieren oder zu vermeiden.

Viele der Fortschritte, auf denen unsere dynamische Wirtschaft beruht, hatten ihren Ursprung in staatlich finanzierter Forschung, und ohne die Unterstützung des Staates wären die Innovationen – und mit ihnen die Erhöhung unseres Lebensstandards – sehr viel langsamer vorangeschritten. Und viele der Fortschritte, die dem Privatsektor zugeschrieben werden können, wurden durch den gesetzlichen Rahmen zum Schutz geistigen Eigentums geprägt. Aber sowohl linke als auch rechte Kritiker halten diesen Rechtsrahmen keineswegs für ideal. Die einen behaupten, ein unzureichender Schutz der Rechte am geistigen Eigentum behindere die Innovationstätigkeit, während die anderen meinen, der Fortschritt werde durch einen irregeleiteten Schutz dieser Rechte gebremst, da die Gesetze vor allem dazu dienten, die Erträge beispielsweise der Pharmaindustrie zu sichern, anstatt den Lebensstandard zu heben. Doch welcher Position man auch zuneigt, es besteht Einigkeit darüber, dass eine staatliche Regulierung wichtig und unvermeidlich ist. Der Staat trägt Verantwortung für die »Schaffung einer lernenden Gesellschaft«. Wenn wir verstehen wollen, worin diese Verantwortung besteht und wie der Staat ihr am besten nachkommen kann, müssen wir zunächst verstehen, warum die Märkte für sich allein nicht »funktionieren« und wie Innovationen in unserer Gesellschaft tatsächlich stattfinden.

Die vorliegende Analyse geht daher von einer anderen Prämisse hinsichtlich staatlicher Eingriffe aus: Es wird angenommen, dass der Markt versagt und dass der Staat eingreifen muss, um die Fehler des Marktes zu korrigieren.

In diesem Buch geht es also um die Ökonomie der »lernenden Gesellschaft«, wobei wir uns insbesondere auf die Frage konzentrieren werden, wie der Staat das Wachstum fördern kann, indem er eine lernende Gesellschaft kreiert oder stärkt. In diesem Buch werden einfache Modelle beschrieben, in denen die Spillover-Effekte des Lernens klar identifiziert werden. Aus diesen Modellen werden Empfehlungen für politische Maßnahmen abgeleitet, die sich von den gängigen Empfehlungen zur Verbesserung der Allokationseffizienz ganz wesentlich unterscheiden. Es geht nicht einfach nur darum, dass wir den von uns identifizierten Maßnahmen zur Schaffung dynamischer Lernumfelder den Vorzug gegenüber klassischen wirtschaftspolitischen Lösungen geben, die auf der Prämisse einer statischen Allokationseffizienz und auf der Vorstellung beruhen, dass das Produktivitätswachstum im Wesentlichen von der Allokation des materiellen, geistigen und wissenschaftlichen Kapitals abhängt. Vielmehr sind wir besorgt, weil einige dieser klassischen politischen Lösungsansätze, obwohl gut gemeint, tatsächlich im Verdacht stehen, die Geschwindigkeit des gesellschaftlichen Fortschritts zu verringern und den Wohlstand langfristig zu untergraben. Das Bemühen, die statische Effizienz der Volkswirtschaft zu erhöhen, könnte Lernprozesse beeinträchtigen. Unsere Analyse bestätigt den Nutzen zahlreicher politischer Interventionen, die von Anhängern des neoklassischen Modells abgelehnt werden, und legt neue Maßnahmen nahe, die dabei helfen, eine dynamischere lernende Wirtschaft aufzubauen. In diesem Sinn ähnelt unsere Analyse derjenigen Schumpeters, der die herkömmliche Wirtschaftstheorie mit dem Argument kritisierte, sie messe dem Wettbewerb eine zu große Bedeutung bei.[24] Aber während Schumpeter berechtigte Kritik an der neoklassischen Ökonomie vorbrachte, formulierte er nie eine kohärente Analyse oder eine positive Theorie. Die Folge dessen war, dass er einige falsche normative Schlüsse zog. Wie wir sehen werden, war er zum Beispiel zu sehr davon überzeugt, dass allein seine eigene Vorstellung von Wettbewerb die Gewähr für eine dynamische Volkswirtschaft böte, und er schätzte die Auswirkungen von (zeitweiligen) Monopolen übertrieben optimistisch ein.

Die Neubewertung der Politik ist vor allem für Entwicklungs- und Schwellenländer bedeutsam. Wie bereits erwähnt, hat der wirtschaftliche Unterschied zwischen entwickelten und weniger entwickelten Ländern seinen Ursprung nicht einfach in einer Ressourcenlücke, sondern in einer Wissenslücke. Die Entwicklungspolitik sollte sich darauf konzentrieren, diese Wissenslücke zu schließen. Die Aufgabe besteht also darin, Lernen zu fördern. Das ist beispielsweise eines der zentralen Ziele der modernen Industriepolitik, die danach strebt, die Entwicklung bestimmter Wirtschaftssektoren und Technologien durch bessere Fähigkeiten zum Lernen und stärkere Spillovers (»Überlaufeffekte«) auf andere Sektoren voranzutreiben. (Ursprünglich diente die Industriepolitik der Unterstützung des Industriesektors, aber mittlerweile hat sie ein sehr viel größeres Einsatzgebiet und umfasst sämtliche politischen Maßnahmen, die dazu dienen, bestimmte Sektoren oder Technologien zu fördern. So fallen auch Maßnahmen zur Entwicklung des Agrarsektors, der Forschung oder des Dienstleistungssektors unter den Begriff der *Industriepolitik.*)[25] Eine Politik, die Lernprozesse behindert – indem sie beispielsweise den Einsatz der Industriepolitik begrenzt –, wird langfristig den Wohlstand schmälern.[26] Dies ist nur eines von vielen Beispielen, angesichts derer wir die Ansicht vertreten, dass traditionelle entwicklungspolitische Ansätze wie jene, die auf dem Washington-Consensus beruhen, in die Irre führen: Gut durchdachte Handelsbeschränkungen, Subventionen und Wechselkursinterventionen können dazu beitragen, das Lernen zu fördern. Darüber hinaus meinen wir, dass eine Beseitigung der Beschränkungen für ausländische Direktinvestitionen, wie sie in Handels- und Investitionsabkommen vorgesehen ist, Lernvorgänge behindern könnte.

Am deutlichsten zeigt sich der Gegensatz zwischen unserem Ansatz und dem der herkömmlichen Entwicklungspolitik an der Rolle der Institutionen. In der maßgeblichen Literatur wird häufig die Rolle von Institutionen zum Schutz des geistigen Eigentums betont. Da Wissen immer wichtiger wird, gewinnen die Rechte am geistigen Eigentum und die ihrem Schutz dienenden Einrichtungen an Bedeutung. Wir vertreten eine umfassendere Sichtweise: Rechte an geistigem Eigentum schaffen zwar Anreize für Innovationen, aber es gibt noch weitere derartige Institutionen, die ebenso wichtig oder sogar wichtiger sind. Wir stellen deshalb die Frage, welche Institutionen eine lernende Gesellschaft fördern. Und wir befürworten Regelungen für die Rechte am geistigen Eigentum, die sich deutlich von den im TRIPS-Abkommen der Welthandelsorganisation (WHO) vereinbarten unterscheiden. Tatsächlich vertreten wir die Auffassung, dass fehlerhaft gestaltete »strenge« Regelungen zum Schutz geistigen Eigentums das Lernen und die Innovationstätigkeit behindern.

Es gibt zahlreiche Bereiche, in denen unser Ansatz zu politischen Empfehlungen führt, die denen des Washington-Consensus widersprechen: Wir sind gegen Maßnahmen zur Liberalisierung der Finanzmärkte, die normalerweise Bestandteil bilateraler Handelsabkommen sowie des Abkommens über Finanzdienstleistungen der WHO sind. Wir werden erklären, warum die Liberalisierung des Handels und der Kapitalmärkte oft nicht zu dem erhofften Wachstum geführt hat, und wir werden Vorschläge zu Abwandlungen dieser Maßnahmen vorlegen, die Lernen begünstigen.

In diesem Buch geht es vor allem um die Frage, wie Lernen am besten gefördert werden kann, wie die kurzfristigen (statischen) Kosten der erforderlichen Interventionen dank der durch schnelleres Lernen erzielten dynamischen Gewinne ausgeglichen werden können und wie die Eingriffe am besten gestaltet werden sollten. Aber die Debatte über staatliche Eingriffe kreist im Wesentlichen um politökonomische Probleme. Diese sollen und können nicht außer Acht gelassen werden. Wir werden darlegen, warum wir uns eher um die *Art* staatlicher Eingriffe Gedanken machen sollten als darüber, *ob* der Staat eingreifen soll.

Eine neue Definition der Theorie des komparativen Vorteils

Der vielleicht bedeutsamste Unterschied zwischen diesem Buch und klassischen Ansätzen besteht darin, dass wir die Ansicht vertreten, dass es ein Infant-Economy-Argument für den Schutz einer sich entfaltenden Volkswirtschaft gibt. Das Wachstum kann angeregt und der Lebensstandard kann erhöht werden, indem man sich über den scheinbaren komparativen Vorteil einer Volkswirtschaft *hinwegsetzt* und Beschränkungen des Außenhandels vornimmt, die die Industrialisierung fördern. Aber wir vertreten auch eine grundsätzlich andere Definition des komparativen Vorteils. Die traditionelle Theorie, die zum Beispiel von Heckscher und Ohlin vertreten wurde, beruhte auf der Vorstellung, dass Wissen uneingeschränkt verfügbar sei, und konzentrierte sich auf die relative Faktorausstattung:[27] Portugal exportiert Wein, weil es über ein für den Weinanbau geeignetes Klima verfügt, während England Textilien exportiert. Länder, die ungeschulte Arbeitskräfte im Überfluss haben, exportieren arbeitsintensive Güter.

Paul Krugman hat ausgehend vom Dixit-Stiglitz-Modell der Produktdifferenzierung gezeigt, dass es neben der Faktorausstattung noch etwas anderes gibt: Er stellte fest, dass der Großteil des Handels heute zwischen Ländern mit ähnlicher Faktorausstattung stattfindet.[28] Und diese Länder handeln untereinander oft mit ähnlichen Produkten. Deutschland exportiert Autos in die USA, und die USA exportieren Autos nach Deutschland. Aber das Krugman-Dixit-Stiglitz-Modell erklärt nicht, warum Deutschland jene Art von Autos exportiert, die es exportiert. Es liegen hier multiple Gleichgewichte vor: Die USA hätten einen Pfad einschlagen können, an dessen Ende sie dieselbe Art von Autos wie Deutschland exportiert hätten und umgekehrt. Unsere Analyse legt die Vermutung nahe, dass diese Muster großenteils nicht einfach zufällig zustande kommen, sondern dass sie vielmehr von der grundlegenden

Ausstattung eines Landes abhängen – von seinem Wissen und seiner Lernfähigkeit.

Justin Lin unterscheidet zwischen einer Industriepolitik, die sich über komparative Vorteile hinwegsetzt und seiner Meinung nach scheitern dürfte, und industriepolitischen Maßnahmen, die komparativen Vorteilen Rechnung tragen und zu einer erfolgreichen Entwicklung Erhebliches beitragen können.[29] Diese Unterscheidung birgt eine wichtige Einsicht, aber die entscheidende Frage lautet: Was ist die *Ausstattung* eines Landes, und welchem Teil der Ausstattung verdankt es seinen komparativen Vorteil? Das entspricht der Frage nach den relevanten *Zustands*variablen, das heißt jenen, die den in einem bestimmten Zeitpunkt herrschenden Zustand einer Volkswirtschaft beschreiben. Und wie sieht die »Umwelt« aus, mit der wir die Ausstattung eines Landes vergleichen müssen, das heißt, worin besteht die *relevante* Ausstattung anderer Länder?

Die herrschende Einschätzung ist, dass nicht der statische, sondern der dynamische komparative Vorteil ausschlaggebend ist. Südkorea hatte keinen komparativen Vorteil in der Erzeugung von Halbleitern, als es mit dem Umbau seiner Industrie begann. Sein statischer komparativer Vorteil lag in der Produktion von Reis. Hätte es sich an seinen statischen komparativen Vorteil gehalten (was viele neoklassische Ökonomen empfohlen hätten), dann wäre dies sein komparativer Vorteil geblieben. Dann wäre Südkorea heute möglicherweise der beste Reisproduzent der Welt, aber es wäre noch immer arm. Doch der dynamische komparative Vorteil eines Landes ist *endogen:* Er ist ein Ergebnis dessen, was dieses Land tut. Hier haben wir es anscheinend mit einer Zirkularität zu tun. Die entscheidende Frage lautet: Was sollte ein Land heute tun, um einen dynamischen komparativen Vorteil zu erringen?

Den statischen komparativen Vorteil eines Landes zu ermitteln, ist schwierig. Seinen dynamischen komparativen Vorteil zu bestimmen, ist noch schwieriger. Wie wir festgestellt haben, konzentriert sich die herkömmliche Schätzung komparativer Vorteile auf die Faktorausstattung (das heißt auf das Verhältnis zwischen Kapital und Arbeit). Wenn aber Kapital hochgradig mobil ist, dann dürfte die Kapitalausstattung sogar für den statischen komparativen Vorteil nur von geringer Bedeutung sein. Meist verhält es sich jedoch anders: Kapital – oder genauer gesagt, die Kenntnis der verschiedenen Faktoren wirtschaftlicher Erträge, die erforderlich ist, um Kapital effizient einzusetzen – ist im internationalen Rahmen nicht vollkommen frei beweglich. Dasselbe gilt für das Wissen darüber, wie effektiv ein bestimmtes Unternehmen verschiedene Inputs einsetzt, wenn es bestimmte Outputs erzeugt und vermarktet. Das bedeutet, dass ein Bewohner des Landes *j* für Investitionen in Land *i* möglicherweise eine höhere Kapitalrendite verlangt als für Investitionen im eigenen Land. In der Praxis ist also auch die Kapitalmobilität keineswegs vollkommen.

Die Zustandsvariablen, die sich auf den komparativen Vorteil auswirken, hängen mit jenen Faktoren zusammen, die nicht mobil sind, und dies sind in unterschiedlichem Umfang Wissen, Arbeit und Institutionen.

Multinationale Unternehmen können Wissen über Ländergrenzen hinweg vermitteln. Hochqualifizierte Arbeitskräfte sind ebenfalls über Grenzen hinweg mobil. Im Rahmen der Migration wandern ungelernte Arbeitskräfte in großer Zahl aus, in den meisten Fällen jedoch ohne dass dies die Ausstattung des Herkunfts- oder des Gastlandes signifikant verändert. Selbst Institutionen können manchmal effektiv Grenzen überschreiten, beispielsweise dann, wenn zwei multinationale Vertragsparteien vereinbaren, dass Streitigkeiten in London und nach britischem Recht beigelegt werden. Aber die wirtschaftliche Leistung und die Frage, wie (und ob) Individuen und Organisationen lernen und anpassungsfähig sind, wird von Verhaltensnormen und dem impliziten Wissen über die üblichen Formen der Interaktion der beteiligten Akteure beeinflusst. Dieses implizite Wissen überträgt sich normalerweise nicht mit Leichtigkeit von einem Land auf ein anderes. (Wie wir sehen werden, fließt es nicht einmal zwischen oder innerhalb von Unternehmen mit Leichtigkeit. Es gibt natürliche Hindernisse für den Strom des Wissens, darunter Anreize für die Marktteilnehmer, die Weitergabe von Wissen zu behindern.)

Die in unseren Augen bedeutsamste Ausstattung eines Landes besteht in der Lernfähigkeit seiner Gesellschaft (die wiederum vom Wissen der Gesellschaft, von ihrem Wissen über das Lernen selbst und von ihrem Wissen über ihre eigene Lernfähigkeit beeinflusst wird). Diese Lernfähigkeit ist meist in bestimmten Bereichen besonders stark und in anderen weniger stark ausgeprägt. In diesem Buch versuchen wir zu zeigen, dass die Politik eines Landes so gestaltet werden muss, dass es seinen komparativen Vorteil gegenüber seinen Konkurrenten durch sein Wissen und seine Lernfähigkeit nutzen kann. Dies umfasst nicht nur die Fähigkeit, eine bestimmte Technologie zu erlernen, sondern auch die Fähigkeit, zu lernen, wie man lernt, und die Weiterentwicklung dieser Kenntnisse und Fähigkeiten voranzutreiben. Selbst wenn ein Land in der Lage ist, zu lernen, wie man Computerchips baut, wird es im Wettbewerb zurückfallen, wenn seine Lernfähigkeit insgesamt geringer ist als die seiner Konkurrenten. Trotzdem fällt jedes Land in der Praxis Entscheidungen darüber, in welchen Bereichen es lernen will. Es gibt natürliche Nichtkonvexitäten im Lernen, das heißt Vorteile der Spezialisierung. Entscheidet sich ein Land, zu lernen, wie man Chips erzeugt, so wird es in einigen anderen Bereichen weniger lernen. Gleichzeitig kann das neuerworbene Wissen auf verwandte Technologien übertragen werden – zum Beispiel auf die Nanotechnologie. Aber die Bereiche, die in den Genuss von Spillover-Lerneffekten kommen, müssen nicht notwendigerweise nah an der Ursprungstechnologie liegen. So kann es beispielsweise zu Spillovers dank ähnlicher Produktionsverfahren kommen (wie im Fall der Just-in-time-Produktion oder der Fertigungsstraße). Deshalb lässt sich die Entwicklung des komparativen Vorteils so schwer voraussagen.

Die herkömmliche volkswirtschaftliche Analyse kann Aufschluss über den gegenwärtigen (statischen) komparativen Vorteil eines Landes geben. (Zum Beispiel: Welches sind in einem Land mit einer reichlichen Zahl an ungelernten Arbeitskräften beim gegenwärtigen Entwicklungsstand der Technologie diejenigen Güter, die unter einem vergleichsweise hohen Einsatz an ungelernter Arbeit hergestellt werden?) Es ist jedoch sehr viel schwieriger, den durch die dynamischen Lernfähigkeiten definierten komparativen Vorteil zu bestimmen. Ein Grund für diese zusätzliche Schwierigkeit ist, dass dieser Vorteil davon abhängt, wie andere Länder ihren dynamischen komparativen Vorteil einschätzen und wie groß ihre Bereitschaft ist, Ressourcen aufzuwenden, um diesen Vorteil zu vergrößern. Egal ob nun die Vereinigten Staaten, Japan oder Südkorea anfangs einen dynamischen komparativen Vorteil in der Produktion von Computerchips hatten: Sobald Südkorea genug investiert hatte, um mehr über eine bestimmte Art der Chipproduktion zu lernen, wurde es für andere Länder schwierig, Südkorea zu verdrängen. Dies wäre einem anderen Land nur mit einem »Quantensprung« (einem größeren Entwicklungssprung) gelungen. Ob ein solches Manöver möglich ist, hängt nicht nur von den Fähigkeiten und der Investitionsbereitschaft der zuvor überlegenen Länder ab, sondern auch von der Reaktion des vorgerückten Landes auf die Bedrohung vonseiten der Konkurrenz.[30]

Ein Blick darauf, was andere Länder mit ähnlichen Pro-Kopf-Einkommen in der Vergangenheit taten oder was Länder mit einem geringfügig höheren Pro-Kopf-Einkommen heute tun (wie Lin vorschlägt), kann mit Einschränkungen hilfreich sein. Die heutige Welt unterscheidet sich jedoch von der früheren (sowohl in geoökonomischer und geopolitischer Hinsicht als auch im Hinblick auf die Technologie). Um sich auf dem Textilmarkt im globalen Wettbewerb zu behaupten, braucht man heute andere Fähigkeiten und Kenntnisse als noch in der jüngeren Vergangenheit. Ein Land, das einen wirtschaftlichen Rückstand hat und in einen bestimmten Markt eintreten will, kann also in der Lage sein, ein anderes Land, das einen komparativen Vorteil in der Erzeugung des betreffenden Produkts hat, zu verdrängen. Und diesem Land kann es in diesem Prozess gelingen, sich einen komparativen Vorteil auch in einem anderen Bereich zu verschaffen.

Kurz gesagt erscheint die Theorie des dynamischen komparativen Vorteils unter Berücksichtigung von Lernprozessen in einem neuen Licht: Zwar erschwert sie die Formulierung von Entwicklungsstrategien, macht sie zugleich damit aber auch interessanter. Weniger weit entwickelte Länder können heute nicht einfach die Entwicklungsmuster kopieren, die früher galten. Mittlerweile sollte das offenkundig sein. Diejenigen Länder, die Anfang bis Mitte des 20. Jahrhunderts die Strategie der Industrialisierung nachahmten, die im 19. Jahrhundert die Grundlage für den Erfolg der Vereinigten Staaten und Deutschlands schuf, sind gescheitert. Afrikanische Länder, die heute versuchen, die exportorientierte Wachstumsstrategie der ostasiatischen Länder zu übernehmen, könnten irgendwann einmal feststellen, dass diese Strategie in ihrem Fall sehr viel weniger erfolgreich ist als im letzten Drittel des 20. Jahrhunderts in Asien. Zwar loben Entwicklungsexperten die exportorientierte Wachstumsstrategie Ostasiens, aber diese Region verdankt ihren Erfolg nicht dem Wachstum der Exporte an sich, sondern dem Anstieg bestimmter Ausfuhren, die mit einem hohen Maß an Lernen einhergingen. Andere Länder, die exportorientierte Wachstumsstrategien verfolgen, aber Güter ausführen, deren Erzeugung keine solchen Lernfortschritte mit sich bringt, könnten bitter enttäuscht werden.

Dies zeigt, dass die Lernperspektive eine Neudefinition grundlegender Konzepte erforderlich macht, wie zum Beispiel jener des komparativen Vorteils, der politischen Intervention und der Entwicklungsstrategie. Wenn wir die Entwicklung aus der Perspektive des Lernens betrachten, müssen wir zwangsläufig auch andere etablierte Ansichten überdenken. Wir haben bereits darauf hingewiesen, dass unsere Theorie Zweifel am Nutzen der Idee eines aggregierten Produktionsmodells weckt. Vor allem an einem Modell, das auf der Annahme beruht, alle Unternehmen (zum Beispiel alle Unternehmen in einem Land) besäßen dasselbe Wissen und dieselbe Fähigkeit, Inputs in Outputs umzuwandeln. In Kapitel 2 werden wir deshalb das Konzept der Produktionsmöglichkeitenkurve untersuchen, und in Kapitel 4 setzen wir uns mit der vor einem Dreivierteljahrhundert von Ronald Coase aufgeworfenen Frage nach den Grenzen des Unternehmens auseinander und untersuchen, welche Aktivitäten innerhalb des Unternehmens stattfinden und welche Güter und Dienstleistungen auf dem Markt getauscht werden.

Kapitel 2

Zur Bedeutung des Lernens

In Kapitel 1 haben wir die These aufgestellt, dass sich die jüngsten 200 Jahre der Moderne von den vorangegangenen Jahrtausenden durch das Phänomen des *Lernens* unterscheiden: Wir haben gelernt, wie wir die Produktivität erhöhen und gegebene Inputs in höhere Outputs umwandeln können. Dabei lassen sich zwei Aspekte des Lernens unterscheiden. Zum einen gibt es da eine immer weiter fortschreitende Verbesserung der bewährten Methoden (Best Practices), die zur Erhöhung der Produktivität jener Unternehmen führt, die das gesamte verfügbare Wissen und die vorhandene Technologie einsetzen. Sodann gibt es die Produktivitätszuwächse von Unternehmen, welche gerade im Begriff sind, die bewährten Methoden zu übernehmen. Die Unterscheidung ist möglicherweise ein wenig künstlich: Vielleicht existiert kein Unternehmen, das die jeweilige beste Methode in jedem Bereich seiner Tätigkeit anwendet. Ein Unternehmen A holt möglicherweise in einem Bereich einen Rückstand gegenüber einem Unternehmen B auf, während Unternehmen B in einem anderen Bereich einen Rückstand gegenüber Unternehmen A aufholt. In Entwicklungsländern mag die Mehrheit der Unternehmen damit beschäftigt sein, jene Methoden zu übernehmen, die von den Unternehmen in den entwickelten Ländern angewandt werden. Aber der eigentliche Unterschied zwischen den weiter- und den weniger weit entwickelten Ländern ist, dass in letzteren der größere Teil der Unternehmen von den bewährten Methoden merklich entfernt ist und dass die Produktivität dieser Unternehmen weiter hinter jener der Spitzenreiter herhinkt.

Auch wenn wir uns in diesem Buch mit beiden Aspekten

des Lernens beschäftigen, glauben wir, dass besonders das Lernen, bei dem es ums Aufholen geht, in der volkswirtschaftlichen Theorie zu kurz gekommen ist. Diese Art von Lernen ist entscheidend für die Verbesserung des Lebensstandards, und zwar insbesondere in den Entwicklungsländern. Aber wie wir bereits in Kapitel 1 festgestellt haben, sind die beiden Formen des Lernens eng miteinander verknüpft. Gerade weil die innovativsten Unternehmen die Best Practices verbessern, sind die übrigen ständig damit beschäftigt aufzuholen.

Robert Solow und die Autoren, die sich auf sein Werk beziehen, haben gezeigt, was vielen offensichtlich erscheint: wie wichtig Lernen ist, um den Lebensstandard zu erhöhen. In den ersten drei Abschnitten dieses Kapitels werden wir weitere makro- und mikroökonomische Belege für die Bedeutung des Lernens vorstellen. Dabei heben wir insbesondere die Lücke hervor, die zwischen den Best Practices und der Produktivität der meisten Unternehmen klafft. Wir sind der Ansicht, dass diese Lücke sehr viel bedeutsamer ist als die traditionellen Allokationsineffizienzen, auf die sich die Volkswirtschaftslehre konzentriert hat, und wir werden zeigen, dass sie mit dem Lernen zu tun hat – oder, um genauer zu sein, mit einem Mangel an Lernen.

Im letzten Abschnitt liefern wir den theoretischen Kontext, innerhalb dessen sich über die Quellen eines nachhaltigen Anstiegs des Lebensstandards nachdenken lässt. Dabei verwenden wir die bekannte Unterscheidung zwischen Verschiebungen der Grenze der Produktionsmöglichkeiten und der Bewegungen hin zu einer feststehenden Produktionsmöglichkeitengrenze. Anschließend erklären wir, warum wir dem Lernen so große Bedeutung beimessen.

Makroökonomische Sichtweisen

Es gibt eine Reihe von empirischen Argumenten für die Bedeutung des Lernens. Das erste dieser Argumente ist einfach: Theoretisch ist Spitzentechnologie global verfügbar. Daher sollten alle Länder mit genügend Kapital und einer ausreichenden Zahl geschulter Arbeitskräfte (oder einer ausreichenden Mobilität von Kapital und geschulten Arbeitskräften) einen vergleichbaren Lebensstandard genießen. Unterschiede zwischen ihnen ergäben sich einzig aufgrund jener wirtschaftlichen Renten, die durch den Besitz von Rechten an geistigem Eigentum und ein bestimmtes Faktorangebot bedingt sind. Faktisch jedoch bestehen zwischen den einzelnen Volkswirtschaften erhebliche Unterschiede, was die Wirtschaftsleistung und den Lebensstandard betrifft. Diese Unterschiede sind derart groß, dass sie sich keineswegs allein durch das unterschiedliche Faktorangebot erklären lassen.[1] Das betrifft auch viele leistungsschwache Volkswirtschaften mit hoher Kapitalintensität (insbesondere die früheren sozialistischen Volkswirtschaften) und gutausgebildeten Arbeitskräften. In Tabelle 2.1 werden die ehemaligen sozialistischen Länder mit ähnlichen nichtsozialistischen Ländern unmittelbar nach dem Zusammenbruch des Modells einer staatlich gelenkten Wirtschaft verglichen.

Die sozialistischen Volkswirtschaften entwickelten sich in der Mehrzahl der Fälle nach dem Zweiten Weltkrieg schneller als die Volkswirtschaften der nichtsozialistischen Vergleichsländer. In der Tschechoslowakei kam die Industrialisierung schneller voran als in Österreich. Finnland war das vielleicht ärmste Land im Baltikum. Spanien, ein großes katholisches Agrarland, war ärmer als das sozialistische katholische Agrarland Polen. Taiwan, das viele Jahre von den Japanern besetzt war, entwickelte sich langsamer als China. Vietnam und Kambodscha entwickelten sich zumindest so gut wie Thailand. Und in Nordkorea wuchs die Industrie schneller als in Südkorea. In den vier Jahrzehnten bis zum Zusammenbruch des Kommunismus Ende der 1980er

Tabelle 2.1:
Die Lebensqualität in verschiedenen Regionen der Welt, 1992 bis 1994 (Angabe zum Pro-Kopf-BIP in US-Dollar)

	Vormals zentralverwaltungswirtschaftliches System			**Dezentrales Wirtschaftssystem**		
Region	**Land**	**BIP pro Kopf**	**Lebenserwartung**	**Land**	**BIP pro Kopf**	**Lebenserwartung**
Baltikum	Litauen, Lettland, Estland	7800	70,4	Finnland	16 150	76.2
Mitteleuropa	Tschechien	7350	73,5	Österreich	17 500	76,9
Landwirtschaftlich geprägte Teile Europas	Polen	4920	73,1	Spanien	13 125	77,9
China	China	2500	68,1	Taiwan	12 070	75,5
Südostasien		870	55,3	Thailand	5970	68,4
Korea	Nordkorea	920	70,1	Südkorea	11 270	70,9
Ungewichteter Durchschnitt		4060	68,4		12 681	74,3

Quelle: Greenwald und Khan (2009)

Jahre wandten die sozialistischen Länder die herkömmlichen Wachstumsrezepte an, bestehend aus Kapitalakkumulation und Bildung. Diese Länder wiesen hohe Spar- und Investitionsraten auf – in vielen Fällen lagen die Werte deutlich über denen der westlichen Volkswirtschaften –, und sie investierten sogar intensiv in die Bildung, insbesondere in die technische Ausbildung, die direkt für die Produktion relevant schien (und sogar für einige Formen von Innovation). Aber am Ende dieser Zeit war ihre Wirtschaftsleistung trotzdem weniger – und in etlichen Fällen sehr viel weniger – als halb so hoch wie die der Vergleichsländer.

Die Volkswirtschaften auf der einen Seite des Eisernen Vorhangs entwickelten sich dank einer stetigen Steigerung ihrer Wirtschaftsleistung. Dagegen waren die Volkswirtschaften auf der anderen Seite weitgehend unfähig dazuzulernen, selbst wenn sie in der Akkumulation von Produktionsfaktoren mehr Erfolg hatten und in einigen Fällen sogar einen Vorsprung bei der Entwicklung fortschrittlicher Produkte besaßen (für Letzteres bildet der Sputnik ein Beispiel). Diese Länder – und die Unternehmen in diesen Ländern – waren nicht nur unfähig zu produktivitätswirksamen Innovationen, sondern sie schafften es auch nicht, die Innovationen und die bewährten Methoden zu übernehmen, die in anderen Teilen der Welt entwickelt wurden.

Es liegt auf der Hand, dass die Unterschiede zwischen der sozialistischen Planwirtschaft und der Marktwirtschaft nicht einfach mit statischen Ineffizienzen zu erklären sind (das heißt mit solchen, die das Ergebnis dysfunktionaler Anreizsysteme und einer falschen Ressourcenallokation sind). Wäre dies das wesentliche Problem gewesen, dann wäre die Entwicklungslücke rasch durch den Übergang von der Plan- zur Marktwirtschaft geschlossen worden. Die Einführung von Marktpreisen und Anreizstrukturen hätte die statischen Ineffizienzen beseitigt. Stattdessen ging die Produktion in den meisten Ostblockländern zurück.[2] Das bedeutet natürlich nicht, dass zum Beispiel dysfunktionale Anreizstrukturen keine Rolle gespielt hätten. Als China seine kollektive Landwirtschaft durch ein System der individuellen Verantwortung ersetzte, nahm die

Produktivität rasch zu – aber auch unter den neuen Bedingungen blieb sie deutlich hinter der Produktivität in den Marktwirtschaften zurück. Ihre Größe und ihre Entwicklung im Lauf der Zeit (sowohl vor als auch nach dem Ende des Kommunismus) deuten darauf hin, dass die Unterschiede nicht einfach statischen Ineffizienzen zugeschrieben werden können.

Dasselbe Argument gilt selbstverständlich für alle Veränderungen im Lauf der Zeit. Weltweit sind dieselben Neuerungen verfügbar, insbesondere zahlreiche technologische, die nicht durch Rechte am geistigen Eigentum geschützt sind. Trotzdem verläuft der technologische Wandel sehr verschieden, und diese Unterschiede können nicht mit dem unterschiedlichen Wandel anderer Faktorinputs erklärt werden.[3] Auch hier ist ein Blick auf die Transformationsländer aufschlussreich. Tatsächlich lässt sich die Bedeutung des Lernens und der Lernfähigkeit am besten anhand der Erfahrung dieser Volkswirtschaften seit ihrem Übergang von der Plan- zur Marktwirtschaft illustrieren. Die Zunahme der Wirtschaftsleistung nach dem Übergang ist keineswegs einheitlich verlaufen. Einige Länder haben sich schnell und erfolgreich angepasst. Von 1975 bis 1980 meldete China einen durchschnittlichen jährlichen Anstieg des Pro-Kopf-Einkommens um 4,1 Prozent. Nachdem die Bedingungen, unter denen die dortigen Unternehmen arbeiten und lernen konnten, geändert worden waren, beschleunigte sich das Wachstum zwischen 1980 und 1985 auf 8,4 Prozent im Jahr, und seit 1985 liegt die jährliche Zuwachsrate bei etwa 10 Prozent.

Dieser rasante Wandel kann weder der Bildung noch der Kapitalakkumulation zugeschrieben werden.[4] Eine Reform des Bildungswesens würde erst nach acht Jahren besser ausgebildete Arbeitskräfte hervorbringen (aufgrund einer Ausbildung, die vor einer Reform begonnen hat, sind die älteren Jahrgänge nicht ausreichend qualifiziert), und diese Absolventen würden das Qualifikationsniveau der Arbeitskräfte in ihrer Gesamtheit erst im Lauf der Zeit langsam heben.[5]

Was die Kapitalakkumulation anbelangt, so hätte sich das Wachstum nur um 1,25 Prozent erhöht, selbst wenn die Investitionsquote (der Anteil der Investitionen am Bruttoinlandsprodukt) um 25 Prozent gestiegen wäre und die Investitionen eine reale Rendite von 5 Prozent abgeworfen hätten; auch bei einer realen Rendite von 10 Prozent wäre die Wachstumsrate lediglich um 2,5 Prozent angehoben worden. Entscheidend hingegen war offensichtlich die Wirksamkeit, mit der Kapital und Arbeit unter Verwendung der vorhandenen und weltweit zugänglichen Technologien eingesetzt wurden.

Natürlich trugen bessere Anreize[6], zum Beispiel in der Landwirtschaft, sowie die Verringerung der sektoralen Fehlallokation von Ressourcen zum Wachstum Chinas bei. Produktivitätszuwächse infolge der Beseitigung einer statischen Ineffizienz ermöglichten eine bedeutsame einmalige (oder kurzlebige) Erhöhung der Produktivität (damit werden wir uns später noch eingehender befassen). Aber während dies für die Landwirtschaft (im Großen und Ganzen) zutraf,[7] fällt auf, dass die wichtigsten Wachstumsquellen im verarbeitenden Gewerbe zu finden waren, in dem deutliche und dauerhafte Verbesserungen bei Produktivität, Qualität und Verfahren zu beobachten waren.

In anderen ehemals sozialistischen Ländern stiegen die Pro-Kopf-Einkommen sehr viel langsamer an.[8] Die baltischen und viele osteuropäische Länder lernten im Allgemeinen sehr viel langsamer als die asiatischen Länder China und Vietnam (zumindest gemessen am gesamten Produktivitätswachstum[9]). Als sie schließlich schneller zu wachsen begannen, beruhte dieses Wachstum oft auf einer Immobilienspekulationsblase: Die Praktiken im Finanzsektor – sowohl gute als auch schlechte – scheinen sich besonders schnell über die Grenzen hinweg zu verbreiten.

Auch in Indien beschleunigte sich das Wachstum nach den Wirtschaftsreformen in den 1980er Jahren. Es waren diese Reformen und nicht die spätere Liberalisierung des Handels, die das rasche Wachstum in Indien vorantrieben.[10]

Andere Länder, seien es ehemals sozialistische Länder oder solche in Lateinamerika, Afrika und Teilen Asiens, warten noch auf hohe Wachstumsraten, und das, obwohl viele von ihnen die allgemein anerkannten marktwirtschaftlichen Prinzipien übernommen haben, Zugang zu globaler Technologie haben, hohe Sparquoten aufweisen, eine vernünftige makroökonomische Politik betreiben und gutentwickelte Bildungssysteme besitzen. Diese Länder scheitern in erster Linie an der Aufgabe, die weltweit bereits vorhandene Technologie zu übernehmen und *innerhalb der einzelnen Sektoren* die Ressourcen effektiv einzusetzen. Sie blieben innerhalb der Grenzen ihrer *theoretischen* Produktionsmöglichkeiten gefangen.

Mikroökonomische Sichtweisen

Selbst in hochentwickelten Volkswirtschaften wie jener der Vereinigten Staaten oder Japans gibt es zahlreiche Belege dafür, dass die meisten Unternehmen deutlich hinter ihrer theoretischen Leistungsfähigkeit, das heißt hinter den Best Practices ihrer Branche, zurückbleiben.[11] Die Unternehmen können ihre Produktivität also deutlich anheben, indem sie sich den Grenzen ihrer Produktionsmöglichkeiten annähern.[12] Obwohl die nichtrealisierten potentiellen Gewinne ohne Spitzenforschung und dynamische Entwicklung irgendwann aufgebraucht wären, trägt »Lernen« zur Ausschöpfung der vorhandenen Chancen und die Verbreitung der existierenden Technologie in der Praxis *zu jedem gegebenen Zeitpunkt* mehr zum Produktivitätswachstum bei als technologische Verbesserungen an vorderster Front.

Einer der auffälligsten Aspekte bei Studien zur Produktivität von Unternehmen ist, dass zwischen den einzelnen Firmen erhebliche und nachhaltige Produktivitätsunterschiede bestehen, und zwar sowohl auf der Ebene des Gesamtoutputs als auch auf der Ebene der individuellen Prozesse, die den Gesamtoutput hervorbringen. Baily *et al.* haben erstmals Produktivitätsunterschiede im Verhältnis von zwei zu eins zwischen den führenden Unternehmen in einem Industriezweig und dem Industriedurchschnitt nachgewiesen;[13] diese Ergebnisse wurden von Folgestudien mehrheitlich bestätigt.[14]

Tabelle 2.2 enthält ein Beispiel aus dem Bereich der Lebensversicherungen. Die Versicherungsgesellschaft Northwestern Mutual ist in ihrem Bereich Branchenführerin. Deren Kosten für die Abwicklung von Versicherungsprämien beliefen sich im Betrachtungszeitraum auf 40 Prozent des Betrags, den ein durchschnittlicher Anbieter wie Phoenix Mutual zu verzeichnen hatte, und auf weniger als ein Drittel des Satzes des weit abgeschlagenen Nachzüglers Connecticut Mutual. Bereinigt man die Zahlen um die Einflüsse von betrieblichen Unterschieden wie Produktmix und Organisationsform (zum Beispiel eigene Vertreter gegenüber unabhängigen Maklern), so war der Leistungsvorsprung von Northwestern sogar noch größer. Beispielsweise verkaufte Northwestern einen größeren Anteil von befristeten Lebensversicherungen (im Gegensatz zu Versicherungen mit unbegrenzter Laufzeit) als seine Konkurrenten. Diese zeitlich begrenzten Versicherungspolicen mit niedrigeren Prämien erfordern normalerweise einen höheren Verwaltungsaufwand pro Prämien-Dollar als Policen mit unbegrenzter Laufzeit.

In Tabelle 2.2 fällt auch ein weiteres Merkmal auf, das Aufschluss über die Leistungsunterschiede innerhalb einer Industrie gibt: Es gibt nur eine bestenfalls geringe Konvergenz zwi-

Tabelle 2.2:
Kennzahlen für Lebensversicherungsgesellschaften (Verwaltungskosten in Relation zu den Prämien in v. H.)

Jahr	**Connecticut Mutual**	**Phoenix Mutual**	**Northwestern Mutual**
1988	20,9	16,7 (17,6)	6,8
1989	19,8	15,7	6,9
1990	20,2	14,9	7,4
1991	20,9	15,6 (18,2)	6,3

schen den Produktivitätswerten der führenden Unternehmen und ihren weniger effizienten Konkurrenten. (Im Anhang zu diesem Kapitel, der Teil der ungekürzten Fassung dieses Buchs war, findet sich ein Gleichgewichtsmodell, das die möglichen Gründe dafür erklärt.)

Baily *et al.* und andere haben festgestellt, dass die Rate der Produktivitätskonvergenz zwischen den Unternehmen in einer Branche normalerweise sehr gering ist.[15] Führende Unternehmen in einem Umfeld, welches das Lernen begünstigt, scheinen ihre Produktivität in einem Maß zu erhöhen, das dem ihrer weniger effizienten Konkurrenten entspricht, obwohl sie sich zwangsläufig näher an der Grenze der Produktionsmöglichkeiten ihrer Branche befinden. Diese Unternehmen scheinen eine größere Lernfähigkeit zu besitzen.[16]

Um Redundanzen zu beseitigen, reizen führende Unternehmen mit einiger Wahrscheinlichkeit den Spielraum des Machbaren nicht aus, auch wenn sie trotzdem gehörig in Entwicklung oder neue Technologie investieren. Dies weist auf einen Punkt von genereller Bedeutung hin: Der Unterschied zwischen dem Lernen, das erforderlich ist, um zu modernster Technologie voranzuschreiten, und dem Lernen derer, die sich an der Produktionsmöglichkeitengrenze bewegen, kann geringer sein als gemeinhin angenommen. Zudem sind selbst Fortschritte bei Spitzentechnologien normalerweise das Ergebnis kleiner Verbesserungen, nicht jedoch von großen Innovationen von der Art, die vom Patentsystem erfasst werden. Sie sind ein Ergebnis von Lernprozessen – des Lernens in der Praxis und des Lernens von anderen, indem man zum Beispiel Ideen und Verfahrensweisen, die in anderen Industriezweigen kursieren, für das eigene Unternehmen übernimmt.

Der unausweichliche Schluss aus den auf Unternehmensebene gesammelten Daten lautet, dass die meisten Unternehmen nicht an die Grenzen der Produktionsmöglichkeiten ihrer Branche gehen. Aber wenn die Unternehmen innerhalb der Grenzen ihrer Produktionsmöglichkeiten arbeiten, arbeitet die Volkswirtschaft als ganze unterhalb des optimalen Produktionsniveaus. Die mikroökonomischen Daten zeigen deutlich, dass das Potential für ein auf Lernen beruhendes Produktionswachstum besteht.

Befunde aus Episoden rascher Produktivitätszuwächse

Dass diese ungenutzte potentielle Produktivität existiert, zeigt sich an bestimmten historischen Situationen, in denen es plötzlich erforderlich wurde, die Produktion zu erhöhen. Beispielsweise wurde in den 1980er Jahren in der britischen Maschinenbauindustrie eine Tarifvereinbarung getroffen, mit der die Arbeitswoche von fünf auf vier Tage verkürzt wurde und die Löhne entsprechend gesenkt wurden. Auf diese Art wollte man die Beschäftigung erhöhen, da man davon ausging, dass die verfügbare Arbeit auf mehr Arbeitskräfte verteilt würde. Aber die Änderung der Prozesse in den Unternehmen, die gezwungen waren, sich den neuen Arbeitszeiten anzupassen, führte trotz steigender Produktion zu einem signifikanten Beschäftigungsrückgang.[17]

Ein weiteres Beispiel für ungenutzte Produktionskapazität auf Unternehmensebene liefert ein Streik bei den New York Telephone und New England Telephone Companies im Jahr 1989. Als der Streik begann, hatten die beiden Telefongesellschaften 80 000 Beschäftigte, von denen 57 000 am Ausstand teilnahmen. In der ersten Streikwoche wurden 22 000 von 23 000 Managern abgestellt, um die fehlenden Gewerkschaftsmitglieder zu ersetzen. Ihre Lernkurve war so steil, dass in der zweiten Streikwoche die Hälfte dieser Manager wieder ihren ursprünglichen Tätigkeiten zugeteilt werden konnte und die gesamte Managementarbeit wie gehabt bewältigt wurde. Die einzigen normalen Aufgaben, die in dieser zweiten Streikwoche nicht erfüllt wurden, waren die Telefoninstallationen in Privathaushalten, die eine Verlegung von Kabeln und den Bau einiger neuer Anlagen erforderten. Beide Aufgaben hätten die Unternehmen mit der Einstellung von zusätzlichen 3000 Arbeitskräften bewältigen können (unter Berücksichtigung der vor dem Streik geltenden Produktivitätsnormen). Unter den besonderen Anforderungen erfüllten 26 000 Arbeitskräfte die Funktionen, für die vor dem Streik 80 000 Arbeitskräfte benötigt worden waren. Das entspricht einer Verdreifachung der Produktivität. Auch hier deuten die Fakten auf eine große Kluft zwischen der normalen Leistung einer Volkswirtschaft und der wirklichen Grenze der Produktionsmöglichkeiten hin.

Die Tatsache, dass es möglich ist, die Produktivität ohne eine einschneidende Veränderung der Technologie oder der Inputs rasch zu erhöhen, belegt, welchen Einfluss Lernen haben kann.[18] Würden die Unternehmen ihr gesamtes Produktionspotential ausschöpfen, so wären die weiteren Leistungsverbesserungen relativ langsam, stetig und zuverlässig. Die Qualität der Arbeitskräfte eines Unternehmens ändert sich nur langsam: Die meisten Beschäftigten werden nicht innerhalb eines Jahres ausgetauscht, und neue Arbeitskräfte sind zumeist ähnlich qualifiziert wie die bereits vorhandenen. Kapitalzuführungen erfolgen normalerweise ebenfalls mit einer relativ stabilen Rate und verändern die Kapitalausstattung nur geringfügig. Bahnbrechende technologische Neuerungen sind selten, und die Unternehmen übernehmen eher bewährte Technologien, anstatt vollkommen neuartige einzusetzen, die ihre Arbeitsweise grundlegend verändern.

Aber in der Praxis ist das Produktivitätswachstum auf der Ebene der Unternehmen ausgesprochen episodisch. Die Frage ist, warum solche Gelegenheiten immer wiederkehren? Ein Unternehmen, das die Grenze seiner Produktionsmöglichkeiten erreicht hat oder sich in ihrer Nähe befindet, sollte eigentlich nicht zu derart deutlichen kurzfristigen Verbesserungen seiner Betriebsabläufe imstande sein (die zudem normalerweise ohne beträchtliche Investitionen oder eine nennenswerte Arbeitskräftefluktuation erfolgen), und es sollte ebenso wenig wiederholt zu derart massiven Kostensenkungen in der Lage sein. All das deutet darauf hin, dass Produktivitätsverschiebungen auf Unternehmensebene oft oder sogar im Normalfall sehr viel eher Bewegungen *in Richtung* der Grenze der Produktionsmöglichkeiten als Verschiebungen der Grenze selbst sind.[19]

Makroökonomische Episoden

Auch auf der makroökonomischen oder der sektoralen Ebene gibt es deutliche Hinweise auf die überproportionale Bedeutung lernfähiger Umgebungen. Das überzeugendste Beispiel dafür ist die Wirtschaftsleistung der Vereinigten Staaten im Zweiten Weltkrieg. Trotz der massiven Umstrukturierung der Produktion zugunsten von Rüstungsgütern und der Rekrutierung von Arbeitskräften für das Militär nahm die Produktion von Konsumgütern zwischen 1941 (dem Jahr, ab dem die Massenarbeitslosigkeit weitgehend überwunden war) und 1945 zu.

Ein weiteres wichtiges Beispiel bietet die Leistung der amerikanischen verarbeitenden Industrie in den 1970er und frühen 1980er Jahren auf der einen und Ende der 1980er und in den 1990er Jahren auf der anderen Seite. Von der erstgenannten Zeitspanne bis zur nächsten erhöhte sich das Produktivitätswachstum in der amerikanischen verarbeitenden Industrie von 0,9 Prozent auf 2,9 Prozent. Diese Steigerung ging mit einem deutlichen Anstieg der Realzinsen (der normalerweise mit *geringeren* Investitionen in Technologie verbunden ist), einem defizitären Staatshaushalt und einem Rückgang der Ausgaben für Forschung und Entwicklung einher, während die Ergebnisse des amerikanischen Bildungswesens (gemessen anhand von standardisierten Tests) sich nicht merklich verbesserten. Gleichzeitig kann dieses Produktivitätswachstum nicht auf die Verfügbarkeit neuer Technologien zurückgeführt werden, denn diese Technologien wären auch den übrigen G7-Volkswirtschaften zugänglich gewesen. Während der betrachteten

Zeit war das jährliche Produktivitätswachstum in der amerikanischen verarbeitenden Industrie um 1,9 Prozent höher als in den übrigen G7-Ländern. Diese Verbesserung war also kein globales, sondern ein amerikanisches Phänomen. Geändert zu haben scheint sich in diesem Zeitraum in der verarbeitenden Industrie der USA, dass anhand von Verfahren wie »Benchmarking«, »Total Quality Management« und »Reengineering« – in unserer Sprache: durch eine erhöhte Konzentration auf die Tätigkeit des Lernens – die Betriebsabläufe verbessert wurden. Offenbar hatten die Vereinigten Staaten gelernt zu lernen.[20]

Tabelle 2.3 zeigt, dass in den folgenden Jahren etwas Ähnliches in der amerikanischen Volkswirtschaft insgesamt geschah.

Tabelle 2.3:
Wachstum der Gesamtproduktivität in ausgewählten Ländern, 1996 bis 2001 (in v. H.)

Land	**Änderung des Outputs pro Arbeiter (in %)**	**Änderung der Arbeitsstundenzahl pro Arbeiter (in %)**	**Änderung des Outputs pro Arbeitsstunde (in %)**
USA	11,4	–2,2	13,6
Kanada	9,6	2,2*	7,4
Japan	6,4	–2,1	8,5
Deutschland	1,0	–8,5**	9,5
Großbritannien	7,2	–1,0	8,2
Italien	6,3	–0,3	6,6
Frankreich	5,2	–4,0	9,2

Quellen: Statistisches Jahrbuch der Europäischen Union, US Department of Commerce, US Department of Labor, Canadian Government Statistics

* *Bezahlte Arbeitsstunden*

** *Bezahlte Arbeitsstunden, grundlegende statistische Revision im Jahr 2000*

Nachdem die Produktivität jahrzehntelang deutlich langsamer gestiegen war als in Europa und Japan, übertraf das Produktivitätswachstum der Vereinigten Staaten in den Jahren 1995 bis 2001 dasjenige all dieser Rivalen. Und auch hier gingen die relativen Veränderungen nicht mit Veränderungen der Kapitalakkumulation (die amerikanischen Investitionsquoten änderten sich kaum[21]), Verbesserungen in der Bildung oder formalen Ausgaben für Forschung und Entwicklung einher. Sie schienen eher auf einem verbesserten Lernen der amerikanischen Unternehmen zu beruhen.[22]

Alternative Wachstumstheorien

Wir haben überzeugende Belege dafür vorgestellt, dass Volkswirtschaften und Unternehmen weit davon entfernt sind, ihre Produktionsmöglichkeiten auszuschöpfen – das heißt, an die Grenze dessen zu gehen, was sie aufgrund des herrschenden Wissensstands mit den verfügbaren besten Methoden hätten erzeugen können –, und dass deshalb ein Großteil des Produktivitätswachstums mit der Annäherung an diese Grenze zusammenhängt. Das gilt insbesondere für Entwicklungsländer, aber auch für hochentwickelte Industrieländer, was sich an den deutlichen Unterschieden zwischen Unternehmen zeigt, die im selben Land in derselben Branche tätig sind.

Wir haben angedeutet, dass vieles von dem, was bei der Annäherung an die Produktionsmöglichkeitengrenze geschieht, als »Lernen« bezeichnet werden kann, als die Übernahme der besten bekannten Methoden.

Im Rahmen einer Standardanalyse werden Produktionszuwächse (gemessen etwa an Veränderungen des Outputs pro Arbeitskraft) in zwei Teile zerlegt: Wie verlegen wir eine Volkswirtschaft an ihre Grenze, und wie schieben wir die Grenze weiter hinaus? Dementsprechend konzentriert sich die politische Analyse auf die Frage, warum die Volkswirtschaft hinter ihren Produktionsmöglichkeiten zurückbleibt (gesucht wird dabei nach anderen Gründen als dem Lernen, der Schwerpunkt liegt auf den statischen Ineffizienzen) und warum sie die Grenze nicht optimal hinausschiebt. Eine solche Analyse geht von der Annahme aus, dass gut funktionierende Volkswirtschaften an oder in der Nähe ihrer Grenze operieren. Dies widerspricht unserer im ersten Teil dieses Kapitels geäußerten Annahme, dass sogar in einer gut funktionierenden Volkswirtschaft die meisten, wenn nicht alle Unternehmen deutlich innerhalb der Grenzen des Möglichen bleiben. In den traditionellen Ansätzen spielt Lernen keine oder nur eine geringe Rolle. Wenn es stattfindet, so ist es lediglich *exogen*, das heißt, es erfolgt unabhängig von dem, was wir tun, wie wir die Volkswirtschaft strukturieren, wie wir die Unternehmen umstrukturieren und so weiter. Alle Unternehmen haben in diesen Ansätzen Zugang zu dem gesamten relevanten Wissen und nutzen es umfassend.

Zudem ist nach der traditionellen Sichtweise der Staat der einzige Grund dafür, dass ein Unternehmen nicht an der Grenze seiner Produktionsmöglichkeiten arbeitet: Er verzerrt den Wettbewerb durch Steuern oder Vorschriften, oder er tut nicht genug, um Monopole zu verhindern.[23] (Es gibt noch einige weitere Fälle, in denen die Märkte an der Aufgabe »scheitern« können, effiziente Ergebnisse zu erzielen. Ein Beispiel ist die Umweltverschmutzung: Die von einem Unternehmen verursachte Verschmutzung schadet einem anderen Unternehmen. Aber derartigen Problemen wird normalerweise wenig Aufmerksamkeit geschenkt, vor allem weil sie zumindest im Prinzip leicht zu beheben sind, indem man sie durch eine optimale Besteuerung korrigiert [wenn man einmal von den Schwierigkeiten der praktischen Politik abstrahiert]. Externe Effekte in Form von Belastungen der natürlichen Umwelt sind weniger für die Produzenten wichtig als für die Konsumenten, deren Leben verkürzt werden könnte.) Eine erste Aufgabe der politischen Entscheidungsträger besteht also darin, diese Quelle der Allokationsin*effizienz* zu beseitigen.

Allerdings hat sich, ausgehend von der Arbeit Arnold Harbergers,[24] die Vorstellung durchgesetzt, dass die durch diese Verzerrungen verursachten Wohlfahrtseinbußen gering sind. Daher sind die Auswirkungen dieser durchaus nützlichen Eingriffe um eine Größenordnung geringer als die Auswirkungen von Bewegungen innerhalb der Grenze der Produktionsmöglichkeiten sowie von makroökonomischen Störungen, das heißt von periodischen Rezessionen und Wirtschaftskrisen, die den Kapitalismus seit seinen Anfängen plagen und große Mengen an Ressourcen brachliegen lassen (womit die Volkswirtschaft deutlich unter ihren Produktionsmöglichkeiten bleibt).[25]

Darüber hinaus bedingt eine Bewegung in Richtung der Grenze einen *einmaligen* Anstieg des Bruttoinlandsprodukts (BIP), nicht jedoch ein dauerhaft höheres Wachstum. Selbst geringfügige Erhöhungen der Wachstumsraten, das heißt der Geschwindigkeit, mit der die Grenze verschoben wird, können langfristig zu einem sehr viel größeren Anstieg des BIP führen als die Beseitigung von Allokationsineffizienzen.

Verschiebung der Grenze durch Investitionen in Kapital und Menschen

In der Standardtheorie werden nachhaltige Erhöhungen des Lebensstandards zumindest in den entwickelten Ländern im Wesentlichen mit Investitionen in Kapital und Menschen in Zusammenhang gebracht, welche die Produktionsmöglichkeitengrenze hinausschieben. In den USA zum Beispiel kreist der öffentliche Diskurs über die Herausforderungen schwachen Wachstums und des Verlusts an internationaler Wettbewerbsfähigkeit um die Erhöhung von Quantität und Qualität des Sach- und des Humankapitals. Konkret konzentriert sich die Diskussion auf die Qualität der Bildung (deren Mängel als größtes Hindernis für eine Erhöhung des Humankapitals betrachtet werden) und auf die niedrige Sparquote (in den Jahren vor der Finanzkrise von 2008 sank die Sparquote der amerikanischen Haushalte beinahe auf null).

Aber Robert Solows brillante Arbeit aus dem Jahr 1956 widerlegte die Vorstellung, dass höhere Spar- und Investitionsquoten (unter Einschluss von Investitionen in Humankapital) zu nachhaltig höheren Wachstumsraten führen. Solow zeigte, dass eine höhere Sparquote das Pro-Kopf-Einkommen anhebt, aber keine dauerhaft höheren Wachstumsraten hervorbringt. Der durch das Wachstum entstehende Nutzen könnte zwar länger anhalten, aber die Kosten wären höher als bei einer Verbesserung der Allokationseffizienz. Während Letztere normalerweise als (potentielle) Pareto-Verbesserung beschrieben wird, die *allen* in der Gegenwart und in der Zukunft zugutekommen kann, bedingt eine erhöhte Sparquote, dass gegenwärtiger Konsum zugunsten eines höheren zukünftigen Konsums geopfert wird.

Daher ist, sofern es nicht zu einem Marktversagen kommt, nicht davon auszugehen, dass die Individuen zu wenig sparen, noch dass das Wachstum *sogar kurzfristig* zu gering ist. Ob ein erhöhtes Wachstum gesellschaftlich wünschenswert ist, hängt von intertemporalen Einschätzungen ab, das heißt von der Abwägung des höheren Lebensstandards zukünftiger Generationen gegen den niedrigeren Lebensstandard der gegenwärtigen Generation. Wenn die Wahrscheinlichkeit groß ist, dass die zukünftigen Generationen aufgrund des technologischen Fortschritts ein sehr viel besseres Leben genießen werden als die gegenwärtige, dann ist die Idee, den heutigen Arbeitskräften zusätzliche Opfer abzuverlangen, nicht immer überzeugend.

Selbst bei einer geringen Sparquote gibt es im Standardparadigma zwei weitere Möglichkeiten zur Erhöhung des BIP, das heißt der gesamten Produktion in einem Land. Die eine besteht darin, Kapital zu importieren, auch wenn die erhöhte Binnenproduktion im Wesentlichen denen zugutekommt, die das Kapital bereitstellen. In den Entwicklungsländern wurde intensiv darüber diskutiert, was getan werden könnte, um mehr Investitionen anzulocken: Man erwog Maßnahmen, die dazu führen würden, dass die eigenen Bürger einen noch geringeren Anteil an den Früchten des Wachstums erhalten würden (beispielsweise Steuerbefreiungen, Schenkungen von Grundstücken oder sonstige Gewährungen an ausländische Unternehmen), und die Beseitigung künstlicher Hindernisse der Ansiedlung ausländischer Unternehmen. Manche Regierungen warben derart intensiv um Investitionen, dass sie »das Haus zum Fenster hinauswarfen«: Während das Bruttoinlandsprodukt stieg, schrumpfte das Bruttonationaleinkommen, das heißt das Einkommen der Einwohner. Natürlich ist die zweitgenannte Kennzahl die ausschlaggebende (sofern sie treffend gemessen wird), und in vielen Fällen erwies sich der Nutzen für die Bevölkerung des Landes als noch geringer, nachdem auch die Auswirkungen der Investitionen auf die Umwelt und die Gesundheit ermittelt worden waren.

Angesichts dessen überrascht es nicht, dass ausländische Direktinvestitionen mancherorts erheblichen Widerstand wecken. An anderer Stelle des Buchs werden wir erklären, warum diese neoklassische Analyse eines der wichtigsten Nutzenpotentiale – das mit dem Lernen zusammenhängende – außer Acht lässt und dass sich Lernerfolge nicht zwangsläufig von allein einstellen: Es sind politische Eingriffe nötig, um sie zu maximieren. Und manche internationale Vereinbarungen sind so gestaltet, dass sie den Nutzen für die Entwicklungsländer begrenzen. In einigen Bereichen können die *Netto*-Lernerfolge sogar negativ sein: Was das Lernen angeht, so würden sich diese Länder in Anbetracht der Beschränkungen, die ihnen durch jene internationalen Vereinbarungen auferlegt werden, ohne ausländische Direktinvestitionen (oder zumindest ohne einen Teil davon) besser entwickeln.

Es gibt einen zweiten Weg, die Grenze der Produktionsmöglichkeiten im Falle einer gegebenen Sparquote hinauszuschieben: die Verbesserung der Kapitalallokation. Im neoklassischen Wirtschaftsmodell jedoch (das als Kontrastmodell zur lernenden Volkswirtschaft dient, mit der wir uns hier beschäftigen) werden Investitionsgüter effizient zugeteilt – zumindest würden sie es, wenn es keine Verzerrungen durch den Staat gäbe. Mit einer gegebenen Sparquote könnte man deshalb in diesem Modell nicht mehr Wachstum erreichen.

Zusammengefasst vertreten wir die Meinung, dass die Aussichten auf einen dauerhaften Anstieg der Wachstumsraten im traditionellen neoklassischen Modell begrenzt sind. Es gibt einen einmaligen Zugewinn dank der Beseitigung statischer Ineffizienzen. Werden diese entschlossen beseitigt, so nimmt das Wachstum rasch an Fahrt auf, aber anschließend verlangsamt es sich bis auf die Geschwindigkeit, mit der sich die Grenze der Produktionsmöglichkeiten verschiebt. Selbst die »Wachstumsperspektive«, die sich auf erhöhte Ersparnisse konzentriert, ermöglicht nur ein begrenztes Wachstum, dem beträchtliche Kosten in Zusammenhang mit der Einschränkung des gegenwärtigen Konsums gegenüberstehen. Traditionelle Analysen liefern wenig überzeugende Argumente für staatliche Eingriffe zur Erhöhung der Sparquote mit dem Effekt kurzfristigen Wachstums.

Das von uns bislang vorgebrachte Argument für staatliche Eingriffe (jenseits der in diesem Buch behandelten direkten Beiträge des Staats zum gesellschaftlichen Lernen) geht an sich schon über das neoklassische Modell hinaus: Die Märkte selbst tragen zu Ineffizienzen in der Zuteilung von Kapital und zu übermäßiger Instabilität bei. Aber auch hier sind wir der Auffassung, dass die Standardanalyse dem realen Geschehen nicht vollständig gerecht wird. In Kapitel 4 erklären wir, warum Instabilität mit Lernen nicht vereinbar ist. Somit haben staatliche Maßnahmen zur Stabilisierung der Wirtschaft einen weiteren langfristigen Vorteil: Sie ermöglichen nicht nur eine umfassendere und effizientere Nutzung der Ressourcen, sondern können auch zu systematisch höheren Produktivitätszuwächsen führen.

Eine Neubewertung der konzeptionellen Grundlagen

Unsere Analyse weckt nicht nur Zweifel am traditionellen Rahmen zur Analyse des Wirtschaftswachstums, sondern auch an der zugrundeliegenden Vorstellung einer Produktionsmöglichkeitenkurve. Wenn wir annehmen, dass sie das maximale Outputniveau eines Produkts bei gegebenem Output anderer Marktteilnehmer und *bei gegebenem Wissensstand jedes Unternehmens* repräsentiert, dann umfasst sie das Wissen sämtlicher Marktteilnehmer. Nun stellen sich folgende Schlüsselfragen: Warum gibt es dauerhaft unterschiedliche Wissensstände? Was kann getan werden, um die Unterschiede zu verringern? Was schränkt die Produktion der effizienteren Unternehmen ein?

Vor vielen Jahren brachte Nicholas Kaldor ein ähnliches Argument gegen das Konzept einer Produktionsmöglichkeitenkurve für Unternehmen und implizit für Volkswirtschaften vor. Er erklärte, ein Unternehmen kenne normalerweise nur seine eigenen Produktionsabläufe und einige naheliegende Abweichungen davon. Natürlich wären völlig andere Kapitalintensitäten möglich, für die das Unternehmen entsprechende Technologien entwickeln *könnte,* aber diese Technologien existieren im gegebenen Moment nicht und könnten nur durch Investitionen in Technik entstehen.[26]

Aus dem gleichen Grund bringt der traditionelle Ansatz Tautologien hervor, indem er zum Beispiel Unterschiede zwischen den Kenntnissen der Arbeitskräfte, die sich auf ihre Produktivität auswirken können, als Unterschiede im Humankapital behandelt. Damit werden Verschiebungen der Produktionsmöglichkeitenkurve durch Lernen definitionsgemäß in Verschiebungen der Kurve infolge einer Akkumulation von Humankapital verwandelt. Nun könnte man sagen, das sei eine haltlose Unterscheidung. Aber es gibt einen Unterschied: An dieser Stelle geht es darum – und das sollten wir kurz hervorheben –, den Lernprozess zu verstehen. Gibt es beispielsweise Methoden zur Gestaltung der Arbeitsbedingungen, die den

Lernprozess beschleunigen? Gibt es Möglichkeiten, die Lernfähigkeit des Einzelnen zu steigern? Welche Kompromisse müssen in diesem Prozess geschlossen werden? Was muss ein Unternehmen oder eine Gesellschaft aufgeben, um dynamischer werden zu können?

Schlussfolgerungen

Aus der Analyse in diesem Kapitel ziehen wir den Schluss, dass ein Land seine Wachstumsrate für einen langen Zeitraum oder sogar auf Dauer deutlich über das mit einer einmaligen Verbesserung der Allokationseffizienz verbundene Maß oder sogar über ein mit einer Erhöhung der Sparquote erreichbares Maß hinaus erhöhen kann. In einigen der Modelle, die wir später entwickeln, werden wir zeigen, dass Länder ihre Wachstumsrate dauerhaft erhöhen können. Erreichen können sie dies, indem sie eine lernende Gesellschaft schaffen. In entwickelten Ländern bedeutet das, dafür zu sorgen, dass alle Unternehmen rasch dazulernen, um ihre Produktivität zu erhöhen, während gleichzeitig die besten Methoden selbst verbessert werden, so dass die Lücken zwischen den durchschnittlichen und den besten Methoden verkleinert werden. Die Ressourcenallokation sollte zugunsten derjenigen Sektoren verändert werden, in denen mehr gelernt und mehr Wissen in andere Bereiche übertragen wird. Und es sollte mehr in Forschung und Entwicklung und in das Erlernen des Lernens investiert werden. Entwicklungsländer sollten all das tun, wobei sie sich allerdings in erster Linie darauf konzentrieren müssen, die Lücken zwischen den Methoden ihrer Unternehmen und den besten Methoden in den hochentwickelten Industrieländern zu schließen. Manche Zuteilungen von Ressourcen sind dazu besser geeignet als andere: In bestimmten Sektoren und in Bezug auf bestimmte Technologien können Lernerfahrungen eher auf andere Bereiche übertragen werden und so die Lernfähigkeit der Gesellschaft insgesamt erhöhen.

Die Tatsache, dass mit der Bewegung der Unternehmen in Richtung der Produktionsmöglichkeitengrenze die Grenze selbst hinausgeschoben wird, hat zur Folge, dass die Lücke zwischen den besten und den durchschnittlichen Methoden nie geschlossen wird: Lernen ist ein unendlicher Prozess. Und wie wir an verschiedenen Punkten erwähnt haben, hat die Unterscheidung zwischen den beiden Arten des Lernens – zwischen der Verschiebung der Grenze und der Annäherung an die Grenze – möglicherweise eine weniger große Bedeutung. Denn sogar der Branchenführer hat normalerweise Spielraum für Verbesserungen und kann möglicherweise etwas von anderen Unternehmen aus seiner eigenen und aus anderen Branchen lernen.

In diesem Buch geht es um Lernen als Grundlage für nachhaltiges Wachstum und eine nachhaltige Entwicklung, egal ob nun die besten Methoden übernommen oder weiter verbessert werden. In diesem Kapitel haben wir mikro- und makroökonomische Befunde vorgestellt, die insbesondere die These stützen, dass die Produktivität von Unternehmen und Volkswirtschaften in Anbetracht des gegebenen Wissensstands deutlich hinter ihrem Potential zurückbleibt. Wir haben darauf hingewiesen, wie wichtig es ist zu lernen, um diese Lücke zu schließen. Interessanterweise gibt es auch Ausnahmen: Für manche Unternehmen kann es optimal sein, immer ein wenig von den besten Methoden entfernt zu sein.[27] Im nächsten Kapitel sehen wir uns näher an, wie Lernen erfolgt und von welchen Determinanten die Geschwindigkeit des Lernens abhängt, denn dies sind die entscheidenden Elemente für die Schaffung einer lernenden Gesellschaft.

Kapitel 3

Eine lernende Volkswirtschaft

Indem wir die »lernende Gesellschaft« in den Mittelpunkt rücken, betrachten wir Wachstums- und Entwicklungsstrategien in mehrerlei Hinsicht ganz anders als die neoklassische Schule. Zunächst einmal konzentrieren wir uns, wie im vorigen Kapitel bereits erklärt, auf das von Individuen, Unternehmen und der Gesellschaft insgesamt gesammelte Wissen – und darauf, wie sich dieses Wissen ändert, wie es weitergegeben und genutzt wird. Diese Sichtweise beruht auf der Einsicht, dass die Individuen einen sehr unterschiedlichen Wissensstand haben können (und normalerweise haben). Ebenso wie Information ist auch Wissen *asymmetrisch*. Jedes Individuum weiß Dinge, die andere nicht wissen. Aus der Perspektive des Einzelnen ist der Erwerb neuen Wissens einfach gleichbedeutend damit, dass er nun etwas weiß, was er vorher nicht wusste. Tatsächlich dürfte das Wissen, das ein Individuum erwirbt, in den meisten Fällen (in gewissem Sinn) einem anderen bereits bekannt sein; in einigen wenigen Fällen ist das neue Wissen, das sich ein Akteur aneignet, noch niemand anderem bekannt – zumindest nicht in einer klar erkennbaren Form. Die Konsequenzen der Informationsasymmetrie wurden in den vergangenen 40 Jahren genau untersucht,[1] aber für die Konsequenzen unterschiedlichen Wissens gilt dies nicht.[2]

Der Aufbau einer dynamischen lernenden Gesellschaft hat zahlreiche Dimensionen: Die Individuen müssen bereit, willig und fähig sein zu lernen. Es bedarf der Motivation zum Lernen. Wissen wird – normalerweise innerhalb von Organisationen – von Individuen erzeugt und an andere Mitglieder der Organisation weitervermittelt. Anschließend wird es von dieser Organisation an eine andere weitergegeben. Der Umfang, die Leichtigkeit und die Geschwindigkeit der Weitergabe von Wissen ist eines der zentralen Merkmale einer lernenden Gesellschaft: Da neues Wissen neues Denken anregt, ist es sowohl der Katalysator als auch der Input, der neue Ideen und Kreativität hervorbringt.

Manche Gesellschaften lernen besser als andere, und das betrifft sowohl ihre Fähigkeit, die Lücke zwischen den besten und den durchschnittlichen Methoden klein zu halten, als auch die Geschwindigkeit, mit der die Wissensgrenze hinausgeschoben wird.

In diesem Kapitel befassen wir uns mit einigen der Elemente, die eine lernende Gesellschaft ausmachen. Wir gehen der Frage nach, wie eine wirtschaftliche Architektur geschaffen werden kann, die Lernen begünstigt. Zum Beispiel beschränkt sich die herkömmliche Diskussion insbesondere in bestimmten politischen Kreisen zu sehr auf die Frage, wie sich durch eine Stärkung der Rechte am geistigen Eigentum und eine damit einhergehende größere Beteiligung an den mit ihnen verbundenen Erträgen bessere Anreize zum Lernen schaffen lassen. Diese Sichtweise ist zu eng gefasst. Wie wir in diesem Kapitel erklären werden, können nichtmaterielle innere Anreize mehr als Rechte am geistigen Eigentum dazu beitragen, zum Lernen anzuregen. Überdies kann sie auch in die falsche Richtung führen, da strengere Rechte am geistigen Eigentum die Geheimhaltung von Wissen fördern und die Weitergabe von Wissen unterbinden. Wie wir in der ungekürzten Ausgabe des Buches in Anhang A von Kapitel 5 zeigen, könnte dies dazu führen, dass Innovatoren dem Bestand an Chancen mehr entziehen, als sie ihm hinzufügen, womit die Möglichkeiten geschmälert und Innovationsprozesse verlangsamt werden. In diesem Buch werden wir außerdem viele weitere Aspekte des rechtlichen, institutionellen und politischen Rahmens aufgreifen und zeigen, wie diese sich auf das Lernen auswirken, wobei wir neben der Bildungs- und der Arbeitsmarktpolitik auch handels- und industriepolitische Maßnahmen berücksichtigen werden.

In den ersten drei Teilen dieses Kapitels befassen wir uns mit der Frage, *was gelernt werden muss*, mit dem *Prozess des Lernens* und mit den *Determinanten des Lernens*. Wir bieten eine Systematik der Grundbestandteile einer lernenden Gesellschaft. Anschließend werden wir uns die beiden wichtigsten Determinanten einer lernenden Gesellschaft genauer ansehen: *Spillover-Effekte* und *Motivation*. Sobald wir anschließend einige der größten Hindernisse für die Schaffung einer lernenden Gesellschaft untersucht haben, werden wir im letzten Teil des Kapitels einige der bedeutendsten Zielkonflikte analysieren, die bei der Gestaltung einer solchen Gesellschaft auftreten.

Lernen findet zu einem großen Teil in Unternehmen statt. Im folgenden Kapitel werden wir, ausgehend von den in diesem Kapitel entwickelten Konzepten, genauer untersuchen, aus welchen Gründen manche Unternehmen besser zu lernen vermögen als andere. Zudem werden wir erklären, warum politische Eingriffe zur Förderung des Industriesektors besonders gut geeignet sind, die Schaffung einer dynamischen lernenden Gesellschaft zu begünstigen.

Was gilt es zu lernen?

In diesem Buch geht es in erster Linie darum, wie wir lernen können, Inputs besser in Outputs umzuwandeln: Wie können wir die Produktivität erhöhen, um so aus dem Einsatz einer Einheit Arbeitskraft, Kapital, Energie oder eines anderen Ressourceninputs einen höheren Ertrag herausholen? Bei der Auseinandersetzung mit gesellschaftlichem Lernen (und der Lernfähigkeit der Gesellschaft) müssen wir im großen Rahmen denken, statt nur den Blick auf bestimmte Produktionsprozesse zu richten, auf die wir uns bisher weitgehend konzentriert haben. Die Gesellschaften müssen auch lernen, welche Produkte sich am besten für ihre Umwelt eignen, die einem unablässigen Wandel unterworfen ist, da sich sowohl die Präferenzen als auch die Marktbedingungen ändern. Manchmal ist es am besten, sich Outputs als bestimmte »Leistungen« vorzustellen, die von den Verbrauchern in Anspruch genommen werden, und Innovationen als das Ergebnis der Entwicklung neuer Produkte, die diese Leistungen besser und kostengünstiger bereitstellen.

Komparative Vorteile erkennen

Einige Individuen in der Gesellschaft sind fähiger als andere – zumindest sind sie für bestimmte Tätigkeiten besser geeignet. Es gehört zu den Aufgaben des Bildungssystems, diese absoluten und komparativen Vorteile zu identifizieren. Aber manche Bildungssysteme erfüllen diese »Lernaufgaben« besser als andere.[3]

Lernen, Organisationen und Gesellschaften zu führen

Zu den wichtigsten Aspekten des Lernens gehört, zu lernen, wie man »organisiert«, das heißt wie man Kollektive von Individuen führt. Große Organisationen können Dinge tun, zu denen kleine Organisationen nicht in der Lage sind, aber das Management großer Organisationen erfordert eine andere Art von Wissen als dasjenige kleiner Organisationen. Einer der bedeutsamsten Fortschritte im 20. Jahrhundert bestand darin, dass Organisationen herausfanden, wie sie große Forschungsprojekte führen und steuern konnten, indem sie die mit solchen Projekten verbundenen Aufgaben zerlegten und mehreren Gruppen zuwiesen, um anschließend die Komponenten der Lösung zusammenzuführen.

In jedem Bereich unserer komplexen Gesellschaft gibt es Lernvorgänge, die ihr Funktionieren ermöglichen. Die Buchhaltung ist wichtig für das Funktionieren eines modernen Unternehmens und einer modernen Gesellschaft. Daher ist es unerlässlich, auf diesem Gebiet dazuzulernen, denn die Buchführung großer Organisationen in einer großen modernen Volkswirtschaft erfordert immer komplexere Systeme.

Unsere vielschichtige Gesellschaft könnte auch nicht ohne Rechtsvorschriften funktionieren. Auch hier gibt es beträchtlichen Spielraum für weiteres Lernen – zum Beispiel darüber, wie eine Regulierung beschaffen sein müsste, die Externalitäten unter Kontrolle hält, ohne unangemessen hohe Kosten zu verursachen. Die Regulierung des Bankensektors ist gescheitert, denn sie vermochte es nicht zu gewährleisten, dass die Finanzmärkte ihre Funktion im Dienst der Gesellschaft erfüllen, und sie konnte nicht verhindern, dass die Banken in der Finanzkrise 2008 erhebliche negative Externalitäten verursachten. Dieses Scheitern zeigt deutlich, dass wir in diesem Bereich noch viel lernen müssen.[4]

In diesem Buch werden wir eine Reihe politischer Instrumente und Maßnahmen beschreiben, die die Schaffung einer lernenden Volkswirtschaft und Gesellschaft erleichtern könnten. Aber die Durchführung derartiger Maßnahmen wird nicht einfach sein: Es bedarf eines Lernprozesses. Zu diesem Prozess gehören auch Fehler: Es werden Entscheidungen fallen, die sich zumindest im Rückblick als falsch erweisen werden. Aus solchen Fehlern sollte man jedoch nicht den Schluss ziehen, dass die politischen Maßnahmen aufgegeben werden müssen; vielmehr geht es darum, zu lernen, wie sich politische Maßnahmen besser gestalten und durchführen lassen.

Die Finanzkrise liefert ein Anschauungsbeispiel. Sie hat gezeigt, dass die Geldpolitik in den USA und vielen anderen Ländern erhebliche Mängel aufwies. Zielvorgaben in Bezug auf die Inflation führten nicht automatisch zu makroökonomischer Stabilität. Die Selbstregulierung der Finanzmärkte funktionierte nicht zwangsläufig gut. Mindestens ebenso wichtig war es, dass die Zentralbanken sich auf die finanzielle Stabilität konzentrierten. (Tatsächlich konnten die Entwicklungsländer aus dieser Krise eine weitere Lehre ziehen: Ein Teil der »guten« politischen Maßnahmen und institutionellen Rahmenbedingungen, die sie sich bei den entwickelten Ländern abgeschaut hatten, führte in die falsche Richtung. Und ein Teil der Probleme, unter denen sie litten, rührte nicht daher, dass sie nicht gelernt hätten, wie man eine Volkswirtschaft richtig steuert, sondern darin, dass das falsch war, was ihnen ihre Lehrer beigebracht hatten.)

Aber die Lehre, die zum Beispiel aus dem Scheitern der Geldpolitik und der monetären Institutionen der USA gezogen werden kann, lautet nicht, dass die Geldpolitik aufgegeben und die Zentralbank aufgelöst werden sollte. Die Lehre lautet vielmehr, dass die Geldpolitik und die Funktionsweise der Zentralbank geändert werden sollten.

Wir vertreten insbesondere die Auffassung, dass die Industriepolitik wesentlich dazu beitragen kann, die Entwicklung bestimmter Sektoren und/oder Technologien voranzutreiben. Es gibt Fälle, in denen die Industriepolitik gescheitert ist. Aber es hat auch bemerkenswerte Erfolge gegeben. Regierungen werden lernen müssen, was es heißt, eine gute Industriepolitik zu betreiben und welche institutionellen Regelungen den größten Erfolg versprechen. Aber so, wie man nur lernen kann, besseren Stahl zu erzeugen, indem man Stahl erzeugt, kann man die Durchführung einer erfolgreichen Industriepolitik nur erlernen, indem man Industriepolitik betreibt. Learning by Doing ist unerlässlich.

Unternehmen und Gesellschaften müssen lernen, miteinander zu *konkurrieren*. Und sie müssen lernen, wie man exportiert. All das, was Individuen, Organisationen und Gesellschaften tun, erfordert Lernprozesse. Wir können alles besser machen, wir können erfolgreicher in unserem Streben sein. Und das können wir mit Methoden erreichen, die einen geringeren Aufwand an Zeit und Ressourcen erfordern.

Fähigkeiten und Lernen erlernen[5]

Unternehmen (und Gesellschaften) sind nicht nur in unterschiedlichem Maß imstande, Inputs in Outputs umzuwandeln (das heißt, sie besitzen nicht nur unterschiedliches *Wissen*), sondern sie unterscheiden sich auch in ihrer Fähigkeit zu lernen. Manche Individuen, Firmen und Länder übernehmen Veränderungen, die anderswo stattgefunden haben, schneller als andere und sind in der Lage, schneller als andere relevantes Wissen zu erkennen und Technologien ihren eigenen Verhältnissen anzupassen.

Aber so wie das *Wissen* an sich ist auch die Fähigkeit zu lernen *endogen*. Einige wirtschaftliche Aktivitäten ermöglichen, wenn sie auf eine bestimmte Art durchgeführt werden, nicht nur Lernen, sondern auch das *Erlernen des Lernens*.

Paul MacCreadys Versuch, ein mit menschlicher Körperkraft angetriebenes Flugzeug zu entwickeln, liefert ein Beispiel dafür, wie man »lernen kann zu lernen«. MacCready begriff, dass er lernen musste, wie man lernt, um ein solches Gerät zu bauen. Bei früheren Entwicklungsprojekten in diesem Bereich war auf der Grundlage bestehender Theorien sehr viel investiert worden, aber wenn das Fluggerät abstürzte, gab es keine Möglichkeiten für Verbesserungen. Also konzentrierte sich MacCready auf ein Modell für ein Flugzeug, das innerhalb von Stunden neu gebaut werden konnte. Das versetzte ihn in die Lage zu *lernen* und Fehler zu erträglichen Kosten zu korrigieren. So gelang es ihm, innerhalb kurzer Zeit das gewünschte Gerät zu bauen.[6]

Natürlich können Lernfähigkeiten spezifisch oder allgemein sein, und es kann zwischen diesen beiden Arten Zielkonflikte geben: Manche Menschen besitzen eine eher allgemeine Lernfähigkeit, während andere eher spezifische Fähigkeiten entwickelt haben. Wir können unsere Bemühungen darauf richten, spezifische Lernfähigkeiten zu fördern – davon kann man profitieren, wenn man eine kleine Nische besetzen will. Oder man kann sich um allgemeine Lernfähigkeiten bemühen, was zum Beispiel in Zeiten des rasanten Wandels und großer Ungewissheit nützlich sein kann.

Lernen für Entwicklung

In den Entwicklungsländern sind Fähigkeiten knapp, die für unternehmerisches Denken und Handeln von besonderer Bedeutung sind.[7] Zu den Merkmalen des guten Entrepreneurs gehört eine ausgeprägte Fähigkeit, zu lernen und sich anzupassen. Manchen Gesellschaften gelingt es besser als anderen, zu erkennen, wer diese Art des Lernens gut beherrscht, und potentielle Entrepreneure auszuwählen.

Die Entwicklungsländer müssen auch erkennen, die Erzeugung welcher Produkte sie am besten beherrschen und welche Produkte ihren Bedingungen am besten entsprechen.[8]

Eines der zentralen Probleme vieler Entwicklungsländer besteht darin, dass sie einer hohen Volatilität ausgesetzt sind und dass ihre Institutionen nicht stark genug sind, um diese Volatilität zu bewältigen. Eine erfolgreiche Entwicklung dieser Länder erfordert daher auch, dass sie lernen, mit Risiken umzugehen.

Der Prozess des Lernens

Ein Teil des Lernens ist das Ergebnis einer expliziten Bereitstellung von Ressourcen für Forschung und Entwicklung, aber ein Großteil des Lernens ist ein Nebenprodukt der Produktion und von Investitionen.

Learning by Doing

Wir lernen, indem wir etwas tun. Wir lernen, wie wir effizienter produzieren können, indem wir produzieren – und während wir produzieren, beobachten wir, wie wir es effizienter tun können. Auf der mikroökonomischen Ebene gibt es für diese

Hypothese zahlreiche empirische Belege, die sowohl vor als auch nach Arrows inzwischen zum Klassiker avancierter Arbeit gesammelt wurden.[9] Die formale Analyse in diesem Buch stützt sich in weiten Teilen auf die Annahme, dass wir viel lernen, indem wir etwas tun.[10] Diese Annahme bedingt eine grobe Vereinfachung der Analyse, aber es ist nicht schwierig, das Modell zu erweitern, und wir werden erläutern, wie das bewerkstelligt werden kann.

Wie viel wir beim Tun lernen, hängt davon ab, *wie* wir tun, was wir tun. Wenn wir bei der Arbeit bewusst experimentieren und nach alternativen Wegen suchen, wie wir tun können, was wir tun, werden wir wahrscheinlich mehr lernen, als wenn wir passiv auf eine Erleuchtung warten, auf eine brillante Erkenntnis einer alternativen Möglichkeit, zu tun, was wir tun.

Arrows Modell verknüpft Lernen mit Investitionen. Neue Kapitalgüter verkörpern eine Vielzahl technologischer Fortschritte.[11] Je mehr »Maschinen« gebaut werden, desto besser werden diese Maschinen und desto höher wird die Produktivität. Aber interessanterweise verknüpfen viele der genannten Belege zum Learning by Doing das Lernen noch direkter mit der Produktion, zum Beispiel mit der Zahl der gebauten Flugzeuge.

Aber Investitionen können Lernen und Produktivitätssteigerungen auch auf andere Art fördern. Maschinen enthalten technologisches Wissen, und eine für einen bestimmten Zweck gebaute Maschine kann oft an ganz andere Zwecke angepasst werden. Es ist kein Zufall, dass das Ohio-Tal (das sich bis hinauf nach Michigan erstreckt) Innovationen bei Fahrrädern, Flugzeugen und Autos hervorbrachte. Diese Produkte sind sehr unterschiedlich, aber ihre Entwicklung stützt sich teilweise auf dasselbe technologische Know-how. Das verdeutlicht, dass es schwierig sein kann, ex ante »benachbarte« Produkte zu bestimmen, auf die Lernfortschritte übergreifen, die in der Produktion eines bestimmten Produkts erzielt werden. (Wir werden später auf dieses Thema zurückkommen.)

Neue Maschinen können auch Katalysatoren für Lernen

sein. Ein ausgezeichnetes Beispiel dafür bietet die Computerisierung. In deren Verlauf mussten Unternehmen ihre Betriebsabläufe überdenken und vieles von dem formell beschreiben, was sie zuvor unreflektiert getan hatten. In diesem Prozess erkannten sie, dass sie vieles von dem, was sie taten, besser machen konnten.

Neue Produktionsmethoden können also ein Katalysator für Lernen sein. Die Just-in-time-Produktion diente nicht nur dazu, die Lagerkosten zu senken. Getreu dem Motto »Erst bei Ebbe sieht man, wer nackt schwimmt«[12] deckte die Just-in-time-Fertigung Probleme im Produktionsprozess auf und zwang die Unternehmen dazu, sich mit diesen Problemen auseinanderzusetzen. In gewisser Weise zwang sie sie zum Lernen.

Daraus, dass wir beim Tun lernen, folgt, dass sich das, was wir tun und wie wir es tun, darauf auswirkt, was wir lernen und wie sich unsere Wirtschaft und Gesellschaft weiterentwickeln. Konzentriert sich eine Gesellschaft darauf, zu lernen, wie sie Arbeitskraft einsparen, das heißt den Arbeitseinsatz pro Outputeinheit verringern kann, so erhöht sie ihre Fähigkeit zu dieser Art des Lernens. Konzentriert sie sich umgekehrt darauf, zu lernen, wie sie den ökologischen Fußabdruck von Produkten und ihrer Herstellung abschwächen kann, so wächst ihre Lernfähigkeit in dieser Richtung.[13]

Lernen, durch Lernen zu lernen

So wie wir beim Tun lernen, lernen wir teilweise auch zu lernen, indem wir lernen. Hier handelt es sich um einen positiven Kreislauf: Länder, denen es gelungen ist, die Technologie weiterzuentwickeln und mehr Möglichkeiten zum Lernen zu schaffen (und eine große Notwendigkeit dafür), können gleichzeitig die Fähigkeit zu lernen erhöhen.

Lernen von anderen

Wir lernen auch von anderen, in der formalen Bildung, vor allem aber in den alltäglichen Begegnungen. Wissen wird von Menschen gespeichert und durch den Kontakt zwischen Menschen weitergegeben. Besonders wichtig ist dies für das *implizite Wissen*, das heißt für Kenntnisse, die sich schwer formal beschreiben und in einfachen Anleitungen fassen lassen, die sodann ohne weiteres in Lehrbüchern oder Klassenzimmern vermittelt werden könnten. Arbeitskräfte wechseln ihre Arbeitgeber und vermitteln nach dem Wechsel einen Teil dessen, was sie in dem einen Unternehmen gelernt haben, an die neuen Kollegen im anderen.

Ebenso wichtig ist, dass das, was wir von anderen (oder aus den Leistungen anderer) lernen, ein *Katalysator* für unser eigenes Lernen sein kann: Es kann uns dazu führen, neue Fragen zu stellen oder die Dinge in einem etwas anderen Licht zu sehen, und das Ergebnis kann eine neue Erkenntnis, neues Lernen sein.

Wissen wird auch durch Unternehmen verkörpert, die zahlreiche andere Unternehmen mit ihren Produkten beliefern. Was sie im Austausch mit einem bestimmten Unternehmen in einer bestimmten Branche lernen, kann auch für andere Unternehmen relevant sein. Es gibt in dieser Hinsicht Verbindungen zu vor- und zu nachgelagerten Unternehmen ebenso wie auch horizontale Verbindungen.[14]

Die Struktur der Wirtschaft (einschließlich politischer Maßnahmen und des gesetzlichen Rahmens) beeinflusst das Maß, in dem wir von anderen lernen. In einer offenen Volkswirtschaft mit größerer Mobilität dürfte sich wechselseitiges Lernen öfter ereignen. Manche Arbeitsverträge sind jedoch so gestaltet, dass sie sowohl die Mobilität als auch die Möglichkeit zur Verbreitung von Ideen durch Mobilität einschränken. Universitäten sind zwar traditionell so organisiert, dass ein Lernen von anderen in höchstmöglichem Umfang stattfinden kann. Doch in jüngster Zeit steigert der Schutz geistigen Eigentums durch den Bayh-Dole Act (der die Hochschulen in den USA in die Lage versetzt, einen Teil der Erträge aus ihrer Forschung für sich zu beanspruchen) möglicherweise die Anreize zum Verschluss von Wissen und zur Verringerung der Offenheit. Auf der anderen Seite stellt das Internet eine Technologie dar, die das Lernen von anderen erleichtert.

Mehr Offenheit und Mobilität wirken sich positiv auf den Informationsfluss in der Gesellschaft aus, aber sie können auch negative Auswirkungen auf die Anreize zum Lernen haben. Dies ist ein weiteres Beispiel für einen der zahlreichen Zielkonflikte, der bei der Analyse von lernenden Volkswirtschaften berücksichtigt werden müssen. An anderer Stelle werden wir zeigen, dass die Marktlösung nicht generell effizient ist – ein Beispiel dafür ist das Maß an Mobilität, das sich bei einem Nash-Gleichgewicht ergibt, in dem jedes Unternehmen versucht, Arbeitskräfte von anderen Unternehmen abzuwerben und gleichzeitig zu verhindern, dass diese seine eigenen Arbeitskräfte abwerben.[15]

Eines der Ziele von Industriepolitik (breit gefasst, wie zuvor beschrieben) besteht also darin, das Lernen von anderen zu erleichtern. Dies gilt insbesondere in der Landwirtschaft (vor allem in den Entwicklungsländern), in der manchmal »Modellbetriebe« eingesetzt werden, um die besten Methoden zu verbreiten. Und eines der Ziele von Schulen und Universitäten bestand schon immer darin, das Lernen voneinander zu fördern.

Lernen durch Handel

Der internationale Handel erleichtert Interaktionen und damit Lernprozesse. Die Befürworter des Freihandels halten die Ausweitung des Handels für wichtig, weil er Lernen fördert. Wer seine Produkte im Ausland verkaufen will, der *muss* sich darüber informieren, was seine potentiellen Kunden wollen. Er muss in Erfahrung bringen, was seine Konkurrenten anbieten, und einen Weg finden, um sie zu übertrumpfen. Heimische

Produzenten, die im Wettbewerb mit ausländischen Anbietern stehen, *müssen* lernen, sich zu behaupten. Sie müssen lernen, Güter zu erzeugen, die mindestens so gut sind wie die der ausländischen Konkurrenten. Allgemeiner ausgedrückt, regt die Öffnung gegenüber der übrigen Welt Lernen an und erweitert die Möglichkeiten des Kontakts zu anderen Marktteilnehmern, von denen man lernen kann.

Später werden wir jedoch erklären, warum manche Handelshemmnisse das gesellschaftliche Lernen sogar fördern. Das heißt nicht, dass wir uns für wirtschaftliche Autarkie stark machen. Ja, wir bestreiten nicht einmal, dass Außenhandel Lernprozesse fördert. Wir sagen lediglich, dass auch die inländische Produktion positive Lerneffekte hat, die von den Verfechtern des Freihandels weitgehend ignoriert werden. Wir meinen auch, dass eine angemessene Schätzung der Auswirkungen des Außenhandels auf das Lernen eine präzisere Analyse erfordert: (1) Welche Sektoren/Produkte/Technologien sind vom Handel betroffen? (2) Welches Wissen wird von den ausländischen auf die inländischen Akteure übertragen? (3) Welches Wissen wird von den inländischen Akteuren auf die übrige Binnenwirtschaft übertragen? (4) Wie sähe das kontrafaktische Lernen aus? In welchem Umfang hätte Lernen stattgefunden, wenn das Produkt nicht oder nicht im selben Umfang importiert worden wäre? Welche Spillovers hätte es gegeben? Hätte der Staat die inländische Produktion (zum Beispiel die Wahl der Technologie) auf eine Art beeinflussen können, die das Lernen stärker begünstigt hätte, als es mit Hilfe des Außenhandels möglich gewesen wäre?

Die einfachen Modelle, die wir in den späteren Kapiteln entwerfen, erlauben uns klare Antworten auf diese Fragen. Wir zeigen, dass Handelsbeschränkungen unter bestimmten Bedingungen besser geeignet sind, Lernen zu fördern und folglich den Lebensstandard langfristig zu erhöhen, als der freie Handel.

Technologie und Lernprozesse

Der technologische Wandel nimmt Einfluss auf das, was wir lernen (und lernen *sollten)*, ebenso wie darauf, wie wir lernen (und lernen *sollten)*. Man könnte sich das »alte« Modell des Lernens so vorstellen: Der Lehrer füllt das Gehirn des Kindes mit Wissen, das zu der Zeit, in der dieses Kind zur Schule geht, für relevant gehalten wird. Anschließend zehrt der Schüler den Rest seines Lebens von diesem Wissen, um Probleme zu lösen. Aber diese Methode war nie gänzlich angemessen: Zumindest die besseren Schulen nahmen für sich in Anspruch, ihre Schüler auch mit analytischen Fähigkeiten zur Lösung von Problemen auszustatten.

In jüngerer Zeit ist das »alte« Modell durch das Modell »lebenslangen Lernens« ergänzt worden, das auf der Erkenntnis beruht, dass wir heute nicht wissen können, welche Kenntnisse wir in 20 Jahren benötigen werden. Aber das Internet und der dort augenblicklich zugängliche Wissensschatz haben die Bedingungen zusätzlich verändert. Warum sollten wir Informationen, die wir in Sekundenschnelle im Internet abrufen können, im Kopf speichern? Manche Menschen meinen, im Gehirn müssten wir lediglich das Wissen speichern, das wir benötigen, um uns rasch Zugang zu Informationen zu verschaffen, aber diese Meinung ist offenkundig falsch. Im Internet gibt es Informationen im Überfluss, und wir müssen unentwegt Urteile über deren Qualität (Wahrheitsgehalt) und Relevanz fällen. Wir müssen die zugänglichen Informationen in einen Kontext einordnen, und wir müssen in der Lage sein, sie in Verbindung mit anderen Informationen zu verwerten.

Auch am Arbeitsplatz ändern sich viele Prozesse laufend, und die Unternehmen erwarten von ihren Mitarbeitern nicht, dass sie alles mitbringen, was sie brauchen, um auf Anhieb vollkommen produktive Mitglieder der Belegschaft zu werden. Stattdessen lautet die Erwartung, dass eine fortlaufende Ausbildung am Arbeitsplatz (»on-the-job training«) erforderlich ist. Daher können wir uns unsere lebenslange Bildung als zweigeteilt vorstellen: Sie besteht aus einem formalen Teil (»in der Schule«) und einem informellen Teil (»am Arbeitsplatz und anderswo«). Beide Teile ergänzen und ersetzen einander: Ist die formale Bildung gut, so erhöht sie den Ertrag der Ausgaben für die informelle Bildung. Leider werden die beiden Bereiche in den meisten Ländern kaum koordiniert, weshalb die formale Schulbildung in vielen Sektoren für das Lernen am Arbeitsplatz eher unbedeutend ist.

Es dürfte klar sein, dass Veränderungen der Produktions- und Wissenstechnologien auch die Art und Weise verändern, wie wir lernen und lernen sollten. Eine gut funktionierende lernende Gesellschaft passt sich diesen Veränderungen an.[16]

Im vorhergehenden Abschnitt haben wir uns mit dem Lernen durch internationalen Handel befasst. Aber diese Art des Lernens kann ebenfalls von Technologie beeinflusst werden. Nehmen wir das Beispiel eines Landes, das ein komplexes Produkt (wie das Automobil) erzeugt, für das es die meisten Bauteile importiert. Wenn es einige Teile selbst erzeugt, so findet bei der Herstellung dieser lokalen Komponenten ein *gewisses* Maß an Lernen statt. Wird die Technologie jedoch sehr komplex, so werden möglicherweise sämtliche Komponenten im Ausland erzeugt und montiert, und sogar die Technologie, anhand derer beurteilt wird, ob das Produkt richtig funktioniert, muss möglicherweise importiert werden. Es kann zwar ein Lernen in Bezug auf den Einsatz der Technologie stattfinden, aber kaum ein solches in Bezug auf die Produktion. Das Ausmaß der Übertragungseffekte dürfte geringer sein und dementsprechend auch der Lernfortschritt aufgrund des Handels.

Determinanten des Lernens

Eine unserer zentralen Thesen lautet, dass das Lernen nicht nur der Hauptgrund für den bemerkenswerten Anstieg des Lebensstandards in der Vergangenheit war, sondern dass die Rate und die Richtung des Lernens endogen sind, von Land zu Land und im Lauf der Zeit unterschiedlich ausfallen und durch die Entscheidungen von Individuen, Unternehmen und Regierungen beeinflusst werden. Die entscheidende politische Frage lautet daher, wie Lernen gefördert werden kann: Wie können eine lernende Volkswirtschaft und eine lernende Gesellschaft geschaffen werden?

Vor dem Hintergrund der vorangegangenen Auseinandersetzung mit den Zielen und Prozessen des Lernens entwickeln wir in diesem Abschnitt eine Systematik der wichtigsten Determinanten des Lernens, als da sind: (1) Lernfähigkeit, (2) Zugang zu Wissen, (3) Katalysatoren für Lernen, (4) Entwicklung einer kreativen mentalen Einstellung, das heißt eines geeigneten kognitiven Rahmens, (5) Kontakte (Personen, mit denen wir interagieren), die das Lernen beschleunigen, zur Schaffung eines geeigneten kognitiven Rahmens beitragen und wesentliche Inputs für den Lernprozess anbieten können, sowie (6) der Lernkontext.

Lernen ereignet sich auf allen Ebenen der Gesellschaft: Individuen lernen ebenso wie Unternehmen und staatliche Einrichtungen. Allgemeiner gesagt findet ein »soziales Lernen« statt, das sich in Veränderungen der gesellschaftlichen Überzeugungen äußert, die ihrerseits durch das politische System zu Änderungen des öffentlichen Handelns führen.[17]

Die Analyse dieser Determinanten fördert die unverzichtbaren Elemente einer *Architektur des Lernens* zutage: Strukturen (zum Beispiel Unternehmen, Institutionen und die Rahmenbedingungen für ihre Interaktion), politische Maßnahmen und ganz allgemein Gesellschaften, die Lernen und Innovationen fördern. Während sich einige Unternehmen – die innovativsten – Gedanken darüber machen, wie sie ihre Abläufe so gestalten können, dass sie das interne Lernen fördern,[18] findet die Frage, wie man die Gesamtwirtschaft gestalten kann, um Innovationen voranzutreiben, überraschenderweise kaum Beachtung, obwohl Innovationen im modernen Kapitalismus eine außerordentlich große Bedeutung beigemessen wird.[19] Diese Lücke wollen wir mit unserem Buch schließen.

Lernfähigkeit

Die entscheidende Determinante des Lernens des Einzelnen ist seine Lernfähigkeit, und diese hängt vor allem von seiner Bildung ab. Wie zuvor erwähnt, müssen wir lernen, wie man lernt. Gutgestaltete Bildungssysteme (nicht solche, die das Auswendiglernen in den Mittelpunkt rücken) versuchen den Auszubildenden beizubringen, wie man lernt. Die moderne Bildungs- und Arbeitsmarktpolitik konzentriert sich auf »lebenslanges Lernen«, um das Vermögen von Menschen und Organisationen zu verbessern, sich den unablässigen Veränderungen auf dem Markt anzupassen. Dies macht es für Arbeitskräfte leichter, von einem Unternehmen zu einem anderen zu wechseln – ein Gewinn an Flexibilität, der beträchtlichen persönlichen und gesellschaftlichen Nutzen mit sich bringt. Da ein großer, wenn nicht der größte Teil wirtschaftlich relevanten Lernens nicht im formalen Bildungssystem stattfindet, sondern am Arbeitsplatz, sollten die formale Bildung und die Ausbildung am Arbeitsplatz als einander ergänzende Faktoren betrachtet werden, wobei die formale Bildung so gestaltet sein sollte, dass sie die Produktivität der informellen erhöht.

Ein Großteil der traditionellen Wirtschaftswissenschaften konzentriert sich auf den Beitrag der Bildung zum Aufbau von Humankapital, das heißt des in den Köpfen der Arbeitskräfte gespeicherten Wissens. Normalerweise wird dieses Wissen an der Dauer der Schulbildung gemessen. Wir setzen einen anderen Akzent. Mit dem Auswendiglernen verbrachte Jahre können die Menge des (unter Umständen relevanten) Wissens erhöhen oder auch nicht. Wenn sie es erhöhen, können sie die Produktivität zumindest zeitweilig anheben –, so lange, bis das gespeicherte Wissen obsolet wird. Aber eine solche Schulbildung erhöht nicht zwangsläufig die Fähigkeit zu lernen und damit die Kompetenz, lebenslang zu lernen. Tatsächlich kann sie die Fähigkeit zu lernen behindern, vor allem wenn im Rahmen einer solchen Bildung versucht wird, den Lernenden Ideen zu vermitteln, die der Wissenschaft widersprechen.[20]

Weiter vorne in diesem Buch haben wir bereits auf die Zielkonflikte zwischen statischer Effizienz und dynamischen Zugewinnen hingewiesen. Dies gilt auch in der Bildung. Kurzfristig mag es möglich sein, mit einem Bildungssystem, das eine häufige Überprüfung des Gelernten erfordert und weniger Wert auf die Verbesserung der analytischen und kognitiven Fähigkeiten legt, mehr Wissen zu vermitteln. Allerdings dürften die Arbeitskräfte, die ein solches Bildungssystem hervorbringt, eine geringere Lernfähigkeit und weniger Kreativität mitbringen.

Zu den Determinanten der Lernfähigkeit einer Gesellschaft oder eines Unternehmens zählt auch die Altersstruktur – und möglicherweise auch das Altersprofil der Führung. Wie das Sprichwort sagt: Einem alten Hund kann man keine neuen Tricks beibringen. Im *Durchschnitt* sind jüngere Menschen lernfähiger (und offener dafür, Neues zu lernen). Sie haben keine andere Wahl: Sie müssen sich das Wissen und die Fähigkeiten, die Voraussetzung für Erfolg im Leben sind, erst aneignen.

Jüngere Menschen haben auch größere Anreize zum Lernen. Sie haben sich keine überkommenen Vorstellungen und Vorgehensweisen angeeignet; insofern kann es für sie sogar von besonderem Reiz sein, neue Methoden zu entwickeln, die sie dann besonders gut beherrschen.[21] Davon können sie ein Leben lang profitieren und sich einen Wettbewerbsvorsprung vor den Älteren sichern.[22]

Zu den Problemen der westlichen Gesellschaften (und Japans) zählt der demographische Wandel. Der Anteil junger

Menschen an den Arbeitnehmern sinkt rasch. Wirtschaftssysteme, in denen eine hohe Unternehmensfluktuation herrscht und in denen neue, von jüngeren Menschen beherrschte Unternehmen eine wichtige Rolle spielen, können die Auswirkungen des Alterns der Erwerbsbevölkerung teilweise ausgleichen.[23]

Zugang zu Wissen

Alles Wissen beruht auf vorhandenem Wissen. Isaac Newton beschrieb seine bahnbrechende Forschungsarbeit so: »Wenn ich weiter sehen konnte, so deshalb, weil ich auf den Schultern von Riesen stand.«[24] Dasselbe gilt für unsere sich rasch entwickelnde Innovationswirtschaft, in der Dutzende und manchmal Hunderte von Problemen gelöst werden müssen, um ein komplexes Produkt herzustellen. Deshalb ist der Zugang zu Wissen Voraussetzung für Lernen und die Weiterentwicklung von Wissen. Wir haben auf die besondere Bedeutung dieses Punkts im Entwicklungsprozess hingewiesen, denn der Unterschied zwischen mehr und weniger weit entwickelten Ländern beruht weniger auf einer Ressourcenlücke als auf einer Wissenslücke.

Viele Aspekte des Designs eines Wirtschaftssystems wirken sich auf den Zugang zu Wissen aus. Die Open-Source-Bewegung hat sich das Prinzip des freien Zugangs zu Wissen auf die Fahne geschrieben. Wie wir bereits erwähnt haben, bemühen sich auch die Universitäten und die moderne Wissenschaft, eine Kultur der Offenheit zu erhalten, die den Zugang zu Wissen gewährleistet.

In Kapitel 12 werden wir uns mit der ambivalenten Rolle der Rechte am geistigen Eigentum befassen: Sie können die Anreize zur Forschung erhöhen, beschränken gleichzeitig jedoch den Zugang zu und die Verwendung von Wissen.[25]

Katalysatoren

Um lernen zu können, müssen Individuen und Organisationen die Fähigkeit besitzen zu lernen, aber sie müssen auch dazu angeregt werden zu lernen. Die Mitglieder einer lernenden Gesellschaft sind von zahlreichen *Katalysatoren* umgeben. Wir verwenden diesen Begriff bewusst. Wie erwähnt, beruht ein Großteil des Wissens (der Innovationen) auf anderen Innovationen. Manchmal jedoch kann eine Idee neue Ideen anregen, selbst wenn sich diese neuen Ideen nicht direkt auf die ursprüngliche Idee stützen. So dient eine Idee als Katalysator, als Substanz, die eine Reaktion auslöst, dabei jedoch selbst nicht verwendet (oder verbraucht) wird.

Die Entdeckung der Viskose zeigte, dass es möglich ist, synthetische Fasern zu erschwinglichen Kosten zu erzeugen. Selbst ohne genau zu wissen, wie Viskose chemisch aufgebaut ist, kann das Wissen um ihre Entdeckung genügen, um Lernen und Forschung anzuregen. Aber wir lernen sogar noch mehr – wir können noch mehr stimuliert werden – durch die Offenlegung der in einem Patentantrag enthaltenen Information, selbst wenn wir das patentierte Produkt nicht verwenden können, ohne dafür zu bezahlen.

Technologische Fortschritte zählen zu den wichtigsten Katalysatoren für Lernen: Wir können mehr lernen, wenn es mehr zu lernen gibt. Politische Maßnahmen einschließlich staatlicher Ausgaben, die eine raschere Weiterentwicklung fortschrittlicher Technologien ermöglichen, geben allen Marktteilnehmern die Möglichkeit, mehr zu lernen – sofern wir ihr Lernen nicht behindern (zum Beispiel durch Rechte am geistigen Eigentum).

Kontakte

Zuvor haben wir den Lernprozess beschrieben, und ein wesentlicher Bestandteil dieses Prozesses ist, dass Menschen voneinander lernen. Diese Interaktionen liefern sowohl den

Wissensinput, der die Grundlage für Lernen ist, als auch den Katalysator, der Innovationen vorantreibt.

In diesem Sinn ist Wissen wie eine (vorteilhafte) Krankheit: Es wird durch Kontakte übertragen. Aber nicht jede Art von Kontakt ist gleich gut für die Übertragung von Wissen geeignet. Manche Menschen, die in Kontakt mit Wissen kommen können, sind »anfälliger« dafür als andere, das heißt, sie übernehmen das ihnen offenstehende Wissen eher, setzen es eher ein und entwickeln es vielleicht sogar eher weiter. Und bestimmte wirtschaftliche Strukturen begünstigen die Kontakte zwischen Individuen, während andere Strukturen Kontakte unterbinden. Universitäten und Forschungseinrichtungen versuchen, eine interaktive Umgebung zu schaffen, um die Bandbreite und Intensität der Kontakte zu vergrößern. Wirtschaftssysteme, die die Mobilität erhöhen, können das Ausmaß der Kontakte steigern, mit denen Lernfortschritte einhergehen, und das Lernen katalysieren. Sogar noch nützlicher kann es sein, organisatorische Architekturen zu schaffen, in denen Individuen, die sich gegenseitig Anregungen geben könnten, im Rahmen einer strukturierten Interaktion miteinander in Verbindung gesetzt werden. Manche Unternehmen versetzen ihre Mitarbeiter regelmäßig, und das tun sie zum Teil deshalb, weil sie auf diese Art die Ausbreitung von Ideen und das Lernen in der gesamten Organisation fördern.

Wir haben uns daran gewöhnt, dass Interaktionen von geographischer Nähe abhängen, was die Entwicklung von Lernclustern erklärt, also jener Art von Orten, an denen das Lernen, insbesondere das Lernen in bestimmten Bereichen, schneller vonstattengeht als anderswo. Die Intensität dieser lokalen Interaktionen ist einer der wichtigsten Gründe für Agglomerationseffekte: Es ist sinnvoll, bestimmte Tätigkeiten an bestimmten Orten zu bündeln. Diese »Lokalisierung« von Kontakten und die Fähigkeit zu kommunizieren ist eine der Erklärungen dafür, warum sich Wissen innerhalb eines Landes leichter ausbreitet als über Landesgrenzen hinweg. Verschiedene Sprachen behindern den Fluss der Ideen, während ein gemeinsames Bildungssystem diesen Fluss erleichtern kann.[26]

Einer der Vorzüge der Globalisierung ist, dass sie die Menschen mit neuen Ideen in Berührung bringt.[27,28] Natürlich müssen die Kontakte nicht von Angesicht zu Angesicht sein: Das Internet hat die Möglichkeiten der Kommunikation erheblich ausgeweitet und sowohl den Zugang zu Wissen als auch die Kontaktmöglichkeiten verbessert.[29]

Der kognitive Rahmen

Individuen und Unternehmen müssen einen kognitiven Rahmen entwickeln, das heißt eine mentale Einstellung, die Lernen begünstigt. Dazu gehört die Überzeugung, dass Veränderungen möglich und wichtig sind – und dass sie mit bewussten Aktionen gestaltet und vorangetrieben werden können.[30] Die relative Stagnation des Lebensstandards über Jahrtausende bis zur industriellen Revolution und zur Revolution des Lernens lässt sich teilweise damit erklären, dass dieser kognitive Rahmen fehlte.[31] Und selbstverständlich hatten ausbleibende (oder langsame) Veränderungen zur Folge, dass sich darauf bezogene Überzeugungen selbst verstärkten. In einer Welt, in der sich nur wenig veränderte, gab es kaum Katalysatoren für Lernen, und es wurden kaum Anstrengungen unternommen, um Veränderungen herbeizuführen oder sich ihnen anzupassen. Und da die Menschen auch kaum fähig waren, sich Veränderungen anzupassen, weil sie nicht zu lernen gelernt hatten und nicht über institutionelle Strukturen verfügten, die ihnen geholfen hätten, die Kosten des Wandels zu tragen, leisteten sie oft hartnäckigen Widerstand gegen Veränderungen (ein Beispiel ist der »Maschinensturm« der Ludditen im 19. Jahrhundert).[32]

Im Westen trug die Aufklärung – der Glaube an Wissenschaft und Vernunft, sorgfältiges Experimentieren und saubere Schlüsse – entscheidend zur Entwicklung von Denkweisen bei, die Lernen begünstigen. Dies bedeutete eine radikale Abkehr von einer Geisteshaltung, die von der göttlichen Offenbarung der Wahrheit ausging. Es ist verblüffend, dass sich die Entwicklungsländer bemühen, die wissenschaftlichen Methoden zu übernehmen, während in den Vereinigten Staaten, dem Land, das den Beginn der technologischen Entwicklung angeführt hat, große Teile der Bevölkerung nur Verachtung für die Ergebnisse der modernen Wissenschaft empfinden, zum Beispiel für die Erkenntnisse über Evolution und Klimawandel.[33] Politische Entscheidungsträger, die versuchen, Lernen zu fördern und die Entwicklung von Wissenschaft und Technologie voranzutreiben, sehen sich oft mit der Aufgabe konfrontiert, der Aufklärung erneut zum Durchbruch zu verhelfen.

Die Bildung einer lernfreundlichen mentalen Einstellung ist ein komplexer Vorgang.[34] Grundlegende Überzeugungen wie die behandelten (etwa jene, dass der Wandel wünschenswert ist und herbeigeführt werden kann) sind in hohem Maß soziale Konstrukte. Dass wir glauben, was wir glauben, liegt zum Teil daran, dass jene, mit denen wir sprechen, ähnliche Vorstellungen haben. Dies kann zu gesellschaftlichen Verkrustungen führen – für den einzelnen Menschen ist es schwierig, seine eigene oder die kollektive Denkweise zu ändern. Aber ein solcher Sinneswandel ist eine unerlässliche Voraussetzung für Entwicklung – für die Verwandlung stagnierender in wachsende Länder und für die Entstehung einer lernenden Gesellschaft.

Zugleich allerdings müssen Überzeugungen in Bezug zur Realität gesetzt werden. Eine große Kluft zwischen bestimmten Überzeugungen und der Realität bildet einen starken Antrieb dafür, die Überzeugungen zu ändern. Aber Ideen sind wirkmächtig und führen ein Eigenleben. Die Aufklärung und die wissenschaftlichen Methoden verdanken ihren Erfolg teilweise der Tatsache, dass sie überzeugende Erklärungen für Beobachtungen lieferten, die ansonsten unerklärlich schienen, und dass sie Voraussagen ermöglichten, die sich ansonsten nie hätten anstellen lassen. Teilweise jedoch beruhte ihr Erfolg auch auf der den Ideen selbst innewohnenden Kraft.[35]

Zwar mag es sein, dass wir nur ansatzweise verstehen, wie es dazu kommt, dass sich das Lernen begünstigende mentale Einstellungen ausbreiten. Es dürfte aber unbestritten sein, dass die Bildung dabei eine zentrale Rolle spielt. Ein gutgestaltetes Bildungssystem kann dazu beitragen, einen geeigneten kognitiven Rahmen zu schaffen, aber es gibt auch Bildungssysteme, die die Menschen gegen die Aufklärung und die Entwicklung einer Lernmentalität »immunisieren«.

Kontext

Jedes Lernen ereignet sich in einem bestimmten Kontext. Das meiste Lernen findet in Unternehmen statt. Manche Umgebungen (zum Beispiel die Kultur eines Unternehmens oder einer Gesellschaft) sind zum Lernen günstiger als andere. Sie können die Entwicklung von Lernfähigkeit und einer dem Lernen gegenüber offenen Denkeinstellung erleichtern und dazu beitragen, Netzwerke von Kontakten aufzubauen, die gute Katalysatoren für Lernprozesse sind. Manche Umgebungen können Lernprozesse hemmen: Sie sind ungeeignet für die Entwicklung von Lernfähigkeit, behindern den Wissensfluss und erschweren die Anwendung des Gelernten – und da ein Großteil des Lernens ein Ergebnis von »Tun« ist, verhindert Letzteres weiteres Lernen.

Sowohl die volkswirtschaftlichen Rahmenbedingungen als auch die Organisation der Unternehmen, in denen die Individuen tätig sind, kann sich auf das Lernniveau auswirken. An anderer Stelle in diesem Kapitel werden wir zwei zentrale Merkmale des Lernumfelds – Spillover-Effekte und Motivationslagen – untersuchen und uns eingehender mit einigen anderen wichtigen Aspekten dieses Umfelds befassen. (In den späteren Kapiteln werden wir weitere Elemente des Lernumfelds behandeln und uns Sozialsysteme, arbeitsrechtliche Regelungen sowie die Rechtsvorschriften in den Bereichen Finanzen und Investitionen ansehen.) Wir halten fest, dass sich sowohl das Makroumfeld als auch das Sozialsystem – sowie das Ausmaß der Ungleichheit und weitere Merkmale des Wirtschaftssystems – auf das Lernen auswirken können. Beispielsweise können Menschen, die um ihren Lebensunterhalt kämpfen müssen oder einem hohen Maß an Stress ausgesetzt sind, im Normalfall nicht so gut lernen wie solche, die ein Mindestmaß an Sicherheit genießen. Zu erwarten ist, dass in Gesellschaften, in denen ein geringes Maß an Vertrauen herrscht, Stress und Ängste stärker ausgeprägt sind.[36]

Wir gehen davon aus, dass es mehrere gesellschaftliche Gleichgewichte geben kann. In dynamischeren Gesellschaften, die sich rascher wandeln, besteht eine größere Nachfrage nach Lernen: Solche Gesellschaften belohnen die Lernfähigen stärker und geben ihren Mitgliedern Anreize, sich die Fähigkeit zum Lernen und eine lernfreundliche Einstellung anzueignen. Gesellschaften, die sich kaum verändern, messen diesen Fähigkeiten nur geringen Wert bei, weshalb sie ihren Mitgliedern keine Anreize geben, sich entsprechende Kompetenzen anzueignen. Die Folge ist, dass sie sich kaum weiterentwickeln. (Nehmen wir beispielsweise an, dass einige Menschen besondere bürokratische Fähigkeiten besitzen, andere hingegen besondere Fähigkeiten zu Innovationen. Dann gibt es ein gesellschaftliches Gleichgewicht, das wir als »bürokratisch« bezeichnen können und in dem jene, die größere bürokratische Fähigkeiten besitzen, erfolgreich sind, weshalb die Mitglieder dieser Gesellschaft lernen, bürokratische Prozesse besser zu steuern. In anderen Gesellschaften nimmt die Innovation einen größeren Stellenwert ein. In solchen Gesellschaften sind jene, die größere innovative Fähigkeiten besitzen, erfolgreicher als jene, die sich besser auf die Abwicklung bürokratischer Prozesse verstehen, weshalb die Individuen die Lernfähigkeiten entwickeln, die ihnen den Erfolg in einer solchen Gesellschaft ermöglichen.)[37]

Eine genauere Betrachtung der Spillover-Effekte des Lernens

Weiter oben in diesem Buch hatten wir betont, dass Lernen mit positiven externen Effekten verbunden ist. Diese Effekte sind allgegenwärtig und ausgeprägt, und sie sind in einigen Industriezweigen ausgeprägter als in anderen. Offenkundig berücksichtigen die Märkte diese externen Effekte nicht – dies ist ein bedenkliches Marktversagen, das einen zentralen Platz in unserer Analyse einnimmt.

Lokalisiertes Lernen

Spillover-Effekte des Lernens weisen zahlreiche Merkmale auf. Atkinson und Stiglitz haben darauf hingewiesen, dass Lernen lokal besonders wirksam ist: Es wirkt sich auf Produktionsprozesse, die denen ähneln, in welchen bereits Lernen stattgefunden hat, stärker aus als auf deutlich andersartige Produktionsprozesse.[38] Verbesserungen eines kapitalintensiven Prozesses in der Textilproduktion dürften sich kaum auf die Technologie für Handwebstühle auswirken. Aber Lernen ist nicht auf einen einzelnen Prozess und verwandte Prozesse für ein bestimmtes Produkt beschränkt. Innovationen in einem Sektor können sich als nützlich für scheinbar nicht verwandte Sektoren erweisen, weil die Erzeugung jedes Produkts zahlreiche Stadien umfasst und in einigen dieser Stadien Prozesse stattfinden können, die denen in einem anscheinend ganz andersartigen Sektor ähneln. Natürlich werden Sektoren, die auf die eine oder andere Art größere Ähnlichkeiten aufweisen, stärker profitieren. Tatsächlich können die Spillover-Effekte auf andersartige Produkte, bei deren Erzeugung analoge Technologien zum Einsatz kommen, größer sein als die Effekte auf Unternehmen in derselben Industrie, die jedoch andersartige Technologien verwenden.

Spillover-Effekte gehen über das technologische Lernen

hinaus. Besonders bedeutsam sind sie im Bereich der Produktionsmethoden. Methoden der Lagerführung und der Liquiditätssteuerung betreffen praktisch alle Unternehmen in einer Volkswirtschaft. Just-in-time-Produktion und Fertigungsstraßen sind Beispiele für Produktionsprozesse, die sich auf viele verschiedene Industrien auswirken.[39]

Desgleichen gibt es »institutionelle« Spillover-Effekte. Die Entwicklung eines Finanzsektors, der beispielsweise dem verarbeitenden Gewerbe dienen soll, kann sich auch als sehr nützlich für andere Wirtschaftssektoren erweisen. Viele dieser Spillover-Effekte können die gesamte Volkswirtschaft erfassen. Ähnlich können sich Verbesserungen im Bildungssystem, die Voraussetzung für einen gutfunktionierenden Industriesektor sind, vorteilhaft auf den Dienstleistungssektor oder die Landwirtschaft auswirken. Tatsächlich ist wahrscheinlich, dass die gesamte Volkswirtschaft von solchen Verbesserungen profitieren wird.

Die Übertragungseffekte betreffen nicht nur Technologien, sondern auch Menschen. Eine Verbesserung der Kenntnisse in einem Sektor wirkt sich auch auf Sektoren aus, in denen analoge Kenntnisse benötigt werden.

Die Theorie des lokalisierten Lernens besagt, dass auf natürliche Art eine Übertragung nicht nur von einer Technologie zu anderen, ähnlichen Technologien, sondern auch von einem Produkt zu bestimmten anderen Produkten erfolgen kann. Der Grund dafür können institutionelle Faktoren sein – Arbeitskräfte wechseln häufig von Unternehmen, die ein bestimmtes Produkt erzeugen, zu solchen, die andere erzeugen. Oder es können technologische Faktoren sein, die mit Ähnlichkeiten bestimmter Aspekte der betreffenden Produktionsprozesse zusammenhängen. Hidalgo und Kollegen haben den sogenannten Produktraum beschrieben und versucht festzustellen, wo in diesem Raum die bedeutsamsten Übertragungseffekte auftreten – in welchen Sektoren beispielsweise ähnliche »Fähigkeiten« zu finden sind.[40] Wenn zwei Produkte auf ähnlichen Fähigkeiten beruhen, werden Lernfortschritte, die eine bestimmte Fähigkeit in einem Sektor erhöhen, sich positiv auf verbundene Sektoren auswirken, in denen dieselbe Fähigkeit relevant ist.[41] In diesem Sinn können die Fähigkeiten nicht nur die Kenntnisse von Arbeitskräften, sondern auch das Lernen von Organisationen und institutionelle Entwicklungen umfassen. Die Fähigkeiten weisen auf scheinbare Verbindungen zwischen Industrien hin, auf Punkte, an denen die Entwicklung einer Industrie mit der Entwicklung einer anderen verbunden ist. Tatsächlich aber beschreibt all das die Spillover-Effekte, die im Rahmen der jeweils gegebenen institutionellen Bedingungen zum Tragen kommen. Hingegen liefert es keine Aufschlüsse über die Übertragungseffekte, die unter alternativen institutionellen Bedingungen möglich wären, zum Beispiel infolge einer aktiveren Industriepolitik.

Geographische und kulturelle Lokalisierung[42] Es gibt weitere Aspekte der Lokalisierung: Sie kann geographisch und kulturell geartet sein. Lernen ist zum einen deshalb geographisch lokalisiert, weil das an einem Ort relevante Wissen an einem anderen Ort geringere Relevanz hat. Zum anderen deshalb, weil die Informationsflüsse ortsgebunden sind: Wenn Menschen räumlich verstreut sind, ist das Netz der Kontakte weniger dicht, und aufgrund von sprachlichen und kulturellen Unterschieden mag die Kommunikation weniger effektiv sein. Auch die Verkehrsnetze erleichtern die Interaktion innerhalb eines Landes eher als über dessen Grenzen hinweg. Da Lernen selbst ein komplexer Vorgang ist, lernt man unter Umständen leichter von denen, die dieselbe Sprache sprechen und die Welt ähnlich wahrnehmen, weshalb dann auch größere Spillover-Effekte wahrscheinlich sind.

Daher funktioniert die Übertragung von Lernfortschritten auf Länder (Regionen, Orte), die grundlegende Ähnlichkeiten aufweisen, besser. Offensichtlich ist das in der Landwirtschaft der Fall: Verbesserungen, die für ein bestimmtes Areal geeignet sind, sind für andere Areale möglicherweise ungeeignet, weil die Bodentypen, die Niederschlagsmengen und andere Klimafaktoren sehr unterschiedlich sind.

Die geographische Lokalisierung ist einer der Gründe dafür, dass das Wissen über Grenzen hinweg nicht so ungehindert fließt wie innerhalb von Grenzen. Dieser Punkt, mit dem wir uns später noch eingehend befassen werden, kommt an den großen Produktivitätsunterschieden zwischen verschiedenen Ländern deutlich zum Ausdruck.

Während die geographische Lokalisierung zur Folge hat, dass bestimmte Lernfortschritte, die an einem Ort relevant sind, an einem anderen *weniger* relevant sind, *können* die meisten technologischen Veränderungen und viele Fortschritte im institutionellen Lernen durchaus grenzüberschreitenden Nutzen haben. Inwieweit dies der Fall ist, hängt vom Niveau der Fähigkeiten (dem Humankapital) und den institutionellen Regelungen ab.

In Kapitel 4 werden wir einen weiteren Aspekt der »Lokalisierung« behandeln, nämlich die Tatsache, dass Wissen innerhalb von Unternehmen leichter fließt als über Unternehmensgrenzen hinweg. Multinationale Unternehmen erleichtern den Wissensstrom über nationale Grenzen hinweg, sorgen jedoch oft dafür, dass Wissen nur innerhalb der Grenzen ihres Unternehmens fließt, womit sie den Nutzen ausländischer Direktinvestitionen verringern. In Kapitel 11 beschäftigen wir uns mit staatlichen Maßnahmen zur Steigerung des Nutzens ausländischer Direktinvestitionen.

Lokalisiertes Lernen zu lernen Nicht nur Wissen (bzw. Lernen) ist lokalisiert. Auch das Lernen zu lernen kann lokalisiert sein. Länder (oder Unternehmen) lernen am ehesten von ihren Nachbarn zu lernen. Es ist kein Zufall, dass die Nachbarländer Japans als Erste lernten, wie man lernt: Sie beobachteten und ahmten nach, was Japan tat. Dieses Wissen darüber, wie man lernt, verbreitete sich anschließend in Asien. Korea studierte genau, welche Maßnahmen Japan ergriffen hatte, um die Wissenslücke zu schließen, die zwischen ihm und den höherentwickelten Industrieländern klaffte. (Einige dieser Maßnahmen behandeln wir im folgenden Abschnitt.)

Das lokalisierte Lernen zu lernen weist noch ein weiteres Merkmal auf. Lernen betrifft spezialisierte Fähigkeiten, und verbessertes Lernen in einem bestimmten Bereich kann auf Kosten des Lernens in anderen Bereichen gehen. Die westlichen Unternehmen haben gelernt, Arbeitskräfte einzusparen, auch wenn die entsprechenden Innovationen hohe soziale Kosten in Form einer hohen Arbeitslosigkeit verursachen. Gleichzeitig aber haben die Unternehmen nicht gut gelernt, wie sie die Umwelt schützen und ihren Ressourcenverbrauch verringern können.

Lokalisiertes Lernen, die herkömmliche Wirtschaftstheorie und die Frage, warum die Geschichte eine Rolle spielt Dass ein großer Teil des Lernens innerhalb von Unternehmen (oder Ländern) stattfindet und weder leicht noch kostenlos über die (Unternehmens- oder Länder-)Grenzen hinweg fließt, hat erhebliche Auswirkungen auf die herkömmliche Wirtschaftstheorie. Es bedeutet, dass Unternehmen (oder Länder) zwangsläufig verschiedene Produktionsfunktionen haben. Anzunehmen, sie besäßen dasselbe Wissen, ist ebenso einfältig wie anzunehmen, sie hätten dieselbe Faktorausstattung. Tatsächlich geht die moderne Handelstheorie überwiegend von einer unvollständigen Mobilität der Produktionsfaktoren, aber einer vollständigen Mobilität des Wissens aus (es wird also *angenommen*, dass die Produktionsfunktionen dieselben sind). Aber der Transfer von Wissen über Grenzen – seien es die Grenzen von Unternehmen oder die von Ländern – ist noch schwieriger als der Transfer der anderen Produktionsfaktoren. Tatsächlich ist die Unvollkommenheit der Information das wichtigste Hindernis für die Bewegung von Kapital: Würden die Informationen vollkommen ungehindert fließen, so müsste dasselbe auch für Kapital gelten.

Wäre zumindest ein Teil des Lernens bzw. des Wissens stets immobil, so könnten wir das Problem der Ressourcenallokation selbstverständlich immer noch im herkömmlichen Rahmen betrachten. Ausgehend von den Wissensständen der einzelnen

Unternehmen würden wir die Produktionsfaktoren so zuteilen, dass garantiert wäre, dass die Grenzerträge da wie dort gleich groß wären. Aber eine unserer zentralen Thesen lautet, dass dieser Ansatz in die Irre führt: Wir können auf den Fluss des Wissens und auf das Lernen einwirken. Beides wird von der Wirtschaftspolitik, den Institutionen, den ökonomischen Strukturen und der Ressourcenallokation beeinflusst (sowohl von der sektorspezifischen Allokation als auch von der Wahl der Technologien).

Die Tatsache, dass sich Lernen spezifisch auf eine bestimmte Technologie (eine bestimmte Technik) bezieht, bedeutet, dass die zu einem gegebenen Zeitpunkt verfügbare Palette an Techniken wahrscheinlich aus jenen besteht, die zu diesem Zeitpunkt angewendet werden oder in der Vergangenheit bereits angewandt wurden. Selbstverständlich könnten mit zusätzlichen Investitionen zahlreiche neue Techniken entwickelt werden. Aber in der Praxis dürfte die Unterscheidung zwischen Bewegungen entlang einer Isoquante und dem »technischen« Wandel weniger bedeutsam sein als üblicherweise angenommen.

Diese Tatsache bedeutet auch, dass die geschichtliche Entwicklung eine Rolle spielt, die ihr im Standardmodell verwehrt ist. Abbildung 3.1 zeigt eine Isoquante eines Unternehmens, die zwei Produktionstechniken beinhaltet: eine kapitalintensive Technologie *A* und eine arbeitsintensive Technologie *B*. Unter der Annahme eines lokalisierten technischen Wandels wird *B* nicht von einer Verbesserung von *A* beeinflusst und umgekehrt. Daher sind die üblichen Beschreibungen des technologischen Wandels als behutsame Verschiebung der Produktionsfunktion (welche die Input-Erfordernisse für *alle* Technologien verringert) grundlegend falsch.

Nehmen wir an, dass die Wirtschaft anfänglich ein gleichbleibendes Wachstum aufweist, während sie die Technologie B verwendet, wobei der Kapitaleinsatz im selben Maß zunimmt wie der Arbeitseinsatz. Nehmen wir zudem an, dass diese Technologie kaum Lernprozesse vorantreibt, weshalb das

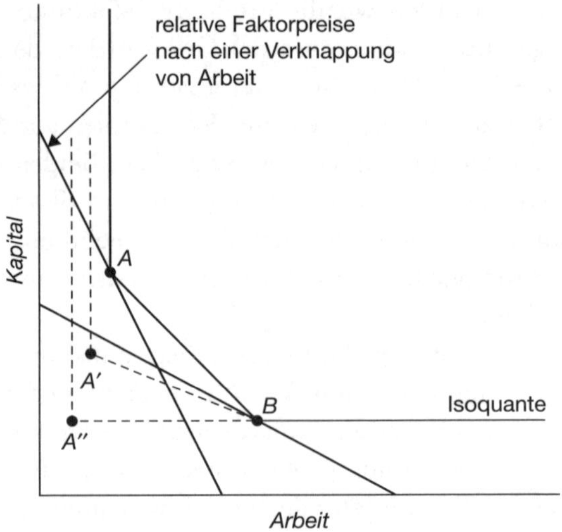

Abbildung 3.1: Lokalisierter technischer Wandel – die Geschichte spielt eine Rolle

Pro-Kopf-Einkommen stagniert. Dann wird das Land von einer Seuche heimgesucht, die einem großen Teil der Arbeitskräfte den Tod bringt. Da die Knappheit der Arbeit zugenommen hat, steigen die Löhne, und die Wirtschaft geht zu einer kapitalintensiven Technologie A über. Allerdings ist Technologie A mit einem beträchtlichen Maß an Learning by Doing verbunden. Die Arbeitsproduktivität nimmt infolgedessen deutlich zu, weshalb sich das Faktoreinsatzverhältnis von A über A′ zu A″ verschiebt – zu dem Punkt also, in dem die Technologie A die Technologie B dominiert. Das bedeutet aber, dass die Wirtschaft, nachdem sie sich von den Folgen der Seuche erholt hat (nachdem sich also das Arbeitsangebot im Verhältnis zum Kapitalangebot wieder erhöht hat), weiterhin die Technologie A einsetzt. Die Geschichte der betrachteten Volkswirtschaft unterscheidet sich also qualitativ und quantitativ von jener, die sich entfaltet hätte, wäre sie von der Seuche verschont geblieben: Langfristig sind der Pro-Kopf-Output und dessen Wachstumsrate höher.

Es gibt weitere Strategieelemente: Obwohl man leichter »lokal« lernen kann, das heißt über Produkte und Prozesse, die den gegenwärtigen ähneln, gibt es dabei *weniger zu lernen*. Wir haben an anderer Stelle über die Wissenskluft zwischen den entwickelten und den Entwicklungsländern gesprochen. Letztere haben mehr zu lernen. *Wenn* sie lernen können, wie sie Kenntnisse über diese fortschrittlicheren Technologien gewinnen können, dann mag es sein, dass deshalb, weil es noch mehr zu lernen gibt, auch größere Lernfortschritte gemacht werden – was dann auch ein höheres Produktivitätswachstum mit sich brächte. Bei einem gegebenen Maß an Lernfähigkeit kann die Beziehung zwischen den Produktivitätszuwächsen komplex sein: Beispielsweise können die Zuwächse anfangs gemessen an der Größe der Wissenskluft deutlich größer werden (denn man kann sehr wenig lernen, wenn es praktisch keine Kluft gibt), es kann eine Phase sinkender Zuwächse geben, und schließlich sind sogar Rückschritte möglich, sofern die Kluft zu groß ist.

Die Tatsache, dass sich von weiter entfernten Technologien mehr lernen lässt, dass aber dabei die Lernfähigkeit geringer ist, stellt Politiker vor eine schwierige strategische Entscheidung: Sollen sie eine (inkrementelle) Strategie der kleinen Schritte verfolgen oder einen »großen Sprung« versuchen?

Im Anhang zu Kapitel 2 der ungekürzten Ausgabe sind »Gleichgewichtswissenslücken« beschrieben. Die Schließung von Wissenslücken verursacht hohe Kosten, und wenn die Wissenslücke zu groß ist, ist der Versuch ihrer Schließung möglicherweise nicht die optimale Lösung: Dann ist es für ein Unternehmen (oder ein Land) lohnender, die Rolle des Nachzüglers zu wählen und das Wissen verzögert aufzunehmen, wenn es von denen, die die technologische Führungsposition einnehmen, nach unten durchsickert.

Es gibt einen weiteren Faktor, der bei einem »großen Sprung« eine Rolle spielt: Konventionen, institutionelle Regelungen und mentale Einstellungen müssen geändert werden, um den Veränderungsprozess möglich zu machen. Gesellschaftliche, institutionelle und mentale Rigiditäten sind ein bedeutendes Hindernis für das Lernen. Sie sind das Thema des nächsten Abschnitts.

Lernhindernisse

Wir haben auf die Bedeutung der Aufklärung für die Entstehung einer lernenden Gesellschaft hingewiesen. Aber selbst in einer aufgeklärten Gesellschaft gibt es auf individueller, organisatorischer und gesellschaftlicher Ebene Hindernisse für Lernen. Um eine lernende Gesellschaft zu schaffen, muss man diese Hindernisse verstehen und alles Mögliche tun, um sie zu beseitigen.[43]

Verzerrte Wahrnehmungen

Zu lernen bedeutet auch zu erkennen, was funktioniert und was nicht funktioniert – also Lernen durch Erfahrung. In der Wissenschaft lernen wir durch kontrollierte Experimente. Im Alltagsleben ist es dagegen oft schwierig, wenn nicht unmöglich, kontrollierte Experimente durchzuführen. Wir versuchen, von unseren Erfahrungen darauf zu schließen, was funktioniert und was nicht. Aber diese Schlüsse sind von unseren Überzeugungen beeinflusst. Welche Informationen wir verarbeiten, wie wir sie verarbeiten, und die Bedeutung, die wir den verschiedenen Beobachtungen beimessen, all dies wird von unseren Überzeugungen beeinflusst. Unsere Neigung, die Welt durch eine von unseren Überzeugungen geformte Linse zu betrachten und Informationen zu ignorieren, die diesen Überzeugungen widersprechen, sowie Informationen als besonders bedeutsam einzuschätzen, die unseren Vorstellungen entsprechen, wird als Bestätigungsfehler bezeichnet.[44] Das Ergebnis ist, dass wir in einer Welt leben können, die Hoff und Stiglitz als »Gleichgewichtsfiktion« bezeichnen. Die Welt, wie wir sie sehen, bestätigt die Vorstellungen, die wir uns von ihr gebildet haben.

Dass ein System von Überzeugungen eine Fiktion – und sogar eine Gleichgewichtsfiktion – sein kann, bedeutet nicht zwangsläufig, dass es schlecht ist. Vor langer Zeit beobachtete Frank Knight, dass Unternehmer systematisch den Ertrag von Innovationen überschätzen oder, um eine modernere Terminologie zu verwenden, einer Art irrationalen Überschwangs erliegen.[45] Dieser irrationale Überschwang kann zu Innovationen anregen, und er kann die Unterinvestitionen teilweise ausgleichen, die daraus resultieren, dass Unternehmen den Externalitäten, die ihre Innovationstätigkeit hervorbringt, zu wenig Aufmerksamkeit schenken. Der irrationale Überschwang der Internetblase hinterließ eine Vielzahl erfolgreicher Unternehmen (darunter Google), die ohne diese übertriebene Begeisterung möglicherweise kein Kapital erhalten hätten. Die übermäßigen Investitionen Indiens in die Glasfasertechnik trugen wesentlich zum dortigen Technologieboom bei, da die Verbindungskosten deutlich fielen.[46]

Gleichzeitig spielen kürzere Ausbrüche von Irrationalität – Fiktionen, die glaubhaft und durch selektive Belege anscheinend bestätigt werden[47] – eine Schlüsselrolle im Auf und Ab auf den Kredit- und Aktienmärkten, das den Kapitalismus seit seinen Anfängen kennzeichnet.[48]

Glaubenssysteme als soziale Konstrukte

Glaubenssysteme sind in hohem Maß soziale Konstrukte: Was wir glauben, wird von dem beeinflusst, was andere glauben. Aber nicht nur Glaubenssysteme sind soziale Konstrukte. Auch die Linse, durch die wir die Welt betrachten, wird von der Gesellschaft geprägt. In diesem Zusammenhang kann man auch von einem »Prä-Bestätigungsfehler« (*preconfirma-*

tory bias) sprechen. Soziologen und Anthropologen wie Mary Douglas treten seit langem dafür ein, Glaubenssysteme in unser Verständnis der Funktionsweise von Gesellschaften (und Volkswirtschaften) einzubeziehen.[49] Unternehmen sind natürlich Miniaturgesellschaften, und um das Verhalten eines Unternehmens verstehen zu können, muss man das Glaubenssystem dieses Unternehmens verstehen, das ein zentraler Bestandteil dessen ist, was allgemein als Unternehmenskultur bezeichnet wird.

Länder existieren nicht isoliert, und nicht alle Bewohner eines Landes haben dieselben Glaubenssysteme. Und die Systeme in einem Land werden von denen in seiner Umgebung beeinflusst, insbesondere von denen benachbarter und ähnlicher Länder, zu welchen die Bewohner enge Beziehungen unterhalten. Dasselbe gilt für Unternehmen. Und je enger die Verbindungen der Mitarbeiter eines Unternehmens zu denen anderer Unternehmen sind, desto größer ist der Einfluss der Glaubenssysteme Außenstehender: Es wird schwieriger für die Mitarbeiter des Unternehmens, ein Glaubenssystem aufrechtzuerhalten, das sich deutlich von denen der Außenwelt unterscheidet. Infolge der Globalisierung begegnen die Bürger eines Landes anderen Glaubenssystemen und sind gefordert, mit diesen Systemen zurechtzukommen.

Kognitiver Rahmen und Lernen

Weiter oben haben wir bereits den kognitiven Rahmen als wesentliche Determinante des Lernens beschrieben. Von unserem kognitiven Rahmen hängt es ab, *ob* wir lernen. Ein »lernfreundlicher« kognitiver Rahmen erhöht unsere Fähigkeit zu lernen. Einige Gesellschaften (bzw. Unternehmen) bemühen sich, laufend zu beurteilen, ob die bestehenden Überzeugungen und Modelle noch dem entsprechen, was in der Welt zu beobachten ist, und sie zu ändern, wenn sie Abweichungen ausmachen. Andere Gesellschaften (Unternehmen) sind sehr viel konservativer. Sie messen den überlieferten Überzeugungen größeren Wert bei und lehnen Erkenntnisse ab, die diesen Überzeugungen widersprechen. (Die vorhergehende Analyse erklärt die Unterschiede teilweise: Gesellschaften mit besser gebildeten Mitgliedern sind besser befähigt zu lernen und lernen mit größerer Wahrscheinlichkeit.[50])

Da die Überzeugungen eines Menschen von denen anderer beeinflusst werden, ist es schwierig, Glaubenssysteme zu ändern. Kein einzelner Mensch und kein einzelnes Unternehmen können allein den kognitiven Rahmen einer Gesellschaft ändern. Daher trägt der kognitive Rahmen wesentlich zu institutionellen und gesellschaftlichen Verkrustungen bei. Ist eine Gesellschaft in einem Glaubenssystem gefangen, in dem bestimmte Gruppen (Frauen, Angehörige einer unteren Kaste oder einer bestimmten ethnischen Gruppe) als weniger produktiv gelten, so werden die Angehörigen dieser Gruppen entsprechend behandelt, es wird weniger in ihre Bildung investiert und ihr Verhalten wird dieser Behandlung entsprechen (womit es wiederum die Behandlung in den Augen der Gesellschaft als gerechtfertigt erscheinen lässt). Selbst wenn es vereinzelte Individuen gibt, die die hier beschriebenen Konzepte einschließlich der Gleichgewichtsfiktion und ihres Ursprungs verstehen, wird es diesen wenigen schwerfallen, die Gesellschaft zu einem anderen (zum Beispiel nichtdiskriminierenden und das Lernen begünstigenden) Gleichgewicht zu bewegen. Dasselbe gilt für Unternehmen: Der Chef eines Unternehmens mag unverhältnismäßig großen Einfluss haben, aber sein Handlungsspielraum wird durch die Überzeugungen anderer im Unternehmen eingeschränkt, die zwangsläufig eng mit der Außenwelt verbunden sind. Daher stoßen das Unternehmen und sein Vorstand an Grenzen in dem Bemühen, die Vorstellungen der anderen – innerhalb oder außerhalb der Organisation – zu ändern.

Die beschriebenen kognitiven Hindernisse für Lernen und Wandel werden durch wirtschaftliche Interessen verstärkt: Im Rahmen von Veränderungen gibt es stets Gewinner und Verlierer, und die Verlierer haben einen Anreiz, sich dem Wandel zu widersetzen und die Welt durch eine Linse zu betrachten, welche die Veränderung in einem weniger vorteilhaften Licht erscheinen lässt.[51]

Des Weiteren wirkt sich der kognitive Rahmen nicht nur darauf aus, wie viel wir lernen, sondern auch darauf, *was* wir lernen. Wie zuvor erklärt, lehnen Personen, die sich einer bestimmten Ansicht ideologisch verpflichtet fühlen, Informationen ab, die dieser Ansicht widersprechen: Sie ignorieren diese Informationen vollkommen, und wenn das nicht möglich ist, widersprechen sie ihnen.[52] Die Welt ist ein komplexer Ort, und wir können fast alles, was wir beobachten, so deuten, dass es sich mit unseren Überzeugungen in Einklang bringen lässt – und das bedeutet, dass wir zumindest eine Zeitlang aus dem, was wir beobachten, nicht lernen.

Trotz dieser Hindernisse finden Lernen und Veränderungen statt. Die Dynamik des Wandels ist an sich komplex und wird von Veränderungen in der Außenwelt (darunter technologische Veränderungen und wissenschaftliche Fortschritte) und von wirtschaftlichen Interessen beeinflusst. Aber anders als doktrinäre Marxisten glauben wir nicht, dass Veränderungen allein von wirtschaftlichen Interessen vorangetrieben werden. Veränderungen sind oftmals das Ergebnis auch der Entwicklung von Ideen und insbesondere von übergeordneten Überzeugungen.[53] Als sich die aufklärerische Vorstellung, alle Menschen seien gleich geschaffen, einmal durchgesetzt hatte (wie auch immer es dazu kam und welche Faktoren auch immer diese Entwicklung antrieben), entwickelte sie sich erwartungsgemäß weiter und wurde auf Frauen und Sklaven ausgeweitet.

Die »Überideologie« der Aufklärung – die Hinterfragung der Autorität und der Glaube an die Meritokratie, die Vorstellung, dass der Wandel möglich und wünschenswert ist, der Respekt gegenüber Wissenschaft und Technologie – all dies hat günstige Voraussetzungen für den Aufbau einer lernenden Gesellschaft und lernender Institutionen (Unternehmen) geschaffen.

Schlussendlich ist es nicht nur möglich, dass sich Glaubenssysteme verändern, sondern möglich ist es auch, diese Systeme aktiv zu gestalten – wenn auch nicht vollkommen und nicht auf Anhieb. So können wir im Lauf der Zeit *zur Schaffung einer lernenden Gesellschaft beitragen*. Dazu müssen wir die Grenzen unserer Wahrnehmung verstehen – wie unsere Wahrnehmung und unser Lernen von Ideologien, von Bestätigungsfehlern und Prä-Bestätigungsfehlern geprägt werden. Wir müssen eine lernfreundliche Kultur schaffen, eine Kultur, welche die Wissenschaft und die Werte der Aufklärung einschließlich des Zweifels an der Autorität respektiert und ihnen entspricht. Und wir müssen erfolgreiches Lernen belohnen. Die im Folgenden beschriebenen politischen und einzelwirtschaftlichen Strategien und Instrumente können, sofern sie angemessen formuliert und eingesetzt werden, zur Schaffung einer lernenden Gesellschaft beitragen. Auf der anderen Seite kann eine *falsche* Politik die Schaffung einer lernenden Gesellschaft verhindern.

Hindernisse für die Übertragung von Wissen

Es gibt weitere, teils natürliche, teils von Menschenhand gemachte Schranken gegen die Schaffung einer lernenden Gesellschaft. Diese Hindernisse betreffen insbesondere die Wissensübertragung. Wissen verbreitet sich nicht von allein: Es muss übermittelt und aufgenommen werden, und auf beiden Seiten gibt es Hindernisse.

Im vorhergehenden Abschnitt haben wir bereits einige Faktoren beschrieben, die Lernen behindern, das heißt die Gewinnung von Information aus der Kakophonie von Signalen, mit denen wir überhäuft werden. Auch auf der Seite der »Sender« von Informationen gibt es Hindernisse. Es ist plausibel, anzunehmen, dass in einer Marktwirtschaft gemessen am sozialen Optimum übermäßig viele Informationen geheim gehalten werden. Diesen Standpunkt vertritt natürlich die Open-Source-

Bewegung. Deren gemeinschaftliche Forschung ist nach wie vor wirtschaftlich relevant, und zwar sowohl aufgrund ihrer wirtschaftlichen Erträge (zum Beispiel durch das implizite Wissen, das durch den Lern- und Innovationsprozess an sich erzeugt wird, und durch die Vorteile, die man hat, wenn man als Erster auf dem Markt ist) als auch aufgrund ihrer bedeutsamen außerökonomischen Erträge, die durch Innovationsanreize und durch Innovationen selbst entstehen. Mit Letzteren werden wir uns im Folgenden kurz befassen.

Beschränkungen der Wissensübertragung werden durch rechtliche Maßnahmen (einschließlich der Strafverfolgung), die immer häufiger ergriffen werden, noch verstärkt. Beispielsweise können die Gesetze zum Schutz geistigen Eigentums nicht nur die Vermittlung von Wissen behindern, sondern auch eine Kultur der Geheimhaltung und einen Mangel an Offenheit fördern. Die patentrechtlichen Offenlegungsvorschriften sollen der Verbreitung von Information dienen, um weitere Innovationen und Lernfortschritte zu ermöglichen, aber in der Praxis werden diese Vorschriften nicht wirksam durchgesetzt, und manche Unternehmen (beispielsweise in der Softwarebranche) bemühen sich aktiv um eine Verwässerung dieser Verpflichtungen. Mit diesen Fragen werden wir uns in Kapitel 12 eingehender befassen.

Es lohnt sich zu erwähnen, dass die »Ideologie«, die die komparative Effizienz des Privatsektors in allen Bereichen einschließlich der Forschung betont und monetäre Anreize zur Förderung dieses Sektors fordert, wesentlich zu jener Politik beigetragen hat, die durchaus kontraproduktiv sein könnte. Das ist ebenfalls ein Beispiel für eine Gleichgewichtsfiktion: Wer diese Ideologie vertritt, der ist überzeugt, dass es »Beweise« für deren Wahrheitsgehalt gibt. Die Anhänger dieser Vorstellung glauben folglich, dass alle beobachteten Leistungsschwächen der Wirtschaft durch staatliche Eingriffe verursacht wurden: Nicht die Irrationalität des Markts führte zur Immobilien- und Kreditblase, sondern die Politik der US-Regierung, die den Eigenheimbesitz einkommensschwacher Bevölkerungsgruppen förderte. Wenn der Privatsektor weniger innovativ ist, als er sein sollte (oder an einer Stelle weniger innovativ ist als an einer anderen), so liegt das in ihren Augen daran, dass staatliche Regelungen Innovationen hemmen.[54]

Die Neigung der Privatunternehmen zu Verschwiegenheit dürfte nur einer der Gründe dafür sein, dass der Staat eine zentrale Rolle bei der Entwicklung einer innovativen Wirtschaft und einer lernenden Gesellschaft spielt.[55] Innovationen erfordern oft hohe Investitionen und sind riskant, vor allem dann, wenn in Forschung und Entwicklung investiert werden soll, in Bereiche also, in denen Investitionen nicht abgesichert werden können. Sogar große Unternehmen sind in dieser Hinsicht risikoscheu, und die Kapitalmärkte sind unvollkommen. Außerdem haben die wichtigsten Innovationen auch erhebliche gesellschaftliche Spillover-Effekte. Wie wir in den Kapiteln 5 und 6 sehen werden, kommt es daher zu Unterinvestitionen in die Forschung, insbesondere in jene Art von Grundlagenforschung, auf der alles Übrige beruht.

Beweggründe für Lernen

Da Lernen Mühe und Ressourcen erfordert, müssen Individuen und Unternehmen dazu angeregt werden, zu forschen und zu lernen. Es ist jedoch wichtig, zu verstehen, dass finanzielle Anreize allein nicht den Ausschlag geben. Tatsächlich sind viele der bedeutsamsten Fortschritte der Neugierde, dem Wunsch nach Anerkennung[56] oder der Freude an der Lösung eines Problems geschuldet, das noch nie jemand formuliert, geschweige denn gelöst hat. (Es sollte offensichtlich sein, dass diese Einschätzung der in den Wirtschaftswissenschaften vorherrschenden Auffassung entspricht: Viele Akteure, insbesondere erfolgreiche Wissenschaftler, *müssen nicht zum Lernen motiviert werden*. Die Freude am Lernen ist ihnen Lohn genug.)

Zahlreiche Autoren sind zu dem Schluss gelangt, dass intrinsische Belohnungen sehr viel wirksamere Motivatoren sein können als extrinsische, darunter zum Beispiel Geld.[57] Bei den meisten bedeutsamen Entdeckungen, etwa der Entschlüsselung der DNS, spielten finanzielle Belohnungen eine eher untergeordnete Rolle. Viel wichtiger waren stattdessen intrinsische Faktoren.[58] Und soweit die extrinsische Motivation eine Rolle spielt, ist die Anerkennung durch die Gruppe der Gleichgestellten wichtiger als Geld.

Möglichkeit der Aneignung

Für diejenigen, die glauben, dass finanzielle Belohnungen die wichtigste Motivation für Lernen darstellen, spielt die Frage, inwieweit man sich die Innovationserträge aneignen kann (*appropriability*), eine zentrale Rolle. Denn der Innovator kann nur einen Bruchteil des gesellschaftlichen Ertrags seiner Innovation in Besitz nehmen. Ein Großteil des Wissens fließt hinaus in den öffentlichen Raum. Das bedeutet, dass es in dem Maß, in dem Lernen von finanziellen Erträgen abhängig gemacht wird, zu Unterinvestitionen in Lernprozesse kommt. (Später werden wir zeigen, dass es zahlreiche Umstände gibt, unter denen die Innovationserträge über die gesellschaftlichen Erträge hinausgehen können: Ein Großteil der Innovationen in einer Marktwirtschaft kann als Ergebnis von Rent-Seeking bezeichnet werden – der Suche nach zusätzlichen Einkommen, die nicht aufgrund des Marktmechanismus zustande kommen –, und Renten stellen einen Teil der Innovationserträge dar, der ansonsten anderen zugutegekommen wäre. Das bedeutet, dass solchen Aktivitäten möglicherweise zu viele Ressourcen zugeteilt werden.)

Spillover-Effekte stellen sich auch dann ein, wenn ein Patentsystem existiert. Viele Fortschritte (zum Beispiel solche in der Mathematik) können nicht patentiert werden, und den Nutzen eines großen Teils des in der Forschung Gelernten können sich die Innovatoren nicht aneignen. Die im Patentrecht festgehaltenen Offenlegungspflichten dienen dazu, diesen gesellschaftlichen Nutzen zu erhöhen.

Ideen wie die Just-in-time-Produktion, austauschbare Teile oder die Fertigungsstraße verbreiten sich rasch in der gesamten Wirtschaft und können nicht durch Urheberrechtsgesetze geschützt werden. Unternehmen können experimentieren, um beispielsweise herauszufinden, welche Produkte vom Markt gut aufgenommen werden, aber nützliche Experimente werden rasch nachgeahmt, weshalb diejenigen, die das Experiment konzipiert haben, nicht in der Lage sein dürften, sich die Früchte ihrer Lernanstrengung anzueignen.[59]

Nehmen wir beispielsweise ein Experiment, in dem es darum geht, festzustellen, ob die Bedingungen in einem Land besonders gut für den Anbau einer bestimmten Kaffeesorte sind. Ist das Experiment nicht erfolgreich, so verlieren seine Betreiber Geld. Ist es hingegen erfolgreich, so werden rasch andere Unternehmen auf den Plan treten, da Erkenntnisse darüber, welche Nutzpflanzen in einem bestimmten Klima und auf einem bestimmten Boden gedeihen, nicht durch ein Patent geschützt werden können. Das Anbauland profitiert, aber der »Innovator« kann sich keinen großen Anteil an den Erträgen sichern. Die Folge ist eine Unterinvestition in derartige Experimente.

Auf ähnliche Art kann man erklären, warum in einer freien Marktwirtschaft neue Entrepreneure zu wenig Kredit bekommen. Kapitalgeber müssen lernen, was einen guten Entrepreneur ausmacht. Eine Bank, die einer Jungunternehmerin Geld leiht, die sich als fähig erweist, stellt möglicherweise fest, dass diese Kundin leicht von einem konkurrierenden Institut abgeworben werden kann. In der Frühphase der Geschäftsbeziehung kann die Bank jedoch noch nicht wissen, ob die Unternehmerin sich bewähren und den Kredit zurückzahlen wird. Mit schlechten Gründern verliert sie Geld. Diese Verluste lassen sich aber womöglich nicht durch »exzessive« Gewinne aus dem Geschäft mit guten Gründern ausgleichen. Da die Gefahr der Abwerbung besteht, werden die Zinsen, die die Bank diesen Unternehmern (wenn sie einmal ihre Eignung nachgewiesen haben) berechnen kann, auf das durch den Wettbewerb bestimmte Niveau beschränkt. Eine durch Informationsasymmetrien bedingte Negativauslese *(adverse selection)* und adverse Anreizeffekte nach Stiglitz und Weiss beschränken die Zinsen, die in der Anfangsphase verlangt werden können – was wiederum eine Beschränkung der Kreditvergabe an neue Entrepreneure zur Folge hat.[60]

Die Reaktionen des Marktes auf das Aneignungsproblem können Lernen verhindern – denn dieses Problem führt zu vermehrter Patentierung und strengerer Geheimhaltung. Wie wir später zeigen werden, kann ein dichtes Netz von Patenten (das der Lösung des Aneignungsproblems dienen soll) die Nutzung von Wissen erheblich behindern. Geheimhaltung kann die Übertragung von Wissen hemmen und die offenen Strukturen untergraben, die bei der Weiterentwicklung des Wissens traditionell eine so wichtige Rolle spielen.

Zielkonflikte

In den vorangegangenen Abschnitten haben wir eine Reihe von Faktoren beschrieben, die zur Entwicklung einer lernenden Gesellschaft beitragen können. Allerdings gibt es zwischen diesen Faktoren einige subtile, komplizierte Zielkonflikte.

Abwägung zwischen der effizienten Nutzung von Wissen und Anreizen zur Erzeugung von Wissen

Einer dieser Konflikte betrifft den Nutzen, der sich aus dem ungehinderten Fluss des Wissens ergibt, und der gleichzeitig eintretenden Abschwächung der (finanziellen) Anreize zum Lernen: Bei einem ungehinderten Wissensfluss wird es schwieriger für einen Akteur, der in Wissen investiert, sich die daraus resultierenden Erträge anzueignen. Das Problem ist dasselbe wie jenes, das Grossmann und Stiglitz in ihrer Kritik der Markteffizienzhypothese behandelt haben:[61] Würde Wissen vollkommen weitergegeben, so gäbe es keinen Anreiz, Ressourcen für die Sammlung und Erzeugung von Wissen aufzuwenden. So würde zu wenig in die Schaffung von Wissen (und im Fall der Entwicklungsländer in die Sammlung von Wissen bei anderen) investiert werden. Wird die Finanzierung der Wissensproduktion dem Privatsektor überlassen, so ist die Wissensvermittlung *zwangsläufig* unvollkommen. Deshalb ist es von Vorteil, wenn der öffentliche Sektor die Wissensproduktion unterstützt.

Sowohl auf der Ebene des Individuums als auch auf Ebene der Unternehmen und der Volkswirtschaft können zahlreiche komplexe und subtile Zielkonflikte auftreten: Wird Wissen nicht geteilt, so bedeutet das normalerweise, dass es nicht (oder zumindest nur in geringerem Maß) zugänglich ist. Wissen wird oftmals nicht im Rahmen des Wettbewerbsmechanismus »getauscht«, sondern in einem Prozess, den man als Austausch von Geschenken beschreiben könnte.[62] In der Wissenschaftsgemeinde – in der die wichtigsten Fortschritte stattfinden – gibt es stillschweigende Übereinkünfte über die Formen des Wissensaustauschs. Eine Person, die ihr Wissen nicht teilte, würde von ihren Kollegen ausgegrenzt, womit sie auf den meisten Gebieten schlechte Chancen hätte, einen bahnbrechenden Fortschritt zu erzielen, da jede Innovation auf Dutzenden oder sogar Hunderten kleinerer Ideen und Konzepte beruht.

Eine Organisation möchte Wissen, das sie »allein« produziert, möglicherweise für sich behalten, um sich einen größeren Anteil an den Erträgen zu sichern. Gleichzeitig möchte sie aber, dass dieses Wissen innerhalb der Organisation verbreitet wird, damit alle Mitglieder der Organisation darauf aufbauen können. Aber auch hier sind Abwägungen vorzunehmen: Je mehr Mitglieder der Organisation das fragliche Wissen besitzen, desto wahrscheinlicher wird es, dass dieses Wissen nach außen dringt.

An anderer Stelle haben wir darauf hingewiesen, dass die ungehinderte Mobilität von Menschen, Ideen und Produkten zur Verbreitung von Ideen beiträgt, die als Katalysatoren für Lernen dienen können. Aber eine solche Mobilität kann gleichzeitig die Aneignung der Innovationserträge erschweren. Aus diesem Grund beschränken viele Unternehmen vertraglich die Mobilität ihrer Mitarbeiter: Derartige Restriktionen können kurzfristig Ineffizienzen bei der Zuteilung der Arbeitskräfte verursachen, die langfristig jedoch durch den dynamischen Nutzen aufgewogen werden können – zumindest glauben Unternehmen, die auf derartige vertragliche Fesseln bestehen, auf diese Art langfristig ihre Gewinne erhöhen zu können.[63] (Im Anhang zu Kapitel 4 der ungekürzten Ausgabe wird erklärt, warum es wahrscheinlich ist, dass im Marktgleichgewicht die Mobilität zu gering ist.)

Intertemporale Zielkonflikte: Statische Ineffizienzen oder dynamische Gewinne

Die vorhergehende Diskussion des Lernprozesses verdeutlicht die Bedeutung intertemporaler Abwägungen in diesem Prozess. Zu lernen bedeutet zu investieren. Normalerweise müssen wir dafür gegenwärtigen Konsum opfern – die zusätzlichen Experimente, aus denen wir mehr lernen können, sind mit Kosten verbunden. Selbst wenn sich das Lernen (wie in den einfacheren Modellen, mit denen wir uns später befassen werden) automatisch aus der Produktion ergibt, können wir mehr lernen – das heißt die zukünftigen Produktionskosten senken –, indem wir heute mehr produzieren, als wir unter dem Gesichtspunkt der kurzfristigen statischen Effizienz tun würden.

Investitionen in »Technologiekapital« oder »Wissenskapital« haben in dieser Hinsicht große Ähnlichkeit mit Investitionen in materielles und Humankapital. Es gibt allerdings einen wichtigen Unterschied, den wir bereits angedeutet haben: Aufgrund der Bedeutung von Spillover-Effekten in der Erzeugung von Wissen ist davon auszugehen, dass zu wenig in Lernprozesse (in Technologiekapital) investiert wird, während eine analoge Annahme für materielles oder Humankapital nicht gilt. Genauer gesagt: Es ist nicht sehr wahrscheinlich, dass die sozialen und die privaten Erträge von Investitionen in Technologie bzw. Wissen einander entsprechen. (Mehr dazu in den späteren Kapiteln.)

Wie im Fall der Sparquote muss daher beim Lernen (oftmals) zwischen kurzfristigem und langfristigem Nutzen abgewogen werden. Aber im Fall der Sparentscheidung gibt es kein allgemeines theoretisches Argument für politische Eingriffe. Normalerweise wird erwartet, dass die kommenden Generationen einen höheren Lebensstandard genießen werden. Deshalb ist es problematisch, von der heutigen Generation weitere Opfer zu verlangen, damit die zukünftigen Generationen *noch* besser gestellt werden. Zudem führen solche Opfer nur zeitweilig zu einer höheren Wachstumsrate. Im Fall des Lernens wird angenommen, dass die Marktallokation ineffizient ist (mehr dazu in Kapitel 6), weshalb staatliche Eingriffe den gesellschaftlichen Wohlstand erhöhen können. Außerdem können Eingriffe eine dauerhaft höhere Wachstumsrate ermöglichen. *Es kann wünschenswert sein, die Ressourcenallokation kurzfristig zu verzerren, unterhalb der Produktionsmöglichkeitenkurve zu arbeiten oder Konsumstrukturen zu erzwingen, welche den kurzfristigen «Nutzen» nicht maximieren, um einen dynamischen Nutzen, das heißt höhere Wachstumsraten, zu erzielen.* Diese Abwägung ist das zentrale Thema der Analyse in diesem Buch.

Gäbe es den geschilderten Zielkonflikt nicht, so könnte man Maßnahmen zur Steigerung des Wachstums einerseits und der Effizienz andererseits als komplementär betrachten. Die neoklassische Politik (im Sinn des Washington-Consensus) hat das Ziel, die Volkswirtschaft möglichst schnell an die Grenze ihrer Produktionsmöglichkeiten zu bringen, und anschließend soll die Wachstumspolitik diese Grenze möglichst schnell verschieben. Ist die erste Politik erfolgreich, so ist der Nutzen der zweiten noch größer: Bei einem Anstieg der Wachstumsrate des Produktionspotentials (der Rate, mit der die Grenzen der Produktionsmöglichkeiten hinausgeschoben werden) um ein gegebenes Delta (Δg) ist das Outputniveau noch höher, da es mit Δg (der Veränderung der Wachstumsrate der tatsächlichen Produktion) multipliziert wird.

Ein Großteil der modernen Analyse der Wachstumspolitik beruht auf dieser Dichotomie. Die Wachstumstheorie stützt sich auf die »Angebotsseite« und nimmt an, dass die Wirtschaft die Grenzen ihrer Produktionsmöglichkeiten ausschöpft – dass die Ressourcen vollkommen genutzt und effizient zugeteilt werden. In diesem Buch erklären wir, warum dieser Ansatz irreführend, wenn nicht sogar falsch ist.

Vom Standpunkt der »lernenden Gesellschaft« aus gesehen gibt es sogar einen anderen Grund dafür, dass die Wirtschaft unter ihren Produktionsmöglichkeiten bleiben mag.[64] Deshalb sehen wir auch den Zielkonflikt zwischen kurz- und langfristigem Nutzen anders. Wie in Kapitel 2 erläutert, sind sogar gutfunktionierende Volkswirtschaften weit von den Grenzen der Produktionsmöglichkeiten entfernt, wie sie traditionell definiert werden. Das ist weniger eine Folge von Marktverzerrungen (zum Beispiel infolge von Besteuerung) als der ungleichen Verteilung des Wissens und seiner Anwendung *innerhalb der einzelnen Länder*. Wie wir im vorigen Kapitel gesehen haben, klafft bei den meisten Unternehmen eine beträchtliche Lücke zwischen tatsächlicher und der bei Einsatz der besten Methoden möglicher Produktivität. Der Output kann also durch eine bessere Nutzung und einen umfassenderen Einsatz der vorhandenen Technologien (das heißt bereits ohne Schaffung neuer Technologien) erhöht werden. Zur Anhebung der Produktion genügt es, wenn diejenigen, die weniger effiziente Technologien verwenden, die besten Methoden erlernen und einsetzen. Der Output kann durch einen effektiveren Arbeitseinsatz in den Unternehmen gesteigert werden, sofern diese lernen, wie sie ihre Arbeitskräfte besser einsetzen können – anstatt nur auf die marktgesteuerte Umverteilung von Arbeitskräften zwischen den Unternehmen zu bauen. Kleine Detailveränderungen an den Produktionsprozessen können die Produktivität erheblich erhöhen, ohne dass die Qualität der formalen Schulbildung der Arbeitskräfte erhöht werden müsste. Die Annahme, dass Wissen innerhalb von und zwischen Unternehmen (oder über Landesgrenzen hinweg) ungehindert fließt, ist ebenso unrealistisch wie die Annahme, dass eine Produktion ohne Inputs möglich wäre. Wissen beeinflusst den Output im selben Maß wie die herkömmlichen Inputs.

Aber politische Eingriffe, die auf die Beseitigung statischer Ineffizienzen ausgerichtet sind, können auch die Anreize zum Lernen verringern oder Lernen sogar verhindern. Folglich kann es notwendig sein, zwischen statischer Ineffizienz und dynamischer Effizienz abzuwägen. Beispielsweise haben die Regelungen zum Schutz geistigen Eigentums (oder andere den Wissensfluss hemmende Faktoren) zur Folge, dass Wissen nicht effizient genutzt wird (vgl. Kapitel 12). Solche Faktoren tragen zu statischer Ineffizienz bei. Sie *können* allerdings auch die Anreize zur Forschung erhöhen – und damit zu dynamischer Effizienz führen. Aber wie wir ebenfalls in Kapitel 12 zeigen, wirken sich fehlerhaft konzipierte Bestimmungen zum Schutz geistigen Eigentums in jeder Hinsicht nachteilig aus: In der Gegenwart wird Wissen weniger effizient genutzt, und für die Zukunft sind weniger Innovationen und ein geringeres Wachstum zu erwarten. An anderer Stelle in diesem Kapitel haben wir ein weiteres Beispiel für einen solchen Zielkonflikt beschrieben: Die Schaffung eines weniger wettbewerbsintensiven Bankensektors kann eine statische Ineffizienz mit sich bringen, sie verringert gleichzeitig jedoch die Wahrscheinlichkeit, dass gute Unternehmer abgeworben werden, was zu einer höheren Kreditvergabe an Unternehmensgründer führen und somit die dynamische Effizienz der Wirtschaft steigern kann.

In all diesen Fällen sind natürlich politische Maßnahmen denkbar, die die Beschaffenheit des Zielkonflikts ändern, das heißt, die ebenso viel Lernen bei einem geringeren Verlust an statischer Effizienz ermöglichen.

Bei der Schaffung einer lernenden Gesellschaft sind zahlreiche weitere Abwägungen vorzunehmen. So können Lernfähigkeiten zum Beispiel spezifisch oder allgemein sein, und es können Abwägungen zwischen beiden Arten erforderlich werden: Wir können uns darauf konzentrieren, spezifische Lernfähigkeiten zu erhöhen, die einer Volkswirtschaft gute Dienste leisten werden, wenn sie eine bestimmte Nische besetzen will, oder wir können uns um allgemeinere Lernfähigkeiten bemühen, die uns in Zeiten rasanter Veränderungen und großer Ungewissheit von Nutzen sein können.[65]

Abschließende Bemerkungen

In diesem Kapitel haben wir uns mit einigen wesentlichen Determinanten des Lernens befasst, in der Hoffnung, dass uns ein besseres Verständnis der Faktoren, die sich auf Lernen auswirken, bei der Schaffung einer lernenden Gesellschaft Unterstützung bieten kann. Im Fall eines Entwicklungslands wäre eine lernende Gesellschaft eine solche, die schneller zu den Gesellschaften in den weiter entwickelten Ländern aufschließen kann. Im Fall eines entwickelten Landes wäre es eine Gesellschaft, welche die Grenze des Wissens rascher hinausschiebt. Und eine solche Gesellschaft wäre in allen Volkswirtschaften fähig, die Lücken zwischen den durchschnittlichen und den besten Methoden zu schließen. Es liegt auf der Hand, dass die Bedingungen (Institutionen, Rechtsrahmen, vertragliche Abmachungen etc.), unter denen Lernen in verschiedenen Volkswirtschaften stattfindet, sehr unterschiedlich sein können. Die geeigneten Bedingungen für eine Volkswirtschaft, die einen Rückstand aufzuholen hat, unterscheiden sich deutlich von jenen, die in einer Volkswirtschaft gegeben sein müssen, die an der Grenze des verfügbaren Wissens arbeitet und versucht, diese Grenze weiter hinauszuschieben. (Damit befassen wir uns in späteren Kapiteln.)

Es gibt einige Fragen, mit denen wir uns bisher kaum befasst haben. Ein Großteil des Lernens in unserer Gesellschaft findet in Unternehmen statt. Welches sind die Determinanten des Lernens innerhalb von Unternehmen? Lernen Unternehmen in manchen Sektoren besser als in anderen? Erzeugen Unternehmen in bestimmten Sektoren größere externe Effekte, die auf die übrige Volkswirtschaft ausstrahlen, als Unternehmen in anderen Sektoren? Gibt es makroökonomische Bedingungen, die das Lernen erleichtern? Und welche Politik kann dazu beitragen, solche Bedingungen zu schaffen? Diesen Fragen wenden wir uns im nächsten Kapitel zu.

Kapitel 4

Schaffung eines lernenden Unternehmens und einer lernenden Umgebung

Im vorhergehenden Kapitel haben wir einige Bestandteile einer lernenden Gesellschaft untersucht: was gelernt werden muss, wie Lernen stattfindet und welches die wichtigsten Determinanten des Lernens sind, darunter die Rolle von Spillover-Lerneffekten und der Frage der Aneignung der Lernerträge. Eines unserer zentralen Ziele war es, einige der Komponenten einer Wirtschaftsarchitektur zu beschreiben, die Lernen begünstigt (diese Architektur umfasst alle beteiligten Institutionen und einschlägigen Rechtsvorschriften wie etwa jene zum Schutz geistigen Eigentums).

In diesem Kapitel werden wir uns mit zwei wesentlichen Bestandteilen einer lernfreundlichen Architektur befassen: der Schaffung eines lernenden Unternehmens und einer lernenden Makroumgebung.

Das lernende Unternehmen

Eines von mehreren Problemen bei der Schaffung einer lernenden Volkswirtschaft besteht in der Gestaltung ihrer institutionellen Bestandteile (zum Beispiel von Körperschaften). Dies ist besonders wichtig, weil ein Großteil des Lernens innerhalb von Organisationen stattfindet und weil entsprechend ein Großteil des Wissens in den Unternehmen gespeichert ist. In Kapitel 2 haben wir auf die erheblichen Produktivitätsunterschiede zwischen den Unternehmen hingewiesen. Aus irgendeinem Grund wird das Wissen, das in den produktiveren Unternehmen entsteht, nicht nahtlos an die weniger produktiven weitergegeben und von diesen aufgenommen.

Lernen und Unternehmensgrenzen

In jeder Institution kann es Anreize geben, das erworbene Wissen zu horten oder aber es an andere weiterzugeben. Die Frage nach der Architektur eines lernenden Unternehmens muss parallel zur Frage nach der Architektur einer lernenden Volkswirtschaft behandelt werden. In mancher Hinsicht sind die beiden nicht voneinander zu trennen. Die traditionelle Auseinandersetzung mit den Grenzen des Unternehmens konzentrierte sich auf die Transaktionskosten,[1] aber die Struktur des Lernens ist gleichermaßen wichtig. Es kann leichter sein, Informationen (Wissen) innerhalb eines Unternehmens weiterzugeben als über Unternehmensgrenzen hinweg, was teilweise daran liegt, dass Preise und Verträge beim Austausch von Wissen keine gute Vermittlerrolle spielen.[2] Wenn dem so ist und wenn Lernen ein zentraler Bestandteil einer gutfunktionierenden Wirtschaft ist, so deutet dies darauf hin, dass Unternehmen deshalb größer sind, als sie es in einer Welt wären, in der Lernen weniger wichtig wäre.[3]

Während die Unternehmen bemüht sind, den Fluss von Informationen bzw. Wissen innerhalb ihrer Grenzen zu maximieren, da ihnen bewusst ist, dass Wissen Macht (oder zumindest Geld) ist, versuchen sie, die Übertragung von Wissen an andere einzuschränken, indem sie zum Beispiel ihre Mitarbeiter verpflichten, Vertraulichkeitsvereinbarungen zu unterschreiben. Die Unternehmen tun also alles, um zu verhindern, dass ihr Wissen nach außen dringt. Es dient dem gesellschaftlichen Fortschritt, einmal erzeugtes Wissen möglichst umfassend und effizient zu verbreiten, aber gewinnorientierte Unternehmen bemühen sich traditionell, die Weitergabe ihres Wissens zu begrenzen.

Der Entwurf eines »lernenden« und »innovativen« Unternehmens

Die Literatur zur »Schaffung« eines lernenden Unternehmens ist zu umfangreich, um sie an dieser Stelle aufzuführen. Im Folgenden beschreiben wir einige der signifikanten Vorteile großer Unternehmen, wenn es um die Finanzierung von Forschung und darum geht, die mit Forschung verbundenen Risiken zu tragen. Aber große Unternehmen entwickeln oft bürokratische Strukturen, um die Zuweisung ihrer Mittel zu steuern. Dank dieser Strukturen gelingt es ihnen, Verschwendung zu vermeiden und sogar zu verhindern, dass schlechte Projekte in Angriff genommen werden – sie vermögen den übermäßigen Optimismus zu bremsen, der oft mit dem Unternehmergeist einhergeht. Damit besteht aber zugleich auch die Gefahr, Innovationen zu hemmen. Bürokratische Strukturen sind imstande, die übermäßige Risikoscheu zu verstärken, mit der sich die Verhaltensökonomen beschäftigen.[4] Und selbst wenn man *annimmt*, dass Wissen innerhalb einer Organisation ungehindert fließt, wissen die Individuen, dass »Wissen Macht ist«, weshalb sie versuchen, Wissen zu horten und seine Verbreitung zu behindern. Innovative Unternehmen entwickeln Organisationsstrukturen und Anreizsysteme, um diesen Problemen entgegenzuwirken.[5]

Es ist erwähnenswert, dass die umfangreiche Literatur über innovative Unternehmen um einen Begriff kreist, der auch eines der Hauptthemen dieses Buchs darstellt, nämlich das Konzept des Learning by Doing.[6]

Im Wesentlichen geht es in diesem Buch jedoch nicht um die Frage, wie ein Unternehmen gestaltet sein soll, das sein Lernen maximiert. Vielmehr geht es uns darum, wie die Politik die Struktur der Volkswirtschaft beeinflussen kann, um gesellschaftliches Lernen zu fördern. Daher abstrahieren wir in der folgenden Diskussion von den mikroökonomischen Strukturen und konzentrieren uns auf die übergeordnete Politik, das heißt auf die Prinzipien, denen staatliche Maßnahmen folgen sollten, sowie auf alternative Instrumente.

Warum Innovationen von Unternehmen stammen

Die Analyse in den folgenden Kapiteln stützt sich auf die Annahme, dass Innovationen ihren Ursprung im industriellen Sektor haben. Die Begründung für diese Annahme liegt in der Beschaffenheit der industriellen Aktivität. Die Innovationsaktivität findet in Unternehmen statt, die – im Verhältnis zu den Unternehmen in anderen Sektoren – (1) groß, (2) langlebig, (3) stabil und (4) geographisch auf engem Raum konzentriert sind. Hingegen ist die landwirtschaftliche ebenso wie die handwerkliche Produktion zumeist hochgradig dezentralisiert und findet in vielen kleinen, kurzlebigen und instabilen Unternehmen statt.

In den folgenden Abschnitten werden wir genauer beschreiben, warum diese Merkmale des Industriesektors Lernen begünstigen. Wir werden einige Gründe für den komparativen Vorteil des Industriesektors beim Lernen anführen und erklären, warum dieser Sektor mit größerer Wahrscheinlichkeit externe Lerneffekte erzeugt.[7]

Großunternehmen Da bestimmte Innovationen für große Organisationen, die sie auf zahlreiche Produktionseinheiten anwenden können, sehr viel wertvoller sind als für kleinere Unternehmen mit geringerem Output,[8] haben große Unternehmen viel stärkere Anreize, Forschung und Entwicklung zu betreiben. In der Industrie sind die Unternehmen größer als in den Sektoren Landwirtschaft und Handwerk, weshalb im Industriesektor ein höheres Innovationsniveau zu erwarten ist. Daher sind die Investitionen in Innovationen in diesem Sektor höher als in den beiden anderen. Man kann es auch unter einem anderen Gesichtspunkt betrachten: Große Unternehmen sind besser in der Lage, die durch Lernen erzeugten externen Effekte zu internalisieren. Hinzu kommt, dass die Innovationserträge ausgesprochen ungewiss und dass Unternehmen und Individuen risikoscheu sind. Große Unternehmen sind also weniger risikoscheu und daher eher imstande, die Risiken von Innovationen auf sich zu nehmen. Aufgrund von unvollkommener Information sind die Kapitalmärkte unvollkommen, und das gilt insbesondere für Investitionen in Forschung und Entwicklung, die normalerweise nicht abgesichert werden können. Große Unternehmen haben jedoch weniger mit Kapitalbeschränkungen zu kämpfen.

(Das bedeutet jedoch nicht, dass innerhalb des Industriesektors die größten Unternehmen zwangsläufig auch die innovativsten sind. Die Schwierigkeiten, geeignete Anreize für Innovationen zu entwickeln, können große Unternehmen bremsen. In der Wissenschaft wird darüber debattiert, ob große Unternehmen Innovationen zuträglicher sind als kleine. Große Unternehmen können Innovationen eher finanzieren, während kleineren Unternehmen normalerweise die entsprechenden Ressourcen fehlen. Allerdings gibt es zahlreiche Beispiele für große Unternehmen, die den Wert bahnbrechender Innovationen nicht erkannten, darunter Microsofts Fixierung auf die Tastatur und Xerox' Unfähigkeit, die Bedeutung einer benutzerfreundlichen Schnittstelle zu erkennen, als das Unternehmen seine frühen Computer-Innovationen Verbrauchern anbot.)[9]

Stabilität und Kontinuität Die Anhäufung von Wissen, auf dem das Produktivitätswachstum beruht, ist zwangsläufig kumulativ. Dies wiederum hängt weitgehend von einer stabilen Organisation ab, die einmal gewonnenes Wissen erhalten und verbreiten kann, sowie von der Kontinuität der Arbeitsplätze und des Personals, die für diese Prozesse benötigt werden. In großen Organisationen, die ausreichende Ressourcen haben, um bei Bedarf überschüssige Kapazitäten bereitzustellen, ist das erforderliche Maß an Stabilität und Kontinuität sehr viel eher gegeben als in kleinen, verstreuten Organisationen, in denen die Wissensakkumulation entscheidend beeinträchtigt werden kann, wenn bestimmte Mitglieder der Belegschaft ausscheiden. Daher sind stetige Produktivitätszuwächse in der Industrie sehr viel wahrscheinlicher als in der Landwirtschaft und im Handwerk.

Es gibt noch eine weitere Erklärung dafür, dass Stabilität und Kontinuität Lernen begünstigen. Wie an anderer Stelle erwähnt, erstreckt sich der Nutzen des Lernens in die Zukunft. Langlebige Unternehmen wissen diesen fernen Nutzen eher zu schützen. Da Industrieunternehmen normalerweise länger bestehen und stabiler sind als Unternehmen in anderen Sektoren, können sie sich zu geringeren Zinsen Kapital besorgen. Sie leiden auch mit geringerer Wahrscheinlichkeit unter Kapitalbeschränkungen, sind seltener risikoscheu und diskontieren zukünftige Gewinne weniger stark.

Akkumulation von Humankapital In großen, komplexen, langlebigen und stabilen Industrieunternehmen mit breitgestreuten interdependenten Aktivitäten sind die Chancen und Anreize zur Akkumulation von Humankapital viel größer als in kleinen, verstreuten, auf bestimmte Aktivitäten beschränkten Agrar- oder Handwerksbetrieben. Die Wahrscheinlichkeit, dass Nutzen aus der gegenseitigen Befruchtung von Ideen gezogen werden kann, ist größer.

Langlebige, stabile Unternehmen haben größere Anreize zur Erhöhung des Humankapitals, das die Produktivität des Unternehmens steigert und die Fähigkeit zur Anpassung an veränderte Umstände verbessert. Wie wir im vorherigen Absatz festgestellt haben, sind diese Unternehmen auch besser in der Lage, entsprechende Investitionen zu finanzieren und die Risiken zu tragen. Die resultierende Akkumulation von Humankapital trägt wesentlich zur Entwicklung von Innovationen und zu ihrer Verbreitung im Zuge der (unternehmensinternen, unternehmensübergreifenden und intersektoralen) Migration der Arbeitskräfte bei.

Konzentration und Verbreitung von Wissen im Unternehmen Unter dicht nebeneinander angesiedelten, großen Industrieunternehmen (die oft differenzierte Produkte erzeugen) wird Wissen sehr viel schneller verbreitet als unter verstreuten, kleinen Agrar- und Handwerksbetrieben. Wenn verschiedene Produkte erzeugt werden, ist die Wahrscheinlichkeit höher, dass verschiedenartige Entdeckungen gemacht werden. Wenn umgekehrt ähnliche Produkte erzeugt werden, ist die Wahrscheinlichkeit größer, dass eine für ein bestimmtes Produkt relevante Entdeckung auch für andere Produkte relevant ist.

Rufen wir uns die Bedeutung der Wissensdiffusion und dabei die Schlüsselrolle der geographischen Nähe in Erinnerung. In jüngeren Untersuchungen zur Rolle von Clustern wurde die Bedeutung der geographischen Nähe erneut hervorgehoben.[10] Geographische Nähe begünstigt die Mobilität über Unternehmensgrenzen hinweg, die ein wichtiger Katalysator für Lernen ist und zur Übertragung von Wissen beiträgt. (Unternehmen versuchen, die Mobilität ihrer eigenen Arbeitskräfte zu beschränken, da Mobilität die Rendite ihrer Investitionen in Humankapital schmälert und ihren Wettbewerbsvorteil gegenüber anderen Unternehmen verringern kann, weil Konkurrenten Zugang zu ihrem Wissen erhalten. Gleichzeitig versuchen sie, die Mobilität der Arbeitskräfte anderer Unternehmen zu erhöhen, um sie in das eigene Unternehmen zu locken.)

Grenzüberschreitender Wissensfluss Geographische Nähe erleichtert Lernen, aber insbesondere Entwicklungsländer (deren Unternehmen oft weit von der Anwendung der »besten Methoden« entfernt sind) können von den Fortschritten in anderen, entfernteren Ländern lernen. Die Bedingungen für die Landwirtschaft in verschiedenen Ländern können sehr unterschiedlich sein, aber im Industriesektor kann das Potential für grenzüberschreitendes Lernen groß sein. Die Existenz großer, stabiler Unternehmen, die Anreize zu grenzüberschreitendem Lernen und zugleich auch die notwendigen Kapazitäten haben, steigert die Bedeutung dieses Sektors für gesellschaftliches Lernen. Tatsächlich herrscht weitgehend Einigkeit darüber, dass für den Erfolg in der Industrie nicht nur Wissen, sondern auch die Fähigkeit zum Erwerb grenzüberschreitenden Wissens erforderlich ist.

Warum signifikante Spillover-Effekte vom Industriesektor auf die übrige Wirtschaft möglich sind

Neuerworbenes Wissen eines Unternehmens oder Subsektors wird zum Beispiel durch die Bewegung gutausgebildeter Arbeitskräfte, technologische Fortschritte und Investitionsgüter von sektorenübergreifender Relevanz auf andere Unternehmen oder Subsektoren innerhalb der Industrie übertragen. Aber der Nutzen neuerworbenen Wissens reicht viel weiter, sogar bis hin zum Agrarsektor. Im folgenden Abschnitt beschreiben wir, wie das geschieht: nämlich insbesondere infolge von Steuereinnahmen, die ein wachsender Industriesektor abwerfen kann. Großangelegte, stark konzentrierte Aktivitäten lassen sich sehr viel leichter besteuern als verstreute Aktivitäten im kleinen Maßstab.

Die Fähigkeit zur Unterstützung öffentlicher Forschung und Entwicklung Die öffentlich finanzierte Forschung und Entwicklung zählt zu den wichtigsten Verwendungsbereichen für Steuereinnahmen. Besonders wichtig kann dies für die Finanzierung landwirtschaftlicher Forschung sein, beispielsweise jener, die der Agricultural Extension Service in den Vereinigten Staaten betreibt. Dessen Arbeit trägt direkt zum Produktivitätswachstum in der Landwirtschaft bei, könnte jedoch ohne Steuereinnahmen aus dem industriellen Bereich nicht finanziert werden. Der Privatsektor allein würde diese Forschung nicht betreiben, geschweige denn die weite Verbreitung ihrer Ergebnisse, die entscheidend zum Produktivitätswachstum in der Landwirtschaft beiträgt.

Öffentliche Unterstützung der Akkumulation von Humankapital Ein weiteres wichtiges Einsatzgebiet für diese Gelder sind Investitionen in Humankapital. Bislang haben wir uns auf die Investitionen der Unternehmen in Humankapital konzentriert. Diese Investitionen ergänzen die entsprechenden Investitionen im Bildungswesen. So wie im Fall von Forschung und Entwicklung trägt die öffentliche Unterstützung in Form einer kostenlosen Grund- und Sekundarschulbildung, die aufgrund des Versagens der privaten Kapitalmärkte gewährt wird, entscheidend zur Akkumulation allgemeinen Humankapitals bei und wirft hohe soziale Erträge ab. Darüber hinaus führen die hohen Bildungserträge im Industriesektor zu einer größeren Nachfrage nach gutausgebildeten Arbeitskräften. Und wenn diese Arbeitskräfte intersektoral mobil sind, steigt letzten Endes auch die Produktivität im Agrar- und Handwerkssektor. Zudem erstreckt sich die öffentliche Bildung schließlich auf die gesamte Gesellschaft, anstatt auf die urbanen Gebiete beschränkt zu bleiben.

Die Entwicklung eines robusten Finanzsektors In Kapitel 3 haben wir erklärt, dass die Spillover-Effekte von einem Sektor auf einen anderen verschiedenste Formen annehmen können. Wir haben uns vor allem mit den technologischen Spillovers beschäftigt. Aber auch die institutionellen Entwicklungen haben wichtige Spillover-Effekte, die erforderlich sind, damit eine industrielle Volkswirtschaft funktionieren kann. Im vorherigen Absatz wurde in diesem Zusammenhang der Nutzen der Entwicklung eines öffentlichen Bildungssystems für die übrige Volkswirtschaft beschrieben. Die hohen Investitionen in einer modernen industriellen Wirtschaft erfordern Kapital. Daher ist zu erwarten, dass der Finanzsektor in einem industriellen Umfeld höher entwickelt ist als in einem landwirtschaftlichen oder handwerklichen Umfeld. Ist er einmal ausgebaut, so erleichtert ein starker Finanzsektor die Versorgung der gesamten Volkswirtschaft einschließlich des Agrarsektors mit Kapital.

Die obige Diskussion verdeutlicht, warum Lernen und Innovationen (einschließlich institutioneller Innovationen) im Industriesektor schneller vonstattengehen und warum beides nicht nur im Industriesektor, sondern auch in der übrigen Volkswirtschaft Spillover-Effekte mit sich bringt. Diese Effekte betreffen Wissen, Humankapital und institutionelle Entwicklung. Beispielsweise haben Verbesserungen im Bereich der

Finanzinstitutionen und des Bildungswesens einen systemischen Nutzen. Wissen bewegt sich zwar innerhalb eines Landes leichter als über Landesgrenzen hinweg, und innerhalb des Industriesektors gibt es weniger Hindernisse für die Übertragung von Wissen als zwischen den Sektoren, aber ein Teil des so übertragenen Wissens – einschließlich des Lernens zu lernen – kann auch anderen Sektoren zugutekommen.

Daneben gibt es noch weitere Kanäle für Spillover-Effekte: Beispielsweise hat die Mechanisierung in der Industrie auch die Produktivität der Landwirtschaft erhöht. Es bestehen also zahlreiche Kanäle, durch die technologische und institutionelle Innovationen in der Industrie in ein höheres Produktivitätswachstum in der Gesamtwirtschaft übersetzt werden.

Geographische Lokalisierung

Die Analyse in den folgenden Kapiteln geht von den drei folgenden grundlegenden Annahmen aus: (i) Der Industriesektor ist lernfähiger, (ii) Spillover-Effekte treten ganz überwiegend innerhalb der Landesgrenzen auf, (iii) die Spillover-Effekte des Lernens sind insbesondere intersektoral bedeutsam – bedeutsamer als im Verhältnis zum Ausland. Wir haben die Begründung für die erste und die dritte Annahme bereits ausführlich behandelt.

Die zweite Annahme stützt sich auf vier Faktoren. Dies sind: (1) geographische Nähe, (2) internationale Beschränkungen der Freizügigkeit von Arbeitskräften (und der damit verbundenen Migration von Wissen und Humankapital), (3) kulturelle und Sprachbarrieren sowie (4) historische Muster der sozialen Interaktionen, die mit den nationalen Grenzen zusammenhängen und nicht nur in der Sprache und der Kultur, sondern auch in den Verkehrssystemen, sozialen Netzen und institutionellen Arrangements zum Ausdruck kommen. Individuen sind die wichtigsten Träger von Wissen und Erfahrungen, und die aufgeführten Faktoren deuten darauf hin, dass ihre Mobilität im Allgemeinen innerhalb eines Landes größer ist als im internationalen Rahmen. Hinzu kommt, dass Lernen, wie wir zuvor festgestellt haben, lokal ist, und unter Umständen ist ein Großteil des in einem bestimmten Land relevanten Wissens für andere Länder weniger bedeutend.

Für die Ergebnisse unserer Analyse in den späteren Kapiteln ist jedoch nur relevant, dass die Übertragung von Wissen an den Agrar- und Handwerkssektor innerhalb eines Landes besser funktioniert als im Rahmen von Außenbeziehungen. Gleichzeitig bestätigt es jedoch unsere späteren Resultate, wenn innerhalb des Industriesektors ein grenzüberschreitender Wissenstransfer stattfindet, sofern dieser Transfer mit der Größe des Industriesektors des Entwicklungslandes zunimmt. Denn dann hat das Entwicklungsland einen weiteren Grund, um den Industriesektor zu fördern: Er ist sein »Fenster zur Welt«, der Kanal, durch den weitfortgeschrittenes Wissen sowohl für die Industrie als auch für die Landwirtschaft an das Entwicklungsland übertragen wird. So nimmt zum Beispiel ein Textilproduzent Informationen über die Textilproduktion aus anderen Ländern auf (etwa, weil er Maschinen in anderen Ländern kauft). Aber ein Teil dieses neuerworbenen Wissens kann auch für die Landwirtschaft und andere Wirtschaftssektoren relevant sein.

Makroökonomische Bedingungen für die Schaffung einer lernenden Gesellschaft

In diesem Buch beschäftigen wir uns vorwiegend mit mikroökonomischen bzw. strukturpolitischen Eingriffen. Aber Voraussetzung für die Schaffung einer lernenden Gesellschaft ist die Schaffung eines lernfreundlichen wirtschaftlichen Umfelds. Hier ist der gesamtwirtschaftliche Rahmen von zentraler Bedeutung. Lernprozesse bedürfen stabiler makroökonomischer Verhältnisse.

Dies wird durch die Erfahrung entwickelter Länder in Rezessionen bestätigt. In Phasen rückläufiger Konjunktur ist das Produktivitätswachstum normalerweise gering, und die Zuwächse in den anschließenden Expansionsphasen machen diese Einbußen nicht wett.[11] Der Produktivitätsverlust infolge der mit der Rezession verbundenen Dislozierung scheint dauerhaft zu sein.[12]

Es gibt mehrere Gründe dafür, dass Stabilität wichtig für *gesellschaftliches* Lernen ist. Erstens ist der Informationsfluss in den vorhandenen Institutionen in komplexen Interaktionsnetzen sehr groß. Wichtige Institutionen – Unternehmen – halten oft ausgeprägten wirtschaftlichen Schwankungen nicht stand, und sie lassen sich nicht ohne weiteres wieder zum Leben erwecken, wenn sich die Wirtschaft erholt. Bedeutende Hysterese-Effekte stehen dem entgegen. Zwar können Institutionen neu errichtet werden, aber ein großer Teil des Wissens, das in die alten Institutionen eingebettet war (insbesondere jene Art von Wissen, die üblicherweise als »implizit« bezeichnet wird), muss neu erzeugt werden.

Der zweite Grund ist, dass im Gegensatz zu einer verbreiteten Vorstellung nicht nur die schlechtesten Unternehmen untergehen. Beispielsweise gab es in der Asienkrise kaum Unterschiede zwischen den koreanischen Unternehmen, die zugrunde gingen, und denen, die überlebten – außer dass die gescheiterten unter einer höheren Schuldenlast litten. Den entscheidenden Fehler hatten ihre im Rückblick allzu optimistischen Finanzmanager begangen, die zu viele Schulden angehäuft hatten. Obwohl der evolutionäre Prozess ausgesprochen zerstörerisch war (50 Prozent aller Unternehmen schlitterten in den Konkurs), war er nicht sehr schöpferisch.[13] Darüber hinaus ist die Kapazität des Managements, wenn es darum geht, auf welche und wie viele Themen es sein Augenmerk richten sollte, begrenzt. Wenn ein Unternehmen ums Überleben kämpft, kann es sich kaum dem Lernen widmen, sofern es nicht darum geht, zu lernen, wie man überleben kann.

Drittens weckt ein hohes Maß an makroökonomischer Instabilität eine größere Risikoaversion bei den Unternehmen. Zu den ersten Maßnahmen, die Unternehmen in einer Rezession ergreifen, gehören Kürzungen bei den Investitionen in F & E, und das gilt sogar für Unternehmen, die relativ stark von Innovationen abhängen. Das liegt zum Teil daran, dass Lernen zukunftsorientiert ist. Um in der Zukunft Gewinne zu erzielen, muss man heute Opfer bringen und Risiken eingehen. Aber angesichts von Instabilität besteht das Risiko, dass es keine Zukunft geben wird – womit es weniger Gründe gibt, heute zu investieren. Instabilität schwächt zukunftsorientierte Anreize.

Viertens setzt der Erwerb von Wissen Ressourcen einschließlich des Zugangs zu Kapital voraus. Instabilität kann den Zugang zu Kapital erschweren und Kapital verteuern.[14] In Abschwungphasen wird Kapital wahrscheinlich rationiert, und angesichts dessen wird auf Investitionen in F&E oftmals verzichtet.[15, 16] Da Investitionen in die Forschung nicht abgesichert werden können und besonders riskant sind, werden sie in einem Wirtschaftsabschwung besonders leiden.

Tiefe Rezessionen haben noch schädlichere Auswirkungen, da nicht nur die Bilanzen der Unternehmen unter ihnen leiden, sondern auch jene der Finanzinstitute. So können Kredite im gesamten System knapp werden, was sogar das Nettoumlaufvermögen betrifft, womit die Unternehmen gezwungen sind, ihre Investitionen noch stärker zu kürzen, vor allem die Investitionen in Innovationen.[17] Daneben führen die Produktionskürzungen dazu, dass Learning by Doing eingeschränkt wird.

Instabilität wirkt sich also letztlich auf das Produktionsniveau (das heißt auf die durchschnittliche »Output-Lücke« bzw. die Differenz zwischen tatsächlicher und möglicher Produktion) ebenso wie auf die Struktur der Produktion aus. Kapitalintensive Industrien mit größerem Lernpotential und stärkeren Spillover-Effekten könnten gegenüber anderen Sektoren mit geringerem Lernpotential und weniger Übertragungseffekten benachteiligt werden.

Unsere Einschätzung weicht also deutlich von der Idee ab, Rezessionen hätten eine reinigende Wirkung – der Idee, dass Marktbereinigungen im Zuge von Rezessionen der Silberstreif am Horizont seien. Nach dieser Vorstellung bauen die Unternehmen Fett ab, entledigen sich unnötiger Mitarbeiter und ordnen ihre Strukturen neu, um schlanker und beweglicher in den nächsten Aufschwung zu gehen. Weniger effiziente Unternehmen, die von dem Kapital gelebt haben, das sie in der Vergangenheit angehäuft haben, können dieses Verhaltensmuster nicht fortsetzen. Im darwinschen Kampf ums Überleben der Anpassungsfähigsten überstehen die untauglichen Unternehmen einen deutlichen Abschwung nicht, und so beschleunigen Rezessionen die natürliche Auslese. Joseph Schumpeter pries diese Zusammenhänge, indem er schrieb:

> Sie sind vorübergehend. Sie dienen dazu, das Wirtschaftssystem neu zu errichten und effizienter zu machen. Aber sie verursachen Verluste, solange sie dauern, treiben Unternehmen in den Bankrott und Menschen in die Arbeitslosigkeit, so lange, bis der Weg für neue Leistungen von der Art geebnet ist, welche die moderne Zivilisation hervorgebracht hat und die Größe dieses Landes ausmacht.[18]

Schumpeters Einschätzung entsprach weitgehend derjenigen Andrew Mellons, des Finanzministers in der Regierung Hoover. Mellon erklärte:

> Wickeln wir Arbeitskräfte, Aktiengesellschaften, Bauern, Immobilien ab … So werden wir die verrotteten Bestandteile des Systems beseitigen. Die Lebenshaltungskosten und der Luxus werden sinken. Die Leute werden härter arbeiten und ein moralischeres Leben führen. Die Werte werden angepasst, und Menschen mit Unternehmergeist werden weniger fähige Menschen verdrängen.

Tatsächlich glaubte Schumpeter offenbar, dass Krisen im Endeffekt gut für die Wirtschaft seien und die Funktion einer »schönen kalten Dusche« erfüllten.[19]

Der Prozess der »schöpferischen Zerstörung«, der mit Innovationen einhergeht, mag einen Nutzen haben, aber die Zerstörung im Verlauf zyklischer Schwankungen wird nicht durch neu Geschöpftes aufgewogen, und die Erwartung zukünftiger Volatilität hemmt die Investitionen in Lernen und F&E. Der langfristige Nutzen der Reinigung – der in der Rezession entstehende Anreiz zum Abbau überschüssiger Ressourcen – wird durch die Kosten infolge von Kürzungen der F&E-Ausgaben mehr als aufgewogen. Das liegt zum Teil daran, dass Privatunternehmen aufgrund der Lern-Spillovers, mit denen wir uns hier beschäftigen, im Allgemeinen den Nutzen von F&E unterschätzen. Und da insbesondere in einer Rezession die sozialen Kosten der Arbeitslosigkeit hoch sind, unterschätzen die Unternehmen zudem die sozialen Kosten der »Reinigung«, weshalb sie entsprechende Maßnahmen übertreiben.[20] Volatilität ist ungünstig für langfristiges Wirtschaftswachstum.

Folgerungen für die Politik

Das hat bedeutsame Auswirkungen auf die Politik: Politische Maßnahmen, die ein Land einem hohen Maß an Instabilität *aussetzen* oder die Instabilität der Wirtschaft erhöhen (indem sie zum Beispiel die automatischen Stabilisatoren schwächen), wirken sich nachteilig auf Lernprozesse aus. Beispiele für politische Maßnahmen, die Länder erhöhten Risiken aussetzen, sind die Liberalisierung und die Deregulierung der Finanz- und Kapitalmärkte.

Desgleichen kann auch eine Politik, die die Preisstabilität auf Kosten der *realen* Stabilität gewährleisten soll, kontraproduktiv sein.[21] Will die Geldpolitik die Inflation mittels Anpassung der Leitzinsen in Schach halten, so kann dies im doppelten Sinne schädlich sein: Eine Zinsanhebung zur Bekämpfung von Inflation – selbst wenn die Ursache der Inflation ein exogener Angebotsschock ist – ist ein Beispiel für eine prozyklische Politik. Zinserhöhungen wirken sich überdies unverhältnismäßig stark auf bestimmte Sektoren aus, die besonders zinsempfindlich sind und besonders von der Finanzierung durch die Banken abhängen. Die Last wird vor allem den kleinen Unternehmen aufgebürdet. Wir haben bereits festgestellt, dass Unternehmen, die in einer Rezession zugrunde gehen, nicht zu neuem Leben erwachen, wenn sich die Wirtschaft wieder erholt. Es kommt zu einem Verlust von Informationskapital. Auch Unternehmen, die infolge höherer Zinsen zugrunde gehen, können nicht wieder zum Leben erweckt werden, wenn die Zinsen wieder sinken. Das wirkt sich insbesondere auf Entwicklungsländer aus, in denen ein Mangel an Unternehmertum droht. So manches Mal wird behauptet, dass ein Großteil des Lernens und der Innovationen in einer Gesellschaft in kleinen und jungen Unternehmen stattfindet. Wenn das stimmt, dann erhöht eine solche Politik die Belastung für diese wichtigen »lernenden« Sektoren. Aber unabhängig davon, ob diese Hypothese zutrifft, verstärkt die skizzierte Politik die ohnehin negativen Auswirkungen auf Lernprozesse und die Investitionen in F&E, die sich aus der zyklischen Volatilität der »im Schatten verborgenen« Kosten des Kapitals ergeben.

Kapitel 5

Marktstruktur, Wohlfahrt und Lernen

Die Anhänger der freien Marktwirtschaft preisen die Fähigkeit der Marktwirtschaft zur Förderung von Innovationen. Bemerkenswerterweise gibt es trotz der ständigen Verweise auf die »Innovationsfähigkeit« des marktwirtschaftlichen Systems keine allgemeinen Theoreme zur Effizienz des Markts im Hinblick auf die Geschwindigkeit und die Richtung von Innovationen.

Joseph Schumpeter, der Innovationen eine zentrale Rolle zuwies,[1] lehnte die vorherrschende volkswirtschaftliche Theorie, welche die Vorzüge des Wettbewerbs pries und im Monopol das »Böse schlechthin« sah,[2] sowie die daraus abgeleiteten politischen Handlungsanweisungen ab. In seinen Augen machen Innovationen nicht nur das Wesen des Kapitalismus aus, sondern sie setzen auch ein gewisses Maß an Monopolmacht voraus.[3] Wäre der Wettbewerb vollkommen und flösse das Wissen ungehindert, so könnten sich die Innovatoren die Erträge ihrer Innovationen nicht auch nur teilweise aneignen, weshalb sie keinen Anreiz hätten, nach Innovationen zu streben. Ohne Innovationen jedoch würde die Wirtschaft stagnieren. Zudem würde es im Wettbewerb stehenden Unternehmen schwerfallen, sich das für Investitionen in Innovationen benötigte Kapital zu beschaffen. Monopole dagegen seien fähig, die zur Finanzierung der Forschung benötigten Gewinne zu erzielen. Letzteres ist in Zeiten, in denen die Finanzmärkte weniger entwickelt sind und keine Wagniskapitalfirmen existieren, besonders wichtig. Kredite zur Finanzierung spekulativer Forschung sind unter derartigen Bedingungen beschränkt, weil es nichts gibt, was der Kreditgeber im Fall des Scheiterns eines

Forschungsprojekts pfänden könnte.[4] Im Immobiliensektor bieten wenigstens die Bauten eine zusätzliche Sicherheit.

Schumpeter stand offenkundig Monopolen wohlwollender gegenüber als die übrigen Ökonomen. Tatsächlich betrachtete er die Furcht der herkömmlichen Wirtschaftstheorie vor den Gefahren von Monopolen und deren Lobpreisungen des Wettbewerbs mit einer gewissen Geringschätzung. Schumpeter tolerierte Monopole: Er sah in der Beschränkung des Outputs durch den Monopolisten und der dadurch bedingten statischen Ineffizienz einen akzeptablen Preis, den man durchaus in Kauf nehmen konnte, um dafür in den Genuss schnellerer Innovationen zu kommen, die seiner Meinung nach mit der Monopolbildung einhergingen.[5]

Schumpeter verfasste seine Arbeiten im Anschluss an eine Zeit, in der die kapitalistischen Volkswirtschaften keineswegs Glänzendes geleistet hatten. In der Weltwirtschaftskrise hatte ein großer Teil des Kapitals und der menschlichen Ressourcen lange Zeit brachgelegen, was großes menschliches Leid verursacht hatte. Dennoch gelang es Schumpeter, den großen historischen Kontext zu sehen: Derartige Schwankungen waren wiederholt aufgetreten, und er verwies auf den gewaltigen Anstieg des Lebensstandards, den der Kapitalismus trotz der Produktionseinbrüche in Krisenzeiten ermöglicht habe und vermutlich weiterhin ermöglichen werde.[6] Er erwartete sogar eine Überwindung der Armut: Da es aufgrund der steigenden Durchschnittseinkommen kaum Hinweise auf eine Zunahme der Ungleichheit gebe,[7] sei es wahrscheinlich, dass auch die ärmsten Bevölkerungsgruppen zu Wohlstand gelangen würden.

Schumpeter hielt Wettbewerb durchaus für wichtig, aber ihm schwebte ein Konkurrenzkampf vor, der sich deutlich von dem der herkömmlichen Wettbewerbstheorie unterscheidet. Letzterer wird in den ursprünglich von Léon Walras entwickelten und später von Arrow und Debreu verfeinerten Modellen beschrieben. In diesen Modellen gibt es auf jedem Markt eine große Zahl von Unternehmen – so viele, dass jedes von ihnen den Preis, den es für seine Produkte erzielt, als gegeben betrachtet. Schumpeter ersetzte das Konzept des Wettbewerbs *auf dem* Markt durch dasjenige eines Wettbewerbs *um den* Markt. Er verteidigte die Vorteile jener Art von schöpferischer Zerstörung, die aus dem Innovationsprozess hervorgeht, und erklärte, die dadurch geschaffene Monopolmacht bestünde nur vorübergehend. In diesem Konzept wird ein Monopolist durch einen anderen abgelöst, und die drohende Konkurrenz treibt den gegenwärtigen Monopolisten zu intensiven Innovationen an.

In diesem und dem folgenden Kapitel werden wir uns mit mehreren miteinander verbundenen Fragen beschäftigen: (a) Führt mehr *Markt*wettbewerb (das heißt mehr Wettbewerb *auf dem Markt zu einem bestimmten Zeitpunkt)* zu mehr Innovation? (b) Ist die Analyse des schumpeterschen Wettbewerbs richtig (das heißt gewährleistet der Wettbewerb *um den* Markt ein hohes Maß an Innovationen)? (c) Sind die Märkte, gemessen am Niveau und der Beschaffenheit von Innovationen und Lernaktivitäten, effizient?

In diesem Kapitel konzentrieren wir uns auf die Beziehung zwischen Wettbewerb und Innovationen – eine Beziehung, die umstritten und nach wie vor ungeklärt ist. Die traditionelle Einschätzung lautet, dass Wettbewerb einen Anreiz zu Innovationen gibt, während Monopole zu Trägheit neigen.[8] Aber in Schumpeters Augen war das traditionelle ökonomische Konzept zum Fetisch erhoben worden. In der Tat besitzen große Unternehmen, wie wir im letzten Kapitel gezeigt haben, klare Vorteile, was Lernprozesse und Innovationen angeht.

Dieses Kapitel umfasst zwei Teile. Im ersten Teil analysieren wir die Marktstruktur mit Innovation. Wir erklären, warum sich Sektoren, in denen Innovationen eine wichtige Rolle spielen, im Einklang mit Schumpeters Einschätzung durch einen sehr unvollkommenen Wettbewerb auszeichnen. Außerdem zeigen wir, warum Schumpeters Behauptung, ein zu jedem Zeitpunkt wahrscheinliches Monopol (oder ein beschränkter Wettbewerb) bestehe nur vorübergehend, falsch ist. Monopolmacht währt mit einiger Wahrscheinlichkeit längere Zeit.

Im zweiten Teil analysieren wir die Auswirkungen der Marktstruktur auf die Innovationstätigkeit. Wir erklären, warum diese Beziehung so unklar ist und warum Schumpeters Behauptung, der Wettbewerb *um den* Markt rege Innovationen wirksamer an als der Wettbewerb *auf dem* Markt, im Allgemeinen nicht zutrifft.

Dieses Kapitel enthält in erster Linie eine deskriptive Analyse. Wir vergleichen, ausgehend von bestimmten idealisierten Annahmen, das Maß an Innovationen unter verschiedenen institutionellen Bedingungen. Wir fragen nicht, ob es unter Monopolbedingungen zu viele Innovationen oder unter Wettbewerbsbedingungen zu wenige gibt. Mit diesen Fragen werden wir uns im nächsten Kapitel beschäftigen.

Marktstruktur mit Innovationen

Auf Märkten, auf denen Innovationen eingebracht werden, herrscht naturgemäß kein vollkommener Wettbewerb. Investitionen in Innovationen bringen fixe Kosten mit sich. Nehmen wir beispielsweise ein einfaches Modell, in dem die (Grenz-) Kosten der Produktion eines Anbieters konstant sind. Diese Kosten kann das Unternehmen senken, indem es mehr in Forschung investiert. Das einmal erworbene Wissen kann es jedoch unabhängig vom Produktionsumfang nutzen. Werden die Kosten für die Erzeugung einer Einheit um einen Dollar verringert, so sinken die Gesamtkosten um 1000 Dollar, wenn das Unternehmen 1000 Einheiten produziert. Erzeugt es eine Million Einheiten, so sinken die Kosten um eine Million Dollar. Größere Unternehmen haben deshalb einen Anreiz, mehr zu lernen – der Wert jeder Kostenreduktion ist bei ihnen proportional höher als bei kleinen Unternehmen – und mehr F&E zu betreiben, womit sie sich einen Wettbewerbsvorteil gegenüber kleineren Unternehmen sichern. Im Lauf der Zeit werden ihre Kostenvorteile größer, und schließlich beherrschen sie die Wirtschaft. Sofern die Grenzkosten konstant sind, ergibt sich ein natürliches Monopol.

Zwar kann man ein Modell entwickeln, in dem mehrere Unternehmen scheinbar in einem Gleichgewicht operieren.[9] Doch dieses Gleichgewicht ist fragil und instabil. Selbst wenn anfangs mehrere Unternehmen exakt gleich produktiv sind, wird sich ein Unternehmen, wenn es ein wenig mehr als seine Konkurrenten verkauft oder produziert, aufgrund von Learning by Doing einen Kostenvorteil verschaffen, weshalb sich das Gleichgewicht mit mehreren Unternehmen rasch auflösen wird.

Nehmen wir beispielsweise ein Nash-Cournot-Gleichgewicht, in dem der Monopolist eine hohe Diskontrate ansetzt – so hoch, dass er die Vorteile ignoriert, die ihm künftiges neues Wissen bieten würde. Und nehmen wir an, dass eines der Unternehmen zu geringfügig niedrigeren Grenzkosten operiert als das andere. Die Folge ist, dass dieses Unternehmen mehr produziert. Aber das bedeutet zugleich, dass es mehr lernt. Und das wiederum heißt, dass sein Produktionsniveau in der Folge, verglichen mit dem seines Konkurrenten, höher sein wird. Im Lauf der Zeit erlangt eines der beiden Unternehmen einen wachsenden Wettbewerbsvorteil gegenüber dem anderen – bis das Unternehmen, das anfangs einen winzigen Vorteil hatte, dominant wird und sich die Stellung eines Monopolisten verschafft.

Handelt es sich um weniger kurzsichtige Anbieter, so erkennt der Anbieter mit dem Wettbewerbsvorteil natürlich, dass er im Verhältnis zu seinem Konkurrenten wachsen wird, weshalb er einen Anreiz hat, seine Produktion noch stärker gegenüber der seines Rivalen zu erhöhen. In diesem Fall sollte die Konvergenz hin zum Monopolgleichgewicht noch schneller stattfinden.

In einem Bertrand-Wettbewerb divergieren die Positionen der beiden Unternehmen noch schneller, denn das Unternehmen mit dem geringfügigen Wettbewerbsvorteil reißt den

Tabelle 5.1:
Spillovers und Marktstruktur

	Ohne unternehmensübergreifende Spillovers	**Mit unternehmensübergreifenden Spillovers**
Vollkommene Konkurrenz	Nicht machbar	Zu geringe Investitionen in Lernprozesse
Monopolistische Konkurrenz	Beschränkter Output	Beschränkter Output und zu geringe Investitionen in Lernprozesse

gesamten Markt an sich und lernt, während sein Rivale nicht lernt.

Daher ist ein Gleichgewicht, in dem *n* identische Anbieter auf dem Markt koexistieren, instabil und dürfte kaum für längere Zeit bestehen.

Diese Ergebnisse gelten selbst dann, wenn es Spillover-Effekte gibt – solange diese Effekte unvollkommen sind. Denn solange das der Fall ist, hat das Unternehmen, das lernt (bzw. F&E betreibt), einen Kostenvorteil gegenüber Rivalen, die weniger lernen. In der Praxis gibt es dann wahrscheinlich einige, wenn auch unvollkommene Spillover-Effekte, so dass die Märkte, auf denen Innovationen wichtig sind, von einem hohen Maß an externen Effekten und einem ausgesprochen unvollkommenen Wettbewerb geprägt sein dürften. Dadurch würde sowohl das Produktionsniveau als auch das Innovationsniveau verzerrt.

Einen effektiven Wettbewerb kann es in der beschriebenen Situation (bei konstanten Grenzkosten der Produktion) nur geben, wenn es zu umfassenden Spillovers auf andere Unternehmen in derselben Branche kommt. Aber wenn das der Fall ist, wird sich jedes Unternehmen gratis an den Forschungsergebnissen der anderen bedienen, und wenn die Zahl der Unternehmen groß ist, wird es keinen Anreiz zu Forschung und Entwicklung geben.

In der folgenden Analyse nehmen wir zwei wichtige Unterscheidungen vor. Die erste betrifft die Struktur des Produktmarkts, die zweite die Natur der Spillovers. In der Diskussion in den nächsten Kapiteln werden wir uns dabei auf zwei Grenzfälle konzentrieren, indem wir zum einen vollkommene Spillovers und zum andern deren gänzliche Abwesenheit annehmen.

Wie wir gesehen haben, macht endogenes Lernen einige Marktstrukturen unmöglich: Wenn die Spillovers innerhalb eines Industriezweigs unvollständig sind, ist ein natürliches Monopol denkbar. Der Markt kann in diesem Fall am besten als »monopolistisch kompetitiv« beschrieben werden. Es gibt dann jeweils nur ein Unternehmen in jedem »Industriezweig«, aber Spillovers auf andere Branchen. Unter diesen Umständen beobachten wir zwei Verzerrungen: Unterproduktion infolge von Monopolmacht und Unterproduktion infolge der Unfähigkeit, die Lernfortschritte anderer zu berücksichtigen.

Unter der Annahme vollständiger Spillovers kann es in einer Branche zahlreiche Unternehmen geben. Diese Unternehmen konkurrieren miteinander, investieren jedoch nichts in die Forschung.

Tabelle 5.1 fasst die drei Fälle zusammen. Wir werden uns insbesondere auf die Fälle mit vollkommenem Wettbewerb und vollständigen Spillovers und mit monopolistischem Wettbewerb ohne Spillovers konzentrieren. Wie wir gesehen haben, ist der einzige Fall, der sich mit Wettbewerb vereinbaren lässt, derjenige mit vollständigen Spillovers. (Wohlgemerkt gilt diese Aussage nur dann, wenn es keine anderen Gründe für stark abnehmende Skalenerträge gibt.)

Die Gründe dafür, dass Märkte, auf denen Lernen stattfindet, aller Wahrscheinlichkeit nach von einem einzigen Unternehmen beherrscht werden, gelten auch für diejenigen Märkte, in denen Innovationen auf Forschung und Entwicklung beruhen. Hier wird die Exklusivität zur zentralen Frage: Hat der Innovator einen exklusiven Anspruch auf die betreffende Technologie, oder können auch andere diese Technologie nutzen (so wie andere aus den Fortschritten des führenden Anbieters lernen)? In vielen Fällen wird Exklusivität durch Patente gewährt. Aber es gibt noch weitere Möglichkeiten, wie ein Innovationsführer wenn schon nicht den Markt, so doch zumindest die neue Technologie beherrschen kann. Das Pionierunternehmen hat einen Vorteil – es kann loyale Kunden und einen Ruf als Innovator gewinnen. Sein höheres Produktionsniveau sichert ihm einen Lernvorsprung, den seine Konkurrenten nur schwer aufholen können.

Warum sogar auf sehr innovativen Märkten ein gewisses Maß an Wettbewerb wahrscheinlich ist

Schumpeter war offenbar der Meinung, dass die »natürliche« Marktstruktur zu jedem gegebenen Zeitpunkt ein Monopol sei. In einigen Fällen trifft das zu, aber es gibt viele sehr innovationsintensive Märkte, auf denen sich dies nicht bestätigt. Wir müssen begreifen, warum das so ist, wenn wir die Auswirkungen von Wettbewerb auf die Innovationstätigkeit verstehen wollen.

Wettbewerb kann natürlich aufrechterhalten werden, wenn es einen Faktor abnehmender Erträge gibt (zum Beispiel negative Skaleneffekte aufgrund beschränkter Möglichkeiten des Managements zur Ausübung von Kontrolle). Aber in Sektoren, in denen Lernen eine wichtige Rolle spielt, gibt es selbst dann wahrscheinlich nur eine beschränkte Zahl von Unternehmen und folglich einen sehr unvollkommenen Wettbewerb. Das Ausmaß des Wettbewerbs wird einerseits von der Bedeutung sinkender Erträge und andererseits vom Umfang der Spillovers abhängen. Wenn es erhebliche Spillovers (vom technologisch führenden Anbieter auf andere) gibt, ist es für die anderen Anbieter noch möglich, mit dem Marktführer in einen echten Wettbewerb zu treten.

Selbst bei einer durch Patente abgesicherten exklusiven Kontrolle über eine Technologie gewährleisten diese Patente keine beherrschende Marktstellung eines einzelnen Unternehmens. Jene, die mit der älteren Technologie arbeiten, können sich möglicherweise weiterhin am Wettbewerb beteiligen, wenn auch mit einem Kosten- oder Produktnachteil. Dies kann die Monopolmacht des Innovators erheblich beschränken. (Üblicherweise gibt es Produkte, die das Produkt des Innovators teilweise ersetzen können.)

Darüber hinaus gibt es möglicherweise alternative Technologien für die Erzeugung ein und desselben Produkts. Zwar hatte Xerox seine Technologie durch Patente abgesichert, aber es gab alternative Fotokopiertechnologien. Diese Technologien wurden im Zuge ihrer Weiterentwicklung schließlich zu effektiven Konkurrenten der Xerox-Technologie.

Außerdem kann ein Patent oft durch eigene Innovationen umgangen werden. In der Pharmaindustrie spielen Patente eine wichtige Rolle. Allerdings gelingt es den Unternehmen insbesondere im Bereich der sehr wertvollen Medikamente oftmals, Präparaten durch Weiterentwicklung therapeutische Wirkungen zu verleihen, die denen des geschützten Medikaments ähneln, ohne dessen Patent zu verletzen. In einigen Industriezweigen, etwa in einigen Bereichen der metallverarbeitenden Industrie, ist es so einfach, Patente durch zusätzliche Erfindungen zu umgehen, dass der Patentschutz dort kaum eine Rolle spielt.

Daher ist Schumpeters Einschätzung, die Märkte würden von einer Abfolge von Monopolen geprägt, zu eindimensional. Es mag einige Produkte geben, auf die das zutrifft, aber im Allgemeinen gibt es Wettbewerb sowohl im Bereich der Innovation als auch auf dem Produktmarkt. Und aus Gründen, die wir bereits erklärt haben, hängen die beiden eng zusammen: Industrieunternehmen befinden sich in einer günstigeren Ausgangsposition, was die Entwicklung von Innovationen angeht. Dennoch ist es unter analytischen Gesichtspunkten nützlich, die Auswirkungen des Wettbewerbs auf dem Markt getrennt von den Auswirkungen des Wettbewerbs um den Markt (des Innovationswettbewerbs) zu untersuchen. Diese Analyse ist Gegenstand der zweiten Hälfte dieses Kapitels.

Die Vergänglichkeit von Monopolmacht

Schumpeter machte sich keine großen Gedanken über einzelne Monopolstellungen, die sich hin und wieder ergeben könnten. Wie gesagt glaubte er, dass Unternehmen nur vorübergehend beherrschende Positionen einnehmen könnten und dass der Kampf um die nächste Monopolstellung Innovationen fördern würde.

Wie wir gesehen haben, hatte Schumpeter recht mit seiner Einschätzung, dass ein Markt zu jedem gegebenen Zeitpunkt von einem einzelnen Unternehmen beherrscht werden kann, aber Monopole können sehr viel länger bestehen, als Schumpeter glaubte: Während die Bedrohung durch neue Anbieter in manchen Fällen tatsächlich Innovationen anstoßen kann, wenden Monopolisten in anderen Fällen zur Verteidigung ihrer Position beträchtliche Ressourcen auf, um sozial unproduktive Eintrittsbarrieren zu errichten. Diese Praxis schwächt die Neigung zu Innovationen. Microsoft ist ein ausgezeichnetes Beispiel dafür, wie ein beherrschendes Unternehmen Innovationen behindern kann. Moderne Monopolisten sind ausgesprochen erfinderisch – was neue Eintrittsbarrieren ebenso wie die Nutzung ihrer Macht zur Erzielung von Renten betrifft.

Indem Microsoft die »Plattform« (das Computerbetriebssystem) kontrollierte, konnte das Unternehmen wettbewerbswidrige Praktiken verfolgen, um seine Marktmacht auf andere Bereiche auszuweiten. Auf diese Art schwächte es potentielle innovative Konkurrenten und verdrängte sie teilweise vom Markt: Netscape auf dem Markt für Browser, Real Networks auf dem Multimediamarkt. Indem Microsoft zum Beispiel den Internet Explorer in sein Betriebssystem integrierte, bot es diesen Browser de facto kostenlos an – und es ist extrem schwer, mit Aussicht auf Erfolg gegen ein etabliertes Produkt anzutreten, das nichts kostet. Offenkundig schöpfte Microsoft mit seiner Nullpreisstrategie sein kurzfristiges Gewinnpotential nicht aus, aber anscheinend glaubte das Unternehmen, dass diese aggressive Strategie (sofern sie nicht unterbunden würde) der langfristigen Maximierung seiner Gewinne dienen würde. (Wie sich herausstellte, erholte sich Netscape nicht, auch nachdem Microsoft wegen wettbewerbswidriger Praktiken verurteilt und einige dieser Praktiken untersagt worden waren. Ein effektiver Wettbewerb entstand erst, als Mozilla seinen Open-Source-Browser Firefox auf den Markt brachte.)

Dasgupta und Stiglitz haben gezeigt, dass Monopolisten nicht nur in der Lage sind, ihre beherrschende Stellung zu verteidigen – indem sie mehr Forschung als ihre Widersacher betreiben und diesen so zuvorkommen –, sondern dass sie dazu auch einen Anreiz haben.[10]

Warum ein Monopolist Vorstöße potentieller Konkurrenten stets unterbinden wird, liegt auf der Hand. Würde sich ein anderes Unternehmen ein Patent sichern, so entstünde in der Branche ein Duopol. Aber der Monopolist kann immer dafür sorgen, dass sein Monopol bestehen bleibt, indem er ein wenig mehr für Forschung und Entwicklung ausgibt, als ein potentieller Konkurrent mit Gewinn investieren kann. Es ist immer im Interesse des Monopolisten, so zu handeln, denn indem er seine Monopolstellung verteidigt, kann er sich Gewinne sichern, die die Summe der Gewinne zweier Unternehmen in einem Duopol übersteigen.

Das Argument gilt selbstverständlich verstärkt dann, wenn der Monopolist in Forschung und Entwicklung oder in anderen Unternehmensbereichen (etwa im Vertrieb) effizienter ist als seine potentiellen Konkurrenten. Eines der Ergebnisse der hier vorgelegten Analyse ist, dass marktbeherrschende Unternehmen einen Wissensvorsprung haben. Wenn es zu Wettbewerb in Forschung und Entwicklung kommt, besteht in einem monopolisierten Industriezweig daher eine hohe Wahrscheinlichkeit, dass sich an diesem Kräfteverhältnis nichts ändern wird. Die Tatsache, dass der Monopolist von potentiellen Konkurrenten bedroht wird, bewegt ihn höchstens dazu, mehr als sonst in F&E zu investieren. Aber zumindest in diesem Modell bleibt das Monopol bestehen.

Die Ergebnisse sind in mehrerlei Hinsicht viel allgemeiner anwendbar, als dieses Modell nahelegt. Beispielsweise kann im Forschungsprozess Unsicherheit bezüglich der benötigten Zeit und der eventuellen Produktionskosten bestehen, aber wenn es ein Forschungsprojekt gibt, das für einen neuen Anbieter lohnenswert wäre, ist es für den etablierten Monopolisten rentabel, ihm zuvorzukommen.

Warum Bestreitbarkeit nicht genügt, um Innovationen, Effizienz oder Nullgewinne sicherzustellen

Sogar wenn der Monopolist seine Position verteidigt, kann die Bedrohung durch potentielle Konkurrenten Innovationen anregen und auf ein derart hohes Niveau anheben, dass der Monopolist tatsächlich keine Gewinne erzielt (weshalb die Innovation dann ohne staatliche Subventionen tatsächlich nicht weiter beschleunigt werden könnte). Das zumindest behauptet Schumpeter. Die Vorstellung, dass für die Markteffizienz kein Wettbewerb auf dem Markt, sondern lediglich ein Wettbewerb um den Markt (ein potentieller Wettbewerb) erforderlich ist, ist offenkundig sehr verlockend. Sie gilt für alle natürlichen Monopole, nicht nur für jene, die auf den mit Innovationen verbundenen Fixkosten beruhen. Träfe sie zu, so würde dies bedeuten, dass sich der Staat nicht die Mühe machen müsste, natürliche Monopole zu regulieren. Der potentielle Wettbewerb würde für die nötige Marktdisziplin sorgen und gewährleisten, dass Monopolisten ihre Marktmacht nicht ausnutzen, um Preise oberhalb der Durchschnittskosten festzulegen. Im Kontext einer Innovationswirtschaft würde es bedeuten, dass der potentielle Wettbewerb den Monopolisten zwingen würde, sowohl Innovationen voranzutreiben als auch darauf zu verzichten, seine (vorübergehende) Monopolmacht zur Erzielung von Überschussgewinnen einzusetzen.

Diese These erfreute sich in den 1970er Jahren großer Beliebtheit, als die Angriffe auf das Monopol des Telekommunikationskonzerns AT&T begannen. Die Befürworter des Monopols erklärten, der potentielle Wettbewerb werde gewährleisten, dass die Gewinne auf null sinken. Jene Märkte, auf denen der potentielle Wettbewerb intensiv genug ist, um dies zu bewirken, wurden als *bestreitbar* bezeichnet.[11] Es hat sich jedoch herausgestellt, dass das Konzept der Bestreitbarkeit (*contestability*) nicht belastbar ist. Selbst wenn es geringfügige versunkene Kosten gibt, führt selbst ein sehr heftiger potentieller Wettbewerb normalerweise nicht zu Nullgewinnen. Das kann man anhand eines einfachen Beispiels verdeutlichen, in dem geringe versunkene Kosten ε und fixe Grenzkosten c angenommen werden. Wir wollen davon ausgehen, dass der neue Anbieter genauso effizient ist wie das etablierte Unternehmen und dass sich nach seinem Eintritt in den Markt ein Bertrand-Wettbewerb zwischen den beiden entwickelt (das heißt, dass beide den Preis des anderen als gegeben betrachten). Dann wird der neue Anbieter nach seinem Eintritt in den Markt Preis c wählen: Folglich wird es keine Gewinne geben. Das aber bedeutet, dass der neue Anbieter seine versunkenen Kosten nicht wieder hereinholen wird. Da er das weiß, wird er nicht in den Markt eintreten. Der Monopolist kann deshalb unbehelligt den Monopolpreis verlangen.

Von Belang ist natürlich nicht das Ausmaß des Wettbewerbs vor dem Markteintritt, sondern dasjenige nach dem Markteintritt. Und wenn es nach dem Eintritt zu einem harten Wettbewerb kommt, werden potentielle neue Anbieter davor zurückschrecken, auf diesen Markt vorzudringen. So sonderbar es klingt: Je härter der Wettbewerb auf einem Markt nach dem Eintritt eines neuen Anbieters ist, desto geringer ist die Wahrscheinlichkeit eines Markteintritts und desto wahrscheinlicher ist der Weiterbestand des Monopols.[12]

Da die F&E-Ausgaben (oder Investitionen in die Gewinnung von Wissen) naturgemäß versunkene Kosten sind und da diese Kosten hoch sind in den Sektoren, mit denen wir uns befassen und in denen F&E bzw. Lernen wichtig sind, sollte klar sein, dass die Bestreitbarkeit hier von geringer Relevanz ist. Der potentielle Wettbewerb genügt weder, um Effizienz, noch, um Nullgewinne zu gewährleisten.[13]

Maßnahmen zur Abschreckung gegen Markteintritte

Im vorangegangenen Abschnitt haben wir erklärt, warum potentieller Wettbewerb weder einen effektiven Wettbewerb noch Effizienz gewährleistet: Die Preise können deutlich über den Grenzkosten aufrechterhalten werden, und der potentielle Wettbewerb zwingt den etablierten Anbieter nicht zu einem effizienten Forschungsumfang. Es könnte allerdings noch schlimmer kommen, denn Unternehmen könnten kostspielige Maßnahmen ergreifen, um potentielle Rivalen vom Markteintritt abzuhalten.[14] Beispielsweise könnten sie überschüssige Kapazitäten vorhalten, so dass potentielle Eindringlinge wissen, dass ihnen eine entschlossene Abwehr droht, wenn sie in den Markt eintreten. Oder sie könnten die Senkung ihrer Kosten über das effizienteste oder sozial optimale Maß hinaustreiben, um Rivalen abzuschrecken.

Es überrascht nicht, dass derartige Abschreckungsmaßnahmen die Wohlfahrt verringern können.[15] Insbesondere können sie die Innovationstätigkeit hemmen: Ein potentieller Innovator weiß, dass ein marktbeherrschendes Unternehmen wie Microsoft Kampfmaßnahmen ergreifen kann, die zur Folge haben können, dass er aus seiner Innovation kaum wird Nutzen ziehen können.

Warum Wettläufe um Patente nur wenig Ansporn für Innovationen geben

Bei Wettläufen um Patente können neue Anbieter noch leichter vom Markteintritt abgehalten werden, als die vorhergehende statische Analyse nahelegt. Solche Wettläufe sind dynamisch. Das erste Unternehmen, das ein Patent erhält, sichert sich einen hohen Ertrag, während die Verlierer leer ausgehen oder bestenfalls nur wenig einnehmen. (Das Wissen, das sie erworben haben, mag beträchtlichen Wert haben und sie in die Lage versetzen, sich in einem anderen Rennen besser zu behaupten. Aber der Einfachheit halber werden wir uns damit in der folgenden Analyse nicht befassen.)

Eines der Probleme von Wettbewerben im Allgemeinen ist, dass sich Teilnehmer zurückziehen, wenn ein Unternehmen (oder eine Person) als wahrscheinlicher Sieger gilt. Warum sollte man sich bemühen, wenn die Erfolgsaussichten gering sind? Wenn das geschieht, dann trägt Wettbewerb sehr viel weniger als allgemein angenommen dazu bei, die Beteiligten zu Anstrengungen zu bewegen. Nalebuff und Stiglitz haben das Gleichgewichtsverhalten in Wettbewerben (mit potentiell zahlreichen Teilnehmern) untersucht und gezeigt, dass Wettbewerbe sorgsam gestaltet werden müssen, um diese Falle zu umgehen.[16] Entscheidend ist, dafür zu sorgen, dass sich alle Teilnehmer bemühen. Eine entsprechende Maßnahme könnte beispielsweise darin bestehen, den Verlierer (denjenigen, der auf dem letzten Platz landet) zu bestrafen, anstatt den Sieger zu belohnen. Allerdings lässt sich im Kontext von Innovationswettläufen lediglich feststellen, wer der Sieger ist – nämlich derjenige, der die Entdeckung macht.

Daher besteht die optimale Strategie des etablierten Anbieters in einem Patentwettlauf einfach darin, sich einen ausreichenden Vorsprung vor den Rivalen zu verschaffen, um sie am Eintritt in den Markt zu hindern. Gelingt ihm dies, so kann er sich auf seinen Lorbeeren ausruhen. Daher sind Patentwettläufe nur beschränkt geeignet, die Innovationstätigkeit anzuregen.[17]

Die Dinge liegen möglicherweise nicht so schlecht, wie diese Analyse nahelegt, denn (Produkt-)Innovationen haben oft mehrere Dimensionen. Es kann einem Innovator gelingen, ein Produkt zu entwickeln, das in einer Dimension besser ist, während ein anderer ein solches entwickelt, das in einer anderen Dimension besser ist. Wichtig ist, dass ein Anbieter nicht in allen Belangen der Unterlegene ist. Diejenigen, die in jeder Hinsicht scheitern, sind die »Verlierer« und dürften von ihren Konkurrenten vom Markt verdrängt werden. Die Kräfte des Wettbewerb können also dazu dienen, Forschung in hohem Umfang anzuregen, indem sie die Nachzügler bestrafen (im Einklang mit der Nalebuff-Stiglitz-Analyse).

Grenzen der Fähigkeit von Unternehmen, dominante Positionen nachhaltig zu behaupten

Drei Argumente sprechen dagegen, dass ein Unternehmen, wenn es einmal eine beherrschende Stellung erlangt hat, seine Dominanz längerfristig behaupten kann. Das erste betrifft das Management: Der Monopolist, der sowohl die Aufgabe der Produktion als auch jene der Innovation bewältigen muss, wird möglicherweise unbeweglicher in der Forschung. Hat der neue Anbieter infolgedessen einen Kostenvorteil, so lohnt es sich für das dominante Unternehmen möglicherweise nicht, seinen Rivalen vom Markteintritt abzuhalten. Das gilt insbesondere, wenn mehrere verschiedene Wege eingeschlagen werden können. Verfolgt das Unternehmen zu viele verschiedene Forschungsprojekte, so werden seine Leistungen schlechter.

Zweitens kann der Rivale seine Fähigkeiten irrational zuversichtlich einschätzen, was ihn zu übermäßigen Forschungsanstrengungen veranlassen wird. In Anbetracht dieses irrationalen Überschwangs kann das Maß an F&E, das der etablierte Anbieter betreiben müsste, um den Rivalen abzuschrecken, sehr hoch werden – so hoch, dass er sich möglicherweise entschließt, von dem Versuch abzusehen, den Rivalen abzuschrecken. Das gilt insbesondere, weil die Ergebnisse von Forschung und Entwicklung ausgesprochen ungewiss sind.

Der Rivale kann auch einen so geringen F&E-Aufwand betreiben, dass der etablierte Anbieter zu dem Schluss gelangt, es sei nicht sehr wahrscheinlich, dass der Rivale erfolgreich genug sein wird, um sich in einen gefährlichen Konkurrenten zu verwandeln. (Möglicherweise hat er ebenfalls übermäßiges Vertrauen in seine Fähigkeiten in Relation zu denen des Rivalen.) In Anbetracht dieser geringen Wahrscheinlichkeit lohnt es sich einfach nicht, noch mehr F&E zu betreiben, um den Eindringling zu vertreiben. Aber es besteht die *Möglichkeit*, dass der neue Anbieter selbst mit einem geringen Forschungsaufwand Erfolg hat – während der etablierte erfolglos bleibt –, so dass der neue Marktteilnehmer den bisher beherrschenden aus seiner Position verdrängt.

Schließlich besteht die Möglichkeit, dass gegebene Güter oder Dienstleistungen unter Rückgriff auf mehrere verschiedene Technologien erzeugt werden können. Das dominierende Unternehmen mag einen komparativen Vorteil im Einsatz der von ihm verwendeten Technologie haben, aber möglicherweise gibt es eine Alternative, die mit einer in einem anderen Bereich der Wirtschaft eingesetzten Technologie verwandt ist, und die Unternehmen, die diese alternative Technologie verwenden, haben möglicherweise einen komparativen Vorteil in Bezug auf Kosteneinsparungen im Rahmen dieser Technologie.

Mit anderen Worten: Möglicherweise lohnt es sich für das dominierende Unternehmen nicht, jede mögliche Technologie zu untersuchen mit dem Ziel, potentielle neue Anbieter in jedem dieser Bereiche auf Abstand zu halten. Solange das der Fall ist, besteht die Wahrscheinlichkeit, dass eines der anderen Unternehmen schließlich Erfolg in dem Bemühen haben wird, eine alternative Technologie zu entwickeln.

In all diesen Fällen ist ein Markteintritt möglich, und die neuen Anbieter können das dominierende Unternehmen sogar verdrängen. Aber die Lehre aus dieser Analyse hat trotzdem Relevanz: Monopole können lange Zeit bestehen. Während sie ihren Markt beherrschen, verzerren sie den Wettbewerb, und wie wir noch genauer untersuchen werden, regt die Bedrohung eines Monopolisten in Gestalt potentieller Konkurrenten im Allgemeinen nicht zum optimalen Umfang an Forschung und Lernen an.

Auswirkungen intensivierten Wettbewerbs auf Innovationen

Die Kernaussage des vorhergehenden Abschnitts war, dass das Ausmaß des Wettbewerbs auf einem Markt endogen ist und dass es auf einem Markt in vielen Fällen sowohl eine begrenzte Zahl von Unternehmen gibt, die zur Produktion beitragen (in manchen Fällen nur ein einziges), als auch eine begrenzte Zahl von Unternehmen, die um die Position des Monopolisten kämpfen. Was bedeutet es dann zu fragen, wie sich Wettbewerb (die Zahl der Unternehmen auf einem Markt und ihre Interaktionen) auf die Innovationstätigkeit auswirkt? Stellen wir uns dazu zwei Gedankenexperimente vor: Wir können fragen, wie sich politische Maßnahmen auswirken würden, die Fusionen unterbinden, während die betroffenen Unternehmen diese gerne vornehmen würden, weil sie glauben, dass sie ihre Rentabilität steigern würden. Die Zahl der Unternehmen wäre in diesem Fall größer als in einem unbeschränkten Gleichgewicht, und eine sinnvolle – und wichtige – Frage lautet, wie sich eine solche Politik auf die Innovationstätigkeit auswirken würde. Alternativ dazu können wir fragen, wie sich eine Veränderung der Innovationskosten (zum Beispiel infolge einer Forschungssubvention) auswirken würde. Eine solche Veränderung hätte zwei Effekte: Sie würde den Umfang der Investitionen in Innovationen *auf jedem Wettbewerbsniveau (Zahl der Anbieter)* verändern, und sie würde die Zahl der Anbieter (sowie die Höhe der Investitionen jedes resultierenden Anbieters) verändern. Der zweite Effekt ist die in den vorhergehenden Kapiteln beschriebene Auswirkung des Wettbewerbs auf die Innovationstätigkeit.

Ob mehr Wettbewerb zu mehr oder weniger Innovationen führt, ist eine komplizierte Frage, und die Antwort hängt davon ab, ob wir uns auf den Wettbewerb auf dem Produktmarkt (der manchmal als Ex-post-Wettbewerb bezeichnet wird) oder den Wettbewerb zwischen Innovatoren (Ex-ante-Wettbewerb) beziehen. Sie hängt von der *Beschaffenheit* des Wettbewerbs auf dem Produktmarkt, der Beschaffenheit des Innovationsprozesses an sich (zum Beispiel den Risiken dieses Prozesses) und davon ab, ob es *Exklusivität* gibt und worauf diese beruht – ob das Patentsystem dem ersten Wettbewerber, der eine Innovation vornimmt, zumindest zeitweilige Monopolrechte zugesteht oder ob das erste Unternehmen, das eine Innovation vornimmt, sich aufgrund seines Vorsprungs als Pionier *de facto* eine exklusive Position sichert.

Wie an anderer Stelle betont, führen mehr Investitionen in Innovationen nicht zwangsläufig zu einem rascheren Anstieg des Lebensstandards – welchen wir als gesellschaftliche Innovation bezeichnen. Der Innovationsprozess des Marktes kann ausgesprochen ineffizient sein. Patente können eingesetzt werden, um reale Innovationen anderer zu blockieren (»Hold-up«) und um den »realen« Innovatoren Renten abzupressen. Innovationen können eingesetzt werden, um die eigene Marktmacht zu verstärken (Monopolverzerrungen), indem zum Beispiel die Patentlaufzeit verlängert wird (»Evergreening«). Eine Innovation kann auch genutzt werden, um Rechtsvorschriften zu umgehen, welche die Stabilität und die Effizienz der Wirtschaft gewährleisten sollen. (Es spricht einiges dafür, dass viele Innovationen im Finanzsektor diesem Zweck dienten.)

In den vorangegangenen Kapiteln haben wir gezeigt, warum der Wettbewerb auf dem Produktmarkt und der Wettbewerb auf dem »Markt für Innovationen« miteinander verbunden sind: Man lernt aus der Produktion, und selbst dort, wo Wissen nicht bloß ein Nebenprodukt der Produktion ist, sondern das Ergebnis der expliziten Ressourcenzuteilung zu F&E im Prozess von Produktion und Vermarktung, lernt man viel darüber, welches die rentabelsten Stoßrichtungen für die Forschung sind. Das ist einer der Gründe dafür, dass beherrschende Marktpositionen mehr oder weniger lang bestehen bleiben.

Die beiden Formen des Wettbewerbs sind miteinander verknüpft, aber analytisch ist es vorteilhaft, zwischen den Effekten eines intensiveren Ex-ante-Wettbewerbs und den Effekten eines intensiveren Wettbewerbs *auf dem Markt* zu unterscheiden.

Auswirkungen von Ex-ante-Wettbewerb[18]

Ein verstärkter Ex-ante-Wettbewerb hat verschiedene Effekte, die Innovationen beschleunigen oder verlangsamen können. Der Wettbewerb kann sich sowohl auf die Fähigkeit und Bereitschaft der Unternehmen zur Forschung als auch auf die Ergebnisse des Forschungsprozesses auswirken.

Diversifizierungseffekt Wenn zahlreiche Forscher verschiedene Forschungsstrategien verfolgen, steigt die Wahrscheinlichkeit, dass zumindest einer von ihnen Erfolg haben wird. Selbstverständlich sinkt der Nutzen der Diversifizierung, wenn die verschiedenen Unternehmen, die Forschung betreiben, sehr ähnliche Strategien verfolgen. Es ist auch möglich, dass ein einzelnes Unternehmen mehrere Forschungsstrategien verfolgt. Trotzdem werden die Kultur und die mentale Einstellung eines Unternehmens wahrscheinlich dazu beitragen, dass dieses Unternehmen eine bestimmte Strategie (oder eine begrenzte Palette von Strategien) als besonders erfolgversprechend einschätzt – weshalb eine größere Vielfalt von Unternehmen wahrscheinlich zu einer größeren Vielfalt von Strategien führen wird.

Wettbewerbsbegünstigung Diesem Effekt scheinen die Schumpeterianer die größte Bedeutung beizumessen: Der Wettbewerb um eine (wenn auch nur vorübergehende) Monopolstellung treibt die Teilnehmer an, sich mehr anzustrengen, um ihre Rivalen auszustechen. Wenn in einem Patentwettlauf höhere Investitionen signifikante Grenzerträge in Form einer erhöhten Geschwindigkeit (einer rascheren Verwirklichung der Innovation) versprechen, wird die Innovation rascher vorangetrieben, da die Teilnehmer versuchen, einander auszustechen.

In Wettbewerbssituationen kann der Grenzertrag höherer Investitionen durch mehr Wettbewerb unter den Rivalen erhöht werden, selbst wenn der durchschnittliche (erwartete) Ertrag sinkt. Das ist einer der Gründe dafür, dass Konkurrenzkämpfe ein so wirksamer Anreiz sind. Wir werden uns später mit anderen Fällen beschäftigen, in denen sich die Grenz- und die Durchschnittserträge gegenläufig verändern.

Das Ausmaß und sogar die Existenz dieses Pro-Wettbewerb-Effekts ist infrage gestellt worden. Wie bereits erklärt, kann der etablierte Anbieter zum Beispiel Maßnahmen ergreifen, um *jeden* Rivalen fernzuhalten. In diesem Fall macht eine Erhöhung der Zahl (potentieller) Rivalen kaum einen Unterschied.

Agency-Effekt Die Standardmonopoltheorie besagt, dass die Produktionsentscheidungen eines Monopolisten effizient sind: Zu Verzerrungen kommt es nur durch eine Beschränkung des Produktionsniveaus. In diesem Kontext haben wir angenommen, dass dann, wenn ein Monopol existiert, der Monopolist das für die Gewinnmaximierung erforderliche Maß an Innovationen wählt. Es gibt jedoch zahlreiche Belege und einige theoretische Argumente dafür, dass Monopole ohne die disziplinierende Wirkung des Wettbewerbs in Wahrheit oft ineffizient und träge werden. Die Manager von Monopolunternehmen ruhen sich möglicherweise auf ihren Lorbeeren aus und genießen ihren Anteil an den Monopolrenten, anstatt den Gegenwartswert der Monopolgewinne zu maximieren.[19]

Bei unvollkommener Information ist es schwierig, gute Anreizstrukturen zu entwickeln, um Manager zu motivieren. Wenn sich ein Unternehmen schlecht entwickelt, stellt sich die

Frage, ob die Manager nicht hart genug gearbeitet oder ob sich die Bedingungen auf dem Markt verschlechtert haben. Woran liegt es, wenn Innovationsvorhaben scheitern? Ist das Problem größer als ursprünglich angenommen oder haben sich die Forscher nicht ausreichend bemüht? Unter diesen Umständen kann *ein gewisses Maß* an Wettbewerb die Innovationstätigkeit anregen und die Gestaltung sinnvoller Vergütungsmodelle erleichtern.

Dieser Effekt kann besonders wichtig werden, wenn man anstelle eines einzelnen Anbieters zwei Anbieter betrachtet, die miteinander konkurrieren. Der Wettbewerb liefert Informationen, auf deren Grundlage die Unternehmen bezüglich der Verhaltensanreize bessere Verträge für ihre Manager gestalten und damit Innovationen begünstigen können.[20]

Negativer Anreizeffekt Während sich verstärkter Wettbewerb unter bestimmten Umständen positiv auf die Innovationstätigkeit auswirken kann, kann sich in anderen Situationen durch zusätzliche Teilnehmer ein negativer Anreiz ergeben. Unter der Bedingung der Exklusivität weiß jedes Unternehmen, dass seine Aussichten, den Patentwettlauf für sich zu entscheiden, geringer sind, was die Grenzerträge von Investitionen in Innovationen normalerweise (und potentiell merklich) verringert. Unter der Bedingung der Nichtexklusivität steigt bei intensiverem Ex-ante-Wettbewerb die Wahrscheinlichkeit, dass der Wettbewerb auf dem resultierenden Produktmarkt größer sein wird, weshalb die Erträge geringer sein werden, selbst wenn das Unternehmen in seinem Bemühen um die betreffende Innovation erfolgreich ist.[21]

Ex-ante-»Rent-Stealing« Selbst wenn ein bestimmtes Unternehmen zeitweilig als Monopolist agiert, beschränkt der Wettbewerb die Gewinne, da der Zeitraum, in dem das Unternehmen eine beherrschende Stellung einnimmt, verkürzt werden kann, wenn es auf dem Innovationsmarkt zu einem intensiveren Wettbewerb kommt. Ginge es im Wettbewerb nur um die Größe des nächsten Schritts (die Qualität des Nachfolgeprodukts) und stünde der Zeitpunkt der Markteinführung des neuen Produkts fest, so würde sich ein verstärkter Wettbewerb um den Markt nicht auf die Rentabilität des erfolgreichen Innovators auswirken. Aber das realistischere Szenario ist, dass eine Zunahme des Innovationswettbewerbs wahrscheinlich den Zeitraum der Dominanz des Innovators verkürzt, was zur Folge hat, dass die Erträge der Forschungsinvestitionen sinken.[22]

Effekt des gemeinsamen Wissenspools Bei der Entscheidung, wie viel sie investieren sollen, ist für potentielle Forscher die ihnen zugängliche Palette an Chancen mindestens ebenso bedeutsam wie die Anreize.[23] Jeder Innovator schöpft aus einem gemeinsamen Wissenspool und trägt zu diesem Pool bei. Wenn dem Pool mehr zufließt, als ihm entnommen wird, wächst er, womit auch die Innovationen zunehmen. Die staatlich finanzierte Grundlagenforschung vergrößert den Pool. Ein Patent auf eine Innovation verringert normalerweise das Reservoir an Ideen, die für andere Wettbewerber zugänglich sind, obwohl viele Innovationen gleichzeitig nicht patentierbare Ideen beinhalten, welche die Forschung und das Lernen anderer vorantreiben können. Eine steigende Zahl von Wettbewerbern, kombiniert mit »starken« Rechten am geistigen Eigentum (die es ermöglichen, mehr Wissen aus dem Pool verfügbarer Ideen abzuziehen), kann unter plausiblen Bedingungen die Innovationsgeschwindigkeit verringern, selbst wenn *bei jeder Größe des Wissenspools* weiterhin Anreize für Innovationen bestehen.[24] Die Wirkung einer verkleinerten Palette von Chancen hat jedoch insgesamt einen größeren Einfluss auf die Innovationstätigkeit.[25]

Finanzielle Beschränkungen Viele Unternehmen besitzen keine ausreichenden Mittel zur Finanzierung von Forschung und haben möglicherweise Schwierigkeiten, Finanzierungsmittel von Außenstehenden zu erhalten. Die Kreditvergabe hängt davon ab, wie der Kreditgeber die Wahrscheinlichkeit eines Erfolgs einschätzt. Eine große Zahl von Wettbewerbern verringert die Wahrscheinlichkeit des Erfolgs jedes einzelnen dieser Unternehmen, was ihnen allen den Zugang zu einer Finanzierung erschweren kann.

Negative Effekte auf Innovationen durch Ineffizienzen aufgrund der Exklusiviät von Patenten Die Forschungsstrategie eines Unternehmens hat zahlreiche Dimensionen: Geschwindigkeit (Wie schnell rechnet es im Durchschnitt mit der Innovation?), Größe (Wie »groß« ist die Innovation, die es anstrebt? In welchem Umfang wird sie beispielsweise die Produktionskosten senken?) und Risiko (Das Unternehmen kann die Strategie verfolgen, einen kleinen Schritt mit hoher Erfolgswahrscheinlichkeit zu tun, oder es kann einen großen Schritt mit geringerer Erfolgswahrscheinlichkeit wagen). Die Palette der machbaren Forschungsstrategien lässt sich beschreiben als »die Wahrscheinlichkeit, eine Innovation hervorzubringen, mit einer Kostensenkung von Δc zum Zeitpunkt T bei einem Investitionsniveau I«. Das Unternehmen wählt unter den machbaren Forschungsstrategien jene aus, die seine erwarteten Gewinne maximieren. Dabei berücksichtigt es auch seine Vorstellungen von den Forschungsstrategien seiner Rivalen. Es sollte klar sein, dass wir die Forschungsstrategie in diesem Rahmen nicht einmal anhand einiger Parameter wie des Investitionsniveaus, der Geschwindigkeit der Forschung und des Umfangs der Innovation zusammenfassen können, da wir es hier mit einer umfassenden Wahrscheinlichkeitsverteilung zu tun haben.

Rechtsvorschriften zum Schutz geistigen Eigentums erzeugen zahlreiche Ineffizienzen, insbesondere dann, wenn sie unzulänglich gestaltet sind (siehe Kapitel 12). Diese Ineffizienzen können mit der Zahl der Innovatoren zunehmen, so dass sich die Innovationen auf der Ebene der Gesellschaft verlangsamen können, selbst wenn das Gesamtniveau der Investitionen in Innovationen zunimmt.[26] Vor allem kann es geschehen, dass ein (großer) Teil der Forschung doppelt durchgeführt wird, insbesondere dann, wenn verschiedene Unternehmen sehr ähnliche

Forschungsstrategien verfolgen. Die Forschung kann darauf zielen, den Konkurrenten Gewinne abspenstig zu machen (beispielsweise mit Generika), ohne dass sie echte Innovationen zur Folge hat. In diesem Fall wird die Beteiligung einer größeren Zahl von Unternehmen zu höheren Investitionen, aber kaum zu mehr Innovationen auf der Ebene der Gesellschaft führen. Wenn viele Unternehmen Forschung zu komplexen Ideen betreiben, die jeweils mit der Produktion komplexer Produkte zusammenhängt, werden die Verhandlungen über eine akzeptable Verteilung der Renten unter den Eigentümern der verschiedenen Komponenten geistigen Eigentums schwieriger. Das Dickicht der Patente wird kompakter, was die Innovation weniger verlockend macht. Es genügen zwei Unternehmen, die das Urheberrecht an relevanten Bestandteilen eines Produkts für sich beanspruchen, um dessen Entwicklung erheblich zu verzögern, wie die schleppende Entwicklung während der Anfänge des Flugzeugs in den Vereinigten Staaten zeigte.[27] Allgemeiner ausgedrückt, sind die Ergebnisse anderer Forscher der wichtigste Input für die Forschung. Wenn viele Unternehmen diese Erkenntnisse unter ihrer eigenen Kontrolle behalten wollen, können die Erträge der darauf aufbauenden Forschung geringer ausfallen (und insofern, als sie von ungewissen Verhandlungen abhängen, stärker gefährdet sein).[28]

Auch der Wettlauf um die Spitzenposition selbst kann Ineffizienzen heraufbeschwören. Ein optimaler Forschungsverlauf ist möglicherweise nicht zugleich der schnellste, im Durchschnitt kann man jedoch die (erwarteten) Kosten durch einen geordneten Forschungsprozess verringern. Ein solcher Prozess kann den Gegenwartswert des erwarteten Nutzens (abzüglich der Kosten) maximieren. Aber wenn eine solche Forschungsstrategie beträchtliche Renten verspricht, wird es sich für einen Konkurrenten des forschenden Unternehmens auszahlen, schneller ans Ziel zu gelangen. Die generelle Konsequenz ist eine Abfolge übermäßig schneller, kleiner Innovationen, während die generelle Geschwindigkeit mit einer geringeren Zahl größerer Innovationen höher wäre.

Zwischen den verschiedenen Effekten kommt es zu komplexen Wechselwirkungen. In einem einfachen Modell, in dem die Unternehmen durch eine Erhöhung ihrer Investitionen ein Projekt beschleunigen können, kann die negative Wirkung des Wettbewerbs auf die Anreize größer oder kleiner als der vorteilhafte Diversifizierungseffekt sein. Unter bestimmten Rahmenbedingungen ist eine umgekehrt U-förmige Beziehung oder eine monotone Beziehung denkbar, in der der Diversifizierungseffekt immer stärker ist als der negative Anreizeffekt. (Die Ersetzung eines durch zwei Unternehmen schwächt die Anreize geringfügig ab, so dass die Innovationstätigkeit gedrosselt wird. Wird die Zahl der Wettbewerber jedoch auf mehr als zwei erhöht, so dominiert der Diversifizierungs- den Anreizeffekt.)

Die Analyse des Effekts des gemeinsamen Wissenspools hat gezeigt, dass Innovationen unter einem »strikteren« eigentumsrechtlichen Rahmen leiden können, selbst wenn die Innovationsanreize *bei jeder gegebenen Palette von Chancen* stärker sind. Und wie wir in der Diskussion der negativen Effekte des Patentsystems gesehen haben, führt sogar eine Steigerung der Forschungsinvestitionen durch die einzelnen Unternehmen nicht zwangsläufig zu einer Beschleunigung der Innovationen auf der Ebene der Gesellschaft.

Wettbewerb auf dem Markt

Die Antwort auf die Frage, ob mehr Wettbewerb *auf dem* Markt zu mehr oder weniger Innovationen führt, erweist sich ebenfalls als schwierig. Sie hängt von einigen der zuvor genannten Faktoren ab, etwa von der *Beschaffenheit* des Wettbewerbs auf dem Produktmarkt, von der Beschaffenheit des Innovationsprozesses an sich, und davon, ob *Exklusivität* besteht, beispielsweise, weil das Patentsystem dem ersten Wettbewerber, der eine Innovation auf den Markt bringt, zumindest zeitweilige Monopolrechte einräumt. Im Folgenden beschreiben wir vier Effekte, die für unsere Frage von zentraler Bedeutung sind.

Größeneffekt Sind auf einem Markt viele Unternehmen tätig, so wird dieser Markt fragmentiert, womit die einzelnen Anbieter weniger produzieren. Das bedeutet, dass der Nutzen, den jeder Anbieter aus Kostensenkungen zieht, verringert wird – und damit sinkt auch der Anreiz zu Innovationen.

Diesen Effekt sieht man deutlich im Standardmodell von Cournot (in dem es eine fixe Zahl von Unternehmen gibt, die jeweils das Produktionsniveau ihrer Rivalen als gegeben betrachten und davon ausgehend ihre Erlöse maximieren). Eine Erhöhung der Zahl der Unternehmen steigert die Gesamtproduktion, aber die Produktion der einzelnen Unternehmen sinkt – und damit auch das Maß an Innovationen (mit oder ohne Spillovers).[29]

Aber obwohl angenommen werden darf, dass dies tatsächlich geschieht, so ist es doch nicht unvermeidlich. Im Fall des Bertrand-Wettbewerbs, in dem jedes Unternehmen den Preis seiner Konkurrenten als gegeben betrachtet, kann schon der Übergang von einem Monopol zu einem Duopol zu mehr Innovationen führen. Das hat einen einfachen Grund: Nehmen wir an, dass der Innovator exklusive Ansprüche auf die Verwertung seiner Innovation hat, diese jedoch relativ klein ist, so dass die vorhergehenden Innovationen weiterhin vermarktet werden können (zum Beispiel zu Produktionsgrenzkosten). Das begrenzt den Preis, den der Innovator verlangen kann. Aber da der Innovator weiß, dass sein Preis durch die Existenz von Konkurrenten beschränkt wird, weiß er auch, dass der Output größer sein wird. Anders als im Cournot-Wettbewerb führt die Existenz von Wettbewerb zwischen Firmen im Bertrand-Wettbewerb zu einer *höheren* Produktion und damit zu größeren Anreizen für Investitionen in Innovationen sowie zu einem höheren Maß an Innovationen.

Finanzierungseffekte Am hier beschriebenen Bertrand-Modell fällt auf, dass der Durchschnittsertrag sinkt, während der Grenzertrag der Investitionen in Innovationen steigt. Das liegt einfach daran, dass das Vorhandensein von Wettbewerb die

Fähigkeit des Innovators, die aus seinem Kosten- bzw. Produktvorteil resultierende Monopolmacht auszuüben, erheblich beschränkt hat.

Die durchschnittliche Produktivität kann angesichts finanzieller Beschränkungen eine wichtige Rolle spielen. Ein Kreditgeber, der die Risiken der Kreditvergabe einschätzen muss, möchte wissen, ob die durchschnittlichen erwarteten Erträge des Kreditnehmers genügen werden, um den Kredit zurückzuzahlen. Der Rückgang der Durchschnittserträge wird daher den Zugang zu Krediten und potentiell das Maß an Innovationen beschränken.

Risikoeffekte Unter der Bedingung der Exklusivität macht eine Zunahme des Wettbewerbs Investitionen in Innovationen riskanter (und erhöht bei risikoscheuen Unternehmen die Investitionen in Innovationen und damit deren Geschwindigkeit). Die Wahrscheinlichkeit, dass ein gegebenes Unternehmen alles gewinnen wird, wird geringer – und die Wahrscheinlichkeit, dass es leer ausgeht, wird größer.

Höhere Risiken können sich auch nachteilig auf die Möglichkeiten liquiditätsschwacher Unternehmen auswirken, eine Finanzierung zu erhalten, und damit indirekt einen nachteiligen Effekt auf Innovationen haben.

Auf der anderen Seite wirkt sich die Beschaffenheit des Wettbewerbs auf dem Produktmarkt im allgemeineren Fall der Nichtexklusivität erheblich auf die Risiken aus, die ein Unternehmen mit Investitionen in Innovationen eingeht. In einem Cournot-Wettbewerb wird ein Unternehmen, dem es gelingt, seine Kosten geringfügig unter die seiner Rivalen zu drücken oder eine Innovation geringfügig schneller auf den Markt zu bringen als seine Rivalen, geringfügig höhere Gewinne als seine Rivalen erzielen. Seine Gewinne werden geringfügig höher sein, als wenn es geringfügig weniger erfolgreich wäre. Hingegen wird das Unternehmen, das als Zweites ins Ziel geht, in einem Bertrand-Wettbewerb – hier sichert sich der Gewinner den ganzen Markt – überhaupt nichts bekommen, und der Gewinn des ersten Unternehmens hängt nicht nur von seinem Erfolg ab, sondern auch von seinem Erfolg *im Verhältnis zu seinem Widersacher*. Liegen seine Kosten nur geringfügig unter denen seines Rivalen, so werden auch seine Gewinne gering ausfallen.

Aber die Auswirkungen des Wettbewerbs auf das Risiko in einer gegebenen Marktstruktur hängen auch von der Beschaffenheit des Innovationsprozesses ab. Nehmen wir beispielsweise an, dass die Schwierigkeit von Kostensenkungen von zwei Faktoren abhängt: einem Faktor, den alle Unternehmen gemein haben, sowie von einem Faktor, der jedem Unternehmen ganz eigen ist. Der Bertrand-Wettbewerb beseitigt das mit dem gemeinsamen Faktor verbundene Risiko.

Ex-post-»Rent-Stealing«-Effekte und negative Effekte auf bestehende Vermögensobjekte Einige der Gewinne, die jeder Innovator erzielt, sind Renten, die andernfalls anderen zugutegekommen wären. Besonders offenkundig ist das bei den vorher angesprochenen Generika-Innovationen in der pharmazeutischen Industrie der Fall. Aber dies gilt auf jedem Markt mit unvollkommenem Wettbewerb: Der Zugewinn eines Unternehmens geht zu Lasten anderer – der Anstieg der Rentabilität findet keine vollkommene Entsprechung in der gesellschaftlichen Wohlfahrt.[30] Das deutet darauf hin, dass die Innovationsanreize im Duopolfall (in diesem Kontext) größer sind als im Fall eines Monopols. Tatsächlich wird ein Monopolist mit einer gegebenen Ausstattung an Kapitalgütern die nachteiligen Auswirkungen einer Innovation auf seine anderen Kapitalgüter berücksichtigen. Anders ausgedrückt kann ein Monopolist, der ein neues Produkt einführt, beträchtliche Gewinne mit diesem Produkt erzielen, aber er wird feststellen, dass zumindest ein Teil dieser Gewinne zulasten seiner anderen Produkte geht. In der Praxis »stiehlt« er sich selbst Gewinne. Damit sinkt natürlich der Innovationsanreiz. Das Ergebnis ist, dass zumindest ein gewisses Maß an Wettbewerb eine positive Wirkung haben kann.

Es wäre schön, wenn wir einfache Bedingungen ableiten könnten, unter denen einer der beschriebenen Effekte vorherrscht, aber das erscheint uns als unmöglich. Tatsächlich interagieren sämtliche Effekte (das heißt diejenigen des Ex-ante- ebenso wie des Ex-post-Wettbewerbs), auf komplexe Art und Weise. Deshalb hängt das Nettoergebnis von der spezifischen Beschaffenheit des Industriezweigs, beispielsweise von der Form des Wettbewerbs in dieser Branche, der Bedeutung von Wissens-Spillovers und der Beschaffenheit des Innovationsprozesses ab.

Ein allgemeiner Befund bestätigt die Unklarheit: Es gibt sogar einen zentralen Fall, in dem sich die Marktstruktur nicht auf die Innovationstätigkeit auswirkt. In einem Bertrand-Wettbewerb ist die Palette der Forschungsprojekte unter recht allgemeinen Bedingungen invariant gegenüber der Zahl der Unternehmen.[31] Nehmen wir einen Fall, in dem die Wahrscheinlichkeit besteht, dass jedes Projekt erfolgreich sein wird und in dem die Produktionskosten im Erfolgsfall auf ein uniformes Niveau sinken werden. Die Rückflüsse eines gegebenen Projekts hängen davon ab, ob es erfolgreich ist und ob andere erfolgreich sind. Ist kein anderes Projekt von Erfolg gekrönt, so entspricht der Rückfluss dem Ausmaß der Kostensenkung. Ist auch ein anderes Projekt erfolgreich, so beträgt der *Grenzbeitrag* dieses Projekts null. Und das gilt unabhängig davon, wie viele Unternehmen Projekte durchführen – es gilt sogar dann, wenn es nur ein einziges Unternehmen gibt.[32]

Exkurs: Endogene Marktstruktur und die Beziehung zwischen Wettbewerb und Anbieterzahl

Wir haben gesehen, warum es im Allgemeinen wenig Sinn hat, zu fragen, welche Beziehung zwischen der Zahl der Unternehmen auf einem Markt und dem Innovationsniveau besteht: Beide Variablen sind endogen, wie Dasgupta und Stiglitz betont haben.[33] Beispielsweise würde eine Zunahme der Chancen (sofern alle anderen Variablen konstant bleiben) sowohl zu einer Erhöhung der Unternehmenszahl als auch zu mehr Innovationen führen. Gleichzeitig würde eine Erhöhung der Fixkosten des Markteintritts und der Forschung (sofern alle anderen Variablen konstant bleiben) zu einer schrumpfenden Zahl von Unternehmen und weniger Innovationen führen.

Das bedeutet, dass die von manchen Autoren verfochtene (und als umgekehrte U-Form beschriebene) Beziehung zwischen Wettbewerb und Innovationen – ein gewisses Maß an Wettbewerb ist gut für Innovationen, aber zu viel Wettbewerb schadet ihnen[34] – keine ausreichende theoretische Grundlage hat, wie die Diskussion in diesem Kapitel gezeigt haben sollte, obwohl diese Beziehung in der makroökonomischen Literatur über den schumpeterschen Wettbewerb eine wichtige Rolle spielt.[35] Goettler und Gordon weisen auf die mangelnde Allgemeingültigkeit der umgekehrten U-Form hin und zeigen, dass ihre Beschaffenheit davon abhängt, welche Erklärung man für die Zunahme des Wettbewerbs wählt.[36] Sie erhalten eine umgekehrte U-Form, wenn die Produktsubstituierbarkeit variiert wird, aber eine U-Form, wenn die Markteintrittskosten variiert werden. Wir haben auch festgestellt, dass es in einem einfachen Cournot-Wettbewerbsmodell mit Innovationen eine Beziehung in U-Form geben kann, da die negativen Anreizeffekte gegen die positiven Diversifizierungseffekte abzuwägen sind.

In empirischen Studien wird versucht, »alles andere« zu kontrollieren, was jedoch nur selten vollkommen oder auch nur zufriedenstellend gelingt, da wesentliche Variablen wie die Eintrittskosten, vor allem aber die Beschaffenheit der Chancen sich nur schwer beobachten lassen. Mit den gängigen wirtschaftstheoretischen Techniken können die Probleme nicht überzeugend gelöst werden. Beispielsweise ist es fraglich, ob irgendeine empirische Studie ein Strukturmodell oder eine angemessene Kontrolle der strukturellen Eigenschaften bietet, die sich in theoretischen Modellen wie dem von Gordon und Goettler auf die Beziehung zwischen Wettbewerb und Innovationen auswirken.[37]

Da das Maß an Wettbewerb an sich eine endogene Variable ist, lautet die entscheidende Frage weniger, welchen Effekt der Wettbewerb auf Innovationen hat, sondern welchen Effekt bestimmte politische Maßgaben – beispielsweise ein härteres Kartellrecht oder strengere Vorschriften zum Schutz geistigen Eigentums – sowohl auf die Innovationstätigkeit als auch auf die Verbraucherpreise und damit letztlich auf die kurz- und die langfristige gesellschaftliche Wohlfahrt haben. Dieser Frage ist ein Großteil des restlichen Buchs gewidmet. Im nächsten Kapitel werden wir einen allgemeinen Rahmen zu ihrer Beantwortung vorstellen.

Abschließende Bemerkungen

Ein Ziel dieses Kapitels war es, zu zeigen, dass die Beziehung zwischen Wettbewerb und Innovationen in den Standardmodellen der Marktinteraktion ganz anders dargestellt wird als allgemein angenommen. Tatsächlich legt das Nash-Cournot-Modell die Vermutung nahe, dass mehr Wettbewerb zu weniger Innovationen führt.

Über die in diesem Kapitel beschriebenen Faktoren hinaus gibt es weitere Elemente, die sich auf die Beziehung zwischen Wettbewerb und Innovationen auswirken. Beispielsweise können größere Unternehmen besser in der Lage sein, die mit Innovationen verbundenen Risiken zu tragen und sich Zugang zu den für die Finanzierung von Innovationen notwendigen Mitteln zu verschaffen (oder diese Mittel selbst aufzubringen). Im letzten Kapitel haben wir weitere Vorteile großer Unternehmen in der Forschung erläutert. Gleichzeitig können größere Unternehmen eine größere Bürokratie aufbauen und an Beweglichkeit verlieren, was in Sektoren mit hoher Innovationsgeschwindigkeit ein Nachteil sein kann.

Es gibt weitere Elemente der Struktur der Volkswirtschaft und der Gesellschaft, die sich auf die Beziehung zwischen Wettbewerb und Innovationen auswirken können. Gut funktionierende Kapitalmärkte mit leistungsfähigen Wagniskapitalfirmen können kleinen Unternehmen den Zugang zu Finanzmitteln erleichtern. Ein stärkerer Sozialstaat, der einige der Risiken für die individuellen Akteure abfängt, mag sogar noch kleinere Unternehmen in die Lage versetzen, riskantere Projekte in Angriff zu nehmen.

In diesem Kapitel haben wir gesehen, dass einiges für Schumpeters Einschätzung spricht, von einem einzelnen Unternehmen beherrschte Märkte könnten innovativer sein als heftiger umkämpfte. Aber Schumpeter war übermäßig zuversichtlich in Bezug auf den Wettbewerb, so wie er ihn darstellte. Er überschätzte sowohl die positive Wirkung des Wettbewerbs »um den Markt« auf Innovationen als auch die Fähigkeit des und die Anreize für einen Monopolisten, potentielle Konkurrenten vom Markteintritt abzuhalten und seine Monopolstellung zu verteidigen.[38]

Wir haben gesehen, dass die Beziehung zwischen dem Maß an Wettbewerb (sowohl *um den* Markt als auch *auf dem* Markt) und der Innovationstätigkeit komplex ist. Unter der Annahme, dass der Forschungsprozess sich nicht genau prognostizieren lässt und der Erfolg verschiedener Unternehmen nur unvollkommen korreliert, erhöht sich mit steigender Zahl von Unternehmen (und Forschungsprojekten) die Wahrscheinlichkeit des Erfolgs, *wenn der Arbeitsaufwand aller Unternehmen fix ist.* Aber ob der Wettbewerb zu Innovationen *anregt* oder ob er sie bremst (weil die Chance, eine dominante Position zu erlangen, geringer wird), ist keineswegs klar. Während wir gesehen haben, dass der Wettbewerb Verbesserungen der Anreizstrukturen bewirken kann, führen heftiger umkämpfte Patentwettläufe (Wettläufe mit einer größeren Zahl neueintretender Unternehmen) möglicherweise nicht zu mehr Innovationen. Ein gutgestalteter Wettkampf mit nur zwei Teilnehmern kann unter bestimmten Umständen optimal sein. Es kann eine als umgekehrte U-Form darstellbare Beziehung entstehen. Aber unter anderen Umständen kann eine U-förmige Beziehung zwischen Wettbewerb und Innovation bestehen.

Das Ergebnis – in den Standardmodellen *kann* das Innovationsniveau in einem Monopol höher sein als in einem Duopol oder als auf einem generell von einem intensiveren Wettbewerb gekennzeichneten Markt – widerspricht der Annahme, dass Wettbewerb Innovationen fördert. Aber wir haben den Verdacht, dass die Mängel des Monopols sich erst außerhalb der Grenzen dieses und anderer Standardmodelle zeigen. Vor allem besagt die Standardtheorie des Monopols, dass die Produktionsentscheidungen von Monopolisten effizient sind und dass die einzige Verzerrung darin besteht, dass das Produktionsniveau geringer ist als unter Wettbewerbsbedingungen: Der Monopolist wählt dasjenige Maß an Innovationen, das seine Gewinne maximiert. Nicht vom Wettbewerb bedrohte Monopole haben immer noch einen Anreiz zu Innovationen. Der (erwartete) Gegenwartswert der Gewinne kann durch kostensenkende Innovationen oder die Entwicklung attraktiverer Produkte erhöht werden. In unserer Analyse haben wir festgestellt, dass der Wettbewerbsdruck *in den Standardmodellen* nur begrenzte Wirkung hat.

Aber wir haben auch gezeigt, dass ein Mangel an Wettbewerb dazu führen kann, dass Monopole ineffizient und träge werden. Somit wird der eigentliche Grund dafür, dass mehr Wettbewerb zu mehr Innovationen führen dürfte, von den untersuchten Modellen nicht erfasst. Das Versagen des Monopols hat mit Problemen in den Bereichen Agency-Kosten und Anreizstrukturen zu tun.

In diesem Kapitel haben wir die unklare Beziehung zwischen dem Wettbewerb *auf dem* Markt und dem Wettbewerb *um den* Markt einerseits und der Geschwindigkeit von Innovationen andererseits untersucht. Aber selbst wenn mehr Wettbewerb – sei es ex ante oder ex post – zu mehr *Investitionen* in die Forschung führen sollte, bedeutet das nicht, dass der Markt die gesellschaftliche Wohlfahrt maximieren oder sogar den Strom der Innovationen auf der Ebene der Gesellschaft beschleunigen wird. Wie wir festgestellt haben, sind Investitionen in Forschung und Lernen nicht unbedingt auf die Verbesserung des gesellschaftlichen Wohlergehens ausgerichtet, und selbst wenn dies ihr Zweck ist, kann der dezentrale, marktabhängige Innovationsprozess alles andere als effizient sein.

Bevor wir uns in den Teilen II und III dieses Buches einer detaillierten Analyse der Frage zuwenden, wie der Staat die gesellschaftliche Wohlfahrt erhöhen kann, indem er zur Schaffung einer wirklich kreativen lernenden Wirtschaft beiträgt, untersuchen wir im folgenden Kapitel die verschiedenen Gründe dafür, dass die Marktwirtschaft ihre knappen innovationsträchtigen Ressourcen mangelhaft einsetzt, und sehen uns an, in welchen Formen diese Fehlallokation auftritt. Zugleich damit werden wir ausführlicher erklären, warum der Staat bei der Schaffung einer lernenden Gesellschaft eine so wichtige Rolle spielt.

Kapitel 6

Die Wohlfahrtsökonomik des schumpeterianischen Wettbewerbs

Schumpeter und seine Anhänger waren der Ansicht, der »schumpeterianische« Wettbewerb *um den* Markt könne den Wettbewerb *auf dem* Markt ersetzen und somit die ökonomische Effizienz gewährleisten. Damit beurteilten sie dessen Effektivität eindeutig optimistischer, als unsere Analyse in Kapitel 5 es nahelegt. Wir haben gesehen, dass überlegene Marktmacht längerfristig bestehen kann und dass drohende Konkurrenz weder zu mehr Innovationen noch zu niedrigeren Gewinnen führen muss.

Es gibt keine allgemeinen Beweise dafür, dass das marktwirtschaftliche System in effizienter Weise Innovationen hervorbringt. Und wie in Kapitel 1 beschrieben, geht das vorherrschende Paradigma – das Modell des Wettbewerbsgleichgewichts – überhaupt nicht auf diese Frage ein. Das zentrale Theorem der Wohlfahrtsökonomik (das für gewöhnlich *Hauptsatz der Wohlfahrtsökonomik* genannt wird und Adam Smiths Annahme formalisiert, dass der marktwirtschaftliche Wettbewerb durch die unsichtbare Hand zu Pareto-Effizienz führt, und der von Arrow und Debreu aufgestellt wurde) *setzt voraus,* dass die Technologie unveränderlich oder zumindest *exogen* ist, also nicht durch das Verhalten der Marktteilnehmer beeinflusst wird. Weder den Anhängern von Arrow und Debreu noch denen des schumpeterianischen Modells ist es gelungen, die offensichtliche Lücke in ihren Analysen zu schließen: Erstere haben nicht gezeigt, dass Wettbewerbsmärkte mit Innovationen paretoeffizient sind, die Letztgenannten konnten nicht nachweisen, dass der schumpeterianische Wettbewerb *auch bei der Produktion von Innovationen* ökonomische Effizienz sicherstellt. Dass sie scheiterten, hat einen einfachen Grund: Tatsächlich *spricht nichts für die Vermutung, dass Märkte mit endogenen Innovationen effizient sind.*

Bis zur Entwicklung der modernen Theorie der Informationsökonomik ging die konventionelle Volkswirtschaftslehre davon aus, dass Märkte von sich aus effiziente Ergebnisse hervorbringen (mit wohlbekannten Ausnahmen wie der Umweltverschmutzung). Der schumpeterianische Wettbewerb *schien* einen ähnlichen Schluss in Bezug auf dynamische Volkswirtschaften nahezulegen, in denen Innovationen im Mittelpunkt stehen.

Die Erkenntnisse, die wir in unserer Forschung zur Informationsökonomik in den letzten vierzig Jahren sowie in unseren Studien zur Ökonomie des Lernens gesammelt haben, stimmen uns weniger zuversichtlich, was das Ergebnis dieser Marktprozesse anbelangt. In unseren früheren Arbeiten haben wir nachgewiesen, dass Märkte, auf denen Informationen endogen sind (oder die Mechanismen der Risikoallokation nicht vollkommen sind), im Allgemeinen nicht effizient sind.[1] Man kann Wissen (zum Beispiel über neue Technologien) als besondere Form von Information betrachten, die die gleichen wesentlichen Merkmale aufweist (vgl. die nachfolgende Diskussion). Dann ist es nicht weiter erstaunlich, dass Informationsökonomik und Wissensökonomik sehr ähnlich sind.[2] Aus den Ähnlichkeiten zwischen »Information« und »Wissen« folgt, dass Volkswirtschaften, in denen Wissen (einschließlich technologischen Wissens) endogen ist, ebenfalls ineffizient sind. Überdies untermauert die Tatsache, dass F&E riskant ist und dass man sich gegen die betreffenden Risiken nicht versichern kann, die Vermutung, dass freie Märkte *nicht* effizient sind.

Das von uns beschriebene Marktversagen nimmt verschiedenste Formen an: Es betrifft die Struktur der Wirtschaft, die Zuweisung von Ressourcen an den Bereich Forschung und Entwicklung sowie innerhalb davon, die Höhe der Inputs (sowohl insgesamt als auch aufgeschlüsselt nach Sektoren), die Auswahl der Technik und die Menge an Informationen und Wissen, die verbreitet wird. In diesem Kapitel beschreiben wir die vielfältigen Fehler, die der Markt bei der Allokation von Ressourcen zugunsten von Innovationen und bei der (selbsttätigen) Schaffung einer möglichst dynamischen »lernenden« Gesellschaft begeht. Es dient als Einführung in die übrigen Kapitel des Buches, in denen wir beschreiben, wie staatliche Maßnahmen die Schaffung einer lernenden Gesellschaft fördern können. In den folgenden Kapiteln werden wir nur einige dieser Verzerrungen untersuchen können. Wir werden darlegen, wie sie sich mit Hilfe von Eingriffen der öffentlichen Hand abmildern lassen, was wiederum die Reise auf dem Weg zu einer lernenden Volkswirtschaft erleichtern kann. All diesen Formen des Marktversagens liegt ein einfaches Problem zugrunde: Überall dort, wo Lernen stattfindet (das heißt fast immer), klaffen die sozialen und die privaten Erträge weit auseinander.

Dieses Kapitel ist in sechs Abschnitte untergliedert. Im ersten untersuchen wir die charakteristischen Eigenschaften von Wissen. Wir legen dar, warum sich die Produktion von Wissen von der Produktion von Stahl unterscheidet und warum zwar manches dafür spricht, dass der Markt die »richtigen« Entscheidungen über die Produktionsmenge von Stahl trifft (oder jedenfalls treffen würde, wenn es kein Lernen und keine anderen Externalitäten gäbe), das Gleiche aber nicht für die Produktion von Wissen gilt. Der zweite Abschnitt befasst sich eingehend mit einigen der wichtigsten Arten von Marktversagen – mit der Frage, weshalb die sozialen und die privaten Erträge von Lernen und F&E so stark voneinander abweichen.

Im dritten Abschnitt fragen wir, weshalb Innovationen immer die Wohlfahrt steigern. Auf einer allgemeinen Ebene kennen wir die Antwort. Viele der Finanzinnovationen, die darauf ausgelegt waren, staatliche Regeln zu umgehen, die der makroökonomischen Stabilität dienen sollten, trugen zur wirtschaftlichen Instabilität und zur Finanzkrise von 2008 bei. Unser Augenmerk gilt jedoch einer enger umrissenen, aber immer wieder neugestellten Frage: Ist es möglich, dass sich der Markt zu sehr auf die Einsparung von Arbeit konzentriert und dadurch zu höherer Arbeitslosigkeit und mehr Ungleichheit beiträgt?

Im vierten Abschnitt untersuchen wir den Innovationsprozess als allgemeinen, evolutionären Prozess. Obgleich sich die Ergebnisse unserer Analyse deutlich von denen der neoklassischen Standardanalyse unterscheiden, benutzen wir im größten Teil dieses Buches analytische Standardwerkzeuge. Aber auch wenn wir die Innovationsprobleme unter dem Gesichtspunkt evolutionärer Prozesse betrachten, gelangen wir nicht zu einer optimistischeren Einschätzung der Effizienz der Marktprozesse.

Im fünften Abschnitt wählen wir einen komparativen institutionellen Ansatz: Begünstigen bestimmte Wirtschaftssysteme Lernen und Innovationen eher als andere?

Im letzten Abschnitt ziehen wir allgemeine Schlüsse im Hinblick auf die Innovationstätigkeit und das Wesen unserer Gesellschaft.

Bevor wir mit der Analyse beginnen, sind noch einige zusätzliche einleitende Bemerkungen angebracht. Beim Vergleich der Innovationstätigkeit im Rahmen verschiedener Marktstrukturen mit Innovationen unter »sozial optimalen« Voraussetzungen ist es wichtig, auf zwei wesentliche Unterschiede hinzuweisen: Erstens führt ein Monopol zwar zu einem verminderten Output in dem monopolisierten Sektor, womit der Nutzen der Innovationen geringer ist als im sozialen Optimum, aber das Innovationsniveau *bei gegebenem Output* kann dennoch optimal sein. In diesem Zusammenhang ist oft von »beschränkter Effizienz« die Rede. Ist das Innovationsniveau zum Beispiel dann »optimal«, wenn der Staat das Monopol nicht beseitigen kann? Die nachfolgende Analyse (die in Teil II dieses Buches weiter ausgeführt wird) zeigt, dass Märkte im Allgemeinen nicht einmal beschränkt effizient sind.

Zweitens weisen Gesellschaften mit der höchsten Innovationsrate (ob durch Learning by Doing oder durch Investitionen in Forschung und Entwicklung) möglicherweise nicht die höchste gesellschaftliche Wohlfahrt auf, da zwischen gegenwärtigem Konsum (Wohlergehen) und zukünftigem Konsum abzuwägen ist. Tatsächlich werden wir später einige Fälle untersuchen, in denen zu viele Innovationen realisiert werden und insbesondere zu viele Ressourcen für Innovationen in einem bestimmten Sektor oder in einer bestimmten Richtung bereitgestellt werden. In Kapitel 5 haben wir beschrieben, wie sich verschiedene Marktstrukturen oder institutionelle Rahmenbedingungen auf die Innovationsgeschwindigkeit auswirken, aber man sollte eine solche Analyse nicht mit einer Analyse der Frage verwechseln, welche Arten von Marktstrukturen oder institutionellen Rahmenbedingungen die gesamtgesellschaftliche Wohlfahrt steigern. Wir zeigen, dass es im Allgemeinen möglich ist, die gesellschaftliche Wohlfahrt durch Eingriffe in den Markt zu erhöhen.

Dennoch muss darauf hingewiesen werden, dass die Ex-ante-Wohlfahrt bei überhöhten Investitionen in Innovationen zwar möglicherweise nicht wächst, dass die Bürger in den Ländern, die diese überhöhten Investitionen durchgeführt haben, aber langfristig besser dastehen. Sie profitieren von dem Konsumverzicht, den ihre Vorfahren einst leisteten.

Charakteristische Merkmale von Wissen

Wissen unterscheidet sich in dreierlei Weise von herkömmlichen Gütern, was zur Folge hat, dass Märkte im Normalfall nicht dem Wettbewerbsmechanismus unterliegen (und Märkte ohne Wettbewerb sind im Normalfall natürlich nicht effizient). Und selbst wenn der Wettbewerbsmechanismus gilt, sind sie für gewöhnlich nicht effizient.

Wissen als öffentliches Gut und externe Lerneffekte

Am wichtigsten aber ist, dass Wissen ein öffentliches Gut nach Samuelson ist[3] – die Grenzkosten eines anderen Individuums oder Unternehmens, das dieses Wissen ebenfalls nutzt, sind (jenseits der Transmissionskosten) gleich null; der Gebrauch des Wissens steht seinem Gebrauch durch andere nicht im Wege (das heißt es besteht Nichtrivalität der Nutzung). Zudem ist es für gewöhnlich schwierig, wenn nicht sogar unmöglich, andere von der Nutzung neuen Wissens auszuschließen. Dies sind die Spillover-Effekte, die wir in Kapitel 3 beschrieben haben, und diese Effekte (Externalitäten) spielen in der Analyse in diesem Buch eine zentrale Rolle.

Märkte sind in der Produktion und Distribution öffentlicher Güter nicht effizient – und das gilt auch für die Produktion und Verbreitung von Wissen. Solange es Spillovers gibt, wird das betreffende Gut nicht in ausreichender Menge hergestellt – der betreffende Anbieter berücksichtigt nicht den Nutzen, den andere aus dem Produkt ziehen.[4] Selbst wenn ein Innovator aufgrund einer Innovation reich wird, eignet er sich oft nur einen Bruchteil des Betrags an, um den die Innovation das BIP erhöht hat. Dies ist besonders offenkundig im Fall von Entdeckungen mit übergeordneter Bedeutung: Diejenigen, die bedeutende Beiträge zur Grundlagenforschung und zum technologischen Fortschritt geleistet haben, haben dafür Belohnungen erhalten, die deutlich unter dem Wert ihrer Beiträge zum Gemeinwohl lagen. Denken wir nur an Alan Turing, James Watson und Francis Crick, Timothy Berner-Lee oder auch die Entdecker des Lasers/Masers und des Transistors.[5] Wir können von Glück sagen, dass die Motive der meisten soeben Genannten nicht materieller Art waren – ein Beleg dafür, dass die große Bedeutung, die Befürworter eines strengeren Schutzes geistigen Eigentums materiellen Anreizen zuschreiben, womöglich unangebracht ist (wie wir bereits in Kapitel 3 sagten).

Aber externe Effekte sind weiter verbreitet, als es diese Beispiele zeigen, und die meisten Innovationen lassen sich selbst mit den strengsten Gesetzen zum Schutz geistigen Eigentums nicht schützen. Wie wir gesehen haben, wirkt sich manches Wissen lediglich auf bestimmte Wirtschaftszweige oder auf bestimmte Prozesse in bestimmten Wirtschaftszweigen aus, während der Nutzen anderer Erkenntnisse breiter streuen kann. Das Fließband und die Just-in-time-Produktion haben die Produktionsprozesse in weiten Bereichen der Volkswirtschaft verändert. Die Entdeckung der Viskose zeigte, dass es möglich war, Kunstfasern zu erzeugen, und dies spornte andere dazu an, weitere, nicht von dem Patent erfasste Fasern zu erfinden. Arbeitskräfte, die sich Kenntnisse über bessere Geschäftsmethoden aneignen, geben diese Kenntnisse weiter, wenn sie ihren Arbeitgeber wechseln.

Öffentliche Güter besitzen zwei wesentliche Eigenschaften – Nichtrivalität und Nichtausschließbarkeit –, und der Schutz geistigen Eigentums ist darauf ausgelegt, die zweite genannte Eigenschaft bis zu einem gewissen Grad außer Kraft zu setzen. Das Eigentumsrecht versucht, das Problem der Nichtausschließbarkeit einfach dadurch zu »lösen«, dass es anderen für einen begrenzten Zeitraum verbietet, das zu schützende Wissen ohne Zustimmung seines Produzenten (des Patentinhabers) zu nutzen. Dadurch soll die Reichweite der externen Effekte begrenzt werden. Aber Versuche, Wissenserträge dadurch zu »vereinnahmen«, dass man die Wissensverbreitung beschränkt, führen zu einer weiteren Verzerrung: Sie beeinträchtigen die effiziente Nutzung von Wissen.

Optimale Ressourcenzuteilungen unter Berücksichtigung von Lernen und externen Lerneffekten Lässt man Lernprozesse außer Acht, so lässt sich die effiziente Allokation von Ressourcen leicht beschreiben: In jeder Periode muss der Grenznutzen der Produktion, das heißt der Nutzen der Herstellung einer weiteren Einheit eines bestimmten Gutes, gleich groß sein wie die Grenzkosten.

Wert des Grenzprodukts = Grenzkosten (1)

Im Fall eines allein unter Einsatz von Arbeit hergestellten Guts sollte die Grenzrate der Substitution zwischen dem betrachteten Gut und dem Gut Freizeit (die für alle Personen gleich sein sollte) gleich der Grenzrate der Transformation sein, das heißt gleich dem Grenzprodukt der Arbeit.

Wenn im Zuge der Produktion oder von Investitionen gelernt wird, dann ergibt sich daraus in der Zukunft ein Nutzen in Form niedrigerer Produktionskosten. Dieser Effekt lässt sich folgendermaßen in die Berechnung einbeziehen:

Wert des Grenzprodukts + *gesamte* zukünftige Kosteneinsparungen = gegenwärtige Grenzkosten (2)

Das Wettbewerbsgleichgewicht mit Lernen umfasst aufgrund der nützlichen externen Lerneffekte ein höheres Produktionsniveau. Aber bei externen Lerneffekten ist der soziale Nutzen des Lernens (die Summe der zukünftigen Kosteneinsparungen) weitaus größer als der Nutzen des Lernens, der dem Unternehmen allein zukommt.

Sozialer Wert des Lernens >> privater Wert des Lernens

Das Produktionsniveau liegt folglich im Wettbewerbsgleichgewicht unter seinem sozial optimalen Niveau. Tatsächlich ist bei sehr kleinen Unternehmen der Wert des Lernens aus ihrer eigenen Produktion sehr gering, auch wenn der Wert des Lernens für die Gesellschaft als Ganze (für alle Unternehmen in der Branche) hoch sein kann und der Wert des Lernens, der aus der *Gesamt*produktion hervorgeht – und sei es auch nur für ein einziges Unternehmen – ganz erheblich ist. Dies führt im Ergebnis dazu, dass sich das Wettbewerbsgleichgewicht mit Lernen und das Gleichgewicht ohne Lernen nur geringfügig voneinander unterscheiden. Daher sollte klar sein, dass die Produktion Wettbewerbsgleichgewicht zu gering ist und dass folglich auch zu wenig gelernt wird.

Unvollkommenheiten des Wettbewerbs

Die zweite charakteristische Eigenschaft von Wissen folgt aus der ersten: Innovationen zeichnen sich durch Skalenerträge aus. Wie wir in Kapitel 5 gesehen haben, geht eine Innovation in gewissen Grenzfällen, in denen es keine ausgleichenden negativen Skaleneffekte gibt, mit einem natürlichen Monopol einher. In anderen Fällen besteht vielleicht ein Oligopol. In allen Fällen, in denen Forschung und Entwicklung wichtig sind, ist der Wettbewerb wahrscheinlich beschränkt.

Diese Ergebnisse gelten auch dann, wenn es zu Spillover-Effekten kommt, solange diese unvollkommen sind. Denn solange dies gilt, hat das Unternehmen, das lernt (F&E betreibt), einen Kostenvorteil gegenüber weniger lernbegierigen Rivalen (mit weniger F&E). In der Praxis kommt es wahrscheinlich zu einigen, allerdings unvollkommenen Spillover-Effekten, so dass Märkte, auf denen Innovationen eine wichtige Rolle spielen, wahrscheinlich von erheblichen externen Effekten *und* erheblichen Unvollkommenheiten des Wettbewerbs geprägt sind.[6] Daher dürften sowohl das Produktionsniveau als auch das Niveau der Innovationen verzerrt werden.

In der gerade beschriebenen Situation (konstante Grenzkosten der Produktion) kann es nur dann zu effektivem Wettbewerb kommen, wenn *vollständige* Spillovers auf andere im selben Wirtschaftszweig stattfinden; aber wenn dies der Fall ist, dann wird jedes Unternehmen danach streben, von den Forschungsanstrengungen anderer zu profitieren, und wenn die Zahl der Unternehmen groß ist, hat keines von ihnen einen Anreiz, F&E zu betreiben. Kurz gesagt: Wenn Wissen (Lernen) unter den beschriebenen Voraussetzungen eine Begleiterscheinung von Produktion oder Investition ist, dann hat niemand ausreichende Anreize, zu produzieren oder zu investieren. So oder so ist die Volkswirtschaft nicht effizient.

Wie wir ebenfalls in Kapitel 5 gezeigt haben, kann der Wettbewerb aufrechterhalten werden, wenn es Kräfte gibt, die abnehmende Erträge ausgleichen. Aber hier stoßen wir auf ein

Dilemma, dessen Kern in diesem Kapitel klarer werden wird: Während mit wachsender Zahl von Anbietern die Verzerrungen der Produktion geringer werden, können zugleich die Verzerrungen im Bereich der Innovationen zunehmen.

Abgesehen davon, dass es wahrscheinlich zu mehrfachem Marktversagen kommt, führen Unvollkommenheiten in einem Bereich wahrscheinlich zu Versagen in anderen Bereichen. Wie Arrow bereits vor mehr als 50 Jahren zeigte, ist die Produktion von Wissen oft an die Güterproduktion gekoppelt (Learning by Doing),[7] was bedeutet, dass die Produktion der Güter selbst im Allgemeinen (intertemporal) nicht effizient sein dürfte.

Der Fall des Monopols / der monopolistischen Konkurrenz Das Monopol (genauer gesagt, die monopolistische Konkurrenz, in der jedes Gut von einem einzigen Anbieter hergestellt wird, aber viele Anbieter verschiedene Produkte herstellen, die um die Gunst der Konsumenten konkurrieren) stellt einen Grenzfall dar. Bei eingeschränktem Wettbewerb sind die Marktallokationen nicht effizient. Aber jetzt gibt es zwei Arten von Ineffizienzen: Zusätzlich zu den statischen Ineffizienzen, die mit der Ausübung von Monopolmacht verbunden sind, können dynamische Ineffizienzen auftreten.

In erster Näherung spiegeln sich diese Ineffizienzen in der Bedingung für das Produktionsoptimum wider:

Grenzerlös + zukünftige Kostenersparnisse
für das Unternehmen = gegenwärtige Grenzkosten (3)

Gleichung (3) sollte den Gleichungen (1) und (2) gegenübergestellt werden: Die im Rahmen monopolistischer Konkurrenz agierenden Anbieter unterschätzen den statischen Nutzen der Produktion, ignorieren Lernvorteile anderer Unternehmen und messen, weil die Produktion geringer sein mag, eigenen Kostenersparnissen einen geringeren Wert bei (als dies im gesellschaftlichen Optimum der Fall wäre). Produkte, bei denen Unternehmen mehr Monopolmacht haben, werden in geringerer Menge hergestellt, und die geringere Produktion bedingt weniger Lerneffekte. Dementsprechend mag das Produktivitätswachstum in diesen Sektoren schwächer sein.[8] Zusätzlich zu den statischen Verlusten an Konsumentenrente durch Unterproduktion fallen dynamische Kosten an: Die geringeren Lerneffekte und die höheren Kosten in anschließenden Perioden, die mit einem Monopol in der Gegenwart verbunden sind, führen zu einem niedrigeren Output in zukünftigen Perioden.

Selbstverständlich wird die Arbeit, die im monopolisierten Sektor nicht benötigt wird, in andere Sektoren verlagert, aber wenn in diesen Sektoren weniger gelernt wird, sinkt die gesamtwirtschaftliche Wachstumsrate. Zudem drückt Monopolmacht die Reallöhne; niedrigere Reallöhne haben normalerweise im Gleichgewicht ein niedrigeres Arbeitsangebot und daher geringere Lerneffekte zur Folge.

Eine der wichtigen methodologischen Folgerungen aus dieser Analyse lautet, dass man nicht nur Marktstruktur und Innovationen (beide sind endogen) gleichzeitig betrachten muss, sondern dass die Analyse auch in einem allgemeinen Gleichgewichtsrahmen erfolgen muss. Im Kontext einer Partialanalyse könnte man – wie Schumpeter – zu dem Schluss gelangen, ein Monopol sei besser als Wettbewerb, weil es den Lernnutzen internalisiert, ohne dabei negative allgemeine Gleichgewichtseffekte zu berücksichtigen, die von Auswirkungen auf das *Muster* der Produktion und das gesamtwirtschaftliche Arbeitsangebot herrühren.

Um effiziente Produktion im Kern zu verstehen, muss man die Struktur der Verbreitung von Lerneffekten und Wissen verstehen. Uns interessiert Lernen auf der Ebene der Gesellschaft, nicht bloß sektorales oder unternehmensspezifisches Lernen. In manchen Sektoren mögen zum Beispiel die Lernkurven steiler sein, das heißt, die Elastizität des Lernens ist aus der Sicht eines einzelnen Unternehmens vielleicht größer. Aber es kommt nicht nur auf die Lernfähigkeit eines Unternehmens oder eines Sektors an, sondern auch auf den Nutzen, den ein Sektor (Unternehmen) auf andere Sektoren (Unternehmen) überträgt, und auf den Teil des Lernnutzens, den er (es) sich nicht selbst aneignet. Wenn Lernen in einem Sektor stärkere externe Effekte auf andere Sektoren erzeugt als in anderen, sollte die Produktion in diesem Sektor größer ausfallen (im Verhältnis zu dem im Marktgleichgewicht geltenden Niveau, das externe Lerneffekte ignoriert). Der dynamische (zukünftige) Nutzen muss gegen die statischen (kurzfristigen) Kosten abgewogen werden.

Unvollkommene Risiko- und Kapitalmärkte

Die dritte charakteristische Eigenschaft der Wissensproduktion, die zu weitverbreitetem Marktversagen bei Innovationen führt, steht in Wechselbeziehung zu den beiden ersten. Sie beruht darauf, dass Forschung und Entwicklung an sich riskant sind und dass Risikomärkte mit Innovationen grundsätzlich unvollkommen sind. Die Ergebnisse von Forschung und Lernen lassen sich in der Regel nicht vollständig vorhersehen: Forschung ist die Erkundung unbekannten Gebiets. In dem Maße, wie sie voranschreitet, werden neue Ideen entwickelt und entstehen womöglich neue (und unerwartete) Produkte.

Man kann sich nicht gegen das Risiko versichern, dass ein Forschungsprojekt ergebnislos endet oder dass man trotz wachsender Erfahrung kaum dazulernt. Dies lässt sich zum Teil mit Theorien über asymmetrische Information erklären. Die Gefahr moralisch fragwürdigen Verhaltens und die adverse Selektion stellen inhärente Probleme dar. Der Forscher weiß mit einiger Sicherheit mehr als jeder Außenstehende darüber, wie wahrscheinlich ein Erfolg oder Fehlschlag seines Forschungsprojekts ist. Versicherungsmärkte mit beträchtlichen Informationsasymmetrien existieren oft nicht, und selbst wenn sie existieren, ist der angebotene Versicherungsschutz beschränkt.

Hinzu kommen grundlegende konzeptionelle Probleme: Man kann keine Versicherung (ein zustandsabhängiges Wertpapier im Arrow-Debreu-Modell) gegen ein Ereignis (beispielsweise die Entdeckung der Kernenergie) kaufen, solange dieses Ereignis noch nicht konzeptionell vorweggenommen wurde. Ebenso wenig kann ein Versicherungsmarkt für ein Folgeereignis (zum Beispiel die »Explosion« eines Kernreaktors) entstehen, solange das Ausgangsereignis (die Entdeckung der Kernkraft) noch nicht eingetreten ist, und es kann sich kein Versicherungsmarkt für Substitute (zum Beispiel fossile Energieträger) herausbilden, solange das dem Ausgangsereignis zugrundeliegende Wissen (die Grundlagen der modernen Physik, auf denen die Kernkraft beruht) noch nicht existiert.

Das Fehlen funktionierender Risikomärkte stellt eine Eintrittsbarriere dar: Kapitalkräftige Großunternehmen können die insbesondere mit hohen Investitionen in die Forschung verbundenen Risiken leichter tragen. Diese Überlegung bekräftigt unsere weiter oben dargelegte Folgerung, dass der Wettbewerb auf Märkten, auf denen F&E von besonderer Bedeutung ist, mit großer Wahrscheinlichkeit bedeutenden Beschränkungen unterliegt.

Das Fehlen selbst unvollkommener Risikomärkte verschlimmert die Probleme, die sich aus unvollkommenen Kapitalmärkten ergeben. Die moderne Theorie asymmetrischer Information erklärt, weshalb Kapitalmärkte oft ausgesprochen unvollkommen sind (warum es zum Beispiel zu einer Kreditrationierung kommt). Unvollkommenheiten von Kapitalmärkten können sich auf Lernprozesse sehr nachteilig auswirken. Weil Investitionen in F&E (oder, allgemeiner gesagt, »Investitionen in den Erwerb von Wissen«[9]) anders als Investitionen in Gebäude, Maschinen und Lagerbestände im Regelfall nicht abgesichert werden können, kommt es hier eher zu Kredit- und Eigenkapitalrationierung, was wiederum Investitionsdefizite in diesen Bereichen im Verhältnis zu anderen mit sich bringt.[10] (Wie schon erwähnt, gibt es weitere fundamentale Ursachen für die Unvollkommenheit der Kapitalmärkte: Ein Kreditnehmer mit einer guten Idee befürchtet, dass ein potentieller Kreditgeber, dem er von seiner Idee erzählt, diese Idee stehlen oder sich in anderer Weise zunutze machen könnte, um sich auf seine Kosten einen Vorteil zu verschaffen.)

Wegen der Unvollkommenheiten von Kapital- und Risikomärkten verhalten sich Unternehmen risikoscheu, vor allem wenn Insolvenzkosten anfallen, und dies hält sie von Investitionen in vergleichsweise riskante Innovationen ab.[11] (Dies erklärt auch, wie in Kapitel 4 dargelegt, weshalb konjunkturelle Schwankungen die Innovationstätigkeit so stark beeinträchtigen: In Kontraktionsphasen werden in erster Linie Investitionen in F&E zurückgeschraubt.)

Unvollkommene Risiko- und Kapitalmärkte führen zu weiteren Verzerrungen. Lernen erfordert in der Regel, dass man in der Hoffnung auf einen höheren Output in Zukunft auf Output in der Gegenwart verzichtet oder Risiken eingeht; daher werden Unternehmen selbst dann, wenn sie sich den aus ihren heutigen Forschungs- und Lernanstrengungen resultierenden zukünftigen Nutzen aneignen können, diese Mehrerlöse wohl mit einem höheren Faktor abzinsen, so dass suboptimale Lern- und Forschungsanstrengungen die Folge sind.

Zudem wirken sich der Markteintritt eines Unternehmens und seine Investitionen sowie seine Forschungsstrategie auf den Risikogehalt von Investitionen anderer aus – ein Umstand, den das neueintretende Unternehmen offensichtlich nicht berücksichtigt. Aber Veränderungen des Risikos wirken sich auf Investitionen von Unternehmen aus, insbesondere weil Unternehmen (aus bereits erläuterten Gründen) risikoscheu sind.

Angesichts des weitverbreiteten Marktversagens – der Tatsache, dass Wissen ein öffentliches Gut ist, der weiten Verbreitung von Externalitäten/Spillover-Effekten von Wissen, der Beschränkungen des Wettbewerbs, der Unvollkommenheiten der Risiko- und der Kapitalmärkte – besteht kein Grund zu der Annahme, dass die Märkte effizient sind, was das Ausmaß oder die Richtung der Innovationstätigkeit angeht. Tatsächlich ist es noch schlimmer: Es gibt noch weitere Unzulänglichkeiten von Märkten, die in einer engen Beziehung zu Innovationen stehen. Zudem stehen diese Unzulänglichkeiten in Wechselbeziehungen miteinander; ein Versagen des Marktes in einem bestimmten Punkt kann den Effekt des Versagens in einem anderen verstärken. Den hiermit aufgeworfenen Fragen gehen wir im nächsten Abschnitt nach.

Weitere Gründe für die Ineffizienz von Innovationsmärkten

Märkte produzieren keine effizienten Ergebnisse, wenn private Belohnungen und soziale (gesamtwirtschaftliche) Erträge divergieren. Letzteres geschieht, wenn Externalitäten oder unvollkommener Wettbewerb, unvollkommene Risikomärkte, unvollkommene Kapitalmärkte oder Informationsasymmetrien bestehen – und diese »Unvollkommenheiten« wohnen dem Innovationsprozess selbst inne und spielen darin eine wichtige Rolle. Im vorhergehenden Abschnitt haben wir zum Beispiel darauf hingewiesen, dass es zwangsläufig zu erheblichen Spillover-Effekten kommt, dass der Wettbewerb notwendigerweise unvollkommen und Investitionen in Innovationen riskant sind, da sie oft hohe Vorlaufinvestitionen erfordern, woraus folgt, dass es keine vollkommenen Kapital- und Risikomärkte gibt. In diesem Abschnitt gehen wir auf weitere Beschränkungen ein: Die privaten Erträge weichen von den sozialen ab – und übersteigen diese mitunter –, weshalb gravierende Koordinierungsprobleme auftreten.

Private Belohnungen und soziale Erträge

In unserer früheren Diskussion haben wir darauf hingewiesen, dass Unternehmen (Individuen) sich nicht den vollen Wert ihrer aus Lernprozessen und F&E-Investitionen erwachsenden sozialen Erträge aneignen; es kommt zu bedeutenden

Spillovers. Dies an sich könnte darauf hindeuten, dass grundsätzlich zu wenig Lernen stattfindet und dass die F&E-Investitionen tendenziell zu gering sind. Aber unter bestimmten Umständen können private Belohnungen die sozialen Erträge übersteigen, so dass zu viel in F&E investiert wird. Das Problem könnte durch unzulängliche Systeme zum Schutz geistigen Eigentums noch verschärft werden. In den folgenden Absätzen stellen wir einige wichtige Fälle vor, in denen dies mit hoher Wahrscheinlichkeit geschieht, insbesondere im Rahmen eines mangelhaften Patentsystems. Die ersten vier sind Beispiele des in Kapitel 5 beschriebenen »Rent-Stealing«, bei dem ein Teil der Gewinne eines innovativen Unternehmens unter anderen Umständen einem anderen Unternehmen zugeflossen wäre. Unternehmen können Gewinne nicht nur dadurch erzielen, dass sie Konsumenten besserstellen, sondern auch dadurch, dass sie ihre Rivalen schlechterstellen.

Aneignung von Renten und Nachahmer-Innovationen Ein gutes Beispiel sind »Me-too-Innovationen«,[12] bei denen sich Forscher darum bemühen, ein Produkt zu entwickeln, das weitgehend mit einem bereits auf dem Markt befindlichen übereinstimmt. Ziel der Forschung ist es, das bestehende Patent zu umgehen und einen Teil der Gewinne (Renten) des Patentinhabers abzuschöpfen. Zwar sind Nachahmer-Innovationen im Pharmasektor besonders weit verbreitet, sie treten jedoch auch in anderen Sektoren auf. Dies veranschaulicht einen allgemeinen Aspekt der Innovationserträge: *Die von einem Monopolisten abgeschöpften Renten stehen in keinem direkten Zusammenhang mit der Zunahme der Konsumentenwohlfahrt (Überschuss), die mit einer Innovation verbunden ist.* Ein Teil der Renten wird von anderen Unternehmen *abgezweigt.* Die Gewinne des Unternehmens i aufgrund einer Innovation sind *kein* gutes Maß des gesamtwirtschaftlichen Beitrags seiner Innovation. Das gälte nur unter den Bedingungen des Wettbewerbs, das heißt, wenn der Preis des Produkts gleich den Grenzkosten der Produktion und durch diese gegeben wäre und die Zunahme des Gewinns lediglich die Abnahme der sozialen Ressourcen messen würde, die zur Produktion des Outputs des Unternehmens benötigt werden.

Soziale und private Erträge eines Siegers in einem Wettlauf Die Diskussion im vorherigen Abschnitt veranschaulicht die allgemeine These, wonach sich der private Innovations- und Lernertrag vom sozialen Ertrag unterscheiden kann. Er kann ihn sogar übersteigen. In einem Innovationsprozess besteht der soziale Nutzen lediglich darin, dass die Innovation früher verfügbar wird, als es ansonsten der Fall wäre. Myriad Genetics erhielt ein Patent auf die BRAC-Gene (die Aufschluss über die Wahrscheinlichkeit geben, mit der ihre Trägerinnen an Brustkrebs erkranken werden). Das Gen wäre wenig später auch im Rahmen eines systematischeren Projekts zur Entschlüsselung des menschlichen Genoms entdeckt worden. Während Myriad also enorme Gewinne machte, waren die sozialen Erträge gering. Da das Unternehmen seine Monopolmacht ausübte, hohe Preise für die Tests zum Nachweis des Gens berechnete und Anschlussforschung verhinderte, wie etwa die Entwicklung besserer Tests, war der soziale Ertrag vermutlich negativ – und je nachdem, wie man den Wert verlorener Lebensjahre von Frauen ansetzt, die sich den Test zum Monopolpreis von Myriad nicht leisten konnten und deshalb früher starben, war der Ertrag vielleicht sogar in hohem Maße negativ. Hätte sich Myriad nicht an dem Wettlauf beteiligt, so wäre der Test zu einem sehr niedrigen, günstigen Preis verfügbar geworden.[13] Diese Verzerrung kann man als eine weitere Form des »Rent-Stealing« betrachten – indem man bei der Forschung schnellere Ergebnisse erzielt, eignet man sich die Renten an, die denjenigen zugeflossen wären, die andernfalls die Entdeckung gemacht hätten.

Zu einem Wettlauf um die Position des Ersten kann es auch ohne ein Patent kommen, nämlich dann, wenn der Marktpionier einen belastbaren Wettbewerbsvorteil erlangt, zum Beispiel durch Markentreue oder fehlende technologische Alternativen.[14] Im Rahmen des Patentsystems haben Wettkämpfe um die Pionierstellung weitere negative Konsequenzen: Das Gleichgewicht kann im Verhältnis zum optimal gestalteten Innovationsprozess häufigere, dafür aber kleinere Innovationsschritte beinhalten.

Monopolrenten und Einhegung von Gemeinschaftsgütern Die sozialen können auch deshalb von den privaten Erträgen abweichen, weil der Gewinn desjenigen Anbieters, der das Patent erhält, in der Regel nicht nur Monopolrenten umfasst, sondern in einigen Fällen auch eine Rückkehr zur Privatisierung von Wissen, das bis dahin frei zugänglich war.[15] Da zudem eine erfolgreiche Patentierung bedeutet, dass ein öffentliches Gut in ein privates verwandelt wird, während eine erfolgreiche Anfechtung eines Patents ein privates Gut zu einem öffentlichen macht (der Einspruch gegen die Erteilung eines Patents ist also auch selbst ein öffentliches Gut), kommt es zu einer exzessiven Erteilung von Patenten.

Das Common-Pool-Problem Wir haben darauf hingewiesen, dass eine der wichtigsten Bestimmungsgrößen des Innovationstempos der Wissenspool ist, aus dem sich andere bedienen können. Innovationen können dem Bestand an öffentlich zugänglichen Ideen sowohl etwas hinzufügen als auch etwas entnehmen. In einer privaten Marktwirtschaft hat jedes Unternehmen nicht nur einen Anreiz, dem Pool des verfügbaren Wissens möglichst viel zu entnehmen (durch Erlangung eines möglichen umfangreichen Patents); es hat auch einen Anreiz, selbst möglichst wenig zum Wissenspool beizusteuern – jegliches exklusive Wissen verleiht einem Unternehmen einen Wettbewerbsvorteil.

Demgemäß wird das Marktgeschehen verzerrt: In einer Marktwirtschaft tendieren Unternehmen zu exzessiver Geheimhaltung. Zwar ist es gesamtwirtschaftlich nützlich, wenn andere an bereits erzeugtem Wissen teilhaben können, aber andererseits bestehen starke private Anreize, den Wissensfluss zu bremsen.[16]

Die Tatsache, dass es einen allgemeinen Wissensbestand gibt, aus dem sich alle frei bedienen können, führt zum sogenannten Common-Pool-Problem: Es besteht eine Tendenz zu Überinvestitionen und einem Übermaß an Markteintritten (wenn man sich allein auf diesen Effekt konzentriert). Bei Entscheidungen über die Höhe von Investitionen ignoriert jedes Unternehmen die negativen Auswirkungen auf andere, wenn es sich aus dem Wissenspool bedient. Aber wenn zu viele Unternehmen in den Markt eintreten und wenn sie zu viel investieren, bedeutet dies nicht, dass das Innovationstempo höher ist als im sozialen Optimum. Da jedes Unternehmen einen Anreiz hat, dem Wissenspool, aus dem sich auch andere bedienen können, möglichst viel zu entnehmen und seinerseits möglichst wenig dazu beizusteuern, wird der Pool kleiner. Wenn das aber so ist, dann sinkt das Innovationstempo.[17] Offensichtlich wirkt sich die Gestaltung der Regelungen zum Schutz geistigen Eigentums auf Natur und Ausmaß der Marktverzerrungen aus. Strengere (und konsequenter durchgesetzte) Offenlegungspflichten würden diese Marktverzerrung mildern. Strengere Regelungen zum Schutz geistigen Eigentums und umfassendere Patente verschlimmern sie möglicherweise. Selbst wenn ein strengerer Schutz geistigen Eigentums bei *einem unveränderlichen Wissenspool* zu mehr Innovationen führt, sinkt möglicherweise das Innovationstempo unter Berücksichtigung der negativen Auswirkungen auf den Wissenspool.[18]

Hold-ups »Hold-up-Patente« stellen einen weiteren Fall dar, in dem die sozialen Erträge erheblich geringer sein dürften als die privaten. Solche Patente sind eine weitere wichtige Ursache von Verzerrungen bei marktgesteuerten Innovationen. Sie stehen in Bezug zu Verhandlungsproblemen. Moderne Erfindungen erfordern vielfach eine ganze Reihe von Zutaten (Ideen), die jeweils separat patentiert werden können. Der Zusammenbau des Produkts erfordert somit die Zustimmung zahlreicher Patentinhaber. Einige Patente sind weniger wichtig als andere. So kann der Erfinder zum Beispiel um das Patent herum erfinden, wenn auch zu erhöhten Kosten. Informationsasymmetrien können auftreten. Sind solche Asymmetrien vorhanden, so führen Verhandlungen oft zu ineffizienten Ergebnissen. Effizienz verlangt die vollständige Nutzung des verfügbaren Wissens, doch da jede Seite ihre Entschlossenheit zeigen und die Kosten eines Scheiterns der Einigung verschleiern will, scheitern die Verhandlungen bisweilen. Die Unternehmen müssen dann um das Patent herum erfinden; so werden nicht nur knappe Forschungsgelder für Doppelforschung ausgegeben, sondern es kann auch zu kostspieligen Verzögerungen bei der Einführung eines Produkts in den Markt kommen.[19] Darüber hinaus stellen Ausgaben für Rechtsstreitigkeiten oft eine gigantische Verschwendung von Ressourcen dar.

»Hold-up-Patente« werden von sogenannten Patenttrollen dazu benutzt, erfolgreichen Innovatoren Renten abzupressen, indem sie behaupten, diese hätten ihre Patentrechte verletzt. In Anbetracht der hohen Kosten von Patentumgehungen bei F&E-Prozessen und von Rechtsstreitigkeiten gelingt es Patenttrollen oft, stattliche Summen herauszuschlagen, die die Erträge des »wahren« Innovators entsprechend schmälern. Folglich übersteigen die Erträge ihrer »Innovationen« die sozialen Erträge, während diejenigen der »wahren« Innovatoren niedriger sind als ihre sozialen Beiträge.[20]

Ausweitung von Marktmacht Wir haben bereits darauf hingewiesen, dass auf Märkten, auf denen Innovationen eine wichtige Rolle spielen, mit hoher Wahrscheinlichkeit ein unvollkommener Wettbewerb herrscht. Die Forschung ist oft darauf ausgerichtet, Marktmacht auszuweiten (und zu verstärken) – dazu gehört auch die Abschreckung potentieller Konkurrenten –, anstatt das Verbraucherwohl zu steigern. Beispielsweise bemühen sich Pharmaunternehmen um geringfügige Innovationen, die ihnen das »Evergreening« von Patenten erlauben. Diese Innovationen sollen ihnen neue Patente sichern, und zwar auf neue Produkte, die gegenüber den Vorgängern (deren Patente auslaufen) einen geringfügigen Vorteil bieten, der die Produkte von Generikaherstellern ins Hintertreffen bringt.

Konsumentenrente In einem Standard-Wettbewerbsmodell besteht ein enger Zusammenhang zwischen einer Erhöhung des Gewinns und einer Erhöhung der Konsumentenwohlfahrt. Aber in Innovationsmodellen steigt die Konsumentenrente womöglich deutlich, während das Unternehmen wegen der Spillovers auf andere Unternehmen den Ertrag seines Lernens und seiner Forschung nicht in voller Höher vereinnahmen kann. Jede Innovation baut auf anderen auf. Lernen in der Gegenwart stärkt die Basis für künftige Lernprozesse. Dementsprechend ist zu erwarten, dass die Kosten der Unternehmen in der Zukunft niedriger sein werden. Im Lauf der Zeit sinken die Güterpreise erheblich, die Qualität verbessert sich, und die Konsumentenrente nimmt zu. Bei der Entscheidung über Tempo und Richtung von Innovationen lassen Innovatoren die Auswirkungen auf die Konsumentenrente außer Acht. Im Fall einer großen Innovation eignet sich selbst ein monopolistischer Innovator nicht einmal kurzfristig den gesellschaftlichen Nutzen an; die Konsumentenrente nimmt nach wie vor zu. Dies führt letztlich dazu, dass die Höhe der Investitionen in Innovationen und das Innovationstempo unter dem sozialen Optimum liegen.

Sonstige Verzerrungen Jedes Mal, wenn das Preissystem »versagt«, vermittelt es Marktteilnehmern verzerrte Innovationsanreize. Ohne einen Preis für Kohlenstoff gibt es offensichtlich keine Anreize zu Innovationen, welche die Kohlenstoffemissionen verringern. Es ist daher nicht weiter verwunderlich, dass unsere angeblich so innovative Volkswirtschaft nur wenig getan hat, um die Kohlenstoffemissionen zu senken.

Unsere frühere Arbeit hat gezeigt, dass der Marktmechanismus immer dann versagt, wenn Informationsasymmetrien oder unvollkommene Risikomärkte existieren.[21] Daraus folgt, dass der Markt bei der Ausrichtung der Innovationstätigkeit ebenfalls versagt. Im nächsten Abschnitt zeigen wir, dass es im Normalfall übermäßige Anreize zur Entwicklung neuer technischer Lösungen gibt, die Arbeit einsparen und damit die Arbeitslosigkeit erhöhen.

Auf Marktversagen einschließlich Externalitäten kann der Staat mit gesetzlichen Regelungen reagieren. Aber dies schafft einen Anreiz für Innovationen zur Umgehung gesetzlicher Regelungen, wie es im Finanzsektor in den Jahren vor der Krise von 2008 der Fall war. Solche Innovationen erlegen dem Rest der Gesellschaft hohe Kosten auf.

Koordinationsversagen

Bei der Lösung der komplexen Koordinierungsprobleme, ohne die unsere große, verflochtene Wirtschaft nicht funktionieren kann, setzen wir auf die Leistungsfähigkeit freier Märkte. Bei der Koordination privatwirtschaftlichen Handelns spielen Preise die zentrale Rolle. Erfolgreiche Innovationen erfordern ebenfalls Koordinierung, aber die Preise spielen nicht dieselbe Rolle wie im Rahmen einer Marktwirtschaft ohne Innovationen. Tatsächlich ist die Lage schlechter: Für einen Großteil der Marktproduktion von Wissen ist Vertraulichkeit von zentraler Bedeutung, denn sie ist maßgeblich für das Vermögen, sich die mit neuen Kenntnissen verbundenen Erträge anzueignen, und für die Wahrscheinlichkeit, den Patentwettlauf zu gewinnen. Vertraulichkeit aber bedeutet, dass die Koordinierung schwierig ist.

Gesellschaftlich wünschenswerte Koordination hat viele Dimensionen. Wenn die Forschungsergebnisse ungewiss sind, aber zusätzliche Forschungsvorhaben nur unvollkommen mit bereits in Angriff genommenen Projekten korreliert sind (zum Beispiel bei der Produktion eines neuen Produkts oder der Senkung der Produktionskosten eines bestehenden Produkts), dann ist ein zusätzlicher Markteintritt mit beträchtlichem sozialem Nutzen verbunden. Das Eintrittsoptimum ist schnell definiert. Es liegt in dem Punkt, in dem der soziale Grenznutzen eines zusätzlichen Marktteilnehmers den Zusatzkosten entspricht. Aber wenn niemand weiß, wer sonst noch Forschung betreibt, lässt sich dieses Optimum nur schwer bestimmen. Zudem ist das soziale Optimum mit einer optimalen Diversifizierung von Forschungsvorhaben verbunden, aber da sich die Geheimhaltung auf die Aktivitäten anderer Forscher bezieht, ist es unwahrscheinlich, dass dieses Optimum erreicht wird. Vermutlich kommt es zu einem Übermaß an duplizierten Forschungsanstrengungen.[22]

Zudem hängt der Wert einer Erfindung A möglicherweise von der Existenz einer komplementären Erfindung B ab. Wenn der Erfinder von A nicht weiß, dass B mit einer hohen Wahrscheinlichkeit entwickelt wird, hat der Erfinder von A nur begrenzte Anreize, und das Gleiche gilt für den Erfinder von B. Manchmal lässt sich dieses Koordinierungsproblem internalisieren: Ein Großunternehmen führt die verschiedenen Teile eines Forschungsprojekts selbst durch (oder koordiniert sie zumindest). Tatsächlich ist die Schaffung von Unternehmen mit solchen Fähigkeiten einer der bedeutsamsten Fortschritte des 20. Jahrhunderts. Dennoch unterscheiden sich Kompetenzen und Fähigkeiten, und das Wissen über Kompetenzen und Fähigkeiten ist begrenzt, so dass ein Unternehmen möglicherweise nicht in der Lage sein wird, diejenigen unter ein Dach zu bringen (beziehungsweise zu koordinieren), die jeden einzelnen Abschnitt des Forschungsvorhabens am ehesten erfolgreich abschließen würden. Wenn sich herausstellt, dass verschiedene »Bestandteile« von verschiedenen Parteien patentiert wurden, kann durchaus ein Verhandlungsproblem mit all seinen Ineffizienzen und potentiellen Behinderungen des Innovationsprozesses auftreten.[23]

Wechselwirkungen zwischen verschiedenen Formen von Marktversagen

Zwischen den wohlbekannten Faktoren von Marktversagen wie der Unvollkommenheit des Wettbewerbs und jenen, die mit dem Lernen zusammenhängen, gibt es wichtige Wechselwirkungen. Probleme wie die Aneignungsfähigkeit von Erträgen, Unvollkommenheiten von Kapitalmärkten und das Fehlen guter Risikomärkte bilden Eintrittsschranken für neue Unternehmen (Existenzgründer) und erschweren die Erkundung neuer Produkte – einschließlich von Produkten oder Prozessen, die beispielsweise für ein Entwicklungsland besonders geeignet sind. Wie wir dargelegt haben, verschaffen diese Barrieren großen Unternehmen einen Vorteil.

Die Theorie der zweitbesten Lösung und die Finanzierung von Innovationen[24]

Wie wir gesehen haben, war die Tatsache, dass Monopole / unvollkommener Wettbewerb in Innovationsökonomien zu Verzerrungen führen, für Schumpeter kein Anlass zu großer Sorge. Schließlich müssen die Fixkosten der Finanzierung von F&E oder Lernprozessen irgendwie gedeckt werden. Tatsächlich war dies ein impliziter Aspekt des Arguments, dass bestreitbare Märkte (das heißt Märkte, auf denen der potentielle Wettbewerb so erbittert ist, dass der Preis auf die Durchschnittskosten sinkt) effizient sind. Selbst wenn der Preis gleich den Durchschnittskosten und nicht gleich den Grenzkosten ist (das heißt, selbst wenn der Gewinn gleich null ist), so dass im Vergleich mit der standardmäßig besten Ressourcenzuteilung eine Verzerrung auftritt, müssen die Fixkosten *irgendwie* finanziert werden; und unabhängig davon, wie sie letztlich finanziert werden, gilt, dass die Gesellschaft Kosten zu tragen hat.

Wir können daher die folgende Frage stellen: Welches ist die optimale Methode zur Finanzierung des öffentlichen Guts

Forschung? Im Allgemeinen ist es *nicht* optimal, sie durch ein Monopol zu finanzieren. Erstens sinkt der Monopolgewinn – nach Zahlung der Innovationskosten – selbst bei potentieller Konkurrenz nicht auf null. Zweitens haben Monopole einen Anreiz, ihren Gewinn in jeder erdenklichen (legalen) Weise zu steigern, und dies schließt auch den Einsatz von Ressourcen zur Verringerung der Elastizität der Nachfrage ein, was ihnen erlaubt, ihren Preis zu erhöhen. Auch die Innovationstätigkeit ist auf falsche Ziele ausgerichtet – nämlich auf die Sicherung und Ausweitung von Marktmacht und der auf ihr beruhenden Gewinne; diese Ziele stehen im Widerspruch zu Innovationen, die der Steigerung der gesellschaftlichen Wohlfahrt dienen sollen.

Drittens wird das Wissen zu wenig genutzt, wenn man sich bei der Finanzierung von Forschung auf Patente und die durch sie ermöglichten Monopolgewinne stützt. Wie bereits erwähnt, ist Forschung ein Fixkostenfaktor, und die Grenzkosten der Nutzung einer Idee liegen bei null, weshalb Wissen ungehindert zur Verfügung gestellt werden sollte. Aber dies würde bedeuten, dass der Produzent von Information (Wissen) finanziell leer ausgehen würde. Daher kommt es ohne staatliche Finanzierung unvermeidlich zu einer Unterproduktion von Wissen (relativ zur besten Lösung) und zu einer unzureichenden Nutzung des geschaffenen Wissens. Das Patentsystem bemüht sich (grundsätzlich) darum, die dynamischen Gewinne mit den kurzfristigen Kosten der unzureichenden Nutzung von Wissen und den Unvollkommenheiten des Marktwettbewerbs in Einklang zu bringen, was ihm jedoch nur sehr unvollkommen gelingt.[25]

Wenn die öffentliche Hand andererseits die Forschung finanziert und deren Ergebnisse uneingeschränkt verbreitet, besteht zwar weiterhin eine statische Verzerrung (infolge der verzerrenden Besteuerung), aber keine Verzerrung bei der Verbreitung und der Nutzung von Wissen. Ein Patentsystem finanziert die Forschung dadurch, dass es den Käufern des Produkts mit der Innovation eine Art Steuer auferlegt. Eine gewöhnliche

Steueranalyse käme zu dem Schluss, dass diese »Monopolsteuer« nicht das ideale Instrument zur Erzeugung von Einnahmen ist. Eine solche Steuer minimiert nicht die Verzerrung (den ungedeckten Wohlfahrtsverlust), die mit der Einhebung der erforderlichen finanziellen Mittel verbunden ist. Die »Monopolsteuer« ist außerdem eine Nutzensteuer, und auch wenn man unter gewissen Umständen für ein solches Steuerregime plädieren kann (diejenigen, die von dem Produkt profitieren, zahlen für seine Entwicklung), lässt es sich in anderen Fällen kaum rechtfertigen. Jemand, der an einer lebensbedrohlichen Erkrankung leidet, ist bereits in einer unglücklichen Lage; den Patienten außerdem noch zu zwingen, eine F&E-Steuer zu entrichten, um die Entwicklung seiner Medikamente zu finanzieren, ist weder mit den meisten ethischen Prinzipien noch mit der Maximierung der gesellschaftlichen Wohlfahrt zu vereinbaren.

Dient jede Innovation dem Wohlergehen der Gesellschaft?

In diesem und den vorhergehenden Kapiteln haben wir erklärt, warum es wenig wahrscheinlich ist, dass die Ausstattung desjenigen Bereichs der Wirtschaft, in dem Innovationen geschaffen werden, sozial optimal ist. Es gibt keinen Grund, anzunehmen, dass die Märkte bezüglich des Ausmaßes und der Richtung von Forschung und Wissenserwerb effizient sind. Wir haben insbesondere betont, dass Marktteilnehmer die Externalitäten – den Nutzen, den ihr Lernen für andere hat – nicht berücksichtigen. Die Möglichkeit, dass Innovationen keine wohlfahrtsfördernden Wirkungen haben, hat sich nirgendwo deutlicher gezeigt als im Finanzsektor, in dem die Innovationen größtenteils auf die Umgehung gesetzlicher Regelungen ausgerichtet sind, die die Stabilität und Effizienz des Finanzsystems gewährleisten sollen.

Wie Paul Volcker betonte, gab es in jüngerer Zeit im Finanzsektor kaum Innovationen, die nachweislich die Produktivität der Gesamtwirtschaft steigerten. Die Innovationen bewirkten keineswegs ein besseres Risikomanagement und eine effizientere Ressourcenzuteilung, sondern führten stattdessen zu größeren Risiken und einer massiven Fehlleitung von Kapital.

In der Vergangenheit gab es zahlreiche Fälle, in denen sich große Gesellschaftsgruppen technischen Neuerungen widersetzten; am bekanntesten sind die Ludditen (Maschinenstürmer) zu Beginn des 19. Jahrhunderts, die von der Angst umgetrieben wurden, moderne Maschinen würden sie in Arbeitslosigkeit und soziales Elend stürzen. Während Produktivitätszuwächse *grundsätzlich* jeden besserstellen können – die Produktionsmöglichkeitenkurve wird hinausgeschoben –, gibt es in der Praxis immer Gewinner und Verlierer. Innovationen, die die Nachfrage nach ungelernten Arbeitskräften verringern, setzen deren Löhne unter Druck, selbst dann, wenn sie die Löhne von Fachkräften erhöhen. Wenn gesagt wird, dass eine solche, höher qualifizierte Arbeitsanbieter begünstigende Innovation die Wohlfahrt steigern könne, dann wird diese Aussage normalerweise in dem Sinne verstanden, dass die Gewinne der qualifizierten Arbeitskräfte mehr als ausreichen, um die Verluste der ungelernten Arbeitskräfte wettzumachen. Zwar *könnten* die Fachkräfte tatsächlich die gering qualifizierten Arbeiter kompensieren, aber ein solcher Ausgleich findet nur selten statt. Folglich gibt es Gewinner und Verlierer. Und wenn die unteren Einkommensgruppen die Verlierer sind – so wie in den Vereinigten Staaten und vielen anderen Industrieländern –, dann können Innovationen zur Vergrößerung der Ungleichheit beitragen. In dieser Situation hängt die Antwort auf die Frage, ob es zu einem Anstieg der gesellschaftlichen Wohlfahrt gekommen ist, davon ab, wie man die Wohlfahrtsgewinne der Reicheren im Verhältnis zu den Verlusten der Ärmeren gewichtet.[26]

Doch unlängst haben wir gezeigt, dass bei unvollkommenen Märkten und gesellschaftlichen Rigiditäten alle (oder zumindest die meisten) Bevölkerungsgruppen schlechtergestellt sein können.[27] In den 1920er Jahren stieg die Produktivität in der Landwirtschaft so stark an, dass (insbesondere aufgrund der unelastischen Nachfrage nach landwirtschaftlichen Gütern) das Einkommen in diesem Sektor zurückging. Bei vollkommener Mobilität wären die überschüssigen Landarbeiter in die Städte abgewandert. Aber mit der Arbeitsmobilität sind erhebliche Kosten verbunden, und da sowohl die Löhne in der Landwirtschaft als auch der Wert von Vermögensgegenständen (wie Häusern) im ländlichen Raum sanken, konnten es sich viele nicht leisten, in die Stadt zu ziehen und sich jene Kompetenzen anzueignen, die sie dort zu produktiven Arbeitskräften gemacht hätten. Noch schlimmer war, dass weder sie noch die Banken, die Kredite bereitstellten, diese Ereignisse vorhersahen. Als die Einkommen im Agrarsektor massiv schrumpften, lasteten auf denjenigen, die in diesem Sektor tätig waren, hohe Schulden, und die Banken erlitten massive Verluste. Dadurch kam es zu einem deutlichen Rückgang der Nachfrage nach urbanen Gütern – der so stark war, dass die Einkommen im urbanen Sektor fielen. So trugen die Innovationen, die die Produktivität in der Landwirtschaft steigerten, möglicherweise zum Ausbruch der Weltwirtschaftskrise der 1930er Jahre bei.

Ausgehend von diesem Muster haben wir behauptet, dass Produktivitätssteigerungen im verarbeitenden Gewerbe, die die Beschäftigung und die Löhne in diesem Sektor drückten, zum gegenwärtigen konjunkturellen Abschwung beitrugen. Innovationen erfordern einen Wandel der ökonomischen Strukturen, und Märkte sind oftmals kein taugliches Mittel, um diesen Wandel zu steuern. Aber wenn Unternehmen Entscheidungen fällen, die sich auf das Tempo und die Richtung von Innovationen auswirken, berücksichtigen sie diese allgemeinen Gleichgewichtseffekte nicht. Jedes kleine Unternehmen nimmt zum Beispiel die Entwicklung der Löhne und der Beschäftigung als gegeben hin, aber alle zusammen beeinflussen durch ihre Innovationsentscheidungen die Entwicklung der Löhne und der Beschäftigung. *Auf unbeschränkten und sich selbst überlassenen Märkten können Lern- und Innovationsmuster entstehen, die die Ungleichverteilung und die Arbeitslosigkeit über das sozial wünschenswerte Maß hinaus verschärfen. Es gibt demgegenüber andere Möglichkeiten, die das gesellschaftliche Wohlergehen fördern würden.*

Wir wollen dies anhand eines einfachen Beispiels veranschaulichen: Stellen Sie sich vor, einer Gesellschaft (oder einem Unternehmen) stünde eine begrenzte Menge an Ressourcen zur Verfügung, die sie einsetzen könnte, um Innovationen zu schaffen. Wir wollen annehmen, das Unternehmen (oder die Gesellschaft) könnte diese knappen Ressourcen auf Projekte zur Einsparung natürlicher Ressourcen (die zum Beispiel die CO_2-Bilanz verbessern) einerseits und von Arbeit andererseits aufteilen. Doch in Anbetracht der Tatsache, dass es keinen Preis für Kohlenstoff gibt, hat das Unternehmen keinen Anreiz, den CO_2-Ausstoß senken zu wollen. Selbst wenn Arbeitslosigkeit existiert und wenn ihre Zunahme mit erheblichen sozialen Kosten verbunden ist, so ist doch die Einsparung von Arbeit mit einem privaten Ertrag verbunden.

Die gleiche Überlegung gilt für Fälle, in denen es weniger offensichtlich ist, dass Ressourcen, gemessen an ihren Marktpreisen, fehlerhaft bewertet sind. Die Ökonomen fragen sich, wieso die Arbeitslosigkeit selbst in Ländern ohne Mindestlöhne oder mit schwachen Gewerkschaften anhaltend hoch ist. Die Märkte legen Löhne auf einem Niveau fest, das über jenem liegt, auf dem die Nachfrage gleich dem Angebot ist. Die Effizienzlohntheorie liefert zumindest einen Teil der Erklärung:[28] Höhere Löhne erhöhen die Gewinne – sei es durch Senkung der Arbeitskräftefluktuation, dadurch, dass produktivere Arbeitskräfte angelockt werden, oder dadurch, dass sie die im Unternehmen Beschäftigten dazu veranlassen, härter zu arbeiten, anstatt größere Mühen zu scheuen. Unter diesen Umständen wirkt sich das Handeln des betrachteten Unternehmens auf andere Unternehmen aus, ohne dass das Unternehmen diesen Effekt berücksichtigt. Wir haben es hier mit einem externen Effekt von erheblicher Bedeutung zu tun.

Betrachten wir das Shapiro-Stiglitz-Modell, in dem es bei jeder beliebigen Arbeitslosenquote einen Lohn gibt, unterhalb dessen die Arbeitnehmer größere Anstrengungen scheuen.[29] Wenn jedes Unternehmen in einer Weise nach Innovationen strebt, die seine Nachfrage nach Arbeit bei jedem gegebenen Lohn reduziert, sinkt der Gleichgewichtslohn, während die Gleichgewichtsarbeitslosigkeit steigt. Dieser Anstieg der Arbeitslosigkeit verursacht soziale Kosten, aber keines der beteiligten Unternehmen berücksichtigt dies bei seinen Entscheidungen über die Ausrichtung seiner Innovationstätigkeit. Wenn also Unternehmen zwischen Innovationen wählen können, die die Produktivität der Arbeit erhöhen, so dass eine Arbeitskraft mit der neuen Technik zwei Arbeitskräften mit der alten Technik entspricht,[30] und solchen, die die Produktivität des Kapitals steigern, dann hängt die Entscheidung des einzelnen Unternehmens über die Innovationsrichtung von seinem Faktoreinsatzverhältnis ab. Es entscheidet sich für die arbeitssparende Innovation, wenn der relative Arbeitseinsatz hoch ist, und im Marktgleichgewicht herrschen sodann Innovationen, die die Produktivität der Arbeit exzessiv steigern.[31] Wenn der Produktivitätseffekt für gering qualifizierte Arbeitskräfte bedeutender ist als für Facharbeiter und die Unternehmen die Wahl haben zwischen Innovationen, die eher qualifizierte Tätigkeiten erleichtern, und solchen, die eher unqualifizierte Tätigkeiten erleichtern, dann werden sie sich für Innovationen entscheiden, die die Nachfrage nach ungelernter Arbeit übermäßig senken (das heißt für exzessiv *qualifikationsverzerrte* Innovationen).

Das Effizienzlohnmodell ist das einfachste Modell zur Untersuchung von Marktverzerrungen unter Einbezug von Innovationen, aber ähnliche Ergebnisse sind auch in anderen Modellen mit (endogenen) Marktunvollkommenheiten zu beobachten. Wirtschaftshistoriker wie Salter und Habakkuk haben die Rolle der »Arbeitskräfteknappheit« als Anreiz zu arbeitssparenden Innovationen betont.[32] (Solche Erklärungen scheinen in bestimmten historischen Epochen, zum Beispiel in der Ära der raschen Expansion der Wirtschaft der Vereinigten Staaten im 19. Jahrhundert, eine besondere Bedeutung zu haben.) Der volkswirtschaftlichen Standardtheorie fiel es schwer zu verstehen, was Arbeitskräfteknappheit, abgesehen von einem hohen Preis des Faktors Arbeit (das heißt einer hohen Lohnquote), eigentlich bedeutete.[33] Aber in Modellen mit Informationskosten und stark differenziertem Arbeitskräfteangebot gibt es eine natürliche Interpretation: Es kann Zeit und Ressourcen kosten, eine ausscheidende durch eine neue Arbeitskraft zu ersetzen. Arbeitssparender technischer Fortschritt verringert nicht nur die direkten Arbeitskosten, sondern auch die indirekten Fluktuationskosten (die Kosten der Suche und Einstellung neuer Arbeitskräfte). Aber in Volkswirtschaften mit kostspieliger Suche verursacht die Entscheidung eines Unternehmens, in arbeitssparende technische Innovationen zu investieren – und daher weniger Arbeitskräfte einzustellen –, anderen Marktteilnehmern Externalitäten, und zwar sowohl Arbeitskräften (die jetzt länger nach einer Stelle suchen müssen) als auch anderen Unternehmen (für die jetzt vielleicht niedrigere Einstellungskosten anfallen). Auch hier spricht nichts für die Annahme, dass die Faktorverzerrung im Marktgleichgewicht effizient ist; tatsächlich spricht vieles für die entgegengesetzte Annahme.[34]

Ganz allgemein gehen wir davon aus, dass es von der Warte des Unternehmens aus nicht bloß auf den Lohn oder den Zinssatz ankommt, wie er in der volkswirtschaftlichen Gesamtrechnung ausgewiesen ist, sondern auf die gesamten *effektiven* Arbeits- und Kapitalkosten, die aus mehreren Gründen deutlich von den ausgewiesenen Lohn- und Gewinnquoten abweichen können. Erstens dürften die Arbeitskosten für das Unternehmen aufgrund von Steuern und Lohnzusatzleistungen deutlich über dem Lohn liegen, den die Arbeitnehmer erhalten. Zweitens kann der »Schattenpreis« des Kapitals dann, wenn die Kreditvergabe rationiert wird, den geltenden Zinssatz deutlich übersteigen; und wenn Unternehmen nicht sofort Arbeitskräfte des besonderen Typs, an dem sie interessiert sind, einstellen können (in diesem Sinne besteht eine Arbeitskräfteknappheit), dann übersteigt der Schattenpreis der Arbeit den Lohn. Selbst eine vergleichsweise kurze Wartezeit bis zur Besetzung einer Stelle kann kostspielig sein. Analog dazu kann der Ausfall einer Maschine innerhalb eines nicht zuverlässig funktionierenden Maschinenparks kostspielig sein, wenn sich Maschinen nicht leicht austauschen lassen. Auch Streiks sind kostspielig. Die Bewältigung solcher Aufgaben erfordert knappe Managementzeit. Wenn ein Unternehmen darüber entscheidet, ob es Arbeit oder Kapital einsparen soll, sind all diese Kosten relevant.

Politische Konsequenzen Es gibt eine Reihe wichtiger politischer Konsequenzen. Erstens verringern Lohnsubventionen die Arbeitskosten – und es sind die hohen Arbeitskosten, die Unternehmen dazu veranlassen, die technologische Entwicklung auf übermäßig arbeitssparende und damit kapitalintensive Technologien auszurichten. Wenn die amerikanische Zentralbank die Kapitalkosten drastisch senkt (wie sie es nach der Großen Rezession versucht hat), fördert sie daher aus dem gleichen Grund arbeitssparende Innovationen. Folglich beobachten wir das seltsame Phänomen, dass Unternehmen gering qualifizierte Arbeitskräfte (mit einem in Anbetracht der hohen Arbeitslosigkeit unter ungelernten Arbeitskräften vermutlich niedrigen Schattenpreis) wie etwa Kassierer durch Maschinen (zum Beispiel Geldautomaten) ersetzen. Während die induzierte Beschäftigung infolge der durch diese Investitionen ausgelösten erhöhten Gesamtnachfrage sozial erwünscht sein dürfte, muss dieser Nutzen gegen die sozialen Kosten einer mittelfristig höheren Arbeitslosigkeit abgewogen werden, die durch die von niedrigeren Kapitalkosten induzierten, arbeitssparenden Innovationen hervorgerufen wird. Eine vollständige Analyse der intertemporalen Abwägungen würde uns weit über die Grenzen dieser Diskussion hinausführen.

Zweitens lenkt die Erhöhung des Preises, den Unternehmen für Umweltbelastungen (zum Beispiel Kohlenstoffemissionen) zahlen, die Innovationstätigkeit von Neuerungen ab, die Arbeit sparen (die Arbeitsproduktivität erhöhen), was sich ebenfalls positiv auf die Verteilung der Einkommen und der Beschäftigung auswirkt.

Grundzüge einer allgemeineren Theorie Die Verknüpfung einer plausiblen Theorie der Lohnbestimmung mit der Theorie induzierter Innovationen erlaubt es uns, eine allgemeine Wachstums- und Beschäftigungstheorie vorzulegen, die sinnvolle Diskussionen über technologische Arbeitslosigkeit oder Arbeitsplatzmangel erlaubt – Konzepte, die in der Solow'schen Formulierung ohne Belang sind. In dieser Theorie spielt die Einkommensverteilung eine Rolle; sie wirkt sich auf den technologischen Fortschritt und die Dynamik der Volkswirtschaft aus, und diese wiederum beeinflussen die Einkommensverteilung zu späteren Zeitpunkten.[35]

In jüngster Zeit kreist die Diskussion über anhaltende Arbeitslosigkeit und wachsende Ungleichverteilung um arbeitssparende und insbesondere qualifikationsbegünstigende Innovationen.[36] Kritiker solcher Innovationen werden gelegentlich als moderne Ludditen bezeichnet, und Verfechter der freien Marktwirtschaft fordern, der Staat solle sich nicht in Marktprozesse einmischen, da es langfristig für alle besser sei, wenn er sich aus der Wirtschaft heraushalte. Unsere Analyse legt nahe, dass eine solche Sichtweise allzu optimistisch ist. Nicht genug damit, dass viele Arbeitskräfte vermutlich *nicht* bessergestellt werden – die positiven Effekte der Verbesserungen dürften nicht bis zu ihnen »durchsickern«. Vielmehr könnten Veränderungen der Faktornachfrage langfristig sogar Wohlfahrtsverluste nach sich ziehen.[37]

Wir haben nicht nur gezeigt, dass Innovationen nicht immer die Wohlfahrt aller Gesellschaftsgruppen verbessern (das heißt, womöglich nicht in Pareto-Verbesserungen münden), sondern auch, dass Marktprozesse zu Innovationsmustern führen können, die nicht einmal den Output maximieren. Die Marktergebnisse wären unter Umständen selbst dann nicht paretoeffizient, wenn die Umverteilungen ohne Kosten vorgenommen werden könnten. Tatsächlich spricht vieles für die Annahme, dass freie Märkte bei der Wahl des sogenannten Faktor-Bias nicht effizient sind und zu übermäßig hoher Arbeitslosigkeit führen.

Evolutionäre Prozesse

Die zentrale Botschaft dieses Kapitels lautet, dass in einer Innovationsökonomie soziale Erträge und private Belohnungen erheblich divergieren, so dass man nicht davon ausgehen kann, dass Märkte effiziente Ergebnisse hervorbringen. Im Gegenteil, es ist anzunehmen, dass sie dies nicht tun, und es ist Aufgabe des Staates, das Marktversagen zu »korrigieren«.

Dass private und soziale Erträge deutlich voneinander abweichen können, erklärt auch, weshalb naive Hinweise auf den Nutzen evolutionärer Prozesse falsch sind. Diese Argumente werden oft von »Marktgläubigen« vorgebracht, die jedoch einsehen, dass die Standardanalyse (das Arrow-Debreu-Wettbewerbsmodell) die Effizienz von Märkten nicht nachweist.

Die jüngsten Krisen haben weitere Zweifel an der Richtigkeit ihrer Auffassung geweckt.[38] Beispielsweise haben Finanzinstitute, die die Natur von Risiken besser verstanden und sich besonnener verhalten haben (indem sie sich beispielsweise nicht übermäßig verschuldet haben), die Krise nicht überlebt. Den Investoren waren ihre scheinbar niedrigeren Erträge ein Dorn im Auge, weshalb sie die Ablösung des Managements forderten. Etwas Derartiges ist nicht bloß eine hypothetische Möglichkeit; es ist tatsächlich geschehen. Selbstverständlich können diejenigen, die für eine vorsichtigere Geschäftspolitik plädiert hatten, nun sagen: »Ich habe euch gewarnt.« Aber Unternehmen, die der von irrationalem Optimismus und mangelhafter Risikoanalyse geprägten »schöpferischen Zerstörung« zum Opfer fielen, lassen sich kaum wieder zum Leben erwecken.

Die Kritik am gängigen Modell der evolutionären Auslese lautet, dass es Fehler des Typs I *und* des Typs II enthält. Unternehmen und Individuen, denen es gutgeht oder die zumindest lange Zeit überleben, sind nicht unbedingt auch diejenigen, die am meisten zum Gemeinwohl beitragen oder Eigenschaften aufweisen, die sie für langfristiges Überleben prädestinieren; vielmehr kann es sich dabei auch um Unternehmen handeln, die geeignet sind, von irrationalem Überschwang und dem Potential zur Ausbeutung der Armen und der Marktirrationalitäten wie etwa in der Ära der Deregulierung zu profitieren. Und diejenigen Unternehmen, die ausgelöscht werden, sind nicht unbedingt diejenigen, die dieses Schicksal hätten erleiden sollen.[39,40]

Die Vergütungssysteme erlaubten es denjenigen, die die Volkswirtschaft an den Rand des Abgrunds führten, Milliarden Dollar einzustecken – weniger, als sie bekommen hätten, wenn ihre fehlerhaften Analysen richtig gewesen wären, aber viel mehr als sie angesichts der Kosten, die sie dem Rest der Gesellschaft auferlegten, verdient hatten. Mit ihrem derart angehäuften Vermögen können sie die Allokation der gesellschaftlichen Ressourcen auf Jahre hinaus in unzulässiger Weise beeinflussen.[41]

Mindestens vier Argumente sprechen dafür, dass evolutionäre Prozesse nicht immer effizient sind. Das erste und grundlegende lautet: Evolutionäre Selektionsprozesse können nur gut funktionieren, wenn die Gewinne ein zuverlässiges Maß des sozialen Beitrags derjenigen sind, die sie vereinnahmen. Wären die Gewinne ein solcher Indikator, dann wären diejenigen Unternehmen, die überleben – das heißt hohe Gewinne erwirtschaften –, zugleich diejenigen, die die wichtigsten sozialen Beiträge leisten; die Unternehmen, die Verluste machen, wären diejenigen, die einen negativen sozialen Beitrag leisten, das heißt, die mehr Ressourcen verbrauchen als neu schaffen. Aber eine zentrale Botschaft dieses Buches lautet, dass insbesondere im Bereich der Innovationen die Gewinne ein schlechtes Maß des gesellschaftlichen Beitrags sein können. Ganz allgemein führen evolutionäre Prozesse genau unter den gleichen Umständen, unter denen Märkte traditionellerweise »versagen«, keine effizienten Ergebnisse herbei.

Zweitens sind die Märkte kurzsichtig. Sie bezeugen die Leistungsfähigkeit von Unternehmen, selbst wenn diese beispielsweise aufgrund von Buchführungsproblemen wie denen, die in den Skandalen zu Beginn des 21. Jahrhunderts offensichtlich wurden, ihre Aufgabe nur sehr unvollkommen erfüllen.[42] Märkten fällt es schwer vorherzusagen, welche Unternehmen langfristig mehr leisten.

Und selbst wenn ein Unternehmen langfristig gut dazustehen vermag, könnten Unvollkommenheiten auf den Kapitalmärkten zur Folge haben, dass es sich die zum Überleben notwendigen Mittel hier und jetzt nicht beschaffen kann, wenn es hier und jetzt Verluste macht. Flexiblere und anpassungsfähigere Unternehmen könnten sich zwar langfristig gut behaupten, aber dennoch könnte der Fall eintreten, dass sie in der Hitze des kurzfristigen Wettbewerbs umkommen. Es mag Unternehmen geben, die unter den bestehenden Umständen besser gerüstet sind. Und diese Unternehmen konkurrieren womöglich ausreichend intensiv, so dass das anpassungsfähigere Unternehmen Verluste macht und vom Markt verschwindet.

Aber das ist noch nicht alles. Unternehmen, die sich irrational verhalten, können einen negativen Einfluss auf andere ausüben – und diese anderen vom Markt verdrängen. Die gängige wirtschaftstheoretische Vorstellung lautet, dass ein Unternehmen, das sich irrational verhält (indem es zum Beispiel die zukünftigen Wohnungspreise irrational überschwenglich einschätzt), den Preis dafür zahlen wird – dass es also *irgendwann* durch seine Spekulationsgeschäfte Verluste erleiden wird. Aber im Zuge seines irrationalen Überschwangs kann es rationaler agierenden Unternehmen Kapital abspenstig machen und sie dazu zwingen, einen Kapitalertrag zu zahlen, der über dem langfristig tragbaren Niveau liegt. Das gilt weniger dann, wenn es ein einzelnes derart irrational überschwengliches Unternehmen gibt, als vor allem dann, wenn viele solche Unternehmen auftreten – wie etwa in der Zeit, bevor im Jahr 2006/07 die Spekulationsblase platzte.

Das vierte Argument ergibt sich aus der Unumkehrbarkeit des Todes. Wir haben betont, dass Unternehmen institutionelles Wissen verkörpern – Wissen, das jenes der Individuen in der Organisation übersteigt und andersgeartet ist. Wenn eine Institution stirbt, dann geht ein Großteil dieses eingebetteten Wissens verloren. Und wenn ein Unternehmen einmal gestorben ist, kann es unter veränderten Umständen – auch unter solchen, unter denen es profitabel gearbeitet hätte – nicht wieder zum Leben erweckt werden. Vielleicht wird ein neues Unternehmen gegründet, das dem alten ähnelt, aber ein solches Vorhaben ist mit hohen Investitionen verbunden, mit unaufhebbaren (»versunkenen«) Kosten, die nur auf sich nimmt, wer mit hohen Erträgen in der Zukunft rechnet.

Schumpeter betonte die Bedeutung der *schöpferischen Zerstörung*. Unternehmen mit guter Kapitalausstattung und irrationalem Überschwang treten vielleicht in den Markt ein und verdrängen etablierte Anbieter, die rationaler handeln und eigentlich gut gerüstet sind, um sich langfristig zu behaupten. Dass die Sieger irgendwann ebenfalls untergehen werden, ist für diejenigen, die verschwinden, kein Trost. Die jüngste Finanzkrise verdeutlich ebenso wie länger zurückliegende, dass sich die mit irrationalem Verhalten verbundenen externen Effekte auf die gesamte Volkswirtschaft erstrecken können: Wie erwähnt hat die Kreditblase den Rest der Gesellschaft viel Geld gekostet.

Innovative Wirtschaftssysteme[43]

Dieses Buch beruht auf der Annahme, dass das Innovationsniveau einer Gesellschaft eine Funktion nicht bloß einer einzelnen politischen Strategie ist (etwa des Vollzugs von Kartellgesetzen, die sich möglicherweise auf die Intensität des

Wettbewerbs auswirken, oder der Strenge der Vorkehrungen zum Schutz geistigen Eigentums), sondern des Wirtschafts- und Gesellschaftssystems insgesamt. Deshalb auch haben wir unserem Buch den Titel *Die innovative Gesellschaft* gegeben. Daraus ergibt sich wie von selbst die Frage, ob bestimmte Arten von Wirtschafts-/Gesellschafts*systemen* dem Lernen förderlicher sind als andere. Wir bewegen uns hier auf dem Feld der *vergleichenden Analyse von Wirtschaftssystemen,* die vor einigen Jahrzehnten in Mode war. Den Schwerpunkt dieser Analyse bildete der Vergleich zwischen kapitalistischen und sozialistischen Wirtschaftsmodellen. Hier ist unser Untersuchungsbereich enger eingegrenzt: Es geht um die Auswirkungen alternativer Wirtschafts- und Gesellschaftssysteme auf die Innovationskraft, und wir vergleichen verschiedene Varianten einer Marktwirtschaft.

Wir fragen uns insbesondere, welche politischen Maßnahmen und institutionellen Rahmenbedingungen – welche Wirtschaftssysteme – einer Strategie der Innovationsführerschaft am weitesten entgegenkommen. Dabei geht es nicht bloß um das Patentrecht, sondern um die Gestaltung eines Innovationssystems, das für hohe und nachhaltige Steigerungen des Lebensstandards sorgt. Ist es ein System mit ruinösem Wettbewerb? Oder ist das sanftere skandinavische Modell, in dem der Staat eine größere Rolle spielt und in dem umfassende öffentliche Maßnahmen für soziale Sicherung und ein geringeres Maß an Ungleichheit sorgen, das innovationsfreundlichere?

Acemoğlu, Robinson und Verdier haben jüngst die Hypothese aufgestellt, das skandinavische Wohlfahrtsmodell eigne sich gut für Anbieter, die dem Innovator nachfolgen, während sich das amerikanische Modell der rücksichtslosen kapitalistischen Konkurrenz mit seinem hohen Maß an Ungleichheit und starken Anreizen besser für Länder eigne, die an der »Innovationsfront« agieren.[44] Zwar lassen sich derart weitreichende Behauptungen kaum stichhaltig überprüfen, aber ähnliche Ansichten spielen in der politischen Debatte eine zentrale Rolle, weshalb es wichtig ist, sie einer kritischen Überprüfung zu unterziehen und sämtliche theoretischen, empirischen und historischen Argumente zusammenzutragen, die für diese Frage von Belang sind.

Die Analyse in diesem und dem vorherigen Kapitel sollte hinreichend deutlich gemacht haben, dass nichts für die Annahme spricht, dass freie Märkte für die optimale Geschwindigkeit und Richtung von Innovationen sorgen. Ein *gewisses Maß* an staatlichen Eingriffen scheint angebracht zu sein. Wir erläutern, inwiefern die mit dem skandinavischen Modell assoziierten Eingriffe tatsächlich das Zeug dazu haben könnten, Innovationsprozesse zu begünstigen.

Sind die USA der Innovationsführer?

Doch zunächst müssen wir mit einer der Behauptungen von Acemoğlu *et al.* aufräumen: Sie erklären, die Vereinigten Staaten seien der »Innovationsführer«. Es ist schwierig, die Innovationskraft einer Volkswirtschaft zu beurteilen. Wir haben bereits erläutert, dass höhere *Investitionen* in Innovationen aufgrund erheblicher Diskrepanzen zwischen sozialen und privaten Erträgen nicht unbedingt das Innovationstempo beschleunigen oder den Lebensstandard insgesamt erhöhen. Es ist schwierig genug, die Relevanz einer bestimmten Innovation zu beurteilen. Außerdem ist es in einer Welt, in der das Wissen in alle Richtungen fließt, praktisch unmöglich, den *Ursprung* einer Idee eindeutig zu ermitteln. So gehen zum Beispiel viele der jüngsten medizinischen Fortschritte in den Vereinigten Staaten auf Forschungen von Watson und Crick in Großbritannien zurück, die zur Entdeckung der DNS geführt haben. Die Entwicklung des Computers in den USA beruht auf grundlegenden Vorarbeiten Alan Turings in Großbritannien. Es ist schwierig, wenn nicht unmöglich, den Ursprung der »eigentlichen« Innovationen genau zu bestimmen.

Die schwedische Innovation der Mitarbeiter-Qualitätszirkel oder die japanische Innovation der Just-in-time-Produktion – die beide nicht patentiert wurden – haben sich vermutlich tiefgreifender auf die Produktivität der amerikanischen Volkswirtschaft ausgewirkt als durch Patente geschützte Neuerungen. Selbstverständlich hat Skandinavien von den Chip-Innovationen Intels profitiert, aber vermutlich floss der Wert dieser patentierten Innovationen (weitgehend) den Gewinnen des patentierenden Unternehmens und dem Inlandsprodukt des Herkunftslandes zu.

Interessanterweise wird zwar vielfach behauptet, dass die USA hochgradig innovativ seien, dies scheint sich jedoch in den letzten gut 30 Jahren nicht in den BIP-Statistiken niederzuschlagen. Die Zuwächse des Pro-Kopf-Bruttoinlandsprodukts oder auch die Schätzungen des Wachstums der Gesamtproduktivität für diesen Zeitraum fallen den Statistiken zufolge viel niedriger aus als in den Jahrzehnten nach dem Zweiten Weltkrieg. Es gibt mehrere mögliche Erklärungen dafür. Vielleicht bildet das BIP den durch Innovationen im Computerzeitalter ermöglichten Anstieg des Lebensstandards nicht richtig ab. Dies könnte zum Teil darauf zurückzuführen sein, dass es kein aussagekräftiges Maß des gesellschaftlichen Wohlergehens ist,[45] auch wenn es Grund zu der Annahme gibt, dass bei umfassender Berücksichtigung etwa der erhöhten Unsicherheit die amerikanische Wirtschaftsleistung schlechter ist, als die BIP-Statistiken suggerieren.

Möglich ist auch, dass die jüngsten Innovationen, so aufregend sie auch scheinen mögen, nicht so großartig sind wie die Enthusiasten glauben. Die Vereinigten Staaten mögen große Fortschritte bei der Entwicklung besserer Methoden zielgerichteter Werbung oder der bei Gestaltung von Finanzprodukten gemacht haben, die uninformierte Verbraucher auf raffiniertere Weise übervorteilen. Man muss erfinderisch sein, um sich bessere Methoden zur Ausnutzung von Marktmacht auszudenken, und diese besseren Methoden schlagen sich vermutlich in einer höheren Ertragskraft nieder. Aber in den BIP-Statistiken tauchen diese »Innovationen« möglicherweise nicht auf.

Die Behauptung, die Vereinigten Staaten seien innovativer

als zum Beispiel die skandinavischen Länder, wird von den Daten nicht eindeutig bestätigt. Der Mehrzahl der Untersuchungen zufolge haben Schweden und Norwegen einen höheren Lebensstandard und eine höhere Wohlfahrt (was sich zum Beispiel im mittleren Einkommen oder in der Platzierung gemessen am vom Entwicklungsprogramm der Vereinten Nationen (UNDP) erstellten Human Development Index widerspiegelt).[46] Zudem war der Output pro Arbeitsstunde in mehreren Ländern höher als in den USA (in Norwegen um 41 Prozent, in Irland um 15 Prozent, in Luxemburg um 30 Prozent und in Belgien um 5 Prozent), und in etlichen anderen Ländern (Deutschland, Frankreich, Niederlande, Dänemark) waren die Unterschiede gering.[47, 48]

Acemoğlu *et al.* betonen insbesondere die hohe Zahl wichtiger Patente in den USA. Einmal abgesehen von technischen Fragen wie Unterschieden in der demographischen Struktur und den vermutlich niedrigeren Gesamttransaktionskosten für einen Amerikaner, der ein Patent in den USA anmeldet (im Vergleich mit einem Ausländer, der dies in den USA tut), gibt es ein grundlegenderes Problem: Patente spielen in verschiedenen Sektoren ganz unterschiedliche Rollen. In einigen Sektoren wie Hochtechnologie und Pharmazeutika sind sie sehr wichtig, wenn auch im ersten oft eher in einer »defensiven« Weise, nämlich um die Möglichkeit zu haben, Gegenklage zu erheben, wenn man verklagt wird. In anderen Sektoren wie etwa der Metallurgie spielen sie eine untergeordnete Rolle.

Aus dem gleichen Grund liefert die Zahl der Erwähnungen nicht unbedingt Aufschluss über die Bedeutung des Erwähnten. Wir haben gerade zwei wichtige Innovationen angeführt – die Just-in-time-Produktion und den Qualitätszirkel. Diese wurden nicht patentiert, womit es keinen Index der Zitationshäufigkeit gibt. Nichtsdestoweniger bestehen kaum Zweifel an ihren tiefgreifenden Auswirkungen. Oder nehmen wir eine weitere schwedische Neuerung: Zahnimplantate. Ob die ursprüngliche Forschung umfangreiche, vielzitierte Anschlussforschungsprojekte hervorgebracht hat, ist nicht entscheidend für die Auswirkungen, die diese Innovation auf die Lebensqualität von Hunderten von Millionen hatte.

Hinzu kommt, dass die bedeutendsten Innovationen, die die am häufigsten zitierten Forschungsprojekte anstoßen, sich in der Regel nicht patentieren lassen – von der Turing-Maschine bis zur Entdeckung der DNS und der elektromagnetischen Felder.[49]

Dass in den Vereinigten Staaten mehr Patente angemeldet werden als in anderen Ländern, bedeutet also nicht unbedingt, dass die USA innovativer sind. Die Vereinigten Staaten haben ihre Innovationsbemühungen auf jene Sektoren konzentriert, in denen Patente wichtig sind und in denen Rent-Seeking gefördert wird, etwa im Finanzsektor. Wenn dies der Fall ist, könnte es global gesehen für das Innovationsniveau von Vorteil sein, eine Ökologie verschiedener institutioneller Ordnungsrahmen zu führen, in der keiner davon eine beherrschende Stellung innehat.

Was macht einen Innovationsführer aus?

Selbst wenn die Vereinigten Staaten das innovativste Land wären, ließe sich ihre Position kaum ausschließlich oder auch nur hauptsächlich auf den erbarmungslosen Wettbewerb zurückführen. Tatsächlich gibt es eine Vielfalt institutioneller und kultureller Faktoren, die sich auf die Fähigkeit eines Technologieführers zur Aufrechterhaltung seiner Führungsposition auswirken.

Betrachten wir beispielsweise die Einstellung der amerikanischen Gesellschaft zur Insolvenz. In den USA wird eine Insolvenz als Teil des Preises verstanden, der für die Bereitschaft zu zahlen ist, in einem innovativen Kontext Risiken einzugehen. Dies ebenso wie die Entwicklung der Wagniskapitalbranche sind institutionelle Merkmale, die Innovationen in hohem Maß begünstigen.[50] Aber selbst in Bezug auf diese Stärken stellen sich Fragen: Das US-Konkursgesetz gewährt abgeleiteten Ansprüchen Vorrang, und Schulden aus Studentendarlehen werden selbst im Insolvenzfall so gut wie nie gestrichen. Dies führt zu einer Fehlzuteilung von Ressourcen zugunsten des Finanzsektors und zu Lasten der Hochschulbildung. Diese Verzerrungen führen höchstwahrscheinlich zu einer kleineren als der andernfalls möglichen Zahl *echter* Innovationen.

Während die Qualität der amerikanischen Eliteuniversitäten zweifellos ein günstiger Faktor ist, entfaltet die qualitative Ungleichheit im Bildungswesen – und die offensichtlichen Unzulänglichkeiten in der Durchschnittsleistung (zum Beispiel gemessen in PISA-Punktzahlen[51]) – die entgegengesetzte Wirkung. Ebenfalls ungünstig wirkt es sich aus, dass ein hoher Prozentsatz innovativer, begabter Nachwuchskräfte in den Finanzsektor (sowie in Nullsummenaktivitäten *innerhalb* des Finanzsektors) und andere Rent-Seeking-Aktivitäten umgelenkt wurde.

Großunternehmen mögen Zugang zu den enormen Finanzmitteln haben, die zur Durchführung großer, langfristig angelegter Forschungsprojekte notwendig sind. Andererseits können die Tatsache, dass die Interessen der Unternehmensführung, der Aktionäre und der Gesellschaft divergieren, allgemein bekannte Unzulänglichkeiten im System der Unternehmensführung und -kontrolle (die oft eine übermäßig kurzfristige Ausrichtung bedingen) sowie die bürokratischen Prozesse, die viele Großunternehmen im Rahmen ihrer Kontrollmechanismen betreiben, die Innovationsneigung schwächen, insbesondere in Bezug auf Innovationen, die den Lebensstandard erhöhen sollen.

Der Erfolg der Vereinigten Staaten ist vermutlich eher dem starken Einfluss des Staates als der unternehmerischen Initiative des privaten Sektors zuzuschreiben.[52] Aber auch wenn wir uns den Innovationen des privaten Sektors zuwenden, stoßen wir auf ein Bild, das von dem von Acemoğlu *et al.* gezeichneten grundlegend abweicht. Das vermutlich innovativste amerikanische Unternehmen im 20. Jahrhundert war ein reguliertes Monopol, das weitgehend von jeglicher Konkurrenz abgeschottet blieb und dessen Forschungsbudget mit einer Steuer auf den Telefondienst finanziert wurde.[53] Dass dies so war, hat mehrere Gründe: Einige hängen damit zusammen, dass ein Monopolist, weil er mehr produziert (als etwa jeder Anbieter in einem Duopol, obgleich dort die Gesamtproduktion höher ist), einen stärkeren Anreiz hat, die Kosten zu senken. Zudem könnte er längerfristig planen, da er keinen Verdrängungswettbewerb zu fürchten hat, und den Nutzen berücksichtigen, der ihm langfristig durch Investitionen in die Grundlagenforschung zufließen wird.

In Kapitel 5 haben wir eine allgemeine Analyse des Zusammenhangs zwischen Innovationen und Wettbewerb vorgelegt (wie immer man diesen bewerten mag); sie hat gezeigt, dass dieser Zusammenhang von vielfältigen Faktoren abhängt, unter anderem vom stochastischen Innovationsprozess, von der Substituierbarkeit von Gütern und von der Beschaffenheit von Markteintrittsbarrieren. Dies deutet darauf hin, dass das amerikanische Modell Innovationen in bestimmten Bereichen begünstigt, während es sie in anderen eher behindert.

Letztlich gilt es anzumerken, dass die Vereinigten Staaten ihre heutige Position als Innovationsführer nicht zuletzt sehr besonderen historischen Umständen verdanken. Die Vereinigten Staaten waren nicht immer führend; im 19. Jahrhundert nahmen sie enorm viele Kredite in Europa auf.[54] Interessanterweise war die amerikanische Wirtschaft sogar damals, in ihrer Position als Nachzügler, in Form eines kapitalistischen Systems mit hochgradiger Ungleichheit organisiert. Die Extreme des Vergoldeten Zeitalters im Anschluss an das Ende des Sezessionskrieges wurden nur in den 1920er Jahren und in den ersten Jahrzehnten dieses Jahrtausends wieder erreicht. Dieses Muster steht augenscheinlich in einem klaren Gegensatz zu dem von Acemoğlu *et al.* vorgestellten.

Der Zweite Weltkrieg markiert einen Wendepunkt in der technologischen Entwicklung der USA. Es war zumindest teilweise ein »Geschenk« dieses historischen Verhängnisses, dass eine große Zahl derer, die in Wissenschaft und Technik an der vordersten Front arbeiteten, in den Vereinigten Staaten Zuflucht fand.

Die nicht zuletzt dadurch begründete technologische Führerschaft der USA wurde durch die Politik der Regierung im Kontext des Kalten Krieges noch verstärkt – einer Politik, die gewaltige Investitionen in die militärische Forschung mit all ihren Ausstrahlungseffekten auf den zivilen Sektor (und wie manche meinen, auch in Form der Entwicklung des Internets) mit sich brachte. In den Jahrzehnten nach dem Ende des Zweiten Weltkriegs lockten die amerikanischen Universitäten eine Vielzahl von jungen Spitzentalenten aus aller Welt an, die oftmals späterhin in den Vereinigten Staaten blieben.[55]

Was macht das skandinavische Modell innovationsfreundlich?

Das skandinavische Modell weist mehrere Schlüsselmerkmale auf, die Innovationen in besonderer Weise begünstigen könnten. Wir haben bereits darauf hingewiesen, welch weitreichende Folgen es für die Effizienz der Volkswirtschaft und insbesondere für die Innovationstätigkeit hat, dass die Palette der Risiko- und der Kapitalmärkte (inhärent) unvollständig ist. Forschung ist riskant, und bessere Systeme der sozialen Absicherung können Individuen ermuntern, Forschungsprojekte in Angriff zu nehmen. Selbst hohe Steuern können die Risikobereitschaft fördern: Der Staat kann hier als eine Art stiller Gesellschafter betrachtet werden, der an den Gewinnen ebenso teilhat wie an den Verlusten, was die Risikobereitschaft erhöht.[56, 57]

Ein wichtiger Forschungsinput sind hochqualifizierte Forscher. Aufgrund der Unvollkommenheiten der Risiko- und der Kapitalmärkte wird ohne staatliche Eingriffe nicht ausreichend in Bildung investiert. In den Vereinigten Staaten sind die Bildungsinvestitionen begrenzt. Dies gilt insbesondere für Gebiete, auf denen die Erträge unsicher und begrenzt sind, wie etwa in der naturwissenschaftlichen Forschung. Zurückführen lässt sich dies auf das stärkere Gewicht privater Finanzierungen des Hochschulwesens, auf innovationshemmende Insolvenzgesetze (Schulden aus Studiendarlehen werden bei einer Privatinsolvenz in der Regel nicht erlassen) und auf den Mangel an Darlehen mit einkommensabhängiger Rückzahlung. Überdies ist der Zugang zu qualitativ hochwertiger Bildung für Kinder einkommensschwacher Eltern stark beschränkt.

Noch schlimmer ist, dass angesichts der hohen Kosten eines Hochschulstudiums und des verzerrten materiellen Belohnungssystems ein unverhältnismäßig hoher Prozentsatz der begabtesten jungen Menschen in den letzten Jahren eine Beschäftigung im Finanzsektor gesucht hat; dies mag zwar die Innovationskraft dieses Sektors gestärkt haben, es führte aber nicht zu einem insgesamt höheren relevanten Innovationstempo – relevant insofern, als es eine Erhöhung oder einen schnelleren Anstieg des Lebensstandards ermöglicht hätte. Tatsächlich war ein Großteil der Innovationen darauf ausgerichtet, effektivere Methoden der Marktmanipulation zu entwickeln, das heißt, Menschen mit geringen finanzwirtschaftlichen Kenntnissen stärker zur Kasse zu bitten, die Fähigkeit zur Ausnutzung der Marktmacht zu erhöhen, Vorschriften zur Stabilisierung der Finanzmärkte zu umgehen und das Risiko hochgradig negativer externer Effekte zu verringern.[58] Diese Innovationen dürften den Beschäftigten im Finanzsektor hohe Renteneinkommen beschert haben, aber es gibt keine Belege dafür, dass sie die Leistungsfähigkeit der Volkswirtschaft insgesamt gesteigert haben.

Bildung ist nicht der einzige wichtige, private Investitionen in Innovationen ergänzende Faktor. Auch gut überlegte Infrastrukturinvestitionen können die Erträge privater Investitionen einschließlich derjenigen in Innovationsprojekte erhöhen.[59]

Das skandinavische Modell mit seinen höheren öffentlichen Investitionen in Bildung, Technologie und Infrastruktur, einer progressiven Besteuerung, die Anreize zum Rent-Seeking verringert, und einem besseren sozialen Schutz stärkt die Bereitschaft und die Fähigkeit, Innovationsrisiken einzugehen. Barth *et al.* haben eine exzellente Arbeit vorgelegt, in der sie die empirische Relevanz dieser These begründen.[60] Die Autoren zeigen, dass in einem Vintage-Innovationsmodell aufgrund von Lohnkompression ältere Maschinenjahrgänge früher verschrottet werden, was den Prozess der schöpferischen Zerstörung beschleunigt.[61] Außerdem legen sie dar, wie staatliche Maßnahmen dafür sorgen können, dass die Gesellschaft als ganze von Innovationen profitiert, etwa durch eine aktive Arbeitsmarktpolitik und eine keynesianische Nachfragepolitik, die Teile des »skandinavischen Modells« sind. Außerdem kann das skandinavische Modell die Ausbreitung von Ideen in der gesamten Volkswirtschaft beschleunigen, was wichtig für die Steigerung der gesamtwirtschaftlichen Produktivität ist (bei rücksichtslosem Wettbewerb sind Unternehmen bestrebt, erworbenes Wissen für sich zu behalten).

Es gibt viele weitere konkrete politische Maßnahmen im skandinavischen Modell, die Innovationen begünstigen. Wenden wir uns der folgenden Frage zu: Ließen sich Innovationen dadurch fördern, dass man Finanz- und Bodenspekulation höher besteuert und die Einnahmen für höhere Investitionen in die Bereiche Naturwissenschaft und Technik oder zur Zahlung höherer Gehälter für Wissenschaftler verwendet? In der Theorie besteht weitgehende Einigkeit darüber, dass sich höhere Grundsteuern nicht auf das Angebot an Grundstücken auswirken. Und angesichts der offenkundig geringen (oder auch negativen) sozialen Grenzerträge von Innovationen im Finanzsektor lässt sich vermuten, dass die Umverteilung von Ressourcen nach skandinavischen Vorbild »tatsächlich« innovationsfördernd wäre. Stellen wir eine weiter gefasste Frage: Könnte man Innovationen fördern, indem man die obersten Einkommensgruppen höher besteuert und die Einnahmen in ähnlicher Weise verwendet? Hierzu wurde behauptet, dass eine Erhöhung der Steuerlast dieser Gruppe das Wachstum kaum beeinflussen würde, weil ein Großteil des besagten Einkommens auf Rent-Seeking zurückzuführen sei.[62]

Das skandinavische Modell umfasst genau die politischen Maßnahmen, die man von einem Innovationsführer erwarten würde. Zwar mag es nicht für alle Länder optimal sein, ein und demselben Modell zu folgen, doch diejenigen Länder, die zur Spitzengruppe gehören wollen, sollten zumindest einige Aspekte des Modells übernehmen, das den skandinavischen Ländern sowohl anhaltend hohe Produktivitätssteigerungen als auch einen hohen, schnell wachsenden Lebensstandard beschert hat.

Wir sollten nicht von der Annahme ausgehen, es gebe ein für alle Länder geeignetes Wirtschaftssystem. Die Bedingungen können, je nachdem, welches Land wir betrachten, sehr verschieden sein: Es gibt führende Länder und solche, die dem führenden Land nachfolgen. Was für einen Pionier optimal ist, der in Neuland vorstoßen (und vielleicht seine Innovationsrenten maximieren) will, muss für den Nachfolgenden, der von anderen gewonnenes Wissen verwerten, zum Pionier aufschließen oder zumindest nicht zurückfallen will, nicht unbedingt ebenfalls das Beste sein.

Politische und ökonomische Gleichgewichte

Bislang haben wir uns mit den Auswirkungen alternativer Formen von Wirtschaftspolitik beschäftigt; doch wie mittlerweile allgemein anerkannt ist, werden politische Konzepte im Rahmen von politischen Prozessen umgesetzt, die ihrerseits von wirtschaftlichen Faktoren – der Schaffung ebenso wie der Verteilung von Einkommen und Vermögen – beeinflusst werden. Das wirtschaftliche und das politische Gleichgewicht beeinflussen sich gegenseitig.[63]

Es lässt sich leicht nachweisen, dass multiple Gleichgewichte möglich sind. So kann sich insbesondere ein Gleichgewicht mit einem hohen Grad an Ungleichverteilung herausbilden, das geringe öffentliche Investitionen (auch in Bildung und Technologie), eine geringe Steuerprogression und ein hohes Maß an

Rent-Seeking unterstützt, was wiederum den hohen Grad an Ungleichverteilung reproduziert; denkbar ist auch ein anderes Gleichgewicht mit gleichmäßigerer Verteilung, hohen öffentlichen Investitionen, hoher Steuerprogression, einem starken Sozialsystem und strengeren Regeln zur Verhinderung von Rent-Seeking (das skandinavische Modell). Der Durchschnittsbürger steht wahrscheinlich im zweiten Gleichgewicht besser da – und das Innovationstempo ist wahrscheinlich höher.[64]

Es gibt keinen Grund zu der Annahme, die Politik der amerikanischen Regierung diene der Förderung von Innovationen oder gar des Gemeinwohls. Vielmehr ist sie einfach das Ergebnis politischer Prozesse, die in unverhältnismäßig hohem Maß von den Reichen beeinflusst werden – ein zu erwartendes Ergebnis, wenn man die hochgradig ungleiche Verteilung in den USA bedenkt.[65]

Diese Analyse legt die Vermutung nahe, dass die USA das Innovationstempo (und die ökonomische Wohlfahrt) erhöhen könnten, wenn sie sich dem skandinavischen Modell annähern würden. Die institutionellen und politischen Reformen würden die Innovationstätigkeit nicht nur direkt fördern, sondern auch dadurch, dass sie die mit Innovationen und Offenheit einhergehende Ungleichverteilung und Unsicherheit reduzieren, mehr Unterstützung für innovative politische Maßnahmen erzeugen und dafür sorgen, dass die durch Innovationen verdrängten Arbeitskräfte in den Arbeitsmarkt zurückgeführt, das heißt umgeschult werden, um sie zu produktiveren wirtschaftlichen Akteuren zu machen. Viele Aspekte des skandinavischen Modells wurden ausdrücklich mit diesem politisch-ökonomischen Gleichgewicht im Hinterkopf konzipiert.[66] Die skandinavischen Länder sind klein. Um zu prosperieren, mussten sie sich der Außenwelt öffnen. Aber Offenheit erlegt vielen Individuen hohe Kosten auf. Und das Gleiche gilt für Innovationen. Und wenn in wirklich demokratischen Gesellschaften die Mehrheit der Bürger Verlierer sind – auch wenn eine Minderheit große »Gewinner« sind –, dann ist es schwer, an einer Politik festzuhalten, die Innovationen und Offenheit fördert.

Um Innovationen und Offenheit langfristig aufrechtzuerhalten, muss man entweder von der Demokratie abrücken (indem man beispielsweise ein System einführt, in dem der Besitz von mehr Geld mit größerem Einfluss verbunden ist), um den Gewinnern einen unverhältnismäßig großen Einfluss auf die Ergebnisse zu verschaffen, oder man muss dafür sorgen, dass es einer Mehrheit der Bürger tatsächlich bessergeht – und genau das ist die Absicht des skandinavischen Modells.

Pioniere und Nachzügler

Nicht alle Länder können Pioniere sein. Tatsächlich wollen viele Entwicklungsländer lediglich die Kluft verringern, die sie von den Industrieländern trennt. Die politischen Instrumente und Maßnahmen, die Lernen in einem nachfolgenden Land fördern, können sich von den für einen Vorreiter optimalen unterscheiden; mit großer Sicherheit dürfte dies insbesondere für die Systeme zum Schutz geistigen Eigentums gelten. Dennoch begünstigt der oben beschriebene ökonomische Ordnungsrahmen (das skandinavische Modell) eine erfolgreiche Aufholjagd eher als das Modell des schrankenlosen Kapitalismus. Wir betonen hier insbesondere die Bedeutung öffentlicher Investitionen in Bildung und Technologie sowie einer Politik, die Lernen fördert – einschließlich staatlicher Eingriffe in den Handel und einer Industriepolitik, die wir später noch ausführlich diskutieren werden.

Selbst Länder, die die Wissenslücke *vollständig* schließen könnten, beschließen womöglich, dies nicht zu tun. Denn mit einem solchen Vorhaben sind Kosten verbunden, die so hoch sein können, dass ein Land es *vorziehen* mag, seine Position hinter dem führenden Land beizubehalten.[67] Es könnte sogar ein internationales Gleichgewicht von Vorreitern und Nachfolgenden existieren.[68]

Überblick

Marktversagen wirkt sich sowohl auf das Angebot und die Preise von Innovationsinputs als auch auf die privaten und sozialen Erträge unter Berücksichtigung von Risiken aus. Das skandinavische Modell versucht, die Unzulänglichkeiten des Marktes umfassend auszugleichen. Politische Maßnahmen, die sich auf das Bildungswesen, die soziale Absicherung (insbesondere von Kindern), die Tätigkeit von Gewerkschaften und auf öffentliche Investitionen in Technologie und Infrastruktur auswirken, sowie eine aktive Arbeitsmarkt- und Industriepolitik tragen nicht nur direkt zum gesellschaftlichen Wohlergehen bei, sondern sie beeinflussen auch das Innovationstempo. Gewisse Merkmale der amerikanischen Spielart des Kapitalismus begünstigen Innovationen, andere hingegen nicht; und während es sich kaum verlässlich beurteilen lässt, wie leistungsstark die US-Wirtschaft etwa im Vergleich mit jener der skandinavischen Länder ist, steht zweifelsfrei fest, dass ihr Erfolg nur zum Teil auf ihre Märkte und den darauf stattfindenden erbarmungslosen Verdrängungswettbewerb zurückgeführt werden kann. Teilweise ist er das Ergebnis eines historischen Zufalls, teilweise geht er auf das Konto gemeinnütziger Universitäten, und teilweise ist er staatlicher Unterstützung zu verdanken.

Sowohl in den Vorreiter- als auch in den nachfolgenden Ländern kommt dem Staat eine wichtige Rolle zu: Er soll durch gezielte politische Maßnahmen Innovationen fördern und dadurch sicherstellen, dass die Wissenslücke nicht größer wird, dass sich Innovationen reibungslos innerhalb der Volkswirtschaft ausbreiten und dass die Mehrheit der Bürger davon profitiert. Wir haben bereits darauf hingewiesen, dass Innovationen ohne geeigneten Ordnungsrahmen dazu führen können, dass die meisten Bürger schlechter gestellt werden, selbst dann, wenn die Gewinner die Verluste derjenigen ausgleichen könnten, die sie hinter sich lassen.

Ob die Regierung eine Politik betreibt, die Innovationen erleichtert, hängt in Demokratien davon ab, welche Folgen

Innovationen für die Mehrzahl der Bürger haben. Das skandinavische Modell hat dadurch, dass es sicherstellt, dass eine Mehrheit der Bürger von Innovationen und Wachstum profitiert, eine Aufwärtsdynamik in Gang gesetzt: ein politisches Regime, das eine innovationsfreundliche Politik unterstützt und sicherstellt, dass die Früchte des daraus resultierenden Wachstums möglichst vielen zugutekommen.[69]

Übergeordnete Betrachtungen: Innovation und das Wesen der Gesellschaft

Innovationen prägen unsere Gesellschaft und werden ihrerseits von ihr geprägt. In den dezentralen Marktprozessen spielt diese Wechselbeziehung – unabhängig davon, ob sie positive oder negative Folgen hat – in der Regel kaum eine Rolle. Wir haben bereits auf zwei Aspekte hingewiesen: die Auswirkungen auf die Arbeitslosigkeit und die Einkommensverteilung.

Bislang haben wir Innovationen im Kontext einer Marktwirtschaft untersucht, in der auf dem Gütermarkt nur eingeschränkt Wettbewerb herrscht, während die Konkurrenz auf dem Arbeitsmarkt vollkommen ist. Aber de facto ist die Mobilität der Arbeit begrenzt, und die Arbeitsmärkte sind von vollkommenem Wettbewerb mehr oder weniger weit entfernt. Die Arbeitgeber steuern den Innovationsprozess, und sie dürften geneigt sein, ihn so zu steuern, dass ihre Verhandlungsposition gegenüber den Arbeitnehmern gestärkt wird, denn dies führt zu niedrigeren Löhnen. Innovationen, welche die Arbeit erleichtern und folglich die Beschäftigung verringern, erzielen genau eine solche Wirkung. Das Gleiche gilt für Innovationen, die es leichter machen, Arbeit durch andere Produktionsfaktoren zu ersetzen. Das Innovationsmuster der letzten Jahre, das für die Mehrzahl der Arbeitskräfte niedrigere Löhne mit sich gebracht hat, dürfte kein Zufall, ja nicht einmal das Ergebnis des Wirkens normaler Wettbewerbskräfte sein; vielmehr könnte es durchaus darauf zurückzuführen sein, dass Arbeitgeber den Innovationsprozess gezielt in einer Weise gestalten, die ihr Wohlergehen auf Kosten der Arbeitnehmer steigert.[70]

Arbeitnehmer und Management interessieren sich nicht nur für die Höhe der Löhne, sondern ihnen liegt auch daran, »Kontrolle« auszuüben. Beispielsweise möchte die Unternehmensleitung vielleicht den Spielraum für »Agency«-Probleme einschränken; diese treten etwa dann auf, wenn Arbeitnehmer während der Arbeitszeit bummeln oder in einer Weise handeln, die nicht im Interesse des Unternehmens ist.[71] Sie können auch versuchen, den individuellen Ermessensspielraum der Arbeitnehmer einzuschränken. Innovationen, die das Vermögen des Managements zur Überwachung und Kontrolle (der Fertigungsstraße, des Just-in-time-Lagerverwaltungssystems) erhöhen, werden möglicherweise vom Management begrüßt, während sie bei den Arbeitnehmern auf Ablehnung stoßen.[72] Solche Veränderungen am Arbeitsplatz haben unter Umständen weitreichende gesellschaftliche Folgen.

Wenn Unternehmen arbeitssparende (-erleichternde) Innovationen vornehmen, dann »lernen sie zu lernen«, das heißt, sie meistern diese Form der Innovation immer besser.[73] Dies verstärkt den Strom der Innovationen zur Erleichterung der Arbeit (und damit zur Einsparung von Arbeitskräften).

Andererseits kann das Leben in einer dynamischeren Wirtschaft und Gesellschaft, die größere Möglichkeiten zur Sammlung neuer Erfahrungen bereithält, für Verbraucher, Arbeitnehmer und Manager erfüllender sein. Auch dieser Nutzen spiegelt sich möglicherweise nicht angemessen in Marktpreisen und Anreizen wider.[74]

Schlussbemerkungen

In diesem Kapitel haben wir erklärt, warum sich die Produktion von Wissen – beziehungsweise warum sich Lernen allgemein – von der Produktion von Stahl oder anderen Gütern unterscheidet. Während die Forschung in den letzten 40 Jahren Zweifel an der Annahme geweckt hat, dass die Märkte effizient sind, ist die Annahme im Fall einer lernenden Volkswirtschaft klar: Es ist unwahrscheinlich, dass Märkte in einem solchen Kontext effizient sind. In einer Innovationsökonomie ist Adam Smiths unsichtbare Hand aus einem schlichten Grund nicht sichtbar: Es gibt keine solche Hand.

In diesem Kapitel haben wir außerdem einige wesentliche Kennzeichen des Lernens und von Innovationen beschrieben (sie zeichnen sich durch fixe, versunkene Kosten aus, sie sind öffentliche Güter, sie sind mit Spillover-Effekten verbunden usw.). Es sind Attribute, die sich von denen gewöhnlicher Güter unterscheiden. Diese Liste erklärt die weite Verbreitung und Bedeutung des mit Lernprozessen verbundenen Marktversagens und verdeutlicht, weshalb Höhe, Ausrichtung und Form von Investitionen in Lernvorgänge auf freien Märkten aller Wahrscheinlichkeit nach nicht optimal sind. Die Existenz von Spillovers zum Beispiel bedeutet, dass sich die lernenden Akteure den sozialen Nutzen ihrer Lernerfolge weder heute noch in der Zukunft vollständig aneignen können. Wir haben als Nächstes eine Reihe weiterer Gründe dafür genannt, dass der Umfang und die Richtung der Innovationstätigkeit in einer Marktwirtschaft manchmal alles andere als optimal sind. Unsere Liste der Bestimmungsfaktoren des Lernens umfasst auch einige gesellschaftliche Schlüsselmerkmale wie Stabilität, die ihrerseits das Ergebnis staatlicher Politik sind; Märkte bieten von sich aus nicht unbedingt die Gewähr für ein optimales Niveau makroökonomischer Stabilität.[75]

Kurzum, wenn der technologische Fortschritt endogen ist, begeht der Markt zahlreiche Fehler: Auf Märkten herrscht im

Allgemeinen kein vollkommener Wettbewerb; der Nutzen von Forschungs- oder Lernprozessen wird wahrscheinlich sowohl in der Gegenwart als auch in der Zukunft auf andere übertragen; Unternehmen, die Forschung betreiben, eignen sich nur einen Teil des sozialen Nutzens ihrer Forschungen an; doch Bemühungen, die Nutzenaneignung zu verbessern, ziehen nur weitere Verzerrungen der volkswirtschaftlichen Aktivitäten nach sich.

Nicht nur die *Ursachen,* sondern auch die Auswirkungen von Marktversagen sind vielschichtig. Sowohl die Höhe der Ausgaben für F&E als auch das Portfolio der F&E-Projekte und die Ausrichtung der Forschung sind verzerrt. Da die Produktion eng mit Lernprozessen verbunden ist, ist das Produktionsniveau und -muster im Vergleich mit der besten Lösung verzerrt. Weil sich Arbeitsverträge auch auf die Arbeitsmobilität und das Ausmaß sowie die Art des Lernens auswirken, sind diese ebenfalls verzerrt (im Vergleich mit dem Zustand in einer Gesellschaft, die danach strebt, so viel wie möglich zu lernen). Die zentrale These dieses Buches lautet, dass jeder Aspekt der Marktwirtschaft (und ganz allgemein unserer Gesellschaft) einer Neubewertung unterzogen werden muss, sobald man die Phänomene des Lernens und der Innovationen in die Betrachtung mit einbezieht. In Teil II dieses Buches werden wir uns eingehender mit wichtigen politischen Fragen befassen, die sich aufgrund dieser Neubewertung stellen.

Betreiben die Märkte zu wenig Forschung?

Eine der zentralen Fragen der Innovations- und Lernökonomik lautet: Investieren die Akteure im Rahmen des Marktmechanismus von sich aus zu wenig in Forschung und Lernen? Da Wissen ein öffentliches Gut ist, liegt es nahe, diese Frage mit ja zu beantworten. Und tatsächlich gibt es überzeugende Argumente dafür, dass die Märkte zu wenig in die Grundlagenforschung investieren – woraus wiederum folgt, dass dem Staat hier eine wichtige Aufgabe zukommt. Aber wie steht es mit der stärker anwendungsbezogenen Forschung? Die meisten Fehlgriffe des Marktes (zum Beispiel diejenigen, die von Unvollkommenheiten des Wettbewerbs und der Unfähigkeit herrühren, sich den Nutzwert von F&E vollständig selbst anzueignen) deuten darauf hin, dass die Märkte tatsächlich zu wenig in Forschung und Lernen investieren – jedenfalls im Vergleich mit dem, was in der besten aller Welten der Fall wäre, und sogar (wie wir in Teil II zeigen) im Vergleich mit einer zweitbesten Welt, in der der Staat nur beschränkte Möglichkeiten hat, in die Wirtschaft einzugreifen.[76] Aber unsere Diskussion hat auch klargemacht, dass die Dinge komplizierter liegen. Unter bestimmten Bedingungen können die privaten die sozialen Erträge übersteigen. Die Folge dessen ist, dass – insbesondere auf bestimmten Gebieten – zu viel Forschung betrieben wird.

Auf Märkten mit unvollkommenem Wettbewerb ist eines der Forschungsziele das Rent-Seeking – das Unternehmen will sich die Monopolrenten aus Patenten oder auch einfach den Wettbewerbsvorteil des Pioniers sichern. Dieses Investitionsmotiv muss sich nicht *ausschließlich* negativ auf die Volkswirtschaft auswirken. Es lässt sich auch zu konstruktiveren Zwecken umwidmen.[77] Aber Rent-Seeking kann hier wie andernorts zu ökonomischen Verzerrungen führen, wenn Unternehmen ihre Forschungsanstrengungen darauf ausrichten, Rivalen ihre Gewinne durch Me-too-Erfindungen abspenstig zu machen.

Es gibt weitere Kräfte, welche die Tendenz von Marktwirtschaften zur Unterinvestition in Lernen und Forschung kompensieren. Frank Knight wies schon vor langer Zeit auf die Neigung von Unternehmern zu irrationalem Optimismus hin – man könnte auch sagen zu irrationalem Überschwang:[78] Unternehmen überschätzen systematisch die Erträge ihrer innovativen Aktivitäten, während sie die Wahrscheinlichkeit des Scheiterns unterschätzen. Unternehmer *müssen* an sich selbst und ihre Fähigkeiten glauben. Aber wenn dem so ist, dann besteht eine gewisse Wahrscheinlichkeit, dass sie insbesondere in bestimmte »aufregende« Gebiete übermäßig viel investieren (einschließlich der Investitionen in F&E und Lernen). Die Investitionen sind gemessen an den erwarteten *privaten* Erträgen unverhältnismäßig hoch, wenn auch nicht unbedingt im Hinblick auf die sozialen Erträge. Tatsächlich gleicht dieser irrationale Überschwang teilweise die Unterinvestitionen infolge des Marktversagens aus, auf das wir uns in diesem Kapitel konzentriert haben.

(Diese scheinbare Irrationalität lässt sich teilweise mit Modellen unvollkommener und asymmetrischer Information erklären; diese Modelle sind vergleichbar mit denen, die den sogenannten Fluch des Gewinners bei Auktionen erklären. Diejenigen Kaufinteressenten, die besonders vielversprechende Informationen erhalten haben, geben die höchsten Gebote ab; aber wenn sie ihr Gebot formulieren, müssen sie berücksichtigen, dass andere weniger günstige Informationen erhalten haben. Dasselbe gilt für die Entscheidung, ein [Forschungs-]Projekt durchzuführen.)

Rechte am geistigen Eigentum

In der öffentlichen Diskussion über Innovationen stehen meist die Folgen der unvollständigen Möglichkeit zur Aneignung der sozialen Erträge von Innovationen im Mittelpunkt. Da dies als das zentrale Problem angesehen wird, ist es nur natürlich, dass sich die Aufmerksamkeit auf gesetzliche Eingriffe zur Verbesserung der besagten Möglichkeit durch strengere Regeln zum Schutz geistigen Eigentums konzentriert.

Unsere Analyse hat gezeigt, dass dieser Ansatz in mehrerlei Hinsicht falsch ist. Erstens konzentriert er sich auf nur eine von mehreren Arten von Marktversagen. Wir haben bereits darauf hingewiesen, dass der Wettbewerb auf Märkten, auf denen Innovationen eine wichtige Rolle spielen, wahrscheinlich unvollkommen ist; schlecht durchdachte Regelungen zum Schutz geistigen Eigentums können diese Unvollkommenheit verschärfen.

Zweitens kann der Versuch, das Problem durch einen strengen Patentschutz zu lösen, nicht nur zu einer unzureichenden Nutzung von Wissen, sondern auch zu Überinvestitionen insbesondere in bestimmten Forschungsfeldern führen. Die Märkte investieren nicht nur zu viel oder zu wenig in Forschung, sie investieren manchmal auch zu viel in bestimmte Arten der Forschung (Me-too-Patente in der Pharmaindustrie oder Forschung, die möglicherweise zu Hold-up-Patenten führt) und zu wenig in andere (vor allem in Grundlagenforschung).

Tatsächlich ist es denkbar, dass das Patentsystem selbst zu weiteren Marktverzerrungen führt – mit strengeren (und vor allem schlecht konzipierten) Regeln zum Schutz geistigen Eigentums, welche die Innovationsgeschwindigkeit insgesamt drosseln und die Ineffizienz des marktgesteuerten Innovationsprozesses erhöhen.

Muster der Forschung und des Lernens

Wie schon gesagt, geht es hier nicht nur um das *Niveau* von F&E oder Lernprozessen. Darüber hinaus besteht die Möglichkeit, dass die Risikobereitschaft in bestimmten Bereichen zu gering und in anderen zu groß ist; die Korrelationen mögen unter bestimmten Umständen zu viel, unter anderen zu wenig Beachtung finden.

Noch beunruhigender ist, dass die *Ausrichtung* der Forschung verzerrt ist. Es gibt eindeutig zu wenig Forschung mit dem Ziel, die (zum Beispiel mit der Erderwärmung verbundenen) Belastungen der natürlichen Umwelt zu reduzieren – was angesichts des Fehlens eines Preises für Kohlenstoffemissionen nicht überrascht – , und auch den Beschäftigungs- und Verteilungsfolgen von Innovationen wird zu wenig Aufmerksamkeit geschenkt.

Unsere Analyse weckt Zweifel an Schumpeters euphorischer Einschätzung der Vorzüge des Marktes bei der Produktion von Innovationen. Schumpeter behauptete (ohne dies jemals zu belegen), der Wettbewerb um eine marktbeherrschende Stellung führe zu einem hohen (vielleicht dem »richtigen«) Innovationsgrad. Zugleich behauptete er, Monopolmacht sei stets eine vorübergehende Erscheinung und werde durch potentielle Konkurrenten in Schranken gehalten.

In Kapitel 5 haben wir diese Ergebnisse hinterfragt: Monopolmacht kann langfristig fortbestehen, und die Bedrohung durch potentielle Konkurrenten kann kostspielige Abschreckungsmaßnahmen mit sich bringen anstelle von Innovationen. Überdies können diese Maßnahmen so erfolgreich sein, dass sie dem Monopolisten hohe Gewinne bescheren.

Während die hohen Gewinne eine Möglichkeit eröffnen, die hohen Anfangsinvestitionen von F&E-Projekten zu finanzieren (was im Kontext unvollkommener Kapitalmärkte besonders wichtig ist), ist dies nicht die beste, das heißt die gerechteste und das Marktergebnis am wenigsten verzerrende Methode der Forschungsfinanzierung. Außerdem sind auch mit temporären Monopolen hohe Kosten verbunden. Abgesehen von den überhöhten Erträgen, die dem Monopolisten zufließen, wird in manchen Fällen ein größerer Teil der Gewinne in Vermarktung und Werbung als in Forschung investiert; dabei sind die Tätigkeiten sowohl im Bereich Marketing und Werbung als auch in der Forschung vor allem darauf ausgerichtet, die Marktmacht zu stärken (durch Verringerung von Nachfrageelastizitäten, Erhöhung der Umstellungskosten und Benachteiligung von Rivalen), anstatt die Wohlfahrt der Verbraucher und der Gesellschaft zu steigern.[79]

Außerdem ließ Schumpeter die Agency-Effekte außer Acht, die zu der Lethargie beitragen, die mit Monopolen oftmals assoziiert wird.

Innovationen und die Förderung individuellen und gesellschaftlichen Wohlergehens

Schumpeters Glaube, der »schumpeterianische Wettbewerb« führe zu gesamtwirtschaftlicher Effizienz ist offenbar unangebracht. Dasselbe gilt für Schumpeters Optimismus bezüglich der Frage, ob tatsächlich *alle* (oder die meisten) Bürger von einem dynamischen Kapitalismus profitieren. Der Kapitalismus des 21. Jahrhunderts bezeugt, dass die Ungleichverteilung so stark zunehmen kann, dass die meisten Menschen schlechter dastehen. In den Vereinigten Staaten sinkt das mittlere Haushaltseinkommen; gegenwärtig ist es (inflationsbereinigt) niedriger als vor 25 Jahren. Zu berücksichtigen ist außerdem der Rückgang des subjektiven Wohlbefindens aufgrund gestiegener Beschäftigungsunsicherheit und Umweltbeeinträchtigung. Für diejenigen, die durch die »Innovationen« des amerikanischen Finanzsystems ihr Eigenheim und ihre Lebensersparnisse verloren haben, dürfte die Vorstellung, dass es ihren Enkelkindern *vielleicht* einmal besser gehen wird, nur ein schwacher Trost sein. (Die Erkenntnis, dass zum Beispiel das mittlere Einkommen männlicher Vollzeitbeschäftigter heute niedriger ist als vor 40 Jahren, mag ebenfalls den Glauben an die *Trickle-down*-Ökonomie erschüttern.)

Die Anhänger der Innovationskraft des Marktes schenken den Verteilungs- und Beschäftigungseffekten selbstverständlich kaum Beachtung. Sie glauben, dass der (nicht durch staatliche Eingriffe beschränkte) Markt den höchsten Grad an Innovation hervorbringt, wodurch das höchste Niveau an sozialer Wohlfahrt erreicht wird. Es wird davon ausgegangen, dass es Gewinner und Verlierer geben wird, dass aber die Gesellschaft insgesamt profitiert; dies bedeutet, dass der Gewinn insgesamt den Verlust mehr als kompensieren wird. Eine naive Version dieses Glaubens an den Markt besagt, dass es keine Verlierer gibt, dass die Wohlfahrtsgewinne irgendwie zu allen durchsickern. Diese Version der *Trickle-down*-Ökonomie ist nicht empirisch belegt – es sollte offensichtlich sein, dass infolge von

Innovationen, die scheinbar das BIP erhöhten, in der Vergangenheit wiederholt eine Vielzahl von Menschen schlechter gestellt wurde.

Eine schwächere Version geht davon aus, dass das höhere Wachstum *auf lange Sicht* allen zugutekommen wird, und dies wäre auch der Fall, wenn nicht gleichzeitig die Ungleichheit zunehmen würde. Aber in den letzten Jahren ging das Wachstum in den Vereinigten Staaten mit einer deutlichen Zunahme der Ungleichverteilung einher, so dass weite Teile der Bevölkerung über längere Zeiträume einen sinkenden Lebensstandard hinnehmen mussten. Und die Zunahme der Ungleichverteilung dürfte zumindest teilweise eine Folge der Innovationen und der Art und Weise sein, wie die Märkte die Innovationstätigkeit gesteuert haben.[80] (Die Politik kann diese Entwicklungen abfedern oder verschärfen; in jüngster Zeit scheinen einige Regierungen zu der Auffassung gelangt zu sein, dass zur Stärkung der Wettbewerbsfähigkeit ihrer Länder Sozialprogramme gekürzt werden müssten, was noch größere Wohlfahrtsverlusten der unteren und mittleren Einkommensgruppen mit sich bringt.)

Schumpeter hatte recht mit der Feststellung, dass die Innovationstätigkeit in den 200 Jahren, auf die er zurückblickte, so dynamisch war, dass fast alle davon profitierten. Aber daraus folgt nicht notwendigerweise, dass dies in den künftigen 100 Jahren ebenfalls so sein wird.

Wenn die Marktpreise verzerrt sind, schenkt der Markt selbstverständlich der Einsparung von Ressourcen, deren Preis unter ihrem eigentlichen Wert liegt, keine ausreichende Aufmerksamkeit. Weil die Preise von Umweltressourcen zu niedrig sind, werden Innovationen zu stark auf die Einsparung von Arbeit und zu wenig auf die Einsparung natürlicher Ressourcen ausgerichtet.

Auch endogene arbeitssparende Innovationen haben höchstwahrscheinlich zu der wachsenden Ungleichverteilung in den hochentwickelten Industriestaaten beigetragen. Staatliche Eingriffe in F&E, die die Ausrichtung der Innovationstätigkeit verändern, erhöhen die Wahrscheinlichkeit, dass es mehr Gewinner als Verlierer geben wird.

In diesem Buch befassen wir uns mit der Frage, wie die öffentliche Hand entweder absichtlich oder unabsichtlich diesen Prozess der schumpeterianischen schöpferischen Zerstörung beeinflusst, und zwar durch eigene Forschungsprogramme (zum Beispiel zur Grundlagenforschung) und die Bedingungen, unter denen er die Ergebnisse dieser Forschungsprogramme zugänglich macht, durch die Formulierung der Rechtsvorschriften zum Schutz geistigen Eigentums (Was muss veröffentlicht werden? Was kann patentiert werden? Woran bemisst sich die Neuheit? Wie breit wird das Patent angelegt? Welche Möglichkeiten hat der Patentinhaber bei einer Patentverletzung?) und durch praktisch alle Aspekte der Rechts- und Wirtschaftsordnung des Landes, einschließlich der Standards für das Wettbewerbsrecht (Wann verstoßen Unternehmen gegen diese Gesetze und welche Sanktionen sind vorgesehen?). All diese Gesetze und politischen Maßnahmen wirken sich auf das Muster und die Richtung der Innovationstätigkeit aus, so dass alle Staaten implizit oder explizit Innovationspolitik betreiben, selbst wenn sie sich dessen nicht bewusst sind. Alles deutet darauf hin, dass das amerikanische Rechtssystem und die Politik der Regierung, gemessen am sozialen Optimum, Finanzinnovationen übermäßig gefördert haben, während andere Arten von Innovationen vernachlässigt wurden, etwa diejenigen, die dem Umweltschutz zugutegekommen wären (mehr durch Unterlassung – nämlich von Maßnahmen zur Bildung angemessener Umweltpreise – als durch das, was sie taten).

Die allgegenwärtigen, für Lernprozesse und Innovationen schädlichen Konsequenzen freien Wettbewerbs, die wir in diesem und dem vorhergehenden Kapitel ausführlich beschrieben haben, werfen die folgende Frage auf: Wie könnte eine optimale oder zumindest eine bessere Ressourcenzuteilung aussehen? Oder allgemeiner gefragt: Welche politischen Eingriffe würden das gesellschaftliche Wohlergehen steigern? Im zweiten Teil dieses Buches analysieren wir, wie optimale Eingriffe im Kontext stark schematisierter Modelle aussehen könnten, während wir im dritten Teil eine breite Palette von Interventionen diskutieren, die geeignet erscheinen, das gesellschaftliche Wohlergehen zu fördern. Einige dieser Eingriffe sind bis ins Detail definiert: Sie bestehen in gezielten Subventionen für einen bestimmten Sektor oder eine bestimmte Technologie. Andere sind allgemeiner gefasst und können (und sollten unseres Erachtens) von Regierungen mit beschränkten Fähigkeiten durchgeführt werden; wir zeigen, dass vieles dafür spricht, dass Entwicklungsländer ihre Industriesektoren (einschließlich ihrer »modernen« Dienstleistungs- und Landwirtschaftssektoren) schützen sollten.

Der Marktmechanismus schafft von sich aus keine lernende Gesellschaft; aber selbst wenn das so wäre, so würde er sich damit schwertun. Die Märkte bräuchten, gemessen an dem, was möglich ist, mehr Zeit, und sie würden in vielen Bereichen zu kurz greifen. Die öffentliche Hand kann das Wachstum junger Wirtschaftszweige fördern, die noch am Anfang ihrer Entwicklung stehen. In den meisten Ländern, die deutliche Entwicklungsfortschritte gemacht und den Übergang von einer stagnierenden zu einer dynamisch lernenden Volkswirtschaft gemeistert haben, hat der Staat genau das getan.

Kapitel 7

Lernen in einer geschlossenen Volkswirtschaft

Einer der wichtigsten Beweggründe dafür, dieses Buch zu schreiben, bestand darin, das Infant-Economy-Argument zu begründen, das dafür spricht, insbesondere junge Volkswirtschaften zu schützen. Das Argument besagt unter anderem, dass ein gewisses Maß an Schutz Lernprozesse begünstigen kann, und Lernen ist in allen Volkswirtschaften und Gesellschaften einschließlich »geschlossener« Systeme bedeutsam. Um die Rolle des Lernens in einer offenen Volkswirtschaft wirklich verstehen zu können, gilt es zu verstehen, wie die staatliche Politik eingesetzt werden kann, um Lernprozesse sogar in einer geschlossenen Volkswirtschaft zu fördern.

In Kapitel 6 haben wir gezeigt, dass das Marktgleichgewicht in einer innovativen und lernenden Gesellschaft im Allgemeinen nicht (pareto-)effizient ist. In diesem und dem folgenden Kapitel werden wir versuchen, diese allgemeinen Prinzipien in konkretere Resultate zu übersetzen und zu zeigen, dass in lernenden Sektoren – insbesondere in Sektoren mit erheblichen Spillovers – zu wenig produziert wird, weshalb staatliche Eingriffe, das heißt Subventionen und Handelsbeschränkungen, wünschenswert sein können. In Teil II werden wir der Frage nachgehen, welche politischen Schlüsse sich aus diesen allgemeinen Prinzipien ziehen lassen.

Das grundlegende Wettbewerbsmodell

In diesem Kapitel werden wir die aufgeworfenen Fragen anhand eines einfachen Modells erörtern. Wir nehmen an, dass es zwei Arten von Gütern gibt – Industriegüter und landwirtschaftliche sowie handwerkliche Erzeugnisse. Wir nehmen an, dass die Produktivität ausschließlich durch Learning by Doing erhöht wird und dass dieses Lernen nur im Industriesektor stattfindet, während sein Nutzen vollständig auf den Agrarsektor übergreift.

Wenn der Staat die Produktion verzerrt, indem er die Produktion von Industriegütern subventioniert, sinkt das gesellschaftliche Wohlergehen *heute*. Das ist das traditionelle Argument, das gegen eine solche »Industriepolitik« vorgebracht wird, das heißt gegen staatliche Maßnahmen, mit denen bestimmte Industriezweige oder Technologien gefördert werden sollen. Aber diese traditionellen Argumente lassen den *zukünftigen* Nutzen außer Acht: Infolge der Expansion des Industriesektors wird mehr gelernt, wovon beide Sektoren profitieren. Das zukünftige gesellschaftliche Wohlergehen wird erhöht.

Es ist *immer* wünschenswert, den Industriesektor bis zu einem gewissen Grad zu unterstützen, solange der Grenznutzen des Lernens ausschließlich positiv ist. Denn im Gleichgewicht »ohne Intervention« sind die Grenzkosten eines kleinen Eingriffs zweitrangig (sie können vernachlässigt werden), während der Grenznutzen der Kostensenkung strikt positiv ist.

In einer geschlossenen Volkswirtschaft (ohne Handel) regt der Staat die Produktion in einem Sektor normalerweise an, indem er sie subventioniert. Allerdings muss er zur Finanzierung der Subvention die Steuern erhöhen, was im Normalfall mit Kosten verbunden ist. Der Umfang der wünschenswerten Subvention hängt also von den Kosten der Beschaffung des benötigten Geldes ab. Wenn es möglich ist, Pauschalsteuern zu erheben, sollte der Staat das tun, wobei er die nicht lernenden Sektoren nicht mit Steuern belasten sollte. Aber selbst wenn die einzige Möglichkeit zur Beschaffung der notwendigen Finanzmittel darin besteht, verzerrende Steuern zu erheben, ist die Subventionierung wünschenswert.

Die Resultate sind allgemeinerer Natur: Indem Teile der Produktion auf Sektoren oder Technologien verlagert werden, in denen viel gelernt wird und die starke Spillover-Lerneffekte erzeugen, kann die Volkswirtschaft Jahr für Jahr ein höheres Wachstum erreichen. In einfachen aggregierten Modellen (von der Art, die die ökonomische Theorie ein halbes Jahrhundert lang beherrscht haben) ist natürlich kein Platz für die Steigerung der Wachstumsrate durch eine Veränderung der Balance zwischen den Sektoren.

Das Ziel des Staats besteht also darin, Sektoren mit hoher Lernelastizität und bedeutenden Spillover-Effekten zu vergrößern. Manchmal lässt sich dies – zumindest in Teilen – am besten dadurch bewerkstelligen, dass man das Wachstum der betreffenden Sektoren *indirekt* anregt, indem man komplementäre Produkte subventioniert (Produkte aus anderen Sektoren, deren Verbrauch infolge einer Preissenkung des im betreffenden Sektor hergestellten Produkts zunimmt, beispielsweise Tee und Zucker) und Substitute besteuert. (Ein komplementäres Produkt ist ein Produkt aus einem anderen Sektor [zum Beispiel Tee], dessen Verbrauch infolge einer Preissenkung des im betreffenden Sektor hergestellten Produkts [zum Beispiel Zucker] zunimmt. Ein Substitut ist hingegen ein Produkt [zum Beispiel Milch], das sich anstelle des betrachteten Produkts [zum Beispiel Limonade] verwenden lässt.) Der Staat kann die Expansion solcher Sektoren auch anregen, indem er das Angebot an öffentlichen Gütern erhöht, die komplementär zu den in den betreffenden Sektoren hergestellten Gütern sind.

Interessant ist, dass der Markt selbst dann ineffizient ist, wenn alle Güter symmetrisch sind. Würden die Individuen heute härter arbeiten, so würden sie mehr lernen, weshalb die Produktivität in der folgenden Periode höher wäre. Aber im vollkommenen Wettbewerb wird dieser Effekt nicht berücksichtigt. Daher sollte der Staat den Einsatz von Arbeit subventionieren.

Das Ausmaß der Verzerrung ist auch hier umso größer, je niedriger die Diskontrate (das heißt je wertvoller der zukünftige Verbrauch) ist, je höher die Elastizität des Lernens ist und je leichter es ist, die Arbeitskräfte dazu zu bewegen, mehr zu arbeiten. Dieser Arbeitsangebotseffekt ist selbstverständlich auch in nichtsymmetrischen Modellen bedeutsam: Sektoren, die Komplemente zu Arbeit (Substitute für Freizeit) sind, sollten gefördert werden, zum Beispiel durch niedrigere Steuern.

Es gibt noch einen allgemeineren Punkt: Man kann die Verzerrungen infolge von Marktversagen nur in einem allgemeinen Gleichgewichtsmodell beurteilen. Ist die Produktion eines Sektors geringer als sozial erwünscht, so ist sie in einem anderen Sektor höher. Unter Einbezug von Lernprozessen ist die Produktion lernender Sektoren im vollkommenen Wettbewerb geringer; die Produktion nichtlernender Sektoren ist demgegenüber höher, und wahrscheinlich ist die Produktion insgesamt ebenfalls zu gering. Das Wettbewerbsgleichgewicht geht also mit Lernraten unterhalb des optimalen Niveaus einher.

Optimale Interventionen

Zuvor haben wir festgestellt, dass ein kleiner Eingriff – eine geringfügige Erhöhung der Produktion von Industriegütern gegenüber dem Wettbewerbsgleichgewicht – in Periode 1 einen zu vernachlässigenden Effekt auf das Wohlergehen der Verbraucher hat. Aber die Verschiebung der zukünftigen Produktionsmöglichkeitenkurven hat erhebliche Auswirkungen auf das Wohlergehen der Verbraucher. Daher ist *ein gewisses Maß* an Interventionen optimal. Aber wenn wir die Verzerrung vergrößern, steigen (typischerweise) die Grenzkosten, während der Grenznutzen sinkt. Das bedeutet, dass es eine optimale Intervention bzw. einen optimalen Betrag an Subventionen geben muss.

Je niedriger die Diskontrate – je mehr Wert wir dem zukünftigen Wachstum beimessen – und je größer der Lernnutzen (je größer die Spillover-Lerneffekte), desto stärker sollten wir die Struktur der Produktion verändern. In einem Modell mit *vollständigen* Spillover-Effekten des Lernens findet die Verzerrung nur im Industriesektor statt, während der Nutzen die gesamte Volkswirtschaft erfasst. Je kleiner der Anteil des verarbeitenden Gewerbes, desto größer ist daher die erwünschte Verzerrung. In Anhang A stellen wir eine einfache Formel zur Ermittlung der optimalen Subvention vor.

Multiple Gleichgewichte und die Möglichkeit einer Gleichgewichtsfalle auf niedrigem Niveau

Der Nutzen des Lernens hängt mit der zukünftigen Größe der Volkswirtschaft zusammen – je größer die Volkswirtschaft, desto größer die Kostenersparnisse durch eine Senkung der Produktionskosten. Je höher die Produktion heute ist, desto niedriger sind die Produktionskosten in der nächsten Periode – und desto größer die Volkswirtschaft in dieser Periode. Es kann mehrere Gleichgewichte geben. Wenn für die nächste Periode eine höhere Produktion erwartet wird, lohnt es sich, heute auf einem hohen Niveau zu produzieren, und in Anbetracht dieses hohen Produktionsniveaus sind die Kosten in der nächsten Periode, für die eine höhere Produktion erwartet wird, niedrig, während die Produktion hoch ist. Die Erwartungen sind gerechtfertigt. Aber es besteht auch die Möglichkeit einer Gleichgewichtsfalle auf niedrigem Niveau, in der die Produktion heute niedrig ist, weil erwartet wird, dass sie in der nächsten Periode niedrig sein wird; und da die heutige Produktion niedrig ist, sind auch die Lernfortschritte gering, weshalb die Produktion in der nächsten Periode tatsächlich gering sein wird.

Angesichts multipler Gleichgewichte dieser Art können staatliche Eingriffe helfen, die Volkswirtschaft von einem Gleichgewicht mit niedrigem Wachstum in ein Gleichgewicht mit hohem Wachstum zu überführen.

Monopol

Sektoren, in denen Lernen stattfindet (oder in denen Innovationen wichtig sind), erzielen steigende Erträge. Sie sind natürliche Monopole oder zeichnen sich wahrscheinlich zumindest durch einen begrenzten Wettbewerb aus. Weiter oben in diesem Buch haben wir gezeigt, dass Monopole insofern Wettbewerbsmärkten vorzuziehen sind, als sie die externen Lerneffekte internalisieren. Sie wissen, dass sie, wenn sie mehr produzieren, mehr lernen und dass folglich ihre Kosten sinken werden. Da sie sich dieses zukünftigen Vorteils bewusst sind, nähern sie die Produktion des mit Lernprozessen verbundenen Gutes dem Niveau an, das eine optimale staatliche Intervention angepeilt hätte. Dieser »Internalisierungseffekt« gleicht die normale Ausübung ihrer Monopolmacht aus, die eine *Beschränkung* der Produktion mit sich bringen würde.

Aber während in Volkswirtschaften mit Monopolen beziehungsweise monopolistischem Wettbewerb *ein gewisses Maß* an Internalisierung des Lernnutzens stattfindet, berücksichtigt das Unternehmen – abgesehen davon, dass es die intersektoralen Lerneffekte weiterhin nicht internalisiert, auch die Nachfrageeffekte nicht: Die Aktionen des Unternehmens f (welches das Produkt j anbietet) wirken sich auf die Nachfrage nach Produkt i und damit das Gleichgewichtsniveau der Innovationstätigkeit in diesem Sektor aus (sogar bei Abwesenheit von Spillover-Effekten). Darüber hinaus gibt es Arbeitsangebotseffekte auf der Ebene der Gesamtwirtschaft (die wir weiter oben beschrieben haben), die die Unternehmen nicht berücksichtigen.

Zusätzlich erschwert wird die Analyse dadurch, dass selbst in Abwesenheit von Lerneffekten das allgemeine Gleichgewicht bei monopolistischem Wettbewerb (sei es mit einer feststehenden oder einer variablen Anzahl von Unternehmen) im Allgemeinen nicht paretoeffizient ist. Dixit und Stiglitz haben gezeigt, dass das Marktgleichgewicht (unter Vernachlässigung von Lernprozessen) effizient ist, wenn es keine Markteintrittsbarrieren gibt, wenn die Eintrittskosten fix und für alle Unternehmen gleich sind sowie wenn Symmetrie und eine konstante Elastizität der Nachfragekurven gegeben sind.[1] Sind diese idealen Bedingungen nicht erfüllt, so ist das Marktgleichgewicht nicht effizient.[2]

Trotzdem können wir etwas über die Natur der Verzerrungen im Monopolfall sowie über die wünschenswerten Formen staatlicher Intervention sagen. In der folgenden Diskussion müssen wir zwei Arten von Vergleichen trennen: den Vergleich des Gleichgewichts im Monopolfall beziehungsweise im Fall der monopolistischen Konkurrenz mit dem Wettbewerbsgleichgewicht *ohne* optimale und *mit* optimalen Subventionen. Unter Einbezug optimaler Subventionen ist das gleichgewichtige Innovationsniveau im Monopolfall geringer als im Fall vollkommenen Wettbewerbs. Die subtilere Frage aber lautet: Bringt auch der vollkommene Wettbewerb ohne Subventionen mehr Innovationen hervor als das nichtsubventionierte Monopol?

Wenn die Nachfrageelastizität relativ gering ist, ist die Wahrscheinlichkeit höher, dass der Effekt der Nachfragebeschränkung dominiert. Ist die Diskontrate niedrig und die Lernelastizität hoch, so ist es wahrscheinlicher, dass der »Internalisierungseffekt« dominiert. Wenn der Internalisierungseffekt groß genug ist, dann hat der Nutzen des Lernens größeres Gewicht, das heißt, dann ist der zukünftige Konsum aufgrund der niedrigeren Produktionskosten so viel höher, dass der zukünftig höhere Nutzen die Verluste aufgrund der gegenwärtigen Monopolverzerrung überwiegt.[3] Daher ist es *möglich*, dass der Output des lernenden Sektors in einem Monopol (anfangs) höher ist als im Wettbewerbsgleichgewicht. Aber das ist nicht zwangsläufig so. Wenn dieser Fall nicht eintritt, leidet die Volkswirtschaft sowohl unter der kurzfristigen Verzerrung als auch unter dem langfristig verlangsamten Wachstum. Wenn er eintritt, dann profitiert die Wirtschaft davon, dass sie dem sozialen Optimum näher ist. Da das Wachstum höher als im Wettbewerbsgleichgewicht ist, wird schließlich sogar der Konsum – der durch die Ausübung der Monopolmacht eingeschränkt wird – höher sein, selbst ohne Internalisierung der Lerneffekte.

Wir können einige Bedingungen bestimmen, unter denen es wahrscheinlicher ist, dass in einem Monopol mehr gelernt wird als im Wettbewerb. *Je größer die Elastizität des Arbeitsangebots ist, desto wahrscheinlicher ist es, dass das Innovationsniveau im Monopol höher ausfällt als unter Wettbewerbsbedingungen. Auf der anderen Seite ist das Innovationsniveau im Monopol bei einer ausreichend geringen Nachfrageelastizität, einem geringen Maß an Lernen und Lernelastizität und einer hohen Diskontrate niedriger als im Konkurrenzfall.*

Ein höheres Maß an Lernen im Monopol kann noch immer mit einem geringeren Nutzenniveau in Verbindung gebracht werden. Selbst wenn die Grenzen der Produktionsmöglichkeiten durch Lernen im Monopolfall weiter hinausgeschoben werden, kann der Nutzen für die Konsumenten aufgrund der mit dem Monopol einhergehenden Verzerrungen geringer sein. Damit haben wir drei verschiedene Möglichkeiten: (1) Wird wenig gelernt, so gilt das traditionelle Resultat. Konsumentenwohlfahrt und Innovationen sind in beiden Perioden geringer. (2) Wird viel gelernt, so ist die erwartete Konsumentenwohlfahrt in beiden Perioden größer, so dass die Verbraucher eindeutig bessergestellt werden. (3) Im zwischengelagerten Fall können die Innovationen höher ausfallen, doch wenn die Verbraucher in Periode 1 bessergestellt werden, so genügt dies nicht, um die infolge der Macht des Monopolisten eintretenden Wohlfahrtsverluste in Periode 2 auszugleichen – trotz dessen, dass sich die Produktionsmöglichkeitenkurve nach außen verschiebt.

Im symmetrischen Fall des monopolistischen Wettbewerbs, in dem es nicht zu einer Verzerrung der Konsumstruktur kommt, gibt es immer noch eine Verzerrung des Arbeitsangebots (wie es im Wettbewerbsmodell der Fall war): Die Ausübung der Monopolmacht verringert die Reallöhne, und dies führt (normalerweise) zu einem geringeren Arbeitsangebot, einer geringeren Produktion und geringerem Lernen. Das ist stets der Fall bei kurzsichtigen (myopischen) Monopolisten (die den Nutzen zukünftigen Lernens nicht berücksichtigen). *Das myopische Monopol ist im symmetrischen Fall eindeutig schlechter als der Wettbewerb; selbst wenn beide den Nutzen des Lernens nicht berücksichtigen, ist das Wachstum im Wettbewerbsfall größer als im Monopolfall.*

Ein nichtmyopisches Monopol internalisiert den Lernnutzen, was unklare Resultate zur Folge hat. Wie weiter oben bereits gesagt, kann das Monopol vorteilhaft sein, wenn die Lernelastizität hoch, der Diskontfaktor niedrig und die Nachfrageelastizität hoch ist.

Wenn der Staat die Monopolmacht beseitigen und – wie im vorigen Abschnitt beschrieben – mit optimalen Subventionen intervenieren kann, sollte er das offenkundig tun. Wenn er es nicht kann – wenn er also mit dem Monopol leben muss –, dann ist es noch immer wünschenswert, das Monopol zu subventionieren (und Verteilungsbedenken beiseitezulassen). Da ein Monopolist einen Preis oberhalb der Grenzkosten verlangt, bewirkt eine Subvention pro Outputeinheit eine stärkere Preissenkung, eine stärkere Steigerung des Outputs und damit größere Lernfortschritte als eine vergleichbare Subvention pro Einheit auf einem Markt mit Wettbewerb. Die Höhe des Grenznutzens einer gegebenen Subvention pro Einheit ist nicht ganz klar; da die Produktion aufgrund der Produktionsbeschränkung des Monopolisten in der nächsten Periode geringer ist als die Produktion im Wettbewerbsgleichgewicht mit optimalen Subventionen, ist der Grenznutzen des zusätzlichen Lernens geringer, aber eine Subvention hat den zusätzlichen Vorteil, dass sie zur Korrektur der durch die Macht des Monopolisten bedingten Unterproduktion der Industriegüter beiträgt.

Abschließende Bemerkungen

In diesem Kapitel haben wir drei zentrale Erkenntnisse aus Teil I näher betrachtet: (a) Der Industriesektor dürfte innovativer sein als beispielsweise die Landwirtschaft und erhebliche Spillover-Effekte zugunsten anderer Sektoren ausüben. (b) Sofern die Spillover-Effekte unvollkommen sind, findet auf den Märkten kein Wettbewerb statt. (c) Die Märkte sind nicht effizient, unabhängig davon, ob die Anbieter miteinander konkurrieren oder nicht. Wir haben gesehen, dass (a) im Fall von Wettbewerb der Industriesektor zu klein ausfällt, weshalb Subventionen wünschenswert sind – selbst dann noch, wenn die Mittel für ihre Finanzierung durch eine verzerrende Besteuerung beschafft werden, (b) der Industriesektor unter den Bedingungen monopolistischen Wettbewerbs je nach der relativen Bedeutung des Nutzens, der aus der Internalisierung des Lernens gezogen wird, größer oder kleiner ist als im Wettbewerbsgleichgewicht, (c) es im monopolistischen Wettbewerb, sofern es intersektorale Spillover-Effekte von Lernprozessen gibt, ungeachtet von Verteilungseffekten wünschenswert ist, den Industriesektor zu subventionieren, um seine Expansion anzuregen, (d) Ineffizienzen nicht nur bei der Struktur des Outputs auftreten, sondern auch beim Arbeitsangebot – typischerweise ist es aufgrund der mit einer höheren Produktion verbundenen Lernfortschritte normalerweise suboptimal.

Hätten wir genaue Kenntnisse der Nachfrage-, Produktions- und Lernfunktionen, so könnten wir »optimale Interventionen« konzipieren, indem wir kurzfristige Verzerrungen gegen langfristigen Nutzen abwägen. Doch auch ohne solche Detailkenntnisse ist es wünschenswert, das Wachstum von Sektoren mit größeren Lernelastizitäten und stärkeren externen Effekten (zum Beispiel die Industrie) anzuregen – wenn wir diese Sektoren denn identifizieren können. Weiter unten in diesem Buch werden wir zeigen, wie sich dies mit breitangelegten Maßnahmen wie einer Änderung der Wechselkurse bewerkstelligen lässt.

Schumpeter hielt Monopole für vorteilhaft. Im Kontext unseres Lernmodells besteht der zentrale Vorteil eines Monopols darin, dass es externe Lerneffekte internalisiert. Aber wie wir festgestellt haben, ist der Preis dafür hoch, nämlich eine Tendenz zur Unterproduktion. Im Fall von Investitionen in F&E bedeutet dies einen geringeren Anreiz zu forschen. Im Fall der Lernmodelle, auf die wir uns in diesem Buch konzentrieren, bedeutet es weniger Lernen. Wir haben Bedingungen beschrieben, unter denen der Nutzen der Internalisierung der externen Lerneffekte innerhalb der Branche die Kosten der monopolistischen Marktverzerrung aufwiegt.

In jedem Fall lässt sich Schumpeters enthusiastische Haltung der Marktform des Monopols gegenüber nicht rechtfertigen, denn mit staatlichen Eingriffen lassen sich bessere Ergebnisse erzielen. Der Staat kann den lernenden Sektor subventionieren und die Subventionen mit einer Steuer auf den anderen Sektor oder, sofern machbar, mit einer Pauschalsteuer finanzieren.[4]

Anhang A
Diagrammatische Darstellung

Die hier beschriebenen grundlegenden Konzepte lassen sich anhand von einfachen Diagrammen illustrieren. Nehmen wir an, dass beide betrachtete Güter (ein Industrie- und ein Agrarprodukt) in beiden Perioden unter Einsatz von Arbeit mit einem fixen Input pro Outputeinheit erzeugt werden. K_A sei der Konsum von Agrargütern und K_I der Konsum von Industriegütern. Bei einem fixen Arbeitsangebot verläuft die Produktionsmöglichkeitenkurve linear wie in Abbildung 7.1 dargestellt.

Wir nehmen an, dass nur im Industriesektor Lernfortschritte erzielt werden, dass mit steigender Produktion mehr gelernt wird und dass es umfassende Spillovers auf den anderen Sek-

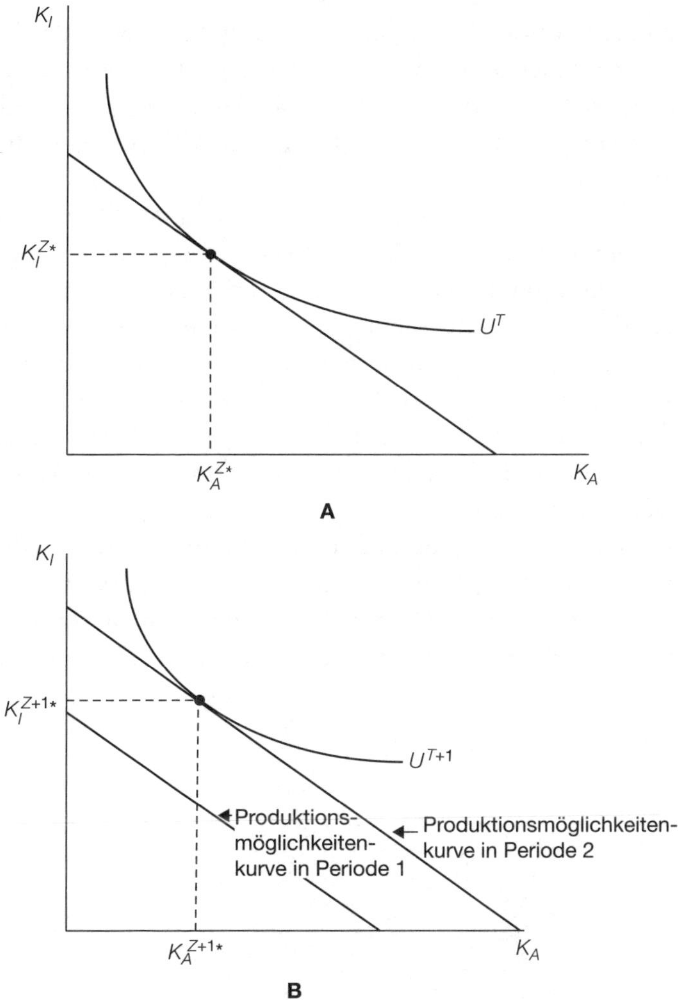

Abbildung 7.1: Gleichgewicht unter Wettbewerbsbedingungen

tor gibt. Letzteres bedeutet, dass die Steigung der Produktionsmöglichkeitenkurve in Periode 2 dieselbe ist wie in Periode 1.

Das Wettbewerbsgleichgewicht, in dem kein Unternehmen dem Lernnutzen Aufmerksamkeit schenkt, entspricht dem Punkt, in dem die Indifferenzkurve die Produktionsmöglichkeitenkurve tangiert. Es wird mit $\{K_A^{Z*}, K_I^{Z*}\}$ bezeichnet. Es wird eine gewisse Menge gelernt, womit die Grenze der Produktionsmöglichkeiten nach außen verschoben wird, so dass in der nächsten Periode (dargestellt als Z + 1) mehr von beiden Gütern konsumiert wird, wie im unteren Teil von Abbildung 7.1 zu sehen.

Abbildung 7.2 zeigt, was geschieht, wenn der Staat die Industriegüter zum Zeitpunkt Z subventioniert. Dieser Eingriff verzerrt die Produktion und verringert den Nutzen zum Zeitpunkt Z, aber es wird mehr gelernt, wodurch die Produktionsmöglichkeitenkurve nach außen verschoben wird und die Wohlfahrt zum Zeitpunkt Z + 1 steigt. Bei geringen Subventionen ist die Verzerrung in Periode 1 im Vergleich mit dem Lernnutzen gering (zweiter Ordnung): Ein gewisses Maß an Subventionen ist immer optimal.

Abbildung 7.3 zeigt den Effekt des Monopols im Industriesektor. Wird nicht gelernt, so ist die Produktion des Industrieguts geringer als im Wettbewerbsgleichgewicht (in der Landwirtschaft werden mehr Ressourcen eingesetzt). Dieser Effekt

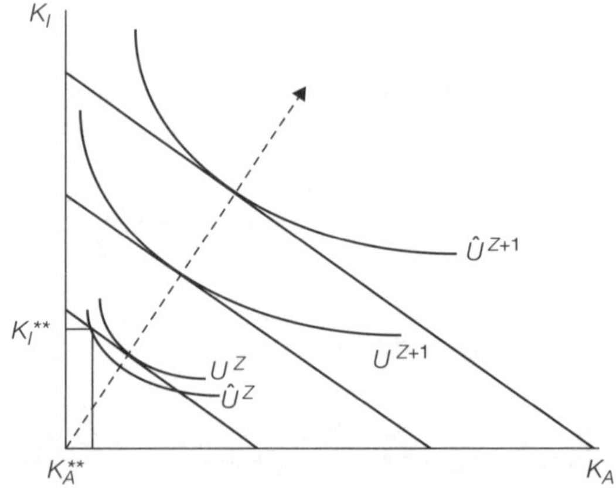

Abbildung 7.2: Eine Steigerung der Produktion von Industriegütern über K_I^{Z*} hinaus verringert den Nutzen in Periode Z geringfügig, führt aber zu einer erheblichen Steigerung des Nutzens in der Folgeperiode. Û stellt das periodische Nutzenniveau dar, das sich im Zuge der Abweichung vom Wettbewerbsgleichgewicht ergibt.

wird durch die Internalisierung des Lernens ausgeglichen. Im dargestellten Fall überwiegt der Internalisierungseffekt den Monopoleffekt, und zum Zeitpunkt Z ist die Produktion von Industriegütern höher als im Wettbewerbsgleichgewicht. Das bedeutet, dass sich die Produktionsmöglichkeitenkurve im Zeitpunkt Z + 1 im Vergleich mit ihrer Position im Wettbewerbsgleichgewicht nach außen verschoben hat. Aufgrund des Monopoleffekts ist der Nutzen bei Z + 1 nicht so hoch, wie er *aufgrund der besseren Produktionsmöglichkeitenkurve* hätte sein können. Dennoch ist er höher als im Wettbewerbsgleichgewicht. Natürlich ist unklar, ob der Gesamtnutzen zugenommen hat. Im dargestellten Fall, in dem die Lernfortschritte groß sind, würde der Gesamtnutzen steigen, sofern der zukünftige Konsum nicht erheblich diskontiert wird.

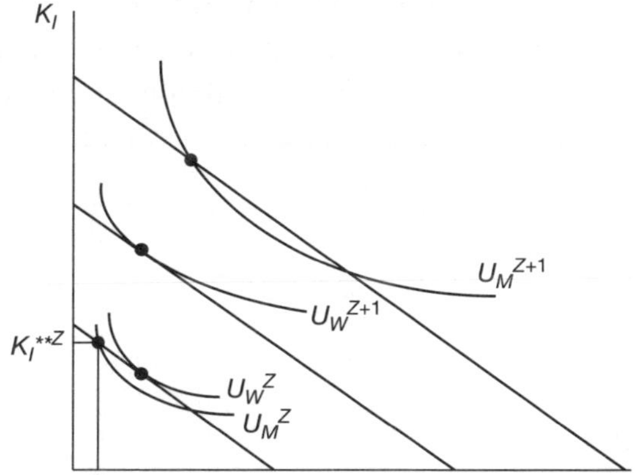

Abbildung 7.3: Ein Monopolist könnte seine Produktion in Periode 1 (in Relation zum Wettbewerbsgleichgewicht) steigern, wenn er die mit der Produktion verbundenen Lerneffekte berücksichtigt. Das würde bedeuten, dass die Produktionsmöglichkeitenkurve in der zweiten Periode weiter rechts außen liegt, und zwar in einem Umfang, dass der höhere Nutzen in Periode 2 ausreicht, um die Nutzeneinbußen aufgrund der Mehrproduktion von Industriegütern (im Verhältnis zum statischen Gleichgewicht) auszugleichen. In diesem Fall wäre das Marktergebnis im Monopol dem Marktergebnis im Fall von Wettbewerb vorzuziehen. U_K repräsentiert den Nutzen im Wettbewerbsgleichgewicht.

Anhang B
Optimale Interventionen

Wir können einfache Formeln ableiten, welche die optimale Subventionierung für Industriegüter beschreiben. Das allgemeinste Ergebnis deckt sich mit dem Ramseys bezüglich der Frage der optimalen Besteuerung: Die prozentuale Verringerung des Konsums (auf der kompensierten Nachfragekurve) jedes Gutes sollte proportional zum *gesamten* Grenznutzen des Lernens sein, der durch eine Anregung des Konsums von Sektor *i* (in einer geschlossenen Volkswirtschaft identisch mit der Produktion) erreicht wird, wobei die Effekte auf andere Sektoren durch die Anregung des Lernens in anderen Sektoren (infolge der Kreuzelastizität der Nachfrage) und aufgrund von Spillover-Lerneffekten berücksichtigt werden. Während die allgemeine Darstellung kompliziert ist, erhalten wir bei zwei Gütern und trennbaren Nachfragefunktionen (in denen die Nachfrage nach einem Gut ausschließlich von seinem eigenen Preis abhängt):

$$Z_I = - \rho h v / s_I \qquad (1)$$

wobei

$$v = A^{Z+1} / A^{Z} \qquad (2)$$

die Relation des Arbeitsinputs in den beiden Perioden darstellt; h ist die Elastizität der Lernkurve (die prozentuale Kostensenkung in Periode 2 infolge eines prozentualen Anstiegs der Produktion in Periode 1), r ist der Betrag, um den der zukünftige Konsum diskontiert wird,[5] und *sI* der Teil der Arbeitsmenge, der den Industriegütern in Periode 1 eingesetzt wird.

Wir erhalten eine bemerkenswert einfache Formel für die optimale Subventionierung des Industriesektors.[6] Die Subvention sollte umso höher sein, je höher der Wert des zukünftigen

Einkommens (r) und die Lernelastizität (h) sind und je geringer der Anteil der Industriegüter am Output ist. Der Nutzen des Lernens in Relation zu den Verzerrungskosten ist umso größer, je größer die relativen Skaleneffekte in der Zukunft sein werden, das heißt je größer v.

Das vielleicht überraschendste Ergebnis ist, dass die optimale Subvention *nicht* von der Nachfrageelastizität abhängt (ein Ergebnis, das vom Standardresultat in der Theorie der optimalen Besteuerung abweicht). Der Grund dafür ist, dass sowohl die Kosten (die Verzerrung) als auch der Nutzen (die mit einer Senkung der Produktionskosten einhergehende Konsumentenrente) von den (kompensierten) Nachfrageelastizitäten abhängen und die Effekte einander vollständig ausgleichen.

Kapitel 8

Das Infant-Economy-Argument für Beschränkungen des internationalen Handels: Handelspolitik unter Einbezug von Lernen

Die herkömmliche volkswirtschaftliche Vorstellung besagt, dass der Freihandel die wirtschaftliche Effizienz erhöht und damit das Wachstum fördert. Tatsächlich gibt es kaum volkswirtschaftliche Postulate, über die größere Einigkeit unter den konventionell denkenden Ökonomen herrscht als über diejenigen, die die Vorzüge des Freihandels begründen.[1,2]

Aber im »Lernkontext«, auf den wir uns hier konzentrieren, können (sowohl technologische als auch institutionelle) Spillovers innerhalb von Ländern, die sich auf verschiedene Industriesektoren erstrecken, entscheidend zum Wachstum beitragen. Wie wir gesehen haben, gilt es, zwischen statischen (In-)Effizienzen und dynamischen Vorteilen abzuwägen. In den vorhergehenden Kapiteln haben wir gesehen, wie die Produktion in früheren Perioden (insbesondere in Sektoren mit hoher Lernelastizität und erheblichen Spillover-Lerneffekten) über das mit statischer Ineffizienz einhergehende Niveau hinaus gesteigert wurde, um die Produktion in späteren Perioden zu erhöhen. In einer offenen Volkswirtschaft ist vor allem abzuwägen zwischen den mit komparativen Vorteilen verbundenen statischen Effizienzen einerseits und den mit beschleunigtem Lernen (erreichbar durch eine alternative Ressourcenallokation) einhergehenden dynamischen Vorteilen andererseits. Zu diesen dynamischen Vorteilen sind natürlich auch jene zu zählen, die sich aus lokalen Spillover-Lerneffekten ergeben.[3]

Staatliche Eingriffe in den Marktmechanismus sind wünschenswert, um nach Möglichkeit durch Handelsbeschränkungen das Wachstum von Sektoren anzuregen, in denen mehr gelernt wird und die Spillover-Lerneffekte größer sind. Wir sprechen in diesem Zusammenhang vom Infant-*Economy*-Argument für Handelsbeschränkungen: Die Lernfortschritte dürften insbesondere in denjenigen Ländern groß sein, die einen großen Wissensrückstand gegenüber weiter entwickelten Ländern haben.

Bevor wir das Argument im Detail erläutern, wollen wir uns einem anderen, bereits seit langem bekannten Argument für Schutzmaßnahmen zuwenden, das auf den ersten Blick ähnlich erscheint: dem Infant-*Industry*-Argument.

Das Infant-Industry-Argument

Das Infant-Industry-Argument für Handelsbeschränkungen besagt, dass Entwicklungsländer ihre »unreifen« Industriezweige schützen sollten, damit diese (durch Learning by Doing) ihre Produktivität erhöhen können, um sich später im Wettbewerb mit den entwickelten Ländern behaupten zu können. Ohne einen solchen Schutz wären die Volkswirtschaften der Entwicklungsländer weit stärker darauf angewiesen, Güter in traditionellen Sektoren zu erzeugen, in denen die Produktivität nur langsam wächst.[4]

Wie wir in Kapitel 4 erläutert haben, geht der Lernprozess im Industriesektor schneller vonstatten als im Agrarsektor,[5] weshalb es natürlich ist, wenn ein Entwicklungsland die Entwicklung in diesem Sektor vorantreiben will. Aber im Industriesektor hat ein Entwicklungsland keinen komparativen Vorteil: Ohne staatliche Eingriffe kann es nicht in diesem Sektor aktiv werden und folglich nicht lernen. Die Befürchtung der Vertreter des Infant-Industry-Arguments war es nun, dass freie Märkte die Unternehmen der Entwicklungsländer daran hindern würden, in dynamischere Sektoren vorzudringen, vor allem dann, wenn Lerneffekte in den Unternehmen externalisiert werden (denn dann hat kein Unternehmen einen Anreiz, die für Aufholprozesse erforderlichen Investitionen vorzunehmen).

Würden sie hingegen geschützt, so könnten die Unternehmen in die dynamischeren Märkte vordringen. Zum Beispiel würden infolge von Learning by Doing die Grenzkosten sinken, womit sie schließlich wettbewerbsfähig würden. Ohne Schutz könnten sie nicht lang genug überleben, um in den Genuss des Nutzens zu kommen, den sie aus neuen Erkenntnissen ziehen.

Es spricht einiges für das Infant-Industry-Argument. Protektionistische Maßnahmen trugen wesentlich zur Entwicklung vieler europäischer Länder bei.[6] Kritiker weisen jedoch darauf hin, dass diese »Kinder« anscheinend nie erwachsen werden, sondern der Gesellschaft hohe Kosten auferlegen. Wir werden uns an anderer Stelle mit diesen Einwänden befassen; hier sei nur gesagt, dass wir ihnen für das Infant-*Economy*-Argument sehr viel geringere Relevanz beimessen als für das Infant-*Industry*-Argument. Wir werden erklären, warum staatliche Subventionen sogar dann wünschenswert sein können, wenn der subventionierte Sektor *nie* vollkommen wettbewerbsfähig wird.

Ein weiterer Einwand der Kritiker lautet: Wäre es tatsächlich so, dass diese Unternehmen schließlich wettbewerbsfähig werden, so sollten sie auch in der Lage sein, in der Gegenwart Kredite aufzunehmen.[7] Es lässt sich leicht zeigen, dass in einem langfristigen dynamischen Modell (das heißt in einem, in dem die Unternehmen unter Berücksichtigung ihres zukünftigen Lernens den Gegenwartswert ihrer Gewinne maximieren) die relevanten Grenzkosten der Produktion *sinken,* weil die heutige Produktion die Grenzkosten verringert, die sie in der Zukunft tragen müssen.[8] Daher wäre es für sie optimal, heute mit Verlust zu arbeiten. Die Gegner von Schutzmaßnahmen erklären, dass diese Unternehmen, wären sie tatsächlich wettbewerbsfähig, in der Lage sein *sollten,* Kredite zur Finanzierung ihrer Lernprozesse aufzunehmen. Folglich gäbe es keine Notwendigkeit für staatliche Eingriffe.

Unvollkommene Kapitalmärkte, unvollkommene Information und das Infant-Industry-Argument für Protektion

Aber insbesondere in Entwicklungsländern erhalten die Unternehmen keinen Kredit, vor allem nicht aufgrund von Aussichten auf Gewinne in der Zukunft (ohne Stellung von Sicherheiten). Die Theorie der unvollkommenen und asymmetrischen Information erklärt, warum das so ist.[9]

Die Antwort der Kritiker des Infant-Industry-Arguments lautet, dass der Staat einschreiten sollte, um *dieses* Marktversagen zu korrigieren, anstatt ein neues wirtschaftspolitisches Problem zu schaffen. Ihrer Meinung nach sollte der Staat einfach zu marktüblichen Zinsen jene Kredite bereitstellen, zu denen die Unternehmen Zugang hätten, wenn die Kapitalmärkte besser funktionieren würden.

Bis zu einem gewissen Grad haben die ostasiatischen Länder genau dies getan.[10] Dort stellte der Staat jenen Unternehmen, die in seinen Augen ein größeres Lernpotential hatten, Kapital zur Verfügung. Aber diese Länder begnügten sich nicht damit, nur allein das Versagen der Finanzmärkte auszugleichen.

Es gibt zwei Gründe dafür, dass eine einfache Korrektur dieser Fehler nicht genügt. Der erste, der das Hauptthema dieses Buches ist, lautet, dass Märkte und Volkswirtschaften, in denen Innovationen (Lernen) eine wichtige Rolle spielt, unter multiplem Marktversagen leiden. Korrigiert man einen Fehler des Marktes – den mangelnden Zugang zu Kapital –, so bleiben zahlreiche andere Fehler bestehen, die teilweise viel bedeutsamer sind. Die ostasiatischen Länder korrigierten nicht nur die Fehler der Finanzmärkte. Sie nutzten den Zugang zu knappem Geld auch als Instrument der Industriepolitik, um Sektoren mit erheblichen technologischen Spillovers anzuregen.

Die zweite Antwort auf den Vorschlag, Subventionen oder Kredite für Unternehmen nicht zusätzlich zu, sondern *anstelle von* Schutzmaßnahmen einzusetzen, lautet, dass dieser Ansatz die Unvollkommenheit der Information als wesentlichen Faktor der Unvollkommenheit der Kapitalmärkte nicht umfassend berücksichtigt. Der Staat kann möglicherweise nicht besser als die privaten Teilnehmer auf den Kapitalmärkten beurteilen, welche *Unternehmen* ihre Kredite wahrscheinlich zurückzahlen werden. (Wie wir im Folgenden erklären, braucht man ganz unterschiedliche Informationen, um zu beurteilen, welche Industriezweige oder Sektoren größere Potentiale zum Erwerb von Wissen und zur Erzeugung von Spillover-Lerneffekten haben.)[11]

Es gibt eine gewisse Ähnlichkeit zwischen dem Einsatz von Patenten zur Finanzierung von Forschung und dem Einsatz von Schutzinstrumenten zur Finanzierung junger Industriezweige. Die staatliche Forschungsfinanzierung kann sehr viel effizienter sein und einige der mit dem Patentsystem einhergehenden statischen und dynamischen Ineffizienzen vermeiden (siehe Kapitel 12). Aber dann muss der Staat entscheiden, *welche* Forscher finanziert werden sollen, so wie die Kapitalmärkte entscheiden müssen, welche Entrepreneure sie finanzieren sollen.[12]

Sowohl das Patentsystem als auch Schutzmaßnahmen sind offen für Eigenselektion. Beim Patentsystem gehen die Unternehmen selbst Risiken ein, und belohnt werden diejenigen, die Glück haben oder klug sind. Schätzt ein Unternehmen die Situation falsch ein, so muss es die Konsequenzen tragen. Dasselbe gilt für Schutzmaßnahmen oder, wie wir später sehen werden, für andere, breitangelegte Eingriffe wie Wechselkursanpassungen.[13]

Warum es von Vorteil sein könnte, den dynamischeren Sektoren fernzubleiben

Das gerade beschriebene Marktversagen liefert an sich kein vollkommen kohärentes Argument für handels- und industriepolitische Eingriffe. Dem Infant-Industry-Argument für Handelsbeschränkungen liegt der Glaube zugrunde, dass ein

Land benachteiligt ist, wenn seine Unternehmen nicht in Sektoren mit hohem Produktivitätswachstum tätig werden können. Das ist jedoch nicht zwangsläufig der Fall.

Der Grund dafür ist, dass alle Länder, vermittelt durch niedrigere Preise, von Lerneffekten in den dynamischeren Volkswirtschaften profitieren, solange auf den Märkten Wettbewerb herrscht. Der Eintritt seiner Unternehmen in einen dynamischeren Sektor garantiert einem Land keine höheren (Innovations-)Renten. Und jene Länder, deren Unternehmen nicht in dem besagten Sektor tätig werden, profitieren vom Lernen anderswo, *solange auf den globalen Märkten Wettbewerb herrscht.*

Unter Wettbewerbsbedingungen sinken die Preise im dynamischen Sektor proportional zur Zunahme der Produktivität; während der Erlös pro Outputeinheit proportional zur Produktivität sinkt, bleibt der Erlös pro Stunde unverändert. Die Volkswirtschaften mit dem dynamischen Sektor profitieren in Gestalt von Kostensenkungen von Lerneffekten. Länder, die sich auf die weniger dynamischen Sektoren spezialisiert haben, sollten diejenigen Länder nicht beneiden, die sich auf den anscheinend dynamischeren Sektor spezialisiert haben. Sie kommen in den Genuss günstigerer Preise für die Güter, die im dynamischeren Sektor erzeugt werden.

In dieser Analyse werden jedoch zwei entscheidende Merkmale von Märkten im Kontext von Lernen und Innovationen qua Annahme ausgeschlossen. Wir haben sie in den Kapiteln 5 und 6 bereits behandelt: Spillover-Lerneffekte und unvollkommener Wettbewerb. Jedes dieser Merkmale ist für sich genommen ein überzeugender Grund für handels- und industriepolitische Interventionen, und gemeinsam liefern sie noch überzeugendere Argumente für staatliche Eingriffe (dies gilt umso mehr in Verbindung mit den anderen Faktoren für Marktversagen, die wir an anderer Stelle behandelt haben).

Vom Infant-Industry-Argument zum Infant-Economy-Argument

In diesem Buch gehen wir der Frage nach, warum es so wichtig ist, eine *lernende Volkswirtschaft* zu schaffen. Wir konzentrieren uns daher nicht auf bestimmte Sektoren, sondern auf das allgemeine Wirtschaftssystem. In diesem Kapitel werden wir erklären, dass der Protektionismus ein wichtiges Werkzeug sein kann, um unreife Volkswirtschaften in ihrem Bemühen zu unterstützen, durch die Schaffung einer lernenden Gesellschaft zu wachsen.

Wir geben die treffende Antwort auf die Kritik an der Industrie- und Handelspolitik – eine umfassende Begründung für Schutzmaßnahmen auf der Grundlage von Marktversagen infolge von Informationsasymmetrien, endogenem Lernen und Innovationen, die mit externen Lerneffekten verbunden sind.

Während wir in den vorangegangenen Kapiteln (und in der Diskussion in diesem Kapitel) klargemacht haben, dass Innovationen *inhärent* mit multiplen Formen von Marktversagen verknüpft sind (darunter mit Mängeln der Risikomärkte und unvollkommenem Wettbewerb), werden wir uns in diesem Kapitel auf die externen Effekte des Lernens konzentrieren.

Von diesem Standpunkt aus betrachtet geht es in der Industrie- und Handelspolitik nicht darum, zu erwartende Sieger auszuwählen (obgleich Regierungen natürlich keine Verlierer auswählen wollen). Die Argumentation für politische Eingriffe beruht auch nicht auf dem Glauben, der öffentliche Sektor sei besser geeignet als die Privatwirtschaft, Sieger aufzuspüren. *Vielmehr beruht sie auf der Vorstellung, dass Lernen Spillovers (externe Effekte) mit sich bringt, die in einer Marktwirtschaft nur unvollständig internalisiert werden.* Aufgabe der Industrie- und Handelspolitik ist es, Sektoren oder Industriezweige (Unternehmen, Innovationsbereiche) zu identifizieren, die bedeutende externe Effekte erzeugen können oder in denen die Erträge, die sich das lernende (Innovationen betreibende) Unternehmen aneignen kann, nur einen Bruchteil des gesellschaftlichen Nutzens darstellen. Tatsächlich hat der öffentliche Sektor in vielen Ländern bewiesen, dass er diese Auswahl vornehmen kann, wovon unsere Gesellschaften erheblich profitiert haben. In Kapitel 9 behandeln wir die historischen Erfahrungen.

Das Infant-Economy-Argument für Schutzmaßnahmen setzt nicht einmal voraus, dass bestimmte Sektoren mit signifikanten Spillovers oder beträchtlichen Webfehlern des Kapitalmarkts identifiziert werden. Es besagt einfach, dass die Spillover-Effekte in einigen grob abgegrenzten Wirtschaftssektoren *im Durchschnitt* größer sein können – so viel größer, dass sie Verzerrungen der statischen Ressourcenallokation rechtfertigen.

Um die Bedeutung von Handelspolitik zu verdeutlichen, setzen wir die Analyse des in Kapitel 7 vorgestellten einfachen Zwei-Sektoren-Modells mit einem modernen (industriellen) und einem traditionellen (»handwerklichen« oder »landwirtschaftlichen«) Sektor fort und weiten sie auf eine offene Volkswirtschaft aus. Rufen wir uns die vier Kernmerkmale des Modells in Erinnerung: (a) Es gibt Spillover-Effekte vom Industrie- auf den traditionellen Sektor, für die die Unternehmen im Industriesektor nicht entschädigt werden. (b) Diese Effekte sind geographisch lokalisiert, das heißt, nur Produktivitätserhöhungen im Industriesektor im Entwicklungsland tragen zu Produktivitätserhöhungen im traditionellen Sektor bei.[14] (c) Innovationen treten nur im Industriesektor auf. (d) Die Größe des Industriesektors im Entwicklungsland ist eine wichtige Determinante des Innovationstempos in diesem Sektor (oder seiner Wirkung auf den traditionellen Sektor).[15]

Ältere Einwände gegen das Argument, handelspolitische Eingriffe regten die Entwicklung des Industriesektors in Entwicklungsländern an, lassen die Spillover-Effekte außer Acht, die das zentrale Thema der vorliegenden Analyse sind. Der erste Einwand der Kritiker solcher Eingriffe lautete, Schutzmaßnahmen seien kostspielig. Sie zogen Südkorea als Beispiel heran und behaupteten, das Land könnte mehr Industrie- und mehr Agrargüter produzieren, würde es seinen komparativen Vorteil nutzen.

Zweitens erklärten die Kritiker, an Südkoreas komparativem Vorteil würde sich durch Protektionismus nichts ändern. Er würde so oder so im Reisanbau bestehen. Daher sei es widersinnig, die Einfuhr von Industriegütern zu beschränken, selbst wenn das Land auf diese Art die Produktivität im Industriesektor erhöhe. Es würde seinen industriellen Rückstand nie aufholen können, weshalb die protektionistischen Maßnahmen auf unbestimmte Zeit fortgeführt werden müssten. Das Land hätte Jahr für Jahr bessere Ergebnisse erzielen können, wenn es sich einfach auf seinen komparativen Vorteil spezialisiert und Reis produziert hätte.[16]

Diese Argumentation weist zwei Mängel auf. Erstens berücksichtigt sie nicht, dass Länder aufholen können und es zumindest in bestimmten Bereichen auch tatsächlich tun. Südkorea ist hierfür ein ausgezeichnetes Beispiel. Wenn es möglich ist aufzuholen, dann unterscheidet sich der *dynamische* komparative Vorteil vom statischen.[17] *Und wenn sich die heutige Ressourcenallokation auf den dynamischen komparativen Vorteil auswirkt, ist es wünschenswert, in den Markt einzugreifen, um den statischen komparativen Vorteil hinter sich zu lassen.*

Der zweite Mangel ist noch gravierender. Die Standardanalyse lässt Spillover-Lerneffekte und die Tatsache außer Acht, dass in bestimmten Sektoren größere Lernfortschritte und weiter reichende externe Lerneffekte möglich sind als in anderen. *Wenn die Industrialisierung, wie unsere Analyse nahelegt, Vorteile hat (beispielsweise in Gestalt von Lernfortschritten und Spillover-Lerneffekten), dann ist es wünschenswert, in den Markt einzugreifen, um den statischen komparativen Vorteil hinter sich zu lassen.* Selbst wenn der junge Industriezweig nie erwachsen wird – selbst wenn er Jahr für Jahr subventioniert werden muss, selbst wenn der komparative Vorteil keinerlei Veränderung erfährt –, dann gilt noch immer, dass die dynamischen Vorteile der Schutzmaßnahmen in Gestalt höherer Wachstumsraten die statischen Kosten übersteigen können (und auch übersteigen werden, wenn unsere Annahmen zutreffen). Eingriffe können wünschenswert sein, weil sie die Lernfähigkeit und das Tempo der Lernfortschritte einer Volkswirtschaft erhöhen. Selbst wenn Südkoreas komparativer Vorteil auf die Landwirtschaft beschränkt bliebe, kann ein Schutz der Industrie wünschenswert sein, weil mit diesen Eingriffen, vermittelt durch die Spillovers aus dem Industriesektor, auch die Dynamik im traditionellen (Agrar-)Sektor erhöht werden kann. Handelsbeschränkungen fördern das Wachstum des Industriesektors. Der Nutzen wird auf den Agrarsektor übertragen, und das Volkseinkommen wächst mit möglicherweise deutlich erhöhter Geschwindigkeit. So wird das Lernen nicht nur eines bestimmten Unternehmens oder eines bestimmten Industriezweigs, sondern der gesamten Volkswirtschaft angekurbelt. Es entsteht eine lernende Gesellschaft.

Ob der langfristige Ertrag die kurzfristigen Kosten aufwiegt, hängt von der Geschwindigkeit der Lernfortschritte und der Diskontrate ab. Selbstverständlich muss ein Land nicht zwischen den Extremen der Autarkie und des Freihandels wählen. Im Folgenden befassen wir uns mit dem *optimalen* Eingriff in den Handel.

Ein vereinfachtes Modell

Wir nehmen eine sehr vereinfachte Welt an, die aus zwei Volkswirtschaften besteht, einer entwickelten (E) und einer weniger entwickelten (W). (Die Beschränkung auf zwei Volkswirtschaften ist unwesentlich: Unser Modell könnte genauso gut mehrere [identische] Versionen jedes der beiden Typen enthalten.)

Diese Volkswirtschaften produzieren zwei Arten von Gütern, industrielle (I) und Agrar-/Handwerksgüter (A). (Auch in diesem Punkt könnten wir das Modell problemlos um eine Vielzahl von Gütern in jeder der beiden Kategorien erweitern.) Arbeit ist der einzige Input für die Erzeugung beider Arten von Gütern, und die verwendeten Technologien werfen zu jedem Zeitpunkt konstante Skalenerträge ab.

Wir nehmen an, dass die entwickelte Volkswirtschaft absolute Vorteile in der Produktion beider Güter besitzt, aber dass die weniger entwickelte Volkswirtschaft einen komparativen Vorteil in der Produktion von Agrar-/Handwerksgütern besitzt.

Des Weiteren nehmen wir an, dass die entwickelte Volkswirtschaft im Verhältnis zur weniger entwickelten sehr groß und in der Lage ist, die gesamte globale Nachfrage nach Industriegütern zu befriedigen und gleichzeitig beträchtliche Mengen an Agrar-/Handwerksprodukten zu erzeugen.

Wettbewerbsgleichgewicht bei freiem Handel

Aufgrund des komparativen Nachteils in der Produktion von Industriegütern ist die Industrieproduktion in der weniger entwickelten Volkswirtschaft nicht rentabel, weshalb sie sich auf die Landwirtschaft spezialisiert hat. Die Zusammensetzung des Konsums in der weniger entwickelten Volkswirtschaft hängt folglich von den relativen Produktionskosten im entwickelten Land ab. Die Zusammensetzung der Produktion in der entwickelten Volkswirtschaft hängt von der globalen Nachfrage nach Industriegütern ab (von der eigenen Nachfrage in diesem Industrieland sowie von den Einfuhren der weniger entwickelten Volkswirtschaft). Schließlich kommen in diesem einfachen statischen Gleichgewicht sämtliche Gewinne aus dem Handel dem weniger entwickelten Land zugute.

Dynamische Entwicklung

Jetzt führen wir technologischen Fortschritt in dieses statische Gleichgewicht ein. Formal nehmen wir an, dass die Produktivitätserhöhung den Industrie- und Agrarsektor gleichermaßen betrifft (das heißt, dass es vollkommene Spillover-Effekte gibt).

Die Produktivitätssteigerungen werden vollkommen von einem Sektor der Volkswirtschaft auf den anderen übertragen. Dies ist die Voraussetzung für eine bedeutsame Vereinfachung: Das Produktivitätswachstum wirkt sich nicht auf den relativen Preis aus (das heißt auf das Verhältnis der Preise des Industrieguts und des Agrar-/Handwerksprodukts). (Unser Ergebnis erfordert lediglich, dass es einige Spillover-Lerneffekte gibt, die vom Industriesektor auf den traditionellen Sektor übergreifen.) Das bedeutet, dass sich der komparative Vorteil im Lauf der Zeit nicht verändert.

Um die an anderer Stelle vorgebrachten Argumente zu wiederholen: Das Produktivitätswachstum ist das Ergebnis (1) von Forschung und Entwicklung, die ursprünglich in einem Sektor betrieben wurden, aber unvermeidlich auch anderen Sektoren zugutekommen, (2) von Verbesserungen des Humankapitals, die ebenfalls ihren Ursprung in einem Sektor haben, jedoch unvermeidlich, vermittelt über Wanderungen der Arbeitskräfte, auf andere Wirtschaftssektoren übergreifen, (3) des akkumulierten Wissens von Managern und Fachkräften (Ingenieuren), das in einem Sektor entsteht, aber ebenfalls auf natürliche Weise in andere Sektoren wandert, sowie (4) institutioneller Entwicklungen, die aufgrund der Bedürfnisse eines Sektors stattfinden und auch anderen Sektoren zugutekommen.

Sodann nehmen wir wie zuvor an, dass die Industrie Lernen eher begünstigt als andere Sektoren. Daher fällt die weniger entwickelte, auf dem traditionellen Sektor beruhende Volkswirtschaft, sofern sie nicht geschützt wird, weiter und weiter hinter die entwickelte zurück.

Die Rolle der Handelspolitik

Sehen wir uns nun an, wie sich ein Verbot von Industrieimporten (oder die Erhebung prohibitiv hoher Einfuhrzölle) durch das weniger entwickelte Land auswirkt. Das Resultat wären unmittelbare Wohlfahrtseinbußen, da die Importe aus dem entwickelten Industrieland durch teurere heimische Industriegüter ersetzt würden. Aber im neuen autarken Gleichgewicht wäre die Industrieproduktion im weniger entwickelten Land nicht mehr gleich null, womit die Produktivität steigen würde. So wie das Industrieland würde das weniger entwickelte Land, nunmehr durch hohe Einfuhrzölle geschützt, eine von seiner Nachfrage nach Industrie- und Agrar-/Handwerksprodukten abhängige Mischung von Gütern zu den relativen Produktionskosten der beiden Gütertypen herstellen.

Nach einer gewissen Zeit überwiegt der Nutzen dieser dynamischen Produktivitätsentwicklung die kurzfristigen Effizienzverluste, die mit der kostspieligen Binnenproduktion von Industriegütern einhergehen. Die Lage des weniger entwickelten Landes bessert sich. Ob der Gegenwartswert der Wohlfahrt höher ist, hängt von der Wachstumsrate mit Protektion und von der sozialen Diskontrate ab. In diesem Kontext wird die ökonomische Wohlfahrt also durch Handelsschranken nicht beeinträchtigt, sondern gefördert. Bei einer ausreichend geringen Diskontrate ist Autarkie immer besser.

In diesem Modell mit vollständigen Spillover-Effekten hat das Entwicklungsland *immer* einen komparativen Nachteil beim Lernen, weshalb die Protektionsmaßnahmen aufrechterhalten werden müssen, damit es weiterlernen kann. Die unreife Volkswirtschaft wird insofern, als sie ihren komparativen Vorteil weiter im Agrarsektor hat, nie erwachsen – und trotzdem ist es wünschenswert, den lernenden Sektor fortgesetzt zu unterstützen.

Optimale Eingriffe in den Handel

Aus unserer Analyse können wir optimale staatliche Maßnahmen ableiten, die einen Ausgleich zwischen dem langfristigen Nutzen einer Förderung des Wachstums der Industrie und den kurzfristigen Kosten der ineffizienten Beschaffung von Industriegütern herstellen.

Einfuhrquoten

Nehmen wir beispielsweise eine Quote für den Import von Industriegütern. Die über die Quote hinausgehende Nachfrage muss durch inländische Produktion befriedigt werden. Die Quote verursacht Kosten, denn das weniger entwickelte Land produziert Industriegüter weniger effizient als das entwickelte. Aber sie hat auch einen Nutzen: Die Lernfortschritte steigern die Produktivität in beiden Sektoren. Der Staat kann den Nutzen einer weiteren Senkung der Quote gegen die Kosten abwägen. Eine Quote, die nur geringfügig unter der Menge liegt, die das Land ohne Handelshemmnisse importiert hätte, verursacht relativ geringe Kosten, aber die Kosten steigen mit sinkender Quote. So wie wir in Kapitel 7 gesehen haben, dass ein gewisses Maß an Subventionen wünschenswert ist, gilt auch hier: Eine *maßvolle Importquote fördert immer die Wohlfahrt*. Die Wohlfahrtseinbuße infolge der durch die Handelsbeschränkung verursachten Verzerrungen (beispielsweise durch die Verringerung des Konsums nicht gehandelter Güter) hat im Marktgleichgewicht (das unter Vernachlässigung des Lernnutzens optimal ist) Effekte zweiter Ordnung, während der aus der erhöhten Produktion von Industriegütern gezogene Nutzen des Lernens Effekte erster Ordnung hat.

Die Kosten eines Eingriffs steigen mit seinem Ausmaß, aber dasselbe gilt für seinen Nutzen. Entscheidend sind jedoch der *Grenznutzen* und die *Grenzkosten*. Der optimale Eingriff zeichnet sich dadurch aus, dass die Grenzkosten dem Grenznutzen entsprechen. Das Wachstum erhöht sich mit der Reichweite des Eingriffs in den Handel, aber die Erträge werden geringer. Gleichzeitig gehen steigende Grenzkosten mit immer größeren Verzerrungen einher. Der marginale Wachstumsnutzen ist umso höher, je niedriger die Diskontrate ist (je mehr Wert wir dem zukünftigen Einkommen beimessen) und je stärker positiv der industrielle Output die Produktivität beeinflusst. Folglich ist die optimale Quote umso niedriger, je schwächer das zukünftige Einkommen diskontiert wird und je größer der

Nutzen des Lernens ist. Wenn im Grenzfall nichts gelernt wird, erhalten wir das Standardresultat, das besagt, dass der Handel nicht beschränkt werden sollte.

Steuerliche Eingriffe

Eine weitere Möglichkeit besteht darin, die inländische Produktion von Industriegütern zu subventionieren und die Importe solcher Güter sowie die Binnenproduktion von Agrargütern zu besteuern (ähnlich wie bei den im vorhergehenden Kapitel behandelten optimalen Steuern und Subventionen).

Es kann schwierig sein, Subventionen und Steuern einzusetzen (oder der Wirtschaft Quoten aufzuerlegen), ohne gegen die internationalen Handelsregeln zu verstoßen. Aber manchmal können Entwicklungsländer im Inland Konsumsteuern einführen, die ganz ähnliche Wirkungen haben. Zum Beispiel importieren viele Länder hochwertiges Gebäck, während im Inland Gebäck von geringerer Qualität erzeugt wird. Eine Verbrauchsteuer auf hochwertiges Gebäck regt die heimische Gebäckproduktion an. (Glaubt das Land jedoch, dass mit der Erzeugung hochwertigen Gebäcks größere Lernfortschritte als mit der Produktion minderwertigen Gebäcks einhergehen, so ist diese Strategie kontraproduktiv.)

Wechselkurse

Dass viele erfolgreiche Schwellenländer zunehmend die Steuerung des Wechselkurses zum Kern ihrer Industriepolitik machen, liegt unter anderem daran, dass die Spielräume für den Einsatz von Zöllen und Handelsquoten beschränkt sind. Betrachten wir beispielsweise China. Die Verbilligung des Renminbi hat die Wettbewerbsfähigkeit des chinesischen Industriesektors erhöht. Gleichzeitig ist der niedrige Wechselkurs nachteilig für den Agrarsektor des Landes (die Preise konkurrierender Importe sind niedriger als die der chinesischen Produkte) – oder er wäre es zumindest, wenn China nichts unternähme, um seine Landwirtschaft zu stützen. Der Weltmarkt für Agrarerzeugnisse wurde durch die Subventionen der westlichen Länder erheblich verzerrt. Die Agrarsubventionen wurden durch die internationalen Abkommen nicht angetastet, während die Möglichkeiten zur Unterstützung der heimischen Industrieproduktion eingeschränkt wurden. Aber China kann dies für seine Wechselkurspolitik nutzen: Das Land kann seine Landwirtschaft ebenfalls subventionieren, ohne gegen die Bestimmungen der Welthandelsorganisation zu verstoßen. Selbstverständlich sind diese Subventionen teuer und verschlingen Geld, das sonst in die Entwicklung investiert werden könnte.

Aber die Vorteile des wettbewerbsfähigen Wechselkurses überwiegen den nachteiligen budgetären Effekt der Agrarsubventionen. (Zu rechnen ist allerdings auch mit negativen Effekten auf diejenigen Sektoren, deren Outputs nicht international gehandelt werden.)

Der niedrigere Wechselkurs hat einen interessanten Effekt: Er führt dazu, dass China einen Handelsüberschuss erzielt, da seine Exporte seine Importe übersteigen. Das widerspricht der herkömmlichen Vorstellung von Entwicklung. Ärmere Länder sollten sich bei den reicheren verschulden, das heißt, sie sollten ein Handelsdefizit haben, das durch einen Kapitalzufluss ausgeglichen wird. China gibt den Vereinigten Staaten und anderen westlichen Ländern Kredit zu *negativen* Realzinsen. Das erscheint sonderbar, leuchtet aber ein, wenn man die Lernvorteile berücksichtigt: Der Nutzen, den China aus der mit seiner Verwandlung in einen Industriegiganten einhergehenden Erhöhung seiner Produktivität zieht, wiegt diese potentiellen Kosten mehr als auf.

Tatsächlich kann es sich in einem einfachen Modell mit unendlichem Zeithorizont, in dem jede Periode wie die vorhergehende aussieht (mit Ausnahme der Produktivität, die möglicherweise wächst) für ein Land auszahlen, einen Handelsüberschuss *endlos lang* aufrechtzuerhalten. Im Lauf der Zeit häuft das Land Reserven an. Man könnte meinen, dass die Kosten dieser Reserven – die nicht eingesetzt werden, um beispielsweise in Infrastruktur oder Technologie zu investieren – schließlich früher oder später überhandnehmen und einen Kurswechsel erzwingen. Aber wenn das Land über eine Verringerung seiner Reserven nachdenkt, erkennt es, dass dies zu einem Rückgang der Produktion von Industriegütern, zu geringeren Lernfortschritten und zu einem sinkenden Lebensstandard in der Zukunft führen würde. Dieser Schritt lohnt sich nie.

In Kapitel 11 werden wir uns eingehender mit der Wechselkurspolitik befassen, sei es als makroökonomisches Stabilisierungsinstrument oder als Werkzeug der Industriepolitik, und die Kosten und den Nutzen von Eingriffen in die Währungsmärkte analysieren.

Nichtstetige Analyse

Im allgemeineren Fall, in dem das Land die Wissenslücke schließt, die zwischen ihm und den weiter entwickelten Industrieländern klafft, kann der Grenznutzen des Lernens sinken, während die mit der statischen Verzerrung einhergehenden Grenzkosten und die Opportunitätskosten der nicht genutzten und unaufhörlich steigenden Überschüsse steigen können. In diesem Fall versucht das Land möglicherweise, seinen Außenhandelsüberschuss auf null zu senken, keine Reserven mehr anzulegen und den akkumulierten Überschuss zu verbrauchen.

Selbstverständlich hängt das wünschenswerte Niveau des Handelsüberschusses auch von anderen Faktoren ab. Ein Land mit alternder Bevölkerung möchte vielleicht Ersparnisse bilden, auf die es dann, wenn die Älteren in den Ruhestand gehen, zurückgreifen kann. Solche demographischen Übergänge werden in stetigen Modellen nicht treffend analysiert.

Eine nichtstetige Analyse erfordert die Berücksichtigung von *Veränderungen* des Wechselkurses im Lauf der Zeit: Wie wirken sich politische Eingriffe heute auf die Wechselkurse von morgen aus, und wie wirken sich Änderungen der Wechselkurse auf intertemporale Abwägungen aus? Da der Wechselkurs in späteren Perioden, wenn sich das Land weiterentwickelt hat und ein Handelsdefizit anhäuft, wahrscheinlich höher sein wird als in den früheren Perioden, verlieren die angehäuften Reserven an Wert. Damit sinkt der dynamische Nutzen des Überschusses, weshalb ein gemessen an den Ergebnissen einer stetigen Analyse geringeres Lernniveau (und ein geringerer dementsprechender Überschuss) wünschenswert ist.

Die Analyse muss also auch modifiziert werden, wenn das Lernen in Beziehung zum Investitionsniveau steht.[18] In diesem Fall versucht der Staat, die Kapitalintensität der Produktion zu erhöhen. Wenn in den frühen Entwicklungsstadien Investitionsgüter importiert werden, strebt das Land in den ersten Jahren möglicherweise einen hohen Wechselkurs an, den es später zu drücken versucht, wenn die Investitionen Früchte tragen und die Exporte anziehen. Das Ergebnis sind hohe Investitionserträge in den ersten Jahren und folglich große Lernfortschritte und ein hohes Wachstum.[19]

In Kapitel 6 haben wir gesehen, dass die optimale »Innovationspolitik« für ein Land an der Wissensgrenze wahrscheinlich anders aussieht als für ein Land, das danach strebt, einen Rückstand aufzuholen. Desgleichen kann sich die Politik ändern, wenn das Land den Rückstand auf die hochentwickelten Länder verringert. Dennoch kann es für dieses Land optimal sein, weiterhin als Verfolger zu agieren, das heißt, die Lücke nie ganz zu schließen. Die Kosten dieses Verhaltens überwiegen den Nutzen. Das Wissen sickert schließlich durch. Selbstverständlich wird der »Verfolger« auch in diesem Szenario auf das Verhalten des Vorreiters reagieren müssen. Betreibt der Vorreiter eine aktivere Industriepolitik, die sein Wachstum beschleunigt, so kann es für den Verfolger optimal sein, eine aktivere »Politik des Lernens« zu betreiben, um nicht wieder zurückzufallen und die neuen Gelegenheiten zum Lernen nutzen zu können, die aus dem fortschrittlichen Land durchsickern.

Unvollkommenheiten des Wettbewerbs

In Kapitel 5 haben wir erklärt, dass auf Märkten, auf denen das Lernen (die Innovationstätigkeit) eine wichtige Rolle spielt, aller Wahrscheinlichkeit nach ein unvollkommener Wettbewerb herrscht, weshalb die Preise (deutlich) über den Durchschnitts- und den Grenzkosten liegen können.[20] Ein unvollkommener Wettbewerb ist im Allgemeinen ein Grund für staatliche Eingriffe.

Aber Exportländer haben möglicherweise keinen Anreiz, einen Wettbewerb im Kreis ihrer Exporteure zu erzwingen. Die Regierung des entwickelten Landes, in dem das Monopolunternehmen angesiedelt ist, muss die Gewinneinbußen des Monopolisten und den entsprechenden Rückgang der Steuereinnahmen gegen die Vorteile für die *heimischen* Konsumenten abwägen.[21] Den Nutzen für die Konsumenten in anderen Ländern berücksichtigt dieses Land nicht – da sich der Staat in Form von Steuern einen Anteil an den Gewinnen des Monopolisten sichern kann, profitiert er ja vom Monopol. Selbst wenn der Staat nicht unter »politökonomischen« Problemen, das heißt unter einem unangemessenen Einfluss des Monopolisten leidet, ist es möglicherweise nicht in seinem Interesse, in den Markt einzugreifen, um den Wettbewerb zu fördern.

Das Heimatland des Monopolisten kommt bereits in den Genuss von Spillover-Lerneffekten, die mit dem Bestand des Industriezweigs einhergehen. Deshalb sind auch die Vorteile, die sich ergeben, wenn es einem Konkurrenten hilft, auf seinem Territorium Fuß zu fassen, geringer als die Vorteile, die sich aus der Etablierung eines Konkurrenten in einem anderen Land ergeben. Wenn die Etablierung eines Konkurrenten subventioniert werden soll, würde das Land eher danach streben, als Trittbrettfahrer von den Bemühungen anderer zu profitieren.

Wir haben erklärt, warum ein Entwicklungsland größere Anreize zu industriepolitischen Eingriffen (Subventionen oder Schutzmaßnahmen) haben kann als ein entwickeltes Land. Während solche Maßnahmen dem entwickelten Land möglicherweise nichts einbringen, sind sie für das Entwicklungsland sehr wohl sinnvoll. Auch für eine entschlossene Wettbewerbspolitik können unterschiedliche Anreize bestehen. Ein entwickeltes Land könnte sogar eine wettbewerbsbeschränkende Fusion zweier inländischer Unternehmen erlauben: Das neue Unternehmen könnte von den höheren Monopolrenten profitieren (die über Steuern auch dem Staat zugutekommen), selbst wenn die Verbraucherpreise in der Folge steigen und das Lernniveau sinkt. Aber das Entwicklungsland hat keinen Nutzen, während es die Kosten tragen muss. Daher kann es für das Entwicklungsland wünschenswert sein, sich Fusionen zu widersetzen oder zumindest Entflechtungen anzustreben, zum Beispiel eine Abtretung an ein örtliches Unternehmen, um sich die Teilhabe an Lernfortschritten zu eröffnen.

(Diese Probleme treten nicht nur zwischen entwickelten und Entwicklungsländern auf, sondern auch zwischen entwickelten Ländern. Daher kann es nicht überraschen, dass die Europäische Union oft gegenüber wettbewerbsschädigenden Verhaltensweisen amerikanischer Unternehmen eine härtere Haltung einnimmt als die US-Regierung.)

Wie bei vielen der in diesem Buch behandelten Maßnahmen gibt es auch hier bedeutsame intertemporale Zielkonflikte. Der Versuch, überlebensfähige heimische Konkurrenten für ausländische Monopole und Oligopole aufzubauen, hat einen Preis. Die Kosten direkter Subventionen tragen die Steuerzahler. Die Kosten protektionistischer Maßnahmen tragen die Konsumenten. Aber wenn solche Interventionen erfolgreich sind, tragen sie langfristig zur Schaffung eines Marktes bei, auf dem Wettbewerb herrscht. Wenn der Staat Protektionsmaßnahmen erwägt, könnte es sein, dass er nicht zuletzt auch zwischen weniger Wettbewerb auf die kurze und mehr Wettbewerb auf die lange Sicht abwägen muss.[22]

Kurz gesagt ist es durchaus möglich, dass Markteingriffe, durch die ein oder mehrere Unternehmen in die Lage versetzt werden sollen, effektiv am Wettbewerb teilzunehmen, einem Entwicklungsland mehr nützen als schaden. Die Verbraucher werden langfristig bessergestellt (obwohl sie durch den Protektionismus kurzfristig verlieren können, während Subventionen sogar auf kurze Sicht vorteilhaft für sie sein können), das Land profitiert von Spillover-Lerneffekten und kann einen Teil der Renten vereinnahmen, die ausländische Produzenten aufgrund des unvollkommenen Wettbewerbs verdienen.[23]

Selbstverständlich ist ein Markt, auf dem intensiver Wettbewerb herrscht, ein globales öffentliches Gut, von dem die Verbraucher überall profitieren. Aber weil er ein globales öffentliches Gut ist, wird wahrscheinlich zu wenig in die Förderung des Wettbewerbs auf den globalen Märkten »investiert«.[24]

Abschließende Bemerkungen

In diesem Kapitel haben wir gezeigt, dass etliche verbreitete Annahmen in Bezug auf Handel, Wachstum und staatliche Interventionen nicht haltbar sind. Wir haben gezeigt, dass freier Außenhandel in einer lernenden Wirtschaft im Allgemeinen nicht wünschenswert ist. Eingriffe in den internationalen Handel zur Förderung des (lernenden) Industriesektors maximieren das Wirtschaftswachstum und die gesellschaftliche Wohlfahrt. Wir haben das Infant-Industry-Argument kritisiert, gleichzeitig jedoch ein alternatives, allgemeineres Argument vorgestellt: das Infant-Economy-Argument. Eingriffe können selbst dann wünschenswert sein, *wenn das Kind nie erwachsen wird*.

Beschränkungen der Palette denkbarer Eingriffe, etwa aufgrund von internationalen Handelsabkommen, können die Wohlfahrt beeinträchtigen. Es kann für Staaten optimal sein, in die Bildung der Wechselkurse einzugreifen, soweit dies wünschenswert ist, um Handelsüberschüsse zu erzielen.[25]

Mit diesen Eingriffen können Entwicklungsländer die Wissenslücke schließen, die zwischen ihnen und den weiter entwickelten Ländern klafft. Je nach der Art der Spillovers von den entwickelten Ländern auf die Entwicklungsländer kann die Wissenslücke schließlich geschlossen werden, obwohl üblicherweise ein langfristiges Gleichgewicht ohne Übereinstimmung entsteht – die relative Lücke bleibt erhalten. Es gibt Belege dafür, dass Pro-Kopf-Einkommen nachhaltig voneinander abweichen können, und zwar sehr viel stärker, als man beispielsweise aus dem Solow-Wachstumsmodell schließen würde, das eine Konvergenz voraussagt.[26] Solche Wachstumsmuster decken sich mit der hier vorgelegten Analyse (siehe auch Anhang B).

Es besteht die Möglichkeit multipler Gleichgewichte – ein Entwicklungsland kann in einem Gleichgewicht mit niedrigem Pro-Kopf-Einkommen (großer Wissenslücke) in Relation zum weiter entwickelten Land gefangen bleiben, wobei diese Lücke so groß ist, dass Investitionen in Lernprozesse nur einen geringen Ertrag abwerfen. In solchen multiplen Gleichgewichten spielt die Geschichte eine wichtige Rolle. Die Strukturanpassungen, die den afrikanischen Ländern in der zweiten Hälfte des 20. Jahrhunderts aufgezwungen wurden und die zur Deindustrialisierung der Region südlich der Sahara führten, dürften dazu beigetragen haben, dass einige Länder in dieser Region heute in einem derart niedrigen Gleichgewicht gefangen sind.[27]

Offenheit und Lernen

Dass unsere Analyse von der herkömmlichen positiven Einschätzung des freien internationalen Handels abweicht, liegt unter anderem daran, dass oft angenommen wird, Länder könnten am besten durch Handel lernen. Wenn dem so ist, dann behindern Handelsbeschränkungen auch Lernvorgänge. Wir hingegen haben gezeigt, welche Rolle die Produktion (und Investition) in einem Land spielt. Wohlverstanden formuliert, müssen die beiden Hypothesen einander nicht widersprechen. Wir sind nicht für Autarkie. Länder, die sich von der übrigen Welt abschotten, berauben sich offenkundig der Chance, zu lernen und gute Ergebnisse zu erzielen.[28]

Lernen kann sowohl von der Binnenproduktion im Allgemeinen als auch von Exporten im Besonderen abhängen. Anspruchsvolle Abnehmer und die Teilnahme am globalen Wettbewerb können Lernprozesse erleichtern. So gesehen sorgt aber nicht der Handel im Allgemeinen, sorgen nicht Importe für Lernprozesse. Eine Liberalisierung des Handels, die die Binnenproduktion eines Landes zerstört, vernichtet auch die Grundlagen für Lernprozesse und wirkt sich auf das gesellschaftliche Lernen negativ aus, sofern von dieser Produktion signifikante Spillover-Lerneffekte auf die übrige Volkswirtschaft ausgehen. Wie wir in diesem Kapitel erklärt haben, wird die Wirtschaft eines Landes ohne Schutzmaßnahmen darunter leiden, wenn die Liberalisierung des Handels zu einer Spezialisierung auf Sektoren führt, in denen wenig gelernt wird. Entscheidend ist nicht der Handel an sich, sondern das, was gehandelt wird – und vor allem das, was im eigenen Land produziert und exportiert wird.

Die Teilnahme an der Weltwirtschaft bringt große Vorteile mit sich, aber sie ist auch mit Risiken und Kosten verbunden. Erfolgreiche Volkswirtschaften haben herausgefunden, wie man mit der Globalisierung umgehen muss.[29] Beispielsweise öffnet der Beitritt zur Welthandelsorganisation Exportmärkte für das betreffende Land, er schränkt jedoch gleichzeitig seine

Spielräume für politische Maßnahmen ein, die der Industrie Lernfortschritte ermöglichen. China und andere ostasiatische Länder haben Wechselkursanpassungen als alternatives Instrument für sich entdeckt. Die Vereinigten Staaten und andere hochentwickelte Industrieländer haben versucht, der übrigen Welt Regelungen zum Schutz geistigen Eigentums aufzuzwingen, die den Interessen dieser Länder (genauer gesagt, den Interessen bestimmter Akteure in diesen Ländern) dienen. Indien und einigen anderen Schwellenländern ist es besser gelungen, innerhalb der Grenzen von TRIPS (dem Abkommen über die handelsbezogenen Aspekte geistigen Eigentums) ein eigenes System für den Umgang mit diesen Rechten zu entwickeln.

Die Ideen, die sich, ausgehend von den hochentwickelten Ländern, in den Schwellen- und Entwicklungsländern verbreiten, können die Wirtschaftsleistung erhöhen, aber das ist nicht zwangsläufig der Fall. Den erfolgreicheren Ländern gelingt es besser, eine Auslese zwischen diesen Ideen zu treffen. Die im Rahmen des Washington-Consensus entwickelten Vorstellungen von guten entwicklungspolitischen Maßnahmen wurden manchen Ländern als Gegenleistung für Wirtschaftshilfe aufgezwungen. Aber einige Länder haben sich diese Vorstellungen angeeignet und die Modelle, auf denen diese Maßnahmen beruhen, unkritisch übernommen. Sie haben nicht erkannt, dass diese Modelle ungeeignet sind: Sie spiegeln ein falsches Verständnis der Verhältnisse in den hochentwickelten Ländern wider – und erst recht der Verhältnisse in den Entwicklungsländern. Glücklicherweise werden diese Modelle und die aus ihnen abgeleitete Politik (darunter die Deregulierung der Finanz- und Kapitalmärkte) seit der Krise des Jahres 2008 kritischer betrachtet.

Im Folgenden beschreiben wir weitere allgemeine Implikationen der Analyse, die wir in diesem Kapitel vorgenommen haben.

Globale Ungleichgewichte, Überschussreserven und globale Aussichten

Einige Länder sind dafür kritisiert worden, dass sie durch die exzessive Anhäufung von Reserven zu globalen Ungleichgewichten beitragen. Statische Modelle zeigen, dass es für ein Entwicklungsland – das unter Kapitalknappheit und eingeschränktem Konsum leidet – anscheinend unvernünftig ist, Reserven anzulegen – so wie es sonderbar erscheint, dass die Vereinigten Staaten mit einer alternden Bevölkerung langfristige Defizite anhäufen. In diesem Kapitel haben wir jedoch gezeigt, dass es unter Berücksichtigung dynamischer Lernvorteile und angesichts geringer industriepolitischer Spielräume für ein Entwicklungsland durchaus vernünftig sein kann, Reserven über das zur Bewältigung globaler Schwankungen erforderliche Maß hinaus zu akkumulieren, wenn damit ausreichend große Lernfortschritte einhergehen. Angesichts von Beschränkungen wie den von der WHO auferlegten sind Länder gezwungen, auf zweitbeste Maßnahmen wie die zuvor angesprochenen Wechselkursinterventionen zurückzugreifen. Es ist möglicherweise kein Zufall, dass die Währungsreserven und die Handelsüberschüsse Chinas nach dessen Beitritt zur Welthandelsorganisation deutlich zugenommen haben: Dem Riesenreich haben sich nicht nur neue Exportmöglichkeiten eröffnet, sondern es wurde auch mit neuen Einschränkungen seiner Industriepolitik konfrontiert.

Diese Einschränkungen schwächen mit einiger Sicherheit das Wachstum und haben zur Folge, dass sich die Lücke zwischen den entwickelten und den Entwicklungsländern langsamer schließt. Auch steigen die Wohlfahrtskosten der Interventionen, da die die Palette der zulässigen Eingriffe verkleinert wird.

Interessant ist, dass diese Maßnahmen die Importe zwar anfangs verringern, langfristig jedoch aufgrund der Wachstumsimpulse erhöhen.

Natürlich ist es unmöglich, dass alle Länder ihre Wechselkurse senken oder ihre Exporte von Industriegütern mittels

Subventionen ausweiten, um sich auf diese Weise Vorteile gegenüber anderen zu verschaffen. Doch ein kleines Land oder eine Gruppe kleiner Länder – oder sogar ein einzelnes großes Land wie China – kann dieses Vorgehen durchaus wählen. Unter Einbezug von Lernprozessen ist es selbstverständlich für alle Länder wünschenswert, die Industrieproduktion (oder die Produktion anderer lernender Sektoren) gegenüber anderen Sektoren zu steigern, weshalb politische Eingriffe (einschließlich von Subventionen) zur Förderung der lernenden Sektoren wünschenswert *sind* – sogar vom globalen Standpunkt aus betrachtet.

Das könnte sogar dann noch gelten, wenn die Erhöhung der Industrieproduktion in den Schwellen- und Entwicklungsländern zu Lasten der Produktion entsprechender Güter in den entwickelten Ländern geht. Die Lernfortschritte in den weniger entwickelten Ländern können die Einbußen in den Industrieländern mehr als ausgleichen, denn die Schwellen- und die Entwicklungsländer haben im Aufholprozess sehr viel mehr zu lernen. Das dürfte einer der Gründe dafür sein, dass das globale Wirtschaftswachstum in den vergangenen 30 Jahren so hoch gewesen ist. Maßgeblich war nicht das Wachstum des Welthandels an sich. Die Ausweitung des Handels vor dem Ersten Weltkrieg führte nicht zu einem derart starken Wachstum, denn sie beruhte auf dem Handel mit Rohstoffen, und beim Austausch dieser Güter wurde nur wenig gelernt. Die Entwicklungsländer exportierten, wuchsen jedoch nicht. Nicht die Exporte im Allgemeinen, sondern die Exporte (genauer gesagt, die Produktion) von Industriegütern und bestimmten anderen Produkten führen zu Wachstum.[30]

Wir können uns fragen, welche politischen Eingriffe das Wachstum einer Volkswirtschaft maximieren – wie *auf nationaler Ebene* eine lernende Wirtschaft und Gesellschaft geschaffen werden kann. Ebenso können wir auch fragen, welche politischen Maßnahmen das Wachstum der Weltwirtschaft maximieren, das heißt das Lernen und die Weitergabe des Wissens *auf der globalen Ebene*. Die Vorgaben zur Maximierung der statischen Effizienz widersprechen nicht nur auf nationaler, sondern auch auf globaler Ebene oft den Maßnahmen, die geeignet sind, Lernen und Wachstum zu maximieren. Die WHO-Regeln sind nicht geeignet, das globale Wachstum zu maximieren. Soweit sie auf der volkswirtschaftlichen Theorie (statt auf machtpolitischen Erwägungen und Interessen bestimmter Gruppen) beruhen, handelt es sich um eine statische Theorie, die das endogene Lernen außer Acht lässt. Internationale Handelsabkommen, deren Zweck es wäre, Lernprozesse anzuregen, müssten den Entwicklungsländern mehr Spielraum für industriepolitische Eingriffe zugestehen.

In diesem Kapitel haben wir uns auf die Beziehung zwischen Lernen und Handel konzentriert, aber Lernprozesse werden noch von anderen Aspekten der Globalisierung und der für sie geltenden Regeln beeinflusst. In Kapitel 10 konzentrieren wir uns auf die Regeln für den Finanzsektor und untersuchen die Frage, wie sich diese Regeln auf das institutionelle Lernen der Finanzinstitute über Kapitalallokation und Risikomanagement auswirken. Wir werden sehen, dass die Kapitalallokation durch die globalen Kapitalmärkte die inländischen Lernfortschritte nicht berücksichtigt und dass die geltenden Regeln und politischen Vorgaben zu makroökonomischer Instabilität beigetragen haben, die, wie wir in Kapitel 4 erklärt haben, Lernprozesse *nicht* begünstigt.[31] Die Regeln für die Migration (für die Wanderung von Menschen über Landesgrenzen hinweg) wirken sich ebenfalls erheblich auf Lernvorgänge aus – trägt die Migration, insbesondere die zeitweilige, doch wesentlich zur Weitergabe von Wissen bei (in diesem Zusammenhang wird der Begriff der »kulturellen Remission« verwendet). Auf der anderen Seite kann sich die dauerhafte Auswanderung der talentiertesten jungen Bürger eines Landes sehr schädlich auf seine Lernfähigkeit auswirken.

Ändert sich der komparative Vorteil?

In dem zentralen Modell, das wir in diesem Kapitel behandelt haben, gibt es vollständige Spillovers, weshalb ein weniger entwickeltes Land, das anfangs einen komparativen Vorteil in der Landwirtschaft / im Handwerk hat, diesen Vorteil immer haben wird. Das bedeutet, dass dieses Land, wenn es einen Industriesektor entwickeln will, diesen *permanent* schützen muss. Es ist vielleicht nicht korrekt, zu sagen, dass der junge Sektor nie erwachsen werden wird: Die Produktivität in der Industrie kann beträchtlich steigen, und die Produktivitätslücke im Vergleich mit dem entwickelten Land kann deutlich kleiner werden. Aber da wir vollständige Spillover-Effekte annehmen, ändert sich der *komparative* Vorteil nie. Selbst wenn es zuträfe, dass manche jungen Industriezweige nie *vollkommen* erwachsen werden, macht sich, wie wir wiederholt betont haben, staatliche Unterstützung bezahlt: Die Wirtschaft wächst langfristig schneller als ohne sie.

Typischer jedoch ist der Fall Südkoreas. Während das Land lernt, steigt die Produktivität in seinem Industriesektor schneller als in der Landwirtschaft, wodurch sich *früher oder später* der komparative Vorteil des Landes ändert. Das bedeutet, dass die staatlichen Eingriffe, durch die ein (relativ) großer Industriesektor erhalten wird, der auf einem freien Markt nicht so groß werden könnte, *früher oder später* abgestellt werden können. Aber wie wir in der Diskussion im vorigen Abschnitt gesehen haben, will der Staat möglicherweise auch nach einem erfolgreichen Ausbau der Produktionskapazitäten in der Industrie noch eingreifen, damit *mehr* Industriegüter erzeugt werden können als andernfalls möglich.

Ausblick

Die Analyse in Teil II dieses Buchs bildet die Grundlage für die Diskussion der politischen Maßnahmen in Teil II. Wir haben festgestellt, dass staatliche Eingriffe wünschenswert sind, um den Industriesektor anzuregen und die Schaffung einer lernenden Volkswirtschaft und Gesellschaft voranzutreiben. Es gibt viele Wege, das zu tun, und viele politische Maßnahmen, die sich auf das Lernen auf der Ebene der Volkswirtschaft auswirken. Neben den hier behandelten Fragen stellen sich in Bezug auf die Gestaltung solcher Maßnahmen zahlreiche weitere. Manche Maßnahmen mögen leichter zu handhaben sein. Andere mögen sich leichter gegen eine Vereinnahmung durch bestimmte Interessengruppen schützen lassen. In den folgenden Kapiteln konzentrieren wir uns auf eine Reihe aus dem Kreis der wichtigsten. Es überrascht nicht, dass die erfolgreichsten Länder an entscheidenden Punkten in ihrer Entwicklung solche Maßnahmen ergriffen haben.

Anhang A
Eingriffe in den Handel und optimale Besteuerung

Es kann hilfreich sein, unsere Analyse im ersten Teil dieses Kapitels in den Kontext der Theorie der optimalen Besteuerung einzuordnen. In ihren klassischen Arbeiten haben Diamond und Mirrlees gezeigt, dass die Produktionseffizienz optimal ist.[32] Das bedeutet, dass es nicht wünschenswert ist, in die Effizienz des internationalen Handels einzugreifen. Der Handel sollte nicht besteuert werden.

Unsere Analyse führt uns zu einem Ergebnis, das von der klassischen Theorie abweicht. Wir nehmen an, dass die Produktion von Industriegütern einen gesellschaftlichen Wert hat. Diamond und Mirrlees zufolge misst die Gesellschaft lediglich dem *Konsum* einen Wert bei. Haben wir einmal erkannt, dass die heimische Industrieproduktion einen Wert hat, so wollen wir die Produktionsmuster verändern, um den Output der Industrie zu erhöhen, womit wir die Annahmen von Diamond und Mirrlees umkehren.

Haben wir einmal Beschränkungen der zulässigen Steuern eingeführt, so befinden wir uns in der drittbesten Welt.[33] Die beiden Autoren haben gezeigt, dass eine Verzerrung der Produktionseffizienz einschließlich von Eingriffen in den Handel wünschenswert ist.[34] Ihre grundlegende Erkenntnis lautet, dass ein Staat zulässige Steuern im Tausch gegen unzulässige einsetzt. Wenn die Produktion von Industriegütern nicht direkt und gezielt gefördert werden kann, wird die umfassendere Güterklasse, die gefördert werden kann, (die »handelbaren Güter«) unterstützt. Um die Nachfrage und das Angebot auf dem Markt für die nichthandelbaren Güter miteinander in Einklang zu bringen, müssen weitere Verzerrungen in Kauf genommen werden, aber diese bringen (zumindest bei geringfügigen Eingriffen in den Handel) nur geringe Wohlfahrtskosten mit sich – beispielsweise zwingen sie uns, in der Gegenwart weniger zu konsumieren oder mehr handelbare Güter zu konsumieren. Diese Änderungen der Struktur des Konsums können entweder direkt (durch Verbrauchssubventionen) oder indirekt (durch staatliche Ausgabenprogramme für Industriegüter) bewirkt werden.

Anhang B
Diagrammatische Darstellung

Im Folgenden stellen wir die in diesem Kapitel vorgenommene Analyse in einfachen Diagrammen dar. Dazu verwenden wir ein Modell mit zwei Arten von Gütern (A und I), in dem das Lernen in der Industriegüterproduktion stattfindet, aber vollständig auf den anderen Sektor übertragen wird. Jedes Gut wird mit konstantem Arbeitseinsatz pro Outputeinheit erzeugt. Lernfortschritte verringern den erforderlichen Arbeitseinsatz.

Das kurzfristige Gleichgewicht

Abbildung 8.1 zeigt die Produktionsmöglichkeitenkurve der beiden Länder (pro Kopf), wobei das entwickelte Land in der Lage ist (pro Kopf) mehr von beiden Gütern herzustellen (es hat einen absoluten Vorteil bei beiden Gütern, jedoch einen komparativen Vorteil in der Industriegüterproduktion).

Abbildung 8.2 zeigt die Produktionsmöglichkeitenkurve des Entwicklungslandes, wenn es sich auf die Landwirtschaft spezialisiert. Durch diese Spezialisierung wird seine »Kurve der Konsummöglichkeiten« eindeutig verbessert. Unter Freihandelsbedingungen wird es sich spezialisieren und den Punkt auf der Kurve der Konsummöglichkeiten wählen, der den Nutzen maximiert.

Das Resultat ist, dass die Produktionsmöglichkeitenkurve des Entwicklungslands im Verhältnis zur vorhergehenden Periode unverändert bleibt, während sich die Produktionsmöglichkeitenkurve des entwickelten Landes aufgrund von Lerneffekten und deren vollständiger Übertragung parallel nach außen verschiebt. Da der relative Preis im großen entwickelten Land unverändert bleibt, bleibt auch die Konsummöglichkeitenkurve des Entwicklungslandes unverändert. Das Entwicklungsland bleibt auf die Landwirtschaft spezialisiert und stagniert.

Abbildung 8.3 zeigt, dass sich die Position der Konsumenten unter den Bedingungen der Autarkie kurzfristig verschlechtert. Die Ersetzung des Freihandels durch die Autarkie verringert den Nutzen von U_0^F auf U_0^A, wobei die tiefgestellte Null für die Periode und die hochgestellten Symbole für das Handelsregime stehen (F für Freihandel und A für Autarkie).

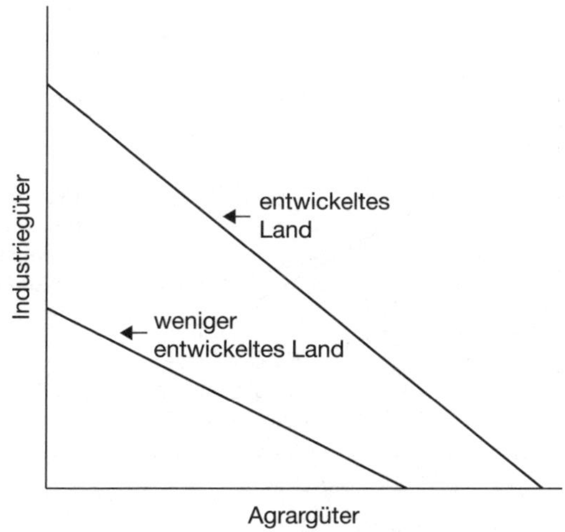

Abbildung 8.1: Komparativer und absoluter Vorteil
Das Entwicklungsland hat einen absoluten Nachteil bei beiden Gütern, aber einen komparativen Vorteil in der Landwirtschaft.

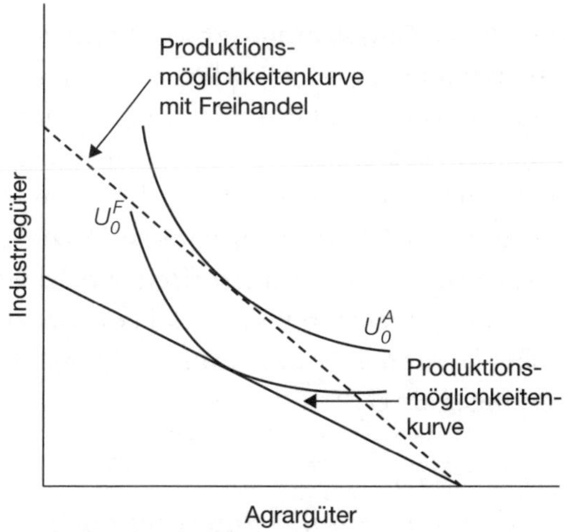

Abbildung 8.2: Freihandelsgleichgewicht
Durch Spezialisierung auf die Landwirtschaft könnte das Entwicklungsland den sozialen Nutzen erhöhen, das heißt einen höheren Konsum beider Güter erreichen. Dies ist das Freihandelsgleichgewicht.

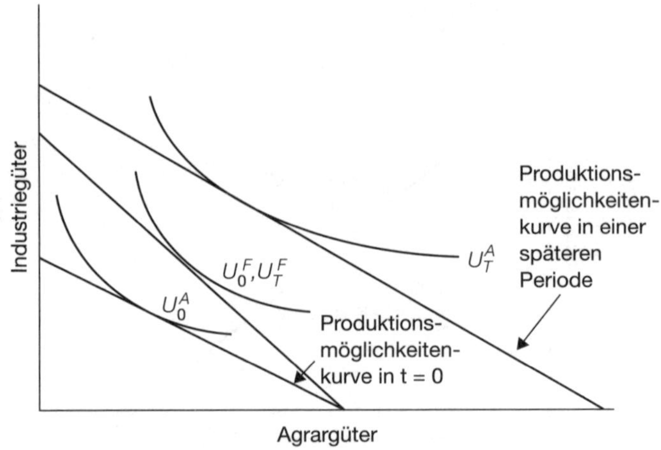

Abbildung 8.3: Quotenautarkie
Mit Autarkie sinkt die Wohlfahrt kurzfristig: $U_0^A < U_0^F$. Aber langfristig wird sie erhöht: $U_T^A > U_T^F = U_0^F$.

Aber da Südkorea (unser prototypisches Entwicklungsland) unter den Bedingungen der Autarkie Industriegüter produziert – und lernt –, verschiebt es seine Produktionsmöglichkeitenkurve. Zu einem späteren Zeitpunkt T sind die Grenzen der Produktionsmöglichkeiten so weit verschoben worden, dass die Situation der Gesellschaft (sogar ohne Verzerrungen des Handels) besser ist, als sie es unter Freihandelsbedingungen geworden wäre. Mit Freihandel gäbe es kein Lernen, weshalb $U_T^F = U_0$, wobei U_T für den Nutzen zum Zeitpunkt T steht. Somit ist U_T^F geringer als U_T^A.

Optimale Handelsinterventionen

In Abbildung 8.4 nehmen wir eine Handelsintervention in Form einer Importquote auf Industriegüter an, was bedeutet, dass das Residual zwischen Binnennachfrage (zum internationalen Preis) und Binnenproduktion durch ausländische Pro-

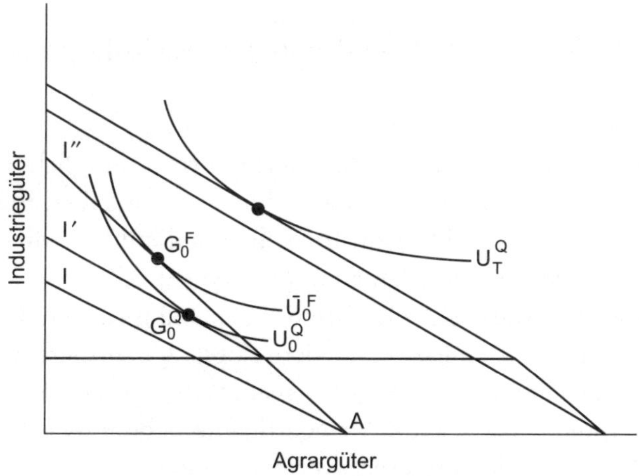

Abbildung 8.4: Importquote
Bei einer Quote ist die statische Verzerrung geringer als bei Autarkie. Die Wachstumsvorteile sind ebenfalls geringer. Aber der langfristige Nutzen $U_T{}^Q$ ist immer noch höher als bei Freihandel.

duktion befriedigt wird. Eine Einfuhrquote bedeutet also, dass die »Konsummöglichkeitenkurve« von AI′′ zu AI′ bewegt wird, womit sich der Gleichgewichtskonsum vom Freihandelsgleichgewicht $G_0{}^F$ zum Gleichgewicht mit Quote – $G_0{}^Q$ – bewegt. Der kurzfristige Nutzen ist eindeutig geringer, und je einschneidender die Handelsbeschränkung, desto niedriger die Wohlfahrt. Der Grenzfall ist die zuvor behandelte Autarkie.

Bei einer Quote ist die statische Verzerrung geringer als bei der Autarkie, und auch die Wachstumsvorteile sind geringer. Aber der langfristige Nutzen $U_T{}^Q$ ist immer noch höher als bei Freihandel.

Die optimale Quote stellt ein besseres Gleichgewicht zwischen der marginalen Nutzeneinbuße in Periode t durch die Beschränkungen für Industriegüter und dem marginalen Nutzenzuwachs im Zeitraum T dank der zusätzlichen Lernfortschritte her.

Anhang C
Gleichgewicht mit Anführern und Nachzüglern[35]

Wir haben gezeigt, dass ein Gleichgewicht möglich ist, in dem einige Länder dauerhaft die Führung innehaben und andere permanent nachfolgen. Im Folgenden stellen wir dieses Gleichgewicht in einfachen Diagrammen dar.

Diese Analyse stellt die These der neoklassischen Wachstumstheorie seit Solow[36] auf den Kopf, der zufolge Länder mit unterschiedlichen Ausgangsbedingungen konvergieren. In Wahrheit gibt es kaum Belege für die behauptete Konvergenz.[37] Wir werden erklären, woran das liegt.

Im Gleichgewicht ist es für Nachzügler optimal, ihre Position beizubehalten und nie aufzuholen. Sie profitieren so viel von der Verbreitung des Wissens durch das führende Land, dass es für sie keinen Sinn hat, große Anstrengungen zu unternehmen, um zu den Champions aufzuschließen. Sieht man von einigen Grenzfällen ab, so sind sie jedoch nicht vollständig passiv, sondern betreiben eine Politik, die dazu dient, die Lücke zwischen ihnen und dem führenden Land zu schließen. Aber während sie das tun, ergreift das führende Land Maßnahmen, die die Lücke wieder vergrößern. Obwohl sowohl dieses als auch die Nachzügler »Innovationspolitik« betreiben, können sich die Maßnahmen, die für die Champions optimal sind, erheblich von den für die Nachzügler optimalen unterscheiden.

Wir sollten von vornherein klarstellen, dass die Unterscheidung zwischen Champions und Nachzüglern zu kategorisch ist. Wissen ist mehrdimensional. So kann sich ein Unternehmen/Land in einer Dimension an der Wissensgrenze bewegen und in einer anderen weit davon entfernt sein. Das gilt zweifellos für Länder, die behaupten, sich an oder nahe der Grenze zu befinden, was bedeutet, dass sie noch viel voneinander lernen können.

Die zentrale Hypothese lautet, dass die Wachstumsrate des Entwicklungslandes vom Anteil der dem Industriesektor zugeteilten Arbeitskräfte (π^A) und von der Produktivitätslücke κ abhängt, wobei κ das Verhältnis zwischen dem Industrieoutput pro Arbeitskraft im entwickelten Land und dem Output im weniger entwickelten Land ist ($\kappa > 1$).[38]

Die wesentlichen Annahmen, die dieses Modell von der herkömmlichen Wachstumstheorie unterscheiden, lauten, dass das Produktivitätswachstum *endogen* und dass Wissen nicht frei beweglich ist. In der herkömmlichen Wachstumstheorie ist die Wachstumsrate exogen: Sie wird nicht von dem beeinflusst, was das Unternehmen (oder die Gesellschaft) tut. Das Wissen fließt ungehindert. Das bedeutet: $\kappa = 1$. Während manche Arten von Wissen Grenzen leicht überschreiten, sind viele andere (implizites Wissen, Wissen in Bezug auf das Verhalten bestimmter Institutionen) sehr viel weniger mobil als Arbeit oder Kapital.

Wie wir im Text festgestellt haben, sinkt die kurzfristige Wohlfahrt des Entwicklungslands, wenn es den Arbeitseinsatz in der Industrieproduktion steigert, aber das langfristige Wachstum wird erhöht. Daher gibt es einen optimalen Wert von π^L für

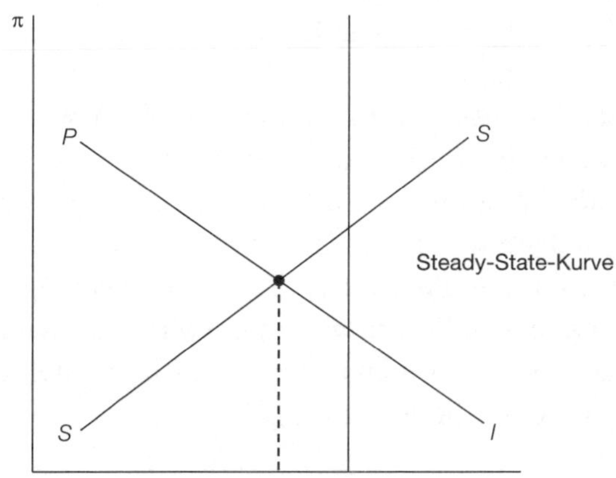

Abbildung 8.5: Steady-State-Gleichgewicht im Anführer-Nachfolger-Modell

jeden Wert κ. Da mehr zu lernen ist, wenn κ kleiner ist (wenn die Wissenslücke größer ist), nehmen wir an, dass bei kleinerem κ ein größerer Teil der Arbeit in der Industrie eingesetzt wird. In Abbildung 8.5 wird dies als Abwärtskurve PI dargestellt.

Das stationäre Gleichgewicht zeigt den langfristigen Arbeitseinsatz in der Industrieproduktion und die stationäre Lücke zwischen Anführer und Nachfolger. Entlang der Steady-State-Geraden SS verlangsamt sich das Wachstum bei steigendem κ bei jedem Wert von π^A (es gibt weniger zu lernen), weshalb π^A erhöht werden muss, damit das Entwicklungsland seinen Abstand von der Wissensgrenze halten kann. Im Steady-State-Gleichgewicht bleibt das aufholende Land immer im Rückstand. Die Kurve PI zeigt den profitmaximierenden Wert von π^A für jeden Wert der Lücke. Mit wachsender Lücke nimmt nicht nur das Lernen bei jedem π^A zu, sondern auch der Grenzertrag des Learning by Doing, womit π^A steigt.

In diesem einfachen Modell wirkt sich das Verhalten des kleinen Entwicklungslandes praktisch nicht auf das entwickelte Land aus, und es wächst weiter mit der Rate W^E. Aber damit eine stationäre Lücke zwischen den beiden bestehen kann, muss die Produktivität in dem Entwicklungsland mit derselben Rate wachsen wie in dem entwickelten. Bei jeder gegebenen Lücke ist das Wachstum umso höher, je mehr Arbeitskräfte der Industrie zugeteilt werden. Die Annahme liegt nahe, dass die Produktivität bei größerer Lücke und gegebener Arbeitsallokation schneller zunimmt – da mehr zu lernen ist, wird mehr gelernt. Damit die Produktivität im Entwicklungsland mit derselben Geschwindigkeit wie im entwickelten Land steigen kann, muss daher bei steigendem κ auch π^A steigen (Steady-State-Kurve in Abbildung 8.5).[39]

Abbildung 8.5 zeigt den »normalen« Fall eines Gleichgewichts im Anführer-Nachzügler-Modell.

Das unreife Land wird nie vollkommen erwachsen, aber um mit dem großen Bruder mitzuhalten, muss es seine Industrie weiter schützen. Nachzügler zu sein hat einen Vorteil: Das Land kann von derselben Wachstumsrate wie das entwickelte Land profitieren, indem es mit einem Industriesektor, dem ein kleiner Teil seiner Arbeitskräfte zugeteilt ist, das aus dem entwickelten Land zufließende Wissen nutzt. Es kann einen *gewissen* Nutzen aus seinem komparativen Vorteil in der Landwirtschaft ziehen.

Es sind weitere Konfigurationen möglich: Das unreife Land könnte aufholen. In diesem Fall könnte es für das Land optimal sein, keine Industriepolitik zu betreiben, sondern einfach das Wissen aufzusaugen, das ihm zufließt. Und es kann multiple Gleichgewichte geben: Ein Land kann in einem niedrigen Gleichgewicht mit großer Wissenslücke gefangen bleiben, aber mit genügendem Antrieb kann es ein besseres stationäres Gleichgewicht mit höherem Konsum und einem sehr viel kleineren Rückstand auf die führenden Länder finden.[40]

Auswirkungen industriepolitischer Eingriffe in hochentwickelten Ländern

Abbildung 8.6 illustriert die Auswirkungen industriepolitischer Maßnahmen in entwickelten Ländern.

Das Steady-State-Gleichgewicht hängt davon ab, ob das hochentwickelte Land industriepolitische Maßnahmen ergreift (ob es berücksichtigt, dass seine Wachstumsrate von der Allokation des Faktors Arbeit beeinflusst werden kann). Wenn es Industriepolitik betreibt (und unsere Analyse hat gezeigt, dass es das normalerweise würde tun wollen), fällt g^* höher aus, so dass π^A bei jedem κ steigen muss, womit sich die Steady-State-Kurve aufwärts verschiebt. Das wiederum bedeutet, dass (a) das Entwicklungsland im stationären Zustand ebenfalls eine höhere Wachstumsrate aufweist, aber dass es (b) eine nachdrücklichere Industriepolitik betreiben, das heißt eine größere Verzerrung der statischen Arbeitsallokation aufweisen muss, und dass (c) die Gleichgewichtslücke zwischen dem entwickelten und dem weniger entwickelten Land größer ist.

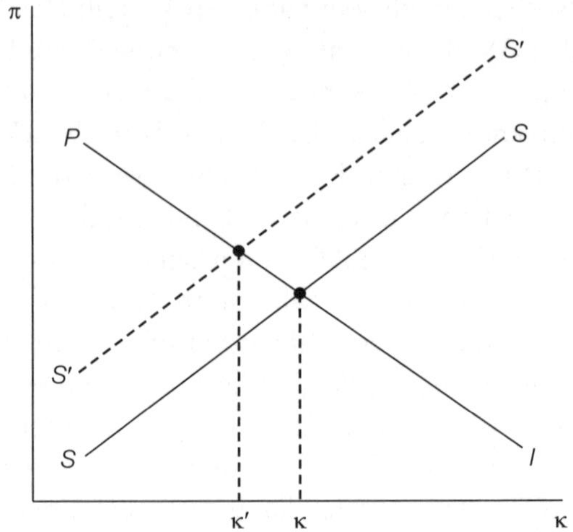

Abbildung 8.6: Multiple Steady-State-Gleichgewichte
Wenn der Rückstand des Entwicklungslandes zu groß ist, dann lernt es möglicherweise nur wenig – mit der Folge, dass es in einem Gleichgewicht auf niedrigem Niveau gefangen bleibt.

Teil II

Eine Politik für die lernende Gesellschaft

Kapitel 9

Die Rolle der Industrie- und Handelspolitik bei der Schaffung einer lernenden Gesellschaft[1]

Die Industriepolitik, mit der hier Maßnahmen gemeint sind, die ein Land ergreift, um die Struktur der Volkswirtschaft zu gestalten, darunter die Wahl der Technik und der sektoralen Ressourcenallokation, ist wieder in Mode, und das mit gutem Recht. Die wesentliche Erkenntnis der Wohlfahrtsökonomik der vergangenen 50 Jahre lautet, dass die Märkte an sich im Allgemeinen keine paretoeffizienten Ergebnisse erzielen.[2]

Mittlerweile gibt es eine umfangreiche Liste von Arten des Marktversagens, das heißt, der Umstände, unter denen der Marktmechanismus zu wenig oder zu viel von einem Gut hervorbringt oder zu wenige Arbeitsplätze schafft. In diesen Fällen können wohlüberlegte industriepolitische Eingriffe die Situation verbessern.

In diesem Kapitel konzentrieren wir uns auf einen der wichtigsten Gründe für industriepolitische Interventionen, der im Mittelpunkt dieses Buches steht: Die Märkte allein schaffen keine lernende Gesellschaft, und die Struktur einer Volkswirtschaft, die sich aus dem Wirken der Marktkräfte ergibt, bildet, gemessen am Maß des Möglichen oder Wünschenswerten, keine ausreichende Basis für Lernprozesse und wirtschaftliches Wachstum.

Wir glauben, dass eines der Ziele der Wirtschaftspolitik darin bestehen sollte, eine Umgebung zu schaffen, die sowohl den Erwerb von Wissen als auch Spillover-Lerneffekte begünstigt. Wie wir in Kapitel 1 erklärt haben, ist die Schaffung einer lernenden Gesellschaft eher geeignet, den Lebensstandard zu erhöhen, als kleine, einmalige Steigerungen der wirtschaftlichen

Effizienz oder Verbesserungen, die auf dem Verzicht auf gegenwärtigem Konsum zugunsten von Investitionen beruhen.

In diesem Kapitel gehen wir von der allgemeinen Analyse der vergangenen zwei Kapitel zu den politischen Fragen über. Die Industriepolitik ist sehr umstritten, und noch mehr gilt das für die Handelspolitik einschließlich jener Maßnahmen, mit denen die Wirtschaftsstruktur verändert werden soll. Wir werden erklären, warum viele der gegen solche politische Eingriffe vorgebrachten Argumente unangebracht sind, und machen Vorschläge dazu, wie die Handels- und Industriepolitik besser eingesetzt werden kann, um eine lernende Volkswirtschaft aufzubauen.

Dieses Kapitel ist in acht Abschnitte unterteilt. Zunächst werden wir erklären, warum ein Großteil der Debatte über die Industriepolitik in die Irre führt: Ob die Regierungen wollen oder nicht, in der Praxis betreiben sie immer Industriepolitik. Im zweiten Abschnitt beschäftigen wir uns eingehender mit den Entwicklungsländern und erklären, warum industriepolitische Eingriffe für solche Länder besonders wichtig sind. Wir führen Argumente gegen die dem Washington-Consensus zugrundeliegende Ablehnung von Industriepolitik auf. Im dritten Abschnitt wenden wir uns den Zielen der Industriepolitik zu. Anschließend beschäftigen wir uns eingehender mit handelspolitischen Eingriffen als Instrumenten der Industriepolitik, womit wir unsere Untersuchung im vorhergehenden Kapitel fortsetzen. Die drei letzten Abschnitte enthalten allgemeinere Überlegungen zur Industriepolitik: Wir analysieren ihre historische Funktion, die Rolle der Volkswirtschaftslehre sowie strategische Fragen.

Industriepolitik ist unumgänglich

Regierungen betreiben unvermeidlich Industriepolitik, denn sie gestalten die Wirtschaft sowohl durch das, was sie tun, als auch durch das, was sie nicht tun. Gelingt es ihnen nicht, die

Wirtschaft als Ganzes sorgsam zu steuern, so geraten stark konjunkturempfindliche Industriezweige ins Hintertreffen. Versuchen sie, die Wirtschaft durch Zinsänderungen zu stabilisieren, so leiden zinsempfindliche Sektoren. Versäumen sie Maßnahmen zur Stabilisierung der Wechselkurse, so regen sie die Aktivität in Sektoren an, in denen Nichthandelsgüter hergestellt werden.

Darüber hinaus spielt der Staat in fast allen Ländern eine zentrale Rolle in den Bereichen Bildung, Gesundheitswesen, Infrastruktur und Technologie. Seine Maßnahmen und sein Mitteleinsatz in jedem dieser Bereiche prägen die Volkswirtschaft ebenfalls.

Märkte existieren nicht in einem Vakuum. Gesetze und Vorschriften wie das Insolvenzrecht oder das Unternehmensrecht sind Gestaltungselemente der Wirtschaftsordnung. Die Entwicklungsökonomik rückt das Studium der Institutionen als unabdingbar für das Verständnis von Wirtschaftswachstum in den Mittelpunkt. Sämtliche Regeln und Rechtsvorschriften und ihre Durchsetzung wirken sich auf die Struktur der Volkswirtschaft aus.

Daher betreibt jede Regierung unentwegt Industriepolitik, selbst wenn sie sich dessen nicht bewusst ist. Die amerikanischen Rechtsvorschriften, die in Konkursfällen Derivaten Priorität gaben, erwiesen sich als industriepolitische Stellgrößen, die die Ausgabe von Derivaten anregten. Die Rechtsvorschriften, die einen Erlass von Studienkreditschulden selbst im Konkursfall untersagen, wirkten sich nachteilig auf den amerikanischen Bildungssektor aus. Steuersysteme, welche Finanzspekulation geringer besteuern als andere Formen wirtschaftlicher Aktivität, regen die Umlenkung von Kapital in spekulative Finanzgeschäfte an.

Mit einem Wort: Alle Länder betreiben Industriepolitik, sei es ausdrücklich oder nicht. Allerdings gibt es solche, die ihre Industriepolitik bewusst gestalten, und solche, die es anderen – das heißt im Normalfall Interessengruppen – überlassen, miteinander um versteckte und offene Subventionen und um Vorschriften zu konkurrieren, die ihnen Vorteile gegenüber Dritten verschaffen.

Selbst die Liberalisierung der Finanzmärkte – auf Drängen der Banken und des übrigen Finanzsektors – war eine Form von Industriepolitik, die zur Folge hatte, dass dieser Sektor in vielen Ländern mittels offener und versteckter Subventionen (die in der Krise von 2008/09 einen Höhepunkt erreichten) übermäßig aufgeblasen wurde. Ressourcen, mit denen ein höheres nachhaltiges Wachstum hätte finanziert werden können, wurden in die Finanzmärkte umgeleitet. Diese Industriepolitik verschärfte die konjunkturellen Schwankungen der Wirtschaft, was sich wiederum negativ auf den Lernfortschritt auswirkte (siehe die Erläuterung in Kapitel 4).

Industriepolitische Instrumente und ein Leitfaden zu Teil II

Wir haben erklärt, dass der Staat die Auswirkungen von politischen Maßnahmen, Gesetzen und Vorschriften auf die Struktur der Wirtschaft und die Entwicklung einer lernenden Gesellschaft bedenken muss. Wir haben gezeigt, warum staatliche Eingriffe zur Förderung von Lernprozessen wünschenswert sind. Aber diese Eingriffe können viele Formen annehmen. Da wir der Auffassung sind, dass sich praktisch jegliches staatliche Handeln auf die Gestalt der Wirtschaft auswirkt, muss sich unsere Analyse auf jene Eingriffe beschränken, die besonders nachhaltige Auswirkungen haben oder ausdrücklich auf die Gestaltung der Wirtschaft ausgerichtet sind. In diesem und den folgenden Kapiteln beschäftigen wir uns mit den aus unserer Sicht wichtigsten Politikbereichen: In diesem Kapitel widmen wir uns der Industrie- und Handelspolitik, im folgenden der Finanzpolitik, in Kapitel 11 der Konjunktur- und Wachstumspolitik (einschließlich der Währungspolitik) und in Kapitel 12 den Maßnahmen zum Schutz der Rechte am geistigen Eigentum.

Die besondere Bedeutung der Industriepolitik für die Entwicklungsländer

Schließung der Wissenslücke

An anderer Stelle haben wir darauf hingewiesen, dass zwischen den entwickelten und den Entwicklungsländern nicht nur eine Ressourcenlücke klafft, sondern auch eine Wissenslücke.[3] Ein Großteil des Pro-Kopf-Einkommensrückstands der Entwicklungsländer ist auf ihren unterschiedlichen Wissensstand zurückzuführen. Um die Wissenslücke zu schließen, sollte die Förderung des Lernens im Mittelpunkt der Entwicklungsstrategien stehen. Politische Maßnahmen zur Schaffung einer »lernenden Gesellschaft« würden den weniger entwickelten Ländern die Möglichkeit geben, die Lücke rascher zu schließen und das Pro-Kopf-Einkommen deutlich zu erhöhen.[4] Entwicklung beinhaltet, dass man lernt zu lernen.[5] Wie wir gesehen haben, ist die Tatsache, dass manche Länder und Unternehmen »gelernt haben, wie man lernt«, eine Erklärung dafür, dass der Lebensstandard in den letzten beiden Jahrhunderten im Vergleich mit den vorausgegangenen, von Stagnation gekennzeichneten Jahrtausenden so bemerkenswert stark angestiegen ist.

Wie Strukturanpassungen Wachstum hemmen

Aber anstatt die lernenden Sektoren zu fördern, haben die Maßnahmen, die den Entwicklungsländern zum Beispiel von den internationalen Wirtschaftsinstitutionen auferlegt wurden, den lernenden Sektor (die Industrie) in vielen dieser Länder gebremst, und zwar vor allem in Afrika.[6] Das Ergebnis war, dass Afrika in den vergangenen 30 Jahren deindustrialisiert wurde. Ab den frühen 1980er Jahren bis weit in die erste Dekade des neuen Jahrtausends hinein sank das Pro-Kopf-Einkommen der afrikanischen Länder, und die Armut nahm zu.

Die von IWF und Weltbank befürworteten Strukturanpassungen beruhten auf dem Glauben, Afrika werde durch eine Beseitigung der wirtschaftlichen »Verzerrungen« und durch die Errichtung einer freien Marktwirtschaft rascher wachsen. Die dominierende Denkschule besagte, dass sich der Staat nur auf die Gewährleistung der makroökonomischen Stabilität – im Normalfall gleichbedeutend mit Preisstabilität – konzentrieren müsse, um die Wirtschaftsleistung zum Nutzen aller Akteure zu fördern. Doch indem sich diese internationalen Institutionen auf die statische Effizienz konzentrierten, ließen sie Lernprozesse und die damit verbundene Dynamik vollkommen außer Acht.

Aber die Strukturanpassungsprogramme behinderten die Entwicklung einer lernenden Gesellschaft noch auf andere Art. Ein Großteil des Lernens findet in der Praxis des Arbeitslebens statt, aber um bei der Arbeit lernen zu können, brauchen die Menschen Arbeitsplätze. Selbstverständlich waren sich die Befürworter dieser Programme darüber im Klaren, dass die Beseitigung von Handelshemmnissen Arbeitsplätze vernichten würde – in der Landwirtschaft, vor allem aber in der Industrie. Aber sie waren davon überzeugt, dass die Arbeitskräfte rasch neue Arbeitsplätze in neuen Industriezweigen finden würden, in denen der komparative Vorteil des Landes zum Tragen kommen würde. Durch die Verschiebung von Ressourcen von ineffizienten geschützten Sektoren in effizientere, vom Wettbewerb bestimmte Sektoren würden die Einkommen steigen.

Aber es kam anders, als die Befürworter der Strukturanpassungen erhofft hatten. Anstatt zu wachsen, schrumpften die betroffenen Volkswirtschaften. Die Schaffung neuer Arbeitsplätze hielt oft (oder sogar im Normalfall) nicht mit den Arbeitsplatzverlusten Schritt, und die Arbeitskräfte wechselten von geschützten Sektoren mit geringer Produktivität in eine offene oder verschleierte Arbeitslosigkeit.

Der Washington-Consensus unter dem Blickwinkel des Lernens

Die von den afrikanischen Entwicklungsländern als Gegenleistung für die Unterstützung der westlichen Länder verlangten Strukturanpassungsprogramme beruhten auf volkswirtschaftlichen Doktrinen, die allgemein als Washington-Consensus bezeichnet werden. Sie prägten die Wirtschaftspolitik insbesondere in den Entwicklungsländern mehr als ein Vierteljahrhundert lang, führten zur Deindustrialisierung Afrikas und wirkten sich sehr nachteilig auf sein Wachstum und die Wohlfahrt seiner Bürger aus.[7]

Die Maßnahmen, die Teil des Washington Consensus waren, beruhten auf der Annahme, dass die Märkte an sich effizient seien und dass staatliche Eingriffe die wichtigste Ursache für Ineffizienzen oder schlechte wirtschaftliche Ergebnisse seien. Daher war das erste Ziel der Reformen, diese Eingriffe in den Markt abzustellen. Die einzige (oder zumindest die wichtigste) wirtschaftliche Funktion des Staates bestand demnach darin, die Preisstabilität und den Schutz der Rechte am geistigen Eigentum zu gewährleisten und Verträge durchzusetzen.[8]

Der Washington-Consensus und die Ideologie, auf der er beruhte, ließen Marktversagen also außer Acht. Sofern die Verfechter dieser Denkschule widerwillig Fehlfunktionen des Marktes einräumten, erklärten sie, der Staat sei aus »politökonomischen« Gründen nicht in der Lage, diese Fehler zu korrigieren.

In diesem Kapitel erklären wir, warum beide Teile dieser Doktrin falsch sind: Märkte versagen systemisch und der Staat kann sogar in Entwicklungsländern Fehlentwicklungen aufgrund des Marktmechanismus vermeiden oder ausgleichen – und er hat dies auch tatsächlich getan, wenn auch nicht auf eine Weise, die man als »vollkommen« bezeichnen könnte.

Aufgrund ihrer Ablehnung von Industriepolitik konzentrierten sich die Verfechter des Washington-Consensus auf die statische Effizienz und verschwendeten keinen Gedanken an die Konsequenzen für Innovationen und Lernprozesse. Wenn gelernt wurde und technologische Fortschritte zu beobachten waren, so nahmen sie an, diese Fortschritte seien exogen, lägen außerhalb des Einflussbereichs der Politik und mit Sicherheit außerhalb des Einflussbereichs der Wirtschaftspolitik, die im Washington-Consensus Platz fand. Das war verblüffend angesichts dessen, dass die Entwicklung wesentlich von Lerneffekten und der wirtschaftlichen Transformation abhängt.

Lernen und Pauschallösungen Eine Kritik am Washington-Consensus lautet, dass er Pauschallösungen für sehr unterschiedliche Probleme vorsieht. Solche Lösungen können vollkommen ungeeignet sein, wenn es um die Schaffung einer lernenden Gesellschaft geht.

Ein wesentlicher Aspekt von »Lernen« ist, dass es lokal stattfindet und den lokalen kulturellen Besonderheiten und den je eigenen wirtschaftlichen Praktiken angepasst werden muss. Daher funktionieren »Lernrezepte«, die in einer bestimmten Umgebung erfolgreich angewandt werden, an anderen Orten eher selten. Beispielsweise wurde in Ostasien die wirtschaftliche Entwicklung allem Anschein nach durch die enge Verflechtung von Staat und Wirtschaft erleichtert: Interessenkonflikte wurden eingedämmt, und die mit der Verflechtung verknüpfte enge Koordinierung erwies sich als sehr vorteilhaft.[9] Aber solche Beziehungen können rasch zur »Vetternwirtschaft« führen, und die damit verbundene Korruption kann die Entwicklung behindern.[10] In den meisten Ländern zahlt es sich aus, wenn man den Umgang mit öffentlichen Stellen beherrscht, aber in manchen Ländern geben besondere »Fähigkeiten« im Rahmen öffentlicher Ausschreibungen den Ausschlag oder auch im Rahmen persönlicher Verbindungen. Die amerikanischen Unternehmen mussten lernen, sich den gesetzlichen Regeln zur Verhinderung von Bestechung ausländischer Amtsträger (Foreign Corrupt Practices Act) anzupassen.[11] Das Arbeitsrecht ist von Land zu Land unterschiedlich, und die Personalpolitik muss diese Unterschiede berücksichtigen. Unterschiedliche Präferenzen und Maßstäbe der Konsumenten sowie unterschiedliche Vertriebskanäle erfordern den Erwerb jeweils spezifischer Kenntnisse im Hinblick auf die Vermarktung. Am wichtigsten (und vielleicht offenkundig) ist, dass die relativen Faktorpreise variieren können, weshalb auch der Ertrag von Lernanstrengungen bezüglich der Frage günstigerer Faktoreinsatzverhältnisse unterschiedlich groß ausfallen kann.

Diese Unterschiede zwischen den Ländern haben zahlreiche Konsequenzen. Sie helfen zu erklären, warum Lernprozesse in einem Unternehmen leichter auf andere Unternehmen im selben Land übergreifen als auf Unternehmen in anderen Ländern. Es ist schlicht und einfach möglich, dass die Lernfortschritte in einem Land für die Produktion in einem anderen weniger relevant sind.

Die Unterschiede tragen auch zur Beantwortung der Frage bei, warum Staatsunternehmen in manchen Ländern gut funktionieren und in anderen nicht.[12] (»Gut funktionieren« bedeutet natürlich, in der Lage zu sein, zu lernen und sich anzupassen – und in Ländern, die eine lernende Gesellschaft oder zumindest eine Gesellschaft aufgebaut haben, in der ein wichtiges gesellschaftliches Segment lernt, können sogar Staatsunternehmen lernen und sich anpassen.)

Schließlich lassen sich durch sie auch die Grenzen der Globalisierung erklären: Lokale Unternehmen haben einen Wettbewerbsvorteil, weil sie die örtlichen Umstände besser kennen.[13] Ein Großteil der finanziellen Informationen ist vor allem lokal verfügbar, und selbst wenn ortsbezogene Informationen auch andernorts zur Verfügung stehen, versteht man dort möglicherweise die Nuancen der institutionellen Struktur des betrachteten Landes weniger gut. (Man denke nur an die schmerzhafte Erfahrung ausländischer Investoren auf dem amerikanischen Hypothekenmarkt.) Daher werden für eine effektive Kapitalversorgung oftmals lokale Finanzinstitute benötigt.

Leider wurde in der auf dem Washington-Consensus beruhenden Politik, die die Liberalisierung der Kapital- und Finanzmärkte vorantrieb, die Bedeutung dieses örtlichen Wissens nicht berücksichtigt. Ausländischen Banken gelang es, Einleger von den heimischen Banken wegzulocken, da sie als sicherer galten (was sie in einigen Fällen wohl auch waren, da sie sich auf unausgesprochene Garantien finanzstarker Staaten stützen konnten). Doch bezüglich der kleinen und mittleren Unternehmen vor Ort hatten sie im Verhältnis zu den örtlichen Banken einen Informationsnachteil, und so kam es dazu, dass sie die Vergabe ihrer Kredite auf öffentliche Stellen, Verbraucher und große Firmen (einschließlich lokaler Monopole und Oligopole) konzentrierten. Aber indem sie dies taten, wurden möglicherweise Lernprozesse und die unternehmerische Initiative vor Ort geschwächt – mit den entsprechenden negativen Folgen für das Wachstum der Wirtschaft.[14]

Industriepolitik unter den besonderen Bedingungen in Entwicklungsländern

Es gibt noch mehrere andere Gründe dafür, dass die Industriepolitik in den Entwicklungsländern eine noch größere Rolle spielen sollte als in den entwickelten Ländern. Die ersten beiden betreffen die Tatsache, dass die Entwicklungsländer die Grundlagen für ihre Wirtschaftsstruktur in den nächsten Jahrzehnten legen.

Wir haben gezeigt, dass der Rechtsrahmen – die Gesetze und Vorschriften, die die Beziehungen in einer Gesellschaft und Volkswirtschaft regeln – gleichzeitig die Wirtschaft *formt.* Er stellt eine Art von Industriepolitik dar. In der Entwicklungspolitik lautet eine Kernfrage aber zunächst, wie die Gesetze lauten sollen, wenn es noch keine gibt – oder wie sie reformiert werden sollen, wenn sie beispielsweise noch aus der Kolonialzeit stammen. Entwicklungsländer müssen sich darüber im Klaren sein, dass der Rechtsrahmen, den sie sich geben, ihre Wirtschaft prägt, und das hat weitreichende Auswirkungen auf ihre Zukunft.

Auch die materielle Infrastruktur, in die sie investieren, begünstigt die Erträge bestimmter privater Investitionen, während es die Erträge anderer eher hemmt. Investitionen in den

Ausbau von Häfen oder Straßen treiben die Entwicklung des sie umgebenden Raums voran, aber das geht auf Kosten anderer Gebiete, deren Entwicklung warten muss.

In beiden Fällen sind es die heute existierenden Unternehmen, die sich für eine institutionelle und materielle Infrastruktur einsetzen, die ihren Interessen dient. Jene Unternehmen, die in einer anderen institutionellen und materiellen Infrastruktur gedeihen könnten, haben kaum oder überhaupt keine Stimme.

An anderer Stelle haben wir darauf hingewiesen, dass alle Länder Industriepolitik betreiben; aber die entwickelten Länder entscheiden sich für eine Industriepolitik, die ihrer eigenen Wirtschaft oder bestimmten Interessen in ihrer Wirtschaft dient. Selbst wenn es leicht wäre, bei den Ideen der entwickelten Länder Anleihen zu nehmen, und selbst wenn eine Industriepolitik denkbar wäre, die den Wissenstransfer zugunsten der Entwicklungsländer erleichtert, sollte die Förderung des grenzüberschreitenden Wissensstroms nicht das einzige Ziel der Industriepolitik von Entwicklungsländern sein. Beispielsweise sind Belastungen der natürlichen Umwelt für alle Länder wichtig, aber besonders wichtig sind sie für die Entwicklungsländer. Dass Bodenschätze und die natürliche Umwelt »keinen angemessenen Preis« haben, bedeutet, dass es keine ausreichenden Anreize gibt, Ressourcen (einschließlich jener, die in Lernprozesse eingehen) für Umweltschutz und den umsichtigen Umgang mit den Bodenschätzen aufzuwenden – was zur Folge hat, dass zu viele Ressourcen für die Einsparung von Arbeit aufgewendet werden.

Dies verdeutlicht einen Unterschied zwischen den entwickelten und den Entwicklungsländern und zeigt, warum es wichtig ist, dass Entwicklungsländer ihre eigene Innovations- und Industriepolitik betreiben, um indigene Lernprozesse zu fördern. Ein Großteil der Innovationen in den hochentwickelten Industrieländern dient der Einsparung von Arbeit. Aber in vielen Entwicklungsländern gibt es Arbeitskräfte im Überfluss. Dort ist die Arbeitslosigkeit das größte Problem. Innovationen, die den Arbeitskräftebedarf verringern, verschärfen dieses gesellschaftliche Problem (siehe Kapitel 6).

Selbst wenn arbeitssparende Innovationen nicht zu einer Erhöhung der Arbeitslosigkeit führen, so haben sie doch negative Verteilungswirkungen: Sie drücken die Löhne. Das sollte angesichts der bereits ausgeprägten Ungleichverteilung in vielen Entwicklungsländern zu denken geben.

Diese Analyse stützt sich auf zwei allgemeine theoretische Beobachtungen. Wie wir in Kapitel 3 gesehen haben, spielt immer dann, wenn Innovationen wichtig sind, die Geschichte eine Rolle. Die Technologie, die heute entwickelt wird, beeinflusst die technologischen Entwicklungen, die sich in Zukunft lohnen.

Überdies gelten in den Entwicklungsländern andere Faktorpreise als in den entwickelten Ländern. Und in allen Ländern weichen die Preise der Produktionsfaktoren aufgrund des Versagens der Märkte von ihren Schattenpreisen ab.

Diese Beobachtungen haben ihrerseits drei bedeutsame Konsequenzen für die Politik: Sowohl in den entwickelten als auch in den Entwicklungsländern muss die Industriepolitik strategisch angelegt sein. Sie muss nicht nur die heutigen Umstände berücksichtigen, sondern auch die zu erwartende langfristige Situation. Nicht der statische, sondern der dynamische komparative Vorteil ist ausschlaggebend. (Was das bedeutet, werden wir im Folgenden genauer untersuchen.) Zweitens kann die Richtung der privaten ebenso wie der staatlichen Innovationsanstrengungen in den entwickelten Ländern deutlich von jener in den Entwicklungsländern abweichen. Drittens muss sowohl in den entwickelten als auch in den Entwicklungsländern der Staat die Richtung für Innovationen und Lernprozesse vorgeben. Wie wir in Kapitel 6 hervorgehoben haben, kann eine Volkswirtschaft beispielsweise entscheiden, ob sie in Innovationen zur Einsparung natürlicher Ressourcen oder von Arbeit investieren will. Entscheidungen wie diese sollten die relative Knappheit widerspiegeln – welches wären die relativen Anteile der verschiedenen Faktoren, wenn die Faktorpreise der wahren Knappheit entsprächen, das heißt, wenn die Marktpreise und die »Schattenpreise« identisch wären?

Ziele der Industriepolitik

Dieses Buch konzentriert sich auf den Beitrag der Industriepolitik (im zuvor beschriebenen umfassenden Sinn) zur Förderung des Wachstums durch Lernen, aber die Regierungen müssen auch andere soziale und wirtschaftliche Konsequenzen im Auge behalten. Industriepolitik gilt normalerweise als eine Politik zur Förderung des Wachstums, aber sie sollte umfassender definiert werden. Diese Definition von Industriepolitik sollte sämtliche Maßnahmen einschließen, die die sektorale Allokation in einer Volkswirtschaft (oder andere Produktionsentscheidungen wie die Wahl der Technik oder die Ausrichtung eines Innovationsvorhabens) beeinflusst, wenn Marktanreize innerhalb des gegebenen staatlichen Ordnungsrahmens zu den gesellschaftlichen Zielen im Widerspruch stehen. Regierungen verfolgen Beschäftigungs-, Verteilungs- und umweltpolitische Ziele, die den Märkten oftmals fremd sind. In Ländern mit hartnäckig hoher Arbeitslosigkeit funktionieren die Marktprozesse offenkundig nicht richtig: Der Arbeitsmarkt ist nicht im Gleichgewicht. Egal ob dieser Befund auf die inhärenten Beschränkungen der Märkte (zum Beispiel Effizienzlöhne aufgrund von Informationsasymmetrien[15]), die Existenz von Gewerkschaften oder Maßnahmen der Regierung (zum Beispiel Mindestlöhne) zurückgeführt wird: Anhaltende Arbeitslosigkeit bedeutet, dass es nicht leicht sein dürfte, die zugrundeliegenden Ursachen zu beseitigen. Die sozialen Kosten der Arbeitslosigkeit können sehr hoch sein, weshalb der Staat versuchen sollte, die wirtschaftliche Aktivität auf arbeitsintensivere Sektoren zu verlagern oder den Einsatz arbeitsintensiverer Prozesse zu fördern.

Strukturwandel

Mehr und mehr setzt sich die Überzeugung durch, dass Entwicklung ohne Änderungen der Wirtschaftsstruktur nicht möglich ist.[16] Die Märkte selbst verstehen sich nicht sehr gut auf strukturellen Wandel, was teilweise daran liegt, dass die Sektoren, die verdrängt werden – Ressourcen müssen von einem Sektor in einen anderen verlagert werden –, normalerweise unter hohen Kapital- und Einkommenseinbußen leiden und daher nicht in einer geeigneten Position sind, um die für die Umschichtung erforderlichen Investitionen vorzunehmen. Die (auf Informationsasymmetrien beruhenden) Mängel der Kapitalmärkte beschränken den Zugang zu externen Ressourcen.[17] Eines der größten Hindernisse für die ungehinderte Überführung von Ressourcen von einem Sektor in einen anderen ist natürlich der Mangel an geeigneten Fähigkeiten: Würde die Politik Lernprozessen mehr Raum geben, so würde sie Maßnahmen ergreifen, um die für die Bewältigung des Strukturwandels relevanten Fähigkeiten der Arbeitskräfte zu verbessern.

Ungleichheit

Viele Entwicklungsländer leiden unter einer ausgeprägten Ungleichheit.[18] Industriepolitik kann das Ausmaß der Ungleichheit beeinflussen, indem sie die Nachfrage nach geringqualifizierten Arbeitskräften erhöht, deren Löhne erhöht und die Arbeitslosigkeit innerhalb dieser Gruppe verringert. Die traditionellen Instrumente der Verteilungspolitik sind Steuern und Transferleistungen, aber es kann vorteilhafter (effizienter) sein, Maßnahmen zu treffen, die bereits die primäre Einkommensverteilung (das heißt diejenige Verteilung, die sich ohne staatliche Eingriffe ergibt) ändern. Solche Maßnahmen verringern die Belastung, die sich aus den verzerrenden Effekten von Umverteilung ergibt.[19]

Die zunehmende Ungleichheit gibt nicht nur deswegen Anlass zur Sorge, weil sie sozial ungerecht ist. Sie kann außerdem zu wachsender politischer und gesellschaftlicher Instabilität führen. Außerdem setzt sich (sogar beim IWF) die Erkenntnis durch, dass wachsende Ungleichheit zu einem geringeren

Wirtschaftswachstum, zunehmender wirtschaftlicher Instabilität und einer Schwächung der Volkswirtschaft führt.[20] Diese negativen Effekte können auf sehr unterschiedliche Weise zustande kommen. (Beispielsweise verringert Ungleichheit die aggregierte Nachfrage nach inländischen Nichthandelsgütern, und die Zentralbanken ergreifen oft ausgleichende Maßnahmen – sie senken die Leitzinsen und lockern Vorschriften und ihre Durchsetzung –, die dazu führen, dass Spekulationsblasen entstehen.) Allerdings dürfte für die Entwicklungsländer, in denen ein erheblicher Bedarf an öffentlichen Investitionen in Infrastruktur, Bildung und Technologie besteht, ein bestimmter Übertragungsweg besonders bedeutsam sein.

In einer Gesellschaft mit eher gleichmäßiger Verteilung besteht die einzige Aufgabe des Staates darin, kollektive Güter bereitzustellen und Fälle von Marktversagen zu korrigieren. Ist die Ungleichheit hingegen stark ausgeprägt, so kollidieren die Interessen. Es kommt zwangsläufig zu Verteilungskämpfen, und um eine Umverteilung zu verhindern, versuchen die wohlhabenden Eliten oft, die Befugnisse des Staates einzuschränken. Aber damit schränken sie auch die Fähigkeit des Staates zu positiven Handlungen ein. Wie wir hier und andernorts erklärt haben, muss der Staat in jeder Volkswirtschaft eine wichtige Rolle spielen, insbesondere aber in der »kreativen Volkswirtschaft«. An ihm ist es, weitreichende Folgen des Versagens von Märkten zu korrigieren.

Daher geht unsere Kritik an Wachstum ohne Teilhabe über die Feststellung hinaus, dass ein Land, das auf diese Art wächst, seine wertvollste Ressource – das menschliche Talent – vergeudet. Ein solches Wachstum kann auch nicht gewährleisten, dass alle Menschen ihre Fähigkeiten ausschöpfen können. Nichtinklusives Wachstum hat zur Folge, dass eine Demokratie Strategien für dynamisches Wachstum nicht unterstützt. Die mögliche Folge ist ein Teufelskreis, in dem zunehmende Ungleichheit zu Beschränkungen des Handlungsspielraums der Regierung führt, was wiederum zu noch größerer Ungleichheit und noch schwächerem Wachstum führt.

Handelspolitik

Viele der weiter oben in diesem Buch diskutierten industriepolitischen Maßnahmen sind mit Staatsausgaben verbunden – mit Subventionen für Sektoren, deren Wachstum angeregt werden soll, oder mit Investitionen in F&E und Bildung mit dem Ziel, die Wettbewerbsfähigkeit lernender Sektoren zu erhöhen. Aber in Entwicklungsländern (und sogar in entwickelten Ländern) fällt es schwer, Einnahmen zu erzielen.[21] In Ermangelung von Pauschalsteuern wirken alle Steuern verzerrend, weshalb Subventionen mit realen Kosten verbunden sind. (In den vorangegangenen Kapiteln haben wir diese Kosten bei der Gestaltung optimaler Eingriffe berücksichtigt.)

Daher ist es nur natürlich, dass Regierungen versuchen, ihre Volkswirtschaften anhand von Werkzeugen zu gestalten, die Haushaltseinnahmen erbringen. Zölle und Einfuhrkontingente sind solche Instrumente.[22] Und so erklärt sich der verbreitete Einsatz handelspolitischer Instrumente im Rahmen der Industriepolitik.

Aber der Rückgriff auf handelspolitische Instrumente ist mit diversen Problemen verbunden. Erstens ist die Theorie zugunsten des Freihandels voreingestellt – bedingt durch Adam Smiths Ablehnung des Merkantilismus, durch David Ricardos Theorie der komparativen Vorteile und bedingt auch durch das Gedankengut liberaler Ökonomen wie John Stuart Mill. Paul Samuelson hat 1938 den gesellschaftlichen Nutzen freien Handels beschrieben, und die in der zweiten Hälfte des 20. Jahrhunderts entwickelten neoliberalen Doktrinen bekräftigen die Hypothese der Vorteilhaftigkeit freien Handels.

Aber die zwingenden Annahmen, die erforderlich sind, um diese Hypothese zu beweisen, dienen nur dem Beweis ihrer Beschränktheit. Die Analyse geht aus von vollkommenen Märkten mit vollkommenem Wettbewerb, vollkommenen Risikomärkten, Vollbeschäftigung und – was aus unserer Sicht am wichtigsten ist – der Nichtexistenz externer Effekte, insbesondere der Nichtexistenz externer Lerneffekte. Sobald man auch nur eine dieser Annahmen fallenlässt, ist freier Handel *nicht mehr* wünschenswert.[23] In Kapitel 8 haben wir gezeigt, dass in einer lernenden Volkswirtschaft das Wachstum und die langfristige Wohlfahrt mit Eingriffen in den Handel gefördert werden können. Die ebenfalls abgeleitete nachteilige Wirkung von Zöllen löst sich sogar in Luft auf, wenn die Fähigkeit des Staates zur Erzeugung von Einnahmen unbegrenzt ist. Die Fortschritte in der modernen Wirtschaftstheorie haben die althergebrachte Hypothese auf den Kopf gestellt: Mittlerweile geht sie davon aus, dass Freihandel *nicht* wünschenswert ist. Und diese Annahme wird durch die Berücksichtigung möglicher nachteiliger Verteilungskonsequenzen sogar verstärkt. Immerhin gibt es Belege dafür, dass die Liberalisierung des Handels mit wachsender Ungleichverteilung einhergeht.[24]

Zweitens ist, unabhängig von der Theorie, aufgrund von empirischen Untersuchungen der Glaube verbreitet, dass Außenhandel das Wirtschaftswachstum fördert. Einige ältere länderübergreifende Regressionsanalysen scheinen diese politisch populäre Einschätzung zu bestätigen, aber bei genauerer Betrachtung wird sie durch die Befunde nicht gestützt.[25] Wird die »falsche Zuschreibung makroökonomischer Phänomene (überbewerteter Währungen oder makroökonomischer Instabilität) oder der geographischen Lage (in den Tropen) zur Handelspolitik … korrigiert, so löst sich jegliche länderübergreifende Beziehung zwischen Handelshemmnissen und Wirtschaftswachstum in Luft auf.«[26]

Dass die Liberalisierung des Handels *an sich* keine Garantie für Wachstum ist, hätte aufgrund der großen Ungleichheit innerhalb der entwickelten Länder offenkundig sein müssen: Es gibt keine Handelshemmnisse zwischen Nord- und Süditalien (nicht einmal Hindernisse für den Kapitalverkehr), und dennoch bestehen erhebliche und hartnäckige Einkommensunterschiede zwischen den beiden Regionen. Dasselbe galt für die Vereinigten Staaten, bis die Bundesregierung schließlich Maßnahmen ergriff (darunter Beihilfen), die die Einkommenskluft zwischen dem Norden und Süden des Landes verringerte (ohne sie jedoch zu beseitigen).

Es gibt einen weiteren deutlichen Hinweis darauf, dass der Handel (bzw. dessen Liberalisierung) nicht die Erklärung für erfolgreiches Wachstum sein kann: Die durch die Globalisierung eröffneten Gelegenheiten für Außenhandelsgeschäfte sind universal, aber das Wachstum ist sehr spezifisch, und zwar sowohl im Ländervergleich (selbst in den Gruppen von Ländern, die den Handel liberalisiert haben) als auch innerhalb der einzelnen Länder. Demnach sind also die spezifischen örtlichen Bedingungen maßgeblich für die Frage, ob die universellen Handelsgelegenheiten das Wachstum stärken.

Die Annahme, Offenheit führe zu Wachstum, beruht nicht zuletzt auf der beobachteten Korrelation zwischen Wachstum und Handel.[27] Aber diese Korrelation ist kein Beweis für eine Kausalität: Ist der Handel die Ursache für Wachstum oder umgekehrt? Eine Möglichkeit, diesbezüglich Klarheit zu gewinnen, besteht darin, nicht den Handel an sich, sondern die Liberalisierung des Handels unter die Lupe zu nehmen. Entwicklungsländer, deren Wirtschaft rascher wächst, verdanken dies möglicherweise dem Umstand, dass sie mehr exportieren, nicht aber einer Liberalisierung ihres Außenhandels: Ihre Exporterfolge könnten genauso gut auf größeren Lernfortschritten beruhen, und die eine Handelsliberalisierung hätte diese Lernfortschritte verhindern können. Die empirischen Befunde stützen die Hypothese, dass die Kausalität im Wesentlichen vom Wachstum zum Handel verläuft. Unter anderem hat das Entwicklungsprogramm der Vereinten Nationen[28] Belege dafür vorgelegt, dass die Liberalisierung des Handels *nicht* mit einem höheren Wirtschaftswachstum einhergeht. Auch hat der Abbau der Handelsschranken für die am wenigsten entwickelten Länder (Europas Initiative »Everything But Arms« oder der amerikanische African Growth and Opportunity Act) nicht zur erhofften Ausweitung des Handels geführt.[29]

Es sollte nicht überraschen, dass Handelsliberalisierung wirtschaftliches Wachstum hemmen kann. Dieses Buch bietet Begründungen für diese Hypothese, und im sechsten Abschnitt dieses Kapitels stellen wir empirische Befunde vor, die sie unterstützen.

Der dritte Einwand gegen Eingriffe in den Handel (und andere Formen der Industriepolitik) betrifft die *politische Ökonomie.* Es gibt theoretische Einwände gegen den Freihandel. Es gibt kaum überzeugende Belege dafür, dass Handel gut für Wachstum ist. Die erfolgreichsten Länder haben zur Wachstumsförderung Handelspolitik eingesetzt. Selbst wenn die Gegner handelspolitischer Eingriffe all dies zugestehen würden, so würden sie doch noch ein letztes Argument anführen und behaupten, die weniger entwickelten Länder seien nicht in der Lage, Handelspolitik wirksam einzusetzen, sondern neigten dazu, deren Instrumente zu missbrauchen. Mit diesem Einwand werden wir uns im siebten Abschnitt dieses Kapitels befassen.

Schließlich wird der Spielraum für handelspolitische Maßnahmen in einem industriepolitischen Rahmen durch die internationalen Handelsabkommen beschränkt. In den letzten Jahren hat die Welthandelsorganisation versucht, derartige Maßnahmen zu unterbinden. Die Beschränkungen industriepolitischer Möglichkeiten durch die WHO und ihre Regeln zur Beschaffung im Inland (sowie möglicherweise weitere Beschränkungen für die Finanzmärkte) können Entwicklungsländer der Fähigkeit berauben, Lernprozesse zu fördern und umfassende Lerneffekte aus ausländischen Direktinvestitionen zu beziehen, oder sie können sie zwingen, zweitrangige Methoden zu wählen, um die Schaffung von Wissen in ihrer Volkswirtschaft anzuregen. Die Befürworter dieser Beschränkungen bringen neoliberale Argumente zu ihrer Rechtfertigung vor und erklären, die Beschränkungen seien für die betroffenen Länder selbst am besten. Gleichwohl ist die Heuchelei von Ländern wie den Vereinigten Staaten und vielen europäischen Staaten, die versuchen, andere an jenen Praktiken zu hindern, die einst ihr eigenes Wachstum ermöglicht haben, nicht unbemerkt geblieben.[30]

Die zentrale Erkenntnis, die wir in den vorhergehenden Kapiteln erläutert haben, lautet: Gezielte Subventionen sind womöglich die wirkungsvollste Methode zur Förderung von Entwicklungs- und Lernprozessen; aber auch die Handelspolitik (Zölle, Einfuhrkontingente oder Wechselkursanpassungen) kann ein effektives Instrument sein, wie wir im letzten Kapitel gezeigt haben.[31] Zwar sind solche Eingriffe mit statischen Kosten verbunden, aber die dynamischen Vorteile können deutlich schwerer wiegen. In Kapitel 8 haben wir gesehen, dass Eingriffe in den Handel für die Entwicklungsländer trotz der von der Welthandelsorganisation auferlegten Beschränkungen vorteilhaft sind, und in den folgenden Kapiteln werden wir zeigen, dass es zur Gestaltung der Wirtschaft auch andere Instrumente gibt, die durch die Regelungen der WHO nicht erfasst werden.

Handelspolitik kann ein wichtiges Instrument zur Schaffung einer lernenden Volkswirtschaft sein, aber unter dem Aspekt des Lernens gibt es auch Argumente für regionale Integration: Es ist durchaus möglich, dass nationale Märkte zu klein sind, um eine ausreichende Basis für den Aufbau robuster nationaler Industrien bilden zu können. In diesem Fall besteht die natürliche Erweiterung der Handelspolitik darin, nationale Volkswirtschaften, die sich an einem ähnlichen Punkt der industriellen Entwicklung befinden, zu Freihandelszonen zusammenzufassen und durch gemeinsame, einheitliche Einfuhrzölle gegenüber der Außenwelt zu schützen. Eine solche Erweiterung hat den zusätzlichen Nutzen, den regionalen Wettbewerb zu fördern.

Aufgrund des begrenzten Raums, den dieses Buch bietet, können wir uns hier nicht im Detail mit der Gestaltung von Handelspolitik befassen. Wir weisen nur auf zwei Erkenntnisse hin, die teilweise auf unseren vorhergehenden Beobachtungen beruhen. Erstens ist unter dem Gesichtspunkt des Lernens nicht der statische, sondern der dynamische komparative Vorteil entscheidend. Wie wir in Kapitel 1 erklärt haben, hat dies kompliziertere Auswirkungen, als oft angenommen wird. Wir haben darauf hingewiesen, dass sogar das Konzept des statischen komparativen Vorteils komplexer ist als allgemein angenommen, sobald man die (partielle) Mobilität von Kapital, Arbeitskräften und Wissen berücksichtigt. Aus den Diskussionen (einschließlich jener in Kapitel 1) lassen sich drei spezifische Schlüsse ziehen: (a) Länder können nicht einfach nachahmen, was andere Länder in einem ähnlichen Entwicklungsstadium getan haben. Geschichtliche Entwicklungen lassen sich nicht wiederholen. Der technologische Wandel und Veränderungen auf dem Weltmarkt haben zur Folge, dass das, was beispielsweise vor 50 Jahren in Südkorea funktionierte, in einem Land, das sich heute in einer ähnlichen Position wie Südkorea damals befindet, möglicherweise nicht funktionieren wird. (b) Da es schwierig ist, den (statischen oder dynamischen) komparativen Vorteil eines Landes zu bestimmen, ist das von Lin vorgebrachte Argument, Länder sollten sich vor einer Industriepolitik in Acht nehmen, die dem komparativen Vorteil »widerspricht«,[32] möglicherweise nicht sehr hilfreich. (c) Länder müssen strategisch handeln: Da die Geschichte eine Rolle spielt, müssen sie darüber nachdenken, wie sich eine Steigerung ihrer Fähigkeiten in der Gegenwart (durch handelspolitische Eingriffe) auf ihr Potential zur Steigerung ihrer Fähigkeiten in der Zukunft auswirken wird.

Zweitens erfordern besser abgestimmte Eingriffe mehr Information und können politökonomische Probleme verursachen. Gälte dies nicht, so ließe sich durch exakt ausformulierte Interventionen das Verhältnis zwischen dynamischer und statischer Effizienz besser austarieren. (Es könnte ein höheres Wachstum mit geringeren Einbußen an gegenwärtigem Konsum/Nutzen erreicht werden.) So aber legen die genannten Beschränkungen breiter angelegte Maßnahmen nahe. In Abschnitt 7 befassen wir uns eingehender mit diesem Punkt.

Geschichte

Es gibt zahlreiche Belege dafür, dass viele Länder handels- und industriepolitische Instrumente mit Erfolg eingesetzt haben. Tatsächlich gibt es nur wenige erfolgreiche Länder, in denen der

Staat auf industrie- *und* handelspolitische Eingriffe in einem weitverstandenen Sinn einschließlich von Handelsbeschränkungen verzichtet hat. Das gilt nicht nur für Entwicklungsländer wie Südkorea, sondern auch für entwickelte Länder wie die Vereinigten Staaten.[33] Zudem können solche Maßnahmen nicht nur von Ländern mit gutfunktionierenden Bürokratien, sondern auch von solchen in einem frühen Entwicklungsstadium eingesetzt werden. Der wirtschaftliche und auch der politische Entwicklungsstand vieler ostasiatischer Länder war zu der Zeit, in der diese Länder begannen, Industriepolitik zu betreiben, niedriger als derjenige einiger weniger entwickelter Länder in der Gegenwart.

Um die Rolle des Staates auf diesem Gebiet zu verstehen, können wir uns die Geschichte der Vereinigten Staaten vor Augen halten. Im 19. Jahrhundert förderte die Regierung die Entwicklung der Landwirtschaft, dem damals wichtigsten Sektor der Wirtschaft. Die Geschichte der Telekommunikation – von der ersten Telegraphenleitung bis zur Entwicklung des Internets – umfasst eine ganze Reihe unterstützender Maßnahmen des Staates. Sogar der erste Browser wurde von der öffentlichen Hand unterstützt. Für Brasilien lässt sich analog die Entwicklung des Bioäthanols und des Embraer-Flugzeugs anführen – neben einer Vielzahl staatlicher Maßnahmen zur Exportförderung. In all diesen Fällen sind die sozialen Erträge der staatlich geförderten Innovationen so hoch, dass sie ihrerseits zahlreiche weniger erfolgreiche Unternehmungen mitziehen dürften.

Der Fortschritt der Länder, die ihre Entwicklung nach dem Zweiten Weltkrieg am erfolgreichsten vorangetrieben haben – die Rede ist von den ostasiatischen Ländern – ist in erster Linie darauf zurückzuführen, dass diese Länder die Bedeutung des Lernens erkannt und begriffen haben, dass der Staat wesentlich dazu beitragen kann. Beispielsweise beschäftigte sich Südkorea kaum mit seinem statischen komparativen Vorteil, der dafür gesprochen hätte, dass sich das Land auf den Reisanbau konzentrieren sollte. Aber Südkorea wusste, dass seine Entwicklungsmöglichkeiten im Rahmen einer solchen Politik begrenzt sein würden, selbst wenn es zum produktivsten Reisanbauland der Welt aufsteigen würde. Nur dadurch, dass es sich auf Sektoren konzentrierte, in denen es lernen konnte, um die Wissenslücke zu schließen, die es von den höher entwickelten Ländern trennte, konnte es das angestrebte Wachstum erzielen. Daher entwickelte Südkorea ein Programm einander ergänzender industrie-, bildungs- und technologiepolitischer Maßnahmen, mit dem es ihm gelang, das Pro-Kopf-Einkommen in weniger als vier Jahrzehnten auf mehr als das Achtfache zu erhöhen.

Hätte das Land eine Politik im Sinn des Washington-Consensus betrieben, so hätte es auf industriepolitische Eingriffe verzichtet und sich auf Investitionen in die primäre Bildung konzentriert. So wäre es bestenfalls zu einem Reisproduzenten mit mittlerem Einkommen geworden. Die Geschichte hat gezeigt, dass Länder wie Südkorea, die industriepolitische Maßnahmen ergreifen, nicht nur erfolgreich sind, sondern dass jene Länder leiden, die auf solche Eingriffe verzichten – ein Beispiel dafür sind die Auswirkungen der Strukturanpassungsprogramme in Afrika, in denen industriepolitische Maßnahmen fehlten, weshalb die Wirtschaft deindustrialisiert wurde – mit entsprechend negativen Folgen für das Wachstum.

Interessant ist, dass Südkorea eine Strategie verfolgte, die eine Mischung aus umfassenden Maßnahmen zur Exportförderung, die wir als Bestandteil der Infant-Economy-Strategie befürworten, und gezielteren Eingriffen (wie der Förderung der Halbleiter-, Schwer- und chemischen Industrie) darstellt. Ob Südkorea noch erfolgreicher gewesen wäre, hätte es sich auf umfassende Strategien beschränkt, ist eine Frage kontrafaktischer Geschichtsschreibung, und die Antworten sind im besten Fall eine Diskussion wert.

Historische Erfahrungen mit Handelsinterventionen

Die historischen Daten belegen die Wirksamkeit lernbezogener Handelsbeschränkungen. Die meisten erfolgreichen Länder, sei es in der Vergangenheit (beispielsweise die Vereinigten Staaten) oder in der Gegenwart (beispielsweise die ostasiatischen Länder), haben im Rahmen ihrer Industriepolitik eine Vielzahl von Instrumenten eingesetzt, aber die handelspolitischen Eingriffe zählen zu den wirksamsten. Diese Länder haben nicht ausschließlich Handelsbeschränkungen eingeführt, aber diese Interventionen waren ein ausdrücklicher Bestandteil ihrer Wachstumsstrategien. Rodrik weist darauf hin, dass die drei wichtigsten erfolgreichen Entwicklungsmodelle im 20. Jahrhundert *allesamt* auf einem vom Staat beeinflussten Außenhandel beruhten: die in den 1960er Jahren von einigen Ländern betriebene Importsubstitution, die nach außen gerichtete Industrialisierung Ostasiens in den 1980er Jahren und der chinesische Staatskapitalismus in den 1990er Jahren.[34] Chang hat gezeigt, dass die heute wohlhabenden Länder fast alle Schutzzölle und Subventionen einsetzten, um ihre Industrie aufzubauen, und »Großbritannien und die USA, die beiden Länder, die den Gipfel der Weltwirtschaft angeblich dank der freien Marktwirtschaft und des Freihandels erklommen haben, setzen in Wahrheit besonders aggressive Protektionsmaßnahmen und Subventionen ein«.[35]

Selbstverständlich betrieben all diese Länder einschließlich der ostasiatischen Tigerstaaten Handel, aber das taten sie nicht durch eine Handelsliberalisierung im herkömmlichen Sinn, durch die allgemeine Öffnung ihrer Binnenmärkte für ausländische Importe, sondern indem sie ihre Exportwirtschaft förderten und den lernenden Sektor aufbauten. Die Handelsinterventionen waren teilweise nicht erfolgreich. Teilweise wurden sie als protektionistische Werkzeuge von Interessengruppen genutzt, anstatt die gesellschaftlichen Ressourcen zur Schaffung einer lernenden Gesellschaft zu nutzen. Aber die Geschichte erfolgreicher Interventionen legt den Schluss nahe, dass Fehler vermeidbar sind. Und hoffentlich werden die Länder aus den vergangenen Fehlern (und Erfolgen) lernen, so dass die Erträge zukünftiger Eingriffe größer sein werden als die vergangener Interventionen. Darauf werden wir später zurückkommen.

Es überrascht nicht, dass Länder wie das heutige Myanmar, die sich mit einer xenophoben Politik isolierten und damit sowohl vom Handel als auch vom Lernen abschnitten, nicht erfolgreich gewesen sind.

Unsere Analyse legt also den Schluss nahe, dass sorgsam gestaltete handelspolitische Maßnahmen wie jene der ostasiatischen Länder, die auf Lernprozesse und Technologietransfer ausgerichtet sind, sehr viel besser als extreme politische Strategien wie eine uneingeschränkte Handelsliberalisierung oder eine vollständige Autarkie geeignet sind, wirtschaftliches Wachstum und Lernprozesse zu fördern.

Kriegszeiten

Zur Erklärung der Beziehungen zwischen Handel, Wachstum und Lernen womöglich noch aufschlussreicher ist die Tatsache, dass in Kriegszeiten, in denen der Handel unterbrochen wird, oft enorme dynamische Gewinne zu beobachten sind.[36]

Unsere Analyse unter dem Gesichtspunkt des Lernens liefert eine Erklärung für diese anscheinend anormalen Vorgänge. Da sie im Krieg gezwungen sind, auf ihre eigenen Produktionskapazitäten zurückzugreifen, erhöhen die Volkswirtschaften ihre Industrieproduktion und lernen folglich mehr. Zudem werden sie durch die Erfordernisse des Augenblicks »gezwungen«, schneller zu lernen als unter normalen Umständen.

Sind die Erfahrungen Lateinamerikas ein Beleg für das Scheitern der Industriepolitik?

Einige Autoren sind der Meinung, trotz ihres Erfolgs in Ostasien und in Kriegszeiten sei die Industriepolitik in Lateinamerika grandios gescheitert. Diese Autoren sehen in der Industriepolitik die Ursache für das verlorene Jahrzehnt des Kontinents.

Selbst wenn diese Schlussfolgerung zuträfe, würde sie lediglich beweisen, dass die in Lateinamerika verfolgte Industriepolitik (Importsubstitution anstelle einer exportgestützten Wachstumsstrategie) fehlerhaft war, nicht jedoch, dass die Industriepolitik an sich zum Scheitern verurteilt ist.[37]

Aber das Urteil, dass die Industriepolitik in Lateinamerika gescheitert ist, ist bestenfalls umstritten und schlimmstenfalls einfach unzutreffend. Brasilien, das solche Maßnahmen besonders entschlossen durchsetzt, wies in den 75 Jahren bis 1980 eine beeindruckende Rate wirtschaftlichen Wachstums von fast 6 Prozent auf. Die industriepolitischen Eingriffe des Landes in diesem Zeitraum trugen wesentlich zu diesem Erfolg bei. Die Ursache des verlorenen Jahrzehnts nach 1980 waren die übermäßige Verschuldung der lateinamerikanischen Länder in den 1970er Jahren – was möglicherweise verständlich war, da die Petro-Dollars in der Ölkrise der 1970er Jahre zu extrem niedrigen und teilweise negativen realen Zinsen in den Geldkreislauf zurückgeschleust wurden – und der anschließende beispiellose Anstieg der Zinsen als Ergebnis des plötzlichen Wechsels der Vereinigten Staaten zum Monetarismus. Das verlorene Jahrzehnt war also kein Resultat mikroökonomischer Eingriffe, sondern die Folge eines makroökonomischen Schocks. Die anschließende Übernahme der Rezepte des Washington-Consensus und damit die Vermeidung industriepolitischer Eingriffe verlängerten die folgende Phase langsamen Wachstums. Die jüngste Beschleunigung des Wachstums in Brasilien hat viel damit zu tun, dass der Staat erneut aktive Maßnahmen ergriffen hat.[38]

China und Indien

Was ist mit Ländern wie Indien und China, die den Handel liberalisiert haben und gewachsen sind? Ein genauerer Blick auf den Zeitpunkt des Aufschwungs zeigt, dass diese Länder vor der Liberalisierung des Handels zu wachsen begannen. Die eigentliche Liberalisierung fand erst statt, *nachdem* die Trendrate des Wirtschaftswachstums gestiegen war. In beiden Fällen hing dies mit einer »internen Liberalisierung« zusammen.[39] Die Verringerung der Verzerrungen auf dem Binnenmarkt bei gleichzeitiger Aufrechterhaltung der externen Handelsschranken schuf die Bedingungen für die in diesem Buch beschriebenen dynamischen Gewinne.

Die Geschichte zeigt, dass Industrie- und Handelspolitik funktionieren kann

Die historische Erfahrung zeigt, dass industriepolitische Maßnahmen im gewünschten Sinne wirken können. Sie haben in zahlreichen Ländern unter verschiedensten Umständen funktioniert, wobei eine Vielzahl von Strategien verfolgt und unterschiedliche Instrumente eingesetzt wurden. Überdies müssen die Fälle, in denen solche Eingriffe anscheinend fehlschlugen, mit Vorsicht betrachtet werden. Gute Politik geht mit Risiken einher: Führte jede öffentliche oder private Investition zum Erfolg, so wäre dies ein Hinweis auf mangelnde Risikobereitschaft.[40]

Zweifellos gibt es Fälle, in denen Industriepolitik aufgrund von Missbrauch zu Fehlschlägen führte. Aber die entscheidende Frage lautet: Sind solche Probleme inhärente Folgen der politischen Prozesse? Im nächsten Abschnitt werden wir sehen, dass dem nicht so ist. Aber die Fehleranfälligkeit politischer Prozesse kann sich auf die Form auswirken, die Industriepolitik annehmen sollte.

Politische Ökonomie

Eine immer wieder geäußerte Kritik an industriepolitischen Eingriffen lautet: Selbst wenn die Marktallokation ineffizient ist, selbst wenn die Marktpreise von den Schattenpreisen abweichen, werden staatliche Versuche, diese Fehler zu korrigieren, die Dinge nur noch verschlimmern. Es gibt, so heißt es, einfach zu viele Möglichkeiten des Missbrauchs. Einige gehen so weit, zu behaupten, dass Missbrauch aufgrund einer Neigung zum Rent-Seeking fast unvermeidlich sei. Und selbst wenn der Staat Industriepolitik nicht missbräuchlich einsetze, so besitze er doch – zumindest in den Entwicklungsländern – einfach nicht die für eine effiziente Umsetzung erforderliche Kompetenz.

Selbstverständlich halten die meisten Kritiker der Industriepolitik solche Eingriffe auch für unnötig und glauben, dass der Privatsektor die Probleme besser lösen kann: Der Staat sollte sich nicht an der Auswahl der Gewinner beteiligen, er sollte nicht versuchen, klüger zu sein als der Markt. Die Entscheidungen über die Ressourcenallokation sollte er dem Marktmechanismus überlassen. Wie ein früherer Vorsitzender des amerikanischen Council of Economic Advisors gesagt haben soll: Es ist vollkommen unerheblich, ob wir Kartoffelchips oder Computerchips produzieren.

Wir haben bereits Antworten auf einige dieser Thesen gegeben. Marktversagen *ist* verbreitet. Die Industriepolitik dient dazu, Marktversagen zu korrigieren.

Auf der Hand liegt auch, dass Missbrauch nicht unvermeidlich ist: Es gibt weder theoretische noch empirische Belege für diese Behauptung. Die in den vorhergehenden Absätzen beschriebenen historischen Erfahrungen liefern überzeugende Belege für die gegenteilige Annahme. Selbstverständlich gibt es Fälle, in denen der Staat versagt, aber in keinem dieser Fälle waren derart hohe Einbußen zu beobachten wie beispielsweise vor und während der Großen Rezession, die verursacht wurde durch das Versagen des amerikanischen Finanzmarkts. Wie wir festgestellt haben, wurde in praktisch allen erfolgreichen Volkswirtschaften irgendwann Industriepolitik betrieben.[41] Und das gilt insbesondere für Ostasien.

Doch an diesem Punkt werden Zweifel daran aufgeworfen, ob Länder, deren politisches System und deren öffentliche Verwaltung mit erheblichen Mängeln behaftet sind, eine wirksame Industriepolitik betreiben können. Das bedeutet, dass »Eingriffe des idealen Staats« Verbesserungen ermöglichen könnten, während das in der »realen Welt«, abgesehen von einigen isolierten Erfolgen, nicht gewährleistet wäre. Gesagt wurde, dass industriepolitische Maßnahmen zwar wesentlich zum Erfolg Ostasiens beigetragen haben mögen, dass sie andernorts aber weniger erfolgreich waren, weil sie missbräuchlich eingesetzt wurden. Deshalb, so die Kritiker, sollten viele afrikanische Länder in Anbetracht der bekannten Mängel ihrer Staatsführung auf solche Maßnahmen verzichten.

Die Kritiker der Industriepolitik führen das verlorene Jahrzehnt Lateinamerikas als bestes Beispiel für das Versagen der Industriepolitik an, aber wir haben gezeigt, dass der Misserfolg Lateinamerikas nicht auf seine Industriepolitik, sondern auf seine Schulden und die makroökonomischen Maßnahmen zurückzuführen war. Wir haben auch darauf hingewiesen, dass Südkorea und einige andere ostasiatische Länder in der Zeit, als sie industriepolitische Maßnahmen ergriffen, wirtschaftlich und politisch ebenso unterentwickelt waren wie viele der armen Länder, die sich heute die Frage stellen, ob sie Industriepolitik betreiben sollen.

Die richtigen Fragen stellen

Der wichtigste Einwand gegen diese Kritik an der Industriepolitik ist, dass die Kritiker die falsche Frage stellen. Die Frage lautet nicht, ob solche Eingriffe in einigen Fällen fehlschlugen, sondern ob sie in einigen Fällen erfolgreich waren. Und diese

Frage kann man zweifellos mit ja beantworten. Tatsächlich hat die Diskussion im vorhergehenden Abschnitt gezeigt, dass im Kreis der erfolgreichen Länder bestenfalls nur wenige auf industriepolitische Maßnahmen verzichtet haben.

Ungeachtet von Fehlschlägen sind die durchschnittlichen Ergebnisse gut. Wie wir ebenfalls bereits erwähnt haben, sind Risiken ein fester Bestandteil jeder guten Industriepolitik, und wenn man Risiken eingeht, muss man mit Fehlschlägen rechnen.

Aber selbst wenn die Erfolge im Mittel manchmal oder oftmals gering waren, lautet die Frage, die sich ein Land stellen muss, das heute über industriepolitische Eingriffe nachdenkt, ob es aus den Erfolgen und Fehlschlägen der Vergangenheit lernen kann, um eine Industriepolitik zu gestalten, die größere Erfolgsaussichten bietet.

In der Industriepolitik geht es nicht darum, Sieger zu ermitteln

Die Kritiker der Industriepolitik erheben einen weiteren Einwand, der auf einer falschen Prämisse beruht: Es ist nicht Ziel der Industriepolitik, erfolgreiche Unternehmen oder Industriezweige auszuwählen. Vielmehr dient sie dazu, Formen von Marktversagen zu korrigieren und im Besonderen eine lernende Gesellschaft zu schaffen. Mittlerweile hat sich die Erkenntnis durchgesetzt, dass beträchtliche negative externe Effekte (beispielsweise in Gestalt von Umweltbelastungen oder übermäßigen Risiken im Finanzsektor) schweren Fehlfunktionen des Marktmechanismus zugeschrieben werden müssen und dass der Staat wesentlich zur Korrektur dieser Formen von Marktversagen beitragen kann. Sieht man einmal von der extremen Rechten ab, so besteht Konsens darüber, dass staatliche Eingriffe zum Schutz der natürlichen Umwelt selbst dann, wenn sie nicht perfekt sind, die Luft- und Wasserverschmutzung erheblich verringern. Hier haben wir es mit gleichermaßen wichtigen *positiven* externen Effekten zu tun, und wir glauben, dass der Staat gleichermaßen gut geeignet ist, solche externen Effekte (teilweise) zu korrigieren. Wie die vorhergehende Diskussion gezeigt hat, haben viele Staaten (sowohl in der entwickelten Welt als auch in den Entwicklungsländern) erfolgreiche industriepolitische Interventionen vorzuweisen.[42]

Eingriffe zur Bewältigung politökonomischer Probleme

Und diese Erfolge waren keine Zufälle. Die zentrale Aussage des Buchs *The East Asian Miracle*[43] lautet, dass die ostasiatischen Länder systemische Verfahren angewandt haben, um die Bandbreite möglicher missbräuchlicher Handlungen zu beschränken und Unternehmen und Sektoren zu identifizieren, deren Expansion sich vorteilhaft auf die gesamte Gesellschaft auswirken würde. Erstens waren die Subventionen beschränkt – tatsächlich bestand einer der Hauptvorteile, die der Staat der Industrie zugestand, im Zugang zu Krediten. (Bei der Kreditrationierung gibt es einen Unterschied zwischen dem Schattenpreis und dem Marktpreis von Krediten, aber die Bedingungen, zu denen die Unternehmen Kredite erhielten, entsprachen weitgehend denen von Geschäftskrediten.) Zweitens schrieb der Staat zur Zuteilung von Krediten und anderen Subventionen Wettbewerbe aus: Jene Unternehmen, die auf den Exportmärkten erfolgreich waren, wurden bei der Kreditvergabe bevorzugt. Die Kreditallokation wurde nicht nur von den Gewinnen abhängig gemacht, da höhere Gewinne auf eine größere Fähigkeit hindeuten können, eine Monopolstellung auszunutzen. Aber der Erfolg auf den internationalen Märkten war ein Beleg für umfassendere technische und Vermarktungskompetenzen. Im Endeffekt kanalisierte der Staat durch Rent-Seeking motivierte Handlungen – Handlungen in dem Bestreben, sich die Vorteile des Zugangs zu staatlichen Subventionen und des Zugangs zu Krediten zu verschaffen – und nutzte es zum Vorteil der Gesellschaft. Der Wettbewerb um

Renten bewegte die Unternehmen dazu, mehr zu lernen und ihre Wettbewerbsfähigkeit auf dem Weltmarkt zu erhöhen.

(In anderen Ländern hingegen hat Rent-Seeking Ressourcen aus wachstumsfördernden Aktivitäten umgewidmet, und selbst wenn die Umlenkung innovativen Tätigkeiten zugutekam, so blieb dies möglicherweise ohne Einfluss auf das Wachstum. Die Unternehmen setzten ihre Ressourcen ein, um zu lernen, wie sie Vorschriften zur Stabilisierung der Wirtschaft umgehen und die Konsumenten und eine Monopolstellung besser ausnutzen konnten. Die Märkte funktionieren nicht gut, wenn das Verhältnis zwischen privaten und gesellschaftlichen Erträgen nicht stimmig ist, und unter diesen Umständen werden auch die Anreize zu Innovationen und Lernprozessen verzerrt, wie wir wiederholt festgestellt haben.)

Staatsführung und institutionelle Reformen

Die Tatsache, dass Industriepolitik manchmal scheitert und manchmal erfolgreich ist, bedeutet, dass Länder, die solche Eingriffe erwägen, gründlich über ihre Gestaltung nachdenken müssen. Durch institutionelle Reformen kann man die Wahrscheinlichkeit von Missbrauch verringern und die Erfolgschancen erhöhen. Ostasien liefert Beispiele für wirksame Institutionen, die Rent-Seeking in den Dienst der Gesellschaft stellen. Andere institutionelle Innovationen, darunter Peer-Review, Verbesserungen von Ausschreibungsverfahren, Allokationsprozessen und Transparenz, zeitlich begrenzte Programme und Partnerschaftsvereinbarungen (in denen Unternehmen, die sich um Unterstützung bemühen, beträchtliche Mengen an Eigenkapital beisteuern müssen), haben dazu beigetragen, die Möglichkeiten für Missbrauch zu verringern und die Wirksamkeit der Industriepolitik zu erhöhen. Einige dieser institutionellen Verbesserungen, darunter jene in der Tätigkeit von Entwicklungsbanken wie der brasilianischen BNDES, zeigen, dass aus vergangenen Fehlschlägen (und Erfolgen) gelernt wurde.

Auswirkungen mangelhafter Staatsführung auf die Gestaltung industriepolitischer Eingriffe Reformen politischer Abläufe sind langwierig, und unter Umständen können sie nicht schnell genug umgesetzt werden, um die Wahrscheinlichkeit des Missbrauchs bestimmter Formen von Industriepolitik auf ein erträgliches Maß zu verringern oder die Wahrscheinlichkeit eines Erfolgs derart zu erhöhen, dass es ratsam ist, solche Eingriffe vorzunehmen. Ist die Staatsführung mangelhaft, *so müssen die industriepolitischen Instrumente den Fähigkeiten und der Führung des öffentlichen Sektors angepasst werden.*

Damit stehen wir vor einer wichtigen Abwägung. In Kapitel 8 haben wir uns mit dem Infant-Economy-Argument für Protektionsmaßnahmen befasst, wobei es um die allgemeine Förderung des Industriesektors ging. Dem Infant-Economy-Argument entsprechend müssen Handelsbeschränkungen umfassend und einheitlich auf die Industrieerzeugnisse angewandt werden. Da der angestrebte Nutzen nicht spezifisch, sondern allgemein ist, sollte der Staat nicht versuchen, bestimmte Industriezweige zu unterstützen oder Sektoren zu identifizieren, in denen größere Spillovers zu erwarten sind. Breit angelegte Maßnahmen wie Wechselkursanpassungen erfordern lediglich, dass der Staat dafür sorgt, dass die durch die Eingriffe angeregten Sektoren mehr zum gesellschaftlichen Lernen beitragen als die Sektoren, deren Entwicklung gehemmt wird – und dass es ausreichende Belege dafür gibt, dass diese Wirkung tatsächlich eintritt (beispielsweise einen Erfolg exportgestützter Wachstumsstrategien). So kommt es zu einer Selbstselektion von Unternehmen und Industriezweigen, und das Wachstum der Unternehmen und Sektoren mit größeren Lernfortschritten regt die gesamtwirtschaftliche Dynamik an.

Gezieltere Eingriffe auf der anderen Seite können, sofern sie gut durchdacht sind und sorgsam durchgeführt werden, zu noch größeren Lernfortschritten und einem beschleunigten Wachstum führen. Einige Länder haben gezeigt, dass die politökonomisch problematischen Auswirkungen gezielterer

Eingriffe zu bewältigen sind. Wie wir gesehen haben, bewerkstelligten die ostasiatischen Länder das, indem sie regelbasierte Systeme betreiben, durch die Eingriffe an Erfolge auf den Exportmärkten gekoppelt werden.

Wie wirksam einheitliche Einfuhrzölle zum Schutz einer jungen Volkswirtschaft tatsächlich sind, zeigt sich letzten Endes daran, wie gut sie in der Praxis funktionieren, und hier sind die historischen Erfahrungen zumindest auf den ersten Blick ermutigend. Die Handelspolitik der 1957 gegründeten Europäischen Wirtschaftsgemeinschaft bestand im Jahrzehnt ihrer Gründung darin, hohe und relativ einheitliche Zollschranken zu errichten. Hinter diesen Handelsbarrieren wuchs die Gemeinschaft rasch. Auch asiatische Länder wie Japan, Südkorea, China, Taiwan und Singapur neigten zu umfassenden statt zu maßgeschneiderten Handelsschranken, obwohl sie durchaus einzelne gezielte Eingriffe vornahmen, die sie im Großen und Ganzen gut bewältigten, und sie erfreuten sich allesamt eines kräftigen Wachstums. Schließlich bevorzugten auch die Vereinigten Staaten in ihrer Frühzeit hohe und umfassende Einfuhrzölle, mit denen es ihnen gelang, hohe Wachstumsraten zu erzielen.

Natürlich gibt es keine Art von Intervention, die das politökonomische Problem vollständig »löst«: Sektoren, die von einem Eingriff in die Wechselkurse profitieren, können sich für die Fortsetzung dieser Maßnahme einsetzen, auch wenn sie keinen Lernnutzen (mehr) hat. Dennoch können die politökonomischen Probleme im Rahmen von umfassenden Eingriffen besser bewältigt werden als bei gezielteren, die letztlich zur Herausbildung von Interessengruppen führen, die versuchen, ihren Interessen dienende Schutzzölle über deren natürlichen wirtschaftlichen Lebenszyklus hinaus aufrechtzuerhalten. Ein wohlverstandenes, einheitliches System von Schutzzöllen sollte die Gewähr bieten, dass die mit ihm verbundenen Kosten und Nutzen auf die gesamte Industrie verteilt werden. Darüber hinaus sollte sich ein solches umfassendes System ab einem gewissen Grad selbst erübrigen. Erfolgreiche heimische Industriezweige werden früher oder später in den Export eintreten und daher den Freihandel ganz selbstverständlich befürworten.

Eine methodologische Antwort auf die Kritik der Politischen Ökonomie

Es gibt auch eine methodologische Antwort auf die politökonomische Kritik an der Industriepolitik: Ob diese Einwände nun zutreffen oder nicht, sie beruhen nicht auf einer wirtschaftlichen, sondern auf einer politischen Analyse. Und die politische Analyse neigt häufig stärker zur Vereinfachung als die ökonomische.

Darüber hinaus können ähnliche Fragen zu allen anderen Aspekten der Politik gestellt werden. Viele Staaten setzen die geld- und finanzpolitischen Werkzeuge falsch ein, und in manchen Fällen lässt sich dies auf Probleme der übergeordneten politischen Führung zurückführen. Viele Autoren sind der Meinung, dass sich in einigen hochentwickelten Industriestaaten die Gesetzgebungs-und Verwaltungsinstanzen ebenso wie Zentralbanken den Sonderinteressen der Finanzmarktakteure unterworfen hätten und dass dies wesentlich zur globalen Finanz- und Wirtschaftskrise im Jahr 2008 beigetragen habe.[44] Aber das bedeutet nicht, dass Regierungen auf eine Regulierung des monetären und des Finanzsystems verzichten sollten.

Liberalisierung und politische Ökonomie Schließlich weisen wir darauf hin, dass die Liberalisierung selbst ebenfalls ein politischer Eingriff ist. Wie zuvor erwähnt, existieren die Märkte nicht in einem Vakuum. Selbst in einer liberalisierten Welt wird es immer Regeln und Vorschriften geben, und die Gestalt dieser Regeln und Vorschriften prägt die Märkte. Die Regeln, die im Verlauf der »Liberalisierung« und Deregulierung der Finanzmärkte in den Vereinigten Staaten und Großbritannien eingeführt wurden, führten zur Entwicklung aufgeblähter Finanzinstitute, die durch unausgesprochene Garantien der

Zentralbanken und letzten Endes des Steuerzahlers abgesichert waren – diese industriepolitisch motivierte Deregulierung zugunsten des Finanzsektors verzerrte die Wirtschaft.

Einige allgemeine Überlegungen zur Industriepolitik

Die Second-Best-Theorie

Die Industriepolitik beeinflusst die Struktur des Konsums. Die herkömmliche Theorie (etwa die dem Washington-Consensus zugrundeliegende) rückt die Kosten industriepolitischer Eingriffe in den Mittelpunkt. Wir haben erklärt, warum sie von Vorteil sind, wenn der Marktmechanismus versagt (was immer dann der Fall ist, wenn externe Lerneffekte auftreten). Optimale politische Eingriffe ergeben sich aus der Abwägung der Grenzkosten und des Grenznutzens.

Die Theorie der zweitbesten Lösung ist hier besonders wichtig: Forschung und Entwicklung und Lernprozesse führen dazu, dass der Marktmechanismus Mängel aufweist (die zuweilen als Ursachen für Verzerrungen der Ressourcenallokation bezeichnet werden): Diese Mängel drücken sich darin aus, dass die volkswirtschaftlichen Ressourcen nicht »bestmöglich« eingesetzt werden. Wohldurchdachte Verzerrungen auf einem Markt können Verzerrungen auf anderen Märkten teilweise ausgleichen.

Bei der Verwendung des Begriffs der *Verzerrung* ist Vorsicht angebracht: Im allgemeinen Sprachgebrauch sind Verzerrungen etwas, das der Staat einfach beseitigen sollte. Aber der Begriff bezeichnet schlicht die Abweichungen von den Marktergebnissen im Rahmen eines klassischen Modells, das beispielsweise auf der Annahme vollkommener Information beruht. Die Versorgung der Wirtschaft mit Informationen ist inhärent unvollkommen, und diese Eigenschaft lässt sich durch Rechtsvorschriften nicht beseitigen. Ebenso wenig lässt sich die Marktmacht, die sich aus den Skalenerträgen der Forschung ergibt, durch Rechtsvorschriften beseitigen. Deshalb ist es so wichtig, die Marktstruktur und die Innovationstätigkeit gleichzeitig zu endogenisieren, wie wir in Kapitel 5 erklärt haben. Auch die Kosten von F&E (oder die »Verluste«, die damit verbunden sind, die Produktion auszuweiten, um in Lernvorgänge zu »investieren«) können nicht außer Acht gelassen werden: Sie müssen getragen werden. Monopolrenten sind eine Möglichkeit zur Deckung dieser Kosten, aber diese Möglichkeit ist – wie wir in diesem Buch erklären – alles andere als ideal.

Wie immer in der Ökonomie des öffentlichen Sektors hängt die Beschaffenheit der optimalen Eingriffe von den Instrumenten und den Befugnissen ab, über die der Staat verfügt. Ob der Staat Monopole abschaffen oder ihr verzerrendes Verhalten beseitigen kann, wirkt sich auf das wünschenswerte Maß an Forschung und Lernen aus. Ebenfalls eine Rolle spielt die Frage, ob der Staat Einnahmen zur Subventionierung von Forschung oder Lernen nur durch eine verzerrende Besteuerung statt durch Pauschalsteuern erzielen kann. Aber selbst wenn er nur verzerrende Steuern einsetzen kann, gibt es Möglichkeiten, dies zu tun und die Mittel zur Erhöhung des gesellschaftlichen Wohlstands und zur Beschleunigung von Innovationen zu verwenden. (Aber die optimale Investition in Innovationen dürfte im Fall einer verzerrenden Steuer geringer sein als im Fall einer Pauschalsteuer.)

Industriepolitische Strategien

Entscheidend für die industriepolitische Strategie ist nicht nur die Richtung (Sollte Südkorea versuchen, seinen komparativen Vorteil im Reisanbau zu verstärken, oder sollte es einen komparativen Vorteil in einem anderen Bereich anstreben?), sondern auch die Größe des Schritts. Sollte ein Staat versuchen, eine naheliegende Technologie zu fördern und einen graduellen evolutionären Prozess zu verstärken, der irgendwann vermutlich ohnehin stattfinden würde? Oder sollte er einen großen Sprung wagen? Die zweite Strategie ist riskanter: Im Erfolgsfall wirft sie höhere Erträge ab, aber die Wahrscheinlichkeit eines Fehlschlags ist größer.

Wir haben diese wichtige Entscheidung nicht formal modelliert. Stattdessen möchten wir lediglich einige Hinweise geben: Lernen wird deutlich schwerer, je größer der Sprung ist, aber auch der Nutzen nimmt entsprechend zu. Es gibt natürliche Nichtkonvexitäten im Wert von Information/Wissen,[45] was darauf hindeutet, dass es sich auszahlt, zumindest einen *moderaten* Schritt zu tun: Sehr kleine Schritte dürften nicht optimal sein.

Um eine weitere Analogie zur Unternehmensstrategie herzustellen: Es lohnt sich, in einen Teil des Produktraums einzutreten, in dem nachhaltige Renten verdient werden können (beispielsweise aufgrund von Eintrittsbarrieren, die sich aus Skalenerträgen oder spezifischem Wissen ergeben). Das bedeutet mit einiger Sicherheit, dass man nicht das tun wird, was andere tun oder getan haben.

Eine der wichtigsten Erkenntnisse der Theorie des Lernens, die wir bis hierher entwickelt haben, lautet, dass die Geschichte eine Rolle spielt, dass die heutigen Entscheidungen in Bezug auf die Richtung des Lernens und der Innovationstätigkeit langfristige Konsequenzen haben können. Hätte Südkorea vor Jahrzehnten andere Entscheidungen gefällt, so sähe seine Wirtschaft heute ganz anders aus. Sein gegenwärtiger statischer komparativer Vorteil würde auf anderen Gütern beruhen, und das Land besäße andere Lernfähigkeiten. Aufgrund dieser langfristigen Auswirkungen kann kein Land umhin, Vermutungen über die Entwicklung der Weltwirtschaft anzustellen. Wie wir erklärt haben, kann oder sollte ein Land nicht einfach die Entwicklungsstrategien übernehmen, die andere Länder vor einem halben oder Vierteljahrhundert in einem ähnlichen Entwicklungsstadium verfolgt haben.

Industriepolitische Eingriffe sind naturgemäß riskant. Aber noch riskanter ist es, keine Industriepolitik zu betreiben.

Abschließende Bemerkungen

Wir haben klargemacht, dass alle Länder Industriepolitik betreiben: Die Haushaltspolitik und der Rechtsrahmen nehmen zwangsläufig Einfluss auf die Wirtschaft. Wir haben gezeigt, dass Länder intensiv über die Auswirkungen politischer Eingriffe auf die Wirtschaft nachdenken müssen – und dass sie die Wirtschaft aktiver gestalten müssen, wobei sie sich insbesondere auf die Schaffung einer lernenden und innovativen Volkswirtschaft konzentrieren müssen. Die Märkte tun das nicht von allein.

Für Entwicklungsländer in Afrika und anderswo ist die Industriepolitik von besonderer Bedeutung, wenn sie versuchen, die eigene Wirtschaft neu zu industrialisieren, umzustrukturieren und besser in die Weltwirtschaft zu integrieren, die übermäßige Abhängigkeit von Rohstoffexporten zu verringern, das Einkommensniveau zu heben, die Beschäftigung zu erhöhen, Armut und Ungleichheit zu bekämpfen und die natürlichen Lebensgrundlagen zu schützen. Wir haben erklärt, warum der häufig vorgebrachte Einwand, die Industriepolitik sei trotz ihres Erfolgs in Ostasien für Afrika und andere Entwicklungsländer aufgrund mangelhafter Staatsführung ungeeignet, wenig überzeugend, wenn nicht sogar falsch ist. Wir haben erklärt, dass es nicht genügt, ein unternehmensfreundliches Umfeld zu schaffen und im Übrigen die Gestaltung der Wirtschaft dem Marktmechanismus zu überlassen. Solche Maßnahmen sind erforderlich, aber nicht ausreichend.

Die Debatte sollte nicht länger über die Frage geführt werden, ob der Staat in die Struktur der Wirtschaft eingreifen sollte. Der Staat tut das zwangsläufig. Heute sollte eher über die Richtung debattiert werden, in die die Wirtschaft gelenkt werden soll, und der Staat sollte darüber nachdenken, wie er seine Lenkungsfunktion im Rahmen der vorhandenen Institutionen und ihrer Entwicklung am besten erfüllen kann – denn die Evolution der Institutionen wird ebenfalls von industriepolitischen Maßnahmen beeinflusst. In der Vergangenheit haben sich Eingriffe in den Handel als wirksames Instrument der Industriepolitik erwiesen, und obwohl das Regelwerk der WHO den Geltungsbereich und die Form dieser Eingriffe einschränken kann, bleiben sie wünschenswert. Selbstverständlich spielt die Staatsführung in allen Ländern eine wichtige Rolle und wirkt sich auf die Form der Industriepolitik und die angemessenen Instrumente aus. Dies spricht für umfassende Eingriffe wie Wechselkursanpassungen.

Die späte Anerkennung, die diesen Maßnahmen und ihrem Potential zuteilwird, kommt in einem günstigen Moment, denn der Wandel der Weltwirtschaft eröffnet den rückständigen Ländern Afrikas und anderer Regionen eine große Chance, ihre Wirtschaft so umzubauen, dass es ihnen endlich gelingen kann, die Lücke zu verringern, die zwischen ihrem Lebensstandard und dem der übrigen Welt klafft.

KAPITEL 10

Finanzpolitik für eine lernende Gesellschaft

Wenn es überzeugende Argumente für hohe Schranken gegen die Einfuhr von Industrieerzeugnissen gibt, gelten diese in gleicher Weise für Beschränkungen des Kapitalverkehrs. Kapital und Finanzdienstleistungen *innerhalb* eines Landes können Lernprozesse fördern; dagegen können von Ausländern erbrachte Finanzdienstleistungen zu einer Verlagerung von Investitionen und Lernprozessen *aus dem Land heraus* führen, was die Schaffung einer lernenden Gesellschaft erschwert. Aus dem gleichen Grund kann die Verfügbarkeit kostengünstigen Kapitals innerhalb eines Landes Lerninvestitionen in diesem Land fördern. Wir haben gesehen, dass Tätigkeiten, die Lernaktivitäten ergänzen, gefördert werden sollten, und durch die Senkung der inländischen Kapitalkosten (durch Beschränkung der Kapitalabflüsse) lässt sich genau dies erreichen. Das gilt insbesondere dann, wenn Lernprozesse direkt mit dem Investitionsniveau zusammenhängen, wie Arrow ursprünglich annahm. Zudem kann die Bereitstellung von Kapital in einer Welt der Kreditrationierung ein Schlüsselinstrument der Industriepolitik sein. Es gibt weitere Zusammenhänge zwischen Finanzpolitik und Lernen. Ein schlechtstrukturierter Finanzsektor und eine schlechtkonzipierte Finanzpolitik können zu Makroinstabilität führen – und wie in Kapitel 4 erwähnt, behindert Makroinstabilität den Lernprozess. (In Kapitel 14 werden wir die Zusammenhänge zwischen Finanzpolitik und Makrostabilität genauer analysieren.)

Es sollte also ein zentrales Ziel der Regierungspolitik sein, einen Finanzsektor zu errichten, der Lernprozesse fördert und die Schaffung einer lernenden Volkswirtschaft unterstützt. Die herkömmliche Politik (wie etwa die Maßnahmen im Sinne des Washington-Consensus) hat die Auswirkungen des Finanzsektors auf den Erwerb und die Schaffung von Wissen ignoriert und folglich die Entstehung eines Finanzsektors begünstigt, der unseres Erachtens dem Lernen nicht nur nicht förderlich, sondern sogar abträglich ist. In diesem Kapitel gehen wir kurz auf die verschiedenen Zusammenhänge zwischen Finanzpolitik und Lernen ein. Aus unserer Analyse leiten wir eine Reihe politischer Handlungsempfehlungen ab, die sich deutlich von denjenigen der konventionellen Lehrmeinung unterscheiden. Ausgangspunkt unserer Analyse ist die umfassende Bedeutung externer Effekte. Während in der neueren Literatur die grundsätzliche Bedeutung externer Effekte innerhalb des Finanzsektors und zwischen dem Finanzsektor und der Realwirtschaft hervorgehoben wird,[1] betonen wir hier den Umstand, dass sich die privaten Erträge aufgrund von externen Lerneffekten oftmals erheblich von den sozialen Erträgen unterscheiden.

Dieses Kapitel ist in vier Abschnitte unterteilt. Im ersten konzentrieren wir uns auf die Finanzmarktliberalisierung, das heißt die Öffnung von Ländern für ausländische Finanzinstitute. Sodann wenden wir uns der Kapitalmarktliberalisierung zu, also den Maßnahmen, die darauf ausgerichtet sind, den freien grenzüberschreitenden Kapitalfluss zu gewährleisten. Der dritte befasst sich mit der Finanzpolitik als einem Instrument der Industriepolitik – einschließlich der Frage, wie wir den Finanzsektor so gestalten können, dass er die Entwicklung lernender Sektoren fördert. Zwischen Arbeit und Kapital besteht eine gewisse Symmetrie. Wenn die Schaffung einer lernenden Volkswirtschaft mit Beschränkungen des freien Kapitalverkehrs verbunden ist, dann sollte es einleuchten, dass es noch triftigere Argumente für die Steuerung von Arbeitskräftewanderungen gibt. Im Schlussabschnitt dieses Kapitels streifen wir einige zentrale Aspekte dieser komplexen Frage.

Finanzmarktliberalisierung

Informationsbezogene externe Effekte stehen im Mittelpunkt der Debatte über die Liberalisierung der Finanzmärkte. Die westlichen Regierungen haben die Entwicklungsländer (direkt und über die internationalen Finanzinstitutionen) dazu gedrängt, ihre Finanzmärkte zu deregulieren und zu öffnen.

Dieses Drängen auf Deregulierung ließ das Marktversagen außer Acht, das eine Regulierung des Finanzsektors nötig gemacht hatte. Da eine umfassende Diskussion dieser Mängel den Rahmen dieses Buches sprengen würde, möge hier der Hinweis genügen, dass das Verhalten des Finanzsektors dem Rest der Volkswirtschaft hohe externe Kosten auferlegt[2] und dass der Finanzsektor zu übermäßiger Risikobereitschaft neigt, weshalb Volkswirtschaften mit freien oder unzureichend regulierten Märkten durch übermäßige Schwankungen gekennzeichnet sind. Diese Volatilität erlegt der Gesellschaft hohe Kosten auf – am offensichtlichsten den Arbeitnehmern, aber auch dem Staat, und zwar sowohl direkt, da er Banken retten muss, um die Ausbreitung von Krisen zu verhindern, als auch indirekt, weil ein Abschwung weitreichende Auswirkungen auf den Haushalt hat (die Staatseinnahmen sinken, während die Sozialausgaben steigen).

Die Liberalisierung des Finanzsektors soll die Finanzmärkte eines Landes für Banken und andere Finanzinstitute aus dem Ausland öffnen. Sie war eine der zentralen Initiativen der sogenannten Uruguay-Welthandelsrunde. Ironischerweise hatten die Vereinigten Staaten, während sie andere Länder dazu drängten, ihre Finanzmärkte zu öffnen, Instituten auf ihrem eigenen Hoheitsgebiet nicht einmal den Betrieb von Filialen in mehreren Bundesstaaten erlaubt. Diese Beschränkungen (die schließlich 1994 vollständig aufgehoben wurden[3]) wurden im 19. Jahrhundert eingeführt, weil die Kreditinstitute im Mittleren Westen und Westen der USA befürchteten, dass die großen New Yorker Banken, wenn sie Zugang zu ihren Märkten erhielten, Einlagen abschöpfen und dadurch die Entwicklung dieser anderen Landesteile behindern würden – Befürchtungen, die weitgehend den berechtigten Sorgen jener Länder in der Dritten Welt entsprechen, die sich später einer vollständigen Finanzmarktliberalisierung widersetzten.

Diese Liberalisierung wurde früher unter anderem damit begründet, dass die Banken in den Entwicklungsländern von westlichen Banken *lernen* würden, wie Bankgeschäfte betrieben werden. Nach der Weltfinanzkrise erscheint dieses Argument weniger überzeugend: Sie hätten vielleicht gelernt, wie man die Armen durch missbräuchliche Kreditvergabe und unlautere Kreditkartenpraktiken effektiver ausbeutet, und vielleicht hätten sie auch gelernt, wie man Geschäftsvorfälle an der Bilanz vorbeischummelt, aber es ist klar, dass der Erwerb eines solchen sozial unproduktiven Wissens aller Wahrscheinlichkeit nach mit negativen externen Effekten verbunden ist.

Die empirischen Befunde, die in Arbeiten wie jenen von Rashid, Yeyati und Micco (2007), Detragiache, Tressel und Gupta (2008), Mian (2006) sowie Bayraktar und Wang (2004) vorgelegt werden,[4] zeigen, dass die Finanzmarktliberalisierung in Entwicklungsländern nicht mit höherem Wirtschaftswachstum einhergeht. Eine genauere Analyse der Daten gibt Aufschluss über einige der Gründe dafür (die wir bereits kurz erwähnt haben).[5] Ausländische Banken vergeben weniger Kredite an die mittelständische Wirtschaft. Und das aus gutem Grund.

Wenn eine englische Bank eine Filiale in Lateinamerika eröffnet, wissen die Manager viel mehr über Anlagemöglichkeiten in England als über Anlagemöglichkeiten in Lateinamerika. Aufgrund der Informationsasymmetrien besteht daher eine natürliche Tendenz, die in Lateinamerika hereingeholten Finanzmittel nach England zu transferieren. Und die Kredite, die die Bank im Inland vergibt, fließen in Bereiche, die weniger Information erfordern – an inländische Großunternehmen einschließlich von Monopolen und an staatliche Einrichtungen.[6]

Auch hier spricht also das Infant-Economy-Argument für den Schutz eines wichtigen Sektors der Volkswirtschaft. Das heißt, es ist wünschenswert, im Inland Kompetenzen zu schaffen, was die Zuteilung von Ressourcen und die Steuerung von Risiken angeht, und sich dabei auf die besonderen Umstände der Binnenwirtschaft zu konzentrieren. Im Fall der Banken mögen ausländische Institute selbst dann einen Vorteil haben, wenn die inländischen Banken kompetenter sind (bei der Zuteilung von Kapital, der Risikosteuerung und der Senkung der Transaktionskosten), nämlich dann, wenn inländische Einleger oder andere, die mit dem ausländischen Institut Geschäfte machen, *glauben*, bei diesem sei ihr Geld sicherer als bei den heimischen Instituten.[7] Mag sein, dass die ausländischen Institute tatsächlich sicherer sind, weil sie solider wirtschaften; vielleicht glauben die Einleger (und andere, die Geschäfte mit der Bank machen) aber auch nur, die Regierungen der reicheren ausländischen Staaten stünden hinter ihren Instituten.[8] Diese Regierungen haben die Fähigkeit und den Willen, ihre nationalen Banken zu retten – eine Erwartung, die sich in der Krise von 2008, nicht aber in der Argentinienkrise als weitgehend zutreffend erwies.[9] Wenn Sparer oder Investoren diese Überzeugung hegen (unabhängig davon, ob sie berechtigt ist oder nicht), fordern sie höhere Zinsen für Einlagen bei inländischen Banken – mit entsprechend nachteiligen Auswirkungen auf die inländischen Finanzinstitute.

Diese Vermutung sollte empirisch überprüft werden, und tatsächlich gibt es eine Reihe von Daten, die uns dies erlaubt. Die wirtschaftlich weniger entwickelte Region der Vereinigten Staaten umfasst die südlichen Bundesstaaten der ehemaligen Konföderation (Alabama, Arkansas, Florida, Georgia, Louisiana, Mississippi, North Carolina, South Carolina, Tennessee, Texas und Virginia). Man kann die relative Entwicklung dieser Bundesstaaten in dem Zeitraum betrachten, in dem in den Vereinigten Staaten noch keine Filialnetze erlaubt waren, die sich über mehrere Bundesstaaten erstrecken. Diese Regelung galt im Wesentlichen in den 20 Jahren zwischen 1850 und 1870. (Es gab weitere große Veränderungen in dieser Zeit, die insbesondere mit dem Krieg zusammenhingen, und deshalb betrachten wir das Wachstum über einen längeren Zeitraum.)

Zwischen 1850 und 1870 wuchs das relative Einkommen (das heißt das Einkommen in den Südstaaten im Vergleich mit dem nationalen Einkommen) um 15 Prozentpunkte.[10] In den ärmeren Bundesstaaten Alabama, Mississippi und South Carolina war das Wachstum geringfügig höher als in den reicheren Staaten Georgia, Virginia und North Carolina. In der anschließenden Periode von 1870 bis 1890, in der erstmals nationale Banken zugelassen waren, holten diese Bundesstaaten sehr viel langsamer auf: Ihr Wachstum betrug im Durchschnitt nur 6 Prozent und es war leicht zugunsten der reicheren Staaten (insbesondere Virginia, Georgia und North Carolina) verzerrt. Tatsächlich kam das Wachstum in Alabama und Mississippi fast zum Erliegen. Unsere Hypothese ist einfach: Solange nur Banken innerhalb von Bundesstaaten zugelassen waren, flossen die lokalen Einlagen den lokalen Entrepreneuren zu, und die lokalen Banken hatten Anreize, die für eine zutreffende Beurteilung der Erfolgsaussichten dieser Unternehmer erforderliche Kompetenz zu entwickeln. Nachdem auch nationale Banken zugelassen worden waren, flossen Gelder aus den ärmsten Bundesstaaten mit ihrem geringen Humankapital und ihrer schlechten Infrastruktur ab.[11]

Ähnliche Muster sind heute in den Entwicklungsländern zu beobachten. Die Finanzmarktliberalisierung erlaubt es ausländischen Banken, Gelder von inländischen Banken wegzulocken – sofern diese keinen höheren Zins zahlen, um ihre Einlegerbasis zu erhalten. Doch wie bereits erwähnt, verfügen ausländische Banken über weniger Information und weniger Kompetenz, um die Kreditwürdigkeit inländischer mittelständischer Betriebe beurteilen zu können. Sie lenken die Gelder entweder in ihr Heimatland (über das sie bessere Informationen besitzen) oder in Länder um, die ihrem Heimatland ähneln oder enge Handels- und Finanzbeziehungen zu dem Heimatland unterhalten. Gelder, die in dem Entwicklungsland verbleiben, fließen in scheinbar »sicherere« Anlagen – als Kredite an inländische Monopole und Oligopole und den Staat.[12] Soweit es inländischen Banken gelingt, ihre Einlegerbasis dadurch zu erhalten, dass sie höhere Zinsen zahlen, werden die zusätzlichen Kosten auf die inländischen Kreditnehmer abgewälzt, was die mittelständische Wirtschaft benachteiligt.

Kapitalmarktliberalisierung

Die Kapitalmarktliberalisierung (die den freien grenzüberschreitenden Kapitalverkehr erlaubt) ist seit langem eine der strittigsten Strategien in der Entwicklungspolitik. Der Internationale Währungsfonds versuchte im Jahr 1997 – genau zu der Zeit, als die Asienkrise ausbrach – seine Charta zu ändern, um in Zukunft Länder zur Öffnung ihrer Kapitalmärkte zwingen zu können. Dabei war die Krise nicht zuletzt ein Ergebnis der Liberalisierung der Kapitalmärkte in Ostasien – die dazu führte, dass das Kapital zunächst in die betreffenden Länder hineinströmte und dann, sobald sich die Stimmung drehte, wieder abfloss.[13]

Interessanterweise änderte der IWF fünfzehn Jahre später, das heißt nach dem Ausbruch der Finanzkrise von 2008, seine Position: Er erkannte an, dass Kapitalverkehrskontrollen einen wichtigen Beitrag zur makroökonomischen Stabilität leisten können.[14] Sonderbar ist, dass die Kapitalmarktliberalisierung sowohl größere Stabilität als auch Wachstum bringen sollte. Es sollte Kapital (laut der Standardtheorie, die Teil der traditionellen Lehre ist und die den politischen Handlungsempfehlungen des Washington-Consensus zugrunde lag) bei Bedarf in das Land fließen – in einer antizyklischen Weise. Und es sollte Kapital von den reichen Ländern mit hoher Kapitalintensität in ärmere Länder mit niedriger Kapitalintensität fließen, um deren BIP-Wachstum zu erhöhen und die Effizienz der Weltwirtschaft zu steigern.[15] An beiden Aufgaben scheiterte die Standardtheorie: Die Kapitalflüsse waren weitgehend prozyklisch, und im Ganzen gesehen floss Kapital aus Entwicklungsländern ab, weshalb es nicht weiter verwunderlich war, dass Länder, die die freie grenzüberschreitende Kapitalmobilität zuließen, sowohl instabiler als auch wachstumsschwächer waren.[16] (Es ist bemerkenswert, dass sich diese Theorien ungeachtet der überwältigenden empirischen Belege für den prozyklischen Charakter der Kapitalflüsse durchsetzen konnten.)

Im nächsten Kapitel erörtern wir kurz die Auswirkungen der Kapitalmarktliberalisierung auf die Makrostabilität. Hier konzentrieren wir uns auf die Auswirkungen auf die Struktur der Kapitalanlagen – und damit auf Lernvorgänge.

Bemerkenswert an Ostasien war die Tatsache, dass dort aufgrund der sehr hohen Sparquote kein nennenswerter Bedarf an Kapitalzuflüssen bestand (anders als in anderen Teilen der Dritten Welt). Kapital strömte in diese Länder hinein – und gleichzeitig aus ihnen heraus. Die Länder zahlten für die von ihnen aufgenommenen Kredite sehr viel höhere Zinsen, als sie selbst für von ihnen vergebene Kredite verlangten. Sie »investierten« in US-Staatsanleihen, deckten ihren Kreditbedarf jedoch auf privaten (ausländischen) Finanzmärkten. Tatsächlich bedeutete die Öffnung des Kapitalmarktes, dass sie die Kapitalallokation an westliche Finanzinstitute auslagerten. Aber unsere Analyse des Bankensektors hat gezeigt, dass diese ausländischen Finanzinstitute über die Verhältnisse vor Ort weniger gut unterrichtet waren. In etlichen Ländern flossen die Gelder vor allem in Immobilien – und trugen so zu der Immobilienpreisblase bei. So floss das Geld in Sektoren, in denen weniger Lernen stattfand.[17]

Noch schädlichere Auswirkungen auf die Struktur der Wirtschaft (mit Blick auf die Errichtung einer lernenden Volkswirtschaft) waren im Anschluss an die Krisen zu beobachten, die regelmäßig auf die Öffnung der Kapitalmärkte folgten (die Asienkrise ist nur ein Beispiel). In Wellen irrationalen Überschwangs floss Geld in diese gerade erst liberalisierten Volkswirtschaften, aber als sich die Stimmung drehte, wurde das Kapital wieder abgezogen. Der plötzliche starke Rückgang des Wechselkurses löste eine Währungskrise aus, die sich in vielen Fällen zu einer Finanz- und Wirtschaftskrise auswuchs. Die Geschehnisse in Thailand verdeutlichen diese negativen Effekte. Das »Rettungspaket« des IWF (das im Übrigen die ausländischen Kreditgeber, nicht etwa die thailändische Volkswirtschaft retten sollte) war an hohe Zinsen und einschneidende staatliche Ausgabenkürzungen geknüpft. In der Folge kühlte sich die Konjunktur stark ab, wobei die mittelständische Wirtschaft besonders schwer in Mitleidenschaft gezogen wurde und die Humankapitalinvestitionen (Bildung und Gesundheit) deutlich zurückgefahren wurden. Tatsächlich ging der Versuch, den Verfall des Wechselkurses zu stoppen – um Unternehmen, die Kredite in Fremdwährung aufgenommen hatten, die Rückzahlung ihrer Schulden zu erleichtern – auf Kosten der inländischen Entrepreneure. In diesem Fall waren die politischen Eingriffe besonders schädlich. Das Rettungspaket wirkte sich nicht wesentlich auf den Wechselkurs aus. Überdies wurde ein Großteil der Fremdwährungskredite zum Kauf von Immobilien verwendet, und nach dem Platzen der Immobilienpreisblase war der Immobiliensektor bereits tot und hätte auch durch eine Stabilisierung der Währung nicht wieder zum Leben erweckt werden können. Hingegen trieben die hohen Zinsen eine Vielzahl kleinerer Unternehmen in den Konkurs – Unternehmen, die sich nie auf riskante Spekulationsgeschäfte eingelassen hatten, das heißt, die nie Fremdwährungskredite aufgenommen hatten, um Aktivitäten zu finanzieren, deren Erträge in Baht anfielen. Und so geriet die Wirtschaft in eine langanhaltende Phase schwachen Wachstums.

Die Kapitalmarktliberalisierung wirkte sich direkter auf das »Lernen« aus, selbst in Ländern, in denen es nicht zu einer Krise kam. Weil die Kapitalzuteilung an westliche Finanzinstitute ausgelagert wurde, waren die Lerneffekte in den Entwicklungsländern in Bezug auf Fragen der Kapitalallokation, Risikosteuerung usw. geringer.

Kapitalabflüsse

Die Diskussion über die Kapitalmarktliberalisierung in der jüngsten Vergangenheit drehte sich vor allem um die Frage, ob Kapitalzuflüsse erlaubt werden sollten. Aber in der Vergangenheit waren Beschränkungen der Kapitalabflüsse sogar noch wichtiger.

China beschränkte den Kapitalabfluss, während es ausländische Direktinvestitionen zuließ. Diese Kapitalmarktbeschränkungen bewirkten höchstwahrscheinlich, dass die Kapitalkosten stärker sanken, als es ansonsten der Fall gewesen wäre, was die inländischen Investitionen förderte. Wenn Investitionen, wie Arrow angeregt hat, mehr zum Lernen beitragen als die Produktion, dann ist das Ergebnis mehr Lernen.

Allgemein ist festzuhalten: Wenn Investitionen mit externen Effekten verbunden sind, dann gehen diese Effekte im Fall von Auslandsinvestitionen an den Menschen in dem betreffenden Land weitgehend vorbei.

Finanz- und Industriepolitik

Einer der Gründe dafür, dass Märkte Ressourcen nicht effizient zuteilen (das heißt, Lerneffekte vernachlässigen), sind Beschränkungen und Unvollkommenheiten des Kapitalmarkts. F&E-Kredite lassen sich nur schwer besichern,[18] und für optimales Lernen muss die Produktion über den Punkt hinaus erhöht werden, an dem der Preis den kurzfristigen Grenzkosten entspricht. Informationsunvollkommenheiten führen vor allem in den Entwicklungsländern oft zur Rationierung von Kredit- und Eigenkapitalmitteln. Die staatliche Regulierung des Finanzsektors – und in einigen Fällen die direkte staatliche Kontrolle über finanzielle Ressourcen – können effektive Instrumente zur Umlenkung von Ressourcen für die Schaffung einer lernenden Volkswirtschaft sein. Selbst in den Vereinigten Staaten, die für gewöhnlich als ein Land gelten, in dem der private Sektor die Finanztransaktionen beherrscht, hat der Staat gelegentlich eine aktive Rolle bei der Lenkung finanzieller Ressourcen gespielt, zum Beispiel durch die Export-Import-Bank und die Small Business Administration.

Interessanterweise war der *Zugang* zu Finanzmitteln, oft nicht einmal zu subventionierten Zinsen, in Ostasien ein Schlüsselinstrument der Industriepolitik.[19] Durch die Umlenkung von Finanzmitteln in »lernende« Sektoren lässt sich das gesamtwirtschaftliche Wachstum steigern.

Es gibt etliche weitere Aspekte des »Lernens«, die bei der Gestaltung der Finanzpolitik berücksichtigt werden sollten. Im Folgenden diskutieren wir eine Reihe besonders wichtige davon.

Finanzielle Zurückhaltung[20]

Es ist nicht leicht, einen dynamischen Finanzsektor aufzubauen, der sich zum Beispiel auf die Kreditvergabe an den Industriesektor konzentriert.

In früheren Zeiten machten sehr kurzfristige Kredite, das heißt mit den erworbenen und verkauften Gütern besicherte Warenkredite, das Hauptgeschäft der Banken aus. Information ist das A und O erfolgreichen Kreditgeschäfts: Es gilt festzustellen, wer gute Kreditnehmer sind, und diese dann zu überwachen, um sicherzustellen, dass die Gelder verabredungsgemäß verwendet werden und dass sich die Kreditnehmer so verhalten, dass die Rückzahlungswahrscheinlichkeit zumindest nicht leidet.

Aus wohlbekannten Gründen[21] werden solche Informationen am besten in Institutionen (Banken oder Wagniskapitalgesellschaften) produziert. Wie der Versuch der USA vor der Krise, ein marktgestütztes System auf Verbriefungsbasis zu entwickeln, deutlich zeigt, sind Kapitalmärkte kein guter Ersatz für solche institutionell gelenkten Finanzströme.[22]

Aber innerhalb dieser Institutionen treten gravierende Agency-Probleme auf (Manager handeln eigennützig auf Kosten anderer Anspruchsgruppen einschließlich der Aktionäre), und vor allem die Aktivitäten großer Finanzinstitute sind mit erheblichen externen Effekten verbunden (wenn eine Bank zusammenbricht, hat dies weitreichende Auswirkungen auf andere). Aus diesem Grund unterwerfen Regierungen rund um den Erdball die Banken strengen Vorschriften. Die Frage ist: Welche Art von Regulierung fördert das langfristige Wirtschaftswachstum am effektivsten?

Die Fachliteratur hat sich nach der Krise von 2008 auf die Frage konzentriert, wie sich überzogene Risikobereitschaft vermeiden lässt, um makroökonomische Stabilität zu sichern. Hier befassen wir uns mit einer grundlegenderen Frage: Wie kann man dafür sorgen, dass Finanzmittel in die »richtigen« Sektoren fließen, und zwar zu Konditionen, die das langfristige Wachstum fördern?

Die ostasiatischen Länder waren, was diese Frage betrifft, bemerkenswert erfolgreich. Eines der Instrumente, die sie einsetzten, war die sogenannte finanzielle Zurückhaltung: Sowohl der Eintritt in den Bankensektor als auch die Einlagenzinssätze wurden *geringfügig* beschränkt.[23] Finanzielle Zurückhaltung erhöhte den Geschäftswert der Banken, und dies ermunterte sie, nach sorgfältiger Prüfung mehr Kredite zu vergeben. Die größere Sicherheit des Bankensystems glich den Effekt des geringfügig niedrigeren Zinssatzes mehr als aus und sorgte für einen starken Zufluss von Geldern in den Finanzsektor. (Regierungen in der Region ergriffen noch weitere Maßnahmen zur Förderung der Sparbereitschaft, so dass die Sparquoten sehr hoch blieben, obwohl die Realzinsen auf die Sparguthaben sehr niedrig waren.)

Der Wettbewerb im Bankensystem (zu dem vielleicht der staatliche Druck kam) war so intensiv, dass die niedrigeren Einlagenzinsen zu niedrigen Kreditzinsen führten,[24] während Anreize (zusammen mit abermaligem Druck des Staates) dafür sorgten, dass die Zinsdifferenz zum größten Teil wieder in die Banken reinvestiert wurde, was sie dazu befähigte, die Kreditvergabe auszuweiten. Der größere Geschäftswert veranlasste sie auch dazu, sich besonnener zu verhalten.

Kurzum, die Politik stabilisierte das Bankensystem und versetzte es in die Lage, sich auf die Vergabe längerfristiger Kredite zu konzentrieren. Aber der Staat ging noch weiter und förderte die Kreditvergabe an die lernenden Sektoren.

Zugang zu Krediten für lernende Sektoren

Aufgrund der Allgegenwart externer Effekte und anderer Fehler des Marktmechanismus fließen Gelder nicht unbedingt in Sektoren, deren Aktivität dem langfristigen Wachstum am ehesten dient. Ordnungspolitische Eingriffe können den Geldfluss in bestimmte Bahnen lenken, zum Beispiel, indem sie einen prozentualen Höchstsatz für die Mittel festlegen, die in Immobilien- oder Verbraucherkredite fließen dürfen, oder eine Mindestquote an Mitteln, die zum Beispiel in die industriellen Sektoren fließen sollen.

Steuer- und ordnungspolitische Maßnahmen (etwa solche, die sich auf Finanzderivate und Kreditkarten auswirken) können Banken ebenfalls ermuntern, menschliche und finanzielle Ressourcen für wertschöpfende Kreditgeschäfte statt für spekulative Aktivitäten oder ausbeuterische Kreditpraktiken zu nutzen.

Wir haben bereits auf die Abhängigkeit der Kapitalströme von Informationen hingewiesen. Die öffentliche Hand kann durch ihre Politik den Informationsfluss mitgestalten, indem sie zum Beispiel die Banken zwingt, Filialen außerhalb der Hauptstadt zu eröffnen.

Breitangelegte Restriktionen (im Unterschied zu enger gefassten Vorgaben, welche die Kreditvergabe zugunsten bestimmter Unternehmen beeinflussen) haben einen volkswirtschaftlichen Vorteil: Die Bank wird nicht angewiesen, Mittel in ein bestimmtes Unternehmen zu investieren. Sie muss innerhalb der vorgegebenen Kategorie die beste Gruppe von Kreditnehmern identifizieren, das heißt diejenigen, die ihre

Kredite mit der größten Wahrscheinlichkeit zurückzahlen werden. Wie bereits erwähnt, muss an diesem Punkt abgewogen werden. Breitangelegte Vorschriften sind möglicherweise nicht geeignet, gezielt jene Unternehmen mit den höchsten externen Lerneffekten zu fördern, aber die politökonomischen Vorteile können die verminderte Zielgenauigkeit mehr als wettmachen.

In manchen Fällen kann es jedoch weniger wirksam sein, sich darauf zu verlassen, dass der private Sektor das Kapital in der sozial produktivsten Weise zuteilt (insbesondere wenn Lernprozesse eine wichtige Rolle spielen), auch wenn man Missbrauch durch Regulierung einzudämmen versucht und die mit Defiziten des Marktmechanismus verbundenen Divergenzen zwischen privaten und sozialen Erträgen teilweise korrigiert. Stattdessen kann es sinnvoller sein, wenn der Staat die Mittel direkt zuteilt. (Die Annahme, der private Sektor verstehe sich besser darauf, knappes Kapital zu verteilen, wurde durch die Ereignisse, die zur Finanzkrise von 2008 führten, eindeutig widerlegt.) Daher sehen viele Entwicklungsländer in Entwicklungsbanken ein wichtiges und effektives Instrument zur Steuerung der Mittelvergabe an Projekte und Unternehmen, die ihrer Einschätzung nach bedeutende externe Effekte mit sich bringen. Während Entwicklungsbanken früher mit dem Argument kritisiert wurden, sie vergäben politisch motivierte Kredite mit geringem Nutzen für die Gesellschaft, haben in den letzten Jahren Länder überall Wege gefunden, um Principal-Agent- und politökonomische Probleme unter Kontrolle zu bringen.[25]

Es gibt »Hybridinstitute«, bei denen die öffentliche Hand einen Teil des Kapitals bereitstellt oder einen Teil der mit der Kreditvergabe an bestimmte Sektoren (mittelständische Wirtschaft, F&E-Projekte) verbundenen Risiken übernimmt. Der Staat kann insbesondere makroökonomische Risiken übernehmen und die Bank so dazu zwingen, sich auf die Geschäftsrisiken zu konzentrieren – die Machbarkeit des Projekts, ausgehend von der Annahme, dass der Staat für Vollbeschäftigung oder annähernde Vollbeschäftigung sorgt.[26] Diese gemischten Systeme sollen die politökonomischen Probleme eindämmen, die zuweilen bei staatlichen Programmen auftreten: Gelder werden nur bereitgestellt, wenn ein privater Kreditgeber bereit ist, im Gegenzug für eine Beteiligung am Ertrag *einen Teil* des Risikos zu tragen.

Kredite für Existenzgründer und mittelständische Unternehmen

Emran und Stiglitz (2009) haben betont, wie wichtig es ist, zu lernen, gute Entrepreneure zu erkennen.[27] Wie bereits erwähnt (in Kapitel 3), besteht das Problem darin, dass der Kreditgeber aufgrund der Gefahr, dass gute Kunden von Konkurrenten abgeworben werden, nicht imstande ist, sich den mit der Identifizierung tüchtiger Existenzgründer verbundenen Nutzen selbst anzueignen. Selbst wenn der ursprüngliche Kreditgeber gute Kreditkunden nicht verliert, so ist er doch gezwungen, Kredite zu günstigen Zinssätzen zu vergeben – die zu niedrig sind, um die Verluste aus der Kreditvergabe an letztlich gescheiterte Entrepreneure wettzumachen.[28] Existenzgründer bekommen deshalb nicht genügend Kredite. Durch Regulierungsmaßnahmen kann das Problem abgemildert werden, zum Beispiel durch Beschränkungen für Neueintritte in den Bankensektor. Doch solche Regulierungen sind mit volkswirtschaftlichen Kosten verbunden, und es mag für den Staat besser sein, direkter einzugreifen. Dies ist einer der Gründe dafür, dass es in vielen Ländern (einschließlich der Vereinigten Staaten) staatlich finanzierte Programme zur Förderung der Kreditvergabe an mittelständische Unternehmen gibt. In einigen Fällen geht es dabei um direkte Kreditvergabe, in anderen Fällen wird ein Teil des Risikos übernommen.

Aufgrund der hohen Personalfluktuation in mittelständischen Unternehmen können externe Lerneffekte hier besonders groß sein. Es besteht eine höhere Wahrscheinlichkeit, dass Mitarbeiter dieser Unternehmen in relativ kurzer Zeit zu einem anderen Arbeitgeber wechseln und das erworbene Wissen mitnehmen.

Schlussbemerkungen: Einschränkung der Arbeitsmigration

In diesem Kapitel haben wir die Behauptung hinterfragt, der freie, unbeschränkte Kapitalverkehr – innerhalb von und zwischen Ländern – sei wünschenswert. Wir haben gesehen, dass die staatliche Regulierung der Finanzmärkte nicht nur die Makrostabilität fördert, sondern auch die Struktur der Volkswirtschaft beeinflusst. Die Finanz- und Kapitalmarktliberalisierung führt oft dazu, dass weniger Ressourcen in Sektoren fließen, die externe Lerneffekte erzeugen, weshalb die Wirtschaft langsamer wächst. Wahrscheinlich ist die Kreditvergabe inländischer Finanzinstitute mit stärkeren Spillover-Effekten verbunden als die Kreditvergabe ausländischer. Beschränkungen der Kapitalströme und der Bereitstellung von Finanzdienstleistungen durch ausländische Unternehmen sind oft im Grunde nichts anderes als Einfuhrbeschränkungen für ausländische Finanzdienstleistungen. Unserer Auffassung nach können Einfuhrbeschränkungen für Industriegüter wünschenswert sein, und für Beschränkungen der Einfuhr ausländischer Finanzdienstleistungen gibt es mindestens ebenso triftige Gründe.

Auch die Finanzpolitik kann ein wichtiges Instrument der Industriepolitik sein. Aber selbst wenn der Staat den Finanzsektor nicht direkt einsetzt, um einen bestimmten Sektor zu fördern beziehungsweise einen bestimmten anderen zu einem Rückbau zu veranlassen, kann er ihn mit allgemeinen ordnungspolitischen Maßnahmen dazu bewegen, sich stärker auf die Kreditvergabe zugunsten und insbesondere die finanzielle Förderung von Aktivitäten zu konzentrieren, die externe Lerneffekte erzeugen. Wir haben überdies gesehen, dass die Regulierung privater Finanzinstitute zwar ein effektives Instrument zur Verwirklichung dieser Ziele sein kann, dass Regulierung allein jedoch womöglich nicht genügt. Vielmehr gilt es, zusätzlich staatliche Institutionen (Entwicklungsbanken) zu errichten oder Programme zu etablieren, die für private Institute Teilbürgschaften bereitstellen.

Ähnliche Argumente dürften erst recht für die freie grenzüberschreitende Wanderung von Arbeitskräften gelten – auch wenn sie in diesem Fall stärker umstritten sein dürften. Betrachten wir zum Beispiel das Problem des Brain Drain.[29] Es ist vermutlich kein Zufall, dass die erfolgreiche Wachstumsgeschichte Lateinamerikas etwa zu der Zeit ihr Ende fand, als das US-Einwanderungsgesetz im Jahr 1965 geändert wurde. Tatsächlich schufen die neuen gesetzlichen Bestimmungen für die lateinamerikanischen Länder die Möglichkeit, für ihre besten und fähigsten Arbeitskräfte »Arbeitsplätze aus den Vereinigten Staaten zu importieren«. (Im Klartext: Sie ermöglichten es diesen Arbeitskräften, auszuwandern und Arbeitsplätze in den USA zu finden). Diese abgewanderten Arbeitskräfte gaben fortan ihr erlerntes Know-how nicht mehr in ihrem Heimatland weiter.

Wir plädieren nicht ohne Wenn und Aber für Auswanderungsbeschränkungen; wir möchten lediglich darauf hinweisen, dass Abwanderungen mit Wachstumseffekten verbunden sind, die nicht ignoriert werden sollten. Bestimmte Maßnahmen können die Kosten verringern, zum Beispiel internationale Abkommen, die Auswanderer dazu zwingen, die Investitionen in ihr Humankapital zurückzuzahlen. Zwar bieten solche Maßnahmen einen Ausgleich für die Konsequenzen der Migration für die öffentlichen Finanzen, doch sie sind keine Lösung für das grundlegendere Problem in Gestalt entgangener Lerneffekte.

Gleichzeitig bringen zurückkehrende Migranten in einigen Fällen nicht nur Geld (was in der jüngsten Literatur über Migration und Entwicklung oft betont wurde), sondern auch Wissen mit – zuweilen als »kulturelle Remission« bezeichnet. Migration *kann*, wenn sie sorgsam strukturiert wird, den grenzüberschreitenden Austausch von Wissen und Lernerfolgen fördern und auf diese Art zur Schaffung einer lernenden Volkswirtschaft beitragen.

Kapitel 11

Konjunktur- und Wachstumspolitik für eine lernende Gesellschaft

In Kapitel 4 haben wir erklärt, warum sich gesamtwirtschaftliche Schwankungen nachteilig auf eine lernende Volkswirtschaft auswirken. Folglich können sich politische Maßnahmen, die Länder einer größeren Volatilität aussetzen, unabhängig von ihren ansonsten positiven oder negativen Effekten negativ auf das Lernen auswirken.

In diesem Kapitel befassen wir uns mit der Frage, wie die staatliche Konjunktur- und Wachstumspolitik zur Schaffung einer lernenden Gesellschaft beitragen kann. Wir werden vier allgemeine Bereiche untersuchen. Zunächst befassen wir uns mit der Liberalisierung der Finanz- und Kapitalmärkte. Im vergangenen Kapitel haben wir erklärt, warum Liberalisierung möglicherweise nicht wünschenswert ist, weil sie die *Struktur* der Wirtschaft so verändert, dass Lernprozesse behindert werden. Wir bedienen uns einer informationstheoretischen Analyse, um zu erklären, warum Liberalisierung systemisch mit wachsender makroökonomischer Instabilität einhergeht. Zweitens werden wir uns mit der Wechselkurspolitik beschäftigen. Angesichts zunehmender internationaler Beschränkungen der Möglichkeiten des Einsatzes handels- und industriepolitischer Instrumente sind Wechselkursanpassungen zu einem wichtigen Werkzeug geworden. Ob und wie der Staat das Niveau und die Schwankungsbreite der Wechselkurse steuert, wirkt sich auf die Struktur der Volkswirtschaft, auf das Ausmaß der Lernfortschritte und damit auf das Wachstum aus. Im dritten Abschnitt untersuchen wir die ausländischen Direktinvestitionen und fragen uns, wie und wann sie eingesetzt werden können, um gesellschaftliche Lernprozesse zu fördern. (Im vorigen

Kapitel und in Abschnitt 1 dieses Kapitels geht es nicht um ausländische Direktinvestitionen, sondern um Finanz*ströme*.) Abschließend befassen wir uns mit der Rolle öffentlicher Investitionen.

Finanzpolitik und Makrostabilität

Wir haben bereits oft gesehen, dass eine Liberalisierung der Kapitalmärkte mit größeren makroökonomischen Schwankungen einhergeht. Die Befürworter der Kapitalmarktliberalisierung, vor allem die Anhänger des neoklassischen Modells, das auf der Annahme vollkommener Märkte (und der Abwesenheit von Informationsasymmetrien) beruht, standen vor einem Rätsel. Aber für jemanden, der die tatsächlichen Muster der Kapitalströme beobachtet, wäre es eher verblüffend, sollte sich die Liberalisierung der Kapitalmärkte als stabilisierend erweisen, denn diese Ströme sind zumeist prozyklisch.

In der folgenden Diskussion befassen wir uns mit einem der Gründe dafür, dass die Kapitalmarktliberalisierung oft mit Instabilität einhergeht.

Nehmen wir an, jemand investiert sein Geld in einem anderen Land. Die einheimischen Investoren, zum Beispiel die Banken, wissen viel mehr über den Markt als dieser ausländische Investor. Sie wissen besser, welche (wirtschaftlichen oder politischen) Schwierigkeiten leicht zu bewältigen sind und welche nicht. Scheitert ein Unternehmen, so können sie besser beurteilen, ob dieser Fehlschlag auf spezifische Probleme dieses Unternehmens zurückzuführen ist oder ob er mit systemischen Effekten zu tun hat, die wahrscheinlich auch andere Unternehmen betreffen. Wenn im betrachteten Land Schwierigkeiten auftreten, ziehen die inländischen Investoren daher ihr Geld früher ab als die ausländischen. Aber Letztere wissen, dass sie im Nachteil sind. Sie wissen, dass es Informationsasymmetrien gibt und dass ihre Beobachtungen fehlerhaft sind. Daher setzen sie die Schwelle, an der sie ihr Geld abziehen, niedriger an, was zur Folge hat, dass sogar kleine negative Signale zu großen Abflüssen an ausländischem Kapital führen können.

In der Praxis bedeutet dies dreierlei. Erstens gewinnen die Verhältnisse in Ländern, die den Kapitalverkehr beschränken, an Stabilität.[1]

Zweitens tragen ausländische Investoren überproportional zu Krisen bei, weil sie weniger gut informiert sind und daher oftmals bereits auf kleinste Signale heftig reagieren.[2]

Die dritte und überraschendste Implikation ist, dass Länder, die mit Erfolg Finanzdienstleistungen »exportieren« (das heißt ihre Finanzdienstleistungen an Ausländer verkaufen), eher klein sein sollten, denn in kleinen Ländern gibt es weniger Einheimische, die einen Informationsvorsprung vor den Ausländern haben. Die Probleme der Instabilität und der Umverteilung zwischen Einheimischen und Ausländern werden weniger gravierend sein. Das könnte eine Erklärung dafür sein, dass kleine Länder wie die Schweiz, Luxemburg und Island (unverhältnismäßig große) Finanzzentren sind.[3] (Aber wie einige dieser Länder schmerzhaft erfahren mussten, verursacht ein unverhältnismäßig großer Finanzsektor reale Kosten einschließlich einer Beeinträchtigung der Makrostabilität.

Liberalisierung der Finanzmärkte

Die Finanzmarktliberalisierung sollte so wie die Liberalisierung der Kapitalmärkte eigentlich die makroökonomische Stabilität erhöhen. Das Argument war, dass starke internationale Banken imstande und willens sein würden, zum Beispiel die Kapitalzuflüsse in Entwicklungsländer aufrechtzuerhalten, deren Finanzinstitute eine Schwächephase durchlaufen.[4] Aber es gibt Belege dafür, dass dies nicht zutrifft.[5] Einer der Gründe dafür ist der oben erwähnte: Ausländische Banken haben einen

Informationsnachteil, weshalb sie eher dazu neigen, angesichts negativer Signale Geld aus einem Land abzuziehen.

Ein weiterer Grund ist, dass ausländische Banken die Schwankungsanfälligkeit der Wirtschaft erhöhen können, vor allem, wenn sie einen großen Anteil am Finanzsektor des betreffenden Landes haben. Da ausländische Banken weniger über ausländische Kreditnehmer wissen, betrachten sie die Kreditvergabe als riskanter. Erleiden Banken einen Bilanzschock (zum Beispiel im Fall einer Wirtschaftskrise im Heimatland), so steigt ihre Risikoaversion. Ihre Reaktion besteht darin, sich aus den riskantesten Krediten zurückzuziehen – auch aus ausländischen Krediten.[6,7] Diese Reaktionen werden noch heftiger, wenn der Heimatstaat eine Bank mit öffentlichen Geldern gerettet hat (oder diesen Schritt tun könnte) und die Bank unter Druck setzt. Die Rechtfertigung für solche Bankenrettungen ist, dass sie erforderlich sind, um die Kreditversorgung *innerhalb des Heimatlandes* zu gewährleisten, aber die Bürger erwarten in diesem Fall, dass die Kredite tatsächlich der eigenen Wirtschaft und nicht dem Ausland zugutekommen. Die Banken werden mit der Forderung konfrontiert, die knappen Kreditmittel im Heimatland einzusetzen. Es gibt Belege dafür, dass genau das in der Finanzkrise im Jahr 2008 geschah.

Die Konsequenz ist natürlich, dass die Liberalisierung der Finanzmärkte zur Übertragung der Probleme eines Landes auf ein anderes führt. Sie kann wesentlich zur grenzüberschreitenden Ausbreitung makroökonomischer Instabilität beitragen. Tatsächlich gibt es zahlreiche Belege dafür, dass ein Großteil der Instabilität der Entwicklungsländer in der Ära der globalen Finanzmarktliberalisierung importiert wurde: Die Volatilität der Kapitalströme und globale Risikoprämien sind mittlerweile ein wichtiger Faktor makroökonomischer Instabilität.

Wechselkurspolitik

Die Wechselkurspolitik betrifft sowohl die Höhe der Wechselkurse als auch ihre Schwankungsbreite.

Der Wechselkurs wirkt sich auf die Wettbewerbsfähigkeit der Wirtschaft aus, das heißt auf die Fähigkeit der Exportunternehmen, ihre Produkte im Ausland abzusetzen, und auf die Fähigkeit der mit Importen konkurrierenden Unternehmen, sich im Wettbewerb auf dem Heimatmarkt zu behaupten. Eine Verteuerung der Währung (zum Beispiel infolge eines Kapitalzuflusses oder von Entwicklungshilfe) kann gravierende Konsequenzen haben: Steigt der Wechselkurs beispielsweise um 25 Prozent, so kann dieser Anstieg (kurzfristig) unmöglich durch eine Produktivitätserhöhung oder durch eine Anpassung der Löhne und der Preise anderer Inputs ausgeglichen werden. Hinzu kommen erhebliche Hysterese-Effekte (so wie bei großen Schwankungen des Leitzinses): Ein Unternehmen, das zugrunde geht, weil es sich aufgrund eines hohen Wechselkurses nicht mehr gegen ausländische Konkurrenten behaupten kann, erwacht nicht zu neuem Leben, wenn der Wechselkurs später wieder fällt. (Aufgrund der Unvollkommenheiten der Kapitalmärkte sind insbesondere kleine und mittlere Unternehmen nicht imstande, sich das erforderliche Kapital zu beschaffen, um solche Schwächeperioden zu überstehen.)

Es besteht ein enger Zusammenhang zwischen Wechselkursschwankungen und makroökonomischer Instabilität. Beide sind zugleich Ursache und Wirkung des jeweils anderen Phänomens. In einer Welt flexibler Wechselkurse kann eine Änderung der Erwartungen in Bezug auf den zukünftigen Wert einer Währung gewaltige Kapitalströme auslösen und zu erheblichen Schwankungen des aktuellen Wechselkurses führen, was erhebliche makroökonomische Auswirkungen zum Beispiel auf den Handel hat.

Desgleichen ist das Management von Wechselkursschwankungen teuer (insbesondere für kleine und mittlere Unternehmen in Entwicklungs- und Schwellenländern). In weniger entwickelten Ländern gibt es möglicherweise keine Märkte, auf denen sich die heimischen Unternehmen gegen Wechselkursrisiken absichern können. Aber selbst wenn Kurssicherungsgeschäfte möglich sind, ist eine solche Absicherung kostspielig.

Ob es ihnen nun gefällt oder nicht: Alle Länder betreiben eine Wechselkurspolitik. Die Entscheidung, nicht direkt in die Wechselkursbildung einzugreifen, ist ebenfalls eine *politische Maßnahme*, die das Land einem hohen Maß an Volatilität aussetzt und die Bestimmung des Wechselkurses anderen überlässt. Das Resultat ist, dass Länder wie Südafrika, die eine solche Politik verfolgen, unter besonders starken Schwankungen des Wechselkurses leiden.

Verschiedentlich wird gesagt, die Bestimmung der Wechselkurse sollte den Marktkräften überlassen bleiben. Aber ob es uns gefällt oder nicht, auch hier steht die staatliche Politik im Mittelpunkt des Geschehens. Wenn ein Land seinen Leitzins anhebt oder senkt, beeinflusst es damit den Wechselkurs seiner Währung. Wenn ein Land die Rechtsvorschriften zur Regulierung des Kapitalverkehrs mit dem Ausland ändert, beeinflusst es den Wechselkurs. Da es in den meisten Ländern eine Vielzahl von Regelungen für grenzüberschreitende Investitionen in beiden Richtungen gibt, existiert so etwas wie ein »marktbestimmter Wechselkurs« eigentlich gar nicht. Durch diese Vorschriften und durch die Leitzinsen sowie durch direkte Interventionen legen die Länder ihre Wechselkurse fest, ob sie es wollen oder nicht.

Ändert ein großes Land wie die Vereinigten Staaten seine Wechselkurspolitik, so beeinflusst es damit die Wechselkurse fast aller anderen Länder. Die quantitative Lockerung der Vereinigten Staaten hatte eine Aufwertung zahlreicher Währungen rund um den Erdball zur Folge, und als die US-Zentralbank die Liquiditätszufuhr zurückschraubte, wertete der Dollar gegenüber den übrigen Währungen auf. Andere Länder sollten sich nicht die Frage stellen, ob sie den Wechselkurs ihrer Währung den Marktkräften überlassen sollten. Vielmehr sollten sie sich fragen, ob sie es zulassen sollten, dass er vom Offenmarktausschuss der Federal Reserve festgelegt wird.

Und ob es uns gefällt oder nicht: Die Wechselkurspolitik wirkt sich auf die Industriestruktur aus. Bestimmte Sektoren, Technologien und Unternehmen profitieren stärker als andere von einem niedrigeren Wechselkurs. Die Entscheidung, den Wechselkurs nicht aktiv zu steuern, erhöht seine Schwankungsanfälligkeit, führt zu größerer makroökonomischer Instabilität und hat eine größere Dominanz der großen Unternehmen im Handelsgütersektor zur Folge. Die Entscheidung vieler afrikanischer Länder mit großen Vorkommen an Bodenschätzen, eine Aufwertung ihrer Währungen zuzulassen, hat zu ihrer Deindustrialisierung und sogar zur Schwächung ihres Agrarsektors beigetragen.

Die Wechselkurspolitik ist sowohl ein Instrument der Industriepolitik an sich (wie wir in den vorhergehenden Kapiteln erklärt haben) als auch eine *Ergänzung* anderer industriepolitischer Eingriffe. Maßnahmen, die dazu dienen, den Industriesektor anzuregen, werden nicht funktionieren, wenn der Wechselkurs nicht wettbewerbsfähig oder sehr schwankungsanfällig ist. Beispielsweise war in Südafrika zu beobachten, dass der Industriesektor stagnierte, obwohl der Wechselkurs Anfang 2014 deutlich gefallen war. Das war vollkommen verständlich: In Anbetracht der historischen Volatilität durften die Unternehmen nicht damit rechnen, dass der Wechselkurs wettbewerbsfähig bleiben würde, weshalb es kurzsichtig gewesen wäre, die Geschäftstätigkeit allein aufgrund des *seinerzeit gewärtigen* Wechselkurses auszuweiten.

Aus dieser Analyse lassen sich verschiedene Schlüsse ziehen. Erstens müssen die Staatsregierungen Maßnahmen wie zum Beispiel Kapitalverkehrskontrollen ergreifen, um Wechselkursschwankungen zu verringern (allgemeiner gesagt, müssen sie eine ganze Reihe von Werkzeugen setzen, um die Kapitalverkehrsbilanz zu steuern).[8]

Zweitens müssen sie die Wechselkurse »niedrig« halten, um die Wettbewerbsfähigkeit der Unternehmen im eigenen

Land zu erhöhen, die Exporte zu steigern und diejenigen Sektoren zu fördern, die Produkte erzeugen, die mit den Importen konkurrieren können. Das gilt insbesondere, weil niedrige Wechselkurse exportorientierte Sektoren wie die Industrie begünstigen, die eine größere Lernelastizität aufweisen und die weitreichende externe Lerneffekte erzeugen. (Es winken zusätzliche makroökonomische Vorteile und größere Lernfortschritte, wenn der niedrigere Wechselkurs das Land in die Lage versetzt, sich der Vollbeschäftigung anzunähern.[9])

Aber Regierungen, die Industriepolitik betreiben, müssen darauf achten, *wie* sie eingreifen, um den Wechselkurs zu stabilisieren und zu senken. Wenn sie den Leitzins erhöhen, um einen größeren Wechselkursverfall zu vermeiden (wie der Währungsfonds verlangt), können sie zahlreiche Unternehmen retten, die auf Fremdwährungen lautende Kredite aufgenommen haben, werden gleichzeitig jedoch andere Unternehmen in den Untergang treiben, die vorsichtiger waren und sich nur im Inland verschuldet haben. Dies kann insbesondere auf kleine und mittlere Unternehmen (die normalerweise keine Fremdwährungskredite aufnehmen, da sie keinen Zugang zu den internationalen Märkten haben) negative Auswirkungen haben, wie die Asienkrise gezeigt hat.[10] Wenn die kleinen und mittleren Unternehmen eine wichtige Rolle bei der Sammlung und Verbreitung von Wissen innehaben, können solche Maßnahmen besonders kontraproduktiv sein. In jedem Fall sollten die Regierungen im Auge behalten, ob und wie sich die Gestaltung der Wechselkurse auf die Wirtschaftsstruktur und das Lernen auswirkt.

Es gibt andere, weniger kostspielige Möglichkeiten, die Wechselkurse zu stabilisieren und vor allem niedrig zu halten. Niedrige Zinsen kommen den heimischen Unternehmen direkt ebenso wie indirekt durch deren Auswirkungen auf den Wechselkurs zugute. Direkte Eingriffe und daraus resultierende Aufstockungen von Währungsreserven können eine besonders effektive Methode sein, den Wechselkurs zu glätten und gleichzeitig die Zinsentwicklung zu verstetigen.

Einige Autoren halten es für unmöglich, den *realen* Wechselkurs länger als für kurze Zeit zu drücken. Aber dieser Einwand beruht auf einem Irrtum. Es ist unmöglich, den Wechselkurs durch direkte Interventionen über dem »Marktniveau« zu halten, da man dazu US-Dollar (oder eine andere harte Währung) verkaufen muss, und die Reserven an solchen Währungen sind in allen Ländern begrenzt. Aber um den Wechselkurs zu senken, muss man lediglich die eigene Währung verkaufen und US-Dollar (oder andere harte Währungen) kaufen – und das kann ein Land problemlos tun.

Es können zahlreiche Instrumente eingesetzt werden, um die *Höhe* und die Schwankungsanfälligkeit des Wechselkurses zu beeinflussen.[11] Wie wir gesehen haben, wirkt sich jeder Eingriff, der sich auf den Zu- und Abfluss von Kapital auswirkt, auch auf den Wechselkurs aus. Indem man ausländischen Unternehmen Investitionen im eigenen Land erleichtert, wertet man die Währung auf; erschwert man ausländische Investitionen, so wertet man die eigene Währung ab. Zur Bewertung einer gegebenen Politik in Bezug auf ausländische Direktinvestitionen muss man die Vorteile des Zugangs zu Märkten, Technologien oder Ausbildungsmöglichkeiten gegen die Kosten einer Aufwertung der heimischen Währung für die übrige Volkswirtschaft (einschließlich der negativen Auswirkungen auf das Lernen) abwägen. Auch eine Kapitalmarktliberalisierung kann zu einem Kapitalzustrom und einer Aufwertung der heimischen Währung führen. Desgleichen wird der Wechselkurs durch eine Lockerung der Beschränkungen für Investitionen im Ausland geschwächt. Indem man den kurzfristigen Zu- und Abfluss von Geld erschwert oder weniger attraktiv macht, trägt man zur Volatilität bei.

Eine Senkung des Wechselkurses ist ein industriepolitischer Mechanismus mit breiter Wirkung – die Unternehmen selbst entscheiden, ob sie angesichts eines niedrigeren Wechselkurses wettbewerbsfähig sind. Die Regierung hat festgestellt, dass der Exportsektor weiter reichende externe Lerneffekte erzeugt und daher stärker angeregt werden sollte als andere Sektoren, aber er muss nicht ermitteln, welche Subsektoren oder Unternehmen gefördert werden sollten. Das übernimmt der Markt.

Das hat einen Vor- und einen Nachteil, wie wir an anderer Stelle bereits kurz erwähnt haben. Eine genaue Auswahl der Ziele kann die allgemeine (dynamische) Effizienz der Volkswirtschaft erhöhen – schließlich berücksichtigen die einzelnen Unternehmen oder Sektoren das Ausmaß des Nutzens für andere nicht. Ein gezieltes Vorgehen kann die mit Forschung und Lernen in den einzelnen Sektoren einhergehenden externen Effekte ausgleichen. Auf der anderen Seite können staatliche Versuche zur Feinabstimmung mit gravierenden politökonomischen Problemen einhergehen.

Der Einsatz dieser Instrumente wirft zwei Fragen auf. Erstens ist der reale Wechselkurs entscheidend. Die Frage ist: Kann der Staat den realen Wechselkurs mehr als nur kurzfristig beeinflussen? Entscheidend sind hier Ausmaß und Geschwindigkeit des »Pass through« der Wechselkursänderung. Bei sehr offenen Volkswirtschaften, die einen großen Teil ihrer Güter importieren und exportieren, führt eine Senkung des nominalen Wechselkurses zu einem Anstieg der nominalen Preise, der den Nutzen des Eingriffs zunichtemachen kann, sofern die Währungshüter nicht Maßnahmen ergreifen, um die potentielle Inflation aufzufangen; aber auch solche Maßnahmen sind mit Kosten verbunden (etwa mit einer höheren Arbeitslosigkeit). Es ist jedoch klar, dass es vielen Ländern gelungen ist, die *realen* Wechselkurse über einen langen Zeitraum hinweg zu senken und gleichzeitig das Wirtschaftswachstum zu fördern.

Die zweite Frage lautet, welche Kosten mit den Eingriffen verbunden sind und ob der Nutzen die Kosten übersteigt. Zuweilen wird befürchtet, dass die Vermeidung der durch direkte Eingriffe verursachten Inflation zu kostspielig sei. Den ostasiatischen Ländern ist es gelungen, über längere Zeiträume in die Wechselkursbildung einzugreifen, ohne eine hohe Inflation oder hohe Kosten ihrer Vermeidung in Kauf nehmen zu müssen. Aber zumindest in China wächst eine andere Sorge: Um den Wert ihrer Währung niedrig zu halten, haben die Chinesen US-Dollar gekauft, die geringe Erträge abwerfen. Schlimmer noch: Der Dollar wertet gegenüber dem Renminbi ab, was bedeutet, dass China (auf dem Papier) Kapital einbüßt.

Aber die Kosten der Fremdwährungsreserven wurden in der Vergangenheit oftmals überschätzt. Die Reserven werden angelegt, indem die heimische Währung (die zu erzeugen kostenlos ist) gegen US-Dollar getauscht wird. Würde der Wechselkurs nicht gesteuert, so gäbe es auch keine Fremdwährungsreserven. Reale Kosten entstehen im Wesentlichen aus der Differenz zwischen dem Ankaufs- und dem Verkaufskurs der fremden Währung. Und es gibt Maßnahmen, durch die die Erträge der Reserven gesteigert werden können: Beispielsweise kann man langfristige anstelle von kurzfristigen Anleihen halten, wenn die Reserven über einen langen Zeitraum gehalten werden sollen, und anstatt Staatsanleihen zu kaufen, kann man ein diversifiziertes Aktienportfolio anlegen.[12]

Mit industriepolitischen Eingriffen können die relativen Preise auf eine Art beeinflusst werden, die diese Kosten vermeidet (und die gezielter wirken kann als eine Senkung des realen Wechselkurses), beispielsweise durch sektorale Subventionen (einschließlich subventionierter Zinsen) oder Infant-Industry-Protektion. Aber wie zuvor erwähnt, schränken die internationalen Handelsabkommen den industriepolitischen Handlungsspielraum ein. Der Wechselkurs kann das einzige Instrument sein, das übrigbleibt.

In jedem Fall sind die Kosten gemessen am Nutzen normalerweise gering. Der Nutzen ist sogar so groß, dass es sich für die Länder auszahlen würde, selbst dann Reserven anzuhäufen, *wenn sie sie später nicht einsetzen*. Das scheint so, als würde man Geld wegwerfen. Aber wenn Länder reicher werden und ihre Bevölkerung altert, werden sich die angehäuften Reserven – die ihren Übergang zu einer modernen lernenden Volkswirtschaft ermöglicht haben – vermutlich als unschätzbar wertvoll erweisen.

Investitionspolitik

In einigen (wenn auch nicht in allen) erfolgreichen Ländern haben ausländische Direktinvestitionen eine wichtige Rolle gespielt. Für Länder mit beschränktem Zugang zu Kapital können ausländische Direktinvestitionen eine wichtige Finanzierungsquelle sein. Aber selbst in Ländern mit hoher Sparquote fördern ausländische Direktinvestitionen den Wissenstransfer. Aber das geschieht nicht automatisch: Die Spillover-Lerneffekte sind bei nicht bei allen Formen von ausländischen Direktinvestitionen gleich stark ausgeprägt, und es gibt andere Möglichkeiten zur Übertragung von Wissen. Ausländische Direktinvestitionen stellen eine Möglichkeit zum Erwerb von Wissen dar, aber es könnte bessere Wege zur Anregung von Lernprozessen geben. Ob das der Fall ist, hängt von den Regeln für ausländische Direktinvestitionen ab (mit denen wir uns kurz befassen werden).

Es lohnt sich, zu erwähnen, dass einige der Länder, die ihre Entwicklung besonders erfolgreich vorangetrieben haben, weitgehend ohne ausländische Direktinvestitionen ausgekommen sind (Südkorea und Japan), während ausländische Investitionen in anderen eine wichtige Rolle gespielt haben. Aber den meisten Ländern, die auf ausländische Direktinvestitionen angewiesen waren, ist es nicht gelungen, globale Unternehmen wie Samsung, Toyota und Sony aufzubauen.

Wenn es gilt, Lernprozesse zu fördern, bieten ausländische Unternehmen sowohl Vor- als auch Nachteile. Auf der einen Seite fließt das Wissen innerhalb von Unternehmen oft leichter als über Unternehmensgrenzen hinweg. Daher ist unternehmensinternes Wissen möglicherweise am besten für die Weitergabe ins Ausland geeignet.

Auf der anderen Seite versuchen Unternehmen zu verhindern, dass das auf diese Art übertragene Wissen nach außen dringt. Dennoch wird Wissen übertragen – und das ist einer der wichtigsten Gründe für ausländische Direktinvestitionen.

Aber wenn Unternehmen zu dem Schluss kommen, dass es außerhalb ihres Heimatlandes schwieriger sein dürfte zu verhindern, dass Wissen nach außen durchsickert, werden sie den Wissensstrom über die Landesgrenzen hinweg beschränken, indem sie beispielsweise Entwicklungsländern nur ihre weniger fortschrittliche Technologie zur Verfügung stellen. In diesem Fall sind ausländische Direktinvestitionen für Entwicklungsländer nicht die beste Möglichkeit, die Wissenslücke zu schließen. (Westliche Unternehmen und Regierungen behaupten manchmal, sie würden Entwicklungsländern bereitwilliger fortschrittliche Technologien zur Verfügung stellen, wenn diese Länder die Rechte am geistigen Eigentum besser schützten. Aber es gibt kaum überzeugende Belege für diese Hypothese. Im nächsten Kapitel werden wir uns ausführlicher mit diesen Rechten befassen.)

In vielen, möglicherweise in den meisten Fällen sind die Spillovers bei heimischen Unternehmen größer als bei ausländischen, da einheimische Unternehmen zumeist fester in ihren Gemeinden verwurzelt sind. Der Staat sollte daher heimische Unternehmen gegenüber ausländischen bevorzugen, es sei denn, die Tätigkeit ausländischer Unternehmen bringt große Lernfortschritte mit sich, weil sie zum Beispiel Wissen mitbringen, das vor Ort nicht verfügbar ist und nicht auf andere Art erworben werden kann.

Regierungen, die mit Hilfe ausländischer Direktinvestitionen eine lernende Volkswirtschaft aufbauen möchten, müssen sich fragen, welche Art ausländischer Direktinvestitionen am nützlichsten sein dürfte. Die in Kapitel 3 behandelte Theorie lokalisierten technologischen Wandels besagt, dass die mit einer bestimmten Technologie verbundenen Spillover-Lerneffekte für »nahegelegene« Technologien größer sein dürften.[13] Wichtig ist sowohl die *Relevanz* des mit einer Technologie verbundenen Wissens für die Verbesserung einer anderen als auch die *Fähigkeit* der Anwender einer Technologie, von einer anderen zu lernen. Daher können die intersektoralen Spillovers bei ähnlichen Technologien größer sein als die Effekte innerhalb eines Sektors bei sehr unterschiedlichen Technologien. So sind etwa Just-in-time-Lagerhaltungsverfahren für viele verschiedene Sektoren nützlich, in denen die Lagerhaltung eine wichtige Rolle spielt.

Betrachten wir ein weiteres Beispiel: Ein großer Teil des Wissens, das in den Bergbautechnologien eingebettet ist, ist für die meisten anderen Wirtschaftssektoren von begrenzter Relevanz. Daher ist der Lernnutzen ausländischer Direktinvestitionen sehr viel geringer, wenn die Investitionen in die Gewinnung von Bodenschätzen anstatt in die Produktion von Industriegütern eingehen. Das dürfte eine Erklärung dafür sein, dass so viele von Rohstoffexporten abhängige Volkswirtschaften »duale« Volkswirtschaften bleiben, in denen nur wenige Spillovers vom Rohstoffsektor auf die restliche Wirtschaft auftreten. Das würde bedeuten, dass ausländische Direktinvestitionen in diesem Bereich – der in Afrika eine beherrschende Stellung einnimmt – sehr viel geringeren Nutzen haben als in anderen Bereichen. (Aber wie wir in Kapitel 9 gesehen haben, können industriepolitische Eingriffe in Volkswirtschaften, die von Bodenschätzen abhängen, durchaus eine wichtige Rolle spielen. Wenn die Spillovers begrenzt sind, dann liegt dies teilweise daran, dass es an geeigneten industriepolitischen Maßnahmen mangelt.)

Überdies sind die Ergebnisse von Exportsektoren (abgesehen von den direkten Arbeitsplätzen, die sie schaffen, und ihrem begrenzten Steueraufkommen) oftmals enttäuschend. Wenn die Beziehungen zu den übrigen Teilen der Volkswirtschaft nur lose sind, bleiben Spillovers begrenzt, und die technologisch wenig anspruchsvollen, arbeitsintensiven Prozesse, auf die sie sich spezialisieren, würden in jedem Fall nur geringe Spillover-Effekte erzeugen. Zugleich können staatlich finanzierte Industrie- und Forschungsparks, in denen Cluster verwandter Aktivitäten entstehen, das Wachstum fördern, indem sie Spillover-Lerneffekte erzeugen und nutzen.

Es mag am leichtesten sein, etwas über naheliegende Technologien zu lernen, aber der Nutzen dieser Lernfortschritte kann beschränkter sein als der größerer Schritte (die manchmal als Quantensprünge bezeichnet werden). Es ergibt sich ein kompliziertes Optimierungsproblem: Sowohl die Kosten als auch der Nutzen nehmen zu, wenn die Schrittweite vergrößert wird. Außerdem sollte man sich jene Technologien aneignen, aus denen man am meisten lernen kann, doch es lässt sich nicht immer leicht abschätzen, welche Technologien das sind. Die industrielle Entwicklung Koreas und Japans war durch Strategien gekennzeichnet, die eine Distanzierung von den seinerzeit angewandten Technologien erforderten.

Staatliche Subventionen und Regulierung ausländischer Direktinvestitionen zur Förderung von Lernprozessen

Staatliche Subventionen für ausländische Direktinvestitionen werden normalerweise damit begründet, dass sie dem Staat Einnahmen sichern und Arbeitsplätze schaffen. Aber unsere Analyse legt einen anderen Grund für solche Subventionen nahe: das Lernen. Wenn sie Lernvorgänge begünstigen, sollten jene Sektoren und Technologien, von denen beträchtliche Spillover-Effekte zu erwarten sind, und Unternehmen, die bereit sind, Praktiken anzuwenden, welche die Wahrscheinlichkeit von Lernfortschritten erhöhen, höhere Subventionen erhalten.

Staatliche Eingriffe können sich auch auf den Umfang der Spillovers auswirken. Verpflichtende Beschäftigungs- und Ausbildungsprogramme und Gebote zur Beschaffung im Inland dürften Spillover-Lerneffekte begünstigen. Der Erfolg der ausländischen Direktinvestitionen in Malaysia war teilweise auf diese Anforderungen zurückzuführen. Der Nutzen des Lernens kann die sozialen Kosten der Verzerrung mehr als wettmachen.

Zu erwähnen ist, dass Handels- und Investitionsvereinbarungen den Einsatz der besagten Werkzeuge normalerweise beschränken und vorsehen, dass ausländische Unternehmen genauso wie einheimische behandelt – und manchmal bevorzugt – werden.[14] Wie andere Elemente der auf dem Washington-Consensus und dem Neoliberalismus beruhenden Politik müssen auch diese Regelungen einer Neubewertung unter dem Gesichtspunkt des Lernens unterzogen werden.

Investitionen im Ausland

China und andere Schwellenländer haben mittlerweile die Neigung entwickelt, ausländische Unternehmen zu kaufen. Das kann eine Methode des Wissenserwerbs sein, die manchmal effektiver ist als andere. Mit dem Eigentum an einem Unternehmen erwirbt man auch das Recht, seine Technologie zu transferieren. Die neuen Eigentümer können versuchen, die Technologie zu erwerben und die Produktion in ihr Heimatland zu verlegen, in dem die angestrebten Lernprozesse stattfinden. Das Ergebnis ist, dass das bis dahin technologisch führende Land seine Vormachtstellung einbüßt. Und auch der Ort, an dem Lernprozesse stattfinden, wird zumindest in Teilen in das Land des Käuferunternehmens verlagert.

Chinas Lernstrategie hat einiges für sich: Zunächst erwarb das Land durch Investitionen in die Bildung seiner Bevölkerung und durch Direktinvestitionen ausländischer Herkunft die Fähigkeit zu lernen. Als ausländische Regierungen und Unternehmen begannen, in China und den chinesischen Unternehmen eine wachsende Wettbewerbsbedrohung zu sehen, verloren die ausländischen Direktinvestitionen einen Teil ihrer Wirksamkeit, und dank Chinas wachsender Ressourcen wurde der Kauf ausländischer Unternehmen möglich. An diesem Punkt kamen die »Spielregeln« im Wesentlichen China zugute: Es gab kaum Einschränkungen für den Erwerb von Unternehmen und Technologie und für die Verlagerung des Produktionsorts, selbst wenn die Absichten des Käufers und die Konsequenzen offenkundig waren. (Eine wichtige Ausnahme waren die amerikanischen Beschränkungen für die Übernahme von Hochtechnologieunternehmen. Aber die amerikanischen Restriktionen für Hochtechnologieexporte spornten China nur noch mehr an, eigene Kapazitäten aufzubauen und die benötigte Technologie in anderen Ländern zu beschaffen, in denen es keine solchen Beschränkungen gab.)

Staatliche Investitions- und Ausgabenpolitik

Wir haben erklärt, warum sich die öffentliche Hand der Industriepolitik nicht entziehen kann, denn sie muss Entscheidungen über die Richtung der staatlichen Investitionen in Bildung und Infrastruktur fällen, um nur zwei Beispiele zu nennen. Grundlage für diese Entscheidungen ist die Einschätzung der zukünftigen Entwicklung der Volkswirtschaft, die wiederum von den staatlichen Entscheidungen abhängt. Aber die politischen Maßnahmen, mit denen wir uns befassen, gehen deutlich darüber hinaus. Denn die öffentliche Ausgabenpolitik kann eingesetzt werden, um Mängel der durch die Märkte bestimmten Allokation teilweise auszugleichen. Der Staat kann Infrastruktur und öffentliche Güter bereitstellen, die als komplementäre Güter den Aktivitäten der lernenden Sektoren zugutekommen. Er kann eine öffentliche Beschaffungspolitik entwickeln, die Lernprozesse begünstigt, indem er verlangt, dass die vom öffentlichen Sektor erworbenen Güter im Inland erzeugt werden, insbesondere wenn diese Produktion mit beträchtlichen Lernfortschritten und Spillover-Lerneffekten einhergeht. (Viele Mitglieder der Welthandelsorganisation haben die Vereinbarung über das öffentliche Beschaffungswesen nicht unterzeichnet – tatsächlich haben sich nur 43 Länder dieser Vereinbarung angeschlossen. An dieser Stelle sei darauf hingewiesen, dass die Vereinbarung die Fähigkeit eines Landes zur Umsetzung der genannten Lernstrategien einschränken kann.)

In diesem Kapitel haben wir gezeigt, dass der öffentliche Sektor mit Investitionen, die das Engagement des Privatsektors in lernfreudigen Bereichen unterstützen oder die Stabilität der Wirtschaft fördern, wesentlich zur Schaffung eines Umfelds beitragen kann, das die Schaffung einer lernenden Volkswirtschaft begünstigt.

Praktisch jede staatliche Maßnahme kann unter dem Gesichtspunkt des Lernens einer Neubewertung unterzogen werden, aber das würde den Rahmen dieses Buches sprengen. Wir sollten jedoch vier besonders wichtige politische Maßnahmenbereiche erwähnen.

Bildung

Eine Bildung, die die Kreativität der jungen Menschen fördert, und ein Bildungssystem, das den Erwerb von Lernkompetenzen und das lebenslange Lernen in den Mittelpunkt rückt, sind von allergrößter Bedeutung. Unsere Bildungseinrichtungen bemühen sich um die Vermittlung von Wissen in den ersten Lebensjahren des Menschen, aber sehr viel wichtiger als die formale ist die Bildung, die andernorts stattfindet, zum Beispiel am Arbeitsplatz. Da die verschiedenen Formen der Bildung einander ergänzen, gilt es, im Sinne eines höchstmöglichen Maßes an Lernen und Bildung komplementäre formale Bildungssysteme und berufliche Weiterbildungsprogramme zu betreiben. Diese Instrumente sind für die Schaffung einer lernenden Volkswirtschaft unverzichtbar.

Nur ein kleiner Teil des Lernens findet in den Einrichtungen der formalen Bildung statt, aber der öffentliche Sektor muss geeignete Voraussetzungen für Lernprozesse im späteren Leben der Bürger schaffen. Die Beziehung zwischen formaler und informeller Bildung ändert sich im Zuge des wachsenden Innovationstempos, des Wandels des Arbeitsmarkts und des technologischen Wandels. Beispielsweise wurden die Lernenden im »alten« Modell mit Wissen vollgestopft, das im späteren Leben von Nutzen sein und als Fundament für zukünftige Erfahrungen dienen sollte.

Aufgrund der hohen Geschwindigkeit des Wandels dürfte heute das in der Schule erworbene Wissen zehn bis zwanzig Jahre nach dem Schulabschluss nur noch beschränkte Relevanz haben. Und heute hat der Einzelne dank des Internets Zugang zu einem sehr viel größeren Wissensschatz, als ihn Lehrer selbst ihren aufnahmefähigsten Schülern vermitteln könnten. Die Bildung muss sich daher darauf konzentrieren, die Menschen zu lehren, wie sie Zugang zu diesen gewaltigen Mengen an Informationen gewinnen und wie sie sie in sinnvolle Zusammenhänge bringen können.

Im »alten« Modell boten gute Unternehmen eine Aus- und Fortbildung am Arbeitsplatz an. Das lohnte sich für sie, da die Mitarbeiterfluktuation normalerweise gering war. Aber mittlerweile ist die Fluktuation hoch, weshalb sich die Unternehmen nur einen kleinen Teil der Erträge aneignen können, die die von ihnen angebotene Bildung und Ausbildung abwerfen. Daher müssen die Lasten der Bildung auf die Menschen selbst und den öffentlichen Sektor verlagert werden.

Glücklicherweise werden neue Technologien wie offene Onlinekurse (Massive On-line Open Courses, MOOC) entwickelt, die eine hochwertige Bildung über das Internet zugänglich machen. Wie sich diese Bildung in Zukunft entwickeln wird, ist offen. Aber die neuen Technologien und institutionellen Regelungen können den Einzelnen in die Lage versetzen, ein Lernprogramm seinen persönlichen Interessen und Fähigkeiten und seiner Einschätzung der Entwicklungen auf dem Markt anzupassen.

Diese Lernperspektive hat sich nachhaltig auf die Vorstellungen zur Gestaltung der Bildung in den Entwicklungsländern ausgewirkt. Im »alten« Modell ging man davon aus, dass im Interesse von Effizienz und Gleichheit der Grundschulbildung für alle Vorrang einzuräumen sei.

Aber wie wir gesehen haben, ist mittlerweile allgemein anerkannt, dass die Kluft zwischen den entwickelten und den Entwicklungsländern nicht zuletzt deshalb besteht, weil zwischen ihnen eine Wissenslücke klafft. Das Bildungssystem muss umgestaltet werden, um diese Lücke zu schließen. Das bedeutet, dass eine ausreichend große Zahl von Menschen eine sekundäre und tertiäre Bildung erhalten muss, damit sie das in den fortschrittlichen Ländern gesammelte Wissen aufnehmen und die Wissenslücke schließen können.

Sogar die primäre Bildung muss unter dem Gesichtspunkt des Lernens neu gestaltet werden. Grundkenntnisse im Lesen, Schreiben und Rechnen sind unabdingbar, reichen aber nicht aus. Die Geschichte der englischen Monarchie (die ein traditioneller Bestandteil der kolonialen Bildung ist) zu erlernen ist nicht so wichtig wie etwas über den Nutzen und die Risiken verschiedener Düngemittel zu lernen. Kinder müssen kontextrelevante Kenntnisse erwerben. Da die große Mehrheit der ländlichen Bevölkerung Afrikas wahrscheinlich auch in den nächsten Jahrzehnten im ländlichen Raum leben wird, muss die Bildung dort darauf ausgerichtet sein, das Leben im ländlichen Sektor zu verbessern, anstatt die jungen Menschen für urbane Arbeitsplätze auszubilden, die möglicherweise nicht entstehen.[15] In Kapitel 13 werden wir uns eingehender mit der Bildung befassen.

Sozialer Schutz

Normalerweise betrachten wir die Sozialschutzsysteme nicht als Teil des politischen Rahmens der »lernenden Gesellschaft«, aber sie gehören dorthin. Der Grund dafür ist, dass der Erwerb von Wissen riskant ist. Wir haben in diesem Kapitel und in Kapitel 4 erklärt, warum sich Risiken nachteilig auf die Schaffung einer lernenden Gesellschaft auswirken. Wichtig ist jedoch nicht nur das Maß an Risiken, sondern auch die Frage des Umgangs mit ihnen. In einer Gesellschaft mit einem guten System sozialer Sicherung lassen sich die nachteiligen Folgen des Scheiterns (»Versuch und Irrtum«) leichter eindämmen. Deshalb kann der Einzelne in einer solchen Gesellschaft höhere Risiken eingehen.[16]

Rechtsrahmen

Es gibt weitere Aspekte des rechtlichen und wirtschaftlichen Rahmens eines Landes, die sich auf die Bereitschaft auswirken, Risiken einzugehen. Konkurse ermöglichen Menschen einen Neuanfang, weshalb ein gutes (insbesondere schuldnerfreundliches) Insolvenzrecht die Angst vor Risiken verringern kann. Ein solches Insolvenzrecht kann auch zu besseren Verfahren bei der Vergabe von Krediten führen. Nach Ansicht vieler Experten war es kein Zufall, dass die schlimmsten Auswüchse auf dem amerikanischen Hypothekenmarkt mit einer »Reform« des Insolvenzrechts zusammenfielen, die den Schuldenerlass erschwerte.[17] Und wie wir zuvor gezeigt haben, kann sich ein schlecht konzipiertes Insolvenzrecht in Kombination mit mangelnder Regulierung gewinnorientierter Bildungseinrichtungen und einer kostspieligen öffentlichen Bildung negativ auf die Investitionen in tertiäre Bildung auswirken.

Innovationssystem

Das »Innovationssystem« eines Landes umfasst diejenigen Rechtsvorschriften und Institutionen, die explizite Investitionen nicht nur in die Bildung, sondern auch in die Forschung unterstützen. Auch dieser Bestandteil der wirtschaftlichen und rechtlichen Rahmenbedingungen spielt eine entscheidende Rolle für die Frage, ob eine lernende Gesellschaft entstehen kann. Am wichtigsten sind öffentliche Investitionen in die Grundlagenforschung, die die Entwicklungsmöglichkeiten des Privatsektors ganz wesentlich beeinflussen. Wie der Fortschritt angeregt und finanziert und wie Wissen geteilt wird, hat viel mit der Schaffung einer lernenden Gesellschaft zu tun. Ein zentrales Merkmal des Innovationssystems eines Landes ist sein Umgang mit den Rechten am geistigen Eigentum, die das Thema des nächsten Kapitels sind.

Kapitel 12

Geistiges Eigentum[1]

Das geistige Eigentum stellt ein Anwendungsgebiet für die in diesem Buch entwickelten Vorstellungen dar. Rechte am geistigen Eigentum sollen die Innovationsneigung fördern. Daher gehört eine Auseinandersetzung mit diesen Rechten zu jeder Analyse politischer Programme im Sinne einer lernenden Gesellschaft. Wir befürchten, dass die rund um den Erdball geltenden Regelungen zum Schutz der Rechte am geistigen Eigentum (die ihren Niederschlag in den TRIPS-Bestimmungen des Welthandelsabkommens aufgrund der Verhandlungen im Rahmen der Uruguay-Runde finden), dem Ziel maximaler Lernfortschritte nicht dienen. Das war schon zur Zeit ihrer Einführung offenkundig. Sie dienen ausdrücklich nicht dem Ziel, gesellschaftliche Innovationen oder den Wohlstand zu fördern (obwohl die Argumente, die für diese Regelungen vorgebracht wurden, zuweilen das Gegenteil besagen). Sie dienen nicht einem Höchstmaß an Lernen und Fortschritt, weder in den Vereinigten Staaten noch in anderen hochentwickelten Industrieländern, und schon gar nicht in den Entwicklungsländern. Sie dienen vor allem dem Zweck, die Renteneinkommen der Unterhaltungs- und der Pharmaindustrie zu maximieren.

In diesem Kapitel stellen wir einen Erklärungsansatz vor, der zeigt, weshalb die angesprochenen Regelungen zum Schutz der Rechte am geistigen Eigentum Lernprozesse nicht bestmöglich fördern. Überdies zeigen wir, was getan werden könnte, um dies zu ändern. Wir werden uns hauptsächlich mit den Konsequenzen für die Entwicklungsländer beschäftigen, aber sogar in Ländern wie den Vereinigten Staaten gibt es Unzufriedenheit mit den Bestimmungen des TRIPS-Abkommens.

Zum Beispiel drängen etliche Stimmen in der Softwareindustrie auf Veränderungen. Wie wir am Ende dieses Kapitels erklären, wurde der Schutz der Rechte am geistigen Eigentum in den USA in den letzten Jahren erheblich umgestaltet – wenn auch nicht durch den Gesetzgeber, sondern vor allem durch die Rechtsprechung.

Rechte am geistigen Eigentum und die Beziehung zwischen sozialen und privaten Erträgen

Da wir uns in diesem Buch auf externe Lerneffekte konzentrieren, könnte der Eindruck entstehen, wir seien Anhänger der herkömmlichen Vorstellung, ein strengerer Schutz der Rechte am geistigen Eigentum wirke sich vorteilhaft auf Lernprozesse aus. Immerhin könnte man meinen, dass sich durch eine strenge Fassung dieser Rechte die Kluft zwischen sozialen und privaten Erträgen verringern ließe, weil dies dem Innovator einen größeren Anteil an den Erträgen seiner Innovation sichert.

Das Problem ist, dass die Diskrepanz zwischen privaten und gesellschaftlichen Erträgen viele Facetten aufweist, und wie die Diskussion im ersten Teil dieses Buches gezeigt hat, führt eine Stärkung der Rechte am geistigen Eigentum möglicherweise nicht zu mehr Innovationen, sondern zu einer Beeinträchtigung der gesellschaftlichen Wohlfahrt. In späteren Abschnitten dieses Kapitels werden wir zeigen, dass es andere Wege gibt, um Innovationen zu fördern und zu finanzieren, die bessere Chancen für ein höheres Maß an sozialer Wohlfahrt bieten. Mangelhafte Regelungen zum Schutz der Rechte am geistigen Eigentum können die Probleme verschärfen. Einige Probleme der gegenwärtigen Regelungen könnten durch die im folgenden Abschnitt beschriebenen Reformen beseitigt werden.

Wir können die durch die Rechte am geistigen Eigentum verursachten Verzerrungen zwei Kategorien zuordnen: Diese

Rechte bringen statische Ineffizienzen mit sich, und insbesondere schlecht durchdachte Regelungen können das Innovationstempo sogar senken.

Statische Ineffizienzen

Wie wir in Kapitel 5 erläutert haben, ist Wissen ein öffentliches Gut, weshalb jede Beschränkung der Nutzung oder Verbreitung von Wissen eine Ineffizienz nach sich zieht. Darüber hinaus räumt ein geistiges Eigentumsrecht dem Besitzer von Wissen (in Gestalt eines Patents) exklusive Rechte an der Nutzung dieses Wissens ein. Er erhält also ein Monopol auf dieses Wissen, das wiederum ein Monopol auf die Produktion der Güter begründen kann, die dieses Wissen verkörpern – und dieses verzerrt die Produktion.

Unter bestimmten Umständen können diese statischen Kosten enorm hoch ausfallen. Beispielsweise werden lebensrettende Medikamente durch Monopolpreise in Ländern ohne allgemeine Krankenversicherung für die Armen unerschwinglich; die Folge ist eine hohe Zahl von Todesfällen, die sich unter anderen Umständen vermeiden ließen. Wenn Entwicklungsländer mit beschränkten Haushaltsmitteln Monopolpreise an die Pharmaunternehmen zahlen, bleibt weniger Geld übrig, um andere gesundheitliche Bedürfnisse der Bevölkerung zu erfüllen oder um allgemeine Entwicklungsziele anzustreben.

Die Befürworter des Schutzes geistigen Eigentums verweisen normalerweise darauf, dass wohldurchdachte Regelungen ein Gleichgewicht zwischen den statischen Kosten und dem dynamischen Nutzen beschleunigter Innovationen herstellen. Aber wie wir zeigen werden, führt der Schutz geistigen Eigentums möglicherweise gar nicht zu einer Beschleunigung des Innovationstempos.

Dynamische Ineffizienzen

In den Kapiteln 5 und 6 haben wir gezeigt, warum die Anreize zu Innovationen für einen Monopolisten geringer sein können als sozial wünschenswert – einfach weil im Monopolfall die Produktion geringer ist. In diesem Kapitel werden wir genauer erklären, warum ein strenger Schutz geistigen Eigentums möglicherweise nicht zu einem höheren Lebensstandard führt. Erstens führt er unter Umständen nicht zu mehr Innovationen. Zweitens gehen die Innovationen, die geschaffen werden, möglicherweise in die falsche Richtung.

Bewirkt ein besserer Schutz geistigen Eigentums ein größeres Maß an Innovationen?[2] An anderer Stelle haben wir gezeigt, warum das Argument, der schumpetersche Wettbewerb werde Innovationen anregen, nicht haltbar ist: Ein Monopolist kann sich einen ausreichend großen Vorsprung vor potentiellen Konkurrenten verschaffen, um sie von einem Markteintritt abzuhalten; anschließend kann er sich auf seinen Lorbeeren ausruhen. Ein strengerer Schutz geistigen Eigentums kann dieses Problem verschärfen, da er die Monopolmacht festigt. Die Folge ist weniger Wettbewerb auf dem Markt.[3]

Wir haben auch gesehen, wie ein Monopolist Eintrittsbarrieren errichten kann, indem er Abschreckungsmaßnahmen ergreift, die die Innovationsneigung lahmlegen. Ein schönes Beispiel dafür ist Microsoft: Dank seiner Kontrolle über das PC-Betriebssystem konnte das Unternehmen den Wettbewerb auf dem Markt für Anwendungen unterbinden oder zumindest einschränken. Besonders entschlossen ging Microsoft gegen Innovationen vor, die seine marktbeherrschende Stellung bedrohten.

Wir haben auch gezeigt, dass das Maß an Innovationen infolge der Produktionsbeschränkung in einem Monopol unter dem sozial optimalen Niveau liegt (obwohl es durchaus über dem Niveau liegen kann, das sich auf einem kompetitiven

Markt ergibt, auf dem die Produktionsmengen der einzelnen Anbieter noch geringer sind).

Eine der Kernaussagen dieses Buches lautet, dass es stets Spillovers von Wissen gibt, dass die Marktteilnehmer den damit verbundenen gesellschaftlichen Nutzen bei der Entscheidung über den Umfang ihrer Investitionen in Innovationen jedoch nicht berücksichtigen. Das gilt sogar im schumpeterschen Wettbewerb, in dem ein Monopolist den anderen ablöst, selbst wenn die Innovation in einem Sektor für die Unternehmen in anderen Sektoren nicht von Nutzen ist. In dieser Situation legt die Innovation, die zum Zeitpunkt *Z* stattfindet, das Fundament für nachfolgende Innovationen, aber der einzelne Innovator lässt den Nutzen außer Acht, den seine Innovation für die folgenden Monopolisten hat.[4]

Es gibt noch weitere Gründe, die dafür sprechen, dass ein strengerer Schutz geistigen Eigentums das Innovationstempo nicht steigert. Einige davon wollen wir im Folgenden kurz erläutern.

Wissen ist der wichtigste Input für das Lernen, verstanden als Produktion von Wissen. Jede Innovation beruht auf früheren Innovationen. Um den Lernerfolg zu maximieren, muss ein Gleichgewicht zwischen dem Nutzen für den Produzenten und dem potentiellen Nutzen für die nachfolgenden Nutzer hergestellt werden.[5] Beispielsweise versuchen Pharmaunternehmen, Konkurrenten von der Nutzung ihrer Innovationen in der Anschlussforschung abzuhalten, sie wollen aber gleichzeitig die Möglichkeit haben, Innovationen der Konkurrenten für ihre eigene Produktentwicklung zu nutzen. Dieser Gegensatz der Interessen stand bei den Regelungen zum Schutz geistigen Eigentums Pate: Wer eine Neuerung durch ein Patent schützen lassen will, der muss Informationen offenlegen, die ausreichen, um anderen die Möglichkeit zu geben, die Neuerung nachzubilden. Andere könnten dieses Wissen bei ihrer eigenen Suche nach Erkenntnissen nutzen, dürfen aber das Produkt an sich nicht für ihre Entwicklungen verwenden. Allerdings ist die Offenlegung in der Praxis normalerweise unzureichend, und überdies kämpfen Befürworter des Schutzes geistigen Eigentums erbittert gegen die Vorschriften zur Offenlegung. (Der bekannteste Fall ist Microsoft. Das Unternehmen widersetzte sich hartnäckig einer Offenlegung seines Quellcodes und erklärte sich erst dazu bereit, nachdem ihm hohe Geldbußen auferlegt worden waren.)

Jede Idee baut auf anderen auf. Der Zweck eines Patents besteht eigentlich darin, nur neues Wissen zu schützen. Aber die Grenzen des Wissens lassen sich nicht genau ziehen (im Gegensatz zu den Grenzen eines Landes), weshalb Patente auch bereits bestehendes Wissen einschließen können. Wenn dies der Fall ist, sichern sie dem Patentinhaber einen Ertrag, während der gesellschaftliche Ertrag *negativ* ist, da das Patent Innovationen hemmt, zur deren Entwicklung dieses ansonsten frei zugängliche Wissen hätte genutzt werden können. Boyle spricht in diesem Fall von der »Einhegung von Gemeinschaftsgütern«.[6]

Das drastischste Beispiel für einen Urheberrechtsschutz, der bereits bestehendes Wissen vereinnahmt, ist das Patent, das tradierte Kenntnisse einschließt (damit werden wir uns weiter unten befassen).

Selbstverständlich sollten keine Patente für bereits bestehendes Wissen gewährt werden, aber es ist oft schwierig, die Grenzen des bereits vorhandenen Wissens zu bestimmen. Die für die Prüfung des Patentanspruchs zuständige Stelle kennt das patentierte Wissen möglicherweise nicht, und insbesondere traditionelles Wissen wurde bisher unter Umständen nicht veröffentlicht. Es ist möglicherweise nicht einfach, Wissen zu veröffentlichen, das so weit verbreitet ist, dass es als »gemeinschaftliches Wissen« betrachtet werden kann.

Das Grundmodell der Wissenschaft – ein Modell, das sich als ausgesprochen produktiv erwiesen hat – stützt sich auf Offenheit und die Weitergabe von Wissen. Rechte am geistigen Eigentum behindern nicht nur die Weitergabe und Verbreitung von Wissen, sondern sie fördern die Geheimhaltung, womit sie Lernchancen verringern. Tatsächlich hat die Ausweitung des Schutzes geistigen Eigentums auf die Universitäten durch den Bayh-Dole Act die Entstehung einer Kultur begünstigt, die mit der traditionellen Offenheit dieser Institutionen unvereinbar ist.[7]

Verschärft werden diese Probleme durch die bereits erwähnte unklare Abgrenzung des Wissens. Schloss George Baldwin Seldens Originalpatent für ein vierrädriges, selbstfahrendes Vehikel alle derartigen Fahrzeuge oder nur das dargestellte ein? Oder hätte es sie einschließen sollen?[8] Und da alles Wissen auf vorhandenem Wissen beruht, stehen wir vor einer schwierigen Frage: Wann ist eine neue Idee wirklich neu, anstatt nur eine kleine Verbesserung einer alten Idee zu sein oder eine schon bestehende Idee aus einem anderen Blickwinkel zu betrachten? Die Patentgesetze beantworten diese Frage mit den Kriterien der »Neuheit« und »Offensichtlichkeit«. Aber die Unklarheit ist unvermeidlich, und die Grenzziehung hängt von der hier diskutierten Frage ab, wie sich ein Ausgleich zwischen der Behinderung weiter führender Innovationen und dem (behaupteten) Nutzen der Innovationsanregung herstellen lässt. Bei der Bestimmung des Geltungsbereichs eines Patents stellt sich also stets eine weitreichende Frage.[9]

Klar ist, dass es den Patentämtern schwerfällt, die Linie auf eine in den Augen der wissenschaftlichen Gemeinde angemessene Art und Weise zu ziehen. Dem gegenwärtigen Produzenten wird ein zu großes Gewicht eingeräumt, den zukünftigen Nutzern ein zu geringes.

Da die Grenzziehung schwierig ist, kommt es zu Rechtsstreitigkeiten. Anwälte haben die mit der unklaren Abgrenzung verbundenen Probleme zu ihrem Vorteil erkannt. Und Rechtsstreitigkeiten sowie der oft unklare Ausgang der Verfahren behindern Innovationen ebenfalls.

Verschärft wird das Problem durch die unzureichende Finanzierung der Patentämter. Die Beamten haben zu wenig Zeit, um die Patentanträge zu prüfen, was zur Folge hat, dass zu viele Patente bewilligt werden. Insbesondere vor der sogenannten eBay-Entscheidung, die wir weiter unten in diesem Kapitel vorstellen werden, konnten Unternehmen, die sich »schwache« Patente sicherten (das heißt Patente, die eine Anfechtung kaum überstehen dürften), beträchtliche wirtschaftliche Renten von anderen Innovatoren beziehen, mit entsprechend nachteiligen Folgen für die Innovationstätigkeit.[10]

Heute sind die meisten Produkte so komplex, dass für ihre Produktion Wissen aus vielen verschiedenen Bereichen benötigt wird.[11] Ist ein Wissenselement durch ein Patent geschützt, so beschwört dieser Sachverhalt ein komplexes Verhandlungsproblem herauf. Gelangen die Inhaber der verschiedenen Rechte am geistigen Eigentum nicht zu einer Einigung, so kann das Produkt nicht erzeugt werden.

Die Probleme sind noch gravierender. Beispielsweise geht jeder, der ein Softwareprogramm schreibt, und sei es vollkommen originell, das Risiko ein, dabei eines von Hunderttausenden einschlägigen Softwarepatenten zu verletzen oder einem Verstoß so nahe zu kommen, dass er einer Klage nicht ausweichen kann. Kein Unternehmen kann sich über Tausende Patente auf dem Laufenden halten – würde es das tun, bliebe ihm kaum Zeit für die Forschung. So gesehen ist das Patentsystem selbst ein Innovationshemmnis.

Das Patentdickicht als Innovationshindernis hat eine lange Geschichte. Anfang des 20. Jahrhunderts wurde die Entwicklung des Flugzeugs durch konkurrierende Patentansprüche der Brüder Wilbur und Orville Wright auf der einen und Glenn H. Curtis auf der anderen Seite verhindert. Erst als die amerikanische Regierung im Ersten Weltkrieg die Gründung eines Patentpools erzwang, wurden in den Vereinigten Staaten Fortschritte auf diesem Gebiet möglich.[12,13]

Die Gruppe der Patenttrolle (oder Patentjäger) hat sich zu einem blühenden Wirtschaftszweig entwickelt. Diese Unternehmen kaufen Patente auf und warten ab, bis es jemandem gelingt, ein Produkt zu entwickeln, das ihr Patent verletzen *könnte*. Wenn sie ein solches Produkt aufspüren, erheben sie Klage wegen Patentverletzung – de facto verlangen sie ein Lösegeld vom Produzenten. Je mehr die Patenttrolle mit dieser

Praxis verdienen, desto weniger Erträge bleiben für die wirklichen Innovatoren übrig.

Das Hold-up-Problem wurde durch Bestimmungen des Patentsystems verschlimmert, die dem Inhaber eines Patents die Möglichkeit geben, alle anderen von der Nutzung des von dem Patent erfassten Wissens auszuschließen, selbst wenn die Legitimität des Patents fraglich ist.[14] Die Klage gegen BlackBerry zeigt, wohin dies führen kann. Die Technologie des Unternehmens wurde vom gegnerischen Inhaber mehrerer umstrittener Patente in Geiselhaft genommen. Blackberry schlug einen Vergleich vor, der allgemein als fair (oder sogar als zu großzügig) betrachtet wurde. Der Vorschlag sah vor, dass ein Teil dieser Zahlungen zurückerstattet werden sollte, wenn sich herausstellen sollte, dass die Patente der Gegenseite nicht gültig waren. Das Angebot wurde abgelehnt. BlackBerry hatte keine andere Wahl, als die Bedingungen des Klägers anzunehmen oder den Betrieb einzustellen.

Der Oberste Gerichtshof der Vereinigten Staaten hat im Verfahren *eBay Inc. gegen MercExchange, L.L.C.* eine bahnbrechende Entscheidung gefällt, die erhebliche Auswirkungen auf solche Rechtsstreitigkeiten hat.[15] Früher wurden Patente in der Regel durch Unterlassungsaufforderungen durchgesetzt – andere können ein Patent nicht ohne Erlaubnis des Patentinhabers verwenden, der eine beliebig hohe »Rente« abschöpfen kann. Das steht im Gegensatz zur Rechtspraxis in vielen anderen Bereichen, in denen Verletzungen von Rechten oder Eigentumsansprüchen mit Entschädigungen geahndet werden. Der Oberste Gerichtshof der Vereinigten Staaten selbst hat Besorgnis über die Konsequenzen einer übermäßig strikten Durchsetzung von Patentansprüchen in Fällen geäußert, in denen Patentinhaber Maßnahmen ergreifen, um jenen den Eintritt in den Markt zu verwehren, die das Patent verletzen *könnten*. Im Fall von eBay entschied das Gericht, dass eine permanente Unterlassungsanordnung nur erteilt werden könne, wenn zuvor ein vierteiliger Test mit Erfolg absolviert worden sei. Dieser Test lautet wie folgt:[16]

Ein Kläger muss nachweisen: (1) dass er irreparablen Schaden erlitten hat; (2) dass Rechtsmittel wie monetäre Entschädigungen nicht geeignet sind, um diesen Schaden wiedergutzumachen; (3) dass in Anbetracht der Schwierigkeiten zwischen Kläger und Beklagtem ein Schmerzensgeld angebracht ist und (4) dass eine permanente Unterlassungsanordnung dem öffentlichen Interesse nicht abträglich wäre.

Eine extreme Version des Ausschlusses zum Zweck des Schutzes geistigen Eigentums ist immer noch Bestandteil des amerikanischen Handelsrechts. Gelangt die International Trade Commission zu der Überzeugung, dass ein Unternehmen die Rechte am geistigen Eigentum eines Amerikaners verletzt hat, so können die von dem Verstoß betroffenen Produkte von der Einfuhr in die Vereinigten Staaten ausgeschlossen werden.[17]

Es gibt weitere Gründe dafür, dass strengere Regelungen zum Schutz geistigen Eigentums möglicherweise nicht zu einer rascheren Erhöhung des Lebensstandards führen. Selbst wenn ein besserer Schutz zu höheren Investitionen in Innovationen führen würde, so würde die derart angeregte Innovation nicht zwangsläufig den langfristigen Wohlstand mehren, sondern eher zu alternativen Zuweisungen der Forschungsmittel führen. Verzerrungen des Innovationsmusters ergeben sich aus signifikanten Diskrepanzen zwischen den sozialen und privaten Erträgen von Innovationen.

Diskrepanzen zwischen sozialen und privaten Erträgen und verzerrte Anreize In den vorhergehenden Kapiteln haben wir gezeigt, dass der soziale Ertrag einer Innovation darin besteht, dass das Produkt *früher* auf den Markt kommt, als es ohne die Innovation der Fall wäre. Die privaten Erträge sind die (zusätzlichen) Renten, die dem Innovator zufließen. Innovationen sind großenteils nicht darauf ausgerichtet, dem Wohl der Gesellschaft zu dienen, sondern darauf, Renten zu erzielen oder aufrechtzuerhalten. Abgesehen davon, dass möglicherweise kaum eine Beziehung zwischen sozialen und privaten

Erträgen besteht, können strengere Regelungen zum Schutz geistigen Eigentums die Diskrepanzen verstärken und damit die Fehlallokation knapper Forschungsmittel verschärfen. Sehen wir uns die Natur der Unterschiede an.

Viele Patente (und die dahinterstehende Forschung) dienen weniger dazu, ein Produkt zu erzeugen, das besser oder billiger ist oder den Konsumenten besser gefällt, sondern dazu, die Marktmacht des betreffenden Unternehmens zu verstärken, indem sie ihm beispielsweise eine Handhabe zur Festigung seiner marktbeherrschenden Stellung bieten. Dazu setzen Unternehmen unter anderem das sogenannte Evergreening ein, das heißt, sie nehmen geringfügige Änderungen am Produkt (etwa an der Formulierung eines Pharmazeutikums) vor, um den Patentschutz zu verlängern und damit ihre Position zu behaupten. Beispielsweise kann ein Pharmaunternehmen angesichts des nahenden Endes der Patentlaufzeit eines Medikaments dasselbe Präparat als Depotmedikament patentieren. Da das ursprüngliche Patent noch gilt, könnte kein anderer Hersteller diesen Schritt tun. Und da die kontinuierliche Abgabe des Wirkstoffs über einen bestimmten Zeitraum hinweg bevorzugt wird, wird die effektive Lebenszeit des Patents erheblich verlängert.

Pharmaunternehmen sind Experten darin, die effektive Geltungsdauer ihrer Patente in die Länge zu ziehen und die Einführung von Nachahmer-Präparaten zu verhindern. Dafür nutzen sie auch Handelsvereinbarungen, die zahlreiche weitere Beschränkungen beinhalten. Eine der wirksamsten und umstrittensten davon ist die Datenexklusivität. Um die Zulassung für sein Medikament zu erhalten, muss der Produzent eines Generikums, so wie der Hersteller des Originalpräparats, die Sicherheit und Wirksamkeit seines Medikaments nachweisen. An sich wäre das einfach: Der Hersteller müsste nur nachweisen, dass sein Generikum dem patentierten Medikament entspricht, dessen Sicherheit und Wirksamkeit bereits nachgewiesen wurde. Aber die Hersteller der Originalmedikamente erklären, dass auf diese Art ihre Daten verwendet werden (selbst wenn diese Daten teilweise von der öffentlichen Hand erhoben oder finanziert wurden), weshalb die Generikaproduzenten ihre Rechte am geistigen Eigentum verletzen. Indem der Hersteller eines Originalmedikaments den Produzenten eines Generikums daran hindert, seine Daten zu verwenden, kann er ihn am Markteintritt hindern, denn da es ein bekanntermaßen wirksames Medikament gibt, wäre es unethisch, das Generikum in einer kontrollierten Studie zu testen, in der einem Teil der Patienten ein Placebo gegeben werden müsste. Viele Handelsabkommen zwischen den Vereinigten Staaten und Entwicklungsländern enthalten Bestimmungen zur Datenexklusivität.[18]

Patente können als Eintrittsbarrieren eingesetzt werden, und tatsächlich geschieht dies häufig. Insbesondere wenn das Patent weit gefasst ist oder wenn Monopolmacht in einem Bereich zum Aufbau von Monopolmacht in einem anderen genutzt werden kann (beispielsweise konnte Microsoft dank der marktbeherrschenden Stellung seines Betriebssystems Windows seine Vormachtstellung auf Anwendungen wie Textverarbeitungsprogramme ausweiten), kann der private Ertrag den sozialen deutlich übersteigen; der soziale Ertrag solcher Innovationen kann sogar negativ sein.

Patente können auch den Anstoß zu Forschung von geringem sozialem Wert geben, da andere versuchen, das Patent mit Innovationen zu umgehen. Eine »Me-too-Erfindung« (die lediglich dazu dient, ein vorhandenes Patent zu umgehen und sich einen Anteil an den Monopolrenten zu sichern) hat keinerlei sozialen Ertrag.[19]

Zusammenfassend lässt sich feststellen, dass das Patentsystem nicht nur den Erfindern eine Belohnung für ihre Grenzbeiträge vorenthält, sondern auch verzerrte Innovationsanreize gibt, so dass oftmals die erfinderische Aktivität des einen auf den Aufbau von Marktmacht und anschließend die der anderen auf die Überwindung dieser künstlich geschaffenen Marktmacht konzentriert wird.

Das Patentsystem verursacht zahlreiche weitere Verzerrungen. Der soziale Nutzen der Gewährung von Patenten auf traditionelles Wissen (zum Beispiel auf medizinische Einsatzmöglichkeiten von Gelbwurz) kann relativ gering – oder sogar negativ – sein. Solche Patente beinhalten offenkundig kein neues Wissen – das Wissen war bereits vorhanden und sogar allgemein bekannt (nur nicht den Prüfern des Patentantrags) –, aber sie können hohe Kosten verursachen, da sie die Nutzung von Wissen verhindern können. (Natürlich hat die Weitergabe von Wissen, zum Beispiel von den Quellen des traditionellen Wissens an andere Akteure, einen Nutzen, aber dieser wird normalerweise nicht mit Rechten am geistigen Eigentum belohnt.)

Das Patent wird demjenigen gewährt, der als Erster eine Entdeckung macht (oder einen Patentantrag stellt). Daher kommt es zu Patentwettläufen. Im Fall der Entschlüsselung des menschlichen Genoms wurde ein gut finanziertes internationales Forschungsprogramm durchgeführt. Aber andere versuchten, diesen Prozess abzukürzen; sie identifizierten einige Gene mit hohem Marktwert und beeilten sich, der methodischen Forschungsanstrengung zuvorzukommen. Im Fall von Myriad und den Brustkrebsgenen gelang es ihnen. Aber der sehr beschränkte soziale Nutzen der beschleunigten Sammlung dieses Wissens wurde von den sozialen Kosten in den Schatten gestellt, die aus den Hindernissen (Lizenzgebühren) für seine Nutzung folgten.

In einer Marktwirtschaft sollen die Preise die Ressourcenallokation steuern – einschließlich der Allokation von Ressourcen zur Schaffung von Innovationen. Aber wenn die Preise nicht angemessen sind, stimmen die privaten Erträge nicht mit den sozialen überein.

Der Finanzsektor liefert ein besonders anschauliches Beispiel dafür. Ein Großteil der Innovationserträge steht im Zusammenhang mit der Umgehung von Vorschriften (die dazu dienen, externe Effekte zu internalisieren, die Finanzstabilität zu erhöhen und Betrug, ausbeuterische Praktiken der Kreditvergabe und Marktmanipulationen zu verhindern). Diese finanziellen Innovationen haben sich als sehr lukrativ erwiesen (obwohl sie nicht durch Patente geschützt wurden), hatten jedoch negative Auswirkungen auf die Wirtschaft.

Desgleichen wird zu wenig in Innovationen investiert, deren Sinn darin besteht, die natürliche Umwelt zu schützen (indem sie zum Beispiel die Treibhausgasemissionen verringern). Der Grund dafür ist einfach, dass diesen Emissionen kein Marktpreis zugeordnet ist. Hingegen wird trotz hoher Arbeitslosigkeit, insbesondere in der Gruppe der geringqualifizierten Arbeitskräfte, übermäßig viel in Innovationen investiert, die die Nachfrage nach ungelernten Arbeitskräften weiter senken – was einfach die Arbeitslosigkeit erhöht und damit hohe soziale Kosten verursacht (siehe Kapitel 6).[20]

Zu den wichtigsten Determinanten des Innovationstempos (sowie der davon abhängigen Erhöhung des Lebensstandards) zählt die Palette von Chancen – der Wissenspool, aus dem geschöpft werden kann. Jede Innovation vergrößert den Wissenspool, aber der Schutz geistigen Eigentums – einschließlich der mit ihm verbundenen Probleme wie der »Einhegung gemeinschaftlichen Wissens«, der Komplexität des Patentdickichts und der Gefahr von Patent-Hold-ups – entzieht jedem Innovationsprojekt auch Wissen aus dem öffentlich zugänglichen Pool. Der Nettoeffekt ist zwiespältig. An anderer Stelle haben wir gezeigt, dass er unter plausiblen Umständen negativ sein kann. In diesem Modell war die negative Auswirkung strengerer Bestimmungen zum Schutz geistigen Eigentums auf den Pool an öffentlich zugänglichem Wissen so groß, dass die Innovationstätigkeit verringert wurde.

In diesem Abschnitt von Kapitel 12 haben wir die statischen Kosten und den potentiellen dynamischen Nutzen untersucht. Die Befürworter eines strengen Schutzes geistigen Eigentums unterschätzen normalerweise die statischen Verluste, überschätzen den dynamischen Nutzen und lassen das »Gleichgewicht« außer Acht. Selbst wenn sie feststellen, dass Rechte am geistigen Eigentum eine Monopolmacht begründen können, so betonen sie dennoch deren Vergänglichkeit, womit sie die erwähnten Forschungsergebnisse außer Acht lassen, die zeigen, dass diese Macht Bestand haben kann und dass Versuche zur Aufrechterhaltung von Monopolen die Ressourcenallokation verzerren. Unzulänglich gestaltete Rechtsvorschriften zum Schutz des geistigen Eigentums können Innovationen sogar verhindern.

Reform des Systems zum Schutz geistigen Eigentums[21]

Es gibt mehr als ein System zum Schutz der Rechte am geistigen Eigentum. Die Details der Ausgestaltung sind bedeutsam, und in verschiedenen Ländern herrschen verschiedene Regeln. Thema dieses Buchs ist die Schaffung einer lernenden Gesellschaft, und manche Regeln begünstigen die Entwicklung einer solchen Gesellschaft eher als andere. Die Auswirkungen können direkt oder indirekt sein: Regeln, die eine Monopolisierung zulassen (zum Beispiel längere und umfassendere Monopole) können die Innovationstätigkeit hemmen, weil sie den Wettbewerb behindern. Der Bayh-Dole Act beschränkt die Verbreitung des Wissens innerhalb der Universitäten und die Mehrung gemeinschaftlichen Wissens.

Ein System zum Schutz der Rechte am geistigen Eigentum weist zahlreiche bedeutsame Details auf: Was kann patentiert werden? Welche Standards werden bei der Gewährung von Patenten angewandt? Welche Dauer und welchen Umfang hat der Patentschutz? Welche Einschränkungen gelten für Patente? Wie werden Patente durchgesetzt? Welche Regeln gelten für die Gewährung von Patenten? In jeder dieser Dimensionen sind komplexe Abwägungen vorzunehmen, zum Beispiel zwischen Innovationsanreizen auf der einen und Ineffizienzen in der Verbreitung von Wissen sowie Behinderungen von Anschlussinnovationen auf der anderen Seite. Kaum jemand würde verlangen, dass Patente auf mathematische Theoreme oder andere Ergebnisse der Grundlagenforschung gewährt werden, denn es herrscht die allgemeine Überzeugung, dass die Nachteile einer Patentierung die Vorteile deutlich überwiegen. Andere Patente, beispielsweise zum Schutz von Geschäftsprozessen, verursachen andere Kosten (zum Beispiel in Form des Risikos von Rechtsstreitigkeiten).

Bei einigen der jüngsten Änderungen an den Systemen zum Schutz des geistigen Eigentums wurde nicht sorgfältig zwischen Kosten und Nutzen abgewogen. Die Verlängerung der Geltungsdauer von Urheberrechten (bis 70 Jahre nach dem Tod des Urhebers) erhöht zwar die Anreize zur Schöpfung neuer Werke, doch die Kosten dieser Änderung dürften ihren Nutzen überwiegen.

Auf der anderen Seite haben einige Gerichtsentscheidungen in jüngster Zeit gezeigt, dass die mit den früheren Patentregelungen verbundenen Ineffizienzen nicht unbemerkt geblieben sind. (Die Entscheidung im Fall von eBay haben wir bereits erwähnt.)

Wenn die Standards der »Neuartigkeit« und der »Nichtoffensichtlichkeit« schlecht definiert sind, können Patentinhaber die Lebensdauer ihrer Patente durch Evergreening verlängern. Die Debatte über die optimale Länge der Patentlaufzeit ist legitim,[22] aber solche indirekten Methoden zur Laufzeitverlängerung wie das Evergreening kosten mit einiger Sicherheit mehr, als sie einbringen. Besonders hoch können die Kosten bei Medikamenten in Entwicklungsländern sein.

Es gibt übermäßig umfassende Patente (ein Beispiel ist das ursprüngliche amerikanische Patent auf das Automobil): Je weiter das Patent gefasst ist, desto höher ist natürlich sein Wert, aber desto größer sind auch die Hindernisse für Anschlusserfinder.

Weitere Eigenschaften von Regeln zum Schutz geistigen Eigentums können die Kosten im Verhältnis zum Nutzen verringern. Wie bereits erwähnt, musste in der Vergangenheit Wissen offengelegt werden, um ein Patent zu erhalten, was im Prinzip bedeutete, dass andere dieses Wissen für ihre Forschung nutzen konnten. Die Gewährung eines Patentrechts kann als Tauschgeschäft betrachtet werden: Die »Öffentlichkeit« räumt dem Unternehmen als Gegenleistung dafür, dass es Information preisgibt, ein begrenztes und zeitlich befristetes Monopolrecht ein. In jüngerer Zeit ist in der Softwareindustrie die Forderung nach einem besseren Schutz geistigen Eigentums *ohne* Offenlegung laut geworden. (Letztlich dürften sich einige Unternehmen dazu entschließen, ihre Bemühungen zum Schutz ihres geistigen Eigentums einzustellen, und sich stattdessen eher darauf verlassen, dass ihre Geschäftspartner im Zuge von Verhandlungen ausgetauschte Informationen vertraulich behandeln.)

In den folgenden Abschnitten befassen wir uns mit einigen Schlüsselfragen der Gestaltung eines Systems zum Schutz geistigen Eigentums.

Was kann patentiert werden? Nur bestimmte Dinge können patentiert werden. Der Antragsteller muss zum Beispiel nachweisen, dass seine Innovation tatsächlich neuartig ist. Aber Theoreme können auch dann nicht patentiert werden, wenn sie neu sind. In einigen Ländern können keine Moleküle durch Patente geschützt werden, sondern nur *Verfahren* zur Erzeugung von Chemikalien. Und der Oberste Gerichtshof der Vereinigten Staaten hat entschieden, dass es nicht möglich ist, natürlich vorkommende Gene zu patentieren.[23] Denselben Standpunkt nehmen viele andere Länder ein. Kritiker der amerikanischen Patente auf Geschäftsprozesse sind der Auffassung, dass der Geltungsbereich von Patenten hier übertrieben weit gefasst wird.

Umfang der Eigentumsrechte Eine verbreitete Fehleinschätzung lautet, dass der Patentinhaber das Recht hat, das Patent während seiner Geltungsdauer universell zu nutzen, und folglich auch zur Ausübung von Monopolrechten. Aber Eigentumsrechte räumen ihren Inhabern im Allgemeinen keine unbeschränkten Befugnisse ein, und das gilt vor allem für die Rechte am geistigen Eigentum. Sie sind kein Selbstzweck, sondern eine soziale Konstruktion, ein Mittel zum Zweck: Sie sollen das gesellschaftliche Wohlergehen fördern, und dazu bedarf es einer sorgfältigen Definition und Gestaltung.

Es gibt zahlreiche Fälle, in denen das öffentliche Interesse die gewöhnlichen Eigentumsrechte beschränkt. Das allgemeine Prinzip besagt, dass der Inhaber eines Eigentumsrechts sein Eigentum nicht auf eine Weise verwenden darf, die sich nachteilig auf andere auswirken könnte.

Im amerikanischen Patentrecht kommt dieser Grundsatz darin zum Ausdruck, dass der Staat vom Patentschutz ausgenommen ist. Der amerikanische Staat kann jedes Patent oder Urheberrecht nutzen, und dieses Recht kann er auf Auftragnehmer, Subauftragnehmer oder Mitarbeiter ausweiten, die im Dienst der Regierung stehen. Diese Bestimmung ist umstritten, aber der Court of Federal Claims bezog in den 1990er Jahren klar Stellung und erklärte, die Gewährung eines Patents sei ein zeitlich und bezüglich seines Anwendungsbereichs begrenztes Zugeständnis. Die staatliche Nutzung sei eine Befugnis, die sich der Staat bei Gewährung des Patents vorbehalte: »Die Regierung kann sich nicht ›aneignen‹, was ihr bereits gehört, und ist uneingeschränkt befugt, eine nichtexklusive Zwangslizenz an einer patentierten Innovation zu nutzen.«[24] Andere Gerichte sind dieser Interpretation nicht gefolgt, aber die Entscheidungen des Court of Federal Claims zeigen deutlich, dass auch in hochentwickelten Industrieländern vernünftige Personen nach Abwägung der verschiedenen Interessen und Prüfung von Kosten und Nutzen eines strengeren Schutzes der Rechte am geistigen Eigentum zu dem Schluss gelangt sind, dass diese Rechte strikt eingegrenzt werden müssen.

Die Frage lautet daher nicht, ob die Rechte am geistigen Eigentum eingegrenzt werden müssen, um allgemeine soziale Ziele zu erreichen, sondern wie eng diese Grenzen gezogen werden und wo sie verlaufen sollen.

Verhinderung des Missbrauchs von Marktmacht durch Beschränkung der Rechte am geistigen Eigentum Rechte an geistigem Eigentum begründen naturgemäß ein Monopol auf die Verwendung von Wissen, aber sie sind keine Lizenz für den Missbrauch der Monopolstellung. Aber was ist hier mit Missbrauch gemeint? Und worin könnten geeignete Abhilfemaßnahmen bestehen? Es besteht Konsens darüber, dass Microsoft zu weit ging, als es seine Marktmacht im Bereich der Betriebssysteme nutzte, um sich eine beherrschende Stellung bei Anwendungen zu sichern. Besonders bedenklich ist, dass das Unternehmen dadurch möglicherweise Innovationen behinderte. Aber während diesbezüglich Einhelligkeit zwischen den amerikanischen und den europäischen Behörden besteht, haben diese unterschiedliche Abhilfemaßnahmen vorgeschlagen; möglicherweise haben sie unterschiedliche Vorstellungen davon, wie sich ein »Gleichgewicht« zwischen statischen und dynamischen Effekten herstellen ließe.[25]

Eine der Antworten auf missbräuchliche, wettbewerbsschädigende Praktiken besteht darin, den Einsatz von Patenten zu beschränken und in der Praxis auf einer zwingenden Lizenzierung zu bestehen. Manchmal werden dazu Patentpools gebildet. In dem Vergleich, der im Antitrust-Verfahren gegen AT&T in den 1950er Jahren geschlossen wurde, verpflichtete sich das Unternehmen, seine Patente jedem zugänglich zu machen, der sie verwenden wollte.[26]

Ein weiterer Reformvorschlag, der in Teilen der akademischen Gemeinschaft Anklang findet, besteht darin, die Dauer des Schutzes geistigen Eigentums zu begrenzen, um missbräuchliches Verhalten einzuschränken, den Wettbewerb zu fördern und die Innovationstätigkeit anzuregen. Wäre Microsofts Betriebssystem nur drei Jahre lang geschützt gewesen, so wäre das Unternehmen angeregt worden, an jeder neuen Version erhebliche Verbesserungen vorzunehmen.[27]

Fest steht, dass selbst unter den fortschrittlichen Industrieländern keine Einigkeit darüber vorhanden ist, worin ein angemessener Ausgleich besteht. (Die Schwellen- und Entwicklungsländer sollten besonders auf die Monopolisierung achten, denn in bestimmten Sektoren ist die Gefahr einer Monopolbildung größer, weil die Märkte unvollkommener sind. Wie wir an anderer Stelle erklärt haben, neigen Monopole dazu, fortzubestehen, wenn sie erst einmal gebildet sind.)

Zwangslizenzierung Neben den Beschränkungen, die der Gefahr einer übermäßigen Monopolisierung geschuldet sind, gibt es zwei besonders wichtige Fälle, in denen Patentansprüche eingeschränkt wurden: Im ersten bestand eine Gefahr für die öffentliche Gesundheit, im zweiten ging es um die Bekämpfung der Erderwärmung. Die Vereinbarung, die 1992 beim Erdgipfel in Rio de Janeiro geschlossen wurde, schuf einen Rahmen für den Umgang mit dem Klimawandel und sah die Zwangslizenzierung von Technologien vor, die zur Senkung der Treibhausgasemissionen genutzt werden können. Im TRIPS-Abkommen von 1994 wurde eine verpflichtende Lizenzierung lebensrettender Medikamente vereinbart. (Eine wirksame Durchsetzung dieser Vereinbarung hat sich jedoch als schwierig erwiesen, weil die Vereinigten Staaten wiederholt großen Druck auf andere Länder ausgeübt haben, um sie davon abzuhalten, solche Lizenzen zu erzwingen. Das änderte sich auch nicht, nachdem eine globale zivilgesellschaftliche Bewegung eine internationale Vereinbarung durchgesetzt hatte, die das Recht zur Vergabe von Zwangslizenzen für lebensrettende Medikamente klärte.)[28]

Gewährung und Durchsetzung von Patenten Institutionelle Details sind bedeutsam. Sehr deutlich zeigt sich dies daran, wie Patente gewährt und durchgesetzt werden. Die einzelnen Länder haben hier unterschiedliche Ansätze gewählt. In Europa gibt es ein Einspruchsverfahren: Wer der Meinung ist, dass ein Patent nicht gewährt werden sollte, kann dem Patentamt seine Einwände *vor* einer etwaigen Erteilung des Patents mitteilen. In den Vereinigten Staaten gibt es keine derartige Regelung, was die Neigung zur übermäßigen Patentierung erhöht, die sich aus der Struktur des Patentsystems ergibt. Wie wir gesehen haben, privatisieren Patente Wissen, aber die Anfechtung eines Patents verwandelt ein privates in ein öffentliches Gut. Daher ist die Anfechtung an sich ein öffentliches Gut, und der Privatsektor dürfte, wie in anderen Bereichen auch, zu wenig in die Bereitstellung dieses öffentlichen Guts investieren.

Lernfreundliche Gestaltung von Regeln zum Schutz geistigen Eigentums Wir haben zahlreiche Fragen identifiziert, die bei der Gestaltung des Systems zum Schutz geistigen Eigentums zu klären sind. Die Antworten entscheiden über das Maß an Wettbewerb und den Zugang zu sowie die Erschwinglichkeit von Medikamenten – und sie wirken sich sowohl auf die Gesundheit der Bürger als auch auf den Staatshaushalt aus (da die öffentliche Hand in den meisten Ländern einen Großteil der Kosten der medizinischen Versorgung trägt). Aber in diesem Buch konzentrieren wir uns auf Innovationen und Lernen.

Die direkte Wirkung der Rechte am geistigen Eigentum besteht darin, die Verbreitung von Wissen zu verhindern und damit Lernprozesse zu beschränken. Wir haben gesehen, dass es eine indirekte Wirkung gibt – eine verstärkte Geheimhaltung –, die besonders nachteilig sein kann, wenn die Rechte am geistigen Eigentum auf traditionell offene Institutionen wie die Universitäten ausgeweitet werden. Diese Kosten sollen durch die höheren Anreize zu Innovationen und zum Erwerb von Informationen aufgewogen werden. Im Fall schlechtgestalteter Systeme zum Schutz geistigen Eigentums (und die Vereinigten Staaten ebenso wie die meisten anderen Länder haben keine guten Systeme) kann sogar diese Wirkung beschränkt sein – wenn die Innovationstätigkeit nicht sogar gänzlich lahmgelegt wird. Und selbst wenn es mehr Anreize für F&E gibt, dient die Forschung möglicherweise nicht dazu, den Lebensstandard zu erhöhen (geschweige denn das Innovationstempo).

In diesem Abschnitt haben wir einige wesentliche Elemente eines Systems zum Schutz geistigen Eigentums beschrieben. Ein schlechtgestaltetes System dürfte *unter dem Strich* – unter Berücksichtigung des Nutzens verbesserter Anreize und aller beschriebenen negativen Effekte – das Innovationstempo beeinträchtigen. Mit einem geeigneten System kann das Verhältnis zwischen Kosten und Nutzen des Schutzes geistigen Eigentums verbessert werden.

Aber wie wir an anderer Stelle in diesem Kapitel gesehen haben, stellt die Einräumung von Rechten am geistigen Eigentum lediglich eine Möglichkeit dar, F&E und Lernen anzuregen und zu finanzieren. Die Rechte am geistigen Eigentum müssen als Teil des Innovationssystems eines Landes betrachtet werden, und es muss ein Gleichgewicht zwischen der Gewährung dieser Rechte und anderen Ansätzen gefunden werden. Dies ist das Thema des nächsten Abschnitts.

Rechte am geistigen Eigentum und das nationale Innovationssystem[29]

Bisher haben wir uns auf die möglichen Nachteile des Systems zum Schutz der Rechte am geistigen Eigentum konzentriert: Es führt zwangsläufig zu statischen Ineffizienzen, und übermäßig strikte, schlechtgestaltete Rechtsvorschriften können tatsächlich die Innovationstätigkeit und das Wachstum behindern. Das führt uns zur entscheidenden Frage: Gibt es Alternativen zur Gewährung von Rechten am geistigen Eigentum, um Wissen zu schaffen und zu finanzieren?

Alternativen zum Schutz der Rechte am geistigen Eigentum

Die Befürworter eines strengeren Schutzes der Rechte am geistigen Eigentum vermitteln den Eindruck, ohne diesen Schutz gäbe es keine Innovationen. Eine kurze Analyse sollte deutlich zeigen, dass es zahlreiche andere Möglichkeiten gibt,

Innovationen zu finanzieren und Innovatoren zu belohnen. Um sich die Erträge seiner Innovation anzueignen, muss ein Unternehmen beispielsweise nicht auf Patente und Urheberrechte zurückgreifen, sondern kann Geschäftsgeheimnisse bewahren oder seinen First-Mover-Vorteil nutzen, und in vielen Bereichen sind diese alternativen Methoden sehr wirksam. Wie wir bereits festgestellt haben, sind viele der wichtigsten Fortschritte bei der Schaffung von Wissen nicht durch Rechte am geistigen Eigentum geschützt worden, und ihre Schöpfer wurden auch nicht durch die Aussicht auf finanzielle Rückflüsse motiviert. Die grundlegenden Fortschritte in der Mathematik, auf denen die Computertechnologie beruht, und die Entdeckung der DNS, die der Ausgangspunkt für so viele Fortschritte in der modernen Medizin ist, sind nur zwei von zahlreichen Beispielen.

Staatlich finanzierte Forschung Eine der wichtigsten alternativen Möglichkeiten zur Finanzierung der Forschung besteht in der staatlichen Förderung. In den Vereinigten Staaten und anderen Ländern finanziert die öffentliche Hand einen großen Teil der Grundlagenforschung, auf denen die Innovationen der Pharmaunternehmen beruhen. Das Internet, das seit den 1990er Jahren ungezählte Innovationen nach sich gezogen hat, beruht auf Forschungsprojekten, die von öffentlichen Einrichtungen in den USA und verschiedenen europäischen Ländern finanziert und weitgehend durchgeführt wurden. Die Tatsache, dass ein so großer Teil der erfolgreichen Innovationen in den Vereinigten Staaten in Forschungsparks im Umkreis von Universitäten zustande kommt, deutet darauf hin, dass diese Unternehmen von dem Wissen profitieren, das in den Hochschulen angehäuft wird. Die universitäre Forschung wird im Wesentlichen von Stiftungen und vom Staat finanziert, und das Gewinnstreben ist nicht die Motivation für diese Forschung.

Mazzucato hat in ihrem Buch *Das Kapital des Staates* nachgewiesen, dass der Staat entscheidend dazu beigetragen hat, die großen umwälzenden Innovationen und viele kleinere voranzutreiben, die in ihrer Gesamtheit die moderne Wirtschaft hervorgebracht haben.[30]

Open Source In jüngerer Zeit hat die Open-Source-Bewegung wichtige Beiträge zum Strom der Innovationen geleistet. Ihre ersten Erfolge feierte sie in der Softwareentwicklung, aber mittlerweile zeigt sie ihren Nutzen auch in anderen Bereichen wie der Biotechnologie.[31] Sie unterstreicht die kooperative Natur der Forschung, und die offene Architektur erleichtert die Anschlussforschung – ganz anders als das Patentsystem, das sie unterbindet oder zumindest erschwert. Wie in der Wissenschaft tragen die nichtfinanziellen Erträge manchmal entscheidend zur Anregung von Forschung bei. In anderen Fällen haben die Unternehmen verschiedene Wege gefunden, um sich die Erträge anzueignen, indem sie zum Beispiel auf Open-Source-Entwicklungen beruhende Dienstleistungen verkaufen oder Software den spezifischen Bedürfnissen ihrer Kunden anpassen.

Preise Ein System von Preisen ist eine weitere Alternative zum Patentsystem. Für Innovationen, zumindest für jene, die vorgegebene Ziele erreichen, werden Preise vergeben.[32] Beispielsweise würde jemand, der ein Heilmittel oder einen Impfstoff gegen Aids oder Malaria entwickelt, einen großen Preis erhalten. Jemand, der ein Medikament entwickelt, das weniger Nebenwirkungen als die vorhandenen einschlägigen Arzneimittel hat (aber ansonsten nicht wirksamer ist), könnte einen kleinen Preis erhalten. Der Wert des Preises ist an der Bedeutung des Beitrags auszurichten.

Diese Idee ist alt.[33] Die britische Royal Society for the Encouragement of Arts, Manufactures and Commerce setzt seit mehr als 100 Jahren Preise ein, um die Entwicklung von Technologien anzuregen. Beispielsweise schrieb die Royal Society einen Preis für die Erfindung eines mechanischen Reinigungssystems für Kamine aus, als eine Alternative zum Einsatz unterernährter Jungen gesucht wurde, die in die Kamine hinabgelassen wurden, um den Ruß von den Wänden zu entfernen.

Der Preis stellte einen wirkungsvollen Anreiz dar.[34] Auch ein Patentsystem hätte die Entwicklung einer mechanischen Lösung motivieren können (obwohl es das nicht tat), aber in diesem Fall wäre ein Problem aufgetreten: Um einen möglichst hohen Ertrag aus der Innovation herauszuholen, hätte der Patentinhaber hohe Lizenzgebühren für die Verwendung seiner Erfindung verlangt. Nur wohlhabende Familien hätten sich die mechanische Vorrichtung leisten können, und es wäre weiterhin die Gesundheit kleiner Jungen aufs Spiel gesetzt worden. Dank des Systems von Preisen konnte jedermann von dieser sozial bedeutsamen Innovation profitieren.

Das gegenwärtige Patentsystem kann natürlich als ein System von Preisen betrachtet werden. Es ist allerdings ein ineffizientes System, denn als »Preis« wird Monopolmacht eingeräumt, und im Monopolfall herrschen Anreize zur Beschränkung der Nutzung von Wissen. Zu den Merkmalen eines wünschenswerten Innovationssystems zählt, dass die Ideen und Innovationen, nachdem sie einmal entwickelt sind, umfassend genutzt und verbreitet werden. Das Patentsystem hingegen ist auf Beschränkungen der Verwendung von Wissen ausgelegt. Im Rahmen eines Systems von Preisen gewährleistet der Wettbewerb eine effiziente Verbreitung von Wissen; indem Lizenzen an zahlreiche Akteure vergeben werden, kann der Wettbewerb genutzt werden, um den Preis für Wissen zu senken und seine Nutzung auszuweiten. Sowohl mit Patenten als auch mit Auszeichnungen werden die Marktkräfte genutzt: Im ersten Fall ist der Anreiz das Monopol, um das Wissen zu beschränken und die Preise zu erhöhen, im zweiten werden die Marktkräfte eingesetzt, um die Preise zu senken und das Wissen allgemein zugänglich zu machen.[35]

Ein System von Preisen hat zudem den Vorzug, dass es die Anreize zur Vergeudung von Geld für Werbung und zu wettbewerbsschädigendem Verhalten in der Absicht, die Monopolgewinne zu steigern, schwächt. Die Pharmaunternehmen investieren mehr Geld in Werbung und Marketing als in Forschung. Diese Marketingausgaben dienen dazu, die Nachfrageelastizität zu verringern, was den Patentinhaber in die Lage versetzt, die Preise anzuheben und die Monopolgewinne zu erhöhen. Unter sozialen Gesichtspunkten sind diese Ausgaben verschwenderisch.

Das Patentsystem verzerrt auch das Muster der Forschung. Die Pharmaunternehmen haben keine ausreichenden Anreize, Medikamente zur Behandlung von Krankheiten zu entwickeln, unter denen vor allem Arme leiden, da sich mit solchen Medikamenten nur wenig Geld verdienen lässt. Um dieses Problem zu lösen, wurde unter anderem vorgeschlagen, einen garantierten Beschaffungsfonds einzurichten, in den die Weltbank oder die Gates Foundation eine oder zwei Milliarden Dollar einzahlen könnte; mit diesem Geld könnte ein Impfstoff gegen Aids, Malaria oder andere Krankheiten, die vor allem die Entwicklungsländer heimsuchen, gekauft werden. Auf diese Art würde so etwas wie ein Markt entstehen. Die Garantie von einer oder zwei Milliarden für den Kauf dieses Medikaments würde wie ein Preis funktionieren, und ein ausreichend hoher Garantiebetrag würde eine Motivation zur Forschung darstellen. Allerdings würde mit solchen Garantiefonds die Ineffizienz des monopolistischen Patentsystems nicht beseitigt, es sei denn, der Fonds würde sich gleichzeitig verpflichten, das Patent für Käufe über den Garantiebetrag hinaus allen Interessenten zu einer vernünftigen Lizenzgebühr zur Verfügung zu stellen. Der Entdecker erhält den »Preis« – den Monopolgewinn –, indem ihm ein Monopolpreis gezahlt wird. Die Armen, die das Medikament über den Garantiefonds erhalten, zahlen natürlich nicht den Monopolpreis. Aber die Mittel des Fonds sind begrenzt, und sind sie einmal aufgebraucht, so wird ein Staat, der das über den Garantiefonds erworbene Medikament seinen Bürgern zur Verfügung stellen will, ohne eine solche Verpflichtung des Fonds den vollen Monopolpreis bezahlen müssen.

Das Geld, das für den Kauf des Medikaments zum Monopolpreis benötigt wird, wird anderen Bereichen der medizinischen Versorgung oder der Grundlagenforschung oder Bildung entzogen (die beide dem gesellschaftlichen Lernen dienen). Es kann sehr viel vorteilhafter sein, das Geld des Garantiefonds einzusetzen, um den Wettbewerb um die Bereitstellung des Medikaments anzukurbeln, einen Preis auszuschreiben oder das Patent zu erwerben und jedem, der bereit ist, eine begrenzte Lizenzgebühr zu entrichten, die Möglichkeit zu geben, das Medikament zu produzieren.

Andere marktorientierte Mechanismen Selbstverständlich betreiben die Unternehmen auch ohne diese expliziten Anreizmechanismen (Patente und Preise) Forschung. Sie eignen sich Erträge an, ohne auf Rechte am geistigen Eigentum zurückzugreifen, indem sie zum Beispiel die Vorteile nutzen, die sich daraus ergeben, der Erste auf dem Markt zu sein oder über geheimes Wissen zu verfügen. In einigen Industriezweigen wird auch dann auf solche Mechanismen zurückgegriffen, wenn ein Zugang zum Patentsystem möglich ist (insbesondere weil die Produzenten die Offenlegungserfordernisse des Patentrechts scheuen).

Schließlich sollte erwähnt werden, dass die Bedeutung finanzieller Anreize in der herkömmlichen Diskussion über Rechte am geistigen Eigentum möglicherweise übertrieben wird. Wie wir in Kapitel 3 festgestellt haben, war die Motivation hinter den meisten, wenn nicht allen wichtigen Fortschritten eine andere: das Streben nach Wissen und Anerkennung.[36]

Ein Portfolioansatz für Innovationen

Wir haben uns kurz mit alternativen Möglichkeiten der Finanzierung und Motivation von Innovationen und Lernprozessen befasst. Rechte am geistigen Eigentum sollten Teil eines Innovationssystems sein, das auch Open Source, Preise und öffentlich finanzierte Forschung und Zuschüsse beinhaltet (vermutlich der wichtigste Bestandteil des Innovationssystems zur Unterstützung der Grundlagenforschung). Jede dieser Alternativen hat ihre Vor- und Nachteile.

Tabelle 12.1:
Alternative Systeme im Vergleich

	Innovationssystem				
Merkmal	**Patent**	**Preis**	**Staatlich finanzierte Forschung**	**Open Source**	**Rechtlich unbeschränkte Verfügbarkeit**
Selektion	dezentral, Selbstselektion, mangelnde Koordination	dezentral, Selbstselektion, mangelnde Koordination	bürokratisch	dezentral, Selbstselektion, zuweilen »Eigenkoordination«	dezentral, Selbstselektion, mangelnde Koordination
Finanzierung (Steuer)	hochgradig verzerrend und ungerecht	möglicherweise weniger verzerrend und ungerecht	am effizientesten	unter Umständen unzureichende Finanzierung, Stiftungen, Regierung, Nebenprodukt anderer Aktivitäten	wahrscheinlich weniger verzerrend als Patente
Risiko	Rechtsstreitigkeiten	weniger riskant	am geringsten	beschränkt	beschränkt

Tabelle 12.1:
Alternative Systeme im Vergleich (Fortsetzung)

	Innovationssystem				
Merkmal	**Patent**	**Preis**	**Staatlich finanzierte Forschung**	**Open Source**	**Rechtlich unbeschränkte Verfügbarkeit**
Innovationsanreize	stark, aber verzerrt	stark, weniger stark verzerrt	starke immaterielle (nichtmonetäre) Anreize	stark, oftmals nichtpekuniär	stark, weniger verzerrt
Verbreitungsanreize	begrenzt, Monopol	stark, Märkte mit vollständiger Konkurrenz	stark	stark	begrenzt, Erträge abhängig von Geheimhaltung
Transaktionskosten	hoch	geringer	geringer	gering	gering

Ein Innovationssystem muss die Probleme der Finanzierung, der Auswahl (wer erhält Forschungsgelder) und der Anreize lösen. Hinzu kommen Probleme bei der Koordinierung der Forschungsanstrengungen. Und verschiedene Systeme sind mit verschiedenen Bedingungen der Verbreitung von Wissen und mit verschieden hohen Transaktionskosten verbunden.

Jedes Land sollte über ein Portfolio von Instrumenten verfügen. Die Zusammensetzung dieses Portfolios wirkt sich auf den Erfolg eines Landes bei der Schaffung einer lernenden Gesellschaft aus. Sie wirkt sich auf die Innovationsfähigkeit und die Effizienz des Systems einschließlich der Ungewissheit und der Transaktionskosten aus, mit denen die Marktteilnehmer konfrontiert werden. In unseren Augen haben Patente im gegenwärtigen Portfolio der Vereinigten Staaten ein zu großes Gewicht. Tabelle 12.1 enthält eine Darstellung einiger Merkmale der verschiedenen Alternativen.

Auswahl Das erste Merkmal ist die Auswahl. Ein Problem jedes Innovationssystems besteht in der Auswahl der geeigneten Akteure für ein Forschungsprojekt. Der Vorteil eines auf Patenten, Preisen oder »Open Source« beruhenden Systems ist, dass es dezentralisiert ist und sich auf die Selbstselektion stützt. Jene, die glauben, die besten Forscher zu sein, entscheiden sich, das Forschungsprojekt in Angriff zu nehmen. Sie nehmen die Investition vor und riskieren ihr eigenes Geld in dem Glauben, eine gute Chance zu haben, den Preis zu gewinnen (den tatsächlichen Preis oder den Preis des Patents) oder zur Weiterentwicklung des Wissens beizutragen. Dies ist der Vorteil der Systeme von Preisen und Patenten gegenüber der staatlich finanzierten Forschung. Bei Letzterer entscheidet eine Gruppe von Fachkollegen (oder Beamten) darüber, welche Forscher die am besten geeigneten sind. Bedenken gibt es auch im Hinblick auf eine mögliche »Vereinnahmung« der Vergabe von Forschungsaufträgen durch Interessengruppen aus der Politik oder der Wirtschaft, die andere Interessen als den wissenschaftlichen und technologischen Fortschritt verfolgen.

Finanzierung Was die Finanzierung anbelangt, so ist das Patentsystem die schlechteste Lösung. Wir können uns den Schutz geistigen Eigentums als eine Methode – eine ausgesprochen verzerrende Methode – zur Finanzierung der Forschung vorstellen. Ein Preis übersteigt die Grenzkosten für einen begrenzten Zeitraum deutlich, und der Monopolgewinn bietet nicht nur Anreize, sondern liefert auch die Ressourcen für die Innovationstätigkeit. Diese Differenz zwischen Preis und Grenzkosten können wir uns als eine Steuer vorstellen, wobei die Einnahmen teilweise zur Finanzierung der Forschung verwendet werden. In den vergangenen 75 Jahren wurden beträchtliche Anstrengungen unternommen, um die optimale Methode zur Erhebung von (Steuer-)Einnahmen zu finden. Die implizite Besteuerung der Rechte am geistigen Eigentum (selbst wenn die *gesamten* Einnahmen in F&E fließen) ist *keine* optimale Methode, um Einnahmen zu erzielen. Ihr wichtigster Vorteil ist, dass so der Nutzen besteuert wird, das heißt nur diejenigen, die aus einer Innovation einen Nutzen ziehen, bezahlen für ihre Erzeugung. Aber in den meisten Bereichen werden keine Nutzensteuern erhoben, was vor allem daran liegt, dass im Allgemeinen davon ausgegangen wird, dass die mit solchen Steuern verbundenen zusätzlichen Verzerrungen den geringfügigen Zugewinn an »Gleichheit« nicht wert sind. Im Bereich der lebensrettenden Medikamente ist dieses Argument noch überzeugender, weil diejenigen, die diese Medikamente brauchen, bereits unter einer lebensbedrohlichen Krankheit leiden. Unter diesen Umständen kann der Versuch, den Kranken eine »Nutzensteuer« aufzuerlegen, indem man sie zwingt, für die Medikamente zu bezahlen, die sie am Leben erhalten, als nicht nur unwirksames, sondern auch ungerechtes Vorgehen betrachtet werden. Im Fall von Medikamenten ist die »Monopolsteuer« noch aus einem weiteren Grund eine ineffiziente Methode zur Finanzierung der Forschung: Ein großer Teil der Einnahmen erreicht sein Ziel nicht, sondern wird nicht für die Forschung, sondern für Marketing und Werbung ausgegeben.

In den Vereinigten Staaten sind die Verzerrungen der Konsumstruktur, die mit Monopolpreisen als Grundlage der Forschungsfinanzierung für Medikamente einhergehen, für diejenigen, die eine Krankenversicherung haben, möglicherweise kaum von Bedeutung, da die medizinische Versorgung zu einem großen Teil von Dritten bezahlt wird, weshalb die Preiselastizität gering ist. Aber in anderen Ländern gilt dies nicht. In allen Ländern, in denen die öffentliche Hand für einen großen Teil der Kosten medizinischer Versorgung aufkommt, führen Monopolpreise zu einem Transfer von den Steuerzahlern zu den Pharmaunternehmen. Und sogar in den Vereinigten Staaten führt das Rent-Seeking zu erheblichen Verzerrungen (sogar bei den Forschungsmustern). Aber insbesondere in den Entwicklungsländern (und sogar in den wenigen entwickelten Ländern, in denen der Staat keinen Zugang zu lebensrettenden Medikamenten garantiert) verwehren hohe Preise in der Praxis zahlreichen Menschen den Zugang zu lebensrettenden Medikamenten. Monopolpreise bedeuten überall für nichtversicherte Arme, dass sie notwendige Medikamente nicht erhalten, womit sie einen besonders großen Teil der Last des Monopols tragen. Im Allgemeinen ist die De-facto-Nutzensteuer regressiv. Ein ausgewogeneres Finanzierungssystem müsste progressiv sein, so dass jene, die mehr haben, (absolut und in Relation zu ihrem Einkommen) mehr zahlen. Tatsächlich kann man sagen, dass in Ländern, deren Bürger einen größeren Teil ihrer Medikamentenkosten tragen müssen, eine wünschenswerte Unterstützung für Arme, die unter einer Krankheit leiden, darin bestünde, keine über die Grenzkosten hinausgehenden Preise für lebensrettende Medikamente zu verlangen. Ein System direkter Zahlungen für die zugrundeliegende Forschung in Verbindung mit Grenzkostenpreisen würde die Abläufe transparenter machen, die Finanzierungslasten gerechter verteilen und zu einer besseren Ressourcenallokation führen.[37]

Halten wir fest: Die Beschaffung von Forschungsmitteln durch das Patentsystem führt zu erheblichen Verzerrungen und ist insofern ungerecht, als zum Beispiel Kranke mit Monopolpreisen belastet werden.

Anreize Der Hauptvorteil, der dem Patentsystem zugeschrieben wird, besteht darin, dass es gute Anreize schafft. Die Innovationsanreize sind im Patentsystem hoch, aber sie sind verzerrt, während das Preissystem gleichwertige, aber weniger verzerrte Anreize bietet. Wie wir erklärt haben, sind die Anreize im Patentsystem verzerrt, weil es auch Anreize für Innovationen schafft, mit denen sich ein Patent umgehen lässt, weil es Anreize schafft, in eine Verlängerung der Laufzeit eines Patents zu investieren, ein Hold-up-Patent anzustreben, das öffentliche Wissen »einzuhegen« und die Marktmacht auszuweiten. Zu diesen verzerrenden Anreizen treten weitere Probleme hinzu, beispielsweise im Zusammenhang mit Marketingausgaben und Praktiken zur Verringerung der Nachfrageelastizität oder anderweitiger Handlungen zum Ausbau von Marktmacht.

In den vorangegangenen Kapiteln haben wir zudem gezeigt, warum die Auswirkungen des Patentsystems auf die Innovationstätigkeit sehr begrenzt sein können. Tatsächlich kann das Patentsystem Innovationen sogar behindern: Es trägt zur Schaffung von Monopolen bei, und die für Innovationen günstigen Anreize für Monopolisten können geschwächt werden. Darüber hinaus wirken sich Patentdickichte und Holdups ebenso nachteilig auf die Innovationstätigkeit aus wie die Versuche eines Monopolisten, innovative Konkurrenten am Markteintritt zu hindern. Schließlich behindern Patente auch die Anschlussforschung.

Risiko und Koordination Forschung ist inhärent riskant: Sie ist eine Erkundungsreise in unbekanntes Gebiet. Allerdings gehen die Forscher in den verschiedenen Systemen ganz unterschiedliche Risiken ein. Und sowohl das Patent- als auch das Preissystem haben den Nachteil einer *mangelnden Koordination.* Unter dem Gesichtspunkt des gesellschaftlichen Nutzens besteht das Risiko einer übermäßigen Duplizierung.[38] Der Mangel an Koordinierung erhöht die Kosten der Forschung.

Ein Risiko, mit dem jeder Forscher konfrontiert ist, besteht darin, dass er nicht weiß, wie viele andere Forscher auf demselben Gebiet arbeiten wie er. Damit steigt das Risiko, dass irgendein anderer die Entdeckung vor ihm machen und das Patent oder den Preis bekommen wird. Die staatlich finanzierte Forschung kann besser koordiniert werden.

Die Koordinierung ist nicht nur mit Blick auf die Zahl der Forscher oder Forschungsprojekte, sondern auch auf das Projektportfolio wichtig. Das optimale Portfolio berücksichtigt den Grenzbeitrag jedes einzelnen Projekts bei gegebener Palette aller übrigen – die erhöhte Wahrscheinlichkeit einer Entdeckung oder einer früheren Entdeckung als unter allen sonstigen Umständen. (Siehe dazu auch die Diskussion in Kapitel 6.)

Wir haben bereits auf einen weiteren wichtigen Risikofaktor hingewiesen, der in einem Patentsystem zum Tragen kommt: kostspielige Rechtsstreitigkeiten mit ungewissem Ausgang.

Daher ist das Patentsystem gemessen an den Kriterien Risiko und Koordination das ungünstigste und das System der öffentlichen Finanzierung das vorteilhafteste, da Letzteres nicht für den Output, sondern für den Input zahlt. Das bedeutet, dass die Forscher Geld für ihren Aufwand an Zeit und anderen Ressourcen erhalten, während sie im Preis- und Patentsystem nur für erfolgreiche Forschung belohnt werden – obendrein müssen sie das Ziel vor ihren Rivalen erreichen.

Das Patentsystem birgt größere Risiken als das Preissystem, denn im Patentsystem gibt es eine weitere Ungewissheit: Der Wert des »Preises«, der von der Höhe der Monopolrenten abhängt, die sich der Gewinner des Patents sichern kann, ist unbekannt.

Dass dieses Risiko bedeutsam ist, liegt zum Teil daran, dass die Konsumenten im Gleichgewicht für das Risiko bezahlen müssen, das die Forscher eingehen. Menschen und Unternehmen haben eine Abneigung gegen Risiken[39] und müssen für ihre Bereitschaft entschädigt werden, Risiken einzugehen. Das

Patentsystem bürdet der Gesellschaft die Kosten von Risiken auf ineffiziente Art auf. Im staatlich finanzierten Forschungssystem ist das Risiko nicht nur geringer, sondern es wird innerhalb der Gesellschaft auch effizienter geteilt.

Transaktionskosten Die mit dem System zum Schutz der Rechte am geistigen Eigentum verbundenen Transaktionskosten sind hoch. Einige Autoren vermuten, dass in den Vereinigten Staaten mehr Geld für Patentanwälte (Patentanträge, Patentklagen und Abwehr von Patentansprüchen anderer) als für die Forschung ausgegeben wird. Es ist schwierig, wenn nicht sogar unmöglich, genaue Zahlen zu sammeln, aber klar ist, dass die Transaktionskosten beträchtlich sind und über denen anderer Möglichkeiten zur Finanzierung und Anregung von Innovationen liegen.

Verbreitung Ein allgemeiner Zugang zum Wissen und seine umfassende Verbreitung zählen zu den wichtigsten Kriterien für die Beurteilung der Wirkung alternativer Mechanismen innerhalb des Innovationsportfolios. (Erinnern wir uns daran, dass Wissen insofern ein öffentliches Gut ist, als seine Nutzung durch ein zusätzliches Individuum oder Unternehmen keine Grenzkosten verursacht.) Gemessen an diesen Kriterien ist das Patentsystem besonders unzureichend. Es ist so gestaltet, dass es den Zugang zu Wissen verhindert. Ein fehlender Zugang zu Wissen verursacht nicht nur eine statische Ineffizienz, sondern behindert auch weitere Innovationen. Er kann ein erhebliches Hindernis für die Schaffung einer lernenden Gesellschaft sein. Das entscheidende Merkmal der alternativen Mechanismen (Open Source, öffentlich finanzierte Forschung, System von Preisen) besteht darin, dass sie Wissen kostenlos oder gegen eine begrenzte Lizenzgebühr zugänglich machen.

Unsere Analyse hat gezeigt, dass das Preissystem gemessen an der Mehrzahl der Kriterien Vorteile gegenüber dem Patentsystem hat. Es gewährleistet hohe Erträge für Innovatoren, die Innovationen von hohem sozialem Wert entwickeln. (Tatsächlich kann der Preis besser mit dem sozialen Nutzen in Einklang gebracht werden als der willkürliche Preis, der mit der Zuerkennung von Monopolrechten im Patentsystem einhergeht.) Und der Nutzen dieses Wissens kann durch konkurrierende Produzenten weiter verbreitet werden. Darüber hinaus vermeidet das Preissystem nicht nur die statischen, sondern auch die dynamischen Verzerrungen, die mit dem Monopol einhergehen: Unter anderem beseitigt es den Anreiz, Anschlussinnovationen zu unterbinden, die die Monopolrenten des Patentinhabers verringern würden.

Aber das Preissystem hat einen Nachteil: Es funktioniert nicht, wenn das Ziel unscharf definiert ist. (Allerdings gibt es viele Bereiche wie Gesundheit, Energieeinsparung und CO_2-Reduktion, in denen die Ziele klar definiert sind.) Deshalb wird das Preissystem das Patentsystem nie ersetzen.

Gleichzeitig wird die staatlich finanzierte Grundlagenforschung – das Fundament des Wissenserwerbs – weiterhin im Zentrum des Innovationssystems stehen. Niemand hat etwas anderes vorgeschlagen: Die Kosten der durch das Patentsystem verursachten Beschränkung der Nutzung des Wissens übersteigen den Nutzen dieses Systems deutlich. Die gegenwärtige Debatte kreist nur um die angewandte Forschung, in der es darum geht, das in der Grundlagenforschung gesammelte Wissen für praktische Anwendungen nutzbar zu machen.

Geistiges Eigentum und wirtschaftliche Entwicklung[40]

Wir haben wiederholt darauf hingewiesen, dass die Kluft zwischen den entwickelten und den weniger entwickelten Ländern nicht nur auf einer unterschiedlichen Ressourcenausstattung, sondern auf einer Wissenslücke beruht. Die erfolgreichsten Schwellen- und Entwicklungsländer sind jene, die diese Lücke am schnellsten schließen. Die Rechte am geistigen Eigentum und insbesondere ein unzulängliches System zum Schutz dieser Rechte können sowohl den Zugang zu Wissen als auch die Schaffung einer lernenden Gesellschaft in diesen Ländern verhindern.

Wir haben gezeigt, dass jedes System zum Schutz der Rechte am geistigen Eigentum Abwägungen zwischen statischen Ineffizienzen und dynamischen Gewinnen erfordert – jede Beschränkung der Nutzung von Wissen führt zu einer statischen Ineffizienz (vor allem, wenn sie die Entstehung von Monopolmacht ermöglicht) – dass die dynamischen Gewinne aufgrund des gegenwärtigen Systems zum Schutz der Rechte am geistigen Eigentum jedoch begrenzt sein können. Das liegt sowohl daran, dass Monopolmacht missbräuchlich genutzt wird, als auch an den Problemen der Grenzziehung für Patente, die zur Entstehung von Patentdickichten führen. Hold-ups nutzen das Patentsystem zur Umlenkung von Gewinnen, die andernfalls den eigentlichen Innovatoren zufließen würden. Rechtsstreitigkeiten und Koordinationsmängel erhöhen die Risiken. Vor allem aber bremsen Einschränkungen des Zugangs zu Wissen die Anschlussforschung. Aber selbst wenn es einen signifikanten dynamischen Nutzen gäbe, sähe die optimale Balance für ein Entwicklungsland anders aus als für ein entwickeltes Land. Entwicklungsländer profitieren sehr davon, von entwickelten Ländern zu lernen. Wie wir gesehen haben, gibt es neben dem direktem auch einen indirekten Lernnutzen, da Lernergebnisse in einem Industriezweig oder Unternehmen auf andere übergehen.

Daher bedarf es entwicklungsorientierter Regeln für das geistige Eigentum. Für hochentwickelte Industrieländer geeignete Regeln sind den Erfordernissen von Entwicklungs- und Schwellenländern nicht angemessen.

Am 4. Oktober 2004 forderte die Generalversammlung der Weltorganisation für geistiges Eigentum (WIPO) solche Regeln.[41] Deren Abfassung sollte von der folgenden Frage ausgehen: Wie können nachhaltige Lernfortschritte der Entwicklungsländer effektiv herbeigeführt werden?[42]

Sowohl die Regeln zum Schutz der Rechte am geistigen Eigentum als auch das allgemeine Innovationssystem müssen den unterschiedlichen nationalen Bedingungen angepasst werden. Daher war der Versuch einer übermäßigen Harmonisierung im Rahmen von TRIPS (dem Übereinkommen über handelsbezogene Aspekte der Rechte am geistigen Eigentum, das im Rahmen der Uruguay-Runde geschlossen wurde) fehlgeleitet.[43]

Ein Schwellenland braucht Zugang zu Wissen, um wachsen zu können. Das geistige Eigentum sollte nicht eingesetzt werden, um die Entwicklung zu hemmen. Das Verpflichtungssystem (das de facto eine Zwangslizenz mit fairer Entschädigung für die Nutzung des Wissens gewährt) stellt eine Möglichkeit dar, den Zugang zu Wissen zu gewährleisten. Sogar weniger weitreichende Reformen wie etwa eine Erlaubnis der Nutzung geistigen Eigentums, solange ein Anspruch angefochten wird (wobei eine angemessene Entschädigung gezahlt wird, wenn das Patent bestätigt wird), wären dem bestehenden System vorzuziehen.[44]

Obwohl es möglicherweise gelingen wird, einfache Regeln festzulegen, anhand derer beispielsweise beurteilt werden kann, wann eine Zwangslizenz gewährt werden sollte, befindet sich die Gestaltung der Rechte am geistigen Eigentum insbesondere in den Entwicklungsländern noch in einer Frühphase. Im Interesse der Einfachheit – und mit Blick auf die begrenzte Fähigkeit der Entwicklungsländer, teure Rechtsstreitigkeiten auszutragen – spricht einiges für eine Einschränkung der Rechte am geistigen Eigentum, wenn es ein klares gesundheits-, wettbewerbs- oder entwicklungspolitisches Ziel gibt. Der ursprüngliche Patentinhaber sollte verpflichtet werden, nachzuweisen, dass es kein legitimes Gesundheits-, Wettbewerbs- oder Entwicklungsziel gibt, dessen Erreichung durch die Verwehrung der Nutzung des Patents durch andere behindert wird.[45]

In den Entwicklungsländern findet Lernen über verschiedene Kanäle statt. Einige davon haben wir weiter oben in diesem

Buch behandelt: Mobilität der Arbeitskräfte, Open-Source-Verbreitung von Wissen, Investitionsgüter, Nachahmung und Reverse Engineering, Lizenzen, unternehmensinterner Technologietransfer (beispielsweise in multinationalen Unternehmen), ausländische Direktinvestitionen und Übernahme von Unternehmen mit Technologie.[46] Einige wenige Entwicklungsländer (insbesondere China) haben angefangen, beträchtliche Summen in die Forschung und Entwicklung zu investieren, und das Patentsystem umfassend genutzt. Die Befürworter eines besseren Schutzes der Rechte am geistigen Eigentum meinen, eine Stärkung des Patentsystems werde Innovationen und Lernprozesse fördern und die Bereitschaft der Unternehmen aus hochentwickelten Ländern erhöhen, Forschung oder eine fortschrittliche Produktion, die Lernprozesse begünstigen würde, in Entwicklungsländer zu verlegen. Sie lassen die Tatsache außer Acht, dass das Patentsystem das Lernen über viele der Mechanismen verhindern würde, mittels deren es sich normalerweise vollzieht, und dass diese Mechanismen historisch eine wichtige Rolle gespielt haben. Daher würden sich strengere (und insbesondere schlecht durchdachte) Bestimmungen zum Schutz geistigen Eigentums besonders nachteilig auf das Lernen und die Innovationstätigkeit in den Entwicklungsländern auswirken.

Abschließende Bemerkungen

Regelungen zum Schutz der geistigen Eigentumsrechte sollen Innovationen fördern, indem sie Innovatoren die Möglichkeit geben, den Lohn ihrer Arbeit zu ernten, und damit Anreize zur Forschung schaffen. Aber das geistige Eigentum stört die Weitergabe und Verbreitung von Wissen und fördert die Geheimhaltung, und diese Effekte behindern Lernprozesse. Diese und andere negative Auswirkungen der in den hochentwickelten

Industrieländern entwickelten Bestimmungen zum Schutz der Rechte am geistigen Eigentum, die vor allem die Entwicklungsländer betreffen, rücken zusehends ins Bewusstsein der Öffentlichkeit. Wissen ist der wichtigste Input für die Produktion von Wissen, und indem die Rechte am geistigen Eigentum die Verfügbarkeit von Wissen beschränken, unterdrücken sie die Produktion weiteren Wissens (Lernen). Das Patentsystem begründet Monopolmacht, und Monopole schränken die Produktion ein, womit sie die Anreize für Innovationen verringern. Das Patentsystem kann zur Entstehung eines Patentdickichts führen: Ein komplexes Geflecht von Patenten setzt Innovatoren der Gefahr von Rechtsstreitigkeiten und Hold-ups aus.

Aus dieser Analyse können wir zwei Schlüsse ziehen. Erstens muss das System zum Schutz geistigen Eigentums in den Schwellen- und Entwicklungsländern deutlich anders beschaffen sein als in den fortschrittlichen Ländern, damit die Wissenslücke geschlossen und die Entwicklung vorangetrieben werden kann. In diesem Bereich sind einheitliche Lösungen für alle Länder unangebracht.

Zweitens gibt es alternative Möglichkeiten zur Gestaltung des Innovationssystems, wobei vor allem auf Preise und Open-Source-Lösungen zurückgegriffen werden sollte. Patente werden weiterhin eine Rolle spielen, aber die Details des Patentsystems sind bedeutsam: Beispielsweise werden in einem guten System die Offenlegungspflichten, die Probleme mit Hold-ups und Verfahren zur Anfechtung von Patenten besser berücksichtigt.

Wir haben unsere Einschätzung dargelegt, dass unter dem Aspekt der Schaffung einer lernenden Gesellschaft alle politischen Eingriffe und Institutionen geprüft werden müssen. Das gilt insbesondere für Maßnahmen und Institutionen, deren Zweck es ist, die Innovationstätigkeit und das Lernen zu fördern.

Kapitel 13

Sozialer Wandel und die Schaffung einer lernenden Gesellschaft[1]

Wir haben uns mit den wirtschaftlichen Fragen der Schaffung einer lernenden Gesellschaft befasst, aber diese Fragen können nicht von den allgemeinen Aspekten gesellschaftlichen Wandels getrennt werden. Beispielsweise dreht sich dieses Buch großenteils um politische Maßnahmen zur Veränderung der Zusammensetzung der Sektoren mit dem Ziel, Lernen zu fördern. Aber Voraussetzung für den Erfolg ist, dass sich das Denken ändert. Der Wandel muss als möglich und wünschenswert betrachtet werden, und es muss sich die Erkenntnis durchsetzen, dass Wandel *Lernen* voraussetzt.

Zu lernen, wie man Denkweisen ändern kann, ist in mehrerlei Hinsicht schwieriger, als zu verstehen, welche wirtschaftspolitischen Maßnahmen Lernprozesse erleichtern. Aber im Rahmen der Schaffung einer lernenden Gesellschaft hängen beide Erkenntnisse untrennbar zusammen. Wir wollen nicht nur herausfinden, mit welchen politischen Strategien eine lernende Gesellschaft aufgebaut werden könnte, sondern wir wollen auch erreichen, dass diese Strategien eingesetzt werden. Dazu bedarf es politischer Systeme und Vorstellungen, die den Vorteil einer lernenden Gesellschaft erkennen.

Im neoklassischen Modell ist kein Platz für Lernen. Dieses Modell lässt nicht nur außer Acht, dass Ressourcen für Lernen, Forschung und Entwicklung bereitgestellt werden müssen, sondern es geht auch davon aus, dass alle Unternehmen die besten Methoden anwenden und es daher für sie nichts gibt, was sie lernen müssten. Es überrascht nicht, dass das neoklassische Modell nichts zur Klärung der Frage beigetragen hat, was es bedeutet, eine lernende Gesellschaft zu kreieren. Schlimmer noch: Wie wir gezeigt haben, sind die auf diesem Modell beruhenden politischen Maßnahmen oft kontraproduktiv. Sie verhindern Lernen. Daher ist das neoklassische Modell, das annimmt, dass Überzeugungen und Vorlieben feststehen, auch nicht hilfreich, wenn es darum geht, zu verstehen, wie mentale Einstellungen geändert werden können.

Wie wir in Kapitel 3 festgestellt haben, ist es kein Zufall, dass der Wandel des Denkens in der Aufklärung eng mit einem technologischen Wandel zusammenhing, der jenen dramatischen Anstieg des Lebensstandards herbeiführte, der die vergangenen 200 Jahre geprägt hat. Aber so wichtig die Aufklärung für die Schaffung der modernen Wirtschaft und Gesellschaft auch in den fortschrittlichen Industrieländern gewesen ist, gibt es auch starke Gegenbewegungen zur Aufklärung, die grundlegende wissenschaftliche Erkenntnisse in Frage stellen, darunter insbesondere jene, die die Evolution betreffen.[2]

In den Entwicklungsländern sind diese Fragen noch bedeutsamer, wie Hirschman anschaulich gezeigt hat.[3] So sind etwa Rasse und Kaste soziale Konstrukte, die die Entwicklung weiter Teile der Bevölkerung in vielen Teilen der Welt bremsen und die den Wandel behindern. Die Untersuchung der Frage, wie solche Konstrukte entstehen und sich verändern, ist daher ein zentraler Bestandteil von Entwicklungsstudien. Myrdal erklärte in seinen Studien über Südasien de facto, dass sich bestimmte soziale Konstrukte auf das Verhalten auswirken und Teil eines dysfunktionalen *wirtschaftlichen und sozialen Gleichgewichts* sind, das Bestand haben kann.[4] Aber Myrdal befasste sich nicht mit der Frage, welche Mechanismen solche sozialen Konstrukte hervorbringen oder beseitigen. Und die spätere Entwicklung in Asien zeigte, dass sich Gesellschaften entwickeln können.

Und weder Hirschman noch Myrdal stellten die Frage, wie solche Konstruktionen des Entwicklungsprozesses mit den üblichen Ansätzen der Ökonomen in Einklang gebracht werden können, die zum Beispiel ein gewisses Maß an Rationalität annehmen.

In diesem Kapitel wollen wir uns kurz mit diesen Aspekten der Schaffung einer lernenden Gesellschaft befassen und die in Kapitel 3 wiedergegebene Diskussion fortführen. Dabei werden wir uns mit der Beziehung zwischen dem hier gewählten Ansatz und dem herkömmlichen wirtschaftstheoretischen Modell beschäftigen. Das Kapitel ist in zwei Abschnitte unterteilt. Im ersten setzen wir uns allgemein mit der gesellschaftlichen Evolution von Überzeugungen (darunter Überzeugungen in Bezug auf den Wandel) auseinander. Dieser allgemeine Ansatz schafft die Grundlage für ein Verständnis sowohl der Verfestigung gesellschaftlicher Strukturen als auch des Wandels dieser Strukturen. Er bietet Einblicke in die Hindernisse für den Aufbau einer kollektiven »Mentalität des Lernens« und in die Methoden, die angewandt werden können, um eine lernfreundliche Geisteshaltung zu entwickeln. Im zweiten Abschnitt befassen wir uns mit den Verbindungen zwischen demokratischer Ideologie und lernender Gesellschaft.

Ansätze einer allgemeinen Theorie sozialer Konstruktion von Überzeugungen und sozialen Wandels

In einer neueren Arbeit haben Hoff und Stiglitz versucht, ein allgemeines Konzept gesellschaftlicher Evolution zu entwickeln, das die bedeutsamen – und unrealistischen – Annahmen bezüglich des individuellen Verhaltens und der individuellen Erkenntnis überwindet, die dem in der wirtschaftswissenschaftlichen Literatur vorherrschenden Entwicklungsmodell zugrunde liegen.[5] Gleichzeitig enthält diese Arbeit einige Erklärungen dafür, dass sich Myrdals düstere Vorhersagen der Entwicklung Asiens als vollkommen falsch erwiesen.[6] Die Theorie von Hoff und Stiglitz befasst sich mit der Frage, *welche kollektiven Überzeugungen* (die manchmal als Ideologien bezeichnet werden) *ein Gleichgewicht darstellen* und wie sie sich ändern. Die folgende Analyse ist in zwei Schritte unterteilt. Im ersten geht es um die Frage, wie zu einem gegebenen Zeitpunkt Überzeugungen entstehen und was mit *Gleichgewichtsüberzeugungen* gemeint ist. Anschließend werden wir uns ansehen, wie sich Überzeugungen verändern.

Gleichgewichtsüberzeugungen

Unsere Theorie der Gleichgewichtsüberzeugungen beruht auf drei Hypothesen:

1. *Die Wahrnehmungen der individuellen Akteure – die Art und Weise, wie sie Information aufnehmen und verarbeiten – werden von ihren bestehenden Überzeugungen geprägt.* Die psychologische Forschung hat gezeigt, dass Menschen Informationen, die sich mit ihren bestehenden Überzeugungen decken, anders aufnehmen und verarbeiten als Informationen, für die dies nicht gilt.[7] Dieses gutbelegte Phänomen, das als *Bestätigungsfehler* bezeichnet wird,[8] steht in deutlichem Gegensatz zu der unter den Volkswirten vorherrschenden Vorstellung, es gebe »rationale Erwartungen«: Es wird angenommen, dass die wirtschaftlichen Akteure sämtliche Informationen vollkommen und rational verarbeiten. Eine solche Theorie ist kaum mit den Ergebnissen der psychologischen Forschung und den fortbestehenden Unterschieden zwischen den Vorstellungen und Überzeugungen der Menschen zu vereinbaren.[9]

   Daraus folgen zwei Dinge: Nur diese Hypothese kann die *Gleichgewichtsfiktionen* erklären. Ein Gleichgewicht kann auf Überzeugungen beruhen, die (in den Augen des Individuums) unerschütterlich sind, selbst wenn sie grundlegend falsch sind.[10] Darüber hinaus erklärt sie, warum verschiedene Individuen dauerhaft unterschiedliche Überzeugungen haben können: Die Daten, die diese Personen aufnehmen, und die Art und Weise, wie sie sie verarbeiten, bestätigen ihre jeweiligen gegebenen Überzeugungen. Es gibt keinen Prozess der Konsensfindung, selbst über das Wesen der Welt nicht, geschweige denn darüber, wie sie sich verbessern ließe.

In diesem Buch geht es uns jedoch nicht nur um den Fortbestand unterschiedlicher individueller Überzeugungen, sondern darum, wie manche Gesellschaften gemeinsame Überzeugungen entwickeln, die das Lernen und die Schaffung einer lernenden Gemeinschaft begünstigen. An dieser Stelle führen wir zwei weitere Hypothesen ein.

2. *Die meisten Individuen erhalten ihre Informationen von anderen Individuen, und wie sie diese Informationen beurteilen (welches Gewicht sie ihnen beimessen), hängt von ihren Überzeugungen und ihren sozialen Beziehungen ab.* Der Einfluss der Gesellschaft auf unsere Wahrnehmungen ist noch umfassender. Der kognitive Rahmen, der unsere Wahrnehmungen prägt, ist weitgehend sozial bestimmt.[11] Er ist das, was manchmal als soziales Konstrukt bezeichnet wird. Aber wenn wir diese Bezeichnung verwenden, müssen wir uns (wie Hoff und Stiglitz betonen) darüber im Klaren sein, dass kognitive Rahmen nicht zwangsläufig bewusst konstruiert werden. Wir bezeichnen mit einem »sozialen Konstrukt« einfach alles, was die Menschen kollektiv entwickeln. Kollektive Überzeugungen können endogen und spontan aus individuellem Verhalten entstehen.[12]

Damit heben wir uns deutlich von der neoklassischen Perspektive ab.[13] Sogar die Kategorien, in denen Informationen platziert werden, sind oftmals soziale Konstruktionen. Menschen wählen ihre »Software« nicht isoliert, sondern in einem sozialen Kontext aus. Aus der unendlichen Menge potentiell beobachtbarer Daten wählen sie eine begrenzte Menge aus, die sie auf eine bestimmte Art verarbeiten, obwohl es unendlich viele Möglichkeiten der Verarbeitung gibt. Beschränkt werden sie dabei von der endlichen Menge sozial konstruierter Kategorien, die ihrerseits Teil dessen sind, was als *Ideologien* (oder Überzeugungssysteme) bezeichnet wird.[14]

Diese Hypothese bietet einen Ansatz zur Antwort auf die Frage, warum verschiedene Gruppen zu verschiedenen Überzeugungen gelangen können und warum die Unterschiede zwischen den Überzeugungen Bestand haben können, obwohl die »Realität«, mit der all diese Gruppen konfrontiert sind – die wirklichen empirischen Daten – dieselbe ist.

Letzten Endes geht es uns darum, menschliches *Verhalten* zu erklären (zum Beispiel die Handlungen oder Entscheidungen individueller Akteure einschließlich der Art und Weise, wie sie ihre Zeit verwenden und welche Informationen sie auswählen). Damit sind wir bei unserer dritten Hypothese.

3. *Wahrnehmungen (Überzeugungen) wirken sich auf Handlungen (Entscheidungen) aus.*[15] Die Einschätzung, machtlos oder weniger produktiv zu sein oder unfair behandelt zu werden, wirkt sich auf das Verhalten aus. Wenn man erwartet, keine gute Leistung bringen zu können, wird man tatsächlich keine gute Leistung bringen. Wenn man glaubt, dass Veränderungen nicht möglich sind oder dass die meisten Veränderungen die eigene Situation verschlechtern werden, wird man nichts tun, um Veränderungen zu ermöglichen oder voranzutreiben.

Der eigentliche Wert dieser Theorie ergibt sich aus der Interaktion dieser drei Hypothesen. Das individuelle Verhalten beruht auf Überzeugungen, deren Entstehung komplexer ist (oder zumindest anders abläuft), als es die Bayes'sche Standardtheorie zur Bestimmung der subjektiven Wahrscheinlichkeit des Auftretens verschiedener Umweltzustände nahelegt.

Wie im Modell der rationalen Erwartungen wirken sich die Überzeugungen auf das Verhalten aus, das sich auf das Ergebnis auswirkt, das sich auf die Überzeugungen auswirkt. Aber anders als im Modell der rationalen Erwartungen wirken sich die Überzeugungen auch auf die Wahrnehmung und darauf aus, wie Informationen aufgenommen und gefiltert werden. Vorgefasste Meinungen gestalten – in jeder Phase der Bildung einer Überzeugung – die Wahrnehmungen und erweitern die Bandbreite möglicher Gleichgewichte. Gelangen Individuen zu der Überzeugung, dass eine bestimmte Gruppe von Individuen (zum Beispiel Angehörige einer Kaste) weniger effizient oder produktiv sind, so werden die Informationen, die sich mit dieser Überzeugung decken, bereitwilliger aufgenommen als andere Informationen, die ihr widersprechen. Die Angehörigen der anderen Kasten gelangen zu der Überzeugung, dass ihre diskriminierende Einstellung nicht diskriminierend ist, sondern der »Realität« entspricht – denn so nehmen sie sie wahr. Diese Überzeugungen werden dadurch verstärkt, dass sie von Gleichgesinnten geteilt werden. Noch schlimmer ist, dass sich diese Einschätzung auf das Verhalten jener auswirken kann, die diskriminiert werden und sich die Wahrnehmung der diskriminierenden Gruppe aneignen. In gewissem Maß verstärken sich die Überzeugungen aus sich selbst heraus.

In Kombination mit dem Bestätigungsfehler und der sozialen Konstruktion der Überzeugungen hat die Abhängigkeit der Leistungsfähigkeit von Wahrnehmungen zur Folge, dass es multiple »Fiktionsgleichgewichte« geben kann.[16]

So wie sich Überzeugungen auf die *individuellen* Handlungen und Leistungen auswirken, wirken sich verbreitete Überzeugungen auf die *kollektiven* Handlungen aus. Wenn die Überzeugung verbreitet ist, dass Bildung wichtig und die öffentliche Bildung wirksam ist, ist die Wahrscheinlichkeit höher, dass kollektive Maßnahmen zur Unterstützung der öffentlichen Bildung ergriffen werden. Und auch hier kann es multiple gesellschaftliche Gleichgewichte geben.

Es kann ein Gleichgewicht großer Lernfortschritte geben, in dem die Mitglieder der Gesellschaft glauben, dass Veränderungen möglich sind und dass Bildung ein wichtiges Instrument ist, um Veränderungen herbeizuführen. Eine solche Gesellschaft wird öffentliche und private Investitionen vornehmen und politische Maßnahmen ergreifen, die der Aufrechterhaltung einer lernenden Gesellschaft dienen, und die Ergebnisse werden die bestehenden Überzeugungen bestätigen – insbesondere wenn mögliche Fehlschläge mit einem gedanklichen Abschlag versehen werden. Andere Gesellschaften können in einem Gleichgewicht geringer Lernfortschritte gefangen sein. Wenn die Individuen glauben, dass Veränderungen unmöglich sind, nehmen sie keine Investitionen vor, um Veränderungen herbeizuführen.[17]

Die Beständigkeit sozial dysfunktionaler Überzeugungen und Politiken

Zu verstehen, warum dysfunktionale Glaubenssysteme beständig sind und wie Systeme entstehen, die Lernen begünstigen können, ist für die entwickelten Länder von ebenso großer Bedeutung wie für die weniger weit entwickelten. Die Finanzkrise von 2008 hat bewiesen, dass die hier vorgestellten Konzepte relevant sind: Die Anhänger der Vorstellung, die Märkte seien immer effizient und stabil, nahmen die Krise ganz anders wahr als andere, die dieser Vorstellung skeptisch gegenüberstehen.

In den Augen der meisten Beobachter bewies die Krise (die Spekulationsblase und die rücksichtslose Vergabe von Darlehen, die ihr vorausging), dass die Märkte nicht zwangsläufig effizient und stabil sind und dass Marktversagen *sehr* kostspielig sein kann. Wer aber weiterhin glaubt, dass die Märkte im Grunde effizient sind, findet eine andere Erklärung. Nach »Verarbeitung« der vielfältigen »Informationen« über die Wirtschaft bewegte ihre bestehende Überzeugung sie dazu, den Gehalt von Informationen geringzuschätzen, die für die Ineffizienz und Instabilität der Märkte sprechen. Da es im Jahr 2008 fast unmöglich war, zu ignorieren, dass die Ereignisse eine schlimme Wende genommen hatten, gaben sie der Politik die Schuld: Der Versuch der Regierung, einkommensschwache Haushalte zum Kauf von Immobilien zu bewegen, habe die Krise verursacht. An dieser Einschätzung hielten sie trotz überwältigender Beweise des Gegenteils fest.[18] Als sich herausstellte, dass diese Argumente haltlos waren, erklärten die Befürworter des freien Marktmechanismus einfach, es habe sich um einen Jahrhundert-Tsunami gehandelt – ein außergewöhnliches Ereignis, das durch keine Theorie erklärt werden könne. Sie begriffen nicht, dass dieser Tsunami tatsächlich vom Markt *ausgelöst* worden war.[19]

Diese Überlegungen sind auch für die Theorie wichtig. Selbst allgemeine Theoreme (wie das von Greenwald und Stiglitz)[20], die zeigen, dass die Märkte im Grunde nie effizient sind, wenn es unvollkommene Informationen und unvollkommene Risikomärkte gibt (was immer der Fall ist), werden ignoriert. Theoreme sind Behauptungen, die sich folgerichtig aus Annahmen ergeben. Lange Zeit versuchten diejenigen, die von der Effizienz der Märkte überzeugt waren, einen logischen Fehler in unserer Analyse zu finden oder unsere Annahmen in Frage zu stellen. Aber der Rahmen war im Wesentlichen jener, der auch in der volkswirtschaftlichen Standardtheorie verwendet wird – nur dass wir von unvollkommenen Informationen und unvollkommenen Risikomärkten ausgingen. Niemand konnte die geringfügige Modifikation anzweifeln, die wir vorgenommen hatten: Informationen und Risikomärkte *sind* unvollkommen. Die einzige Möglichkeit der Kritiker bestand darin, diese Unvollkommenheiten als *quantitativ unerheblich* zu bezeichnen. Natürlich standen jenen, die an die Effizienz der Märkte glauben, keine Daten zur Verfügung, mit denen sie ein solches Ergebnis hätten belegen können. Und da wir die Reaktionen der Marktgläubigen erwartet hatten, waren wir noch weiter gegangen und hatten gezeigt, dass sogar geringfügige Unvollkommenheiten der Informationen gewaltige Auswirkungen haben und die Beschaffenheit des Gleichgewichts grundlegend ändern.[21] Aber die Anhänger des freien Markts fanden abermals einen Weg, um die Analyse »einzuordnen«. Entweder wiesen sie unser Ergebnis als theoretische Kuriosität zurück, oder sie hielten uns entgegen, dass selbst dann, wenn die Märkte unvollkommen wären, staatliche Versuche zur Korrektur von Marktversagen die Lage nur noch verschlimmern würden.

Gesellschaftliche Glaubenssysteme sind so wichtig, weil sie eine entscheidende Rolle bei der Gestaltung der Politik spielen. Nehmen wir beispielsweise die Rechte am geistigen Eigentum, die wir in Kapitel 12 analysiert haben. Bestimmte Glaubenssysteme, die die Vorstellung nährten, dass ein strengerer Schutz der Rechte am geistigen Eigentum vorteilhaft sei, haben zur Entwicklung entsprechender Systeme geführt, die in unseren Augen die Entwicklung einer lernenden Gesellschaft behindern. Die neoklassische Ideologie, die sich auf die statische Effizienz der Wirtschaft konzentriert, stützt die Vorstellung, der Staat solle keine Handels- und Industriepolitik betreiben, die die Schaffung einer lernenden Gesellschaft unterstützen könnte. Die Überzeugung, Finanzinnovationen seien vorteilhaft, führt zu einer Wirtschaftspolitik, die die makroökonomischen Schwankungen verschärft und eine Ressourcenallokation unterspült, die mehr zur Schaffung einer lernenden Gesellschaft beiträgt.

Wir sprechen von »gesellschaftlichen Glaubenssystemen«, aber natürlich hätten wir in dieser Diskussion klarstellen sollen, dass gleichzeitig (innerhalb eines Landes oder in verschieden Ländern) Gruppen –Subkulturen – existieren können, die vollkommen anders eingestellt sind – unter anderem in Bezug darauf, wie wünschenswert Veränderungen sind und wie wirksam alternative politische Eingriffe im Bemühen um die Schaffung einer lernenden Gesellschaft sein können.

Wandel von Wahrnehmungen und Überzeugungen

Überzeugungen ändern sich, und wenn sich Überzeugungen ändern, ändern sich auch die Politik und das Verhalten. Die Aufklärung hat unsere Denkweise verändert und die Entstehung einer Geisteshaltung ermöglicht, die die Schaffung einer lernenden Gesellschaft begünstigt und die Grundlage für die wissenschaftliche Neugierde geschaffen hat, die die Voraussetzung für die Verbesserung unseres Lebensstandards darstellte. Aber im Bereich der sozialen Organisation hat sie Veränderungen herbeigeführt, die nicht weniger bedeutsam sind: Sie hat eine grundlegende Änderung der Überzeugungen im Hinblick auf die Herkunft von Autorität bewirkt.

Ein Verständnis dessen, wie sich Glaubenssysteme verändern – und inwieweit und wie sich dieser Wandel herbeiführen lässt –, sollte ein zentraler Bestandteil der Analyse der wirtschaftlichen Entwicklung und der Wirtschaftsgeschichte sein.

In manchen Zeiten vollzieht sich Wandel sehr langsam, in anderen scheinen sich die Dinge zu überstürzen. Ein Beispiel: Tausende von Jahren lang galt es nicht nur als akzeptabel, sondern als naturgegeben und deshalb unvermeidlich, dass Frauen in mehrerlei Hinsicht anders als Männer behandelt wurden. Innerhalb eines Jahrhunderts hat sich in den meisten Teilen der Welt die Überzeugung durchgesetzt, dass eine solche Ungleichbehandlung inakzeptabel ist.

Derartige Veränderungen kollektiver Überzeugungen werden manchmal durch einen Wandel der wirtschaftlichen Bedingungen ausgelöst. Aber oft haben Glaubenssysteme ein Eigenleben und machen ihre eigene Evolution durch. Die beiden Prozesse gehen normalerweise Hand in Hand. Die historischen Analysen konzentrieren sich oft auf Fragen wie die, wie eine Veränderung des relativen Preises von Arbeit (infolge des technologischen Wandels oder einer Epidemie) die Mächtigen zu dem Versuch veranlassen konnte, den Arbeitern Schranken aufzuerlegen, um ihre wirtschaftliche Macht zu erhalten. Anschließend, so diese Analysen, entwickelten sich Glaubenssysteme, die diese Schranken erklärten und rechtfertigten.

Kollektive Überzeugungen (Ideologien), die einer Gesellschaft oder einer bestimmten Gruppe in der Gesellschaft unter bestimmten wirtschaftlichen Bedingungen gute Dienste leisten, erweisen sich unter veränderten Bedingungen möglicherweise als weniger nützlich. Und wenn sich die Bedingungen ändern, beginnen »Kräfte« zu wirken, die die zugrundeliegenden Überzeugungen verändern.

Es dürfte klar sein, dass ein bestimmtes Glaubenssystem den Interessen nicht aller Mitglieder einer Gesellschaft gleichermaßen dient. Die Vorstellung, die Angehörigen einer bestimmten Ethnie oder Kaste seien auf irgendeine Art minderwertig, bringt für bestimmte Gruppen (Sklavenhalter, höhere Kasten) Vorteile mit sich, aber für andere Gruppen ist sie offenkundig von Nachteil.

Da sich Glaubenssysteme auf das Gleichgewicht auswirken, indem sie beispielsweise die Wahrnehmungen prägen, haben Eliten erhebliche Anreize, die Überzeugungen ihrer Mitmenschen zu beeinflussen. (Im herkömmlichen Gleichgewichtsmodell, in dem von rationalen Erwartungen ausgegangen wird, ist das irrelevant, der kognitive Rahmen spielt dort keine Rolle.) Aber die Eliten können sich nicht einfach die kognitiven Rahmen »aussuchen«, die aus ihrer Sicht am besten funktionieren (genauso wenig wie die übrigen Mitglieder einer Gesellschaft). Kognitive Rahmen auszuwählen und anderen aufzuzwingen, ist ein schwieriges Unterfangen, denn kognitive Rahmen sind ihrerseits Teil übergeordneter Überzeugungen, das heißt der einen oder anderen »Ideologie«. Selbst diejenigen, die an den Hebeln der Macht sitzen, können normalerweise nicht sämtliche Einflussgrößen steuern, die die Evolution der Überzeugungen bestimmen. Kulturen sind immer umstritten.

Aber obwohl wirtschaftliche Interessen und Umstände zur Erklärung der Entwicklung – oder auch des Beharrungsvermögens – von Überzeugungen beitragen, können Glaubenssysteme ein Eigenleben führen. Es ist nicht vollkommen klar, ob die Schöpfer der amerikanischen Unabhängigkeitserklärung die Absicht hatten, Frauen und Sklaven in die Vorstellung einzubeziehen, dass alle Menschen gleich geschaffen sind. Ist eine solche Vorstellung jedoch erst einmal allgemein anerkannt, so wird ihr Gehalt zwangsläufig überprüft und neu interpretiert.

Die allgemeinen Ideologien – die sowohl die Kategorien definieren (die Prismen, durch die wir die Welt betrachten) als auch bestimmen, welche Überzeugungen als akzeptabel betrachtet werden – ändern sich, wobei dieser Wandel jedoch im Normalfall so langsam vonstattengeht, dass sie zu jedem gegebenen Zeitpunkt als Zustandsvariablen betrachtet werden können. Eine Institution (wie Jim Crow[22]) mag in einer bestimmten Zeit auf Akzeptanz stoßen und in anderen Zeiten nicht.[23] Sie kann in einer bestimmten Zeit Teil eines Gleichgewichts sein und in anderen Zeiten nicht.[24]

Institutionen funktionieren, weil sie Legitimität besitzen, weil sie akzeptiert werden. Akzeptanz und Leistungen von Institutionen hängen nicht nur von wirtschaftlichen Variablen ab, sondern auch von den Überzeugungen, die unser Bild von der Welt ausmachen.

Indem wir »kognitive Rahmen« (Ideologien) als Zustandsvariablen aufnehmen, erhalten wir einen Teil einer allgemeinen Theorie gesellschaftlichen Wandels, die sich deutlich von den traditionellen Theorien unterscheidet, in denen nur Kapital, Machtverteilung und Wohlstand als Zustandsvariablen gelten. Wenn Überzeugungen, wie wir annehmen, tiefgreifende Auswirkungen haben und wenn sie sich manchmal ändern und manchmal nicht, dann ist das Verständnis der Dynamik dieses Wandels – und der Umstände, unter denen es zur Verfestigung von Überzeugungen kommt – unverzichtbar, um die gesellschaftliche Evolution zu verstehen.

Die zweite Aufgabe ist in mancher Hinsicht leichter zu bewältigen als die erste. Wir haben das Konzept der Gleichgewichtsfiktionen erklärt. Wenn die Überzeugungen der Individuen teilweise oder weitgehend von den Überzeugungen derer abhängen, mit denen sie interagieren, wird ein Nash-Gleichgewicht von Überzeugungen möglich, das beständig sein kann und in dem neue Informationen, die diesen Überzeugungen widersprechen, geringgeschätzt werden. Tatsächlich können Überzeugungen, die während einer bestimmten Zeit funktional waren, es jedoch nicht länger sind, fortbestehen, obwohl sich die wirtschaftlichen oder technologischen Bedingungen, die ihre Durchsetzung mitbestimmt haben, geändert haben.

Wenn sich Ideologien ändern, kann sich auch das Gleichgewicht ändern, ohne dass sich die »Fundamente« wesentlich ändern. Der Wandel der Vorstellungen in Bezug auf die Geschlechterrollen hat erhebliche wirtschaftliche Auswirkungen, aber dieser Wandel selbst kann nur bedingt mit technologischen oder wirtschaftlichen Veränderungen erklärt werden. (Wirtschaftliche Veränderungen können eine Erklärung für ein besseres öffentliches Bildungsangebot sein, aber die Ausweitung der Bildung auf Frauen und die Auswirkungen dieser gesellschaftlichen Veränderung hingen mit einiger Sicherheit ebenso sehr von der Idee der Gleichberechtigung wie von der wirtschaftlichen Entwicklung ab.)

Wenden wir uns nun den spezifischen Überzeugungen zu, die unsere Gesellschaft in den vergangenen Jahrzehnten nachhaltig geprägt haben.

Demokratie und die Schaffung einer lernenden Gesellschaft

Die Ideen der Menschenrechte und der Demokratie haben unsere Wirtschaft und Gesellschaft geprägt. In den Vereinigten Staaten und Europa führten diese Ideen schließlich zur Abschaffung der Sklaverei, obwohl es große Gruppen gab, für die es vorteilhaft war, an dieser institutionellen Regelung festzuhalten, und obwohl die Gegner der Sklaverei kaum wirtschaftliche Vorteile aus ihrer Abschaffung zogen.

Die demokratischen Ideale stellen die Autorität in Frage. Als in der amerikanischen Unabhängigkeitserklärung verkündet wurde, dass alle Menschen gleich geschaffen seien, besagte dies nicht, dass sie alle dieselben körperlichen und geistigen Fähigkeiten besäßen. Es bedeutete, dass sie alle dieselben Rechte besaßen, darunter das Recht, ihre Ideen auf einem Markt anzubieten, auf dem sie miteinander konkurrieren konnten.

Dieselbe Geisteshaltung ist unverzichtbar, um eine dynamische, lernende Volkswirtschaft und Gesellschaft aufzubauen. Die Demokratie und die offene Gesellschaft sind untrennbar mit einer lernenden Wirtschaft und Gesellschaft verknüpft. Und eine offenere Gesellschaft bringt mehr Ideen hervor, einen Strom von »Mutationen«, die nicht nur faszinierend sind, sondern auch die Möglichkeit einer dynamischen Evolution eröffnen.

Aber selbst wenn eine größere Dynamik langfristig den meisten Mitgliedern der Gesellschaft zugutekommt, kann und wird es normalerweise kurzfristig Menschen geben, die aufgrund des Wandels etwas verlieren. Und es kann nicht überraschen, dass diejenigen, die Verluste befürchten, Veränderungen mit allen Mitteln zu verhindern versuchen. Dazu wählen sie oft den politischen Prozess. Diejenigen, die eine gegebene Ungleichverteilung von Wohlstand und Macht aufrechterhalten wollen, tun dies nicht nur, indem sie für konservative (wirtschafts- oder rechtspolitische oder sonstige) Maßnahmen eintreten (die zum Beispiel wie Eintrittsbarrieren wirken). Darüber hinaus versuchen sie auch, die Legitimität der herrschenden Verhältnisse zu sichern. Die Informationspolitik (Kontrolle der Medien, Transparenzgesetze usw.) wird zu einem wichtigen Instrument der Gestaltung der öffentlichen Wahrnehmung und damit der öffentlichen Politik. Die politischen Prozesse selbst werden im Lauf der Zeit nicht nur von der Geschichte, sondern auch von der Wirtschaft geprägt, insbesondere in Ländern wie den Vereinigten Staaten, in denen das Geld einen so großen Einfluss auf die Politik hat. Die Unternehmen haben gelernt, dass sie die Präferenzen der Konsumenten in ihrem Sinne beeinflussen können. Die Reichen haben in jüngster Zeit gelernt, wie sie diese Werkzeuge einsetzen können, um die Wahrnehmungen so zu beeinflussen, dass der politische Prozess Ergebnisse zeitigt, die in ihrem Interesse sind. Manchmal muss dazu die Offenheit und Transparenz der Gesellschaft verringert werden – in einer offeneren Gesellschaft könnten die Menschen die fortbestehende Ungleichheit in Frage stellen, und in einer transparenteren Gesellschaft könnten die schändlichen Methoden, mit denen die Ungleichheit aufrechterhalten wird, aufgedeckt werden. Wenn das geschieht, könnte der langfristige Erfolg der Wirtschaft in Frage gestellt werden.

Integratives Wachstum

Bisher haben wir uns damit beschäftigt, wie wichtig die Schaffung einer lernenden Volkswirtschaft und Gesellschaft ist. Wir haben gezeigt, dass es für den Erfolg nicht nur eines wirtschaftlichen, sondern auch eines gesellschaftlichen Wandels bedarf, und wir haben gezeigt, dass demokratische und offene Gesellschaften langfristig dynamischer sind. Aber wie wir gesehen haben, können die demokratischen Prozesse gestaltet werden, und einige Akteure haben einen Anreiz, bestehende Ungleichheiten aufrechtzuerhalten. So können demokratische Prozesse zum Gegenteil einer offenen und transparenten Gesellschaft führen.

Es gibt also noch mindestens eine weitere Voraussetzung für langfristigen Erfolg: integratives Wachstum. Mittlerweile herrscht allgemein Einigkeit darüber, dass die Trickle-down-Wirtschaft nicht funktioniert. Ein höheres Bruttoinlandsprodukt bedeutet nicht zwangsläufig, dass alle oder auch nur die Mehrheit profitieren. Die Kritik an der vom Washington-Consensus inspirierten Politik lautet jedoch nicht einfach, dass sie den Armen nicht zugutekommt, sondern dass sie gegen die Armen gerichtet ist. Eine Politik, die größere Volatilität bewirkt (und das scheint die Wirkung einer Liberalisierung der Kapital- und Finanzmärkte zu sein), schadet den Armen. Die Armen tragen die Hauptlast von Krisen – nichts zeigt das deutlicher als die Krise von 2008.[25] Politische Maßnahmen, die die Arbeitslosigkeit erhöhen, sind gegen die Armen gerichtet. Die Liberalisierung des Handels zerstört Arbeitsplätze, weshalb sie gegen die Armen gerichtet ist, sofern sie nicht von Maßnahmen begleitet wird, die zur Schaffung von Arbeitsplätzen und zur Entstehung von Unternehmen führen. Deshalb ist es so wichtig, die Handelsliberalisierung durch geeignete Finanz- und Handelshilfsmaßnahmen zu ergänzen, um dafür zu sorgen, dass mit der Zerstörung alter Arbeitsplätze eine Schaffung neuer einhergeht. Die Märkte allein gewährleisten dies nicht, selbst in scheinbar gutfunktionierenden hochentwickelten Industrieländern.

Einer der großen Fortschritte in den letzten Jahren besteht in der Erkenntnis, dass es politische Instrumente und Programme (von allgemeinen Maßnahmen wie der Vergabe von Mikrokrediten bis zu spezifischen Instrumenten wie effizienteren Kochgeräten) gibt, deren Einsatz die Wahrscheinlichkeit erhöht, dass die Armen vom Wachstum profitieren.

Die politische Ökonomie von Einbeziehung und Offenheit

Unser Argument für inklusives Wachstum geht über die übliche Feststellung hinaus, dass ein Land seine wertvollste Ressource – das menschliche Talent – vergeudet, wenn es nicht dafür sorgt, dass alle Menschen ihre Fähigkeiten ausschöpfen können. Vielmehr beruht es auf der politischen Ökonomie, auf einer Analyse der negativen Auswirkungen der Ungleichverteilung auf langfristiges Lernen und Wachstum und die inklusive Demokratie.[26]

An anderer Stelle haben wir erklärt, dass dem Staat in jeder Volkswirtschaft eine wichtige Rolle bei der Korrektur verbreiteten Marktversagens zukommt. Besonders wichtig sind jedoch seine Beiträge zur »kreativen Wirtschaft«, zum Beispiel durch die Finanzierung der Grundlagenforschung und das Angebot einer hochwertigen Bildung. Dazu kommt, dass Innovationsvorhaben immer riskant sind, und in Gesellschaften mit besseren Sozialsystemen sind die Individuen eher bereit, Risiken einzugehen. Und Gesellschaften wie zum Beispiel die skandinavischen, die von einem besseren sozialen Schutz profitieren, sind eher bereit, sich und ihre Bürger Risiken auszusetzen, die das Wachstum begünstigen (darunter jenen, die mit Offenheit einhergehen).

Nehmen wir den Fall einer Gesellschaft an, in der die Verteilung tendenziell gleichmäßig ist. Die einzige Aufgabe des Staates besteht in diesem Fall darin, kollektive Güter bereitzustellen und Marktfehler zu korrigieren. Es ist möglich, einen Konsens bezüglich der erforderlichen Eingriffe herzustellen, da die Interessen übereinstimmen.

In Gesellschaften mit ausgeprägter Ungleichverteilung ist das nicht so. Hier weichen die Interessen voneinander ab. Die Linken wollen den Staat zum Beispiel einsetzen, um das Einkommen umzuverteilen. Konservative Bürger mit hohem Einkommen behaupten möglicherweise, sie versuchten lediglich, eine solche Umverteilung zu verhindern, aber ein genauerer Blick auf die von ihnen befürwortete Politik zeigt oft, dass diese eine Umverteilung zu ihren Gunsten mit sich bringt; zumindest gewährleistet sie, dass der Staat sie nicht auffordert, »zu viel« zum Gemeinwohl beizutragen, und dass er die Aktivitäten, mit denen sie die Armen ausbeuten und sich einen unverhältnismäßig großen Anteil an den öffentlichen Gütern sichern, nicht einschränkt. Die unvermeidliche Folge sind Verteilungskämpfe.

Die Auseinandersetzung nimmt oft die Form eines Versuchs an, der Regierung die Hände zu binden (zum Beispiel durch eine »unabhängige« Zentralbank, die in Wahrheit in erster Linie dem Finanzsektor Rechenschaft schuldet, oder durch die Einführung von Budgetbeschränkungen, die den Handlungsspielraum der Regierung erheblich einschränken (selbst wenn es im öffentlichen Sektor Investitionsgelegenheiten gibt, die hohe Erträge versprechen).

Viele in den Vereinigten Staaten hegen die Sorge, das Land habe einen Weg eingeschlagen, der es in eine negative Dynamik führe. Es steuere auf ein Gleichgewicht mit größerer Ungleichheit und folglich einer weniger dynamischen Wirtschaft und Gesellschaft zu. Die Institutionen der sozialen Sicherung bröckeln, die öffentlichen Investitionen (einschließlich jener in die Bildung) gehen zurück, die Ungleichheit nimmt zu. Die Reichen ziehen sich in die private Bildung, in private Parks, die private Krankenversicherung usw. zurück, obwohl eine Bereitstellung dieser Dienste durch den öffentlichen Sektor sehr viel effizienter sein könnte. Anstatt sich zu bemühen, die Effizienz des öffentlichen Sektors zu fördern, versuchen diejenigen, die den Einfluss des Staates zurückdrängen wollen, den öffentlichen Sektor zu zerschlagen und seine Glaubwürdigkeit zu untergraben. Sie tun dies in dem Wissen, dass ein Erfolg zu einem breiteren Konsens über die Beschränkung der Rolle des Staates und damit seinem Vermögen zur Umverteilung führen wird, *selbst wenn auf diese Art die Fähigkeit des öffentlichen Sektors eingeschränkt wird, den kollektiven Wohlstand zu erhöhen.* So nimmt die Ungleichverteilung zu, das Vertrauen in den öffentlichen Sektor schwindet, und der Staat verliert an Bedeutung. Es ist schwer zu beurteilen, ob am Ende nicht auch die Spitzen der Gesellschaft darunter leiden werden, aber es steht außer Frage, dass die große Mehrheit der Gesellschaft verliert.

Ein kurzer Blick auf die Entwicklungen in aller Welt zeigt, dass verschiedene Gesellschaften unterschiedliche Wege eingeschlagen haben. In den skandinavischen Ländern ist die Ungleichheit im Großen und Ganzen mäßig. Sie haben effiziente und große öffentliche Sektoren, der Großteil ihrer Bevölkerung genießt einen hohen Lebensstandard, und es ist ihnen gelungen, integrative, dynamische Volkswirtschaften und Gesellschaften zu schaffen. Es gibt erhebliche Unterschiede zwischen den Vorhaben der politischen Parteien in diesen Ländern, aber es besteht ein breiter Konsens bezüglich der meisten Bestandteile des »Gesellschaftsvertrags«. Die Vereinigten Staaten haben in den letzten Jahren einen anderen Kurs eingeschlagen. Die Statistiken widersprechen dem Bild einer Gesellschaft mit hoher sozialer Mobilität und deuten darauf hin, dass die Mobilität geringer ist als in vielen Ländern der »alten« Welt. Die Folge ist ein sinkender Lebensstandard für die Mehrheit der amerikanischen Bürger, der mit zunehmenden sozialen Verwerfungen einhergeht.

Es gibt keinen Konsens bezüglich der Frage, ob ein großes Land wie die Vereinigten Staaten im öffentlichen Sektor eine ähnliche Effizienz erreichen kann wie die skandinavischen Länder. Aber ein wichtiges Ergebnis der hier vorgelegten Analyse ist, dass die Märkte auch dann, wenn das nicht möglich sein sollte, nicht sich selbst überlassen werden sollten. Vielmehr sollten die Instrumente den Fähigkeiten der Regierung und der öffentlichen Verwaltung angepasst werden, und es sollten Anstrengungen unternommen werden, um diese Fähigkeiten zu verbessern.

Schlussbemerkungen

In diesem Kapitel haben wir uns mit einem umfassenden Fragenkomplex befasst. Wirtschaft, Politik und Gesellschaft sind miteinander verflochten. Die Ökonomen verlieren diese übergeordneten Dimensionen oft aus den Augen – obwohl wir auch gesagt haben, dass ein Großteil der herkömmlichen ökonomischen Theorie sogar die wichtigsten *wirtschaftlichen* Bestandteile einer dynamischen und kreativen Gesellschaft außer Acht lässt.

Dass wir eine offene, demokratische und integrative Gesellschaft für eine Voraussetzung für die Entwicklung einer dynamischen Wirtschaft und einer lernenden Gesellschaft halten, bedeutet nicht, dass wir die Bedeutung dieser gesellschaftlichen Ziele als Selbstzweck unterschätzen. Kreativität, Teilhabe und Sicherheit sind wichtige Bestandteile des individuellen Wohlergehens und des Selbstwertgefühls. Die zentrale Botschaft der International Commission on the Measurement of Economic Performance and Social Progress (Internationale Kommission für die Messung wirtschaftlicher

Leistung und sozialen Fortschritts) lautet, dass das Bruttoinlandsprodukt kein guter Maßstab für das Wohlergehen ist und dass eine Politik, die sich auf dessen Erhöhung fixiert, in die Irre führt.[27]

Wir haben uns nicht eingehend mit spezifischen politischen Maßnahmen beschäftigt, die ergriffen werden können, um eine offenere und integrative Demokratie aufzubauen oder um die Gesellschaft zu verändern und die Kultur des Lernens zu fördern. Wir haben auch nicht erklärt, wie das Wechselspiel zwischen wirtschaftlichen, politischen und technologischen Veränderungen auf der einen und der Selbstevolution von Glaubenssystemen auf der anderen Seite in die Aufklärung mündeten. Diese Fragestellungen sprengen den Rahmen dieses Buches. Wir haben uns auch nicht eingehend mit der Frage beschäftigt, warum die Prinzipien der Aufklärung und die damit verbundene lernfreudige Geisteshaltung noch immer nicht universell übernommen wurden oder warum es sogar in Ländern, wo sie im Allgemeinen akzeptiert sind, Teile der Gesellschaft gibt, die diese Vorstellungen ablehnen. Aber wir haben hervorgehoben, dass sich Überzeugungen (die lernfreudige Geisteshaltung) nicht nur auf das individuelle, sondern auch auf das kollektive Verhalten einschließlich der politischen Maßnahmen auswirken, von denen es abhängt, wie viel die Gesellschaft lernt und wie schnell sich die Wirtschaft entwickelt.

Wir schließen mit zwei Bemerkungen: Erstens haben wir auf die Bedeutung der Gleichgewichtsfiktionen hingewiesen, jener Überzeugungen, die trotz gegenteiliger Beweise fortbestehen. Zwei derartige Fiktionen sind (a) die Überzeugung, sich selbst überlassene Märkte seien effizient, und (b) die Überzeugung, ein »strenger« Schutz des geistigen Eigentums sei vorteilhaft. (Allein die Vorstellung, es sei *möglich*, die Märkte sich selbst zu überlassen, ist eine Fiktion, denn die Märkte brauchen Regeln und Vorschriften, und diese müssen kollektiv vereinbart werden.) Und die Anwendung dieser Vorstellungen, die oft als zentral für die Schaffung einer dynamischen lernenden Volkswirtschaft betrachtet wird, dürfte in Wahrheit insbesondere in Entwicklungsländern genau das Gegenteil bewirken.

Zweitens spiegeln die politischen Maßnahmen nicht nur gesellschaftliche Einstellungen wider, sondern sie beeinflussen auch die Geisteshaltung der Mitglieder der Gesellschaft. Politische Maßnahmen, die es den wirtschaftlichen Akteuren erleichtern, Risiken einzugehen, können dazu führen, dass eine risikofreudigere Geisteshaltung entsteht. Eine Regelung der Rechte am geistigen Eigentum, die Anreize zur Geheimhaltung gibt, führt dazu, dass sich die Akteure eine Geisteshaltung aneignen, die Transparenz und Offenheit ablehnt.

Natürlich wirken sich nicht nur die Maßnahmen der öffentlichen Hand auf das Lernen und die mentalen Einstellungen der Menschen aus. Dasselbe gilt für die Entscheidungen von Unternehmen. Unternehmen können beschließen, eine Kultur der Geheimhaltung zu pflegen, die den Transfer von Wissen innerhalb der Organisation und zwischen den Unternehmen behindert, oder sie können sich um eine größere Offenheit bemühen. Nicht nur die Demokratie auf nationaler Ebene, sondern auch die Demokratie am Arbeitsplatz[28] ist bedeutsam. Eine autoritätskritische Haltung kann zur Entstehung einer Lernkultur in den Unternehmen beitragen – und von dieser Kultur kann die gesamte Gesellschaft profitieren. Es gibt also nicht nur »technologische« und lernbezogene externe Effekte, sondern auch solche, die auf die mentalen Einstellungen einwirken. Innovationen hängen nicht zuletzt davon ab, inwieweit es gelingt, eine lernfreundliche Umgebung zu schaffen. Aber umgekehrt können bestimmte Arten von Innovationen die Entstehung einer solchen Umgebung begünstigen, während andere das Gegenteil bewirken. Beispielsweise können Innovationen, die die Möglichkeiten zur Überwachung ausweiten, hierarchische Beziehungen festigen.[29]

Wir haben wiederholt darauf hingewiesen, dass die Entscheidungen von Unternehmen – einschließlich jener über die Richtung der Innovationstätigkeit – von der staatlichen Politik geprägt werden. Bei der Beurteilung der Konsequenzen der politischen Maßnahmen, die wir in den ersten zwölf Kapiteln dieses Buchs analysiert haben, müssen wir ihre langfristigen Auswirkungen auf die Gestalt unserer Gesellschaft im Auge behalten.

Kapitel 14

Abschließende Überlegungen

Vor mehr als 60 Jahre demonstrierte unser Lehrer Robert Solow überzeugend, dass der Anstieg des Lebensstandards in erster Linie auf den technologischen Fortschritt und den Erwerb und die Verbreitung von Wissen zurückzuführen ist. Ebenso lange ist es her, dass Kenneth Arrow mit der Analyse des endogenen Lernens begann. Wenn wir den Einfluss der Arbeit der beiden Wissenschaftler an der Zahl der Zitierungen und an der von ihnen angeregten Forschung messen, so zeigt sich, dass ihre bahnbrechenden Studien große Bedeutung erlangt haben.

Auf einer anderen Ebene hat die Entwicklung der Ökonomie jedoch nur enttäuschend geringen Einfluss gehabt. Zwar sind die Innovationsökonomik und die Wissensökonomik heute in aller Munde, und in der Analyse von Patenten, Patentwettläufen und externen Effekten in Netzwerken wurden wichtige Fortschritte erzielt. Aber die Erkenntnis, was ihre Analysen für das neoklassische Modell bedeuten, hat sich bislang noch nicht durchgesetzt. Und die politischen Implikationen haben noch weniger Niederschlag im Mainstream-Denken gefunden. In diesem Buch haben wir einen Versuch unternommen, dies zu ändern.

Vor etwa 40 Jahren stellte die Revolution der Informationsökonomik sämtliche herkömmlichen Ergebnisse und Schlussfolgerungen in Frage. Möglicherweise existiert kein Gleichgewicht. Und wenn es existiert, dann sieht es möglicherweise ganz anders aus als das im Standardmodell abgeleitete. (Das Angebot entspricht vielleicht gar nicht der Nachfrage. Kreditrationierung und Arbeitslosigkeit sind möglich. Das Gleichgewicht lässt sich möglicherweise nicht durch einen einzigen Preis kennzeichnen. Vielleicht gibt es eine ganze Wolke von Preisen.

Die Preise könnten die Grenzkosten systematisch übersteigen. Das Marktgleichgewicht wäre im Allgemeinen nicht paretoeffizient.) Diese Revolution in der ökonomischen Theorie hatte weitreichende Auswirkungen auch auf die Politik.

Aber man kann sich Informationen als eine besondere Art von Wissen vorstellen,[1] und man hätte erwarten können, dass die Wissensrevolution ebenso tiefgreifende Auswirkungen haben würde. In diesem Buch haben wir zu zeigen versucht, dass die Ökonomie des Lernens und der Innovation das Zeug dazu hat, sowohl die Wirtschaftstheorie als auch die Politik zu revolutionieren. Beispielsweise haben wir einige der grundlegenden Werkzeuge der Ökonomen in Frage gestellt: Wenn die meisten Unternehmen nicht die »besten Methoden« anwenden, welchen Sinn hat dann eine Produktionsmöglichkeitenkurve, die auf der Annahme beruht, alle Unternehmen seien effizient oder das Wissen aller Unternehmen sei fix? Hat dieses Werkzeug dann überhaupt noch einen Nutzen?

Wir haben gezeigt, dass der komparative Vorteil insbesondere im Hinblick auf die zunehmende Mobilität qualifizierter Arbeitskräfte und des Kapitals überprüft werden muss: Der langfristige komparative Vorteil eines Landes beruht teilweise auf seiner komparativen Lernfähigkeit.

Wir haben erklärt, warum in einer lernenden Volkswirtschaft nicht davon auszugehen ist, dass die Marktwirtschaft an sich effizient ist, sei es im statischen oder im dynamischen Sinn. Tatsächlich können wir das Gegenteil annehmen. Das bedeutet, dass mit politischen Eingriffen ein höheres nachhaltiges Wachstum erreicht werden kann. Aber viele der Maßnahmen, die das Lernen in der gesamten Volkswirtschaft fördern, stehen im Gegensatz zu denen, die aus dem neoklassischen Modell abgeleitet werden. Die Konzentration auf die kurzfristige Allokationseffizienz kann zu einem schwächeren Wachstum führen. Industriepolitik – einschließlich handelspolitischer Eingriffe – ist im Normalfall wünschenswert, und sie sollte sogar über die anfängliche Aufholphase hinaus zu einem festen Bestandteil des wirtschaftspolitischen Rahmens werden.

Wir haben versucht, die Faktoren zu analysieren, die die Lernfähigkeit einer Gesellschaft erhöhen und ihre Lernfortschritte beschleunigen. Diese Analyse hat uns zu einer neuen Theorie der Grenzen des Unternehmens geführt, die von der von Ronald Coase entwickelten[2] abweicht, das heißt, in deren Mittelpunkt nicht die Minimierung der gesellschaftlichen Transaktionskosten steht, sondern die Maximierung des Lernens einschließlich der Erkenntnis, dass Wissen innerhalb eines Unternehmens freier beweglich ist.

Wir haben betont, wie wichtig es ist, Lernprozesse unter gesellschaftlichen Gesichtspunkten zu betrachten. Externe Lerneffekte sind allgegenwärtig, und es ist ein Fehler, sie nicht zu berücksichtigen. Unternehmen begehen diesen Fehler, und das bedeutet, dass nicht davon auszugehen ist, dass das Marktgleichgewicht – in dem der Markt die Grenzen des Unternehmens zieht – effizient ist oder für ein Höchstmaß an gesellschaftlichem Lernen sorgt. Und es kann schon gar nicht angenommen werden, dass die Versuche von Unternehmen, andere daran zu hindern, von ihnen zu lernen, zu einem Optimum führen werden.

Aber vor allem liefert uns die Konzentration auf Lernprozesse ein neues Prisma, das wir verwenden müssen, um praktisch jeden Aspekt der Politik, ja jeden Aspekt des Rechtsrahmens eines Landes einer Neubewertung zu unterziehen. Das gilt für alle Länder, aber besonders bedeutsam ist es für die Entwicklungsländer.

Die Konstruktion einfacher Gleichgewichtsmodelle unter Berücksichtigung von Lerneffekten erweist sich als schwierige Aufgabe, denn man muss gleichzeitig die Marktstruktur und Lernprozesse einschließlich der Investitionen in Lernen und Innovationsvorhaben einkalkulieren (das heißt, die Gleichung nach diesen Variablen auflösen). Die traditionelle Fragestellung, ob Innovationen eher in Monopol- oder eher in Wettbewerbsstrukturen auftreten, ist also zumindest teilweise irreführend. (Natürlich kann der Staat Maßnahmen ergreifen, die den Wettbewerb fördern, oder er kann angesichts von wettbewerbsschädigenden Praktiken die Augen schließen.) Darüber hinaus wirken sich die Überzeugungen in Bezug auf das zukünftige Wachstum und die Industriestruktur auf die gegenwärtige Produktion, das Lernen und sogar die Industriekonzentration aus. Wir haben gezeigt, dass es tatsächlich multiple Gleichgewichte geben kann: ein Gleichgewicht mit hohem Wachstum, in dem sich hohe Investitionen in das Lernen in der Gegenwart lohnen, was ein höheres Wachstum zur Folge hat, und ein Gleichgewicht mit geringem Wachstum.

Wir haben uns mit den politischen Eingriffen, die direkt auf die Struktur der Wirtschaft zielen (Industrie- und Handelspolitik), sowie mit der Makropolitik befasst. Wir haben auch klargemacht, dass gesamtwirtschaftliche Stabilität nicht nur deshalb wünschenswert ist, weil risikoscheue Individuen starke Schwankungen der Wirtschaft nicht mögen und weil höhere Volatilität zu einer sehr viel größeren Outputlücke (einer größeren Lücke zwischen dem Potential der Volkswirtschaft und ihrem tatsächlichen Output) und mehr Ungleichheit führt,[3] sondern weil gesamtwirtschaftliche Schwankungen ungünstige Bedingungen für Lernprozesse schaffen. Welcher Nutzen sich auch immer aus der Umstrukturierung ergeben mag, die ein konjunktureller Abschwung der Wirtschaft aufzwingt – die mit ihm verbundenen Einbußen in puncto Lernen und Innovation stellen ihn in den Schatten. Wir haben gesehen, dass politische Maßnahmen wie die Finanz- und Kapitalmarktliberalisierung nicht nur direkt zu einer Wirtschaftsstruktur führen können, die dem Erwerb und der Verbreitung von Wissen abträglich ist, sondern dass sie sich auch in stärkeren konjunkturellen Schwankungen niederschlagen können, was zusätzliche nachteilige Auswirkungen auf das Lernen hat. Auch haben wir gezeigt, dass die Rechte am geistigen Eigentum Lernprozesse behindern können. Und im Sinne eines lernfreundlichen Systems haben wir mögliche Reformen der Bestimmungen zum Schutz geistigen Eigentums behandelt. Noch bedeutsamer ist die Erkenntnis, dass die Rechte am geistigen Eigentum in den größeren Kontext eines nationalen Innovationssystems eingeordnet werden müssen, in dem Open Source, Preise und öffentliche Investitionen in Forschung und Lernprozesse Vorrang vor den Rechten am geistigen Eigentum haben müssen.

Wir haben auch gezeigt, wie die öffentliche Hand Steuern und Investitionen einsetzen kann, um eine lernende Volkswirtschaft und Gesellschaft aufzubauen. Aber die Liste lässt sich weiterführen. Alternative geldpolitische Strategien und Institutionen, Investitionsabkommen, Maßnahmen zur Förderung der Bildung und der technologischen Entwicklung, der rechtliche Rahmen für die Führung von Unternehmen und die Regelung von Konkursen, ja das gesamte System zur Gestaltung und Steuerung der Wirtschaft muss unter dem Gesichtspunkt des Lernens einer Neubewertung unterzogen werden. Wir haben beobachtet, dass sich sogar die Systeme der sozialen Sicherung auf Lernprozesse auswirken können: Investitionen in den Erwerb von Wissen sind riskant, und in Gesellschaften mit guter sozialer Sicherung kann der Einzelne größere Risiken eingehen, weil er bei Misserfolgen besser geschützt ist. So kann mehr gelernt werden. Angst verhindert Lernen, und gute Systeme der sozialen Sicherung verringern die Angst. Ein Nebenergebnis der in Kapitel 13 erläuterten Analyse ist, dass demokratischere Bedingungen am Arbeitsplatz lernfreundlicher sind, weshalb Arbeitsgesetze, die solche Arbeitsbedingungen fördern, das Lernen fördern dürften.

In diesem kurzen Buch konnten wir uns nur mit einigen wenigen der zahlreichen Bereiche befassen, die unter dem Gesichtspunkt des Lernens einer Neubewertung unterzogen werden müssen. Gleichwohl hat unsere Analyse eine ganze Reihe etablierter Annahmen widerlegt:

- Wir haben gezeigt, dass es ein *Infant-Economy-Argument für Schutzmaßnahmen* gibt. Indem man einen lernenden Sektor schützt, der erhebliche externe Effekte ausstrahlt (wie wir gesehen haben, ist dies im Normalfall der Industriesektor), ermöglicht man schnelleres Wachstum, eine höhere Wohlfahrt und einen höheren Lebensstandard und kann die Konvergenz zwischen Ländern mit unterschiedlichem Entwicklungsstand unterstützen. Ein Verzicht auf Protektionsmaßnahmen kann zu Stagnation führen. Es kann wünschenswert sein, diesen Schutz selbst dann zu gewähren, wenn die Volkswirtschaft nie zur vollen Reife gelangt.

- Es gibt gute Argumente dafür, den Wechselkurs als Instrument einzusetzen, um den lernenden Sektor anzuregen. Das gilt insbesondere dann, wenn die Möglichkeiten des Einsatzes industriepolitischer Instrumente beschränkt sind. Es kann sich sogar für ein Entwicklungsland bezahlt machen, einen Handelsüberschuss zu erzielen – die Lernfortschritte überwiegen die Kosten eines Verzichts auf Konsum oder Investitionen. Und es kann sogar vorteilhaft sein, diese Politik *unbegrenzt* fortzusetzen.
- Eine umfassendere Industriepolitik ist wünschenswert. Ziel der Industriepolitik sollte es nicht sein, vermutliche Sieger auszuwählen, sondern durchgängiges Marktversagen zu korrigieren, insbesondere dann, wenn es Lernprozesse behindert. Industriepolitische Eingriffe sollten über die Schaffung günstiger Bedingungen für die Unternehmen hinausgehen. In einigen idealtypischen Modellen haben wir allgemeine Formeln für optimale Interventionen abgeleitet.
- Die Liberalisierung der Finanz- und Kapitalmärkte kann Lernprozesse beeinträchtigen, und zwar sowohl aufgrund des schwächeren Kapitalzuflusses in lernintensive Unternehmen und Sektoren mit externen Lerneffekten als auch aufgrund dessen, dass sie Lernfortschritte im Finanzsektor behindert.
- Ausländische Direktinvestitionen können Lernen fördern, aber inwieweit das geschieht, hängt von den politischen Rahmenbedingungen ab, beispielsweise davon, inwieweit solche Investitionen mit Forderungen nach Beschaffungen und der Einrichtung von Arbeitsplätzen im Inland verbunden werden. Derartige Vorgaben werden im Standardparadigma oftmals kritisiert und in Handels- und Investitionsabkommen ausgeklammert.

- Ein strengerer Schutz geistigen Eigentums – und insbesondere schlechtgestaltete Systeme (beispielsweise ist das System zum Schutz der Rechte am geistigen Eigentum in den Vereinigten Staaten *nicht* gut konzipiert) – kann Lernprozesse und die Schaffung einer lernenden Gesellschaft behindern, weil er den Zugang zu Wissen behindert, eine Kultur der Geheimhaltung fördert, die der für die lernende Gesellschaft unabdingbaren Offenheit widerspricht, und weil die daraus resultierenden nachteiligen Auswirkungen auf den Wissenspool, von dem die Möglichkeiten der Innovatoren abhängen, die Anreize für Investitionen in Innovationen verringern.

Unsere Analyse führt uns zu drei wesentlichen Erkenntnissen. Mit der ersten haben wir uns bereits befasst: Es gib keinen Grund zu der Annahme, dass die Märkte an sich effizient sind. Wir haben die Bedeutung externer Lerneffekte hervorgehoben, gleichzeitig jedoch eine Vielzahl von Webfehlern des Marktmechanismus in Bezug auf Lernprozesse beschrieben. Und wir haben festgestellt, dass die Spillover-Effekte des Wachstums von Industrieunternehmen nicht nur technologischer Natur sind: Es gibt institutionelle Spillover-Effekte (beispielsweise beim Aufbau eines Finanz- und Bildungssystems), und die Steuereinnahmen aus der Industrie tragen zur Finanzierung öffentlicher Infrastrukturinvestitionen bei, die das Lernen und die Produktivität fördern. (In Kapitel 11 haben wir uns mit der Frage beschäftigt, wie die Mittel für öffentliche Investitionen so aufgeteilt werden können, dass der gesellschaftliche Lernnutzen möglichst hoch ist.)

Wir haben festgestellt, dass der Wettbewerb auf Märkten, auf denen Lernprozesse (Innovationen) eine wichtige Rolle spielen, aller Wahrscheinlichkeit nach weit davon entfernt ist, vollkommen zu sein. Sieht man von negativen Skaleneffekten ab, so gibt es keine Marktstruktur, die einen langfristig funktionsfähigen Wettbewerb gewährleistet – es sei denn, in der Produktion für diesen Markt treten vollkommene Spillover-

Lerneffekte auf. Aber in diesem Fall dürften alle Anbieter versuchen, ohne Gegenleistung von den Investitionen anderer in Lernprozesse und Innovationen zu profitieren. Die Folge dessen dürfte ein zu geringer Umfang an Investitionen in Lernprozesse sein.

Tatsächlich strebt die Wirtschaft in einfachen Modellen einem Monopol entgegen. (In einem ausgeprägten Bertrand-Wettbewerb kann in Abwesenheit ausgleichender negativer Skaleneffekte oder Verbundnachteile augenblicklich ein Monopol entstehen.[4] Wir haben gezeigt, dass die Versuche Schumpeters und anderer, dennoch die Vorteile der Marktwirtschaft zu beweisen, nicht auf der ganzen Linie überzeugen. Schumpeter war übertrieben optimistisch, als er Monopole als vorübergehende Phänomene bezeichnete – wir haben gesehen, dass Monopole geneigt und in der Lage sind, ihre Position zu verteidigen, was sich nachteilig sowohl auf die kurzfristige Effizienz als auch auf die Innovationsdynamik auswirkt. Wir haben gezeigt, dass diejenigen, die in Anlehnung an Schumpeter erklären, der potentielle Wettbewerb (um den Markt) sei ein wirksamer Ersatz für den Wettbewerb auf dem Markt, ebenfalls im Irrtum sind. Monopolisten können potentielle Konkurrenten abschrecken und hohe Gewinne verteidigen. Der schumpeterianische Wettbewerb führt dann, wenn wir Lernprozesse und Innovationen in die Betrachtung einbeziehen, nicht zu einer effizienten Ressourcenallokation.

Wir haben gezeigt, dass Schumpeter in einem bestimmten Punkt prinzipiell richtiglag: Ein intensiverer Wettbewerb kann die Innovationstätigkeit bremsen. Aber das Innovationsniveau bei beschränktem Wettbewerb (ebenso wie im Monopolfall) kann durchaus gesellschaftlich suboptimal sein – und das dürfte im Allgemeinen auch in der Praxis so sein. Es gibt staatliche Eingriffe, die die gesellschaftliche Wohlfahrt und das Innovationsniveau fördern. Einerseits ist die Beziehung zwischen dem Maß an Wettbewerb und dem Maß an Innovationen komplex (und je nach den zugrundeliegenden Annahmen schwankt sie ganz erheblich). Andererseits haben wir gesehen, dass der eigentliche Grund für die Bedeutung des Wettbewerbs vielleicht außerhalb des Standardmodells gewinnmaximierender Unternehmen liegt und Fragen der Delegation, des Managerkapitalismus und der Unternehmensführung betrifft.

Wir haben des Weiteren gezeigt, dass Marktversagen nicht nur das Lern- und Innovationsniveau, sondern auch deren Richtung betrifft. Es wird zu viel Mühe darauf verwendet, Marktmacht zu erlangen und zu verteidigen. Und es wird zu viel Mühe darauf verwendet, bestehende Patente zu umgehen. Selbst im Rahmen eines gutkonzipierten Patentgesetzes besteht eine große Kluft zwischen sozialen und privaten Erträgen.

Diese Verzerrungen kommen unter anderem darin zum Ausdruck, dass unter Umständen übermäßige Anstrengungen unternommen werden, um Arbeit einzusparen, während zu wenig getan wird, um die Umwelt zu schützen. Das Resultat ist ein Marktgleichgewicht mit hoher Arbeitslosigkeit – die Unterbeschäftigung ist stärker ausgeprägt, als sie es wäre, würde der Staat auf angemessene Weise in den Innovationsprozess eingreifen. Diskrepanzen wie diese treten inmitten einer Rezession besonders deutlich zutage: Die Arbeitslosigkeit unter geringqualifizierten Arbeitskräften ist hoch, und trotzdem werden erhebliche Anstrengungen unternommen, um den Bedarf an Arbeit zu verringern.

Die zweite Schlüsselerkenntnis lautet, dass wir den Marktmechanismus und die öffentliche Hand als einander ergänzende Elemente betrachten müssen. Es geht nicht darum, sich entweder für den Markt oder für den Staat zu entscheiden. Vielmehr geht es darum, ein Wirtschaftssystem zu gestalten, in dem diese beiden Elemente konstruktiv interagieren. Tatsächlich existieren die Märkte nicht in einem Vakuum, wie wir wiederholt betont haben. Die öffentliche Hand legt die Spielregeln fest, und wie diese Regeln formuliert werden, hat entscheidenden Einfluss darauf, ob eine lernende Volkswirtschaft und Gesellschaft entstehen kann. Beispielsweise kann der Staat dazu beitragen, die Folgen von Marktversagen, die in einer lernenden Gesellschaft überall zu beobachten sind, zu korrigieren. Er kann Bildungsmöglichkeiten anbieten, die die Lernfähigkeit und -bereitschaft des Einzelnen erhöhen. Er kann ein Sozialsystem gestalten, das den Menschen den Schutz gibt, den sie brauchen, um unternehmerische Risiken eingehen zu können. Er kann die Grundlagenforschung unterstützen, die die Basis für den technologischen Fortschritt schafft. Und er kann dazu beitragen, Exzesse der Finanzmärkte zu vermeiden, die in einer systematischen Verbindung mit makroökonomischen Schwankungen stehen.

Die dritte wesentliche Erkenntnis ist, dass die Gestaltung einer lernenden Gesellschaft mit komplizierten Abwägungen verbunden ist. Wir haben uns insbesondere auf den Konflikt zwischen statischer Effizienz und Lernen konzentriert. Viel der behandelten politischen Eingriffe (darunter die mit dem Infant-Economy-Argument begründeten Protektionsmaßnahmen) führen zu kurzfristigen Verlusten, aber zu langfristigen Gewinnen. Ein strenger Schutz geistigen Eigentums, ein höheres Maß an Geheimhaltung und Einschränkungen der Mobilität der Arbeitskräfte könnten (wenn alle anderen Faktoren konstant bleiben – einschließlich der Chancen, die Unternehmen vorfinden, das heißt des Wissenspools, aus dem sie schöpfen können) bessere Anreize für Investitionen in Lernprozesse und Innovation bieten. Gleichzeitig behindern sie jedoch die Schaffung und Verbreitung von Wissen, und da Wissen der wichtigste Input für die Produktion neuen Wissens ist, können sie *insgesamt* den Lernfortschritt und die Innovationstätigkeit hemmen und zu noch weniger Investitionen in Lernprozesse führen.

Es gibt weitere komplexe Abwägungen. Der Staat kann besser abgestimmte Maßnahmen entwickeln, die im Prinzip ein höheres Wirtschaftswachstum ermöglichen, sofern er über die erforderlichen Informationen verfügt und die mit etablierten Interessen einhergehenden politökonomischen Probleme vermeiden kann. Aber in vielen Gesellschaften hatten von Partikularinteressen geleitete politische Maßnahmen negative Folgen. In solchen Gesellschaften sind breitangelegte Maßnahmen wie

Eingriffe in die Wechselkursbildung selektiv wirkenden Interventionen vorzuziehen.

Aber die allgemeinen Lehren, die aus der Kombination unserer theoretischen Analyse mit der historischen Erfahrung gezogen werden können, sind folgende: Politökonomische Erwägungen sollten bei der Frage, *ob* ein Land industrie- und handelspolitische Maßnahmen zur Förderung einer lernenden Volkswirtschaft treffen sollte, keine Rolle spielen; sie sollten lediglich die Wahl der Instrumente beeinflussen. Viele Länder haben gelernt, wie sie Probleme der politischen Ökonomie bewältigen können, und aus ihrem Erfolg können andere Länder lernen.

Tatsächlich zeigt ein Blick in die Geschichte, dass fast jede erfolgreiche Volkswirtschaft zu irgendeiner Zeit jene Art von Industrie- und Handelspolitik betrieb, die unsere Analyse nahelegt.

Die Ökonomen beschäftigen sich traditionell mit technologischen Innovationen. Aber soziale Innovationen sind nicht weniger wichtig. Solche Innovationen betreffen zum Beispiel das Management großer Organisationen und das organisationale Lernen sowie die Möglichkeiten einer breiter angelegten Förderung gesellschaftlicher Lernprozesse (unter anderem durch industrie- und handelspolitische Eingriffe). Diese Art von Innovationen trägt ebenso viel zum Fortschritt der menschlichen Gesellschaft bei wie die technologische Weiterentwicklung.

Auch innerhalb von Unternehmen finden komplexe Abwägungen statt. Eine zentralisierte und hierarchische Struktur kann die Koordination erleichtern, was es ermöglicht, Portfolios von Forschungsprojekten zu gestalten, die keine kostspieligen Doppelarbeiten mit sich führen. Sie kann auch das Risiko verringern, dass Projekte mit eher geringen Ertragsaussichten in Angriff genommen werden. Aber solche Hierarchien können auch die Innovationskraft schwächen und die Wahrscheinlichkeit erhöhen, dass erfolgversprechende Projekte abgelehnt werden.[5]

Ein Gleichgewicht zwischen Zentralisierung und Dezentralisierung zu finden, ist eine Herausforderung, die auf sämtlichen Ebenen in Angriff genommen werden muss – innerhalb des Unternehmens ebenso wie auf gesamtgesellschaftlichem Niveau. Wie wir gesehen haben, kann angesichts verbreiteter externer Effekte im Kontext von Lernprozessen unter den Bedingungen unvollkommener Information davon ausgegangen werden, dass dezentrale Märkte paretoineffizient sind.[6]

Wir haben jedoch festgestellt, dass es wiederum multiple Gleichgewichte geben kann, von denen keines effizient ist: Die Volkswirtschaft kann in einem bürokratischen Gleichgewicht steckenbleiben, in dem Innovationen unterdrückt werden, oder auch in einem übermäßig marktbestimmten Gleichgewicht, in dem Anbieter im Rahmen einer unvollkommenen Form von Wettbewerb Innovationen vornehmlich in den Dienst des Rent-Seeking stellen.

Wir haben nicht nur auf die Bedeutung von Zielkonflikten hingewiesen, sondern auch gezeigt, dass es verschiedene politische Maßnahmen gibt, die geeignet sind, sowohl den kurzfristigen Output als auch das langfristige Wachstum und die Lernfortschritte zu fördern. Allerdings können schlechtkonzipierte Regeln zum Schutz geistigen Eigentums in Kombination mit einer wenig effektiven Durchsetzung der Gesetze gegen Beschränkungen des Wettbewerbs die laufende Produktion und das langfristige Wachstum beeinträchtigen.

In diesem Buch haben wir überwiegend herkömmliche ökonomische Modelle verwendet, in denen zum Beispiel die Präferenzen der Individuen klar definiert sind; wir haben untersucht, wie sich die Änderung einer bestimmten Annahme aus dem Kreis all derer auswirkt, die diesen Modellen zugrunde liegen: Wir haben die Annahme aufgehoben, dass Lernprozesse exogen sind. Wir haben sie gegen die Annahme ausgetauscht, dass Lernprozesse (ebenso wie die Marktstruktur) endogen sind, das heißt, dass sie den Einflüssen unterliegen, die sich aus den Entscheidungen und Handlungen der beteiligten Akteure ergeben. Unser Buch haben wir der Analyse der tiefgreifenden Folgen gewidmet, die sich daraus ergeben. Im Einklang mit dem herrschenden wirtschaftstheoretischen Paradigma haben wir ein recht mechanistisches Modell des Lernens entworfen. Aber wie wir in Kapitel 13 gesehen haben, ist sowohl auf individueller als auch auf gesellschaftlicher Ebene eine dem Lernen gegenüber offene mentale Einstellung gefragt. Die Einstellung zum Lernen wird weitgehend von der Gesellschaft bestimmt und offenkundig von der Erfahrung der Gesellschaft beeinflusst. Aber welche Erfahrungen ein Land macht und wie diese Erfahrungen wahrgenommen werden, dies hängt wiederum von den Überzeugungen ab. Es können sich Gleichgewichtsfiktionen herausbilden – Glaubenssysteme, die beständig sind, weil die *von den Individuen wahrgenommene* Realität sie zu bestätigen scheint. Wir haben nur kurz angedeutet, wie Überzeugungen entstehen – warum sich dysfunktionale Glaubenssysteme über längere Zeit behaupten oder warum sie sich abrupt ändern. Aber fest steht, dass sie zu einem mehr oder weniger großen Teil soziale Konstrukte sind. Diese Glaubenssysteme prägen die staatliche Politik und die Handlungen von Individuen und Unternehmen, aber gleichzeitig prägt die staatliche Politik auch die Überzeugungen. Wir haben auf die Möglichkeit eines Widerspruchs hingewiesen: Bestimmte vorherrschende Überzeugungen bezüglich dessen, was zur Schaffung und Erhaltung einer lernenden Gesellschaft notwendig ist, können die Entstehung ebendieser Gesellschaft *verhindern.* Zum Beispiel kann die Überzeugung, dass die Rechte am geistigen Eigentum eines strengen Schutzes bedürfen, zu weniger Offenheit führen und so die Entstehung einer Kultur begünstigen, die zu wenig Raum für Lernprozesse und Innovationen lässt.

Die hier behandelten Fragen sind für alle Länder relevant, aber für Entwicklungsländer, die versuchen, den Wissensrückstand gegenüber den weiter entwickelten Ländern aufzuholen, dürften sie besonders bedeutsam sein. Die vom Washington-Consensus inspirierte Politik, der ein übermäßiges Vertrauen in das neoklassische Modell zugrunde liegt, hat möglicherweise zur Folge gehabt, dass die Entwicklung der Wirtschaftsleistung und des Lebensstandards hinter dem zurückgeblieben ist, was möglich war. Glücklicherweise zeigten die erfolgreichsten Länder, insbesondere jene in Ostasien, wenig Interesse an dieser Politik. Im Mittelpunkt ihrer Entwicklungsstrategien stand der Wille zu lernen. Andere Länder hatten leider keine Wahl: Diejenigen, die auf westliche Entwicklungshilfe angewiesen waren, vor allem die Länder Afrikas südlich der Sahara, mussten zu Maßnahmen im Sinne des Washington-Consensus greifen. Die Folge waren niedrige (und oft negative) Wachstumsraten und Deindustrialisierung.

Manche Länder versuchen, den hier aufgeworfenen Fragen auszuweichen. Die Gestaltung der Politik ist kompliziert genug – warum sollte man sie zusätzlich erschweren, indem man sich Gedanken darüber macht, was es heißt zu lernen? Möglicherweise hoffen diese Länder, der Industriepolitik ausweichen zu können, und versuchen, diese Fragen im Sinne der neoliberalen Doktrin dem Markt zu überlassen. Aber das ist unmöglich. Die Entscheidungen, die ein Land in den hier angesprochenen Bereichen fällt, bleiben auf sein zukünftiges materielles Wohlergehen nicht ohne Wirkung.

Wir setzen den Endpunkt dort, wo wir begonnen haben: Ein Anstieg des Lebensstandards hat mehr mit Lernprozessen als mit der statischen Allokationseffizienz zu tun, auf die sich die Ökonomen normalerweise konzentrieren. Diese Einsicht eröffnet den Entwicklungsländern große Chancen auf Wohlstand: Die Akkumulation von Ressourcen ist ein langsamer Prozess. Demgegenüber lassen sich Wissenslücken vergleichsweise schnell schließen.

Aber es steht mehr auf dem Spiel als nur eine Verbesserung der materiellen Lebensbedingungen: Es gibt tiefgreifende Unterschiede zwischen einer stagnierenden und einer dynamischen Gesellschaft, zwischen einer Gesellschaft, deren Mitglieder um die Befriedigung ihrer grundlegendsten Bedürfnisse kämpfen müssen, und einer Gesellschaft, die jenen Wohlstand genießt, der von der modernen Technologie ermöglicht wird, so dass die Menschen ihr gesamtes Potential ausschöpfen können.

Die in diesem Buch beschriebenen politischen Maßnahmen können dazu beitragen, eine lernende Volkswirtschaft und Gesellschaft aufzubauen. Sie werden unweigerlich nicht allein die Wirtschaft prägen, sondern die Gesellschaft als Ganzes, und sie werden den Lebensstandard jetzt und in der Zukunft weiter heben.

Danksagungen

Für die Vortragsreihe

Die Kenneth J. Arrow Lecture Series wurde vom Committee on Global Thought der Columbia University (dessen Vorsitzender ich war, als die Vortragsreihe ins Leben gerufen wurde, und dem ich nun gemeinsam mit Saskia Sassen als Vorsitzender diene) und vom Program in Economic Research (PER) des Fachbereichs Wirtschaftswissenschaften der Columbia University (Vorsitzender: Michael Woodford) mit Unterstützung von Columbia University Press ermöglicht.

Besonderen Dank schulden wir Robin Stephenson, Gilia Smith und Sasha de Vogel vom Committee on Global Thought sowie Myles Thompson und Bridget Flannery-McCoy von Columbia University Press, welche die Publikation dieses Buchs begleitet haben.

Wir bedanken uns für die Unterstützung der Kaufman Foundation, die den Eröffnungsvortrag finanzierte.

Danksagungen für den ersten Vortrag der Arrow-Reihe

Dieser Vortrag steht stellvertretend für die Fortsetzung meiner außerordentlich fruchtbaren Zusammenarbeit mit Bruce Greenwald, die seit mittlerweile mehr als drei Jahrzehnten besteht. Schon als Doktorand begann ich mich mit den hier behandelten Themen zu beschäftigen, und so stehe ich bereits ein halbes Jahrhundert lang in seiner Schuld. Zunächst muss ich mich bei zwei Lehrern bedanken, die den Vortrag besuchten, in dem die frühere Version meiner hier vorgestellten Ideen vorgelegt wurde: Kenneth Arrow und Robert Solow. Als ich Doktorand war, war die Wachstumstheorie in aller Munde, und die Theorie des *endogenen* Wachstums – die eine Erklärung für die Geschwindigkeit des technologischen Wandels liefert – nahm einen großen Teil unserer Aufmerksamkeit in Anspruch. Ich hatte das Glück, Zeit nicht nur am MIT verbringen zu können, sondern auch an der University of Chicago und in Cambridge. Am MIT wurde ich von Evsey Domar, Paul Samuelson und Franco Modigliani beflusst, in Cambridge von Nicholas Kaldor, James Meade, James Mirrlees, David Champernowne und Frank Hahn. Hirofumi Uzawa versammelte eine Gruppe junger Wirtschaftswissenschaftler aus den gesamten USA an der University of Chicago, wo wir einen Sommer lang über diese Themen diskutieren konnten. Dieser Gruppe gehörten George Akerlof, Eytan Sheshinki und Karl Shell an. In Cambridge begann ich mit Tony Atkinson und Partha Dasgupta zusammenzuarbeiten, und die gemeinsam mit diesen beiden entwickelten Konzepte sind in diesem Buch allgegenwärtig. Weitere Mitautoren, deren Ideen hier eingehend behandelt werden und die meine Vorstellungen in Bezug auf diese Themen beeinflusst haben, sind Karla Hoff, Raaj Sah, Barry Nalebuff, Carl Shapiro, Richard Arnott, Avi Braverman, Andrew Charlton, Mario Cimoli, Michael Cragg, Domenico Delli Gatti, Giovanni Dosi, Avinash Dixit, Shahe Emran, David Ellerman,

Jean-Paul Fitoussi, Drew Fudenberg, Jason Furman, Mauro Gallegati, Richard Gilbert, Sandy Grossman, Geoff Heal, Thomas Hellman, Claude Henry, Arjun Jayadev, Kevin Murdoch, David Newbery, Akbar Noman, José Antonio Ocampo, Michael Salinger, Marilou Uy, Alec Levinson und Andy Weiss.

Es gibt viele weitere Personen, mit denen ich über die in diesem Buch behandelten Themen gesprochen habe, die mir bei der Entwicklung meiner Vorstellungen geholfen haben und deren Einfluss auf den folgenden Seiten zu erkennen ist. Zu diesen Personen zählen Alice Amsden, Amar Bhide, Hans Binswanger, Bob Evenson, Ha-Joon Chang, Paul David, Gene Grossman, Glen Loury, Peter Howitt, Justin Lin, Mort Kamien, Edwin Mansfield, Richard Nelson, Takashi Omari, Edmund Phelps, Hamid Rashid, Jerome Reichman, Rob Porter, Dani Rodrik, Paul Romer, Nancy Schwartz, Michael Spence, Robert Wade, Michael Whinston und Sidney Winters.

Einen besonderen Dank schulden wir den Teilnehmern am Vortrag, insbesondere den Kommentatoren Philippe Aghion, Kenneth Arrow, Robert Solow und Michael Woodford.

Was dieses Buch anbelangt, so bedanken sich die Autoren bei Julia Cunico, Kevin Findlan, Laura Morrison, Hannah Assadi und vor allem bei Ava Seave und Anya Schiffrin.

Ich möchte mich auch bei dem Team von Forschungsassistenten bedanken, die bei der Vorbereitung des Buchs geholfen haben. Ein besonderer Dank geht an Laurence Wilse-Samson und Eamon Kircher-Allen, die wertvolle Arbeit bei der Erstellung des Manuskripts geleistet haben. Wichtige Beiträge haben auch Sandesh Dhungana, An Li, Erin Kogan und Feiran Zhang geleistet.

Joseph Stiglitz, 2012

Anmerkungen

Einleitung

1 Arrow (1962b, 1962a).
2 Arrow (1951b) und Debreu (1952); sowie Arrow und Debreu (1954).
3 Genauer gesagt: Wenn es Innovationen gab, waren sie exogen und wurden nicht vom Verhalten der Marktteilnehmer beeinflusst.

Kapitel 1

1 Vgl. zum Beispiel Maddison (2001).
2 Wie sie sich entscheiden, hat selbstverständlich erheblichen Einfluss auf das *gemessene* Wachstum, da eine Ausweitung der Freizeit in den herkömmlichen volkswirtschaftlichen Gesamtrechnungen nicht erfasst wird (vgl. Stiglitz, Sen und Fitoussi, 2010). Diesen Punkt hob Keynes (1930) hervor. Vgl. Stiglitz (2008d) sowie Pecchi und Piga (2008).
3 Schumpeter (1943).
4 Solow (1957).
5 Die Differenz wird als Solow-Residuum bezeichnet. Zwar war der technologische Wandel für den *Großteil* des Residuums verantwortlich, aber es waren noch weitere Faktoren wie die Umschichtung von Arbeitskräften von unproduktiven in hochproduktive Sektoren zu berücksichtigen (vgl. Denison, 1962).
6 Griliches und Jorgenson (1966, 1967), die alternative Berechnungen des Kapitalwerts anstellten, gelangten zu dem Ergeb-

nis, dass der technische Fortschritt eine sehr viel geringere Rolle spielt. Als Volkswirte versuchten, den Einfluss des Humankapitals auf das Wirtschaftswachstum zu messen, traten weitere Probleme bei der Quantifizierung des Arbeitseinsatzes zutage (Klenow und Rodríguez-Clare, 1997; de la Fuente und Doménech, 2006).

7 Die Literatur zu der Frage, wie neue Technologien in Kapitalgüter »eingebaut« werden, ist umfangreich. Vgl. z. B. Solow (1962b) sowie die in Stiglitz und Uzawa (1969) zitierte Diskussion.

8 Sollten Sie daran zweifeln, so schlage ich Ihnen folgendes Gedankenexperiment vor: Früher setzten Bauern mehr Hacken ein, oder sie bauten mehr Bewässerungskanäle. Wenn diese primitive Akkumulation das *Einzige* wäre, was in den vergangenen 200 Jahren geschah, wäre der Lebensstandard heute viel niedriger.

9 Robert Solow (1956) hat darauf hingewiesen, dass ein Anstieg der Sparquote keine (dauerhaft) höhere Wachstumsrate, sondern lediglich eine Erhöhung des Pro-Kopf-Einkommens bedingt. Siehe die weiterführende Diskussion in Kapitel 2.

10 Vgl. Stiglitz (1998c), der Entwicklung als »Transformation« in eine Gesellschaft beschreibt, die erkennt, dass Veränderungen möglich sind, und lernt, wie sie Veränderungen herbeiführen kann.

11 Stiglitz (1987c).

12 Solow (1956).

13 Hier zu nennen sind insbesondere Kaldor (1957, 1961), Kaldor und Mirrlees (1962), Uzawa (1965), Nordhaus (1969a, 1969b), Atkinson und Stiglitz (1969), Inada (1963) sowie Shell (1967) und die in letzterem Buch enthaltenen Artikel. Diese frühe Forschung beschäftigte sich nicht nur mit der Geschwindigkeit, sondern auch mit der Richtung des technologischen Fortschritts (vgl. Kennedy, 1964; Samuelson, 1965; Fellner, 1961; Drandakis und Phelps, 1966; Ahmad, 1966 u. a.).

Natürlich bemühen sich die Wirtschaftshistoriker schon seit langem, die Geschwindigkeit und die Richtung von Innovationen zu erklären (vgl. z. B. David, 1975 und Salter, 1966). Hicks leistete bereits 1932 Beiträge zu diesem Forschungsgebiet. Zu den jüngeren Arbeiten, die auf dieser Forschung aufbauen, zählt jene von Stiglitz (2006b).

14 Diese Untersuchungen umfassen die frühen Arbeiten von Dasgupta und Stiglitz (1980a, 1980b), die versuchten, sowohl die Marktstruktur als auch die Rate des technologischen Fortschritts zu endogenisieren, wobei einige von Schumpeters Vermutungen einer strengeren Analyse unterzogen wurden. Zu den wichtigen Arbeiten auf diesem Gebiet zählt diejenige von Gilbert Newbery (1982). Ein Großteil der späteren Arbeiten stützte sich auf die Untersuchungen von Romer (1986, 1990); für einen Überblick vgl. Aghion und Howitt (1998) sowie Romer (1994).

15 Die grundlegenden Arbeiten sind jene von Arrow (1962a, 1962b). Die wesentlichen Eigenschaften des Wissens und seiner Erzeugung (Wissen als öffentliches Gut, Nichtkonvexität im Zusammenhang mit der Erzeugung von Wissen, inhärente Mängel des Kapitalmarkts und des Risikomarkts) werden im Folgenden eingehend behandelt. Vgl. dazu insbesondere Stiglitz (1987b), eine Arbeit, die auf einer Vorlesung im Jahr 1978 beruhte.

16 Leider ist es uns hier nicht möglich, den Analyserahmen, den wir in diesem Buch entwickeln, auf die Beantwortung von zwei bedeutsamen historischen Fragen anzuwenden: Was löste den plötzlichen Wandel der Welt aus und ermöglichte das Entstehen einer »lernenden Gesellschaft«? Und warum begann dieser Prozess an bestimmten Orten und zu einem bestimmten Zeitpunkt? Die folgenden Kapitel enthalten dennoch einige Überlegungen dazu.

17 Arrow (1962a, 1962b).

18 Nordhaus (1969a, 1969b).

19 Gordon hat darauf hingewiesen, dass man sich den Innovationsprozess als eine Reihe von einzelnen Erfindungen vorstellen sollte, die schrittweise zu Verbesserungen führen und die schließlich das gesamte Potential der ursprünglichen Erfindung entfalten (Gordon, 2012).

20 Vgl. Solow (1971, 1962b), Solow et al. (1966), Cass und Stiglitz (1969) sowie die in Stiglitz und Uzawal (1969) zitierten Diskussionen und Quellenhinweise.

21 Vgl. Arrow (1951b) und Debreu (1976).

22 Unter Berücksichtigung der Kosten der Schaffung eines Markts oder der Gewinnung von Informationen (Greenwald und Stiglitz, 1986, 1988).
23 Schumpeter (1943).
24 Ebenda.
25 Da die Industriepolitik in den Jahren der Vormachtstellung der neoliberalen Wirtschaftsdoktrinen oft mit Geringschätzung betrachtet wurde, haben sich Politiker auf die Suche nach anderen Bezeichnungen für solche Eingriffe gemacht, darunter zum Beispiel »proaktive Wirtschaftspolitik«. Alternativ dazu konzentrieren sie sich auf bestimmte Maßnahmenkategorien, die eher Zustimmung finden, etwa auf Maßnahmen zur Exportförderung. Wir werden jedoch an der konventionelleren Nomenklatur festhalten.
26 Diese Einschätzung kam in *Knowledge for Development* zum Ausdruck, dem ersten Entwicklungsbericht der Weltbank, der während Stiglitz' Zeit als Chefvolkswirt der Weltbank veröffentlicht wurde (Weltbank, 1999; vgl. auch Stiglitz, 1998c, 1999b).
27 Am klarsten beschrieben wurde sie von Paul Samuelson (1948).
28 Krugman (1979).
29 Lin (2012).
30 Für eine allgemeine Diskussion des »Quantensprungs« (im Zusammenhang mit dem Wettlauf um Patente) vgl. Fudenberg *et al.* (1983).

Kapitel 2

1 Später werden wir erklären, warum wir auch nicht glauben, dass diese Unterschiede anhand der üblichen statischen Ineffizienzen wie zum Beispiel verzerrten Anreizen erklärt werden können.
2 Vgl. Stiglitz (2000c).
3 Allerdings kann es Probleme bei der Identifizierung geben, wenn Veränderungen des Kapitals erforderlich sind, um den technologischen Wandel herbeizuführen.
4 Es ist uns bewusst, dass der Umfang und die Quellen des chinesischen Produktivitätswachstums umstritten sind. Für eine

gegenteilige Einschätzung vgl. Young (2003), der das jährliche Produktivitätswachstum außerhalb des Agrarsektors im Zeitraum 1978 bis 1998 auf nur 1,4 Prozent schätzt. Es gibt zahlreiche Belege für den rasanten Anstieg des Lebensstandards und der Produktion (zum Beispiel Handelsstatistiken). Wir werden später erklären, warum uns Studien, die zu dem Ergebnis gelangt sind, dass das Wachstum der totalen Faktorproduktivität gering war, nicht überzeugen.

5 Studien, die zu dem Ergebnis gelangen, dass das Wachstum der totalen Faktorproduktivität gering war, lassen normalerweise die wirkungsverzögernde Struktur des Humankapitals außer Acht (vgl. zum Beispiel Fleisher, Li und Zhao, 2010). Zudem gehen viele dieser Studien schlicht von der Annahme aus, dass die Faktoranteile Erträge unter Wettbewerbsbedingungen widerspiegeln; was die ostasiatischen Länder (insbesondere China) angeht, so ist nicht davon auszugehen, dass dies zutrifft.

Es ist schwierig, eine reale Investitionsrendite von mehr als 10 Prozent (oder auch nur von 5 Prozent) mit den Investitionsmustern in Einklang zu bringen, zum Beispiel mit hohen Investitionen in ertragsschwache Infrastruktur oder in amerikanische Staatsanleihen, deren realer Ertrag gering oder sogar negativ ist (obwohl die sozialen Erträge der Reserven etwas höher sein mochten, insbesondere in den ersten Jahren, als die Reserven geringer waren; in Kapitel 8 liefern wir eine alternative Erklärung für die Akkumulation von Reserven). Studien, die auf ein geringes Wachstum der Faktorproduktivität schließen lassen, nehmen implizit hohe Investitionsrenditen an (oder dies ist eine stillschweigende Implikation ihrer ökonometrischen Analyse).

6 Wie wir in Kapitel 3 sehen werden, sind Anreize nicht nur für Investitionen und das Arbeitsangebot wichtig, sondern auch für den Erwerb von Wissen.

7 Für eine aktuelle Diskussion vgl. Zhu (2012), der erklärt, das Produktivitätswachstum habe entscheidend zum Wirtschaftswachstum seit 1978 beigetragen. Zhu weist darauf hin, dass Chinas Kapitalquote (Kapital im Verhältnis zum Output) seit 1978 kaum gestiegen ist. Nachdem in der ersten Phase der »Reformen«,

das heißt zwischen 1978 und 1988, vor allem die Produktivität der Landwirtschaft zunahm, trug zwischen 1978 und 2007 das Produktivitätswachstum im nichtstaatlichen Sektor jährlich 2,27 Prozentpunkte zum Produktivitätswachstum bei (S. 119). Wie wir in diesem Kapitel zeigen werden, ermöglicht eine Steigerung der Allokationseffizienz eine einmalige Erhöhung der Produktivität, nicht jedoch jene Art dauerhafter Zuwächse, die zum Beispiel in China beobachtet wurden. (Zhu hingegen erklärt: »Schrittweise und fortgesetzte institutionelle Veränderungen und politische Reformen, die die Verzerrungen verringert und die wirtschaftlichen Anreize verbessert haben, sind die Hauptgründe für das Produktivitätswachstum« [S. 104].)

8 Zwar deuten einige Studien sehr wohl auf ein hohes Wachstum der totalen Faktorproduktivität (TFP) im osteuropäischen verarbeitenden Gewerbe hin, doch aufgrund der geringen Größe des Sektors in diesen Ländern hatte dieses Wachstum nur relativ geringe Auswirkungen auf die aggregierte Produktivität. Brandt et al. (2012) beobachteten im Zeitraum von 1998 bis 2007 »im verarbeitenden Gewerbe ein stabiles Wachstum der TFP von 2,85 Prozent für eine Bruttoproduktionsfunktion und von 7,96 Prozent für eine Wertschöpfungsfunktion« (S. 340).

9 In einigen Ländern, beispielsweise in Tschechien, führten multinationale Unternehmen erfolgreich bewährte Methoden ein. Die hohe Qualifikation der Arbeitskräfte ermöglichte das erforderliche Lernen. In einigen anscheinend erfolgreichen Ländern Mittel- und Osteuropas machte die Finanzkrise im Jahr 2008 klar, dass ein nicht unerheblicher Teil der Entwicklung auf einen Immobilienboom bzw. auf eine Spekulationsblase zurückzuführen war.

10 Vgl. Rodrik und Subramanian (2005).

11 Vgl. zum Beispiel Baily und Solow (2001).

12 Hartnäckige Unterschiede zwischen den Regionen in vielen Ländern (beispielsweise in Italien) sind ein Beleg für die Schwächen der üblichen Erklärungen, die sich auf künstliche Hindernisse für die Mobilität von Gütern, Dienstleistungen oder Produktionsfaktoren konzentrieren.

13 Baily *et al.* (1992).

14 Vgl. z. B. Foster, Haltiwanger und Krizan (2001). Hsieh und Klenow (2009) ermittelten sehr große Unterschiede bei den Grenzprodukten von Kapital und Arbeit zwischen Produktionsstätten sowohl in Indien als auch in China.

15 Vgl. Baily *et al.* (1992) und zum Beispiel Dwyer (1998).

16 Diese Analyse liefert keine Erklärung für die Gründe der unterschiedlichen Lernfähigkeit. Liegen diese in Unterschieden im Management bzw. der Arbeitskultur oder in unterschiedlich hohen Investitionen in den Aufbau von Wissen?

17 In der Zeit von 1979 bis 1986 erhöhte sich die Arbeitslosenquote im Vereinigten Königreich deutlich von 4,7 auf 11,2 Prozent (OECD 2011), obwohl die Industrieproduktion um fast 5 Prozent zunahm (nachdem sie zu Beginn des betrachteten Jahrzehnts gesunken war). (Daten der Weltbank, Zugriff mit Google Public Data Explorer, Bruttoinlandsproduktion, konstante 2000 US-Dollar, aufgeschlüsselt nach Sektor, http://www.google.com/publicdata/directory, abgerufen am 26. Februar 2013.)

18 Alternativ könnte man argumentieren, dass der Streik Anreize für eine Erhöhung der Effizienz schuf. Aber wenn das der Hauptgrund wäre, warum hatte das Management dann nicht Anreizsysteme eingerichtet, um diese Effizienzsteigerung zu erzielen, die große Mengen an Arbeit eingespart hätte? Diese Einsparungen hätten den zusätzlichen Aufwand mehr als ausgeglichen. Darüber hinaus zeigen sich in dieser und ähnlichen Episoden sogenannte Hysterese-Effekte: Hat eine Organisation einmal gelernt, wie sie produktiver arbeiten kann, so bleibt die Produktivität auch nach dem Ende der Notsituation, die den Produktivitätszuwachs erzwang, auf einem relativ hohen Niveau.

19 Eine isolierte Episode eines Produktivitätsanstiegs könnte auf die Beseitigung einer statischen Ineffizienz zurückzuführen sein. Aber wiederholte Anstiege sollten eher als Hinweise auf episodisches Lernen betrachtet werden – unter anderem kann eine Organisation lernen, wie sie bestimmte statische Ineffizienzen beseitigen kann.

Perioden rückläufiger Produktivität sind häufig. Das bestätigt die Vermutung, dass ein Großteil der Entwicklung der Produktivität *innerhalb der Grenzen* der Produktionsmöglichkeitenkurve stattfindet.

20 Interessant ist, dass die amerikanischen teilweise von ausländischen Unternehmen lernten. Dieses Lernen beinhaltete zum Beispiel die Qualitätszirkel und die Just-in-time-Produktion (vgl. zum Beispiel Nakamura, Sakakibara und Schroeder, 1998).

21 Die Gesamtinvestitionen in den Vereinigten Staaten bewegten sich zwischen 1995 (18,6 Prozent) und 2001 (19,3 Prozent) innerhalb einer engen Bandbreite von 18,6 Prozent bis 20,9 Prozent. Von 1981 bis 1994 hatten sie stets im Bereich zwischen 17,1 Prozent (1991) und 22,3 Prozent (1984) gelegen, wobei sie in diesem Zeitraum tendenziell sanken (vgl. World Economic Outlook des Internationalen Währungsfonds, zugänglich unter http://www.imf.org/external/pubs/ft/weo/2012/02/weodata/index.aspx, abgerufen am 26. Februar 2012). Die Bruttoausgaben für Forschung und Entwicklung stiegen im selben Zeitraum geringfügig von 2,5 auf 2,7 Prozent; zwischen 1981 und 1994 lagen sie stets zwischen 2,3 und 2,8 Prozent (vgl. die Indikatoren des National Science Board, zugänglich unter http://www.nsf.gov/statistics/seind12/c4/c4s8.htm#top [Tabelle 4-19], abgerufen am 26. Februar 2013).

22 Ein Teil des Lernens hing mit der Computerisierung zusammen, ein Teil betraf die Fähigkeit, Kostenunterschiede beispielsweise zwischen den Vereinigten Staaten und China durch die Schaffung globaler Lieferketten auszunutzen.

23 Gibt es nur in der Konsumgüterindustrie Monopole, so arbeitet eine Volkswirtschaft immer noch auf der Produktionsmöglichkeitenkurve, wenn auch nicht an dem Punkt auf der Kurve, an dem die gesellschaftliche Wohlfahrt maximiert wird. Mit Monopolen oder einem unvollkommenen Wettbewerb bei den Inputs kann die Wirtschaft jedoch nicht auf der Produktionsmöglichkeitenkurve arbeiten.

24 Harberger (1954).

25 Wir befassen uns hier nicht mit diesen Verzerrungen oder ihren Wechselwirkungen mit Lernen und Produktivitätswachstum. Unsere Einschätzung dieser makroökonomischen Störungen ist

Gegenstand unseres Buchs aus dem Jahr 2003. In Greenwald, Salinger und Stiglitz (1990) beschreiben wir die Zusammenhänge zwischen Produktivitätswachstum und dem Wirtschaftskreislauf (vgl. auch Stiglitz, 1994c, 2006b, sowie Greenwald, Levinson und Stiglitz, 1993).

26 Vgl. Atkinson und Stiglitz (1969).

27 In der ungekürzten Fassung dieses Buchs findet sich im Anhang des zweiten Kapitels dazu ein volkswirtschaftliches Gleichgewichtsmodell.

Kapitel 3

1 Vgl. insbesondere die Arbeiten von Stiglitz (1975a, 1975b), Rothschild und Stiglitz (1976), Akerlof (1970) und Spence (1973).

2 Hayek (1945) wies auf das Problem der verstreuten Information hin und erklärte, die zentrale Planwirtschaft könne nie funktionieren, eben weil die Information verstreut sei. Im Widerspruch damit war er jedoch überzeugt, dass das Preissystem eine Möglichkeit biete, die Information effizient zu sammeln und weiterzugeben. Wie Stiglitz (1994c) erklärt hat, hätte die sozialistische Planwirtschaft funktioniert, wenn das der Fall gewesen wäre. Hayek baute seine Ideen nie in eine formale Theorie ein. Später stellten Ökonomen der Chicagoer Schule die Hypothese der effizienten Märkte auf, aber auch sie entwickelten nie Modelle, um zu untersuchen, ob die Märkte Information effizient sammeln und verteilen. Grossman und Stiglitz (1976, 1980) zeigten, dass die Märkte das tatsächlich nicht tun. Die Krise von 2008 sollte der endgültige Beweis dafür sein, dass die Hypothese der effizienten Märkte falsch ist.

3 Vgl. beispielsweise Stiglitz (1975b).

4 Natürlich gab es noch weitere Gründe für das Versagen des Regulierungssystems, zum Beispiel die Bevorzugung politischer Sonderinteressen.

5 Das Konzept des Lernens zu lernen wurde von Stiglitz (1987a) entwickelt.

6 Im Jahr 1977 gewann Paul MacCready mit seinem Gossamer Condor den mit 50 000 Pfund dotierten Kremer-Preis der Royal Aeronautical Society für ein mit menschlicher Körperkraft angetriebenes Flugzeug (vgl. http://aerosociety.com/About-Us/specgroups/Human-Powered/Kremer).

7 Kanbur (1979) sowie Kihlstrom und Laffont (1979) haben im Zusammenhang mit der Frage der Berufswahl eine Richtschnur dessen entwickelt, was Unternehmertum ausmacht. Emran und Stiglitz (2009) erklären, warum umkämpfte Märkte möglicherweise nicht geeignet sind, um zu erkennen, was gute Unternehmer auszeichnet.

8 Vgl. Hoff (1997) sowie Hausmann und Rodrik (2003). An anderer Stelle in diesem Kapitel werden wir uns eingehender mit diesen Themen befassen.

9 Belege liefern Asher (1956) sowie Alchian (1963) zur Erzeugung von Flugwerken, Zimmerman (1982) zu Atomkrafttechnologien, Lieberman (1984) zur Produktion und Investition in Chemieanlagen sowie Hollander (1965) zu F&E. Unter den jüngeren Studien sind solche über das Lernen des Managements in den Bereichen Viskoseerzeugung, Halbleiter und Treibstoffzellentechnologie. Vgl. zum Beispiel Walters und Holling (1990); Jarmin (1994); Dick (1991); Gruber (1998); Argote, Beckman und Epple (1990); Argote und Epple (1990); Barrios und Strobl (2004); sowie Schwoon (2008). Für eine jüngere Überblicksstudie vgl. Thompson (2010).

10 Arrow legte den Grundstein für eine umfangreiche theoretische Literatur. Vgl. insbesondere Spence (1981); Fudenberg und Tirole (1982); Jovanovic und Lach (1989); Malerba (1992); Lieberman (1987); Leahy und Neary (1999); Ghemawat und Spence (1985); Young (1991, 1993); sowie Dasgupta und Stiglitz (1988a). Wie wir in Kapitel 5 sehen werden, wurden in einigen dieser Arbeiten Marktstrukturen vorausgesetzt, deren langfristiges Überleben nicht plausibel erscheint.

11 Vgl. Solow (1962b).

12 Warren Buffett in seinem Schreiben an die Investoren von Berkshire Hathaway, 2001, zugänglich unter http://www.berkshirehathaway.com/2001ar/2001letter.html.

13 Desgleichen können Gesellschaften (oder Individuen) die Fähigkeit entwickeln, zu lernen, wie sie ihre Freizeit gut nutzen oder Konsumgüter genießen können. (Dies kann man sich so vorstellen, dass die Fähigkeit der Individuen erhöht wird, Inputs an Zeit und Gütern in »Vergnügen« umzuwandeln.) Lernen kann also auch erhebliche Auswirkungen auf das Konsumverhalten haben (vgl. Stiglitz, 2008d).

14 Hirschman (1958).

15 Vgl. insbesondere den Anhang des Kapitels 4 in der ungekürzten Ausgabe dieses Buchs.

16 Ein interessantes Beispiel für mangelnde Anpassungsfähigkeit ist, dass das Schuljahr in vielen Ländern immer noch den Erfordernissen der Landwirtschaft entspricht, obwohl dieser Sektor seit Jahrzehnten nur noch einen geringen Prozentsatz der Arbeitskräfte beschäftigt.

17 In diesem Buch heben wir das technologische Wissen hervor, das die Fähigkeit erhöht, Inputs in Outputs umzuwandeln, aber es gibt auf jeder Ebene andere Formen des Lernens, zum Beispiel Veränderungen in Institutionen oder Änderungen von Überzeugungen, etwa bezüglich der Funktionsweise der Wirtschaft oder der Gesellschaft. Wie wir später erklären werden, beruhen solche Veränderungen von Überzeugungen nicht unbedingt auf einer zutreffenden Analyse der Welt und können sogar kontraproduktiv beim Aufbau einer lernenden Gesellschaft sein (vgl. zum Beispiel Hoff und Stiglitz, 2010, 2011, sowie die dort zitierten Arbeiten).

18 Ein bekanntes Beispiel ist Google, das seinen Mitarbeitern erlaubt, 20 Prozent ihrer Arbeitszeit für eigene Projekte zu nutzen.

19 Es gibt eine wenige, aber wichtige Arbeiten über das Innovationssystem der Wirtschaft (Nelson, 2004, 1993; Freeman, 1987; Lundvall, 2010). Es gibt auch einige Studien zur »kreativen Wirtschaft« (zum Beispiel Florida, 2002). Unseren Vorstellungen näher kommt die Forschung zum Thema externe Agglomerationseffekte. Moretti (2011) ordnet die Quellen der externen Agglomerationseffekte auf lokalen Märkten nach drei großen Gruppen: dichte Arbeitsmärkte, dichte Märkte für Zwischenpro-

dukte und Übertragung von Wissen. Für unsere Zwecke können wir die zuletzt genannten als »Spillover-Effekte des Lernens« bezeichnen. Moretti gibt Literaturhinweise zum gegenwärtigen Wissensstand über das Lernen.

20 Weiter oben in diesem Buch haben wir bereits auf einen anderen Aspekt des Lernens hingewiesen: die Einsicht in die komparativen Vorteile (Fähigkeiten) verschiedener Individuen. Dies ist die zentrale Aufgabe der Bildungssysteme und wird als »Bildung als Auswahlinstrument« bezeichnet. Da die gesellschaftlichen Erträge von den individuellen Erträgen einer solchen Auswahl deutlich abweichen, teilt der Markt die Ressourcen bei einer solchen Auswahl nicht effizient zu (vgl. Stiglitz, 1975b, 2009).

21 Es gibt weitere Unterschiede zwischen jungen und älteren Arbeitskräften, die sich auf das Lernverhalten auswirken können. Das wichtigste Vermögen der Jungen ist ihr Humankapital, aber es besteht eine beträchtliche Ungewissheit über den Wert dieses Kapitals. Eine vernünftige, wenn auch nicht die einzig mögliche Antwort auf diese Ungewissheit ist, den Einsatz beim Lernen zu erhöhen.

22 Das neu Gelernte kann das Wissen der Älteren tatsächlich obsolet machen. Während die Individuen im Kontext des herkömmlichen Wettbewerbsparadigmas den Wert ihres Vermögens (einschließlich ihres Humankapitals) als gegeben betrachten, kann sich eine Vermehrung des Wissens (durch erhöhten Einsatz beim Lernen) eines Einzelnen in der mikroökonomischen Umgebung des Arbeitsplatzes auf den Wert des Humankapitals anderer auswirken.

23 Ähnliche Überlegungen tragen zur Erklärung einiger Unterschiede bei, die sich zwischen Russland und Polen beim Übergang vom Kommunismus zur Marktwirtschaft aufgetan haben. In Russland blieben große, zentralisierte Unternehmen weitgehend erhalten. Diese Unternehmen wurden von älteren Managern geführt. Im Gegensatz dazu gab es in Polen mehr mittelgroße Unternehmen, und viele der großen Unternehmen wurden im Verlauf des Übergangs aufgespalten, wodurch jüngere Manager mehr Einfluss auf die Entwicklung der Wirtschaft erhielten (vgl. zum Beispiel Stiglitz, 2002a, 2000c; Ellerman und Stiglitz, 2000, 2001).

24 Brief an Robert Hooke, 5. Februar 1676.

25 In den Entwicklungsländern ist die Überzeugung verbreitet, dass die bei der Uruguay-Runde beschlossenen Handelsvereinbarungen zum Schutz geistigen Eigentums die Entwicklung beeinträchtigen, weil sie den Zugang zu Wissen verhindern. Im Jahr 2004 forderte die Weltorganisation für geistiges Eigentum (WIPO) *entwicklungspolitisch ausgerichtete Regelungen für den Schutz des geistigen Eigentums*, das heißt Regelungen, die den Entwicklungsländern Zugang zu Wissen verschaffen.

26 Darüber hinaus sind die Verkehrssysteme rund um nationale Knotenpunkte angeordnet, weshalb es leichter ist, sich innerhalb der Grenzen eines Landes zu bewegen. Institutionen und institutionelles Wissen sind ebenfalls eher lokal verankert.

27 Wir weisen erneut darauf hin, dass nicht alle Ideen zwangsläufig Lernen begünstigen. Wie wir in diesem Buch darlegen, haben die auf dem Washington-Consensus beruhenden Maßnahmen, die mit der Globalisierung verbreitet wurden, das Lernen möglicherweise behindert.

28 Dies ist einer der Gründe dafür, dass Befürworter einer Liberalisierung des Handels, darunter Grossman und Helpman (1991), der Meinung sind, Ausweitungen des Handels würden Lernprozesse begünstigen. Wie wir später zeigen werden, gibt es andere Effekte, die diese vorteilhafte Wirkung mehr als wettmachen können.

29 Die Wirkungen können zwiespältig sein, da die Menschen im Internet Gemeinschaften Gleichgesinnter bilden und auf diese Art die Auseinandersetzung mit neuen Ideen beschränken können (vgl. Sunstein, 2001).

30 Für eine genauere Analyse der hier angedeuteten Konzepte vgl. Stiglitz (1998c). In Kapitel 13 befassen wir uns (gestützt auf Hoff und Stiglitz, 2010, 2011) intensiver mit der Rolle des kognitiven Rahmens und seiner Gestaltung.

31 Selbstverständlich fanden sowohl technologische als auch institutionelle Veränderungen statt, die jedoch sehr langsam erfolgten. Im Lauf der Zeit entwickelte sich die landwirtschaftliche Technologie weiter. Neue Nutzpflanzen aus der Neuen Welt ver-

breiteten sich langsam rund um den Erdball. Der Feudalismus und sein Ende sowie die Sklaverei und ihr Ende bedingten bedeutsame institutionelle Veränderungen. Auch die Auflösung der Allmenderechte in der englischen Landwirtschaft hatte weitreichende Auswirkungen. Viele der technologischen und institutionellen Veränderungen wurden durch exogene Einflüsse wie die Pest beschleunigt (vgl. zum Beispiel Ruttan und Hayami, 1984). Die Aufklärung trug zur Entwicklung jener Art von kognitivem Rahmen bei, der Innovationen und Wandel begünstigte. Nach Ansicht von Joel Mokyr (2009) hat die Tatsache, dass die Industrielle Revolution in England und nicht irgendwo anders in Europa begann, viel mit der gesellschaftlichen Geisteshaltung zu tun, zum Beispiel mit dem Glauben an die Möglichkeit von Fortschritt und an die sozialen Regeln für anständiges Verhalten in Geschäftsbeziehungen.

32 Das ist natürlich eine vereinfachende Beschreibung. Conniff (2011) schreibt, dass das Bild, das wir von den Ludditen haben, durch geschickte Propaganda verfälscht wurde und dass die Ludditen in Wahrheit keine Maschinenstürmer waren, sondern »ihre Angriffe auf Hersteller beschränkten, die Maschinen auf in den Augen der Textilarbeiter ›betrügerische Art und Weise‹ einsetzten, um die üblichen Arbeitspraktiken zu umgehen«.

33 Eine Umfrage von Pew Poll hat zutage gefördert, dass ein Drittel der Amerikaner nicht glaubt, dass es unanfechtbare Beweise für die Erderwärmung gibt, und fast 60 Prozent glauben nicht, dass der Klimawandel im Wesentlichen vom Menschen verursacht wird (Pew Research, »More Say There Is Solid Evidence of Global Warming«, 15. Oktober 2012, http://www.people-press.org/2012/10/15/more-say-there-is-solid-evidence-of-global-warming/, abgerufen am 26. Februar 2013). Und einer Gallup-Umfrage zufolge glauben 50 Prozent der Amerikaner nicht an die Evolution (http://www.gallup.com/poll/155003/hold-creationist-view-human-origins.aspx, abgerufen am 26. Februar 2013). Wenn es schwierig ist, die Überzeugungen der Menschen in Bezug auf Fragen zu ändern, in denen so überwältigende wissenschaftliche Beweise vorliegen, wird verständlich, dass sich

bestimmte Vorstellungen vom Gesellschafts- und Wirtschaftssystem hartnäckig halten, obwohl es zahlreiche Belege dafür gibt, dass sie falsch sind. (Die Vorstellung, der Markt sei effizient und stabil, ist nur ein Beispiel. Obwohl es zahlreiche theoretische Arbeiten, empirische Beweise und historische Erfahrungen gibt, die diese Vorstellung widerlegen, hat die Finanzkrise von 2008 wenig an den Überzeugungen vieler Anhänger des »Marktfundamentalismus« geändert.)

34 Die in den folgenden Absätzen dargelegten Konzepte wurden gemeinsam mit Karla Hoff entwickelt. Vgl. Hoff und Stiglitz (2010, 2011).

35 Das erklärt jedoch nicht vollkommen, warum diese Ideen von manchen Personen und Gruppen übernommen und von anderen abgelehnt wurden. In Kapitel 13 stellen wir einen Erklärungsansatz vor.

36 Dieser Zusammenhang ist unmittelbar politisch relevant, aber in diesem Buch können wir ihn nicht genauer betrachten.

37 Eine eingehende Auseinandersetzung mit diesen Fragen findet sich in Stiglitz (1995b) sowie Sah und Stiglitz (1987a, 1987b).

38 Atkinson und Stiglitz (1969).

39 Sie sind auch Beispiele für Ideen, die kaum mit Hilfe von Patenten geschützt werden können, obwohl das in den Vereinigten Staaten bei Betriebsabläufen bzw. Geschäftsprozessen in einigen Fällen versucht wird.

40 Hidalgo *et al.* (2007).

41 Wir klammern hier die Frage aus, ob der empirische Ansatz dieser Autoren tatsächlich sämtliche verbundenen Fähigkeiten erfasst. Seit der Veröffentlichung ihrer Arbeit (vgl. auch Hidalgo und Hausmann, 2009) wurden alternative Ansätze zur Beschreibung des Produktraums untersucht (vgl. zum Beispiel Jarvis, 2013 sowie Pietronero, Cristelli und Tacchella, 2013). Die Auswirkungen einer Verbesserung in einem Sektor auf andere Sektoren hängen nicht nur von der Ähnlichkeit dieser Sektoren ab, sondern auch von den institutionellen Bedingungen, zum Beispiel davon, inwieweit es Spielraum für die Nutzung von Verbindungen gibt. Die Tatsache, dass traditionell keine enge Verbindung zwischen dem

Rohstoffsektor und anderen Sektoren besteht, könnte teilweise auf das Fehlen einer wirksamen Industriepolitik und die oft ausbeuterischen Beziehungen in diesem Sektor zurückzuführen sein.

42 Vgl. Kapitel 4 und 9 für eine weiterführende Auseinandersetzung mit der Frage, warum die Geographie bedeutsam ist.

43 Dieser Abschnitt stützt sich im Wesentlichen auf Hoff und Stiglitz (2010, 2011).

44 Vgl. Hoff und Stiglitz (2010) und die dort angegebene Literatur.

45 Knight (1921).

46 Vgl. Stiglitz (2006a).

47 Es gibt mittlerweile eine umfangreiche Literatur zur Verhaltensökonomik (die ihre Wurzeln in der Psychologie hat), die auch die Rolle des Bezugsrahmens und der kognitiven Verzerrung behandelt (vgl. Ariely, 2008; Thaler und Sunstein, 2011; Kahneman, 2012).

48 Vgl. Kindleberger und Aliber (2001). Das jüngste Beispiel ist natürlich die Immobilienblase, die zur Finanzkrise des Jahres 2008 führte. Wie Stiglitz (2010b) erklärt, ist es schwierig, das in dieser Spekulationsblase beobachtete Verhalten mit irgendeiner Form rationalen Verhaltens in Einklang zu bringen (vgl. auch Holt, 2009).

49 Douglas (1991).

50 Dies ist allerdings nur eine Determinante des Lernens, wie die Überzeugungen bezüglich der Evolutionstheorie zeigen. Die Einschätzung der Evolution und das Bildungsniveau sowie das Einkommen korrelieren miteinander. Aber die Einstellungen in Bezug auf die Evolution in den Vereinigten Staaten entsprechen jener in sehr viel ärmeren Ländern mit einem geringeren Bildungsniveau. Beispielsweise stellte sich in einer vom British Council und dem Marktforschungsunternehmen Ipsos MORI durchgeführten Umfrage heraus, dass etwa 33 Prozent der Amerikaner »den wissenschaftlichen Beweisen für die Existenz der Evolution zustimmen«. Dieser Prozentsatz ist niedriger als in Argentinien, China, Indien, Mexiko oder Russland. Vgl. »God or Darwin? The World in Evolution Beliefs«, *The Guardian*, 1. Juli 2009, http://www.guardian.co.uk/news/datablog/2009/jul/01/evolution.

51 Bénabou (2008b) sowie Bénabou und Tirole (2006) erklären, der Einzelne könne seine Präferenzen (Überzeugungen) wählen, um seinen (Meta-)Nutzen zu maximieren. Wir hingegen betonen die soziale Konstruktion von Präferenzen, in der »äußere« Einflüsse eine zentrale Rolle spielen. Der Einzelne wählt seine Präferenzen (Überzeugungen) nicht isoliert.

52 Der Zusammenhang lässt sich anhand einer Bayes'schen Schlussfolgerung illustrieren: Menschen hegen oft so feste Überzeugungen, dass sie neuen Informationen gegenüber nahezu immun sind. Die Literatur zum Bestätigungsfehler legt nahe, dass Menschen mit sehr viel größerer Überzeugung an bestehenden Vorstellungen festhalten, als sich begründen lässt.

53 Hoff und Stiglitz (2010) sprechen in diesem Zusammenhang von »Über-Ideologien«. Gramsci (1971) meinte dazu: »Die als grundlegendes Postulat des historischen Materialismus präsentierte Behauptung, jede politische und ideologische Fluktuation könne als unmittelbarer Ausdruck der [wirtschaftlichen] Struktur begriffen werden, muss theoretisch als primitiver Infantilismus zurückgewiesen werden.«

54 An diesen Überzeugungen wird trotz zahlreicher gegenteiliger Beweise festgehalten. Beispielsweise gelangte die von beiden Parteien getragene Nationale Kommission zur Untersuchung der Ursachen der Finanz- und Wirtschaftskrise in den Vereinigten Staaten im Jahr 2011 mit nur einer Gegenstimme zu dem Ergebnis, dass die staatlichen Maßnahmen zur Förderung des Eigenheimbesitzes ärmerer Haushalte nicht für die Krise verantwortlich gewesen seien. Stiglitz (2010b) hat weitere Belege dafür vorgelegt: Bei CRA-Krediten (Kredite an Bewohner einkommensschwacher Gemeinden) war die Ausfallrate nicht höher als bei anderen Immobilienkrediten (vgl. auch Wolf, 2014). Ein weiteres Beispiel liefern die Probleme mit der Stromversorgung zu Beginn des 21. Jahrhunderts in Kalifornien. Die Anhänger des freien Markts machten rasch staatliche Vorschriften, insbesondere Umweltschutzbestimmungen, für die Knappheit verantwortlich. Wie sich herausstellte, war Enron der wahre Schuldige. Das Unternehmen hatte den Strommarkt manipuliert. Als die

Stromversorgung wieder reguliert wurde, um derartige Manipulationen zu unterbinden, verschwand die Knappheit wie durch Zauberei.

55 Vgl. Mazzucato (2014).

56 Vgl. David (2004a, 2001b) sowie David und Dasgupta (1994).

57 Vgl. zum Beispiel Stiglitz (2001a, 2012b) sowie die dort angeführte Literatur.

58 Vor vielen Jahren beschrieb Tibor Scitovsky (vgl. zum Beispiel Scitovsky, 1986) die Faktoren, die das menschliche Verhalten bestimmen, darunter die Suche nach Reizen. Vgl. dazu auch Bénabou und Tirole (2003).

59 Vgl. insbesondere den wichtigen Beitrag von Hoff (1997). Andere Autoren haben die Ideen der Autorin weiterentwickelt (vgl. zum Beispiel Hausmann und Rodrik, 2003). Experimente sind ein wichtiger Bestandteil der Lernstrategien mancher Unternehmen. Hal Varian (2011), Chefvolkswirt bei Google, berichtet in einem Brief an den *Economist*: »Im vergangenen Jahr führte das Forschungsteam von Google rund 6000 Experimente durch, aus denen etwa 500 Verbesserungen hervorgingen. Der Werbebereich hat etwa dieselbe Zahl von Experimenten und Veränderungen durchgeführt. Jedes Mal, wenn man Google nutzt, befindet man sich in zahlreichen Optimierungs- und Kontrollgruppen. Die Erkenntnisse aus diesen Experimenten fließen in die Produktion ein, und das System wird laufend verbessert.«

60 Für eine genauere Auseinandersetzung mit dieser Frage vgl. Emran und Stiglitz (2009).

61 Grossmann und Stiglitz (1976, 1980).

62 Interessant ist, dass das marktwirtschaftliche System der Preisbildung zwischen Unternehmen normalerweise überhaupt nicht funktioniert, was einfach daran liegt, dass es zu schwierig ist, den Wert jedes einzelnen Patents zu bestimmen. Oft bilden Unternehmen Patentpools, in deren Rahmen sie einander die Nutzung bestimmter Patente erlauben. (Solche Patentpools können zu wirksamen Eintrittsbarrieren werden, da sie Unternehmen, die nicht an der Vereinbarung beteiligt sind, den Zugang zum Markt erschweren.)

63 Die Vertragsparteien halten derartige Bestimmungen offenkundig für sinnvoll. Aber während sie im privaten Interesse der Vertragsparteien sein können, sind sie möglicherweise gesellschaftlich nicht wünschenswert (vgl. Greenwald und Stiglitz, 1986).

64 Wobei wir erneut darauf hinweisen müssen, dass unser Ansatz die Relevanz der herkömmlichen Darstellung der Produktionsmöglichkeitenkurve in Frage stellt.

65 Manche Individuen haben die Fähigkeit, eher allgemein zu lernen, andere hingegen neigen eher zum Erwerb speziellerer Fähigkeiten. Eine gutstrukturierte lernende Gesellschaft trägt diesen Unterschieden Rechnung.

Kapitel 4

1 Vgl. z. B. Coase (1937).

2 Das bedeutet, dass es schwierig ist, gute Innovationsverträge zu schließen, die ausreichende Investitionsanreize geben. Ist ein Unternehmen beispielsweise nicht imstande, eine versprochene Innovation bereitzustellen, so lässt sich nur schwer feststellen, ob dies an einem ungenügenden Bemühen oder an der Schwierigkeit der Aufgabe lag. Gewinnaufschlagsverträge oder andere Verträge, die dazu dienen, das Risiko der unbekannten Kosten einer Innovation aufzuteilen, weisen eigene Probleme auf (vgl. zum Beispiel Nalebuff und Stiglitz, 1983a).

3 Ein großer Nachteil von Unternehmen scheint zu sein, dass die Transaktionen innerhalb ihrer Grenzen normalerweise nicht durch Preise vermittelt werden, deren Verwendung zahlreiche Vorteile mit sich bringt. Aber würden die Vorteile der Verwendung von Preisen die Kosten übersteigen, so könnten die Unternehmen vermutlich Preise verwenden, um die interne Ressourcenallokation zu lenken, und manche Unternehmen tun das auch bis zu einem gewissen Grad.

4 Vgl. Kahneman (2012).

5 So haben beispielsweise Sah und Stiglitz (1985, 1986) gezeigt, dass die hierarchischen Entscheidungsstrukturen, die für viele Großun-

ternehmen charakteristisch sind, die Wahrscheinlichkeit erhöhen, dass gute Projekte abgelehnt werden, gleichzeitig jedoch die Wahrscheinlichkeit verringern, dass schlechte Projekte bewilligt werden. Aber sie zeigen auch, wie Komitees, »Polyarchien« und komplexere Entscheidungsstrukturen (zum Beispiel Polyarchien von Hierarchien) die Entscheidungsfindung verbessern, die Zahl der bewilligten schlechten Projekte verringern und die Zahl guter Projekte erhöhen können (vgl. Sah und Stiglitz, 1988a, 1988b). Große Organisationen können zudem Schwierigkeiten bei der Auswahl nachfolgender Managementteams haben. Sah und Stiglitz (1991) analysieren das Problem und zeigen, wie es gelöst werden könnte.

6 Oder »Lernen durch Erfahrung«; vgl. beispielsweise die Untersuchung der »Führungsentwicklung durch Erfahrung« von Morgan McCall (2004) sowie die dortigen Literaturhinweise.

7 Für eine Diskussion der Konvergenz der Produktivität von Industrieunternehmen vgl. Rodrik (2013). Dessen Ergebnisse stehen im Gegensatz zu den in Kapitel 2 vorgelegten.

8 Vgl. Arrow (1962b).

9 Für eine kurze Analyse des Falls von Xerox vgl. Wessel (2012).

10 Vgl. Porter (1991).

11 Es gibt Ausnahmen, etwa den Produktivitätsanstieg während der Rezession, die durch die Finanzkrise von 2008 in den Vereinigten Staaten ausgelöst wurde. Es gibt dafür verschiedene Erklärungen, darunter das zunehmend kurzsichtige Verhalten von Unternehmen, welche die langfristigen Kosten der Entlassung von gutausgebildeten Arbeitskräften ignorieren. In diesem Fall gilt trotzdem, dass die Rezession langfristig negative Auswirkungen auf die Produktivität haben dürfte. In der Weltwirtschaftskrise der 1930er Jahre war das Produktivitätswachstum ebenfalls einigermaßen hoch, was teilweise auf hohe staatliche Investitionen (unter anderem in den Transportsektor; vgl. Field, 2011) zurückzuführen war.

12 Das entspricht selbstverständlich den Standardergebnissen zu Einheitswurzeln (vgl. Dickey und Fuller, 1979; Phillips und Perron, 1988).

13 Eine eingehendere Diskussion dieses Punkts findet sich in Stiglitz (2002a).

14 Man kann es auch anders ausdrücken: Wenn Kapital (Fremdkapital und Eigenkapital) rationiert wird, dann steigt sein Schattenpreis in Rezessionen oft dramatisch an (vgl. Greenwald, Stiglitz und Weiss, 1984; Greenwald und Stiglitz, 2003).

15 Vgl. Greenwald, Salinger und Stiglitz (1990).

16 Um die Auswirkungen des verringerten Cashflows auf die Investitionen eines Unternehmens einschließlich jener in F&E zu schätzen, wurden zwei Situationen betrachtet, in denen keine bzw. eine negative Korrelation zwischen den Veränderungen des Mittelzuflusses oder Nettowerts und den Zukunftserwartungen besteht. In der ersten Studie wurde die amerikanische Automobilindustrie insbesondere im Anschluss an plötzliche Anstiege des Ölpreises untersucht. Jeder dieser Preisschocks wirkte sich sehr nachteilig auf den Absatz von amerikanischen Automobilen aus, vor allem, weil amerikanische Autos mehr Treibstoff verbrauchten als ausländische. Aber ausgehend von der Annahme, dass es für die amerikanischen Hersteller möglich gewesen wäre, das technologische Know-how für den Bau benzinsparender Fahrzeuge zu erwerben, hätten diese Preisschocks die Ausgaben für F&E erhöhen sollen. Denn während die Industrie bei der Herstellung großer Autos einen weiten Weg auf der Lernkurve zurückgelegt hatte, befand sie sich beim Bau von treibstoffeffizienten Fahrzeugen aufgrund der unerwarteten Veränderung der Faktorpreise noch am Anfang der Lernkurve. Aber der Rückgang des Cashflows hatte unmittelbare und direkte negative Auswirkungen auf die Ausgaben für F&E, und die am schwersten getroffenen Unternehmen senkten diese Ausgaben am stärksten. Obwohl wir in unserer ökonometrischen Studie den Effekt der zukünftigen Absatzerwartungen herausgerechnet hatten, hatte der veränderte Cashflow signifikante Auswirkungen auf die F&E-Ausgaben.

Eine zweite Studie beschäftigte sich mit der Luftfahrtindustrie im Anschluss an die Deregulierung, die den Wettbewerb verstärkte, die Preise drückte und negative Auswirkungen auf den Cashflow hatte. Aber der Anstieg des Outputs bedeutete, dass der Ertrag von Maßnahmen zur Verringerung der Kosten pro Passagiermeile zunahm. Dieser Befund steht in Einklang mit der dominanten Rolle von Cashflow-Beschränkungen: Nach der Deregulierung ging das Produktivitätswachstum zurück, und bei den Fluglinien, deren Liquiditätsbestände stärker litten, fiel das Produktivitätswachstum am geringsten aus.

Diese Ergebnisse wurden durch andere Studien bestätigt. Hall (1992) zeigte (gestützt auf frühere Arbeiten [Hall, 1990, 1991]) in einer Untersuchung amerikanischer Industrieunternehmen in den 1980er Jahren, dass diejenigen Unternehmen, die mehr Schulden machten, anschließend sowohl ihre Investitionen als auch ihre F&E-Tätigkeit zurückschraubten. In den etwa 250 Unternehmen, die ihre Schulden in einem Jahr um mindestens die Hälfte des Buchwerts ihres Kapitalstocks erhöhten, fiel der Rückgang der F&E-Ausgaben so groß aus, dass die F&E-Ausgaben in der US-Industrie um 2,5 Prozent sanken, was etwa einer Billion US-Dollar (1982) entsprach.

17 Diese Effekte lassen sich sogar in weniger stark ausgeprägten Abschwungphasen beobachten (vgl. Greenwald und Stiglitz, 2003; Filippettia und Archibugia, 2010; OECD 2009).

18 Schumpeter (1934), S. 113.

19 Heilbroner (1980).

20 Vgl. Stiglitz (1994b).

21 Vgl. Stiglitz *et al.* (2006).

Kapitel 5

1 Schumpeter (1912, 1943).

2 Im Verfahren *Verizon gegen Trinko* bezeichnete der Oberste Gerichtshof geheime Absprachen als »das Böse schlechthin«. Vgl. Verizon Communications Inc. v. Law Offices of Curtis V. Trinko, LLP (02-682) 540 U.S. 398 (2004) 305 F.3d 89.

3 Diese Diskussion stützt sich im Wesentlichen auf Stiglitz (2010c).

4 Die Mängel der Kapitalmärkte reichen tiefer: Um einen Kredit zu erhalten, muss der Innovator dem Kreditgeber sein Projekt

beschreiben. Aber der Innovator befürchtet, dass der Kreditgeber ihm seine Idee stehlen oder ausgehend von dieser Idee ein noch besseres Produkt entwickeln könnte. Das Bemühen um die Aneignung der Erträge einer Idee kollidiert also mit der Notwendigkeit, sich Kapital bei anderen zu beschaffen (denen man unter Umständen nicht vertrauen kann).

5 Es sollte nicht vergessen werden, dass die Antitrust-Bewegung der progressiven Ära ebenso große Sorge bezüglich der politischen Konsequenzen der Monopolbildung – also der Machtkonzentration – wie bezüglich der wirtschaftlichen Konsequenzen hegte, die erst von der modernen Monopoltheorie umfassend erklärt wurden.

6 Wie wir im vorigen Kapitel erwähnt haben, glaubte Schumpeter sogar, dass Rezessionen vorteilhafte Auswirkungen haben könnten (was in unseren Augen ein Irrtum ist).

7 Selbstverständlich ist die Situation mittlerweile anders. Infolge der deutlichen Zunahme der Ungleichheit im vergangenen Vierteljahrhundert genügt selbst ein signifikanter Anstieg der Durchschnittseinkommen möglicherweise nicht mehr, um die Armut zurückzudrängen (vgl. Stiglitz, 2012b).

8 Vgl. Leibenstein (1966).

9 Spence (1984) hat ein solches Modell formuliert.

10 Dasgupta und Stiglitz (1980b), vgl. auch Gilbert und Newbery (1982).

11 Vgl. zum Beispiel Baumol (1982); Baumol, Panzar und Willig (1982) und Martin (2000). Impliziert war damit, dass das »bestreitbare Gleichgewicht« dem Gleichgewicht im beschränkten Pareto-Optimum entspricht, in dem Pauschalsteuern und -subventionen (beziehungsweise allgemeiner formuliert sektorenübergreifende Subventionen) nicht möglich sind und in dem jeder Anbieter zumindest keine Verluste macht. Aber selbst wenn Pauschalsteuern und -subventionen nicht möglich sind, sind staatliche Eingriffe (die sich auf Konsumsteuern und -subventionen konzentrieren) noch immer wünschenswert (vgl. Sappington und Stiglitz, 1987).

12 Vgl. Stiglitz (1987c), Farell (1986).

13 Vgl. insbesondere Dasgupta und Stiglitz (1988b).

14 Stiglitz (1981, 1987c).

15 Vgl. Stiglitz (1981).

16 Nalebuff und Stiglitz (1983b).

17 Vgl. Fudenberg, Gilbert, Tirole und Stiglitz (1983).

18 Es gibt zahlreiche Modelle zu den verschiedenen Ex-ante- und Ex-post-Wettbewerbseffekten. Vgl. z. B. Aghion, Akcigit und Howitt (2013), Greenwald und Stiglitz (2014), Gilbert (2006), Vives (2008) sowie Stiglitz (2014a–e). Unseres Wissens gibt es kein Modell, das all diese Effekte beinhaltet.

19 Vgl. Leibenstein (1966), der sich mit den durch Principal-Agent-Problemen verursachten Effizienzeinbußen befasste. Leibenstein sprach von X-Ineffizienzen – und meinte, diese könnten sehr viel bedeutsamer sein als die Allokationsineffizienzen, auf die sich die Volkswirtschaftslehre üblicherweise konzentriert. Hart (1983) hat eine formalere Analyse dieser Frage im Kontext von Innovationen durchgeführt.

20 Nalebuff und Stiglitz (1983a, 1983b) haben gezeigt, dass gutgestaltete Vergütungsmodelle die Bezahlung an die relative Leistung koppeln. Tatsächlich kann ein gutgestalteter Wettbewerb mit nur zwei Teilnehmern unter bestimmten Umständen die optimale Lösung sein.

Ein Patentwettlauf lässt sich als Wettbewerb betrachten: Der Erste, der die Entdeckung macht, erhält den Preis. Aber wie wir bereits festgestellt haben, sind Patentwettläufe nicht immer gut geeignet, um Innovationen zu fördern. Wie wir zeigen werden, können sie den Innovationsprozess sogar bremsen.

21 Bei diesem Punkt ist Vorsicht angebracht. Wie wir später in diesem Buch zeigen werden, sind dabei die Grenzerträge entscheidend, und diese können höher sein, obwohl die Durchschnittserträge geringer ausfallen.

22 Aghion et al. (2013) haben auf diesen Effekt hingewiesen, den sie als »Effekt des gestohlenen Geschäfts« (*business stealing effect*) bezeichnen. Rent-Stealing gilt seit langem als zentrales Merkmal von Märkten mit unvollkommenem Wettbewerb und nimmt verschiedene Formen an. Der im folgenden Abschnitt beschrie-

bene Effekt des gemeinsamen Pools kann ebenfalls als eine spezifische Form des Rent-Stealing betrachtet werden.

23 Vgl. Dosi und Stiglitz (2014) und die dort angeführte Literatur.

24 Ein Patentsystem hat zahlreiche Dimensionen, weshalb sich nicht immer feststellen lässt, ob ein System stärker als ein anderes ist. Die für unsere Untersuchung besonders bedeutsamen Merkmale des Patentsystems sind jene, die sich auf die Fähigkeit der Unternehmen auswirken, Wissen unter Verschluss zu halten, das ansonsten öffentlich zugänglich wäre. Vgl. Boyle (2003), Heller (1998) sowie Heller und Eisenberg (1998). Hinzu kommen jene Merkmale, die das Unternehmen zwingen, durch Offenlegung mehr zum Wissenspool beizutragen (vgl. Kapitel 12).

25 Vgl. Stiglitz (2014a).

26 Einige der nachteiligen Auswirkungen beispielsweise des amerikanischen Patentsystems ließen sich durch eine Patentreform vermeiden. Bei anderen ist das nicht möglich. Die negativen Auswirkungen des Patentsystems auf Folgeinnovationen sind Gegenstand zahlreicher Untersuchungen. Ein markantes Beispiel aus der jüngeren Zeit ist das Patent auf die BRAC-Gene (anhand deren die Wahrscheinlichkeit bestimmt werden kann, mit der eine Frau an Brustkrebs erkranken wird). Bevor der Oberste Gerichtshof der Vereinigten Staaten gegen die Möglichkeit einer Patentierung von Genen entschied, stellte sich der Patentinhaber Myriad gegen die Entwicklung besserer Tests zur Prüfung der Präsenz des Gens.

27 Es gibt zahlreiche Forschungsarbeiten zu jedem dieser Themen sowie mehrere Überblicksstudien zum Beitrag des Patentsystems zur Innovationstätigkeit. Vgl. etwa Boldrin und Levine (2013), Greenwald und Stiglitz (2014), Heller und Eisenberg (1998), Huang und Murray (2008), Moser (2013) sowie Williams (2013). Zur Frage von Patentdickichten und Hold-ups vgl. zum Beispiel Shapiro (2001, 2010). Das Patentdickicht scheint ein besonderes Problem in bestimmten Sektoren zu sein, beispielsweise in der Softwarebranche und der Nanotechnologie. Vgl. Europäische Kommission (2008), Clarkson *et al.* (2006).

Jüngst hat Goldstone (2014) darauf hingewiesen, dass der Versuch der Brüder Wright, weiterführende Innovationen zu behindern, verheerende Folgen für den amerikanischen Flugzeugbau hatte. Das ging so weit, dass die Vereinigten Staaten zu Beginn des Ersten Weltkriegs kein einsatzfähiges Kampfflugzeug hatten. Die Industrie entwickelte sich erst, als die Regierung den Lizenzenaustausch durchsetzte.

28 In Kapitel 12 beschreiben wir weitere negative Effekte des Patentsystems, die die Schaffung einer lernenden Gesellschaft verhindern. Einige dieser Effekte können durch eine Verstärkung des Ex-ante- oder des Ex-post-Wettbewerbs verschärft werden. Das Patentsystem kann einen Anreiz zur Geheimhaltung geben, welcher die »offene Architektur« beeinträchtigt, die eine Voraussetzung für erfolgreiche akademische Forschung ist.

29 Im Fall einer linearen Nachfragekurve beträgt die Produktion jedes einzelnen Unternehmens zwei Drittel des Outputs im Monopolfall. Für eine ausführlichere Diskussion vgl. Vives (2008) sowie Stiglitz (2014c).

30 Dixit und Stiglitz (1977) haben gezeigt, dass das Marktgleichgewicht zwar bei einem monopolistischen Wettbewerb, bei ungehindertem Eintritt, bei gleichen fixen Eintrittskosten für alle Unternehmen und konstanter Elastizität der Nachfragekurven (und nicht existierendem Lernen) effizient ist. Anders sieht es jedoch aus, wenn diese idealen Bedingungen nicht gegeben sind. Einer der Gründe für die entsprechende Ineffizienz ist, dass ein Teil der Renten, die einem Unternehmen zufließen (und den Anreiz zum Markteintritt darstellen) anderen Unternehmen »gestohlen« wird und insofern keine Nettozunahme der Wohlfahrt der Konsumenten darstellt.

31 Vgl. Sah und Stiglitz (1987a).

32 Es gibt jedoch einen deutlichen Unterschied zwischen dem Innovationsniveau im Bertrand-Wettbewerb und dem sozial optimalen Niveau, wenn die Forschung mit einer Pauschalsteuer finanziert wird. Dann wird der verlangte Preis den (niedrigsten) Grenzkosten der Produktion entsprechen, nicht den von einem *anderen* Unternehmen kontrollierten niedrigsten Produktionskosten. Aufgrund des niedrigeren Preises wird die Produktion höher sein, womit der Wert einer Kostensenkung steigt.

33 Dasgupta und Stiglitz (1980a).
34 Vgl. etwa Scherer (1967).
35 Vgl. Aghion *et al.* (2005). Für einen neueren Überblick über diese Literatur vgl. Aghion, Akcigit und Howitt (2013).
36 Goettler und Gordon (2014).
37 Vgl. auch Gilbert (2006).
38 Vgl. etwa Dasgupta und Stiglitz (1980, 1988a); Fudenberg, Gilbert, Tirole und Stiglitz (1983); Stiglitz (1987). Hier handelt es sich nicht nur um theoretische Spielereien mit den Möglichkeiten: Um seine beherrschende Stellung zu verteidigen, ergriff Microsoft Maßnahmen, um potentielle Rivalen abzuschrecken und zu behindern. Sein kämpferisches Verhalten schmälerte die Erträge, die seine innovativen Konkurrenten mit ihren Innovationen erzielten, und zeigte anderen potentiellen Rivalen, dass Microsoft willens und in der Lage war, Abschreckungsmaßnahmen zu ergreifen, selbst wenn diese offensichtlich gegen die Wettbewerbsgesetze verstießen und für das Unternehmen erhebliche kurzfristige Gewinneinbußen nach sich zogen. Dieses Verhalten bremste mit einiger Sicherheit das Tempo der Innovationen – im Hinblick sowohl auf das Innovationspotential, das sich ohne dieses wettbewerbsschädigende Verhalten hätte realisieren lassen, als auch auf das sozial optimale Niveau.

Kapitel 6

1 Im Jahr 1988 haben wir unsere allgemeinen Ergebnisse von 1986 auf Such- und andere Modelle erweitert. Vgl. Greenwald und Stiglitz (1986), die das Konzept der *Effizienz unter Nebenbedingungen* entwickeln; dabei werden bestehende Informationsunterschiede und die Kosten der Beschaffung und Produktion von Informationen berücksichtigt. Stiglitz erforscht seit den späten 1960er Jahren die Natur der Ineffizienzen, die bei unvollständiger Information und unvollständigen Risikomärkten auftreten. Er wies nach (1975b), dass es paretoinferiore Gleichgewichte geben kann. Newbery und Stiglitz (1982) zeigen, dass Han-

delsbeschränkungen alle Betroffenen in sämtlichen Ländern besserstellen können. Stiglitz (1972, 1982) zeigt, dass Aktienmarktgleichgewichte im Allgemeinen nicht (beschränkt) paretoeffizient sind. Damit bestätigt er Diamonds Ergebnis (1967), das darauf hindeutet, dass diese Gleichgewichte auf der besonderen Annahme beruhen, dass es nur ein Handelsgut, keine Insolvenz und stark eingeschränkte Risikospezifikationen gibt. Unser Aufsatz von 1986 stellt ein allgemeines Modell bereit, das die Ergebnisse dieser und anderer älterer Studien einbezieht. (Arnott, Greenwald und Stiglitz [1994] bieten eine alternative allgemeine Formulierung. Vgl. auch Stiglitz, 2009.)

2 Dies war einer der zentralen Punkte, die Stiglitz in seinem Vortrag vor der Association of University Teachers of Economics in Manchester im Jahr 1974 hervorhob (Stiglitz, 1975a). Im November 1978 ging er in einem Vortrag bei einer Tagung der Interamerikanischen Entwicklungsbank CEPAL ausführlicher auf den Charakter von Wissen als öffentlichem Gut ein (später publiziert als Stiglitz, 1987b). Wissen ist ein öffentliches Gut besonderer Art – ein globales öffentliches Gut, von dem jeder Mensch auf der Welt profitieren könnte. Nachdem Stiglitz im Rahmen einer Ansprache auf einer UN-Konferenz in Wien das Konzept internationaler öffentlicher Güter entwickelt hatte (Stiglitz 1995b), wandte er dieses Konzept auf Wissen an.

3 Samuelson (1954), vgl. Stiglitz (1987b, 1999a).

4 Wir haben bereits dargelegt (und führen dies später in diesem Kapitel und an anderer Stelle in diesem Buch weiter aus), dass dies zutrifft, solange es kein weiteres Marktversagen gibt. Weitverbreitetes Rent-Seeking in einigen Innovationssektoren kann zu überhöhten Ausgaben in manchen Forschungsbereichen führen.

5 Man sollte der Tatsache, dass sich diese Personen nicht den gesamten ökonomischen Wert ihrer Innovationen aneigneten, vielleicht keinen allzu großen Stellenwert beimessen. Es spricht wenig dafür, dass sie dann, wenn sie die Möglichkeit gehabt hätten, sich die Erträge vollständig anzueignen, härter gearbeitet hätten. Diskussionen unter Ökonomen konzentrieren sich auf ökonomische Anreize; wie wir in Kapitel 3 bereits angemerkt haben, sind

ökonomische Anreize womöglich weit davon entfernt, zu den wichtigsten Bestimmungsfaktoren des Lernens und der Innovationstätigkeit zu zählen.

6 Dieses Ergebnis bildet die Basis für eine aufschlussreiche Kritik an endogenen Wachstumsmodellen, die den Wettbewerb als gegeben voraussetzen. Nur der Grenzfall vollkommener Spillover-Effekte ist konsistent mit vollständigem Wettbewerb, aber dann ist der Anreiz gering, F&E zu betreiben oder in Lernen zu investieren (Romer, 1994, Stiglitz, 1990). Romer verwendet die Präferenzen wie von Dixit und Stiglitz (1977) beschrieben, was ihm eine einfache Parametrisierung erlaubt, in die man die langfristige Dynamik in einem Modell mit unvollkommenem Wettbewerb einbeziehen kann. Dixit und Stiglitz weisen jedoch darauf hin, dass die Nutzenfunktion einige sehr ungewöhnliche Eigenschaften hat, weshalb sie mit großer Vorsicht anzuwenden sei, insbesondere wenn man damit Wohlfahrtsbewertungen vornimmt, zum Beispiel über die optimale Zahl der Unternehmen (Diversität) im Marktgleichgewicht. Alternative Spezifikationen können zu ganz anderen Ergebnissen führen. Vgl. zum Beispiel Stiglitz (1986b).

7 Arrow (1962a).

8 Die Höhe der Investitionen in Lernen/F&E konnte trotz des geringeren Produktionsniveaus optimal sein. Wenn wir sagen, dass in einem Monopol weniger Lernen stattfindet, meinen wir damit weniger Lernen als *in der erstbesten Situation, in der die Outputmenge optimal ist und sich diese höhere Outputmenge im Lernniveau (Ausmaß des Lernens) widerspiegelt.* Es lässt sich auch zeigen, dass das Ausmaß des Lernens geringer ist als in den zweitbesten Situationen, in denen der Staat mittels Subventionen eingreift, *selbst wenn die Erhebung der Steuern, die zur Finanzierung dieser Subventionen benötigt werden, mit Kosten verbunden ist.*

9 Optimales Lernen kann bedeuten, dass ein Unternehmen mit Verlust produziert, so dass es Geld leihen muss (vgl. Dasgupta und Stiglitz, 1988).

10 Dies ist eine Erklärung für die hohen empirisch ermittelten Renditen von Technologie-Investitionen (vgl. Council of Economic Advisers, 1995).

11 Greenwald und Stiglitz (1993).
12 Für eine eingehende Diskussion dieser Fragen vgl. Stiglitz (2006, 2008, 2013).
13 Vgl. Stiglitz (2006), Azvolinsky (2012), Goozner (2010).
14 Es sollte auch betont werden, dass sich manchmal Unternehmen, die erst später in den Markt eintreten, in einer vorteilhaften Position befinden, weil sie von dem Pionierunternehmen lernen und so zum Beispiel einige der Fehler vermeiden können, die den Ruf des Pioniers beschädigt haben. So zog Sonys Betamax gegenüber der später eingeführten VCR-Technologie den Kürzeren.
15 Vgl. die Diskussion in Kapitel 12. Boyle (2003, 2008) bezeichnet die Patentierung von Wissen, das bislang frei zugänglich war, als »Einhegung von Gemeinschaftsgütern«.
16 In Kapitel 4 haben wir darauf hingewiesen, dass dies bei der Festlegung der Grenzen des Unternehmens eine wichtige Rolle spielt: Innerhalb eines Unternehmens zirkuliert Wissen freier als über seine Grenzen hinweg.
17 Man stelle sich zur Illustration das Angeln in einem allgemein zugänglichen Teich vor: Der freie Zugang kann dazu führen, dass allzu viele Angler zu dem Teich strömen, so dass die Fischausbeute im fließenden Gleichgewicht geringer ist.
18 Vgl. Stiglitz (2014a).
19 Streiks und Kriege stellen ähnliche ineffiziente Zusammenbrüche von Verhandlungsprozessen dar (Farrell, 1987). Vgl. auch Shapiro (2010) für eine Diskussion von Verzögerungen im Zusammenhang mit Patenten.
20 Diese Probleme werden dadurch verstärkt, dass sich die »Grenzen« des Wissens nur schwer exakt definieren lassen. Dieses und das allgemeinere Problem des sogenannten Patentdickichts werden ausführlicher in Kapitel 12 erörtert.
21 Stiglitz (1986).
22 Diese Probleme können durch andere Unzulänglichkeiten des Marktes verschärft werden. Vergütungsvereinbarungen, die Individuen auf der Basis ihrer relativen Leistung belohnen, fördern »Herdenverhalten«, bei dem Individuen das tun, was andere tun (vgl. Nalebuff und Stiglitz, 1983a).

23 In Kapitel 12 beschreiben wir detaillierter die Probleme, die im Kontext eines sogenannten Patentdickichts auftreten.

24 Die Diskussion in diesem Abschnitt stützt sich auf Dasgupta und Stiglitz (1988a).

25 Schlechtgestaltete Systeme zum Schutz geistigen Eigentums können Innovationen hemmen. (Vgl. die Diskussion in Kapitel 12.)

26 Greenwald und Kahn (2009) haben gezeigt, dass der Verlust an Arbeitsplätzen im verarbeitenden Gewerbe, zumindest vor dem Jahr 2000, größtenteils auf technologische Fortschritte (und nicht auf die Globalisierung) zurückzuführen war. Zahlreiche wissenschaftliche Publikationen bestätigen die Auffassung, dass die Innovationen in den Vereinigten Staaten »qualifikationsbegünstigend« waren. Vgl. zum Beispiel Greiner, Rubart und Semmler (2003), Goldin und Katz (2008), Autor und Dorn (2013), Autor, Levy und Murnane (2003), Autor, Katz und Kearney (2008).

27 Zusammen mit mehreren Koautoren: Delli Gatti *et al.* (2012, 2013).

28 Stiglitz (1974b), Shapiro und Stiglitz (1984).

29 Diese Analyse basiert auf Stiglitz (2014d), der sich seinerseits auf Stiglitz (2006b) bezieht, der wiederrum auf eine umfangreiche Literatur über faktorbegünstigende induzierte Innovationen zurückgreift, die auf Ahmad (1966), Drandakis und Phelps (1966), Fellner (1961), Kennedy (1964) und Samuelson (1965) zurückgeht, mit Vorläufern in der wirtschaftsgeschichtlichen Literatur (zum Beispiel Salter 1966; Habakkuk, 1962).

30 Vgl. J. Hicks (1932) für eine Diskussion der Typologie der Innovationen.

31 Stiglitz zeigt, dass dies so lange gilt, wie die Elastizität der Substitution zwischen Arbeit und Kapital kleiner als 1 ist. Das allgemeine Ergebnis lautet, dass die Faktorverzerrung des Marktes nicht optimal ist. Wenn die Substitutionselastizität größer als 1 ist, ist das langfristige Gleichgewicht womöglich nicht stabil: Eine allzu hohe Kapitalintensität führt zu einer höheren Kapitalquote, die zu einem ausgeprägt kapitalmehrenden technologischen Fortschritt führt, die wiederum eine noch höhere Kapitalquote verursacht.

32 Vgl. Salter (1966) und Habakkuk (1962).

33 Es gibt weitere Interpretationen, die wir unten kurz diskutieren. So hat es zum Beispiel den Anschein, als würden sich die Löhne während bestimmter Zeiten nicht vollständig anpassen und als hätten die Unternehmen infolgedessen Schwierigkeiten, Arbeitskräfte zu finden. Dies würde bedingen, dass der Schattenpreis für Arbeit über dem Marktlohn liegt.

34 Vgl. Greenwald und Stiglitz (1988), Arnott und Stiglitz (1985).

35 Wir weisen auch darauf hin, dass die Dynamik erheblich von derjenigen im Solow'schen Standardmodell abweichen kann, in dem die Wirtschaft sich dem Gleichgewicht monoton annähert. Wie wir in der ungekürzten Fassung dieses Buches im Anhang dieses Kapitels zeigten, ist die Konvergenz oszillierend. Wir weisen jedoch darauf hin, dass die gleichförmige Konvergenz gegen ein stabiles Gleichgewicht (*Steady State)* im Solow-Modell eine Funktion seiner extrem vereinfachenden Annahmen ist. Andere geringfügige Modifikationen (Kapitaljahrgänge, von der Einkommensverteilung abhängige Sparquote) können ebenfalls zu einer komplizierteren Dynamik führen. Vgl. zum Beispiel Akerlof und Stiglitz (1969), Cass und Stiglitz (1969) oder Stiglitz (1967).

36 Autor und Dorn (2013).

37 Dies steht in Einklang mit den empirischen Daten über die Stagnation der mittleren Löhne in den Vereinigten Staaten über einen Zeitraum von über 40 Jahren und einen Rückgang der Löhne für geringqualifizierte Arbeitskräfte (das heißt Arbeitnehmer, die nur die Sekundarschule besucht haben).

38 Für eine umfassendere Diskussion der damit einhergehenden Probleme vgl. Stiglitz (2010b).

39 Für eine ausführlichere Diskussion dieser Ideen vgl. Stiglitz (1975a, 1994c, 2010a).

40 Wir haben in Kapitel 5 darauf hingewiesen, dass die Unternehmen, die in Südkorea in Konkurs gingen, im Durchschnitt nicht weniger produktiv waren als diejenigen, die fortbestanden.

41 Und dies umso mehr in Ländern wie den Vereinigten Staaten, in denen die Reichen einen unverhältnismäßig großen Einfluss auf den politischen Prozess haben.

42 Vgl. Stiglitz (2003).
43 Dieser Abschnitt beruht auf Stiglitz (2014e) und enthält Passagen, die dem genannten Aufsatz entnommen sind.
44 Acemoğlu, Robinson und Verdier (2012).
45 Vgl. Fitoussi, Sen und Stiglitz (2010).
46 Im Jahr 2012 belegten die USA nach Maßgabe des HDI den dritten, Schweden den achten und Norwegen den ersten Rang; in dem vermutlich (als Maß des Wohlergehens) aussagekräftigeren um die Ungleichverteilung bereinigten HDI rangieren die USA auf Platz 15, Schweden auf Platz 3 und Norwegen auf Platz 1.
47 Laut OECD-Daten für 2012. Und wenn man einige der Messungsprobleme berücksichtigt, die von der Commission on the Measurement of Economic Performance and Social Progress festgestellt wurden, dann war das BIP pro Arbeitsstunde in den USA vermutlich noch niedriger.
48 Diese Daten lassen sich selbstverständlich unterschiedlich interpretieren. Die Zahlen können vom Ausmaß der vertikalen Integration abhängen (wenn bestimmte Phasen des Produktionsprozesses eine höhere Wertschöpfung pro Arbeiter aufweisen als andere, könnte ein Land, das sich auf diese Produktionsstufen spezialisiert, scheinbar eine höhere Produktivität aufweisen, auch wenn die Produktivität bei *vergleichbaren Aufgaben* gleich ist), ebenso wie von dem zahlenmäßigen Verhältnis zwischen gelernten und ungelernten Arbeitskräften (ein Unternehmen oder ein Land, das auf ungelernte Arbeitskräfte setzt, hätte eine niedrigere Produktivität *pro Arbeitskraft*, aber eine genauso hohe Gesamtproduktivität).
Daten über das BIP pro Arbeitskraft (die einige dieser Streitfragen vermeiden) können ebenfalls unterschiedlich interpretiert werden, was insbesondere damit zusammenhängt, dass das BIP kein gutes Maß der wirtschaftlichen Leistungsfähigkeit ist, zum Beispiel wegen Problemen, die mit Ausgaben für Gesundheit und »Verteidigung« verbunden sind. Siehe z.B. Stiglitz, Sen und Fitoussi (2010).
49 Und dies aus gutem Grund, der mit der Beurteilung der Kosten und des Nutzens von Patenten zusammenhängt.

50 Allerdings weist Mazzucato (2013) überzeugend nach, dass die Wagniskapitalbranche für technische Innovationen nur eine begrenzte Rolle spielt. Sie macht nur einen sehr kleinen Teil des Finanzsektors aus, und die durch den dominanten Teil dieses Sektors herbeigeführte Weltfinanzkrise hat sich negativ auf die Wagniskapitalbranche ausgewirkt. Kaplan und Lerner (2010) haben festgestellt, dass Wagniskapitalinvestitionen in Unternehmen bemerkenswert konstante 0,15 Prozent des Gesamtwertes des Aktienmarkts ausmachen.

51 Das *Programme for International Student Assessment* (Programm zur internationalen Schülerbewertung) der OECD bewertet die Kompetenz 15-jähriger Schüler in Lesefähigkeit, Mathematik und Naturwissenschaften. Laut PISA entspricht die Leistung des US-Bildungssystems ungefähr dem Durchschnitt der OECD-Länder; in Mathematik bleibt sie allerdings hinter dem OECD-Durchschnitt zurück. (Organisation für Wirtschaftliche Zusammenarbeit und Entwicklung, 2011). Die mangelnde Chancengleichheit bedeutet, dass Kinder armer oder bildungsschwacher Eltern ihr Potential vermutlich nicht ausschöpfen (vgl. Stiglitz, 2012b). Diese negativen Ergebnisse lassen sich als eine natürliche Folge des amerikanischen Kapitalismusmodells verstehen, das zu einer starken Ungleichverteilung geführt hat, und zwar vor allem deshalb, weil die ökonomische Ungleichverteilung mit politischen Prozessen in einer Wechselbeziehung steht, die geringe öffentliche Investitionen zur Folge hat.

52 Vgl. Mazzucato (2013).

53 Vgl. Gertner (2012).

54 Vgl. zum Beispiel Chang (2001, 2002).

55 Anzumerken ist, dass *keine dieser Bildungseinrichtungen auf die Erzielung von Gewinn ausgerichtet sind.* Es handelt sich entweder um nicht gewinnorientierte oder um staatliche Universitäten.

56 Dies ist die zentrale Erkenntnis von Domar und Musgrave (1944) und Stiglitz (1969). Die Details des Steuersystems wirken sich auf die Verteilung von Risiken und daher auch auf das Ausmaß aus, in dem Innovationen gefördert werden.

57 Weiter oben haben wir die wichtigen Rollen angesprochen, die die gesellschaftliche Einstellung und Konventionen spielen können: Die Aufklärung war eine Revolution des Denkens, und diese geistige Revolution war viel wichtiger als sämtliche Änderungen der Eigentumsrechte oder der Anreizstrukturen. Das Gleiche gilt hier: Die generelle Einstellung zum Scheitern kann die Risikobereitschaft des Einzelnen beeinflussen. Die bestimmenden Faktoren dieser gesellschaftlichen Einstellungen würden den Rahmen dieses Buches sprengen, aber immer mehr Forschungsarbeiten belegen die wichtige Rolle politischer Maßnahmen. Vgl. den in Kürze erscheinenden World Development Report 2015 der Weltbank.

58 So erzielen beispielsweise Hochfrequenzhändler ihre Gewinne auf Kosten anderer, aber dieses Rent-Seeking bedarf nicht nur realer Ressourcen, sondern macht Märkte auch weniger informativ, mit negativen Auswirkungen auf die Effizienz der Ressourcenzuteilung. Vgl. Stiglitz (2014g) sowie Biais und Woolley (2011).

59 Vgl. Field (2011).

60 Barth *et al.* (2014).

61 Viele Wirtschaftshistoriker behaupten, dass sich hohe Löhne und Arbeitskräfteknappheit positiv auf die Innovationstätigkeit auswirken. Vgl. zum Beispiel Salter (1962), Habakkuk (1962), Sutch (2010) und Wright (1986). Für eine theoretische Diskussion vgl. Acemoğlu (2010), Greenwald und Stiglitz (2014) und Stiglitz (2006b, 2014d).

62 Piketty *et al.* (2011). Vgl. außerdem Stiglitz (2012b) und Piketty (2014) sowie die dort genannten Quellen.

63 Vgl. beispielsweise Hoff und Stiglitz (2004a, 2004b).

64 Es bestehen vielfältige Zusammenhänge zwischen Ungleichheit und dem ökonomisch-politischen Gleichgewicht. Je gespaltener eine Gesellschaft ist, umso unwahrscheinlicher ist es, dass sie hochrentierliche öffentliche Investitionen vornimmt; die Reichen streben einen schwachen Staat an, denn sie befürchten, der Staat könnte seine Befugnisse zur Umverteilung einsetzen. Vgl, Stiglitz (2012b) und die dort zitierten Quellen. Siehe auch Benabou (1997) für einen Überblick über Studien über Wirtschaftswachstum und Ungleichheit sowie Ostry *et al.* für aktuellere Daten.

65 Ich sage dies mit einer gewissen Überzeugung, da ich politische Entscheidungsprozesse in den USA und, was für dieses Buch hier besonders wichtig ist, Entscheidungsprozesse im Hinblick auf Innovationen, wie etwa die Gestaltung der Rechte am geistigen Eigentum und die Bestimmung der Höhe und der Aufteilung von Forschungsausgaben, aus unmittelbarer Nähe miterlebt und daran teilgenommen habe. Sonderinteressen gaben oftmals den Ausschlag; der Frage, was gut für den wissenschaftlichen Fortschritt oder die Förderung der öffentlichen Gesundheit sei, wurde wenig Beachtung geschenkt. Für eine Diskussion einiger Aspekte dieser Frage vgl. Stiglitz (2006a).

66 Vgl. Barth *et al.* (2012).

67 Dass es Länder wie Südkorea gibt, die Wissens-/Technologielücken weitgehend geschlossen haben, widerspricht dieser Hypothese nicht unbedingt. Vielleicht haben diese Länder die damit verbundenen Kosten unterschätzt. Vielleicht haben sie ungewöhnlich geringe Zeitpräferenzraten (versehen also zukünftige Konsummöglichkeiten lediglich mit geringen Abschlägen) oder befinden sich in einer besonderen Lage, in der die Kosten für das Schließen der Lücke außergewöhnlich gering sind.

68 Es gibt weitere Modelle, aus denen sich Nichtkonvergenz ableiten lässt. In einem Anhang zu Stiglitz (2014f) diskutieren wir die wichtigen Unterschiede zwischen unserem Modell und dem von Krugman (1981) und Matsuyama (1992).

69 Analog dazu sind etliche innovationshemmende politische Maßnahmen in den USA das Ergebnis politischer Prozesse, in denen sich der Einfluss von Sonderinteressen wie jenen des Finanzsektors widerspiegelt.

70 Im Standard-Wettbewerbsmodell, in dem jedes Unternehmen mit einer horizontalen Angebotskurve für Arbeitnehmer jedes Typs konfrontiert ist, kommen diese Effekte vermutlich nicht zum Tragen. Aber in der Praxis ist die Mobilität der Arbeitnehmer unvollkommen. Unternehmen führen mit ihren Arbeitnehmern Tarifverhandlungen. Die Natur der Technologie – die sie gestalten können – wirkt sich auf diesen Verhandlungsprozess aus. Man beachte, dass diese Analyse nicht erfordert, dass Unter-

nehmen ihr Verhalten koordinieren, um ihre Verhandlungsmacht gegenüber den Arbeitnehmern zu steigern (obwohl sie dies unter bestimmten Umständen vielleicht tatsächlich tun.) Solange die Mobilität der Arbeitnehmer unvollkommen ist, zahlt es sich vielmehr für jedes Unternehmen aus, sich so zu verhalten, dass seine Verhandlungsmacht gegenüber seinen Arbeitnehmern zunimmt.

71 Vgl. Braverman und Stiglitz (1986) für eine Analyse dieser Fragen im Kontext einer Agrarökonomie.

72 Auf Arbeitsmärkten mit vollkommener Konkurrenz würden beliebige nichtpekuniäre Kosten den geforderten Lohn bei jedem gegebenen Arbeitsangebot erhöhen und daher von einem Unternehmen berücksichtigt werden. Auf Märkten mit unvollständigem Wettbewerb ist dies hingegen nicht der Fall.

Zudem mag das Management in einer Welt mit Ungewissheit und unvollkommener Information zu der Überzeugung gelangen, dass arbeitssparende Technologien rentabel sein werden. Es gibt möglicherweise eine »Gleichgewichtsfiktion«, in der die empirischen Daten diese Überzeugungen nach Einschätzung der Unternehmensleitung bestätigen (Hoff und Stiglitz, 2010). Dies ist insbesondere im sogenannten Managerkapitalismus relevant (hier fallen Agency-Kosten an, die es Managern ermöglichen, Ermessensspielräume in erheblichem Umfang zu ihrem eigenen Vorteil zu nutzen), indem Manager ihrer Zeit und ihren Problemen einen höheren Stellenwert einräumen, als dies in einer effizienten Marktwirtschaft der Fall wäre.

Interessanterweise dient diese Einstellung den Interessen der »Klasse« der Manager/Kapitalisten. Sie führt zu Ergebnissen, die dem entsprechen, was sich theoretisch auch durch unerlaubte Absprachen hätte erreichen lassen.

73 In diesem Sinne können wir von einer Art steigender Skalenerträge sprechen. Je mehr Innovatoren darüber nachdenken, wie sich die Arbeitseffizienz verbessern lässt, umso besser sind die Chancen, dass sie zu überzeugenden Lösungen gelangen. Dies deutet darauf hin, dass die Innovationsgrenze nicht konkav, sondern (zumindest teilweise) konvex ist.

74 Phelps (2013) geht auf diesen Punkt ein.

75 Wir sollten vielleicht zutreffender sagen, dass Märkte *niemals* in einem Vakuum existieren. Die Gesellschaft muss Regeln und Vorschriften für Märkte festlegen, zum Beispiel klarstellen, welche Arten von Verträgen durchgesetzt werden können und wie sie durchgesetzt werden sollen. Folglich ist die Vorstellung, es gäbe »freie Märkte«, eine Illusion, auf die sich oft diejenigen berufen, die versuchen, Märkte in einer bestimmten Weise zu gestalten (*als ob* es eine und nur eine »richtige« Organisationsform von Märkten gäbe) – oft in einer Weise, die ihren eigenen Interessen dient.

76 Genauer gesagt führen sie zu weniger F&E oder weniger Lernen als in der bestmöglichen Situation; angesichts des mit einem Monopol verbundenen geringeren Outputs und unter der Bedingung, dass die Monopolmacht fortbesteht, ist die optimale Höhe der F&E-Investitionen geringer.

77 Dies war ein zentraler Teil der Entwicklungsstrategie Ostasiens (vgl. Stiglitz, 1996; Weltbank, 1993).

78 Knight (1921)

79 Vgl. Stiglitz (2006a).

80 Wir sollten anmerken, dass es sehr schwierig ist, das Wohlergehen zu messen. Dies unterstreicht die Arbeit der Commission on the Measurement of Economic Performance and Social Progress (Stiglitz, Sen und Fitoussi, 2010). Während sich zum Beispiel Fortschritte in der biowissenschaftlichen Forschung positiv auf den Gesundheitszustand der meisten Menschen auswirken, müssen diese Gewinne aufgerechnet werden gegen eine Zunahme der Erwerbsunsicherheit und eine Verschlechterung der Umweltqualität.

Kapitel 7

1 Dixit und Stiglitz (1977).

2 Die Beschaffenheit der Verzerrungen im Einzelnen ist kompliziert. Beispielsweise erklären Dixit und Stiglitz, dass es möglicherweise zu viele Unternehmen mit hoher Preiselastizität und

einer niedrigen Konsumentenrente gibt. Stiglitz (1986) leitet Bedingungen ab, unter denen es zu viele Unternehmen (eine zu große Produktvielfalt) gibt. An dieser Stelle gilt es, die Auswirkungen der Marktverzerrungen auf die Gesamtgeschwindigkeit des Lernens treffend einzuschätzen. Gibt es zum Beispiel zu viele Anbieter, so hat jeder einzelne von ihnen einen geringeren Anreiz, ein (gemessen am sozialen Optimum) ausreichendes Maß an F&E zu betreiben, weshalb das Innovationstempo seinen optimalen Wert nicht erreicht.

3 In einem einfachen Zweiperiodenmodell lautet die präzise Bedingung dafür, dass die Produktion im Monopolfall höher ist als im Fall vollkommener Konkurrenz folgendermaßen:

$$1/\eta_M < \delta \nu h_M$$

wobei η_M die Elastizität der Nachfrage nach dem Industriegut, δ der reine Zeitpräferenzfaktor, ν das Verhältnis der in den beiden Perioden bereitgestellten Arbeitseinheiten und h die Elastizität der Lernkurve ist (die prozentuale Verringerung der Produktionsgrenzkosten in Periode 2 infolge eines einprozentigen Produktionsanstiegs in Periode 1). Die Variable ν selbst hängt von der Elastizität des Arbeitsangebots ab. Ein elastischeres Arbeitsangebot bedeutet, dass mehr zusätzliche Arbeit angeboten wird, wenn die Kosten (Preise) sinken.
Aus allgemeineren Modellen lassen sich vergleichbare Ergebnisse ableiten.

4 Zwei weitere Situationen sollten kurz erwähnt werden. In der ersten gibt es keine vollständigen Spillover-Effekte, aber der Wettbewerb im lernenden Sektor wird durch negative Skaleneffekte aufrechterhalten. Nehmen wir den Extremfall an, dass es keine Spillovers innerhalb des Sektors, sondern nur solche auf andere Sektoren gibt. In diesem Fall erntet jedes am Wettbewerb teilnehmende Unternehmen genau wie ein Monopolist den gesamten Nutzen seines Lernens selbst. Die einzige Verzerrung des Wettbewerbsgleichgewichts ergibt sich dann aus den externen Effekten, die den anderen Sektor erreichen. Solange es Spillover-

Effekte des Lernens gibt, ist die Produktion im lernenden Sektor suboptimal, weshalb eine Subvention in der ersten Periode wünschenswert wäre.
Die zweite Situation, die uns hier interessiert, lässt sich durch unvollkommenen Wettbewerb in beiden Sektoren kennzeichnen. Wenn der Monopolgrad in etwa vergleichbar ist, dann ergeben sich in beiden Sektoren Preise oberhalb der Grenzkosten, während das Preisverhältnis unberührt bleibt. Die Monopolmacht hat folglich keinen Einfluss auf die (relative) Produktion der beiden Güter, sie bewirkt allerdings die Internalisierung der innersektoralen externen Effekte (nicht jedoch die der intersektoralen). Natürlich wirken sich die Reallohnsenkungen nicht nur auf die Verteilung aus, sondern auch auf das Arbeitsangebot und infolgedessen auf das Lernen.

5 $\rho = \delta V_Y^{Z+1} / \mu$, wobei δ die reine Präferenzrate, V_Y^{Z+1} der Grenznutzen des Einkommens (im Zeitpunkt Z + 1) und μ der Grenznutzen des Einkommens *im öffentlichen Sektor* zum Zeitpunkt Z ist. Daher kann ρ zutreffender als der Wert eines zukünftigen Dollars in Relation zum Wert eines gegenwärtigen Dollars innerhalb der staatlichen Budgetbeschränkungen beschrieben werden.

6 Wir möchten betonen, dass die hier als unabhängig vorausgesetzten Variablen ihrerseits tatsächlich von Steuern und Subventionen abhängen können und dass es mehrere Lösungen geben kann. Beispielsweise sind höhere Subventionen des Industriesektors im Normalfall mit einem höheren Output in der zweiten Periode verbunden, und auch h kann vom Niveau des industriellen Outputs beeinflusst werden.

Kapitel 8

1 In bestimmten Kreisen wären Zweifel am Freihandel sogar ein Grund, die förmliche Anerkennung als Ökonom zu verlieren.

2 Tatsächlich sind die Umstände, unter denen der Freihandel die gesellschaftliche Wohlfahrt erhöht, zu speziell, um diese verbreitete Annahme zu rechtfertigen. Beispielsweise kann der Freihan-

del mit unvollkommenen Risikomärkten tatsächlich für alle Individuen nachteilig sein (vgl. Newbery und Stiglitz, 1982). Für eine umfassende Diskussion dieser Fragen vgl. Charlton und Stiglitz (2006, 2012).

3 In der öffentlichen Diskussion wird oft das Argument vorgebracht, Offenheit führe zu mehr Lernen, weshalb der Handel Lernfortschritte ermögliche. Das mag zutreffen, aber dieser positive Lerneffekt muss den mit der Struktur der Produktion verbundenen Effekten gegenübergestellt werden. Aus den in den vorhergehenden Kapiteln dargelegten Gründen glauben wir, dass der zweite Effekt stärker ist. Für eine gegensätzliche Einschätzung vgl. Grossman und Helpman (1991), die jedoch die Effekte, auf die wir uns konzentrieren, weitgehend außer Acht lassen.

4 Das Infant-Industry-Argument hat eine lange Geschichte, die mindestens bis zur Mitte des 19. Jahrhunderts zurückreicht, als Friedrich List (1841) seine Untersuchungen anstellte. Für eine umfassendere Diskussion vgl. Chang (2002, 2003), Charlton und Stiglitz (2005) sowie Stiglitz (2006a). Wir stützen uns in erster Linie auf Dasgupta und Stiglitz (1988a).

5 Es sei darauf hingewiesen, dass wir diese Begriffe als Metaphern verwenden. Der Terminus *Landwirtschaft* beinhaltet hier auch kleine nichtagrarische ländliche und Handwerksaktivitäten, während die *Industrie* auch die Agrarindustrie einschließen kann.

6 Vgl. insbesondere Chang (2002).

7 Vgl. zum Beispiel Baldwin (1969).

8 Wie in Kapitel 5 ausführlich behandelt und in den ersten Kapiteln von Teil 2 formalisiert.

9 Stiglitz und Weiss (1981) erklären, warum es bei unvollkommener und asymmetrischer Information zu Kreditrationierung kommen kann.

10 Vgl. Stiglitz (1996), Stiglitz und Uy (1996), Weltbank (1993).

11 Die ostasiatischen Staaten stützten sich auf regelbasierte Systeme und stellten mehr Kapital für jene Unternehmen zur Verfügung, die Erfolge im Export vorzuweisen hatten, vor allem in Bereichen, in denen signifikante technologische Spillover-Effekte möglich waren.

12 In diesem Fall unterscheidet sich die Gewährung eines Forschungskredits durch eine Bank kaum von der Entscheidung einer Regierungsbehörde darüber, welchen Forscher sie unterstützen soll – nur dass im zweiten Fall der Staat gleichzeitig verschiedene Forschungsanträge beurteilen kann, während die Bank nur Vermutungen darüber anstellen kann, welche anderen Forscher ebenfalls eine Finanzierung erhalten. Darüber hinaus kann der Staat den sozialen Grenzertrag jedes Projekts beurteilen, während der private Kreditgeber den erwarteten (privaten) Ertrag dieses spezifischen Projekts beurteilen muss, das heißt die (mittlere) Wahrscheinlichkeit des Erfolgs, multipliziert mit dem Gewinn, den das Unternehmen im Erfolgsfall erzielen würde. Wie wir in den vorhergehenden Kapiteln erklärt haben, decken sich im Fall einer Innovation die erwarteten privaten Erträge nicht mit den (erwarteten) sozialen Grenzerträgen. Der Staat finanziert Projekte, solange die erwarteten sozialen Grenzerträge positiv sind. Eine Bank finanziert Projekte, solange der erwartete Ertrag der Bank positiv ist. In beiden Fällen haben Unternehmer mit einem größeren Lernpotential einen besseren Zugang zu Krediten. Aber der resultierende finanzielle Umfang und die Zusammensetzung der Projekte können sehr unterschiedlich sein. Insbesondere kann der Staat externe Lerneffekte berücksichtigen. Und es gibt noch einen weiteren bedeutenden Unterschied: Wenn ein privater Kredit hinfällig wird, müssen die Anteilseigner der Bank die entsprechenden Kosten tragen (sofern nicht der Staat einspringt); wenn der Staat Mittel bereitstellt, dann werden die Steuerzahler mit den Kosten belastet.

13 Man könnte argumentieren, dass Protektion so wie Patentschutz zeitlich begrenzt sein sollte (obwohl die Unternehmen Wege finden, um die effektive Geltungsdauer ihrer Patente zu verlängern). Die folgende Analyse zeigt, dass das möglicherweise nicht sinnvoll ist.

14 Vgl. Kapitel 3, 4 und 12 für eine Diskussion der Frage, warum die Geographie für Spillover-Effekte bedeutsam ist.

15 Die einzige Annahme, die von denen in den früheren Kapiteln abweicht, betrifft die räumlichen Spillover-Effekte. Wir nehmen

an, dass es vollkommene Spillovers innerhalb eines Landes, aber keine grenzüberschreitenden gibt. Dies ist offensichtlich ein Sonderfall, und der allgemeinere Fall lässt sich analysieren wie in Kapitel 8 der ungekürzten Ausgabe dieses Buches gezeigt.

16 Alternativ dazu wurde auch erklärt, dass es, sollte das Land schließlich einen komparativen Vorteil in der Produktion von Industriegütern erlangen, keinen Sinn habe, diese Veränderung vorwegzunehmen. Die entscheidende Annahme war dabei, dass die Technologie ein exogener Faktor ist.

17 Wie wir in Kapitel 1 erwähnt haben, ist es schwierig, den dynamischen komparativen Vorteil eines Landes zu bestimmen.

18 In seiner ursprünglichen Analyse setzte Arrow (1962a) das Lernen in Beziehung zum Investitionsniveau, nicht zum Produktionsniveau.

19 Vgl. Korinek und Servén (2010). Es gibt weitere wichtige Instrumente wie Investitionssubventionen/Steuerkredite und Leitzinsen. Für eine Diskussion des Einsatzes von Wechselkursen (und ihrer Veränderungen) im Kontext des ostasiatischen Wirtschaftswunders vgl. Stiglitz (1996).

20 Wie wir in Kapitel 5 gesehen haben, genügen Gewinnaussichten möglicherweise nicht, um Unternehmen zum Markteintritt zu bewegen. Potentielle neue Anbieter wollen wissen, wie der Markt nach ihrem Eintritt aussehen wird, und sie können zu der Überzeugung gelangen, dass der Wettbewerb dann so hart sein wird, dass sie Verluste erleiden werden. Das dominierende Unternehmen kann Abschreckungsmaßnahmen ergreifen, welche die potentiellen Anbieter in diesem Glauben bestärken. Insbesondere kann es sich um Lernfortschritte bemühen, die so groß sind, dass sie Rivalen am Marktanteil hindern.

21 Natürlich dürfte die Summe der Gewinne auf einem Markt mit Wettbewerb geringer sein.

22 Da die Erhebung von Steuern insbesondere in Entwicklungsländern mit Beschränkungen (und Kosten) verbunden ist, können protektionistische Maßnahmen (wie etwa eine versteckte Steuer) vorteilhafter sein. Aber dieser Mangel an Transparenz ist ein wichtiges Argument gegen Protektionismus.

23 Dies ähnelt dem »Renten-« oder »Business-Stealing-Effekt«, den wir in den Kapiteln 5 und 6 behandelt haben. Global betrachtet ergibt sich möglicherweise kein sozialer Nutzen, selbst wenn sich die Situation des Entwicklungslands verbessert.

24 Die Steuerzahler tragen die Kosten der Subvention, mit der die Wettbewerbsfähigkeit der jungen Industrie verbessert werden soll. Der Staat muss beurteilen, ob sich solche Subventionen lohnen, und den Wert der zukünftigen Gewinne, die er aus dem Erfolg des neuen Anbieters ziehen kann, sowie die Konsumentenrente einschätzen, die seinen Bürgern zugutekommen wird. Den Nutzen für die Bürger anderer Länder lässt er außer Acht. (Wenn das monopolisierte Gut ein Produktionsinput ist, kann der Wettbewerb zusätzlichen Nutzen haben: höhere Gewinne für die Unternehmen, die das Gut als Input nutzen, größere Verbraucherwohlfahrt dank möglicherweise niedrigerer Konsumgüterpreise, höhere Steuereinnahmen für den Staat. Diese Vorteile sind an sich globale öffentliche Güter, da sämtliche Anbieter überall auf der Welt davon profitieren. Aber es gibt wahrscheinlich auch lokalisierte Vorteile, die nicht nur auf Spillovers beruhen; beispielsweise können bei der Gestaltung von Zwischenprodukten vorteilhafte Interaktionen zwischen Nutzern und Herstellern stattfinden.)

25 In einigen einfachen Modellen kann es sogar wünschenswert sein, dauerhaft Überschüsse anzuhäufen.

26 Es sollte jedoch erwähnt werden, dass es Belege für eine Konvergenz im Industriesektor gibt. Vgl. Rodrik (2013).

27 Vgl. Noman und Stiglitz (2012a, 2012b, 2012c) sowie die dortigen Literaturhinweise.

28 Deshalb sind empirische Studien, die Korrelationen zwischen »Offenheit« und Wachstum herstellen, irreführend. Dass manche Länder, die eine ausgeprägt protektionistische Politik betreiben, versuchen, sich von der übrigen Welt abzuschotten, ist für die Gestaltung optimaler politischer Eingriffe ohne Belang.

29 Dies ist das Hauptthema von Stiglitz (2006a).

30 Gleichzeitig müssen wir uns vor Augen halten, dass die unkoordinierten Entscheidungen verschiedener Länder wahrscheinlich

kein effizientes globales Gleichgewicht zur Folge haben. Eine globale Koordination ist wünschenswert, jedoch kaum zu bewerkstelligen, wenn die hochentwickelten Länder verlangen, dass die globalen Regeln ihren Interessen dienen.

31 Ein wichtiger Bestandteil der globalen Finanzarchitektur ist das globale System der Währungsreserven. Wir stehen den diesbezüglichen Arrangements kritisch gegenüber, da sie in unseren Augen zur globalen Instabilität und global gesehen zu einer unzureichenden globalen Nachfrage beitragen.

32 Diamond und Mirrlees (1971a, 1971b).

33 Dasgupta und Stiglitz (1971, 1972).

34 Dasgupta und Stiglitz (1974), Blitzer, Dasgupta und Stiglitz (1981).

35 Dieser Abschnitt stützt sich in Teilen auf Stiglitz (2014e).

36 Solow (1956).

37 Die empirische Literatur zur Konvergenz ist komplex (vgl. De Long, 1988; Durlauf und Quah, 1999; Dowrick und Nguyen, 1989; Barro und Sala-i-Martin, 1991; Mankiw, Romer und Weil, 1992; Im und Rosenblatt, 2013). Die genannten Autoren konzentrieren sich auf Länder mit identischen Produktionsfunktionen und nehmen an, dass Wissen ungeachtet von Ländergrenzen frei beweglich ist. Genau dieser Frage ist Teil II dieser Arbeit gewidmet.

38 Wir nehmen an, dass $L^A = f^A(\pi^A, \kappa)$.

39 Anzumerken ist, dass die beiden Kurven unterschiedliche Formen annehmen können. Beispielsweise ist für die Bestimmung des Optimums der Ertrag einer zusätzlichen Arbeitseinheit im Industriesektor entscheidend. Ist die Wissenslücke zu groß, so kann die Lernfähigkeit selbst dann geringer sein, wenn es mehr zu lernen gibt, womit der Grenzertrag geringer sein wird. In diesem Fall kann die PI-Kurve bei hohen Werten von κ aufwärts verlaufen. Es sind also multiple Steady-State-Gleichgewichte möglich.

40 Eine Darstellung der mit diesen Möglichkeiten verknüpften Bedingungen bietet Stiglitz (2014f).

Kapitel 9

1 Dieses Kapitel beruht in Teilen auf Greenwald und Stiglitz (2014a, 2014b) sowie Charlton und Stiglitz (2005, 2012).
2 Vgl. Greenwald und Stiglitz (1986).
3 Vgl. Stiglitz (1999b), Weltbank (1999).
4 Vgl. Stiglitz (1998c), der die Entwicklung als »Transformation« einer Gesellschaft beschreibt, die erkennt, dass eine Veränderung möglich ist, und lernt, wie diese herbeigeführt werden kann.
5 Vgl. Stiglitz (1987c).
6 Vgl. beispielsweise Noman und Stiglitz (2012a, 2012b, 2012c) sowie die dortigen Literaturangaben.
7 Hier ist eine Einschränkung angebracht. Williamson (1990) formulierte den Washington-Consensus im Kontext der in Lateinamerika durchgesetzten Programme, aber die Strukturanpassungen in Afrika hatten lange vor der Formulierung dieser Vorstellungen begonnen. Aber die wirtschaftspolitischen Überzeugungen, die Williamson so klar beschrieb, dominierten die Entwicklungspolitik der internationalen Wirtschaftsinstitutionen bereits seit langem, und diese Ideen wurden nicht nur in Lateinamerika umgesetzt. Tatsächlich distanzierte Williamson sich von einigen der Konzepte, die später mit dem Washington-Consensus in Verbindung gebracht wurden. Beispielsweise hatte er stets Vorbehalte gegenüber der Liberalisierung der Kapitalmärkte, die *nicht* Teil der Maßnahmen war, die er als Washington-Consensus bezeichnete (vgl. Stiglitz, 2008c; Williamson, 2008 sowie andere Studien in Serra und Stiglitz, 2008). Für eine weiterführende Diskussion des Washington-Consensus vgl. Stiglitz (1998a, 1999c, 2002a).
8 In Kapitel 11 werden wir erklären, warum sogar diese Vorgabe möglicherweise falsch ist, zumindest unter dem Gesichtspunkt des Lernens. Ebenso wichtig wie oder wichtiger als die *Preis*stabilität ist die *reale* Stabilität, und die übermäßige Konzentration auf die Preisstabilität kann die reale Stabilität untergraben (vgl. Stiglitz *et al.*, 2006).

9 Vgl. Weltbank (1993).

10 Anzumerken ist, dass Praktiken, die in einer Gesellschaft als Korruption gelten, in einer anderen möglicherweise anders eingeschätzt werden. Viele Außenstehende halten die großzügigen Wahlkampfspenden in den Vereinigten Staaten und die Durchlässigkeit der Grenzen zwischen öffentlichen Ämtern und Führungspositionen in der Privatwirtschaft (»Drehtürsystem«), die geeignet scheinen, vorteilhafte Rechtsvorschriften zu »erkaufen«, für eine Form von Korruption, auch wenn keine Schmiergelder fließen.

11 Dixit (2012) führt aus, dass Unternehmen aus Entwicklungsländern möglicherweise einen Wissensvorsprung im Umgang mit Behörden anderer Entwicklungsländer haben.

12 Nach Herbert Simon können Leistungsunterschiede zwischen öffentlichen und privaten Unternehmen nicht nur mit unterschiedlichen Anreizen erklärt werden, da in beiden im Normalfall die meisten Beschäftigten für andere arbeiten, weshalb ihnen Leistungsanreize gegeben werden müssen (vgl. zum Beispiel Simon, 1991). »Diese Untersuchung der Autorität und der Identifizierung mit Organisationen sollte zur Beantwortung der Frage beitragen, warum Organisationen selbst dann ausgesprochen produktiv sein können, wenn die Beziehung zwischen ihren Zielen und der materiellen Belohnung ihrer Beschäftigten, sofern diese überhaupt existiert, sehr indirekt und schwach ist. Insbesondere erklärt sie, warum es in sorgfältigen Vergleichsstudien im Allgemeinen schwierig ist, systematische Produktivitäts- und Effizienzunterschiede zwischen gewinnorientierten, Nonprofit- und von der öffentlichen Hand kontrollierten Organisationen festzustellen.« (Simon, 1991, S. 39.)

13 Vgl. Greenwald und Kahn (2009).

14 Rashid (2011, 2012) sowie Detragiache, Tressel und Gupta (2008) legen Daten und eine empirische Analyse vor, die diesen Schluss nahelegen. Zur allgemeinen Theorie vgl. Greenwald und Stiglitz (2003).

15 Vgl. zum Beispiel Shapiro und Stiglitz (1984) sowie Stiglitz (2002b) und die dort angeführte Literatur.

16 Vgl. Lin (2010, 2012), Lin und Monga (in Vorbereitung), Stiglitz (1988b).

17 Vgl. Delli Gatti *et al.* (2012, 2013).

18 Die Ungleichheit ist aufgrund des Mangels an Daten schwer zu verfolgen. Aus dem *Africa Progress Report* geht hervor, dass 24 afrikanische Länder einen Gini-Koeffizienten von mehr als 42 haben (dies ist das Niveau Chinas). Der Bericht zeigt auch, dass das Wachstum in jüngster Zeit in einigen Fällen nicht mit einem entsprechenden Rückgang der Armut einhergegangen ist, was die Autoren auf die Ungleichheit zurückführen: »In vielen Ländern verstärkt das Muster des Wirtschaftswachstums die Ungleichheit.« (Africa Progress Panel 2012, S. 16).

19 Vgl. Stiglitz (1998b).

20 Vgl. Stiglitz (2012c, 2011), Berg und Ostry (2011) sowie die dort genannte Literatur.

21 Vgl. beispielsweise Aizenman und Jinjarak (2009).

22 Vgl. Dasgupta und Stiglitz (1971, 1972, 1974), Emran und Stiglitz (2005).

23 Vgl. zum Beispiel Newbery und Stiglitz (1982), die gezeigt haben, dass sich Freihandel auf alle Akteure nachteilig auswirken kann (das heißt, dass er paretoinferior sein kann), wenn die Risikomärkte unvollkommen sind, weil er das Risiko erhöht.

24 Eine althergebrachte Annahme lautet, dass dieser Zusammenhang für hochentwickelte Länder gilt (Stolper und Samuelson, 1941), aber es gibt auch Belege dafür, dass er auch auf Entwicklungsländer zutrifft (Stiglitz, 2006a). Da Handelsliberalisierung oft mit steigender Arbeitslosigkeit einhergeht, kann es nicht überraschen, dass sie nachteilige Auswirkungen auf die Einkommensverteilung hat: Geringqualifizierte Arbeitskräfte werden am ehesten entlassen, und eine höhere Arbeitslosigkeit drückt das Lohnniveau (vgl. Furman und Stiglitz, 1999). Die negativen Auswirkungen der Handelsliberalisierung werden oft durch gleichzeitige Maßnahmen zur Liberalisierung der Finanz- und Kapitalmärkte verschärft, die zu wirtschaftlicher Volatilität beitragen (vgl. zum Beispiel Stiglitz, 2008a, 2010e, 2012a). Für eine weiterführende Diskussion der Hypothese, wonach Handelsliberali-

sierung die Ungleichheit verschärft vgl. Weltbank (2005) sowie Topalova (2010).

25 Vgl. z. B. Rodriguez und Rodrik (2001). Wacziarg und Welch (2003) haben festgestellt, dass etwa in jedem zweiten der in ihrer Studie untersuchten Länder nach der Liberalisierung die Wirtschaft nicht stärker wuchs oder dass die Wachstumsrate sogar zurückging.

26 Helleiner, 1994.

27 Einige ökonometrische Studien (länderübergreifende Regressionsanalysen) haben besonders großes Aufsehen erregt (vgl. zum Beispiel Dollar, 1992; Sachs und Warner 1995). Aber während diese Autoren darauf achteten, ihre Resultate zu relativieren, taten andere das nicht.

28 UNDP (2003).

29 Vgl. Charlton und Stiglitz (2006, 2013). Die Autoren weisen darauf hin, dass der Anteil der afrikanischen Länder südlich der Sahara an den weltweiten Exporten zwischen 1980 und 2006 von 3,9 Prozent auf 1,9 Prozent gesunken ist. Die am wenigsten entwickelten Länder schnitten noch schlechter ab: Ihr Anteil sank im selben Zeitraum von 0,06 auf 0,02 Prozent. Das ist den Autoren zufolge zum Teil damit zu erklären, dass es weitere nichttarifäre Handelshemmnisse gibt, darunter Angebotsbeschränkungen und Infrastrukturmängel, was wiederum die Begründung für eine handelsbezogene Entwicklungspolitik »aid for trade« liefert.

30 Vgl. insbesondere Chang (2002, 2003). Den Entwicklungsländern, die ihre Einfuhrzölle gesenkt haben, ist es überdies nicht gelungen, die daraus resultierenden Einnahmenverluste beispielsweise durch Mehrwertsteuern auszugleichen.

31 Tatsächlich ist es im Allgemeinen wünschenswert, Handelsgüter im Verhältnis zu im Inland erzeugten Gütern unterschiedlich zu besteuern oder zu subventionieren (Dasgupta und Stiglitz, 1971, 1974, 2000; Emran und Stiglitz, 2005). Diese Ergebnisse decken sich mit denen, die zeigen, dass bestimmte Arten der Liberalisierung (zum Beispiel von Zwischenprodukten und Kapitalgütern) positive Auswirkungen haben können (vgl. Estevadeordal und Taylor, 2008). Die Auswirkungen der Liberalisierung können

auch von der Lage und der Struktur einer Volkswirtschaft abhängen: Ist die Arbeitslosigkeit bereits hoch, so kann eine Liberalisierung negative Effekte haben, selbst wenn sie unter anderen Umständen positive Auswirkungen hat (vgl. Charlton und Stiglitz, 2005).

32 Lin (2012, 2014).

33 Irwin und Kroszner (1999) beschreiben den Wandel der Einstellung der Republikanischen Partei, die ab den 1940er Jahren von ihrer traditionellen Unterstützung für eine Industrialisierung hinter hohen Zollschranken abrückte.

34 Rodrik (2001).

35 Chang (2002).

36 In Kapitel 2 haben wir festgestellt, dass besondere historische Umstände, unter denen abrupte Steigerungen der Produktion erforderlich waren, die Existenz eines großen ungenutzten Produktivitätspotentials bestätigen.

37 Außerdem befand sich Lateinamerika in den 1960er Jahren in einer ganz anderen Situation als Ostasien in den 1980er und -90er Jahren. Wir wissen nicht, ob eine Strategie zur Erhöhung der Exporte in den 1960er Jahren funktioniert hätte.

38 Bértola und Ocampo (2012).

39 Für den Fall Indiens vgl. Rodrik und Subramanian (2005). Rodrik (2001) zeigt, dass sich das Wachstum im Verhältnis zu allen Entwicklungsländern von 1975 bis in die 1980er Jahre hinein beschleunigte, obwohl die Einfuhrzölle stiegen.

40 Wie an anderer Stelle bereits erwähnt, haben die öffentlichen Investitionen in die Forschung in den Vereinigten Staaten enorm hohe Erträge abgeworfen. (Vgl. Stiglitz und Wallsten, 1999; Council of Economic Advisers, 1995.)

41 Vgl. Chang (2002, 2003) und die dort zitierte Literatur.

42 Die Erträge der staatlichen amerikanischen Investitionen in Technologie und Wissenschaft sind noch höher als die des Privatsektors (die wiederum sehr viel höher sind als die des Privatsektors in anderen Ländern; vgl. Council of Economic Advisers, 1995).

43 Weltbank (1993); vgl. auch Stiglitz (1996), Khan (2012), Stiglitz und Uy (1996).

44 Siehe beispielsweise Stiglitz (2010b), Johnson und Kwak (2010).
45 Vgl. Radner und Stiglitz (1984).

Kapitel 10

1 Die Existenz dieser Externalitäten ist der Grund für die Regulierung des Finanzsektors, und die unzureichende Berücksichtigung dieser Externalitäten erklärt zu einem erheblichen Teil die Finanzkrise von 2008 und weitere Krisen (vgl. Stiglitz, 2010b).
2 Im Mittelpunkt von Kreditgeschäften stehen Informationsprobleme: die Beurteilung der Kreditwürdigkeit und die Überwachung der Mittelverwendung. Märkte, die sich durch unvollkommene und asymmetrische Information auszeichnen – Merkmale, die für Finanzmärkte von zentraler Bedeutung sind –, weisen grundsätzlich externe Effekte auf, die zu Marktallokationen führen, die nicht (beschränkt) paretoeffizient sind (Greenwald und Stiglitz, 1986). Tatsächlich gibt es eine Reihe verschiedener Kategorien von Externalitäten – neben denjenigen, die mit der Makroinstabilität verbunden sind, die im Mittelpunkt des nächsten Kapitels steht. Handlungen (Investitionen) wirken sich auf Kreditbeschränkungen, Selbstselektionsbeschränkungen, Anreizkompatibilitätsbeschränkungen und Preisverteilungen aus.
3 Die Aufhebung erfolgte durch den Riegle-Neal Interstate Banking and Branching Efficiency Act von 1994.
4 Rashid, Yeyati und Micco (2007), Detragiache, Tressel und Gupta (2008), Mian (2006) sowie Bayraktar und Wang (2004).
5 Vgl. auch Beck, Demirgüç-Kunt und Martinez Peria (2010). Wir weisen darauf hin, dass einige empirische Studien das Gegenteil behaupten (siehe Clarke, Cull, Martinez Peria und Sanchez, 2006).
6 Wegen der Informationsunterschiede ist mit einem Projekt in dem Entwicklungsland wahrscheinlich ein höheres subjektives Risiko verbunden als mit einem entsprechenden Vorhaben im Heimatland, so dass der für die Ausreichung des Kredits erforderliche erwartete Ertrag entsprechend höher sein muss. Es kann

sogar noch schlimmer kommen: Der ausländische Kreditgeber weiß vielleicht, dass er im Wettbewerb um inländische Kreditnehmer mit dem »Fluch des Gewinners« konfrontiert ist. Wenn es besser informierte inländische Kreditgeber gibt, kann der ausländische Kreditgeber nur dann »gewinnen«, wenn er einen Kredit zu viel zu niedrigen Zinsen anbietet – zu einem Zins unterhalb des Satzes, zu dem der (besser) informierte inländische Kreditgeber einen Kredit zu vergeben bereit ist.

7 Selbst Kreditnehmer interessieren sich für die Lebenserwartung ihrer Kreditgeber. Kreditvergabe ist ein informationsintensives Geschäft; Kreditnehmer entwickeln eine Beziehung zum Kreditgeber, was den Kreditmarkt besonders unvollkommen macht. Wenn ein Kreditgeber in einem Abschwung in Konkurs geht, werden Kreditnehmer wahrscheinlich große Schwierigkeiten haben, eine alternative Finanzierungsquelle zu finden (vgl. Jaffee und Stiglitz, 1990; Greenwald und Stiglitz, 2003).

8 Es ist eine Tatsache, dass die Regierungen das Bankensystem ihres Landes stützen; es besteht eine hohe Korrelation zwischen den Risikoaufschlägen für Kreditausfallversicherungen für Banken und jenen für die Heimatstaaten dieser Banken (IWF, 2012a). Argentinien und die Ereignisse in der Finanzkrise von 2008 zeigen, dass die Erwartungen von Einlegern nicht immer vollkommen rational sind. Banken werden nicht immer wie erhofft von den Staaten gerettet, in denen sie ansässig sind.

9 Island ist ein interessanter Fall, weil Einleger in Großbritannien und den Niederlanden offensichtlich davon ausgingen, ihre Gelder seien sicher, obwohl eine »rationale« Analyse gezeigt hätte, dass dieses kleine Land ihre Einlagen nur in sehr begrenztem Umfang schützen konnte. Die Regierungen der Niederlande und Großbritanniens übten enormen Druck auf Island aus, erreichten damit letztlich jedoch kaum etwas.

10 Das ist ein besonders verblüffendes Ergebnis, wenn man die kriegsbedingten Zerstörungen und Handelsbeschränkungen bedenkt.

11 Obwohl die Vereinigten Staaten erst in den 1990er Jahren »nationale Banken« im exakten Sinn des Wortes einführten, wurde be-

reits 1863 mit dem National Currency Act ein nationales Bankensystem geschaffen; das Gesetz führte ein Regulierungssystem für bundesstaatlich konzessionierte Banken ein (die dem US-Finanzministerium unterstehende Bundesbanken-Aufsichtsbehörde). Diese neugeschaffenen bundesstaatlich konzessionierten Banken lockten Gelder von außerhalb ihres Heimatstaates an, und auch wenn die Gelder nicht so frei flossen, wie sie es bei Banken getan hätten, die ihre Geschäfte frei über Staatsgrenzen hinweg tätigen konnten, flossen sie doch freier als unter dem früheren Regime.

12 In jüngster Zeit haben einige ausländische Banken begonnen, in größerem Umfang Konsumentenkredite zu vergeben. Dabei machen sie sich ihre »Lernerfolge« bezüglich der besseren Ausbeutung schlecht informierter Verbraucher zunutze, wobei sie in manchen Fällen lokale Geldverleiher verdrängen, die noch höhere Zinsen verlangen.

13 Vgl. Stiglitz (2002a), Furman und Stiglitz (1998).

14 Vgl. IWF (2012b).

15 Vgl. zum Beispiel Prasad *et al.* (2003) und Kose *et al.* (2006). Für diese Autoren ist die Tatsache, dass die Volatilität in vielen Ländern, die finanziell stärker in die Weltwirtschaft eingebunden wurden, nicht zurückging, ein Rätsel. Stiglitz (2008a) hat darauf hingewiesen, dass prozyklische Kapitalflüsse in Modellen mit unvollkommener und asymmetrischer Information (endogenen Kapitalmarktunvollkommenheiten) leicht zu erklären sind. Allgemein gilt, dass die Kapitalmarktliberalisierung in Modellen, die von der Annahme ausgehen, dass Personen eine begrenzte Lebenszeit haben, zu einer höheren Volatilität des Konsums führen kann. (Die Standardmodelle gingen dagegen von Personen mit unendlicher Lebenszeit aus.)

16 Vgl. z. B. Stiglitz (2000a, 2002a, 2006a, 2008a), Stiglitz *et al.* (2006, 2008) und die dort zitierte Literatur.

17 Ein Beispiel ist Thailand. Es gibt einen wichtigen Unterschied zwischen kurzfristigen Flüssen, deren hauptsächliche Wirkung eine Erhöhung des Wechselkurses sein kann, unter der die Exportsektoren leiden, und ausländischen Direktinvestitionen, die

vielleicht in Sektoren fließen, die mit mehr Lernen und externen Lerneffekten verbunden sind.

18 Auf andere Erschwernisse der Forschungsfinanzierung haben wir weiter oben in diesem Buch bereits hingewiesen. Der Kreditnehmer muss ausreichende Informationen offenlegen, um den Kreditgeber dazu zu bewegen, Geld zur Verfügung zu stellen, aber dann kann der Kreditgeber die Idee »stehlen« und sich die Erträge aneignen.

19 Stiglitz und Uy (1996).

20 Dieser Abschnitt stützt sich vor allem auf Greenwald und Stiglitz (2003); Hellman, Murdock und Stiglitz (1996, 1997, 1998, 2000, 2002); Honohan und Stiglitz (2001); Murdock und Stiglitz (1993) sowie Stiglitz und Uy (1996).

21 Vgl. Greenwald und Stiglitz (2003).

22 Ein Grund ist, dass Information (wie Wissen allgemein) ein öffentliches Gut ist. Wären die Kapitalmärkte tatsächlich informationseffizient, wie ihre Verfechter behaupten, dann gäbe es keine Anreize für das Sammeln von Informationen. Jeder würde versuchen, den Ertrag der Investitionen anderer in die Informationsbeschaffung kostenlos für sich selbst zu nutzen. Die Verbriefung kann zu einer besseren Risikostreuung führen, wirkt sich jedoch negativ auf die Anreize zur Beurteilung der Kreditwürdigkeit und -überwachung aus, und diese Effekte haben verheerende Konsequenzen. Für die allgemeine Theorie vgl. Grossman und Stiglitz (1976, 1980). Für eine Diskussion der Probleme, die die Verbriefung verursacht, und eine Erklärung, weshalb die Behauptung, sie verbessere die Risikostreuung, unzutreffend sein dürfte, vgl. Stiglitz (1992, 2010b).

23 Finanzielle Zurückhaltung muss von finanzieller Repression unterschieden werden, die in der Regel höhere negative Realzinsen nach sich zieht. Eines der Standardargumente gegen finanzielle Zurückhaltung lautet, die niedrigeren (Real-)Zinsen, die damit verbunden seien, verringerten die Ersparnis, aber interessanterweise hatten alle ostasiatischen Länder sehr hohe Sparquoten. Dies mag zum Teil darauf zurückzuführen sein, dass die Zinselastizität des Sparens womöglich sehr gering ist, aber es dürfte zum Teil auch damit zusammenhängen, dass politische Maßnah-

men den Vorgang des Sparens vereinfachten und die Sicherheit der Einlagen erhöhten.

24 Die niedrigeren Kreditzinsen wiederum stärkten die Eigenkapitalbasis der Banken, was ihnen riskantere Investitionen ermöglichte (vgl. Greenwald und Stiglitz, 1993).

25 Außerdem besteht heute allgemein Konsens darüber, dass Privatbanken ebenfalls »Beziehungskredite« vergeben und dass der Steuerzahler schließlich die Zeche zahlen muss, insbesondere dann, wenn die Privatbank in der Wirtschaft eine große Rolle spielt. In diesem Sinn ist die Unterscheidung zwischen öffentlichen und privaten Instituten unscharf. Tatsächlich können öffentliche Institute möglicherweise leichter überwacht werden als private.

26 Wir schlagen also die Entwicklung von Arrow-Debreu-Wertpapieren vor, die an den Makrozustand der Volkswirtschaft gekoppelt sind. Obwohl es relativ einfach sein sollte, diese Risikoprodukte zu entwickeln, haben dies bislang weder der staatliche noch der private Sektor getan.

27 Emran und Stiglitz (2009).

28 Zudem gibt es wegen der von Stiglitz und Weiss (1981) beschriebenen adversen Selektion und Anreizeffekte Grenzen für den Zinssatz, den Banken in der Anfangsperiode in Rechnung stellen können.

29 Der Ministerpräsident eines Entwicklungslandes bemerkte dazu einmal, dies sei das vielleicht beste Beispiel für die Aneignung geistigen Eigentums eines Landes durch ein anderes (vgl. Stiglitz, 2006a).

Kapitel 11

1 Siehe beispielsweise Stiglitz und Ocampo (2008) sowie die dort zitierten Artikel.

2 Während ausländische Investoren normalerweise empfindlicher auf negative Signale reagieren, haben heimische Investoren Zugang zu internen Informationen. Es wird also einige Fälle geben, in denen Letztere aus internen Informationen auf den geeigneten

Zeitpunkt für einen Ausstieg schließen können, bevor es ein negatives öffentliches Signal gibt, auf das ausländische Investoren reagieren können. In der Mexikokrise von 1994/95 versuchten die Mexikaner offenbar als Erste, ihr Geld ins Ausland zu bringen (vgl. Lederman *et al.*, 2003).

3 Selbstverständlich gibt es noch andere Erklärungen. Beispielsweise haben kleine Länder größere Anreize, sich in Steuerparadiese zu verwandeln, da der Verlust an heimischen Einnahmen infolge zunehmender Steuervermeidung durch die Zunahme an ausländischen Einnahmen mehr als wettgemacht wird.

4 Da Schwächen des nationalen Bankensektors und Schwächen der großen internationalen Banken nicht besonders eng miteinander korrelieren würden.

5 Vgl. Rashid (2012).

6 Vgl. Greenwald und Stiglitz (1993, 2003).

7 Zu Ausnahmen kommt es dann, wenn Banken derart viel Kapital einbüßen, dass sie »auf die Wiederauferstehung wetten«.

8 Wie wir in Kapitel 4 erklärt haben, begünstigt eine stabile Umgebung Lernvorgänge.

9 Das gilt für die meisten Entwicklungsländer. Einige Kritiker niedriger Wechselkurse wenden ein, diese führten zu einer höheren Inflation. Darauf gibt es zwei Antworten: Erstens wäre das nur der Fall, wenn die Zentralbank keine Ausgleichsmaßnahmen ergriffe. Ist die Vollbeschäftigung bereits erreicht, so wirkt sich der Wechselkurs auf die Zusammensetzung der Produktion aus, und es besteht immer noch die Möglichkeit, dass sie in Teilen zugunsten der lernenden Sektoren verlagert wird. Zweitens hängt die Inflation nicht vom Wechselkurs selbst ab (der sich auf die relativen Preise auswirkt), sondern von seinen Veränderungen.

10 Vgl. Furman und Stiglitz (1998).

11 Für eine eingehendere Diskussion dieser Fragen vgl. Bilge und Ocampo (2013), Gallagher (2014), Guzman, Ocampo und Stiglitz (2014) sowie Ocampo und Erten (2014).

12 Vgl. Guzman *et al.* (2014).

13 Atkinson und Stiglitz (1969).

14 Manche Investitionsvereinbarungen gewähren ausländischen Investoren mehr Schutz als einheimischen Unternehmen (vgl. zum Beispiel Stiglitz, 2006a, 2008e).
15 Dies war eine der zentralen Aussagen des Weltentwicklungsberichts 1999, der den Titel *Knowledge for Development* trägt.
16 Überdies ist die Lernfähigkeit eines Menschen beschränkt, wenn er voll und ganz damit beschäftigt ist, die Mittel zur Befriedigung seiner Grundbedürfnisse sicherzustellen. Ein gute soziale Sicherung fördert also die Lernfähigkeit der Menschen.
17 Stiglitz (2010b).

Kapitel 12

1 Dieses Kapitel stützt sich auf Stiglitz (2004, 2006a, 2008b, 2013a), Henry und Stiglitz (2010) sowie Dosi und Stiglitz (noch nicht erschienen). Es gibt eine umfangreiche Literatur zu diesem Thema, der wir in dieser kurzen Analyse nicht gerecht werden können. Für wichtige Darstellungen sei der Leser auf die Literaturhinweise in den genannten Arbeiten sowie auf die in jüngster Zeit erschienenen Bücher über das geistige Eigentum von Perleman (2002), Jaffe und Lerner (2004), Lundvall (2010), Fink und Maskus (2005), Jaffe, Lerner und Stern (mehrere Jahrgänge) sowie Cimoli *et al.* (2013) verwiesen. Vgl. auch Grandstrand (2005).
2 Für eine umfassendere Diskussion dieser Frage einschließlich empirischer Belege vgl. Dosi, Marengo und Pasquali (2006) sowie Dosi und Stiglitz (2014).
3 Wir sollten unsere Warnung wiederholen: Mehr Wettbewerb ist nicht zwangsläufig gleichbedeutend mit mehr Innovationen. Aber wie wir in den Kapiteln 5 und 6 festgestellt haben, dürfte im Fall eines Monopols insbesondere aufgrund von Agency-Problemen (Managerkapitalismus) der Anreiz zu Innovationen gering sein. Dieser Effekt kann auf Märkten mit nur einem oder zwei Unternehmen entscheidend sein.
4 Wie wir an anderer Stelle erläutert haben, berücksichtigen monopolistische Innovatoren weder die mit einer großen Innovation

verknüpfte Konsumentenrente noch die Konsumentenrente, die mit einem höheren Maß an Innovationen einhergeht.

5 Bei vollkommener Information könnte der Inhaber eines geistigen Eigentumsrechts vermutlich als vollkommen diskriminierender Monopolist auftreten und potentiellen Nutzern den mit dem Einsatz des Wissens verbundenen Ertrag entziehen, womit es keine Verzerrung gäbe. Aber Informationen sind unvollkommen, und die Besitzer geistigen Eigentums sind keineswegs vollkommen diskriminierende Monopolisten. (Für eine Diskussion unvollkommener Informationen und Monopolverzerrung vgl. Stiglitz, 1977.)

6 Boyle (2003).

7 Für eine ausführlichere Diskussion dieses Punkts und eine Reihe von damit zusammenhängenden Fragen vgl. Mowery *et al.* (2001), David (2004a, 2004b) sowie Dosi und Stiglitz (2014).

8 Selden versuchte tatsächlich, sein Patent für den Aufbau eines Automobilkartells zu nutzen. Wäre das Patent nicht von Henry Ford, der ein billiges Auto bauen wollte, angefochten worden, so wäre die Entwicklung des Automobils erheblich behindert worden. Für eine Diskussion dieses und anderer Probleme des Patentsystems vgl. Stiglitz (2006a).

9 Für eine Diskussion der Bedeutung des Geltungsbereichs eines Patents vgl. Merges und Nelson (1994).

10 Vgl. Farrell und Shapiro (2008).

11 Es gibt mittlerweile eine umfangreiche Literatur zu diesem Thema. Vgl. zum Beispiel Farrell und Shapiro (2008), Lemley und Shapiro (2007) sowie Shapiro (2001, 2010).

12 Für eine Darstellung dieser Geschichte vgl. zum Beispiel Crouch (1989). Der Kampf um ihre Patentansprüche lenkte die Brüder Wright möglicherweise auch von der Weiterentwicklung ihres Designs ab, was dazu beitrug, dass die Vereinigten Staaten in der Entwicklung des Flugzeugs hinter Europa zurückfielen. Es ist eine Ironie der Geschichte, dass die entscheidende Erfindung für die Steuerung des Flugzeugs anscheinend schon Jahrzehnte vorher von dem britischen Erfinder Matthew Piers Watt Boulton patentiert worden war, der sein Patent im Jahr 1868 angemeldet

hatte. Hätten die Patentprüfer von diesem früheren Patent gewusst, so hätten die Brüder Wright wohl gar kein Patent erhalten. Bezeichnend für die Mängel des amerikanischen Patentsystems ist auch die Tatsache, dass der ursprüngliche Patentantrag der Brüder Wright im Jahr 1903 abgelehnt wurde. Erst als sie mit Unterstützung eines Patentanwalts einen zweiten Anlauf unternahmen, wurde ihnen das Patent zugestanden.

13 Michael Heller und Kollegen haben weitere Beispiele dafür gesammelt, wie Patente Innovationen behindern können. Vgl. Heller (1998, 2008) sowie Heller und Eisenberg (1998).

14 Ist ein Patent erst einmal gewährt, so kann der Inhaber andere so lange von der Nutzung dieses geistigen Eigentums abhalten, *bis das Patent widerrufen wird*. Aufgrund der großen Zahl minderwertiger Patente, die eigentlich nicht hätten erteilt werden sollen und teilweise nach einer Weile aberkannt werden, gibt diese Praxis Anlass zu großer Sorge. Die Inhaber solcher Patente können erpresserische Forderungen an jene stellen, die ihre Patente verwenden wollen. Sie können sogar darauf bestehen, dass Lizenznehmer auf Klagen verzichten, womit sie Anfechtungen ihrer Patente einen Riegel vorschieben.

15 Vgl. *eBay Inc. v. MercExchange, L.L.C.*, 547 U.S. 388 (2006). Dokumente zu dem Verfahren sind zugänglich unter http://www.supremecourt.gov/opinions/05pdf/05–130.pdf (abgerufen am 15. Januar 2013).

16 Die Entscheidung des Gerichts trug dazu bei, das zu schaffen, was Urheberrechtsanwälte wie Reichmann seit langem fordern: ein »Haftungssystem«, in dem jene, die das geistige Eigentum anderer nutzen, eine Entschädigung zahlen müssen, ohne dass der Inhaber des geistigen Eigentums andere von dessen Nutzung ausschließen kann.

17 Im Jahr 2012 verklagte ein kleines Unternehmen namens X2Y die Unternehmen Intel, Apple und HP, um sämtliche fortschrittlichen Mikroprozessoren von Intel, sämtliche Apple-Computer (in denen diese Mikroprozessoren eingebaut sind) und all jene HP-Computer, in denen diese Chips Verwendung finden, vom amerikanischen Markt auszuschließen. Der Kläger behauptete,

diese Mikroprozessoren verletzten in ihrer »Verpackung« eines seiner Patente. X2Y hatte diese Verpackung und ein Paket weiterer Patente für einige Millionen Dollar zum Verkauf angeboten. Intel sah einen Hold-up-Versuch darin und lehnte ab. Ein Marktausschluss hätte Intel, Apple und HP – und natürlich die amerikanische Wirtschaft – viele Milliarden Dollar gekostet. Das Gesetz, in dem der Marktausschluss vorgesehen war, enthielt eine Ausnahmeregelung: Ein Ausschluss war abzulehnen, wenn er gegen das öffentliche Interesse verstieß. Aber der International Trade Court hatte diese Ausnahmeregelung so eng definiert, dass sie bis dahin in 40 Jahren nur viermal angewandt worden war. Eine Ironie der Geschichte wollte es, dass ein Gesetz, das ursprünglich amerikanische Unternehmen vor Verstößen ausländischer Unternehmen gegen ihre geistigen Eigentumsrechte schützen sollte, von einem kleinen amerikanischen Unternehmen, das nur einen winzigen Betrag für Forschung (aber viel mehr für Anwälte) ausgegeben hatte, für einen »Überfall« auf einige der führenden amerikanischen IT-Unternehmen genutzt wurde, die Milliarden in die Forschung investieren. Die Gegner der Ausschlussanordnung verwiesen darauf, dass sich der Ausschluss nicht nur kurzfristig sehr schädlich auf die Gesamtwirtschaft auswirken, sondern auch den Anreiz zur Forschung verringern würde.

18 Vgl. Charlton und Stiglitz (2005).

19 In der Praxis hat eine Me-too-Innovation normalerweise einen gewissen Wert – beispielsweise kann ein Me-too-Präparat bei einem Teil der Patienten weniger Nebenwirkungen haben –, aber der soziale Ertrag solcher Innovationen ist sehr begrenzt und geringer als der private Ertrag.

20 Vgl. Kapitel 6 für ein formales Modell zur Veranschaulichung dieser Zusammenhänge.

21 Die Literatur zu diesem Thema ist umfangreich. Für einen Überblick vgl. zum Beispiel Gallini (2002).

22 Beispielsweise wurde die Patentlaufzeit im Fall von Medikamenten gegen seltene Leiden *(orphan drugs)* verlängert, weil man davon ausging, dass der Nutzen größerer Innovationsanreize die Kosten übersteigen würde. Aber über das Preissystem hätte man

vielleicht noch größere Anreize zu Innovationen in diesem Bereich geben können.

23 Im April 2010 widerrief das Bundesbezirksgericht für den südlichen Bezirk von New York von Myriad gehaltene Patente auf Gene, die an der Entstehung von Brust- und Eierstockkrebs beteiligt sind. Aber im Juli 2011 kassierte das Bundesberufungsgericht dieses Urteil (Pollack, 2011). Im Jahr 2013 bestätigte der Oberste Gerichtshof die Entscheidung des Bundesbezirksgerichts, dass es nicht möglich sei, ein Patent auf ein natürlich vorkommendes Gen zu halten. Vgl. *Association for Molecular Pathology v. Myriad Genetics*, 569 U.S. 12-398 (2013).

24 Vgl. Brunswick, 36 Fed. Cl., 207; zitiert in Love (2004), S. 13.

25 Die wichtigste Erklärung dürfte jedoch im je eigenen politischen Kontext liegen – einschließlich des Einflusses der Pharma- und der Unterhaltungsindustrie.

26 *United States v. W. Elec. Co.*, 1956 Trade Cas. (CCH) 68.246, 71.139 (D.N.J. 1956). An anderer Stelle haben wir den Patentpool im Flugzeugbau erwähnt, der einen Ausgleich zwischen widersprüchlichen Ansprüchen und Fortschritten in der Entwicklung des Flugzeugs ermöglichte.

27 Nach Maßgabe des Tunney Act (Antitrust Procedures and Penalties Act, 15 U.S.C., §16) darf sich die Öffentlichkeit zu einem Vergleichsvorschlag in einem zivilen Antitrust-Verfahren äußern, bevor das Gericht den Vergleich annimmt. Als der Vergleich im Verfahren gegen Microsoft vorgeschlagen wurde, reichte ich gemeinsam mit Jason Furman (dem späteren Vorsitzenden des Council of Economic Advisers der Regierung Obama) eine eidesstattliche Versicherung ein, in der wir erklärten, warum die Begrenzung der Geltungsdauer eines Patents in unseren Augen eine bessere Methode wäre, wettbewerbsschädigendes Verhalten zu bekämpfen.

28 Vgl. Charlton und Stiglitz (2005) sowie Stiglitz (2006a).

29 Bei der Darstellung in diesem Abschnitt handelt es sich um eine Adaptation von Stiglitz (2008b), Stiglitz (2013a) sowie Dosi und Stiglitz (noch nicht erschienen). Sie stützt sich auf Freeman (1987), Lundvall (2010) und Nelson (2004).

30 Mazzucato (2014).

31 Vgl. Henry und Stiglitz (2010), Hertel, Krishnan und Slaughter (2003), Lerner und Tirole (2002), Weber (2005).

32 Für die allgemeine Theorie vgl. Nalebuff und Stiglitz (1983a, 1983b). In der Folge wurden zahlreiche Arbeiten zum Einsatz von Preisen in einem Anreizsystem veröffentlicht, darunter Love und Hubbard (2007), Davis und Davis (2004) sowie die dort zitierten Artikel. Im US-Senat wurde auch eine Gesetzesvorlage zum Einsatz von Preisen zur Anregung der medizinischen Forschung eingebracht. Und im Jahr 2012 empfahl die WHO Consultative Expert Working Group on Research and Development: Financing and Coordination (CEWG) gemeinsam mit ihrer Kommission für Rechte am geistigen Eigentum, Innovation und öffentliche Gesundheit (die im Jahr 2003 von der WHO eingerichtet worden war, um die Beziehung zwischen geistigem Eigentum, Innovationen und Gesundheitswesen zu untersuchen) die Schaffung eines Preissystems sowie andere Maßnahmen zur »Öffnung« der medizinischen Forschung. Die Arbeitsgruppe regte an, Patentpools einzurichten und Forschungsergebnisse, die den Gesundheitserfordernissen von Entwicklungsländern entgegenkommen, in die Öffentlichkeit zu tragen oder mittels einer offenen Lizenzierung zugänglich zu machen.

33 Für eine neuere Diskussion vgl. Kremer und Williams (2010). Für eine ältere Diskussion vgl. Stiglitz (2006a) und die in den vorhergehenden Fußnoten angeführte Literatur.

34 Die Royal Agricultural Society schrieb ebenfalls Preise aus. Brunt, Lerner und Nicholas (2011) zeigen, dass es mit diesen Preisen gelang, die Forschung anzuregen.

35 Der Staat kann die Vorteile des Wettbewerbs nutzen, indem er Patente aufkauft, das heißt, indem er dem Patentinhaber die potentiellen Monopolgewinne überlässt (vgl. Kremer, 1998).

36 Vgl. zum Beispiel Dasgupta und David (1994).

37 Dieses Kapitel ist den Rechten am geistigen Eigentum und ihren Auswirkungen auf die lernende Gesellschaft gewidmet. Es gibt auch Fragen in Zusammenhang mit der Produktion von Wissen, zum Beispiel jene, ob die Wissensproduktion am besten in öffentlichen, privaten oder Nonprofit-Einrichtungen stattfinden sollte.

Die Fragen von Produktion und Finanzierung können weitgehend getrennt werden. Die Produktion kann privat oder öffentlich erfolgen; die Finanzierung kann privat oder öffentlich erfolgen. Auf der einen Seite haben wir öffentliche Forschungseinrichtungen und damit öffentlich finanzierte Forschung, die auch öffentlich »produziert« wird. Das System zum Schutz geistigen Eigentums wird oft als genaues Gegenteil dargestellt, als Lösung, bei der der Privatsektor für Finanzierung und Produktion aufkommt. Aber wie wir gesehen haben, ist diese Beschreibung in zweierlei Hinsicht irreführend: Erstens beruht ein Großteil der Innovationen auf Grundlagenforschung, die von der öffentlichen Hand finanziert und oft öffentlich oder zumindest von Einrichtungen ohne Gewinnzweck (etwa Universitäten) produziert wird. Und zweitens ist sowohl im Gesundheitswesen als auch im Verteidigungssektor sogar die anscheinend »private« Finanzierung im Rahmen eines Systems zum Schutz geistigen Eigentums in Wahrheit eine öffentliche Finanzierung, da sämtliche Verteidigungsausgaben mit öffentlichen Geldern bestritten werden und in den meisten Ländern die öffentliche Hand den Großteil des Geldes für das Gesundheitswesen zur Verfügung stellt. Selbst in den Vereinigten Staaten, das heißt dem Land, in dem der Marktmechanismus am stärksten vertreten ist, stammt ein Großteil des Geldes aus öffentlichen Quellen: Die National Institutes of Health betreiben öffentlich finanzierte und durchgeführte Forschung, und ein großer Teil der Gesamtausgaben für die Gesundheitsfürsorge entfällt auf die staatlichen Programme für die medizinische Versorgung der Armen (Medicaid) und älterer Menschen (Medicare).

38 Wir sagen »übermäßig«, weil es tatsächlich optimal sein kann, mehrere unabhängige, parallele Forschungsanstrengungen zu unternehmen.

39 Es gibt Belege dafür, dass die Kapitalmärkte die Risiken der Unternehmen aufgrund unvollkommener Information nicht vollständig verteilen. Vgl. zum Beispiel Greenwald und Stiglitz (1990), die die Wirkung von Informationsunvollkommenheiten auf das Verhalten von Unternehmen untersucht haben und zeigen, dass die Informationsprobleme auf dem Kapitalmarkt die

Unternehmen zu einem von Risikoaversion geprägten Verhalten bewegen. (Vgl. auch Stiglitz, 1982c). Es gibt auch zahlreiche empirische Belege dafür, dass Unternehmen selbst dann eine Abneigung gegen Risiken haben, wenn diese Risiken nicht mit dem Markt zusammenhängen (vgl. zum Beispiel Stiglitz, 1982b).

40 Für eine eingehendere Diskussion vgl. Cimoli *et al.* (2013), Lewis und Reichman (2005), Nelson (2004) sowie Odagiri *et al.* (2010).

41 Der Beschluss der WIPO enthielt zwei Kernaussagen. Erstens wurde festgestellt, dass das geistige Eigentum »kein Selbstzweck« sei (Stellungnahme Brasiliens am 30. September 2004 vor der WIPO-Generalversammlung bei der Einführung des Vorschlags für eine Entwicklungsagenda), und es wurde bekräftigt, dass die Mission der WIPO darin bestehe, »die kreative geistige Aktivität« und »den Technologietransfer in die Entwicklungsländer« zu fördern. Die neue Entwicklungsagenda sieht vor, dass festgestellt werden soll, wie sich verschiedene Regelungen der Rechte am geistigen Eigentum auf die Entwicklungsländer auswirken.

42 Vgl. Stiglitz (2004).

43 Vgl. zum Beispiel Stiglitz (2006a). Tatsächlich war nicht einmal klar, ob die Regelungen zum Schutz des geistigen Eigentums, die der Welt mit dem TRIPS-Abkommen aufgezwungen wurden, im Interesse der Vereinigten Staaten waren, wie wir zu Beginn dieses Kapitels erläutert haben. Das Abkommen dient nicht den Interessen der wissenschaftlichen Gemeinschaft, sondern denen der Unterhaltungs- und der Pharmaindustrie.

44 Vgl. zum Beispiel Lewis und Reichman (2005), Shapiro (2007).

45 Beispielsweise sollten sich Entwicklungsländer bei pharmazeutischen Patenten das Recht vorbehalten, Zwangslizenzen für lebensrettende oder lebensverlängernde Medikamente zu vergeben. Um von solchen Regelungen ausgenommen zu werden, müsste das Unternehmen, das den Patentantrag stellt, erklären, dass das Medikament keinen solchen medizinischen Zweck erfüllt. Sollte im Nachhinein ein solcher Zweck festgestellt werden, so hätte der Staat das Recht, eine Zwangslizenz zu vergeben, die selbstverständlich auf den Verkauf für diesen Zweck beschränkt

wäre. Für eine Diskussion des »Rechts auf Entwicklung« im Kontext von Handelsabkommen vgl. Charlton und Stiglitz (2012) sowie Ismail (2007).

46 Vgl. auch Odagiri *et al.* (2010) sowie die einschlägigen Kapitel in Cimoli *et al.* (2013).

Kapitel 13

1 Die Darstellung in diesem Kapitel beruht auf Stiglitz (2010b) sowie Hoff und Stiglitz (2010, 2012).

2 Wie wir ebenfalls in Kapitel 3 gesehen haben, muss für die Vorstellung, dass die Politik auf den Prinzipien der Aufklärung beruhen sollte, in manchen Sektoren und Ländern anscheinend permanent von neuem gestritten werden.

3 Vgl. beispielsweise Hirschman (1958).

4 Myrdal (1986).

5 Hoff und Stiglitz (2010, 2011).

6 Myrdal (1968).

7 Beispielsweise zeigten Bruner und Potter (1964) in einem klassischen psychologischen Experiment, dass bestehende Vorstellungen als unbewusste Filter für Sinneseindrücke dienen.

8 Der *Bestätigungsfehler* ist die Neigung, Informationen so zu suchen, zu interpretieren und zu speichern, dass die gefundenen Informationen die ursprünglichen Vorstellungen bestätigen. Für einen Überblick vgl. Rabin und Schrag (1999).

9 Auf der anderen Seite stellt sie einen disziplinierteren Erklärungsansatz zur Bildung von Überzeugungen dar als jenen, der auf der Annahme »animalischer Instinkte« beruht, und besagt, dass jegliche Kombinationen von Überzeugungen möglich sind.

10 Vgl. Hoff und Stiglitz (2010).

11 In diesem Sinn geht unsere Analyse über die Verhaltensökonomik hinaus, die Erkenntnisse der Psychologie heranzieht, um die traditionelle volkswirtschaftliche Hypothese von der Rationalität der wirtschaftlichen Akteure zu überwinden.

12 Natürlich sind sich die Soziologen seit langem der Bedeutung sozialer Konstruktionen bewusst (vgl. zum Beispiel Douglas, 1986), aber sie haben sich nicht darauf konzentriert, »Gleichgewichtsmodelle« zu entwerfen, in denen es eine gewisse Entsprechung zwischen den Überzeugungen und den Wahrnehmungen und Beobachtungen der Individuen gibt.
Einige Wirtschaftshistoriker haben ähnliche Konzepte wie die hier beschriebenen entwickelt (vgl. zum Beispiel North, 2005).

13 In der Standardtheorie werden diese Kategorien so behandelt, als wären sie objektiv bestimmt. Die Theorie der rationalen Erwartungen nimmt an, dass die Individuen sämtliche relevanten Informationen verwenden, um ihre Überzeugungen durch einen bayesschen Prozess zu aktualisieren. Es gibt keine Voreingenommenheit.
Dieser Ansatz unterscheidet sich deutlich von den sehr interessanten Modellen von Piketty (1995), Bénabou (2008a, 2008b) sowie Bénabou und Tirole (2002), die annehmen, dass die Individuen auf der Basis *strategischer Überlegungen* die Wahrscheinlichkeit wählen, dass sie bestimmte Signale in Erinnerung behalten werden.

14 Es gibt eine unendliche Zahl möglicher Korrelationen zwischen beobachtbaren Größen. Individuen müssen wählen, welche davon sie studieren wollen. Sie sammeln keine Informationen über viele dieser möglichen Korrelationen, weil uns unsere Vorstellung von der Welt nahelegt, dass sie irrelevant sind. Würden wir zu der Überzeugung gelangen, dass sie relevant sind, so wären sie es möglicherweise. Dieser Bestätigungsfehler in Bezug auf die Kategorien wird als »preconfirmatory bias« bezeichnet. Fryer und Jackson (2008) analysieren den auf der Kategorisierung beruhenden Bestätigungsfehler. Vgl. auch Loury (2002).

15 Auch diese Hypothese deckt sich mit den Erkenntnissen zahlreicher Psychologen und Ökonomen. Smith *et al.* (2008) haben gezeigt, dass man die Leistungen von Versuchspersonen bei komplexen kognitiven Aufgaben beeinträchtigen kann, indem man ihnen das Gefühl vermittelt, geringe Fähigkeiten zu besitzen. Steele (2010) gibt einen Überblick über die Literatur, in

der beschrieben ist, wie Hinweise auf eine mit einem Stereotyp verbundene Identität oder auf eine Bedingung, die ein negatives Stereotyp bestätigt, eine Versuchsperson dazu bewegen können, ihre Leistungen dem Stereotyp anzupassen. Vgl. Hoff und Pandey (2011) sowie Afridi, Li, und Ren (2011). In von Compte und Postlewaite (2004) zusammengefassten Experimenten zeigte sich, dass sich der psychische Zustand auf die Leistung auswirken kann. Zu den frühesten Beispielen dafür zählt die Effizienzlohntheorie, die besagt, dass sich die Wahrnehmung von Ungerechtigkeit auf die Arbeitsmoral und damit auf die Leistung auswirken kann (vgl. Stiglitz, 1974 sowie Akerlof und Yellen, 1986).

16 Die Effizienzlohntheorie lieferte frühe Beispiele dafür. Die Auffassung dessen, was fair ist, kann sich auf die Moral auswirken, und die Moral kann sich auf das Verhalten auswirken, was eine Erklärung für das Fortbestehen dysfunktionaler Ungleichheit ist.

17 Die Möglichkeit multipler Gleichgewichte dieser Art wird größer, wenn man erkennt, dass eine dynamischere Gesellschaft die Erträge innovativer Fähigkeiten und Merkmale erhöht, während in einer weniger dynamischen Gesellschaft die relativen Erträge der Bürokraten höher sein können. Eine lernfähige Gesellschaft erzeugt eine Umwelt, die sich selbst nährt.

18 Vgl. insbesondere den Bericht der Kommission für die Untersuchung der Ursachen der Finanz- und Wirtschaftskrise in den Vereinigten Staaten (National Commission on the Causes of the Financial and Economic Crisis in the United States, 2011).

19 Wie komplex diese Fragen sind, verdeutlicht die wechselhafte Haltung gegenüber staatlichen Eingriffen zur Stimulierung der Wirtschaft. Nach dem Zusammenbruch der Investmentbank Lehman Brothers gewannen für kurze Zeit keynesianische Ideen die Überhand. Aber innerhalb von zwei Jahren setzte sich eine »hooversche« Sparpolitik durch, obwohl sich in der Zwischenzeit die empirischen (wissenschaftlichen) Belege dafür gehäuft hatten, dass eine solche Politik zu einem langsameren Wachstum mit in Bezug auf den Staatshaushalt enttäuschenden Resultaten führen würde.

20 Greenwald und Stiglitz (1986, 1988).

21 Vgl. Rothschild und Stiglitz (1976), Stiglitz (2002b).

22 Jim Crow (»Jim, die Krähe«) ist eine Metapher der Rassendiskriminierung in den Vereinigten Staaten von Amerika des späten 19. Jahrhunderts (Anm. des Lektorats).

23 Es ist jedoch nicht so, als wären sich jene, die an diese Institution glauben – oder auch nur die kleinere Gruppe, die von ihr profitiert – zusammengekommen, um sich eine Reihe von Überzeugungen auszudenken, die ihren Vorhaben dient. Wie wir gesehen haben, ist die von uns vorgelegte Theorie insofern unvollständig, als sie nicht zufriedenstellend erklärt, unter welchen Bedingungen sich Überzeugungen ändern und unter welchen anderen nicht. Aber wir glauben, dass sie ein Schritt vorwärts ist, um uns aus dem Korsett der rationalen Erwartungen zu befreien, in dem die beschriebenen Variablen keine Rolle spielen.

24 Sogar unsere Wahrnehmung von Institutionen wird von den Prismen beeinflusst, durch die wir die Welt betrachten, das heißt von unserer Ideologie. Einige Ökonomen beschreiben eine einfache gesellschaftliche Funktion von Institutionen, die darin besteht, die »Löcher« in den Märkten zu füllen und das Marktversagen zu korrigieren (vgl. North, 1973). Arnott und Stiglitz (1991) sowie Hoff und Sen (2006) und andere Autoren haben gezeigt, dass Nichtmarktinstitutionen, die Fehler der Märkte (etwa unvollkommene Versicherungsmärkte) korrigieren sollen, in diesem Sinn dysfunktional sein können – sie können zu paretoinferioren Ergebnissen führen.
In der neueren Literatur wird die Rolle der Institutionen bei der Aufrechterhaltung von Ungleichheit beschrieben – im Kontext wiederholter Spiele können Gleichgewichte Bestand haben, in denen eine Gruppe von anderen ausgebeutet wird (vgl. u. a. Dasgupta, 2005 sowie Mookherjee und Ray, 2003).

25 Vgl. auch Furman und Stiglitz (1999).

26 Wichtige Beiträge zur Diskussion der in diesem Abschnitt behandelten Ideen hat Tim Besley geleistet (vgl. Besley und Torsten, 2009, 2010, noch nicht erschienen; Besley, Persson und Sturm, 2010). Hoff und Stiglitz (2004a, 2004b, 2007) haben anhand von analogen Ideen ein Modell der politischen Ökonomie des

Übergangs vom Kommunismus zur Marktwirtschaft entwickelt. Vgl. auch Acemoğlu und Robinson (2000).

27 Vgl. Stiglitz, Sen und Fitoussi (2010).

28 Vgl. zum Beispiel Stiglitz (2001a, 2001b).

29 Vgl. Braverman und Stiglitz (1986).

Kapitel 14

1 Vgl. Stiglitz (1975a).

2 Coase (1937).

3 Vgl. Stiglitz (2011) und die dort zitierte Literatur.

4 Wie an anderer Stelle erwähnt, kann es hochgradig spezielle Umstände geben, unter denen Unternehmen ihre Tätigkeit in exakt identischen Situationen aufnehmen, die sich in der Folge nicht ändern. Aber diese Umstände sind ausgesprochen instabil. Jede Störung, die zur Folge hat, dass ein Unternehmen einen Vorsprung gegenüber anderen gewinnt, hat kumulative Effekte, sodass das Unternehmen, das sich absetzt, schließlich eine beherrschende Stellung erringt.

5 Vgl. Sah und Stiglitz (1985, 1986).

6 Wir haben in den vorausgegangenen Kapiteln gezeigt, dass der Marktmechanismus *beschränkt* paretoeffizient ist, selbst wenn wir die Kosten der Suche und Sammlung von Informationen oder der Beseitigung von Informationsasymmetrien berücksichtigen.

Literaturverzeichnis

Abernathy, William J. / Clark, Kim B.: »Innovation: Mapping the winds of creative destruction«. In: *Research Policy*, 1985, Ausgabe 14 (1), S. 3–22.

Acemoğlu, Daron: »When Does Labor Scarcity Encourage Innovation?«. In: *Journal of Political Economy*, 2010, Ausgabe 118 (6), S. 1037–1078.

Acemoğlu, Daron / Robinson, James: *Warum Nationen scheitern: Die Ursprünge von Macht, Wohlstand und Armut*. Fischer, Frankfurt a. M., 2013.

Acemoğlu, Daron / Robinson, James: »Why Did the West Extend the Franchise? Democracy, Inequality and Growth in Historical Perspective«. In: *Quarterly Journal of Economics*, 2000, Ausgabe 115 (4), S. 1167–1199.

Acemoğlu, Daron / Aghion, Philippe / Bursztyn, L. / Hemous, D.: »The Environment and Directed Technical Change«. 2009, NBER Working Paper 15451, www.nber.org/papers/w15451.

Abernathy, William J. / Clark, Kim B.: »Innovation: Mapping the winds of creative destruction«. In: *Research Policy*, 1985, Ausgabe 14 (1), S. 3–22.

Acemoğlu, Daron: »When Does Labor Scarcity Encourage Innovation?«. In: *Journal of Political Economy*, 2010, Ausgabe 118 (6), S. 1037–1078.

Acemoğlu, Daron / Robinson, James: *Warum Nationen scheitern: Die Ursprünge von Macht, Wohlstand und Armut*. Fischer, Frankfurt a. M., 2013.

Acemoğlu, Daron / Robinson, James: »Why Did the West Extend the Franchise? Democracy, Inequality and Growth in Historical Perspective«. In: *Quarterly Journal of Economics*, 2000, Ausgabe 115 (4), S. 1167–1199.

Acemoğlu, Daron / Aghion, Philippe / Bursztyn, L. / Hemous, D.: »The Environment and Directed Technical Change«. 2009, NBER Working Paper 15451, www.nber.org/papers/w15451.

Acemoğlu, Daron / Aghion, Philippe / Zilibotti, Fabrizio: »Distance to Frontier, Selection and Economic Growth«. In: *Journal of the European Economic Association*, 2009, Ausgabe 4 (1), S. 37–74.

Acemoğlu, Daron / Robinson, James / Verdier, Thierry: »Can't We All Be More Like Scandinavians?«. 2012, MIT Working Paper, Ausgabe März 2012, www.economics.mit.edu/files/8086.

Africa Progress Panel: *Africa Progress Report: Jobs, Justice and Equity*. 2012, zugänglich unter: www.africaprogresspanel.org/publications/policy-papers/africa-progress-report-2012/ (Zugriff am 27. Februar 2013).

Afridi, Farzana / Li, Sherry Xin / Ren, Yufei: »Social Identity and Inequality: The Impact of China's Hukou System«. 2011, Manuscript, University of Texas at Dallas, www.ideas.repec.org/p/cde/cdewps/190.html.

Aghion, Philippe: »Development Banking«. In: *Journal of Development Economics*. 1999, Ausgabe 58, S. 83–100.

Aghion, Philippe / Howitt, Peter: *Endogenous Growth Theory*. Cambridge: Massachusetts Institute of Technology Press, 1998.

Aghion, Philippe / Howitt, Peter: »A Model of Growth through Creative Destruction«. In: *Econometrica*, 1992, Ausgabe 60 (2), S. 323–351.

Aghion, Philippe / Howitt, Peter / Prantl, Susanne: »Patent Rights, Product Market Reforms, and Innovation«. Arbeitspapier, Harvard University, Februar 2013.

Aghion, Philippe / Akcigit, Ufuk / Howitt, Peter: »What Do We Learn from Schumpeterian Growth Theory?«. Arbeitspapier 18824, NBER, 2013.

Aghion, Philippe / Bloom, Nick / Blundell, Richard / Griffith, Rachel / Howitt, Peter: »Competition and Innovation: An Inverted U Relationship«. In: *Quarterly Journal of Economics*, 2005, Ausgabe 120 (2), S.701–728.

Aghion, Philippe / Burgess, Robin / Redding, Stephen / Zilibotti, Fabrizio: »The Unequal Effects of Liberalization: Evidence from Dismantling the License Raj in India«. In: *American Economic Review*, 2008, Ausgabe 98 (4), S. 1397–1412.

Aghion, Philippe / Dewatripont, Mathias / Harrison, L. Du, A. / Legros, P.: »Industrial Policy and Competition«. Manuskript, Harvard University, 2012, www.scholar.harvard.edu/files/aghion/files/industrial_policy_and_competition.pdf.

Aghion, Philippe / Hemous, David / Kharroubi, Enisse: »Cyclical Budgetary Policy, Credit Constraints, and Industry Growth«. Arbeitspapier, Harvard University, 2009, www.scholar.harvard.edu/aghion/publications/credit-constraints-cyclical-fiscal-policy-and-industry-growth.

Ahmad, Syed: »On the Theory of Induced Invention« In: *Economic Journal*, 1966, Ausgabe 76, S. 344–357.

Aizenman, Joshua / Jinjarak, Yothin: »Globalisation and Developing Countries – a Shrinking Tax Base?«. In: *Journal of Development Studies*, 2009, Ausgabe 45 (5), S. 653–671.

Akerlof, George: »The Market for ›Lemons‹: Qualitative Uncertainty and the Market Mechanism«. In: *Quarterly Journal of Economics*, 1970, Ausgabe 89, S. 488–500.

Akerlof, George A. / Kranton, R. E. : *Identity economics: warum wir ganz anders ticken, als die meisten Ökonomen denken*. Hanser, München, 2011.

Akerlof, George A. / Stiglitz, Joseph E.: »Capital, Wages and Structural Unemployment«. In: *Economic Journal*, 1969, Ausgabe 79 (314), S. 269–281.

Akerlof, George A. / Yellen, Janet L.: »The Fair Wage-Effort Hypothesis and Unemployment«. In: *Quarterly Journal of Economics*, 1990, Ausgabe 105 (2), S. 255–283.

Akerlof, George A. / Yellen, Janet L.: *Efficiency Wage Models of the Labor Market*. Cambridge University Press, Cambridge, 1986.

Alchian, Armen: »Reliability of Progress Curves in Airframe Production«. In: *Econometrica*, 1963, Ausgabe 31, S. 679–693.

Alloy, Lauren B. / Abramson, Lyn Y.: »Judgment of Contingency in Depressed and Nondepressed Students: Sadder but Wiser?«. In: *Journal of Experimental Psychology: General*, 1979, Ausgabe 108 (4), S. 441–485.

Aoki, Masahiko: »A Note on Marshallian Process under Increasing Returns«. In: *Quarterly Journal of Economics*, 1970, Ausgabe 84 (1), S. 100–112.

Argote, Linda / Epple, Dennis: »Learning Curves in Manufacturing«. In: *Science*, 1990, Ausgabe 247, S. 920–924.

Argote, Linda / Beckman, Sara L. / Epple, Dennis: »The Persistence and Transfer of Learning in Industrial Settings«. -In: *Management Science*, 1990, Ausgabe 36 (2), S. 140–154.

Ariely, Dan: *Denken hilft zwar, nützt aber nichts: warum wir immer wieder unvernünftige Entscheidungen treffen*. Droemer, München, 2008.

Arnott, Richard / Stiglitz, Joseph E.: »Moral Hazard and Nonmarket Institutions: Dysfunctional Crowding Out or Peer Monitoring?«. In: *American Economic Review*, 1991, Ausgabe 81 (1), S. 179–190.

Arnott, Richard / Stiglitz, Joseph E. »Labor Turnover, Wage Structure & Moral Hazard: The Inefficiency of Competitive Markets«. In: *Journal of Labor Economics*, 1985, Ausgabe 3 (4), S. 434–462. Nachdruck in: *Selected Works of Joseph E. Stiglitz*, Bd. 2, *Information and Economic Analysis: Applications to Capital, Labor, and Product Markets*. Oxford University Press, Oxford, 2013, S. 581–600.

Arnott, Richard / Greenwald, Bruce / Stiglitz, Joseph E.: »Information and Economic Efficiency«. In: *Information Economics and Policy*, 1994, Ausgabe 6 (1), S. 77–88.

Arnott, Richard / A. Hosios, A. / Stiglitz, Joseph E.: »Implicit Contracts, Labor Mobility and Unemployment«. In: *American Economic Review*, 1988, Ausgabe 78 (5), S. 1046–1066.

Arrow, Kenneth J.: *Aspects on the Theory of Risk-Bearing*. Yrjö Jahnssonin Säätiö, Helsinki, 1965.

Arrow, Kenneth J.: »The Economic Implications of Learning by Doing«. In: *Review of Economic Studies*, 1962, Ausgabe 29, S. 155–173.

Arrow, Kenneth J.: »Economic Welfare and the Allocation of Resources for Invention«. In: R. Nelson (Hrsg.): *The Rate and Direction of Inventive Activity: Economic and Social Factors*, National Bureau of Economic Research (NBER). Princeton University Press, Princeton, N.J., 1962b.

Arrow, Kenneth J.: »An Extension of the Basic Theorems of Classical Welfare Economics«. In: J. Neyman (Hrsg.): *Proceedings of the Second Berkeley Symposium on Mathematical Statistics and Probability*. University of California Press, Berkeley, 1951a, S. 507–532.

Arrow, Kenneth J.: *Social Choice and Individual Values*. Wiley, New York, 1951b.

Arrow, Kenneth J. / Debreu, F.: »Existence of an Equilibrium for a Competitive Economy«. In: *Econometrica*, 1954, Ausgabe 22, S. 265–290.

Arrow, Kenneth J. / Cline, W.R. / Maler, K-G. / Munasinghe, M. / Squitieri, R. / Stiglitz, Joseph E.: »Intertemporal Equity, Discounting, and Economic Efficiency«, Kapitel 4. In: Bruce, J. / Lee, H. / Haites, E. (Hrsg.): *Climate Change 1995: Economic and Social Dimensions of Climate Change*. Cambridge University Press, Cambridge, 1996, S. 21–51.

Arvis, Jean-François: »How Many Dimensions Do We Trade In? Products Space Geometry and Latent Comparative Advantage«. World Bank Policy Research Working Paper 6478, zugänglich unter: www.elibrary.worldbank.org/doi/pdf/10.1596/1813-9450-6478 (Zugriff am 5. Dezember 2013).

Asher, Harold: »Cost-Quantity Relationships in the Airframe Industry«, Paper no. R-291, RAND Corp., Santa Monica, 1956.

Atkinson, Anthony B. / Stiglitz, Joseph E.: *Lectures on Public Economics*. McGraw-Hill, New York, 1980.

Atkinson, Anthony B. / Stiglitz, Joseph E.: »A New View of Technological Change«. In: *Economic Journal*, 1969, Ausgabe 79 (315), S. 573–578.

Autor, David H. / Dorn, David: »The Growth of Low Skill Service Jobs and the Polarization of the U.S. Labor Market«. In: *American Economic Review*, 2013, Ausgabe, 103 (5), S. 1553–1597.

Autor, David H. / Katz, Lawrence F. / Kearney, Melissa: »Trends in U.S. Wage Inequality: Revising the Revisionists«. In: *Review of Economics and Statistics*, 2008, Ausgabe 90 (2), S. 300–323.

Autor, David H., / Katz, Lawrence F. / Kearney, Melissa: »The Polarization of the U.S. Labor Market«. In: *American Economic Review*, 2006, Ausgabe 96 (2), S. 189–194.

Autor, David H. / Levy, Frank / Murnane, Richard J.: »The Skill Content of Recent Technological Change: An Empirical Investigation«. In: *Quarterly Journal of Economics*, 2003, Ausgabe 118 (4), S. 1279–1333.

Azvolinsky, Anna: »Lack of BRCA Testing Approval Creates Snag for Cancer Trials«. In: *Nature Medicine*, 2012, Ausgabe 18 (1310). doi:10.1038/nm0912-1310a (online veröffentlicht am 7. September 2012).

Baily, Martin Neil / Solow, Robert M.: »International Productivity Comparisons Built from the Firm Level«. In: *Journal of Economic Perspectives*, 2001, Ausgabe 15 (3), S. 151–172.

Baily, Martin Neil / Hulten, Charles / Campbell, David / Bresnahan, Timothy / Caves, Richard E.: »Productivity Dynamics in Manufacturing Plants«. In: *Brookings Papers on Economic Activity: Microeconomics*, 1992, S. 187–267.

Baldwin, R.: »The Case Against Infant-Industry Tariff Protection«. In: *Journal of Political Economy*, 1969, Ausgabe 77 (3), S. 295–305.

Barrios, Salvador / Strobl, Eric: »Learning by Doing and Spillovers: Evidence from Firm-Level Panel Data«. In *Review of Industrial Organization*, 2004, Ausgabe 25 (2), S. 175–203.

Barth, E. / Finseraas, B. / Moene, Karl O.: »Political Reinforcement: How Rising Inequality Curbs Manifested Welfare Generosity«. Mimeo, Universität Oslo, 2012.

Barth, Erling / Moene, Karl O. / Willumsen, Fredrik: »The Scandinavian Model: an Interpretation«. In: *Journal of Public Economics*, 2014.

Baumol, William J.: »Contestable Markets: An Uprising in the Theory of Industry Structure«. In: *American Economic Review*, 1982, Ausgabe 72 (März), S. 1–15.

Baumol, William J. / Panzar, John C. / Willig, Robert D.: *Contestable Markets and the Theory of Industry Structure*. Harcourt, Brace and Jovanovich, New York, 1982.

Bayraktar, Nihal / Wang, Yan: »Foreign Bank Entry, Performance of Domestic Banks and Sequence of Financial Liberalizatio«. Policy Research Working Paper Series 3416, World Bank, Washington, D.C., 2004.

Beck, Thorsten / Demirgüç-Kunt, Asli: »Small and Medium-Size Enterprises: Access to Finance as a Growth Constraint«. In: *Journal of Banking and Finance*, 2006, Ausgabe 30, S. 2931–2943.

Beck, Thorsten / Demirgüç-Kunt, Asli / Levine, Ross: »A New Database on Financial Development and Structure«. In: *World Bank Economic Review*, 2000, Ausgabe 14, S. 597–605.

Beck, Thorsten / Demirgüç-Kunt, Asli / Maksimovic, Vojislav: »Financing Patterns Around the World: Are Small Firms Different?». In: *Journal of Financial Economics*, 2008, Ausgabe 89, S. 467–487.

Beck, Thorsten / Demirgüç-Kunt, Asli / Martinez Peria, Maria Soledad: »Foreign Banks and Small and Medium Enterprises: Are They Really Estranged?«, 2010, www.voxeu.org/index.php?q=node/4828.

Bénabou, Roland: »Groupthink: Collective Delusions in Organizations and Markets«, Manuskript, Princeton University, Princeton, N.J., 2008a.

Bénabou, Roland: »Ideology«. In: *Journal of the European Economic Association*, 2008b, Ausgabe 6 (2–3), S. 321–352.

Bénabou, Roland: »Inequality and Growth«. In: *NBER Macroeconomics Annual 1996, Bd. 11*. MIT Press, S. 11–92.

Bénabou, Roland / Tirole, Jean: »Over My Dead Body: Bargaining and the Price of Dignity«. In: *Papers and Proceedings of the One Hundred Twenty-First Meeting of the American Economic Association, American Economic Review*, 2009, Ausgabe 99 (2), S. 459–465.

Bénabou, Roland / Tirole, Jean: »Incentives and Prosocial Behavior«. In: *American Economic Review*, 2006, Ausgabe 96 (5), S. 1652–1678.

Bénabou, Roland / Tirole, Jean: »Intrinsic and Extrinsic Motivation«. In: *Review of Economic Studies*, 2003, Ausgabe 70 (3), S. 489–520.

Bénabou, Roland / Jean Tirole, Jean: »Self-Confidence and Personal Motivation«. In: *Quarterly Journal of Economics*, 2002, Ausgabe 117, S. 871–915.

Berg, Andrew / Ostry, Jonathan: »Inequality and Unsustainable Growth: Two Sides of the Same Coin?«. Internationaler Währungsfonds, 2011, IMF Staff Discussion Note Nr. 11/08, April.

Bértola, Luis / Ocampo, José Antonio: »Learning from Latin America: Debt Crises, Debt Rescues and When and Why They Work«. Institute for the Studies of the Americas, Arbeitspapier, 2012, www.americas.sas.ac.uk/sites/default/files/files/filestore-documents/events/Papers/Bertola_and_Ocampo_paper.pdf.

Besanko, David / Doraszelski, Ulrich / Kryukov, Yaroslav / Satterthwaite, Mark: »Learning-by-Doing, Organizational Forgetting, and Industry Dynamics«. In: *Econometrica*, 2010, Ausgabe 78, S. 453–508.

Besley, Tim / Persson, Torsten: »The Logic of Political Violence«. In: *Quarterly Journal of Economics*, 2011, Ausgabe 126 (3), S. 1411–1445.

Besley, Tim / Persson, Torsten: »State Capacity, Conflict and Development«. In: *Econometrica*, 2010, Ausgabe 78 (1), S. 1–34.

Besley, Tim / Persson, Torsten: »The Origins of State Capacity: Property Rights, Taxation and Politics«. In: *American Economic Review*, 2009, Ausgabe 99 (4), S. 1218–1244.

Besley, Tim / Persson, Torsten / Sturm, Daniel M.: »Political Competition, Policy and Growth: Theory and Evidence from the United States«. In: *Review of Economic Studies*, 2010, Ausgabe 77 (4), S. 1329–1352.

Bessen, James / Meurer, Michael J.: *Patent Failure: How Judges, Bureaucrats, and Lawyers Put Innovators at Risk*. Princeton University Press, Princeton, N.J., 2008.

Biais, B. / Woolley, P.: »High Frequency Trading«, IDEI Arbeitspapier, 2011, zugänglich unter: www.idei.fr/doc/conf/pwri/biais_pwri_0311.pdf.

Bittlingmayer, George: »Property Rights, Progress, and the Aircraft Patent Agreement«. In: *Journal of Law and Economics*, 1988, Ausgabe 31 (1), S. 227–248.

Blitzer, C. / P. Dasgupta, P. / Stiglitz, Joseph E.: »Project Appraisal and Foreign Exchange Constraints«. In: *Economic Journal*, 1981, Ausgabe 91 (361), S. 58–74.

Boldrin, Michele / Levine, David K.: »The Case against Patents«. In: *Journal of Economic Perspectives*, 2013, Ausgabe 27 (1), S. 3–22.

Boyle, James: *The Public Domain: Enclosing the Commons of the Mind*. Yale University Press, New Haven, Conn., 2008.

Boyle, James: »The Second Enclosure Movement and the Construction of the Public Domain«. In: *Law and Contemporary Problems*, 2003, Ausgabe 66 (33), S. 33–74.

Brandt, Loren / Biesebroeck, Johannes Van / Zhang, Yifan: »Creative Accounting or Creative Destruction? Firm-Level Productivity Growth in Chinese Manufacturing«. In: *Journal of Development Economics*, 2012, Ausgabe 97 (2), S. 339–351.

Braverman, A. / Stiglitz, Joseph E.: »Landlords, Tenants and Technological Innovations«. In: *Journal of Development Economics*, 1986, Ausgabe 23 (2), S. 313–332.

Bruce, James P. / Lee, Hoesung / Haites, Erik F. (Hrsg.): *Climate Change 1995: Economic and Social Dimensions of Climate Change*. Cambridge University Press, Cambridge, 1996.

Bruner, J., / Potter, M.C.: »Interference in Visual Recognition«. In: *Science*, 1964, Ausgabe 144 (3617), S. 424–425.

Brunt, Liam / Lerner, Josh / Nicholas, Tom: »Inducement Prizes and Innovation«, NHH Dept. of Economics Discussion Paper No. 25/2011, 1. Dezember 2011, www.ssrn.com/abstract=1972290 oder www.dx.doi.org/10.2139/ssrn.1972290.

Cabral, Luis, / Riordan, Michael. »The Learning Curve, Market Dominance, and Predatory Pricing«. In: *Econometrica*, 1994, Ausgabe 62, S. 1115–1140.

Cass, David / Stiglitz, Joseph E.: »The Implications of Alternative Saving and Expectations Hypotheses for Choices of Technique and Patterns of Growth«. In: *Journal of Political Economy*, 1969, Ausgabe 77 (4), Part 2, S. 586–627.

Chang, Ha Joon: »Kicking Away the Ladder: Infant Industry Promotion in Historical Perspective«. In: *Oxford Development Studies*, 2003, Ausgabe 31 (1), S. 21–32.

Chang, Ha Joon: *Kicking Away the Ladder – Development Strategy in Historical Perspective*. Anthem Press, London, 2002.

Chang, Ha Joon: »Intellectual Property Rights and Economic Development: Historical lessons and emerging issues«. In: *Journal of Human Development and Capabilities*, 2001, Ausgabe 2 (2), S. 287–309.

Charlton, Andrew / Stiglitz, Joseph E.: »The Right to Trade: A Report for the Commonwealth Secretariat on Aid for Trade«. Commonwealth Secretariat, London, August 2012.

Charlton, Andrew / Stiglitz, Joseph E. »Aid for Trade: A Report for the Commonwealth Secretariat«. Commonwealth Secretariat, London, 2006, published in *International Journal of Development Issues* 5 (2), S. 1–41; gekürzte Fassung in: *Swiss Review of International Economic Relations*, 2006, Ausgabe 61 (2).

Charlton, Andrew / Stiglitz, Joseph E.: *Fair Trade for All*. Oxford University Press, New York, 2005.

Cimoli, Mario / Dosi, Giovanni / Maskus, Keith E. / Okediji, Ruth L. / Reichman, Jerome H. / Stiglitz, Joseph E. (Hrsg.): *Intellectual Property Rights and Development*. Oxford University Press, Oxford, 2014.

Cimoli, Mario / Dosi, Giovanni / Stiglitz, Joseph E. (Hrsg.): *Industrial Policy and Development: The Political Economy of Capabilities Accumulation*. Oxford University Press, New York, 2009.

Clarke, George / Cull, Robert / Martinez Peria, Maria Soledad / Sanchez, Susana M.: »Bank Lending to Small Businesses in Latin America: Does Bank Origin Matter?«. In: *Journal of Money, Credit and Banking*, 2005, Ausgabe 37 (1), S. 83–118.

Coase, R.: »The Nature of the Firm«. In: *Economica*, 1937, 4 (16), S. 386–405.

Commission on Growth and Development: »The Growth Report: Strategies for Sustained growth and Inclusive Development«, The International Bank for Reconstruction and Development/The World Bank, Washington D.C., 2008, zugänglich unter: www.web.worldbank.org/WBSITE/EXTERNAL/EXTABOUTUS/ORGANIZATION/EXTPREMNET/0,,contentMDK:23225680~pagePK:64159605~piPK:64157667~theSitePK:489961,00.html (Zugriff am 12. November 2013).

Compte, Oliver / Postlewaite, Andrew: »Confidence-Enhanced Performance«. In: *American Economic Review*, 2004, Ausgabe 94 (5), S. 1535–1557.

Conniff, R.: »King Ludd's War: in Luddite Protests, Which Began 200 Years Ago This Month, Technology Wasn't Really the Enemy«. In: *Smithsonian Magazine*, 2011, Ausgabe 41 (11), S. 82.

Corlett, W.J./Hague, D.C.: »Complementarity and the Excess Burden of Taxation«. In: *Review of Economic Studies*, 1953, Ausgabe 21, S. 21–30.

Council of Economic Advisers: »Supporting Research and Development to Promote Economic Growth: The Federal Government's Role«, White Paper, Oktober 1995, www.clinton1.nara.gov/White_House/EOP/CEA/econ/html/econ-top.html.

Crouch, Tom D.: *The Bishop's Boys: A Life of Wilbur and Orville Wright*. Norton, New York, 1999.

Dasgupta, Partha S.: »Economics of Social Capital». In: *Economic Record*, 2005, Ausgabe 81 (s1), S2–S21.

Dasgupta, Partha S.: *Human Well-Being and the Natural Environment*. Oxford University Press, New York, 2001.

Dasgupta, Partha S.: *An Inquiry into Well-Being and Destitution*. Oxford University Press, New York, 1993.

Dasgupta, Partha S.: »On the Concept of Optimum Population«. In: *Review of Economic Studies*, 1969, Ausgabe 36 (107), S. 295–318.

Dasgupta, Partha S./David, Paul: »Toward a new economics of science«. In: *Research Policy*, 1994, Ausgabe 23 (5), S. 487–521.

Dasgupta, Partha S./Heal, Geoffrey M.: *Economic Theory and Exhaustible Resources*. Cambridge University Press, Cambridge, 1979.

Dasgupta, Partha S./Heal, Geoffrey M.: »The Optimal Depletion of Exhaustible Resources«. In: *Review of Economic Studies 41, Symposium on the Economics of Exhaustible Resources*, S. 3–28. Longman Group, Edinburgh, Scotland, 1974.

Dasgupta, Partha S./Stiglitz, Joseph E.: »Formal and Informal Institutions«. In: Dasgupta, P./Serageldin, I. (Hrsg.): *Social Capital: A Multifaceted Perspective*. World Bank, Washington, D.C., 2000, S. 59–68.

Dasgupta, Partha S./Stiglitz, Joseph E.: »Learning by Doing, Market Structure, and Industrial and Trade Policies«. In: *Oxford Economic Papers*, 1988a, Ausgabe 40 (2), S. 246–268.

Dasgupta, Partha S./Stiglitz, Joseph E.: »Potential Competition, Actual Competition and Economic Welfare«. In: *European Economic Review*, 1988b, Ausgabe 32 (Mai), S. 569–577.

Dasgupta, Partha S./Stiglitz, Joseph E.: »Market Structure and Resource Depletion: A Contribution to the Theory of Intertemporal Monopolistic Competition«. In: *Journal of Economic Theory*, 1982, Ausgabe 28 (1), S. 128–164.

Dasgupta, Partha S. / Stiglitz, Joseph E.: »Entry, Innovation, Exit: Toward a Dynamic Theory of Oligopolistic Industrial Structure«. In: *European Economic Review*, 1981a, Ausgabe 15 (2), S. 137–158.

Dasgupta, Partha S. / Stiglitz, Joseph E.: »Market Structure and Resource Extraction Under Uncertainty«. In: *Scandinavian Economic Journal*, 1981b, Ausgabe 83, S. 318–333.

Dasgupta, Partha S. / Stiglitz, Joseph E.: »Resource Depletion Under Technological Uncertainty». In: *Econometrica*, 1981c, Ausgabe 49 (1), S. 85–104.

Dasgupta, Partha S. / Stiglitz, Joseph E.: »Industrial Structure and the Nature of Innovative Activity«. In: *Economic Journal*, 1980a, Ausgabe 90 (358), S. 266–293.

Dasgupta, Partha S. / Stiglitz, Joseph E.: »Uncertainty, Market Structure and the Speed of R&D«. In: *Bell Journal of Economics*, 1980b, Ausgabe 11 (1), S. 1–28.

Dasgupta, Partha S. / Stiglitz, Joseph E.: »Tariffs Versus Quotas As Revenue Raising Devices Under Uncertainty». In: *American Economic Review*, 1977, Ausgabe 67 (5), S. 975–981.

Dasgupta, Partha S. / Stiglitz, Joseph E.: »Benefit-Cost Analysis and Trade Policies«. In: *Journal of Political Economy*, 1974, Ausgabe 82 (1), S. 1–33.

Dasgupta, Partha S. / Stiglitz, Joseph E.: »On Optimal Taxation and Public Production«. In: *Review of Economic Studies*, 1972, Ausgabe 39 (1), S. 87–103.

Dasgupta, Partha S. / Stiglitz, Joseph E.: »Differential Taxation, Public Goods, and Economic Efficiency«. In: *Review of Economic Studies*, 1971, Ausgabe 38 (2), S. 151–174.

Dasgupta, Partha S. / Gilbert, Richard / Stiglitz, Joseph E.: »Strategic Considerations in Invention and Innovation: The Case of Natural Resources«. In: *Econometrica*, 1983, Ausgabe 51 (5), S. 1430–1448.

Dasgupta, Partha S. / Gilbert, Richard / Stiglitz, Joseph E.: »Invention and Innovation Under Alternative Market Structures: The Case of Natural Resources«. In: *Review of Economic Studies*, 1982, Ausgabe 49 (4), S. 567–582.

Dasgupta, Partha S. / Gilbert, Richard / Stiglitz, Joseph E.: »Energy Resources and Research and Development». In: Horst Siebert (Hrsg.): *Erschöpfbare Ressourcen*, Schriften des Vereins für Socialpolitik 108. Duncker und Humbolt, Berlin, 1981, S. 85–108.

Dasgupta, Partha S. / Heal, Geoffrey M. / Stiglitz, Joseph E.: »The Taxation of Exhaustible Resources«. In: Hughes, G.A. / Heal, G.M. (Hrsg.): *Public Policy and the Tax System*. George Allen and Unwin, London, 1980, S. 150–172.

Dasgupta, Partha S. / Heal, Geoffrey M. / Stiglitz, Joseph E. / Gilbert, Richard / Newbery, David: *An Economic Analysis of the Conservation of Depletable Natural Resources*, im Auftrag der Federal Energy Administration, Mai 1977.

David, Paul A.: »From Keeping Nature's Secrets to the Institutionalization of Open Science«. In: R.A. Ghosh (Hrsg.): *Collaborative Ownership and the Digital Economy (CODE)*. MIT Press, Cambridge, Mass., 2004a, S. 85–106.

David, Paul A.: »Understanding the Emergence of ›Open Science‹ Institutions: Functionalist Economics in Historical Context«. In: *Industrial and Corporate Change*, 2004b, Ausgabe 13, S. 571–589.

David, Paul A.: »Does the New Economy Need All the Old IPR Institutions? Digital Information Goods and Access to Knowledge for Economic Development«, vorgelegt bei der Wider Conference on the New Economy in Development, Helsinki, 2002.

David, Paul A.: »Intellectual Property Institutions and the Panda's Thumb: Patents, Copyrights, and Trade Secrets in Economic Theory and History«. In: Wallerstein, M.B. / Mogee, M.E. / Schoen, R.A. (Hrsg.): *Global Dimensions of Intellectual Property Rights in Science*. National Academies Press, (Washington, D.C., 1993, S. 19–62.

David, Paul A.: *Technical Choice Innovation and Economic Growth: Essays on American and British Experience in the Nineteenth Century*. Cambridge University Press, London, 1975.

Davis, Lee / Davis, Jerome: »How Effective Are Prizes as Incentives to Innovation? Evidence from Three 20th Century Contests«, auf der DRUID Summer Conference vorgelegtes Papier, 7. Mai 2004.

Debreu, G.: *Werttheorie: eine axiomatische Analyse des ökonomischen Gleichgewichtes*. Springer, Berlin, Heidelberg, New York, 1976.

Debreu, G.: »Market Equilibrium«. In: *Proceedings of the National Academy of Sciences*, 1952, Ausgabe 42 (1956), S. 876–878.

De la Fuente, Angel / Doménech, Rafael: »Human Capital in Growth Regressions: How Much Difference Does Data Quality Make?«. In: *Journal of the European Economic Association*, 2006, Ausgabe 4 (1), S. 1–36.

Delli Gatti, Domenico / Gallegati, Mauro / Greenwald, Bruce / Russo, Alberto / Stiglitz, Joseph E: »Sectoral Imbalances and Long Run Crises«.

In: Allen, Franklin / Aoki, Masahiko / Fitoussi, Jean-Paul / Kiyotaki, Nobuhiro / Gordon, Richard / Stiglitz, Joseph E. (Hrsg.): *The Global Macro Economy and Finance,* IEA Conference Volume No. 150-III. Palgrave, Houndmills, UK und New York, 2013, S. 61–97.

Delli Gatti, Domenico / Gallegati, Mauro / Greenwald, Bruce / Russo, Alberto / Stiglitz, Joseph E.: »Mobility Constraints, Productivity Trends, and Extended Crises«. In: *Journal of Economic Behavior & Organization,* 2012, Ausgabe 83 (3), S. 375–393.

Denison, Edward F: *The Sources of Economic Growth in the United States and the Alternatives Before Us.* Committee for Economic Development, New York, 1962.

Detragiache, Enrica / Tressel, Thierry / Gupta, Poonam: »Foreign Banks in Poor Countries: Theory and Evidence«. In: *Journal of Finance,* 2008, Ausgabe 63 (5), S. 2123–2160.

Diamond, P.: »The Role of a Stock Market in a General Equilibrium Model with Technological Uncertainty«. In: *American Economic Review,* 1967, Ausgabe 57, S. 753–776.

Diamond, Peter A. / Mirrlees, James: »Optimal Taxation and Public Production I: Production Efficiency«. In: *American Economic Review,* 1971a, Ausgabe 61, S. 8–27.

Diamond, Peter A. / Mirrlees, James: »Optimal Taxation and Public Production II: Tax Rules«. In: *American Economic Review,* 1971b, Ausgabe 61, S. 261–278.

Dick, Andrew R.: »Learning by Doing and Dumping in the Semiconductor Industry«. In: *Journal of Law and Economics,* 1991, Ausgabe 34 (1), S. 133–159.

Dixit, A.:; »Corruption: Supply-Side and Demand-Side Solutions«, Text für die Silver Jubilee Lecture am Indira Gandhi Institute for Development Research, Februar 2012.

Dixit, A. / Stiglitz, Joseph E.: »Monopolistic Competition and Optimum Product Diversity«. In: *American Economic Review,* 1977, Ausgabe 67 (3), S. 297–308.

Dollar, D.: »Outward-oriented developing economies really do grow more rapidly: Evidence from 95 LDCs, 1976–85«. In: *Economic Development and Cultural Change,* 1992, S. 523–544.

Domar, E.D. / Musgrave, R.A.: »Proportional Income Taxation and Risk-Taking«. In: *Quarterly Journal Economics,*1944, Ausgabe 58, S. 388-422.

Dosi, Giovanni / Stiglitz, Joseph E.: »The Role of Intellectual Property Rights in the Development Process, with Some Lessons from Developed Countries: An Introduction«. In: Cimoli, M. /. Dosi, G. / Maskus, K. / Okediji, R. / Reichman, J. / Stiglitz, Joseph E. (Hrsg.): *Intellectual Property Rights and Development*. Oxford University Press, Oxford, 2014.

Dosi Giovanni / Marengo, L. / Pasquali, C.: »How Much Should Society Fuel the Greed of Innovators? On the Relations Between Appropriability, Opportunities and Rates of Innovation«. In: *Research Policy*, 2006, Ausgabe 35 (8), S. 1110–1121.

Dosi, Giovanni / Nelson, Richard / Freeman, Christopher / Soete, Luc / Silverberg, Gerald (Hrsg.): *Technical Change and Economic Theory* Pinter, London, 1988.

Douglas, Mary: *Wie Institutionen denken*. Suhrkamp, Frankfurt am Main, 1991.

Drandakis, Emmanuel / Phelps, Edmund: »A Model of Induced Invention, Growth, and Distribution«. In: *Economic Journal*, 1966, Ausgabe 76 (Dezember), S. 832–840.

Dwyer, Douglas: »Technology Locks, Creative Destruction, and Nonconvergence in Productivity Levels«. In: *Review of Economic Dynamics*, 1998, Ausgabe 1 (2), S. 430–473.

Edgeworth, Francis Y.: *Papers Relating to Political Economy*, Bd. 3. Macmillan, London, 1925.

Elborgh-Woytek, Katrin / Hallaert, Jean-Jacques / Lankes, Hans P. / Sadikov, Azim / Smith, Dustin: »Fiscal Implications of Multilateral Tariff Cuts«. IMF Working Paper WP/06/203, Washington, D.C., 2006.

Ellerman, David / Stiglitz, Joseph E.: »Not Poles Apart: ›Whither Reform?‹ and ›Whence Reform?‹«. In: *Journal of Policy Reform*, 2001, Ausgabe 4 (4), S. 325–338.

Ellerman, David / Stiglitz, Joseph E.: »New Bridges Across the Chasm: Macro- and Micro-Strategies for Russia and Other Transitional Economies«. In: *Zagreb International Review of Economics and Business*, 2000, Ausgabe 3 (1), S. 41–72.

Erten, Bilge / Ocampo, José Antonio: *Capital Account Regulations, Foreign Exchange Pressure, and Crisis Resilience*. Initiative Policy Dialogue Working Paper, 2013.

Emran, Shahe, und Stiglitz, Joseph E.: »Financial Liberalization, Financial Restraint, and Entrepreneurial Development«. Institute for International Economic Policy Working Paper Series, Elliott School of International Affairs, The George Washington University, Januar 2009.

Emran, Shahe / Stiglitz, Joseph E.: »On Selective Indirect Tax Reform in Developing Countries«. In: *Journal of Public Economics*, April 2005, S. 599–623.

Estevadeordal, Antoni / Taylor, Alan: »Is the Washington Consensus Dead? Growth, Openness, and the Great Liberalization, 1970s–2000s«. NBER Working Paper 14264, 2008.

Farrell, Joseph: »Information and the Coase Theorem«. In: *Journal of Economic Perspectives*, 1987, Ausgabe 1, S. 113–129.

Farrell, Joseph: »How Effective Is Potential Competition?«. In: *Economics Letters*, 1986, Ausgabe 20, S. 67–70.

Farrell, Joseph / Shapiro, Carl: »How Strong Are Weak Patents?«. In: *American Economic Review*, 2008, Ausgabe 98 (4), S. 1347–1369.

Farrell, Joseph / Shapiro, Carl: »Dynamic Competition With Switching Costs«. In: *RAND Journal of Economics*, 1988, Ausgabe 19 (1), S. 123–137.

Fellner, William: »Two Propositions in the Theory of Induced Innovations«. In: *Economic Journal*, 1961, Ausgabe 71 (282), S. 305–308.

Field, Alexander J.: *A Great Leap Forward: 1930s Depression and Economic Growth*. Yale University Press, New Haven, Conn., 2011.

Filippettia, Andrea / Archibugia, Daniele: »Innovation in Times of Crisis: National Systems of Innovation, Structure, and Demand«. In: *Research Policy*, 2010, Ausgabe 40 (2), S. 179–192.

Fink, Carsten / Maskus, Keith E. (Hrsg.): *Intellectual Property and Development*. Oxford University Press, Oxford, 2005.

Fleisher, Belton / Li, Haizheng / Zhao, Min Qiang: »Human Capital, Economic Growth, and Regional Inequality in China«. In: *Journal of Development Economics*, 2010, Ausgabe 92 (2), S. 215–231.

Florida, Richard: *The Rise of the Creative Class: And How It's Transforming Work, Leisure, Community and Everyday Life*. Perseus, New York, 2002.

Foster, Lucia / Haltiwanger, John. C. / Krizan, C. J.: »Aggregate Productivity Growth. Lessons from Microeconomic Evidence«, Kapitel 8. In: *New Developments in Productivity Analysis*. National Bureau of Economic Research, Cambridge, Mass., 2001, S. 303–372.

Frankel, Jeffrey A. / Romer, David: »Does Trade Cause Growth?«. In: *American Economic Review*, 1999, Ausgabe 89, S. 379–399.

Freeman, Christopher: »The National System of Innovation in Historical Perspective«. In: *Cambridge Journal of Economics*, 1995, Ausgabe 19, S. 5–24.

Freeman, Christopher: *Technology Policy and Economic Performance: Lessons from Japan*. Pinter, London, New York, 1987.

Friedland, Roger / Alford, Robert R.: »Bringing Society Back In: Symbols, Practices, and Institutional Contradictions«. In: Powell, Walter W. / DiMaggio, Paul J. (Hrsg.): *The New Institutionalism in Organizational Analysis*. University of Chicago Press, Chicago, 1991, S. 232–263.

Fryer, Roland / Jackson, Matthew O.: »A Categorical Model of Cognition and Biased Decision Making«. In: *The B.E. Journal of Theoretical Economics*, 2008, Ausgabe 8 (1), Artikel 6.

Fudenberg, Drew / Tirole, Jean: »Learning-by-Doing and Market Performance«. CERAS D.P.8, Ecole Nationale des Ponts et Chaussees, 1982.

Fudenberg, Drew / Tirole, Jean: »Learning-by-Doing and Market Performance«. In: *Bell Journal*, 1983, Ausgabe 14 (2), S. 522–530.

Fudenberg, Drew / Gilbert, Richard / Tirole, Jean / Stiglitz, Joseph E.: »Preemption, Leapfrogging and Competition in Patent Races«. In: *European Economic Review*, 1983, Ausgabe 22 (Juni), S. 3–32.

Furman, J. / Stiglitz, Joseph E.: »Economic Consequences of Income Inequality«. In: *Symposium Proceedings, 1998: Income Inequality: Issues and Policy Options*, 1999, Symposium der Federal Reserve Bank of Kansas City, Jackson Hole, Wyoming, S. 221–263.

Furman, J. / Stiglitz, Joseph E.: »Economic Crises: Evidence and Insights from East Asia«. In: *Brookings Papers on Economic Activity*, 1998, Bd. 2, S. 1–114. Vorgelegt beim Brookings Panel on Economic Activity, Washington, D.C., 3. September 1998.

Futia, Carl A.: »Schumpeterian Competition«. In: *The Quarterly Journal of Economics*, 1980, Ausgabe 94 (4), S. 675–695.

Gallagher, Kevin: *Ruling Capital: Emerging Markets and the Reregulation of Cross-Border Finance*. Cornell University Press, Ithaca, 2014.

Gallini, Nancy T.: »The Economics of Patents: Lessons from Recent U.S. Patent Reform«. In: *Journal of Economic Perspectives*, 2002, Ausgabe 16, S. 131–154.

Gertner, Jon: *The Idea Factory: Bell Labs and the Great Age of American Innovation*. Penguin, New York, 2012.

Ghemawat, Pankaj / Spence, A. Michael: »Learning Curve Spillovers and Market Performance«. In: *Quarterly Journal of Economics*, 1985, Ausgabe 100: 839–852.

Gilbert, R.: »Looking for Mr. Schumpeter: where are we in the competition-innovation debate?« In: Jaffe, Adam / Lerner, Josh / Stern, Scott (Hrsg.): *Innovation policy and the economy*, Bd. 6. MIT Press, Cambridge, 2006.

Gilbert, Richard J. / Newbery, David M.: »Preemptive Patenting and the Persistence of Monopoly«. In: *American Economic Review*, 1982, Ausgabe 72 (3), S. 514–526.

Goettler, R.L. / Gordon, B.R.: »Does AMD Spur Intel to innovate more?«. In: *Journal of Political Economy*, 2011, Ausgabe 119 (6), S. 1141–1200.

Goettler, R.L., / Gordon, B.R.: »Competition and product innovation in dynamic oligopoly«. Quant Mark Econ, 2014, Ausgabe 12, S. 1–42

Goldin, Claudia / Katz, Lawrence: *The Race Between Education and Technology*. Harvard University Press, Cambridge, Mass., 2008.

Goozner, Merrill: »Ruling on BRCA Gene Patents Could Have Limited Impact«. In: *Journal of the National Cancer Institute*, 2010, Ausgabe 102 (11), S. 754–757.

Gordon, R.: »Is U.S. Economic Growth Over? Faltering Innovation Confronts the Six Headwinds«. NBER Working Paper 18315, August 2012.

Graham, Stuart / Vishnubhakat, Saurabh: »Of Smart Phone Wars and Software Patents«. In: *Journal of Economic Perspectives*, 2013, Ausgabe 27 (1), S. 67–86.

Gramsci, Antonio: *Selections from the Prison Notebooks of Antonio Gramsci*. International, New York, 1971.

Grandstrand, Ove: »Innovation and Intellectual Property Rights«. In: Fagerberg, I. / Mowery, D. / Nelson, R. (Hrsg.): *The Oxford Handbook of Innovation*. (Oxford University Press, Oxford, 2005, S. 266–290.

Greenwald, Bruce / Kahn, Judd: *Globalization: The Irrational Fear That Someone in China Will Take Your Job*. John Wiley, Hoboken, N.J., 2009.

Greenwald, Bruce C. / Stiglitz, Joseph E.: »Industrial Policies, the Creation of a Learning Society, and Economic Development«. In: Stiglitz, Joseph E. / Lin, Justin Yifu (Hrsg.): *The Industrial Policy Revolution I: The Role of Government Beyond Ideology*. Palgrave Macmillan, New York, 2014a, S. 43–71.

Greenwald, Bruce C. / Stiglitz, Joseph E.: »Learning and Industrial Policy: Implications for Africa«. In: Stiglitz, Joseph E. / Lin, Justin Yifu / Patel, *Ebrahim: The Industrial Policy Revolution II: Africa in the 21st Century*. Palgrave Macmillan, New York, 2014b, S. 25–29.

Greenwald, Bruce C. / Stiglitz, Joseph E.: *Creating a Learning Society: A New Paradigm for Development and Social Progress*. Columbia University Press, New York, 2014c.

Greenwald, Bruce C. / Stiglitz, Joseph E.: »A Modest Proposal for International Monetary Reform«. In: Griffith-Jones, S. / Ocampo, J.A. / Stiglitz, Joseph E. (Hrsg.): *Time for a Visible Hand: Lessons from the 2008 World Financial Crisis*, Initiative for Policy Dialogue Series. Oxford University Press, Oxford, 2010a, S. 314–344.

Greenwald, Bruce C. / Stiglitz, Joseph E.: »Towards a New Global Reserves System». In: *Journal of Globalization and Development*, 2010b, Ausgabe 1 (2), Artikel 10. Eine andere Fassung des Papers unter demselben Titel ist erschienen in: Sachs, J.D. / Kawai, M. / Lee, J.-W. / Woo, W.T. (Hrsg.): *The Future Global Reserve System: An Asian Perspective*. Asian Development Bank, Juni.

Greenwald, Bruce C. / Stiglitz, Joseph E.: »Helping Infant Economies Grow: Foundations of Trade Policies for Developing Countries«. In: *American Economic Review: AEA Papers and Proceedings*, 2006, Ausgabe 96 (2), S. 141–146.

Greenwald, Bruce C. / Stiglitz, Joseph E.: *Towards a New Paradigm in Monetary Economics*. Cambridge University Press, Cambridge, UK, 2003.

Greenwald, Bruce C. / Stiglitz, Joseph E.: »Financial Market Imperfections and Business Cycles«. In: *Quarterly Journal of Economics*, 1993, Ausgabe 108 (1), S. 77–114. Nachdruck in: *Selected Works of Joseph E. Stiglitz*, Bd. 1, *Information and Economic Analysis*. Oxford University Press, Oxford, 2009, S. 617–648.

Greenwald, Bruce C. / Stiglitz, Joseph E.: »Asymmetric Information and the New Theory of the Firm: Financial Constraints and Risk Behavior«. In: *American Economic Review*, 1990, Ausgabe 80 (2), S. 160–165. Auch NBER Working Paper 3359.

Greenwald, Bruce C. / Stiglitz, Joseph E.: »Pareto Inefficiency of Market Economies: Search and Efficiency Wage Models«. In: *American Economic Review*, 1988, Ausgabe 78 (2), S. 351–355.

Greenwald, Bruce C. / Stiglitz, Joseph E.: »Externalities in Economies with Imperfect Information and Incomplete Markets«. In: *Quarterly Journal of Economics*, 1986, Ausgabe 1 (2), S. 229–264.

Greenwald, Bruce C. / Levinson, Alec / Stiglitz, Joseph E.: »Capital Market Imperfections and Regional Economic Development«. In: Giovannini, Alberto (Hrsg.): *Finance and Development: Issues and Experience*. Cambridge University Press, Cambridge, 1993, S. 65–93.

Greenwald, B.C. / Salinger, M. / Stiglitz, J.E.: »Imperfect Capital Markets and Productivity Growth«. Bei der NBER Conference in Vail, Colorado vorgelegtes Papier, April 1990, überarbeitet März 1991 und April 1992.

Greenwald, Bruce C. / Stiglitz, Joseph E. / Weiss, Andrew: »Informational Imperfections in the Capital Markets and Macroeconomic Fluctuations«. In: *American Economic Review*, 1984, Ausgabe 74 (2), S. 194–199.

Greif, Avner / Laitin, David: »A Theory of Endogenous Institutional Change«. In: *American Political Science Review*, 2007, Ausgabe 98 (4), S. 633–652.

Greiner, Alfred / Rubart, Jens / Semmler, Willi: »Economic Growth, Skill-Biased Technical Change and Wage Inequality: A Model and Estimations for the U.S. and Europe«. New School Arbeitspapier, 2003, www.newschool.edu/nssr/cem/papers/wp/labor/wineq.pdf.

Griliches, Zvi / Jorgenson, Dale W.: »The Explanation of Productivity Change«. In: *Review of Economic Studies*, 1967, Ausgabe 34 (3), S. 249–283.

Griliches, Zvi / Jorgenson, Dale W.: »Sources of Measured Productivity Change: Capital Input«. In: *American Economic Review*, 1966, Ausgabe 56 (2), S. 50–61.

Grossman, G., / Helpman, E.: *Innovation and Growth in the Global Economy*. MIT Press, Cambridge, Mass., 1991.

Grossman, S. / Stiglitz, Joseph E.: »On the Impossibility of Informationally Efficient Markets«. In: *American Economic Review*, 1980, Ausgabe 70 (3), S. 393–408.

Grossman, S. / Stiglitz, Joseph E.: »Information and Competitive Price Systems«. In: *American Economic Review*, 1976, Ausgabe 66 (2), S. 246–253.

Gruber, Harald: »Learning by Doing and Spillovers: Further Evidence for the Semiconductor Industry«. In: *Review of Industrial Organization*, 1998, Ausgabe 13 (6), S. 697–711.

Guzman, Martin / Ocampo, Jose Antonio / Stiglitz, Joseph E.: »Real Exchange Rate Policies for Economic Development, Initiative for Policy Dialogue«. Columbia University, 2014 (für die südafrikanische Regierung vorbereitetes Papier).

Habakkuk, H. J.: *American and British Technology in the Nineteenth Century*. Cambridge University Press, London, 1962.

Hagiu, Andrei / Yoffie, David B.: »The New Patent Intermediaries: Platforms, Defensive Aggregators, and Super-Aggregators«. In: *Journal of Economic Perspectives*, 2013, Ausgabe 27(1), S. 45–66.

Hahn, Frank: »Equilibrium Dynamics with Heterogeneous Capital Goods«. In: *Quarterly Journal of Economics*, 1966, Ausgabe 80, S. 633–646.

Hall, Bronwyn H.: »Investment and Research and Development at the Firm Level: Does the Source of Financing Matter?«. Arbeitspapier, University of California, Berkeley, 1992.

Hall, Bronwyn H.: »Corporate Restructuring and Investment Horizon«. In: Porter, Michael (Hrsg.): *Capital Choices: Changing the Way America Invests in Industry*. Harvard University Press, Cambridge, Mass., 1991.

Hall, Bronwyn H.: »The Impact of Corporate Restructuring on Industrial Research and Development«. In: *Brookings Papers on Economic Activity*, 1990, S. 85–136.

Hall, Robert E. / Jorgenson, Dale W.: »Tax Policy and Investment Behavior«. In: *American Economic Review*, 1967, Ausgabe 57 (Juni), S. 391–414.

Harberger, Arnold C.: »Monopoly and Resource Allocation«. In: *The American Economic Review*, 1954, Ausgabe 44 (Papers and Proceedings of the Sixty-sixth Annual Meeting of the American Economic Association), 7787.

Harberger, Arnold C.: »On Measuring the Social Opportunity Cost of Labour«. In: *International Labor Review*, 1971, Ausgabe 103 (6), S. 559–579.

Hart, Oliver: »The Market Mechanism as an Incentive Scheme«. In: *Bell Journal of Economics*, 1983, S. 366–382.

Hausmann, Ricardo / Klinger, Bailey: »The Structure of the Product Space and the Evolution of Comparative Advantage«. CID Arbeitspapier Nr. 146. Center for International Development der Universität Harvard, April 2007, zugänglich unter: www.hks.harvard.edu/var/ezp_site/storage/fckeditor/file/pdfs/centers-programs/centers/cid/publications/faculty/wp/146.pdf (Zugriff am 5. Dezember 2013).

Hausmann, Ricardo / Rodrik, Dani: »Economic Development As Self-Discovery«. In: *Journal of Development Economics*, 2003, Ausgabe 72 (2), S. 603–633.

Hausmann, Ricardo / Hwang, Jason / Rodrik, Dani: »What You Export Matters«. In: *Journal of Economic Growth*, 2007, Ausgabe 12 (1), S. 1–25.

Hayek, Friedrich A.: »The Use of Knowledge in Society«. In: *American Economic Review*, 1945, Ausgabe 35 (4), S. 519–530.

Heilbroner, Robert L.: *Wirtschaft und Wissen: Zwei Jahrhunderte Nationalökonomie*. Bund-Verlag, Köln, 1960.

Helleiner, Gerald K.: *Trade Policy and Industrialization in Turbulent Times*. Routledge, New York, 1994.

Heller, Michael: »The Tragedy of the Anticommons: A Concise Introduction and Lexicon«. In: *Harvard Law Review*, 1998, Ausgabe 76 (1), S. 6–25.

Heller, Michael: *The Gridlock Economy: How Too Much Ownership Wrecks Markets, Stops Innovation, and Costs Lives*. Basic Books, New York, 2008.

Heller, Michael A. / Eisenberg, Rebecca: »Can Patents Deter Innovation? The Anti-Commons in Biomedical Research«. In: *Science*, 1998, Ausgabe 280, S. 698–701.

Hellman, Thomas/ Murdock, Kevin / Stiglitz, Joseph E.: »Franchise Value and the Dynamics of Financial Liberalization«. In: *Designing Financial Systems in Trans*. MIT Press, Cambridge, Mass., 2002.

Hellman, Thomas / Murdock, Kevin / Stiglitz, Joseph E.: »Liberalization, Moral Hazard in Banking and Prudential Regulation: Are Capital Requirements Enough?«. In: *American Economic Review*, 2000, Ausgabe 90 (1), S. 147–165. Ebenfalls veröffentlicht in: *Industrial Organization and Regulation* Ausgabe 3 (17), August 2000.

Hellman, Thomas / Murdock, Kevin / Stiglitz, Joseph E.: »Financial Restraint and the Market Enhancing View«. In: Hayami, Y. / Aoki, M. (Hrsg.): *The Institutional Foundations of East Asian Economic Development*. MacMillan, London, 1998, S. 255–284.

Hellman, Thomas / Murdock, Kevin / Stiglitz, Joseph E.: »Financial Restraint: Toward a New Paradigm«. In: Aoki, M. / Kim, H. / Okuna-Fujiwara, M. (Hrsg.): *The Role of Government in East Asian Economic Development*. Clarendon Press, Oxford, 1997, S. 163–207.

Hellman, Thomas / Murdock, Kevin / Stiglitz, Joseph E.: »Deposit Mobilisation Through Financial Restraint«. In: Hermes, N. / Lensink, R. (Hrsg.): *Financial Development and Economic Growth*. Routledge, New York, 1996, S. 219–246.

Helpman, Elhanan / Krugman, Paul: *Innovation and Growth in the Global Economy*. MIT Press, Cambridge, Mass., 1991.

Henry, Claude / Stiglitz, Joseph E.: »Intellectual Property, Dissemination of Innovation, and Sustainable Development«. In: *Global Policy*, 2010, Ausgabe 1 (1), S. 237–251.

Hertel, G. / Krishnan, M. / Slaughter, Sandra: »Motivation in Open Source Projects: An Internet based Survey of Contributors to the Linux Kernel«. In: *Research Policy*, 2003, Ausgabe 32 (7), S. 1159–1177.

Hertel, Guido / Niedner, Sven / Herrmann, Stefanie: »Motivation in Open Source Projects: An Internet based Survey of Contributors to the Linux Kernel«. In: *Research Policy*, 2003, Ausgabe 32 (7), S. 1159–1177.

Hicks, John R.: »Annual Survey of Economic Theory: The Theory of Monopoly«. In: *Econometrica*, 1935, Ausgabe 3 (1), S. 1–20.

Hicks, John R.: *Theory of Wages*. Macmillan, London / St. Martin's, New York, 1932.

Hidalgo, César A. / Hausmann, Ricardo: »The Building Blocks of Economic Complexity«, *Proceedings of the National Academy of Sciences of the United States of America*, 2009, Ausgabe 106 (26), S. 10570–10575, doi:10.1073/pnas.0900943106.

Hidalgo, César A. / Klinger, Bailey /Barabási, Albert-László / Hausmann, Ricardo: »The Product Space Conditions the Development of Nations«. In: *Science*, 2007, Ausgabe 317 (5837, Juli), S. 482–487.

Hirsch, Werner:»Manufacturing Progress Functions«. In: *Review of Economics and Statistics*, 1952, Ausgabe 34, S. 143–155.

Hirschman, Albert O.: »The Rise and Decline of Development Economics«. In: Gersovitz, M. / Lewis, W.A. (Hrsg.): *The Theory and Experience of Economic Development*. Allen and Unwin, London, 1982, S. 372–390.

Hirschman, Albert O.: *Die Strategie der wirtschaftlichen Entwicklung*. Gustav Fischer Verlag, Stuttgart, 1967.

Hoff, Karla: »Bayesian Learning in an Infant Industry Model«. In: *Journal of International Economics*, 1997, Ausgabe 43 (3–4), S. 409–436.

Hoff, Karla / Pandey, Priyanka: »Names Can Hurt You (by Cueing Your Response to Incentives): Experimental Evidence on Identity and Development«. Manuskript, World Bank, 2011.

Hoff, Karla / Pandey, Priyanka: »Discrimination, Social Identity, and Durable Inequalities«. In: *American Economic Review, Papers and Proceedings,* 2006, Ausgabe 96, S. 206–211.

Hoff, Karla / Pandey, Priyanka: »Opportunity Is Not Everything: How Belief Systems and Mistrust Shape Responses to Economic Incentives«. In: *Economics of Transition,* 2005, Ausgabe 13 (2), Special issue on *Institutions and Economic Performance,* S. 445–472.

Hoff, Karla / Sen, Arijit: »The Kin System as a Poverty Trap?«. In: Bowles, Samuel / Durlauf, Steven / Hoff, Karla (Hrsg.): *Poverty Traps.* Princeton University Press, Princeton, N.J., 2006, S. 95–115.

Hoff, Karla / Stiglitz, Joseph E.: »The Role of Cognitive Frames in Societal Rigidity and Change«. World Bank, 2011, www.econ.yale.edu/seminars/develop/tdw11/hoff-110404a.pdf.

Hoff, Karla, / Stiglitz, Joseph E.: »Equilibrium Fictions: A Cognitive Approach to Societal Rigidity«. In: *American Economic Review,* 2010, Ausgabe 100 (2. Mai), S. 141–146. Erweiterte Version zugänglich als Policy Research Working Paper 5219, World Bank Development Research Group, Februar 2010, www.wds.worldbank.org/external/default/WDSContentServer/IW3P/IB/2010/02/26/000158349_20100226083837/Rendered/PDF/WPS5219.pdf.

Hoff, Karla / Stiglitz, Joseph E.: »Exiting a Lawless State«. In: *Economic Journal,* 2007, Ausgabe 118 (531), S. 1474–1497.

Hoff, Karla / Stiglitz, Joseph E.: »After the Big Bang? Obstacles to the Emergence of the Rule of Law in Post-Communist Societies«. In: *American Economic Review,* 2004a, Ausgabe 94 (3), S. 753–763.

Hoff, Karla / Stiglitz, Joseph E.: »The Transition Process in Post-Communist Societies: Towards a Political Economy of Property Rights«. In: Tungodden, B. / Stern, N. / Kolstad, I. (Hrsg.): *Toward Pro-Poor Policies: Aid, Institutions and Globalization.* World Bank/Oxford University Press, New York, 2004b, S. 231–245.

Hoff, Karla / Stiglitz, Joseph E.: »Modern Economic Theory and Development«. In: Meier, G. / Stiglitz, Joseph E. (Hrsg.): *Frontiers of Development Economics: The Future in Perspective.* Oxford University Press, Oxford, 2001, S. 389–459.

Samuel, Hollander: *The Sources of Increased Efficiency: A Study of Du Pont Rayon Plants.* MIT Press, Cambridge, Mass., 1965.

Holt, Jeff: »A Summary of the Primary Causes of the Housing Bubble and the Resulting Credit Crisis: A Non-Technical Paper«. In: *Journal of Business Inquiry*, 2009, Ausgabe 8 (1), S. 120–129.

Honohan, Patrick / Stiglitz, Joseph E.: »Robust Financial Restraint«. In: Caprio, G. / Honohan, P. / Stiglitz, Joseph E. (Hrsg.): *Financial Liberalization: How Far, How Fast?* Cambridge University Press, Cambridge, UK, 2001, S. 31–63.

Hsieh, Chang-Tai / Klenow, Peter J.: »Misallocation and Manufacturing TFP in China and India«. In: *Quarterly Journal of Economics*, 2009, Ausgabe 124 (4), S. 1403–1448.

Huang, Kenneth G. / Murray, Fiona E.: »Does patent strategy shape the long-run supply of public knowledge? Evidence from human genetics«. In: *Academy of Management Journal*, 2008, Ausgabe 52 (6), S. 1193–1221.

Humphreys, Macartan / Sachs, Jeffrey D. / Stiglitz, Joseph E. (Hrsg.): *Escaping the Resource Curse*. Columbia University Press, New York, 2007.

IMF: »Sovereigns, Banks, and Emerging Markets: Detailed Analysis and Policies«. In: *Global Financial Stability Report*, Kapitel 2, 2012a, www.imf.org/external/pubs/ft/gfsr/2012/01/pdf/c2.pdf.

IMF: »The Liberalization and Management of Capital Flows: An Institutional View«. Online-Publikation des Internationalen Währungsfonds, 2012b, www.imf.org/external/np/pp/eng/2012/111412.pdf.

Irwin, Douglas A. / Kroszner, Randall: »Interests, Institutions, and Ideology in Securing Policy Change: The Republican Conversion to Trade Liberalization after Smoot-Hawley«. In: *Journal of Law and Economics*, 1999, Ausgabe 42 (2. Oktober), S. 643–674.

Ismail, Faizel: »Mainstreaming Development in the WTO: Developing Countries in the Doha Round«. Bericht von CUTS International, 2007, online zugänglich unter: www.library.fes.de/pdf-files/bueros/genf/04888.pdf (Zugriff am 25. November 2013).

Jaffe, Adam / Lerner, Josh: *Innovation and Its Discontents*. Princeton University Press, Princeton, N. J., 2004.

Jaffe, Adam / Lerner,Josh / Stern, Scott (Hrsg.): *Innovation Policy and the Economy*. MIT Press for National Bureau of Economic Research, Cambridge, Mass., 2004.

Jaffee, Dwight / Stiglitz, Joseph E.: »Credit Rationing«. In: Friedman, B. / Hahn, F. (Hrsg.): *Handbook of Monetary Economics*. Elsevier Science Publishers, Amsterdam, 1990, S. 837–888.

Janeway, William: *Doing Capitalism in the Innovation Economy*. Cambridge University Press, 2012.

Jarmin, Ron S.: »Learning by Doing and Competition in the Early Rayon Industry«. In: *RAND Journal of Economics*, 1994, Ausgabe 25 (3), S. 441–454.

Jayadev, Arjun / Stiglitz, Joseph E.: »Medicine for Tomorrow: Some Alternative Proposals to Promote Socially Beneficial Research and Development in Pharmaceuticals«. In: *Journal of Generic Medicines*, 2010, Ausgabe 7 (3), S. 217–226.

Jayadev, Arjun / Stiglitz, Joseph E.: »Two Ideas to Increase Innovation and Reduce Pharmaceutical Costs and Prices«. In: *Health Affairs*, Ausgabe 28 (1): w165–w168.

Johnson, Simon / Kwak, James: *13 Bankers: The Wall Street Takeover and the Next Financial Meltdown*. Vintage, New York, 2010

Jourdan, P.: »Towards a Resource-Based African Industrialisation Strategy«. In: Stiglitz, Joseph E. / Lin, Justin Yifu / Patel, Ebrahim (Hrsg.): *The Industrial Policy Revolution II: Africa in the 21st Century*. Palgrave Macmillan, New York, 2014. S. 364–386.

Jovanovic, Boyan / Lach, Saul: »Entry, Exit, and Diffusion with Learning by Doing«. In: *American Economic Review*, 1989, Ausgabe 79 (4), S. 690–699.

Kahneman, Daniel: *Schnelles Denken, langsames Denken*. Siedler, München, 2012.

Kaldor, Nicholas: »Capital Accumulation and Economic Growth«. In: Lutz, F.A. / Hague, D.C. (Hrsg.): *The Theory of Capital*, International Economic Association Conference. Macmillan, London / St. Martin's, New York, 1961.

Kaldor, Nicholas: »A Model of Economic Growth«. In: *Economic Journal*, 1957, Ausgabe 67, S. 591–624.

Kaldor, Nicholas: »The Equilibrium of the Firm«. In: *Economic Journal*, 1934, Ausgabe 44 (173), S. 60–76.

Kaldor, Nicholas / Mirrlees, James A.: »A New Model of Economic Growth«. In: *Review of Economic Studies*, 1962, Ausgabe 29 (Juni), S. 174–192.

Kamien, Mort / Schwartz, Nancy: »Market Structure and Innovation: A Survey«. In: *Journal of Economic Literature*, 1975, Ausgabe 13 (1), S. 1–37.

Kamien, Mort / Schwartz, Nancy: »Timing of Innovation and Rivalry«. In: *Econometrica*, 1972, Ausgabe 40 (1), S. 43–60.

Kanbur, R.: »Impatience, Information, and Risk Taking in a General Equilibrium Model of Occupational Choice«. In: *Review of Economic Studies*, 1979, Ausgabe 46 (4), S. 707–718.

Kaplan, Steven N. / Lerner, J.: »It Ain't Broke: The Past, Present, and Future of Venture Capital«. In: *Journal of Applied Corporate Finance*, 2010, Ausgabe 22(2), S. 36–47.

Karl, Terry Lynn: *The Paradox of Plenty: Oil Booms and Petro-States*. University of California Press, Berkeley, California, 1997.

Keller, Wolfgang: »International Technology Diffusion«. In: *Journal of Economic Literature*, 2004, Ausgabe 42, S. 752–782.

Keller, Wolfgang: »Technology Diffusion and the World Distribution of Income: The Role of Geography, Language, and Trade«. University of Texas, 2002, unveröffentlicht.

Kennedy, Charles: »Induced Bias in Innovation and the Theory of Distribution«. In: *Economic Journal*, 1964, Ausgabe 74 (September), S. 541–547.

Keynes, John Maynard: »Economic Possibilities for Our Grandchildren«. 1930. In: *Essays in Persuasion*. W. W. Norton, New York, 1963, S. 358–373.

Khan, Mushtaq H.: »Technology Policies and Learning with Imperfect Governance«. In: Stiglitz, Joseph E. / Lin, Justin Yifu / Patel, Ebrahim (Hrsg.), *The Industrial Policy Revolution II: Africa in the 21st Century*. Palgrave Macmillan, New York, 2014, S. 243–280.

Khan, Mushtaq H.: »Governance and Growth: History, Ideology and Methods of Proof«. In: Noman, Akbar / Botchwey, Kwesi / Stein, Howard / Stiglitz, Joseph E. (Hrsg.): *Good Growth and Governance in Africa: Rethinking Development Strategies*. Oxford University Press, New York, 2012, S. 51–79.

Kihlstrom, Richard E. / Laffont, Jean Jacques: »A General Equilibrium Entrepreneurial Theory of Firm Formation Based on Risk Aversion«. In: *Journal of Political Economy*, 1979, Ausgabe 87, S. 719–848.

Kindleberger, Charles P. / Aliber, Robert: *Manien-Paniken-Crashs: die Geschichte der Finanzkrisen dieser Welt*. Börsenmedien, Kulmbach, 2001.

Klenow, Peter J. / Rodríguez-Clare, Andrés: »The Neoclassical Revival in Growth Economics: Has It Gone Too Far?«. In: Bernanke, Ben / Rotemberg, Julio J. (Hrsg.): *NBER Macroeconomics Annual 1997*, Bd. 12. MIT Press, Cambridge, Mass., 1997, S. 73–103.

Knight, Frank: *Risk, Uncertainty, and Profit*. Houghton Mifflin, Boston, 1921.

Korinek, Anton / Servén, Luis: »Undervaluation Through Foreign Reserve Accumulation: Static Losses, Dynamic Gains«. Policy Research Working Paper 5250, World Bank, Washington, D.C., 2010.

Kose, M. Ayhan / Prasad, Eswar / Rogoff, Kenneth / Wei, Shang-Jin: »Financial Globalization: A Reappraisal«. IMF Working Papers, WP/06/189, 2006.

Kremer, Michael: »Patent Buy-outs: A Mechanism for Encouraging Innovation«. In: *Quarterly Journal of Economics*, 1998, Ausgabe November, S. 1137–1167.

Kremer, Michael / Williams, H.: »Incentivizing Innovation: Adding to the Tool Kit«. In: Lerner, J. / Stern, M. (Hrsg.): *Innovation Policy and the Economy*. MIT Press for the National Bureau of Economic Research, Cambridge, Mass., 2010, S. 1–17.

Krueger, Anne O. / Tuncer, Baran: »An Empirical Test of the Infant Industry Argument«. In: *American Economic Review*, 1982, Ausgabe 72, S. 1142–1152.

Krugman, Paul: »Trade, accumulation and uneven development«. In: *Journal of Development Economics*, 1981, Ausgabe 8 (2), S. 149–161.

Krugman, Paul: »Increasing Returns, Monopolistic Competition, and International Trade«. In: *Journal of International Economics*, 1979, Ausgabe 9 (4), S. 469–479.

Leahy, Dermot / Neary, J. Peter: »Learning by Doing, Precommitment and Infant-Industry Promotion«. In: *Review of Economic Studies*, 1999, Ausgabe 66 (2), S. 447–474.

Lederman, Daniel / Menéndez, Ana Maria / Perry, Guillermo / Stiglitz, Joseph E.: »Mexican Investment After the Tequila Crisis: Basic Economics, Confidence Effects or Market Imperfections?«. In: *Journal of International Money and Finance*, 2003, Ausgabe 22, S. 131–151.

Leibenstein, Harvey: »Allocative Efficiency vs. X-Efficiency«. In: *American Economic Review*, 1966, Ausgabe 56 (3), S. 392–415.

Lemley, Mark A. / Shapiro, Carl: »Patent Holdup and Royalty Stacking«. In: *Texas Law Review*, 2007, Ausgabe 85 (7), S. 2163–2173.

Lerner, Josh / Tirole, Jean: »Some Simple Economics of Open Source«. In: *Journal of Industrial Economics*, 2002, Ausgabe 50 (2), S. 197–234.

Levhari, David: »Further Implications of Learning by Doing«. In: *Review of Economic Studies*, 1967, Ausgabe 33, S. 31–38.

Levhari, David: »Extensions of Arrow's Learning by Doing«. In: *Review of Economic Studies*, 1966, Ausgabe 33 (2), S. 31–38.

Levin, Richard C.: »Technical Change, Barriers to Entry, and Market Structure«. In: *Economica*, 1978, Ausgabe 45 (180), S. 347–362.

Levin, Richard C. / Klevorick, Alvin K. / Nelson, Richard. R. / Winter, Sidney: »Appropriating the Returns from Industrial R & D«. *Brookings Papers on Economic Activity*, 1987, Ausgabe 1987 (3), S. 783–831.

Lewis, Tracy / Reichman, Jerome H.: »Using Liability Rules to Stimulate Local Innovation in Developing Countries: Application to Traditional Knowledge«. In: Maskus, K. / Reichman, J. (Hrsg.): *International Public Goods and Transfer of Technology under a Globalized Intellectual Property Regime*. Cambridge University Press, 2005, S. 337–366.

Lieberman, Marvin B.: »The Learning Curve, Diffusion, and Competitive Strategy«. In: *Strategic Management Journal*, 1987, Ausgabe 8 (5), S. 441–452.

Lieberman, Marvin B.: »The Learning Curve and Pricing in the Chemical Processing Industries«. In: *RAND Journal of Economics*, 1984, Ausgabe 15, S. 213–228.

Lin, Justin Y.: *New Structural Economics: A Framework for Rethinking Development and Policy*.World Bank, Washington, D.C., 2012.

Lin, Justin Y.: »New Structural Economics: A Framework for Rethinking Development«. Policy Research Working Paper 5197, 2010.

Lin, Justin Y. / Monga, Célestin: »Comparative Advantage: The Silver Bullet of Industrial Policy» in den Berichten über den Runden Tisch der International Economic Association (IEA) zu industriepolitischen Fragen in Washington, noch nicht erschienen.

Lin, Justin Y. / Cai, Fang / Li, Zhou: *The China Miracle: Development Strategy and Economic Reform*. Chinese University Press for the Hong Kong Centre for Economic Research and the International Center for Economic Growth, Sha Tin, N.T., Hongkong, 2003 (Lins Arbeit ist in der Publikation der IEA Washington enthalten).

Lipsey, R.G. / Lancaster, Kelvin: »The General Theory of Second Best«. In: *Review of Economic Studies*, 1956–1957, Ausgabe 24 (1), S. 11–32.

List, Friedrich: *Das nationale System der politischen Oekonomie*. J.G. Cotta, Stuttgart, 1841.

Loury, Glenn C.: *The Anatomy of Racial Inequality*. Harvard University Press, Cambridge, Mass., 2002.

Loury, Glenn C.: »Market Structure and Innovation«. In: *Quarterly Journal of Economics*, 1979, Ausgabe 93, S. 395–410.

Love, James: »Compensation Guidelines for non-Voluntary use of a Patent on Medical Technologies«. Arbeitspapier, 7. September 2004.

Love, James / Hubbard, T.: »The Big Idea: Prizes to Stimulate R & D for New Medicines«. In: *Chicago-Kent Law Review*, 2007, S. 1519–1554.

Lucas, Robert E. Jr.: »Making a Miracle«. In: *Econometrica*, 1993, Ausgabe 61 (2), S. 251–272.

Lucas, Robert E. Jr.: »Why Doesn't Capital Flow from Rich to Poor Countries?«. In: *American Economic Review*, 1990, Ausgabe 80 (2), S. 92–96.

Lucas, Robert E. Jr.: »On the Mechanics of Economic Development«. In: *Journal of Monetary Economics*, 1988, Ausgabe 22, S. 3–42.

Lundvall, Bengt-Åke (Hrsg.): *National Systems of Innovation: Toward a Theory of Innovation and Interactive Learning*. Anthem, London, 2010.

Maddison, A.: *The World Economy: A Millennial Perspective*. Development Centre of the Organisation for Economic Co-operation and Development, Paris, 2001.

Malerba, Franco: »Learning by Firms and Incremental Technical Change«. In: *Economic Journal*, 1992, Ausgabe 102 (413), S. 845–859.

Malhotra, Kamal et al.:2003. *Making Global Trade Work for People*. Earthscan, London, 2003.

Mansfield, Edwin: *Econometric Studies of Industrial Research and Technological Innovation*. Norton, New York, 1967.

Martin, Stephan: »The Theory of Contestable Markets«. Arbeitspapier, Purdue University, 2000, www.krannert.purdue.edu/faculty/smartin/aie2/contestbk.pdf.

Matsuyama, Kiminori: »Agricultural productivity, comparative advantage, and economic growth«. In: *Journal of Economic Theory*, 1992, Ausgabe 58 (2), S. 317–334.

Mazzucato, Mariana: *Das Kapital des Staates: eine andere Geschichte von Innovation und Wachstum*. Kunstmann, München, 2014.

McCall, Morgan W. Jr.: »Leadership Development Through Experience«. In: *Academy of Management Executive*, 2004, Ausgabe 18 (3), S. 127–130.

Meade, James E.: *Trade and Welfare*. Oxford University Press, London, 1955.

Merges, R.,/Nelson, R.: »On Limiting or Encouraging Rivalry in Technical Progress: The Effects of Patent Scope Decisions«. In: *Journal of Economic Behavior and Organization*, 1994, Ausgabe 25, S. 1–24.

Merton, Robert: *Entwicklung und Wandel von Forschungsinteressen: Aufsätze zur Wissenschaftssoziologie*. Suhrkamp, Frankfurt am Main,1985.

Mian, Atif: »Distance Constraints: The Limits of Foreign Lending in Poor Economies«. In: *Journal of Finance*, 2006, Ausgabe 61 (3), S. 1465–1505.

Mokyr, Joel: *The Enlightened Economy: An Economic History of Britain, 1700–1850*. Yale University Press, New Haven, Conn., 2009.

Mookherjee, Dilip / Ray, Debraj: »Persistent Inequality«. In: *Review of Economic Studies*, 2003, Ausgabe 70, S. 369–393.

Moretti, Enrico: »Local Labor Markets«. In: Ashenfelter, O. / Card, D.E. (Hrsg.): *Handbook of Labor Economics*, Bd. 4, Teil B. Elsevier, Amsterdam, 2011, S. 1237–1313.

Moser, Petra: »Patents and Innovation: Evidence from Economic History«. In: *Journal of Economic Perspectives*, 2013, Ausgabe 27 (1), S. 23–44.

Mowery, David C. / Nelson, Richard R. /N. Sampat, Bhaven / Ziedonis, Arvids A.: »The Growth of Patenting and Licensing by U.S. Universities: An Assessment of the Effects of the Bayh–Dole Act of 1980«. In: *Research Policy*, 2001, Ausgabe 30 (1), S. 99–119.

Murdock, K. / Stiglitz, Joseph E.: »The Effect of Financial Repression in an Economy with Positive Real Interest Rates: Theory and Evidence«. Arbeitspapier, August 1993.

Murphy, Kevin M. / Shleifer, Andrei / Vishny, Robert W.: »Industrialization and the Big Push«. In: *Journal of Political Economy*, 1989, Ausgabe 97 (5), S. 1003–1026.

Myrdal, Gunnar: *Asiatisches Drama: eine Untersuchung über die Armut der Nationen; eine Studie des Twentieth Century Fund*. Suhrkamp, Frankfurt am Main, 1973.

Nakamura, Maso / Sakakibara, Sadao / Schroeder, Roger: »The Adoption of Just-in-Time Manufacturing Methods at US- and Japanese-Owned Plants: Some Empirical Evidence«. In: *IEEE Transactions on Engineering Management*, 1998, Ausgabe 45 (3), S. 230–240.

Nalebuff, Barry J. / Stiglitz, Joseph E.: »Information, Competition and Markets«. In: *American Economic Review*, 1983a, Ausgabe 73

(2. Mai), S. 278–284. Nachdruck in: *Selected Works of Joseph E. Stiglitz*, Bd. 1, *Information and Economic Analysis*. Oxford University Press, Oxford, 2009, S. 400–408.

Nalebuff, Barry J. / Stiglitz, Joseph E.: »Prizes and Incentives: Toward a General Theory of Compensation and Competition«. In: *Bell Journal*, 1983b, Ausgabe 14 (1, Frühjahr), S. 21–43. Nachdruck in: *Selected Works of Joseph E. Stiglitz*, Bd. 2, *Information and Economic Analysis: Applications to Capital, Labor, and Product Markets*. Oxford University Press, Oxford, 2013, S. 407–431.

National Commission on the Causes of the Financial and Economic Crisis in the United States: *The Financial Crisis Inquiry Report of the Bipartisan National Commission on the Causes of the Financial and Economic Crisis in the United States*. 2011, www.gpo.gov/fdsys/pkg/GPO-FCIC/pdf/GPO-FCIC.pdf.

Nelson, Richard R.: »The Challenge of Building an Effective Innovation System for Catch-up«. In: *Oxford Development Studies*, 2004, Ausgabe 32 (3), S. 365–374.

Nelson, Richard R. / Phelps, Edmund: »Investment in Humans, Technological Diffusion and Economic Growth«. Discussion Paper 189, Cowles Foundation, Yale University, New Haven, 1965.

Nelson, R. R. / Winter, Sidney G.: »In Search of Useful Theory of Innovation«. In: *Research Policy*, 1993, Ausgabe 22 (2), S. 108.

Nelson, R. R. / Winter, Sidney G.: *An Evolutionary Theory of Economic Change*. Belknap Press of Harvard University Press, Cambridge, 1982.

Nelson, R. R. / Winter, Sidney G.: »Forces Generating and Limiting Concentration under Schumpeterian Competition«. In: *Bell Journal*, 1977, Ausgabe 9 (2), S. 524–548.

Newbery, David / Stiglitz, Joseph E.: »The Choice of Techniques and the Optimality of Market Equilibrium with Rational Expectations«. In: *Journal of Political Economy*, 1982, Ausgabe 90 (2), S. 223–246.

Noman, Akbar / Stiglitz, Joseph E.: »African Development Prospects and Possibilities«. In: Aryeetey, E. et al. (Hrsg.):, *The Oxford Companion to the Economics of Africa*. Oxford University Press, Oxford, 2012a, S. 33–40.

Noman, Akbar / Stiglitz, Joseph E.: »Introduction and Overview». In: Noman, A. / Botchwey, K. / Stein, H. / Stiglitz, Joseph E. (Hrsg.): *Good Growth and Governance for Africa: Rethinking Development Strategies*. Oxford University Press, New York, 2012b.

Noman, Akbar / Stiglitz, Joseph E.: »Strategies for African Development«. In: Noman, A. / Botchwey, K. / Stein, H. / Stiglitz Joseph E. (Hrsg.): *Good Growth and Global Governance in Africa*. Oxford University Press, New York, 2012c, S. 3–47.

Noman, Akbar / Botchwey, K. / Stein, H. / Stiglitz, Joseph E. (Hrsg.): *Good Growth and Governance for Africa: Rethinking Development Strategies*. Oxford University Press, New York, 2012.

Nordhaus, William D.: »An Economic Theory of Technological Change«. In: *American Economic Association Papers and Proceedings*, 1969a, Ausgabe 59 (Mai), S. 18–28.

Nordhaus, William D.: *Invention, Growth and Welfare: A Theoretical Treatment of Technological Change*. MIT Press, Cambridge, Mass., 1969b.

North, Douglass C.: *Understanding the Process of Economic Change*. Princeton University Press, Princeton, N.J., 2005.

North, Douglass C.: »Institutions«. In: *Journal of Economic Perspectives*, 1991, Ausgabe 5 (1), S. 97–112.

North, Douglass C.: »Institutional Change and Economic Growth«. In: *Journal of Economic History*, 1971, Ausgabe 31 (1), S. 118–125.

North, Douglass / Thomas, Robert: *The Rise of the Western World*. Cambridge University Press, Cambridge, 1973.

Nunn, Nathan / Trefler, Daniel: »The Structure of Tariffs and Long-Term Growth«. In: *American Economic Journal: Macroeconomics*, 2010, Ausgabe 2 (4), S. 158–194.

Obstfeld, Maurice / Rogoff, Kenneth: »The Six Major Puzzles in International Macroeconomics: Is There a Common Cause?«. In: Bernanke, B. / Rogoff, K. (Hrsg.): *NBER Macroeconomics Annual 2000* (MIT Press, Cambridge, Mass., 2000, S. 339–390.

Ocampo, José Antonio / Erten, Bilge: »Capital Account Regulations: Role, Effectiveness, and the IMF's Institutional View«. In: Bresser-Pereira, Luiz Carlos / Kregel, Jan / Burlamaqui, Leonardo (Hrsg.): *Financial Stability and Growth: Essays on Financial Regulation and New Developmentalism*. Routledge, Milton Park, 2014.

Odagiri Hiroyuki / Goto, Akira / Sunami, Atsushi / Nelson, Richard R. (Hrsg.): *Intellectual Property Rights, Development, and Catch Up: An International Comparative Study*. Oxford University Press, Oxford, 2010.

OECD: »Policy Responses to the Economic Crisis: Investing in Innovation for Long-Term Growth«. Juni 2009, online veröffentlichter Bericht, www.oecd.org/science/inno/42983414.pdf.

OECD: *OECD Factbook*. 2011, Daten online zugänglich über Google Public Data Explorer, www.google.com/publicdata/directory.

Ostry, J.D. / Berg, A. / Tsangarides, C.G.: »Redistribution, Inequality and Growth«. IMF Discussion Paper, Februar 2014.

Patel, Pari / Pavitt, K.: »The Nature and Economic Importance of National Innovation Systems«. In: *STI Review*, 1994, Ausgabe 14, OECD, Paris.

Pecchi, Lorenzo / Piga, Gustavo (Hrsg.): *Revisiting Keynes: Economic Possibilities for Our Grandchildren*. MIT Press, Cambridge, Mass., 2008.

Michael, Perleman: *Steal This Idea: Intellectual Property and the Corporate Confiscation of Creativity*. Palgrave, New York, 2002.

Phelps, Edmund S.: *Mass Flourishing: How Grassroots Innovation Created Jobs, Challenge, and Change*. Princeton University Press, Princeton, N.J., 2013.

Pietronero, Luciano / Cristelli, Matthieu / Tacchella, Andrea: »New Metrics for Economic Complexity: Measuring the Intangible Growth Potential of Countries«. In: Bei der Plenarkonferenz des Institute for New Economic Thinking vorgelegtes Papier, Hongkong, 4.–7. April 2013.

Piketty, Thomas: *Das Kapital im 21. Jahrhundert*. C.H.Beck, München, 2014.

Piketty, Thomas: »Social Mobility and Redistributive Politics«. In: *Quarterly Journal of Economics*, 1995, Ausgabe 110, S. 551–583.

Piketty, T. / Saez, Emmanuel / Stantcheva, Stefanie: »Taxing the 1%: Why the Top Tax Rate Could Be Over 80%«. In: *Vox*, 8. Dezember 2011.

Pollack, Andrew: »Ruling Upholds Gene Patent in Cancer Test«. In: *New York Times*, 29. Juli 2011, www.nytimes.com/2011/07/30/business/gene-patent-in-cancer-test-upheld-by-appeals-panel.html.

Porter, Michael E.: *Nationale Wettbewerbsvorteile: Erfolgreich konkurrieren auf dem Weltmarkt*. Droemer Knaur, München, 1991.

Prasad, Eswar / Rogoff, Kenneth / Wei, Shang-Jin / Kose, M. Ayhan: »The Effects of Financial Globalization on Developing Countries: Some Empirical Evidence«, IMF Occasional Paper Nr. 220. International Monetary Fund, Washington, D.C., 2003.

Rabin, Matthew / Schrag, Joel L.: »First Impressions Matter: A Model of Confirmatory Bias«. In: *Quarterly Journal of Economics*, 1999. Ausgabe Februar, S. 37–82.

Radner, Roy / Stiglitz, Joseph E.: »A Nonconcavity in the Value of Information«. In: Boyer, Marcel / Kihlstrom, Richard (Hrsg.): *Bayesian Models in Economic Theory*. Elsevier Science Publications, Amsterdam, 1984, S. 33–52. Nachdruck in: *Selected Works of Joseph E. Stiglitz*, Bd. 1, *Information and Economic Analysis*. Oxford University Press, Oxford, 2009, S. 537–554.

Rajan, Raghuram / Zingales, Luigi: »Financial Dependence and Growth«. In: *American Economic Review*, 1998, Ausgabe 88, S. 559–586.

Rashid, Hamid: »Foreign Banks, Competition for Deposits and Terms and Availability of Credit in Developing Countries«. Arbeitspapier, 2012.

Rashid, Hamid: »Credit to Private Sector, Interest Spread and Volatility in Credit-Flows: Do Bank Ownership and Deposits Matter?«. DESA Arbeitspapier Nr. 105, ST/ESA/2011/DWP/105, Mai 2011, www.un.org/esa/desa/papers/2011/wp105_2011.pdf.

Reinganum, Jennifer F.: »A Dynamic Game of R & D: Patent Protection and Competitive Behavior«. In: *Econometrica*, 1982a, Ausgabe 50 (3), S. 671–688.

Reinganum, Jennifer F.: »Patent Races with a Sequence of Innovations«. Arbeitspapier, Cal Tech, 1982b.

Reinganum, Jennifer F.: »Dynamic Games of Innovation«. In: *Journal of Economic Theory*, 1981, Ausgabe 25 (1), S. 21–41.

Rodriguez, Francisco / Rodrik, Dani »Trade Policy and Economic Growth: A Skeptic's Guide to the Cross-National Evidence«. In: Bernanke, Ben / Rogoff, Kenneth (Hrsg.): *NBER Macroeconomics Annual 2000*, Bd. 15. MIT Press, Cambridge, Mass., 2001, S. 261–338.

Rodrik, Dani: »Unconditional Convergence in Manufacturing«. In: *Quarterly Journal of Economics*, 2013, Ausgabe 128 (1), S. 165–204.

Rodrik, Dani: »Diagnostics Before Prescription«. In: *Journal of Economic Perspectives*, 2010, Ausgabe 24 (3, Sommer), S. 33–44.

Rodrik, Dani: »The Global Governance of Trade: As If Development Really Mattered«. Hintergrundpapier für das Trade and Sustainable Human Development Project, United Nations Development Programme, New York, 2001.

Rodrik, Dani / Subramanian, Arvind: »From Hindu Growth to Productivity Surge: The Mystery of the Indian Growth Transition«. *IMF Staff Papers* 52, Nr. 2.P, 2005.

Romer, Paul: »The Origins of Endogenous Growth«. In: *Journal of Economic Perspectives*, 1994, Ausgabe 8 (1), S. 3–22.

Romer, Paul: »Endogenous Technological Change«. In: *Journal of Political Economy*, 1990, Ausgabe 98, S. S. 71–S. 102.

Romer, Paul: »Increasing Returns and Long-Run Growth«. In: *Journal of Political Economy*, 1986, Ausgabe 94 (5. Oktober), S. 1002–1037.

Rothschild, Michael / Stiglitz, Joseph E.: »Equilibrium in Competitive Insurance Markets: An Essay on the Economics of Imperfect Information«. In: *Quarterly Journal of Economics*, 1976, Ausgabe 90 (4. November), S. 629–649.

Ruttan, Vernon W. / Hayami, Yujiro: »Toward a Theory of Induced Institutional Innovation«. In: *Journal of Development Studies*, 1984, Ausgabe 20 (4), S. 203–223.

Sachs, Jeffrey D. / Warner, Andrew: »Economic Reform and the Process of Global Integration«. Brookings Papers on Economic Activity, Economic Studies Program, The Brookings Institution, 1995, Bd. 26 (1, 25th A), S. 1–118.

Sah, Raj Kumar, und Stiglitz, 1991. »The Quality of Managers in Centralized Versus Decentralized Organizations«. In: *Quarterly Journal of Economics* Ausgabe 106 (1. Februar), S. 289–325.

Sah, Raj Kumar / Stiglitz, Joseph E.: »Sources of Technological Divergence Between Developed and Less Developed Countries«. In: Calvo, G. (Hrsg.): *Debt, Stabilizations and Development: Essays in Memory of Carlos Diaz-Alejandro*. Basil Blackwell, Oxford, 1989a, S. 423–446.

Sah, Raj Kumar / E. Stiglitz, Joseph: »Technological Learning, Social Learning and Technological Change«. In: Chakravarty, Sukhamoy (Hrsg.): *The Balance Between Industry and Agriculture in Economic Development*. Macmillan, London, 1989b, S. 285–298.

Sah, Raj Kumar / Stiglitz, Joseph E.: »Committees, Hierarchies and Polyarchies«. In: *Economic Journal*, 1988a, Ausgabe 98 (1. Juni), S. 451–470.

Sah, Raj Kumar / Stiglitz, Joseph E.: »Qualitative Properties of Profit-Maximizing *K*-out-of-*N* Systems Subject to Two Kinds of Failure«. In: *IEEE Transactions on Reliability*, 1988b, Ausgabe 37 (5. Dezember), S. 515–520.

Sah, Raj Kumar / Stiglitz, Joseph E.: »The Invariance of Market Innovation to the Number of Firms«. In: *RAND Journal of Economics*, 1987a, Ausgabe 18 (Frühjahr), S. 98–108.

Sah, Raj Kumar / Stiglitz, Joseph E.: »Price Scissors and the Structure of the Economy«. In: *Quarterly Journal of Economics*, 1987b, Ausgabe 102, S. 109–134.

Sah, Raj Kumar / Stiglitz, Joseph E.: »The Architecture of Economic Systems: Hierarchies and Polyarchies«. In: *American Economic Review*, 1986, Ausgabe 76 (4. September), S. 716–727.

Sah, Raj Kumar / Stiglitz, Joseph E.: »Human Fallibility and Economic Organization«. In: *American Economic Review*, 1985, Ausgabe 75 (2. Mai), S. 292–296. Nachdruck in: *Selected Works of Joseph E. Stiglitz*, Bd. 1, *Information and Economic Analysis*. Oxford University Press, Oxford, 2009, S. 409–416.

Salter, W. E. G.: *Productivity and Technical Change*. Cambridge University Press, Cambridge, 1966, 2. Aufl.

Samuelson, Paul A.: »A Theory of Induced Innovation along Kennedy-Weizsacker Lines«. In: *Review of Economics and Statistics*, 1965, Ausgabe 33, S. 133–146.

Samuelson, Paul A.: »The Pure Theory of Public Expenditure«. In: *Review of Economics and Statistics*, 1954, Ausgabe 36, S. 387–389.

Samuelson, Paul A.: »International Trade and the Equalisation of Factor Prices«. In: *Economic Journal*, 1948, Ausgabe 58/230 (Juni), S. 163–184.

Samuelson, Paul A.: »Welfare Economics and International Trade«. In: *American Economic Review*, 1938, Ausgabe 28, S. 261–266.

Sappington, David / Stiglitz, Joseph E.: »Information and Regulation«. In: Bailey, E. (Hrsg.): *Public Regulation*. MIT Press, London, 1987, S. 3–43.

Scherer, Frederic M.: »Market Structure and the Employment of Scientists and Engineers«. In: *American Economic Review*, 1967, S. 524–531.

Scherer, Frederic M.: *Industrial Market Structure and Economic Performance*. Rand McNally, Chicago, 1970.

Schmookler, Jacob: »Economic Sources of Innovative Activity«. In: *Journal of Economic History*, 1962, Ausgabe 22, S. 1–20.

Schumpeter, Joseph A.: »Depressions: Can We Learn from Past Experience?«. In: Clemence, R. V. (Hrsg.): *Essays of J. A. Schumpeter*. Addison-Wesley, Cambridge, Mass., 1951 (1934), S. 108–117.

Schumpeter, Joseph A.: *Kapitalismus, Sozialismus und Demokratie*. A. Francke, Bern, 1946.

Schumpeter, Joseph A.: *Theorie der Wirtschaflichen Entwicklung*. Duncker und Humbolt, Leipzig, 1912.

Schwoon, Malte: »Learning by Doing, Learning Spillovers and the Diffusion of Fuel Cell Vehicles«. In: *Simulation Modelling Practice and Theory*, 2008, Ausgabe 16 (9), S. 1463–1476.

Scitovsky, Tibor: *Human Desire and Economic Satisfaction: Essays on the Frontiers of Economics*. New York University Press, New York, 1986.

Scotchmer, Suzanne: *Innovation and Incentives*. (MIT Press, Cambridge, Mass., 2004.

Serra, Narcís / Stiglitz, Joseph E. (Hrsg.): *The Washington Consensus Reconsidered: Towards a New Global Governance*. Oxford University Press, New York, 2008.

Shapiro, Carl: »Injunctions, Hold-Up, and Patent Royalties«. In: *American Law and Economics Review*, 2010, Ausgabe 12 (2), S. 280–313.

Shapiro, Carl: »Patent Reform: Aligning Reward and Contribution«. Working Paper 13141, National Bureau of Economic Research, Cambridge, Mass., 2007, www.papers.nber.org/papers/w13141.

Shapiro, Carl: »Navigating the Patent Thicket: Cross Licenses, Patent Pools, and Standard Setting«. In: Jaffe, Adam / Lerner, Josh / Stern, Scott (Hrsg.): *Innovation Policy and the Economy*. MIT Press, Cambridge, Mass., 2001, S. 119–150.

Shapiro, Carl / Stiglitz, Joseph E.: »Equilibrium Unemployment as a Worker Discipline Device«. In: *American Economic Review*, 1984, Ausgabe 74 (3), S. 433–444.

Shell, Karl: »Toward a Theory of Inventive Activity and Capital Accumulation«. In: *American Economic Association Papers and Proceedings*, 1966, Ausgabe 56, S. 62–68.

Shell, Karl (Hrsg.): *Essays on the Theory of Optimal Economic Growth*. MIT Press, Cambridge, Mass., 1967.

Shell, Karl / Stiglitz, Joseph E.: »Allocation of Investment in a Dynamic Economy«. In: *Quarterly Journal of Economics*, 1967, Ausgabe 81 (November), S. 592–609.

Sheshinski, E.: »Optimal Accumulation with Learning by Doing«. In: Shell, Karl (Hrsg.): *Essays on the Theory of Optimal Economic Growth*. MIT Press, Cambridge, Mass., 1967a, S. 31–52.

Sheshinski, E.: »Tests of the Learning-by-Doing Hypothesis«. In: *Review of Economics and Statistics*, 1967b, Ausgabe 49, S. 568–578.

Simon, Herbert A.: »Organizations and Markets«. In: *Journal of Economic Perspectives*, 1991, Ausgabe 5 (2), S. 25–44.

Skeath, Susan: *Learning from »Learning by Doing«: Lessons for Economic Growth*. Stanford University Press, Palo Alto, Calif., 1997.

Skeath, Susan: »A Role for Trade Policy? Markets with Informational Barriers to Entry«. In: *International Trade Journal*, 1995, Ausgabe 9 (2), S. 247–271.

Skeath, Susan: »Strategic Product Choice and Equilibrium Traps for Less Developed Countries«. In: *Journal of International Trade and Economic Development*, 1993, Ausgabe 2 (1), S. 1–26.

Skeath, Susan: »Learning, Price Effects and Income Growth«. Arbeitspapier, Princeton University, Princeton, 1988.

Smith, Pamela / Jostmann, Nils B. / Galinsky, Adam D. / van Dijk, Wilco W.: »Lacking Power Impairs Executive Functions«. In: *Psychological Science*, 2008, Ausgabe 19 (5), S. 441–447.

Solow, Robert M.: *Wachstumstheorie: Darstellung und Anwendung*. Vandenhoeck & Ruprecht, Göttingen, 1971.

Solow, Robert M.: »Substitution and Fixed Proportions in the Theory of Capital«. In: *Review of Economic Studies*, 1962a, Ausgabe 24 (Juni), S. 207–218.

Solow, Robert M.: »Technical Progress, Capital Formation, and Economic Growth«. In: *Papers and Proceedings of the Seventy-Fourth Annual Meeting of the American Economic Association, American Economic Review*, 1962b, Ausgabe 52 (2), S. 76–86.

Solow, Robert M.: »Investment and Technical Progress«. In: Arrow, K.J. / Karlin, S. / Suppes, P. (Hrsg.): *Mathematical Methods in the Social Sciences, 1959: Proceedings of the First Stanford Symposium*. Stanford University Press, Stanford, Calif., 1960, S. 89–104.

Solow, Robert M.: »Technical Change and the Aggregate Production Function«. In: *Review of Economics and Statistics*, 1957, Ausgabe 39 (3), S. 312–320.

Solow, Robert M.: »A Contribution to the Theory of Economic Growth«. In: *Quarterly Journal of Economics*, 1956, Ausgabe 70, S. 65–94.

Solow, Robert M. Tobin, J. / Yarri, M.E. / von Weizacker, C.C.: »Neo-Classical Growth with Fixed Factor Proportions«. In: *Review of Economic Studies*, 1966, Ausgabe 33 (April), S. 79–116.

Spence, A. Michael: »Contestable Markets and the Theory of Industry Structure: A Review Article«. In: *Journal of Economic Literature*, 1983, Ausgabe 21 (3. September), S. 981–990.

Spence, A. Michael: »The Learning Curve and Competition«. In: *Bell Journal of Economics*, 1981, Ausgabe 12 (1), S. 49–70.

Spence, A. Michael: »Job Market Signaling«. In: *Quarterly Journal of Economics*, 1973, Ausgabe 87 (3), S. 355–374.

Steele, Claude M.: *Whistling Vivaldi and Other Clues to How Stereotypes Affect Us*. Norton, New York, 2010.

Stiglitz, Joseph E.: »Intellectual Property Rights, the Pool of Knowledge, and Innovation«. NBER Working Paper 2014, März, 2014a.

Stiglitz, Joseph E.:»Creative Destruction«. Columbia University, Arbeitspapier, 2014b.

Stiglitz, Joseph E.: »Competition and Innovation«. Columbia University, Arbeitspapier, 2014c.

Stiglitz, Joseph E.: »Unemployment and Innovation«. NBER Working Paper 20670, November 2014, 2014d.

Stiglitz, Joseph E.: »Leaders and Followers: Perspectives on the Nordic Model and the Economics of Innovation«. In: *Journal of Public Economics*, noch nicht erschienen, 2014e.

Stiglitz, Joseph E.: »Leaders and Followers: Perspectives on the Nordic Model and the Economics of Innovation«. NBER Working Paper 20493, September 2014, 2014f.

Stiglitz, Joseph E.: »Tapping the Brakes: Are Less Active Markets Safer and Better for the Economy?«. Papier zur Vorlage bei der Atlanta Federal Reserve Conference, 15. April 2014, 2014g.

Stiglitz, Joseph E.: »Institutional Design for China's Innovation System: Implications for Intellectual Property Rights«. In: Kennedy, D./Stiglitz, Joseph E. (Hrsg.): *Law and Economic Development with Chinese Characteristics: Institutions for the 21st Century*. Oxford University Press, New York, 2013a.

Stiglitz, Joseph E.: »Intellectual Property Rights, the Pool of Knowledge, and Innovation«. Arbeitspapier, Columbia University, 2013b.

Stiglitz, Joseph E.: »Contagion, Liberalization, and the Optimal Structure of Globalization«. In: *Journal of Globalization and Development*, 2012a, Ausgabe 1 (2), Artikel 2.

Stiglitz, Joseph E.: *Der Preis der Ungleichheit: Wie die Spaltung der Gesellschaft unsere Zukunft bedroht*. Siedler, München, 2012b.

Stiglitz, Joseph E.: »Rebuttal Testimony of Dr. Joseph Stiglitz on Behalf of Respondents Responding to Direct Testimony of Dr. Stern«. In the Matter of Certain Microprocessors, Components Thereof, and Products Containing Same, United States International Trade Commission, Investigation No. 337-TA-781, 2012c.

Stiglitz, Joseph E.: »Direct Testimony of Joseph E. Stiglitz on Behalf of Respondents«. In the Matter of Certain Microprocessors, Components Thereof, and Products Containing Same, United States

International Trade Commission, Investigation No. 337-TA-781, 2012d..
Stiglitz, Joseph E., 2011. »Macroeconomic Fluctuations, Inequality, and Human Development«. In: *Journal of Human Development and Capabilities* Ausgabe 13 (1), S. 31–58.
Stiglitz, Joseph E.: »Evolutionary Theory and the Current Economic Crisis«, vorgelegt beim Jahrestreffen der American Economic Association, Januar 2010, 2010a, www2.gsb.columbia.edu/faculty/jstiglitz/download/papers/2010_Evolutionary_Theory.pdf.
Stiglitz, Joseph E.: *Im freien Fall: Vom Versagen der Märkte zur Neuordnung der Weltwirtschaft*. Siedler, München, 2010b.
Stiglitz, Joseph E.: Einleitung zu *Capitalism, Socialism and Democracy* von Joseph A. Schumpeter. Rutledge, London, 2010c, ix–xiv.
Stiglitz, Joseph E.: »Learning, Growth, and Development: A Lecture in Honor of Sir Partha Dasgupta«, vorgelegt bei der Conference on Development Economics der Weltbank 2010: »Development Challenges in a Post-Crisis World«. Veröffentlichung in Französisch als: »Apprentissage, croissance et développement: conférence en l'honneur de Sir Partha Dasgupta«. In: *Revue D'Économie du Développement*, Dezember 2011, Ausgabe Nr. 4,, S. 19–86.
Stiglitz, Joseph E.: »Risk and Global Economic Architecture: Why Full Financial Integration May Be Undesirable«. In: *American Economic Review*, 2010e, Ausgabe 100 (2. Mai), S. 388–392.
Stiglitz, Joseph E.: »A Social Democratic Agenda for a More Dynamic Indian Economy: Creating an Innovative and Learning Society«. 2010 Jawaharlal Nehru Memorial Lecture, New Delhi, 18. November, 2010f., zugänglich unter: www2.gsb.columbia.edu/faculty/jstiglitz/download/speeches/2010.11.18.Social.Democratic.Agenda.India.pdf (Zugriff am 5. Dezember 2013).
Stiglitz, Joseph E.: »Development-Oriented Tax Policy«. In: Gordon, R.H. (Hrsg.): *Taxation in Developing Countries*. Columbia University Press, New York, 2010g, S. 11–36.
Stiglitz, Joseph E.: »Information and Economic Analysis«. In: *Selected Works of Joseph E. Stiglitz*, Bd. 1, *Information and Economic Analysis*. Oxford University Press, Oxford, 2009, S. 29–52.
Stiglitz, Joseph E.: »Capital Market Liberalization, Globalization, and the IMF«. In: Stiglitz, Joseph E./Ocampo, J.A. (Hrsg.): *Capital Market Liberalization and Development*. Oxford University Press, New York, 2008a, S. 76–100. (In einer früheren Fassung veröf-

fentlicht als »Capital-Market Liberalization, Globalization and the IMF«. In: *Oxford Review of Economic Policy*, Ausgabe 20 (1, Frühjahr 2004: 57–71.)

Stiglitz, Joseph E.: »The Economic Foundations of Intellectual Property«. In: *Duke Law Journal*, 2008b, Ausgabe 57 (6. April), S. 1693–1724. 6. jährliche Frey Lecture in Intellectual Property, Duke University, 16. Februar 2007.

Stiglitz, Joseph E.: »Is There a Post-Washington Consensus Consensus?«. In: Serra, Narcis / Stiglitz, Joseph E. (Hrsg.): *The Washington Consensus Reconsidered: Towards a New Global Governance*. Oxford University Press, New York, 2008c, S. 41–56.

Stiglitz, Joseph E.: »Toward a General Theory of Consumerism: Reflections on Keynes' *Economic Possibilities for Our Grandchildren*«. In: Piga, G. / Pecchi, L. (Hrsg.): *Revisiting Keynes: Economic Possibilities for Our Grandchildren*. MIT Press, Cambridge, Mass., 2008d, S. 41–87.

Stiglitz, Joseph E.: »Regulating Multinational Corporations: Towards Principles of Cross-Border Legal Frameworks in a Globalized World Balancing Rights with Responsibilities«. In: *American University International Law Review*, 2008e, Ausgabe 23 (3), S. 451–558, Grotius Lecture beim 101. Jahrestreffen der American Society for International Law, Washington, D.C., 28. März 2007.

Stiglitz, Joseph E.: *Die Chancen der Globalisierung*. Siedler, München, 2006a.

Stiglitz, Joseph E.: »Samuelson and the Factor Bias of Technological Change«. In: Szenberg, M. / Ramrattan, L. / Gottesman, A. (Hrsg.): *Samuelsonian Economics and the Twenty-First Century*. Oxford University Press, New York, 2006b, S. 235–251.

Stiglitz, Joseph E.: »Towards a Pro-Development and Balanced Intellectual Property Regime«. Vortrag bei der Ministerialkonferenz über geistige Eigentumsrechte für weniger entwickelte Länder, World Intellectual Property Organization (WIPO), Seoul, 25. Oktober 2004.

Stiglitz, Joseph E.: *Die Roaring Nineties: der entzauberte Boom*. Siedler, Berlin, 2004.

Stiglitz, Joseph E.: *Die Schatten der Globalisierung*. Siedler, Berlin, 2002a.

Stiglitz, Joseph E.: »Information and the Change in the Paradigm in Economics«. Kurzfassung der Nobelpreisrede. In: *American Economic Review*, 2002b, Ausgabe 92 (3. Juni), S. 460–501.

Stiglitz, Joseph E.: »Democratic Development as the Fruits of Labor«. In: Chang, Ha-Joon (Hrsg.): *The Rebel Within*. Wimbledon Publishing, London, 2001a, S. 279–315. (Auf der Grundlage eines Vortrags vor der Industrial Relations Research Association, Boston, Januar 2000.) Gekürzte Fassung in: *Perspectives on Work*, Ausgabe 4 (1), S. 31–38.

Stiglitz, Joseph E.: »Participation and Development: Perspectives from the Comprehensive Development Paradigm«. In: Iqbal, Farrukh / You, Jong-Il (Hrsg.): *Democracy, Market Economics & Development: An Asian Perspective*. World Bank, Washington, D. C., 2001b, S. 49–72. Auch als Kapitel 7 in: Chang, Ha-Joon (Hrsg.): *The Rebel Within*. Wimbledon, London, S. 220–249.

Stiglitz, Joseph E.: »Challenges in the Analysis of the Role of Institutions in Economic Development«. In: Kochendorfer-Lucius Gudrun / Pleskovic, Boris (Hrsg.): *Villa Borsig Workshop Series 2000: The Institutional Foundations of a Market Economy*, Deutsche Stiftung für Internationale Entwicklung (DSE), 2001c, S. 15–28.

Stiglitz, Joseph E.: »Capital Market Liberalization, Economic Growth, and Instability«. In: *World Development*, 2000a, Ausgabe 28 (6), S. 1075–1086.

Stiglitz, Joseph E.: »Formal and Informal Institutions«. In: Dasgupta, P. / Serageldin, I. (Hrsg.): *Social Capital: A Multifaceted Perspective*. World Bank, Washington, D.C., 2000b, S. 59–68.

Stiglitz, Joseph E.: »Whither Reform? Ten Years of Transition«. In: Pleskovic, B. / Stiglitz, Joseph E. (Hrsg.): *Annual World Bank Conference on Economic Development*. World Bank, Washington, D.C., 2000c, S. 27–56.

Stiglitz, Joseph E.: »Knowledge as a Global Public Good«. In: Kaul, Inge / Grunberg, Isabelle / Stern, Marc A. (Hrsg.): *Global Public Goods: International Cooperation in the 21st Century*, United Nations Development Programme. Oxford University Press, New York, 1999a, S. 308–325. (Deutsch als: *Globale öffentliche Güter: Internationale Zusammenarbeit im 21. Jahrhundert* [Oxford University Press, New York, 1999]).

Stiglitz, Joseph E.: »Knowledge for Development: Economic Science, Economic Policy, and Economic Advice«. In: Pleskovic, B. / Stiglitz, Joseph E. (Hrsg.): *Annual World Bank Conference on Development Economics*. World Bank, Washington, D.C., 1999b, S. 9–58.

Stiglitz, Joseph E.: »More Instruments and Broader Goals: Moving Toward the Post-Washington Consensus«. In: Kochendorfer-Lucius,

G. / Pleskovic, B. (Hrsg.): *Development Issues in the 21st Century*. German Foundation for International Development, Berlin, 1999c, S. 11–39. Auch als Kapitel 1 in: Chang, Ha-Joon (Hrsg.): *The Rebel Within*. Wimbledon, London, 2001, S. 17–56. Auch in: *WIDER Perspectives on Global Development*, United Nations University – World Institute for Development Economics Research. Palgrave MacMillan, Houndmills, UK, 2005, S. 16–48. (Ursprünglich vorgelegt als WIDER Annual Lecture, Helsinki, Januar 1998; auch als Vortrag im Villa Borsig Winter Workshop, Februar 1998.)

Stiglitz, Joseph E.: »Taxation, Public Policy and The Dynamics of Unemployment«, *International Tax and Public Finance*, 1999d, Ausgabe 6, S. 239–262. (Beim Institute of International Finance vorgelegtes Papier, Cordoba, Argentinien, 24. August 1998.)

Stiglitz, Joseph E.: »An Agenda for Development in the Twenty-First Century«. In: Stiglitz, Joseph E. / Pleskovic, B. (Hrsg.): *Annual World Bank Conference on Development Economics 1997*. World Bank, Washington, D.C., 1998a, S. 17–31.

Stiglitz, Joseph E.: »Pareto Efficient Taxation and Expenditure Policies, With Applications to the Taxation of Capital, Public Investment, and Externalities«. Vorgelegt bei einer Konferenz zu Ehren von Agnar Sandmo, Bergen, Januar, 1998b.

Stiglitz, Joseph E.: »Towards a New Paradigm for Development: Strategies, Policies and Processes«. Ninth Raul Prebisch Lecture im Palais des Nations, Genf, 19. Oktober, UNCTAD, 1998c. Veröffentlicht als Kapitel 2 in: Chang, Ha-Joon (Hrsg.): *The Rebel Within*. Wimbledon Publishing, London, 2001, S. 57–93.

Stiglitz, Joseph E.: »Some Lessons from the East Asian Miracle«. In: *World Bank Research Observer*, 1996, Ausgabe 11 (2. August), S. 151–177.

Stiglitz, Joseph E.: »Social Absorption Capability and Innovation«. In: Koo, Bon Ho / Perkins, D.H. (Hrsg.): *Social Capability and Long-Term Economic Growth*. St. Martin's, New York, 1995a, S. 48–81.

Stiglitz, Joseph E.: »The Theory of Imternational Public Goods and the Architecture of International Organizations«. Hintergrundpapier Nr. 7, Third Meeting, High Level Group on Development Strategy and Management of the Market Economy, United Nations University – World Institute for Development Economics Research, Helsinki, Finland, 8.–10. Juli, 1995b.

Stiglitz, Joseph E.: »Economic Growth Revisited«. In: *Industrial and Corporate Change*, 1994a, Ausgabe 3 (1), S. 65–110.

Stiglitz, Joseph E.: »Endogenous Growth and Cycles«. In: Shionoya, Y. / Perlman, M. (Hrsg.): *Innovation in Technology, Industries, and Institutions*. University of Michigan Press, Ann Arbor, 1994b, S. 121–156.

Stiglitz, Joseph E.: *Whither Socialism?* MIT Press, Cambridge, Mass., 1994c.

Stiglitz, Joseph E.: »Banks Versus Markets as Mechanisms for Allocating and Coordinating Investment«. In: Roumasset, J.A. / Barr, Susan (Hrsg.): *The Economics of Cooperation: East Asian Development and the Case for Pro-Market Intervention*. Westview, Boulder, 1992, S. 15–38. (Vorgelegt bei Investment Coordination in the Pacific Century: Lessons from Theory and Practice Conference, University of Hawaii, Januar 1990.) Nachdruck in: *Selected Works of Joseph E. Stiglitz*, Bd. 2, *Information and Economic Analysis: Applications to Capital, Labor, and Product Markets*. Oxford University Press, Oxford, 2013, S. 258–272.

Stiglitz, Joseph E.: »Comments: Some Retrospective Views on Growth Theory«. In: Diamond, Peter (Hrsg.): *Growth, Productivity, Unemployment: Essays to Celebrate Bob Solow's Birthday*. MIT Press, Cambridge, Mass., 1990.

Stiglitz, Joseph E.: »Monopolistic Competition and the Capital Market«. In: Feiwel, G. (Hrsg.): *The Economics of Imperfect Competition and Employment – Joan Robinson and Beyond*. New York University Press, New York, 1989, S. 485–507. Auch veröffentlicht in: Brakman, Steven / Heijdra, Ben J. (Hrsg.): *The Monopolistic Competition Revolution in Retrospect*. Cambridge University Press, Cambridge UK, 2004, S. 49–67.

Stiglitz, Joseph E.: »Economic Organization, Information, and Development«. In: Chenery, H. / Srinivasan, T.N. (Hrsg.): *Handbook of Development Economics*. Elsevier Science, Amsterdam, 1988, S. 185–201.

Stiglitz, Joseph E.: »Learning to Learn, Localized Learning and Technological Progress«. In: Dasgupta, P. / Stoneman, P. (Hrsg.): *Economic Policy and Technological Performance*. Cambridge University Press, Cambridge, UK, 1987a, S. 125–153.

Stiglitz, Joseph E.: »On the Microeconomics of Technical Progress«. In: Katz, Jorge M. (Hrsg.): *Technology Generation in Latin American*

Manufacturing Industries. Macmillan, London, 1987b, S. 56–77. (Ursprünglich vorgelegt bei den IDB-CEPAL-Gesprächen, Buenos Aires, November 1978.)

Stiglitz, Joseph E.: »Technological Change, Sunk Costs, and Competition«. *Brookings Papers on Economic Activity*, 1987c, Ausgabe 3, S. 883–947.

Stiglitz, Joseph E.: »Theory of Competition, Incentives and Risk«. In: Stiglitz, Joseph E. / Mathewson, F. (Hrsg.): *New Developments in the Analysis of Market Structure*. MIT Press, Cambridge, Mass.,1986a, S. 399–449.

Stiglitz, Joseph E.: »Toward a More General Theory of Monopolistic Competition«. In: Peston, M. / Quandt, R. (Hrsg.): *Prices, Competition, & Equilibrium*. Philip Allan/Barnes & Noble Books, Oxford, 1986b, S. 22–69.

Stiglitz, Joseph E.: »The Inefficiency of the Stock Market Equilibrium«. In: *Review of Economic Studies*, 1982a, Ausgabe 49 (2. April), S. 241–261.

Stiglitz, Joseph E.: »Ownership, Control and Efficient Markets: Some Paradoxes in the Theory of Capital Markets«. In: Boyer, Kenneth D. / Shepherd, William G. (Hrsg.): *Economic Regulation: Essays in Honor of James R. Nelson*. Michigan State University Press, 1982b, S. 311–341. Nachdruck in: *The Selected Works of Joseph E. Stiglitz, Volume II: Information and Economic Analysis: Applications to Capital, Labor, and Product Markets*. Oxford University Press, Oxford, 2013, S. 99–114.

Stiglitz, Joseph E.: »Information and Capital Markets«. In: Sharpe, William F. / Cootner, Cathryn (Hrsg.): *Financial Economics: Essays in Honor of Paul Cootner*. Prentice Hall, New Jersey, 1982c, S. 118–158. Auch NBER Working Paper 678. Nachdruck in: *The Selected Works of Joseph E. Stiglitz, Volume II: Information and Economic Analysis: Applications to Capital, Labor, and Product Markets*. Oxford University Press, Oxford, 2013, S. 55–84.

Stiglitz, Joseph E.: »Potential Competition May Reduce Welfare«. In: *American Economic Review*, 1981, Ausgabe 71 (2. Mai), S. 184–189.

Stiglitz, Joseph E.: »Monopoly, Non-Linear Pricing and Imperfect Information: The Insurance Market«. In: *Review of Economic Studies*, 1977, Ausgabe 44 (3. Oktober), S. 407–430.

Stiglitz, Joseph E.: »Information and Economic Analysis«. In: Parkin, J.M. / Nobay, A.R. (Hrsg.): *Current Economic Problems: Proceedings of the Association of University Teachers of Economics, Manchester, 1974*. Cambridge University Press, Cambridge, 1975a, S. 27–52.

Stiglitz, Joseph E.: »The Theory of Screening, Education and the Distribution of Income«. In: *American Economic Review*, 1975b, Ausgabe 65 (3. Juni), S. 283–300. Nachdruck in: *Selected Works of Joseph E. Stiglitz, Volume I: Information and Economic Analysis*. Oxford University Press, Oxford, 2009, S. 99–121.

Stiglitz, Joseph E.: »Theories of Discrimination and Economic Policy«. In: Furstenberg, G. von et al. (Hrsg.): *Patterns of Racial Discrimination*. D. C. Heath/Lexington, Lexington, Mass., 1974a, S. 5–26.

Stiglitz, Joseph E.: »Alternative Theories of Wage Determination and Unemployment in L.D.C.'s: The Labor Turnover Model«. In: *Quarterly Journal of Economics*, 1974b, Ausgabe 88 (2), S. 194–227. In der Folge veröffentlicht in: Lal, D. (Hrsg.): *Development Economics*. Elgar, 1992, S. 288–321. Nachdruck in: *The Selected Works of Joseph E. Stiglitz, Volume II: Information and Economic Analysis: Applications to Capital, Labor, and Product Markets*. Oxford University Press, Oxford, 2013, S. 461–487.

Stiglitz, Joseph E.: »On the Optimality of the Stock Market Allocation of Investment«. In: *Quarterly Journal of Economics*, 1972, Ausgabe 86 (1. Februar), S. 25–60. (Vorgelegt bei den Far Eastern Meetings der Econometric Society, Juni 1970, Tokio.)

Stiglitz, Joseph E.: »The Effects of Income, Wealth and Capital Gains Taxation on Risk-Taking«. In: *Quarterly Journal of Economics*, 1969, Ausgabe 83 (2), S. 263–283.

Stiglitz, Joseph E.: »A Two-Sector, Two Class Model of Economic Growth«. In: *Review of Economic Studies*, 1967, Ausgabe 34 (April), S. 227–238.

Stiglitz, Joseph E. / Ocampo, José Antonio (Hrsg.): *Capital Market Liberalization and Development*. Oxford University Press, New York, 2008.

Stiglitz, Joseph E. / Uy, M.: »Financial Markets, Public Policy, and the East Asian Miracle«. In: *World Bank Research Observer*, 1996, Ausgabe 11 (2. August), S. 249–276.

Stiglitz, Joseph E. / Uzawa, Hirofumi (Hrsg.): *Readings in the Modern Theory of Economic Growth*. MIT Press, Cambridge, Mass., 1969.

Stiglitz, Joseph E. / Wallsten, Scott J.: »Public-Private Technology Partnerships: Promises and Pitfalls«. In: *American Behavioral Scientist*, 1999, Ausgabe 43 (1. September), S. 52–74. Auch veröffentlicht in:

Rosenau, P. (Hrsg.): *Public-Private Policy Partnerships*. MIT Press, Cambridge, Mass., 2000, S. 37–59.

Stiglitz, Joseph E. / Weiss, Andrew: »Credit Rationing in Markets with Imperfect Information«. In: *American Economic Review*, 1981, Ausgabe 71 (3. Juni), S. 393–410.

Stiglitz, Joseph E., / Ocampo, José Antonio / Spiegel, Shari / Ffrench-Davis, Ricardo / Nayyar, Deepak (Hrsg.): *Stability with Growth: Macroeconomics, Liberalization, and Development*. The Initiative for Policy Dialogue Series. Oxford University Press, Oxford, 2006.

Stiglitz, Joseph E. / Sen, Amartya / Fitoussi, Jean-Paul: *Mismeasuring Our Lives: Why GDP Doesn't Add Up*. New Press, New York, 2010, zugänglich unter: www.stiglitz-sen-fitoussi.fr/en/index.htm.

Stiglitz, Joseph E. / Wallsten, Scott J.: »Public-Private Technology Partnerships: Promises and Pitfalls«. In: *American Behavioral Scientist*, 1999, Ausgabe 43 (1), S. 52–74. Auch veröffentlicht in: Rosenau, P. (Hrsg.): *Public-Private Policy Partnerships*. MIT Press, Cambridge, Mass., 2000, S. 37–59.

Stokey, Nancy: »Dynamics of Industry Wide Learning«. In: Heller, W. P. / Starr, R. M. / Starrett, David (Hrsg.): *Economic Equilibrium Analysis: Essays in Honor of Kenneth Arrow*, Bd. II. Cambridge University Press, 1986.

Stolper, Wolfgang F. / Samuelson, Paul A.: »Protection and Real Wages«. In: *Review of Economic Studies*, 1941, Ausgabe 9 (1), S. 58–73.

Sutch, R.: »The Unexpected Long-Run Impact of the Minimum Wage: An Educational Cascade«. In: Rhode, P. W. / Rosenbloom, J. L. / Weiman, D. (Hrsg.): *Economic Evolution and Revolution in Historical Time*. Stanford University Press, Palo Alto, 2010, S. 387–418.

Sunstein, Cass: *Republic.com*. Princeton University Press, Princeton, N. J., 2001.

Sutton, John: *Sunk Costs and Market Structure: Price Competition, Advertising, and the Evolution of Concentration*. MIT Press, Cambridge, Mass., 1991.

Thaler, Richard H. / Sunstein, Cass R.: *Nudge: Wie man kluge Entscheidungen anstößt*. Ullstein, Berlin, 2011.

t'Hoen, Ellen F. M.: »TRIPS, Pharmaceutical Patents and Access to Essential Medicines: Seattle, Doha and Beyond«. In: Moatti, J. P. / Coriat, B. / Souteyrand, Y. et al. (Hrsg.): *Economics of AIDS and Access to HIV Care in Developing Countries: Issues and Challenges*. ANRS, Paris, 2003, S. 39–67.

Thompson, Peter: »Learning by Doing«. Kapitel 10 in: Hall, Bronwyn H. / Rosenberg, Nathan (Hrsg.): *Handbook of the Economics of Innovation* Ausgabe 1. North-Holland, Amsterdam, 2010, S. 429–476.

Topalova, Petia: »Factor Immobility and Regional Impacts of Trade Liberalization: Evidence on Poverty from India«. In: *American Economic Journal: Applied Economics*, 2010, Ausgabe 2 (4), S. 1–41.

United Nations Development Programme (UNDP): *Making Global Trade Work for People*. 2003. Vgl. Malhotra.

Uzawa, Hirofumi: »The Penrose Effect and Optimum Growth«. In: *Economic Studies Quarterly*, 1968, Ausgabe 19, S. 1–14.

Uzawa, Hirofumi: »Optimum Technical Change in an Aggregate Model of Economic Growth«. In: *International Economic Review*, 1965, Ausgabe 6 (1), S. 18–31.

Varian, Hal: »Federalism Offers Opportunities for Casual Experimentation«. In: *Economist*, 27. April 2011, www.economist.com/node/21256696.

Violante, Giovanni: »Skill-Based Technical Change«, Arbeitspapier, New York University, ohne Datum, www.econ.nyu.edu/user/violante/Books/sbtc_january16.pdf.

Vives, X.: »Innovation and competitive pressure«. In: *Journal of Industrial Economics*, 2008, Ausgabe 56 (3), S. 419–469.

Wacziarg, Romain: »Measuring the Dynamic Gains from Trade«. In: *World Bank Economic Review*, 2001, Ausgabe 15, S. 393–429.

Wacziarg, Romain / Welch, Karen Horn: »Trade Liberalization and Growth: New Evidence«. NBER Working Paper 10152, National Bureau of Economic Research, Cambridge, Mass., 2003.

Walters, Carl J. / Holling, C.: »Large-Scale Management Experiments and Learning by Doing«. In: *Ecology*, 1990, Ausgabe 71 (6), S. 2060–2068.

Weber, Steven: *The Success of Open Source*. Harvard University Press, Cambridge, Mass., 2005.

Weinberg, Bruce A.: »A Model of Overconfidence«. Manuskript, Ohio State University, Mai 2006.

Wessel, Maxwell: »Big Companies Can't Innovate Halfway«. In: Blog der *Harvard Business Review*, 2012, 4. Oktober 4, www.blogs.hbr.org/cs/2012/10/big_companies_cant_innovate_halfway.html.

Williams, Heidi L.: »Intellectual Property Rights and Innovation: Evidence from the Human Genome«. In: *Journal of Political Economy*, 2013, Ausgabe 121 (1), S. 1–27.

Williamson, John: »A Short History of the Washington Consensus«. In: Serra, Narcis / Stiglitz, Joseph E. (Hrsg.): *The Washington Consensus Reconsidered: Towards a New Global Governance*. Oxford University Press, New York, 2008, S. 41–56.

Williamson, John: »Democracy and the Washington consensus«. In: *World Development*, 1993, Ausgabe 21 (8. August), S. 1329–1336, www.sciencedirect.com/science/article/pii/0305750X9390046C.

Williamson, John: »What Washington Means by Policy Reform«. In: Williamson, J. (Hrsg.): *Latin American Adjustments: How Much Has Happened?* Institute for International Economics, Washington, D.C., 1990.

Winter, Sidney G.: »Patents and Welfare«. In: *Industrial and Corporate Change*, 1993, Ausgabe 2 (2), S. 211–231.

Weltbank: *World Development Report 2015, Mind, Society, and Behavior*. 2015.

Weltbank: *World Development Report 2005: A Better Investment Climate for Everyone*. World Bank und Oxford University Press, New York, 2005.

Weltbank: *World Development Report 2000–2001: Attacking Poverty*. World Bank und Oxford University Press, New York, 2001.

Weltbank: *World Development Report 1998–99: Knowledge for Development*. Oxford University Press, New York, 1999.

Weltbank: *The East Asian Miracle: Economic Growth and Public Policy*, World Bank Policy Research Report. Oxford University Press, Oxford, 1993.

Wright, G.: *Old South, New South: Revolutions in the Southern Economy Since the Civil War*. Basic Books, New York, 1986).

Yeyati, Eduardo Levy / Micco, Alejandro: »Concentration and Foreign Penetration in Latin American Banking Sectors: Impact on Competition and Risk«. In: *Journal of Banking & Finance*, Elsevier, 2007, Ausgabe 31 (6. Juni), S. 1633–1647.

Young, Alwyn: »Gold into Base Metals: Productivity Growth in the People's Republic of China During the Reform Period«. In: *Journal of Political Economy*, 2003, Ausgabe 111 (6), S. 1220–1261.

Young, Alwyn: »Invention and Bounded Learning by Doing«. In: *Journal of Political Economy*, 1993, Ausgabe 101, S. 443–472.

Young, Alwyn: »Learning by Doing and the Dynamic Effects of International Trade«. In: *Quarterly Journal of Economics*, 1991, Ausgabe 106, S. 369–406.

Zhu, X.: »Understanding China's Growth: Past, Present, and Future«. In: *Journal of Economic Perspectives*, 2012, Ausgabe 26 (4, Herbst), S. 103–124.

Zimmerman, M.B.: »Learning Effects and the Commercialization of New Energy Technologies: The Case of Nuclear Power«. In: *Bell Journal of Economics*, 1982, Ausgabe 13, S. 297–310.

Register

A

Abkommen über Finanzdienstleistungen, 54
abnehmende Skalenerträge, Innovationen, und, 158
Abschreckung potentieller Konkurrenten, 165, 206, 245, 388, 455, 492
Acemoğlu, Daron, 224–30
adverse Selektion, 128, 198, 520
Afrika,
– ausländische Direktinvestitionen in, 377
– Bildung, 383
– exportorientierte Wachstumsstrategie, 60, 514
– Industriepolitik, 345
– Mängel der Staatsführung, 335
– Strukturanpassung und Deindustrialisierung, 287, 311–13, 329, 461, 511
– Ungleichheit in, 513
– Wechselkurse, 370
Aghion, Philippe, 15, 20
Agrarsektor, *siehe* Landwirtschaft
Agrarsubventionen, 281
Agricultural Extension Service, 28, 143
Aids, 408
Alabama, 351–52
alternative Technologien, 160, 168
alternative Wachstumstheorien, 76–78
Altersstruktur der Gesellschaft, 102
Aneignungsfähigkeit von Erträgen, 126, 130, 210, 241, 243
Anreize
– intrinsische, 126
– nichtpekuniäre, 413
Anschlussinnovationen, 399, 420, *siehe* auch Folgeinnovationen
Antitrust Procedures and Penalties Act, 526
Arbeit, 57
– Grenzprodukt der, 194, 472
– im Shapiro-Stiglitz-Modell, 216
– Mobilität der, 64, 95f., 105, 114, 130, 142, 145f., 214, 238,241, 326, 449, 457, 501f.
– Schattenpreis der, 218, 497
– ungelernte, 59, 216
Arbeitsangebot, 197, 257, 259
– Elastizität des, 257, 504
– fixes (Zweisektorenmodell), 260
Arbeitseinsparung, 189, 208, 215, 218f., 239, 247, 317f., 456
Arbeitsknappheit, 116, 216f., 500

Arbeitslosigkeit, 8, 114, 208, 213, 215f., 218, 312, 321f., 398, 440, 448, 456, 513f., *siehe auch* Unterbeschäftigung
– soziale Kosten der 150
– technologische 219f.
Arbeitsnachfrage, 216
Arbeitsproduktivität, 40, 82, 116, 216, 219
Argentinienkrise, 351, 517
Arkansas, 351
Arrow, Kenneth, 12f., 15–27, 31, 33, 35, 44, 47–49, 93, 153, 187, 196, 347, 356, 448, 465, 468
Arrow-Debreu-Modell, 199, 220
Arrow-Debreu-Wertpapiere, 520
Asien, 40, 46, 60, 113
Asienkrise, 147, 354, 371
asymmetrische Information, 198f., 243, 269, 506, 516, 518
AT&T, 164, 403
Atkinson, Anthony B., 21, 110, 464
aufholende Länder, *siehe auch* Entwicklungsländer
– Steady-State-Lösung, 301
– Zweisektorenmodell, 295–303
Aufklärung, 5, 12, 106–8, 122f., 426, 434f., 479, 500, 530
Ausbildung am Arbeitsplatz, 98, 101
ausländische Direktinvestitionen, 53, 80, 113, 364, 372, 375–77, 423
– in China, 356, 379
– Lerneffekte aus 326, 377, 453
– in Malaysia, 378
– Regulierung von, 378f.
Auslandsinvestitionen, 356, 518f., 522
Australien, 11, 39f.

B

Baily, Klinger, 69, 71
Baltikum 64, 68
Bankenregulierung, 89, 361–63, 518
Bayh-Dole Act, 96, 391, 399
Bayraktar, Nihal, 350
Bell Laboratories, 44
Berners-Lee, Timothy, 192
Bertrand-Wettbewerb, 156, 164, 178–81, 455, 491
Best Practices, *siehe* bewährte Methoden
Bestätigungsfehler, 118f., 428, 431, 482, 530, 531
Besteuerung
– implizite, 415
– optimale, 77, 264f., 294f.
– progressive, 232
– verzerrende, 211, 259, 343
– bestreitbare Märkte, 210
bestreitbares Gleichgewicht, 488
Bestreitbarkeit, 163–65
bewährte Methoden (Verfahren), 41f., 45f., 62, 66, 73, 471
Bildung, 41, 66, 78, 309, 381–84, 438, 443
– als Auswahlinstrument, 477
– formale, 95, 101f., 133, 329, 381
– Investitionen in, 121, 143f., 231f., 236, 322, 381, 385, 431f.
– koloniale, 383
– lebenslange, 98f.

– mentale Einstellungen, und, 107f.
– Produktivitätswachstum, und, 74
– Zuweisung von Ressourcen für, 229
Bildungsreform, 67
Bioäthanol, 328
BIP, *siehe* Bruttoinlandsprodukt
BlackBerry, 393
BNDES, *siehe* Brazilian Development Bank
Bodenschätze, *siehe* natürliche Ressourcen
Boulton, Matthew, 523f.
Boyle, James, 390
BRAC-Gene, 203, 490
Brasilien, 328, 332, 529
Brazilian Development Bank (BNDES), 338
Brüder Wright, 392, 490f., 523
Bruttoinlandsprodukt (BIP), 78, 440, 498
– als Maß für Wohlergehen, 226, 445
– Beitrag von Innovationen zum, 226f.
– drei Möglichkeiten der Steigerung, 76–81
– Lebensstandard, und, 226
– pro Kopf, 65
– Produktionsmöglichkeitengrenze und, 77f.
Bruttonationaleinkommen, 80
Bundesberufungsgericht (USA), 526
Burns, Arthur, 15
Bürokratie 183

C
China
– ausländische Direktinvestitionen in, 356, 379
– auswärtige Investitionen, 379
– Handelspolitik in, 340
– Industriepolitik in, 333
– Kapitalexportbeschränkungen, 356
– Lebensqualität in, 65
– Lernstrategie, 379f.
– Überschussreserven, 290f.
– Ungleichheit in, 512
– Wachstum nach den Wirtschaftsreformen, 66–68, 470f.
– Wechselkurspolitik in, 280f., 291, 373f.
Cimoli, Mario, 21, 522
Coase, Ronald, 30, 61, 450
Columbia University, 15, 17f., 20, 23
Common-Pool-Problem, 204f.
Computerisierung, 45, 94, 473
Council of Economic Advisers, 15, 526
Cournot-Modell, 178, 182
Cournot-Wettbewerb, 178f.
Court of Federal Claims (USA), 402
Crick, Francis, 192f.
Curtis, Glenn H., 392

D
Darwin'scher Kampf ums Überleben, 149
Dasgupta, Partha, 18, 21, 162, 181, 468, 489, 492, 494, 506, 513, 533
Datenexklusivität, 395f.

Debreu, Gérard, 12, 24, 47–49, 153, 187
Deindustrialisierung, 287, 313, 370, 461
Deregulierung, 221, 341f., 349, 483f.
Detragiache, Enrica, 350, 512
Deutschland, 55, 227
– Industrialisierungsstrategie, 60
– Produktivitätswachstum im Vergleich, 75
Diamond, Peter A., 294f., 493,
Diamond-Mirrlees-Modell, 294f.
Diskontrate, 32, 156, 253, 256–58, 275, 278f.
Dixit, Avinash, 21, 255, 491, 494, 503, 512
Dixit-Stiglitz-Modell, 55–57
Dosi, Giovanni, 21, 522f., 526
Drehtürsystem, 512
Duopol, 162, 178, 180, 230
Dynamik des Wandels und Lernens, 40f., 46, 67, 120–22, 319f., 381f., 425, 427–38

E

eBay Inc. versus MercExchange LLC, 391, 393, 400, 524
Effizienz
– beschränkte, 190
– dynamische, 133, 327, 373
– komparative, 124
– statische, 52, 102, 130–34, 292, 312f., 327, 434, 457
– unter Nebenbedingungen, 492
Effizienzlöhne, 319
Effizienzlohnmodell, 216f.
Effizienzlohntheorie, 215, 531f.
Eigenselektion, 270, 339, 412, 414
Einfuhrbeschränkungen, 362
Einfuhrzölle, 277f., 326, 340, 514, *siehe auch* Schutzzölle, Zollschranken
Einhegung von Gemeinschaftsgütern, 204, 390, 398, 495
Einkommensverteilung, 219, 238, 320, 497, 513
Elastizität des Arbeitsangebots, 257, 504
Emran, Shahe, 21, 361, 475, 483, 513
endogene Innovationen, 188, 247
endogene Marktstruktur, 181–83, 216
endogenes Lernen, 158, 272, 292, 448
endogenes Wachstum, 16, 21, 24, 42, 494
Entrepreneur, 92, 127f., 270, 352, 355, 361, *siehe* auch Unternehmer
Entwicklungsbanken, 338, 360, 362, 493
Entwicklungsländer, 6, 26, 42, 79f., 82, 89f., 92, 106f., 142, 236, 267, 269, 278, 287, 289–92, 301f., 308, 349f., 357, 376, 416, 460f., 508, 512
– Finanzmarktliberalisierung und, 352f., 357, 366, 511
– Gestaltung der Bildung in, 382f.
– Handelsabkommen mit den USA, 396
– Handelspolitik in den, 322–26
– Industriepolitik in den, 311–18, 334, 345
– Rechte am geistigen Eigentum und, 420–24, 445f., 478, 527f.

– soziale Konstrukte in den, 426
– Ungleichheit in den, 320f.
Erderwärmung, 244, 404, 479
Erdgipfel in Rio de Janeiro, 404
Erfahrungskurve, *siehe* Lernkurve
Erfinder, 205f., 209, 396, 400
Erleuchtung, 93
Erster Weltkrieg, 291, 392, 491
Estland, 65
EU, *siehe* Europäische Union
Europa, 8f., 230, 404, 438, 479, 523
– *Every Thing But Arms*, 324
– Handelspolitik in, 33
– Lebensqualität in, 65
– Lebensstandard in, 9, 39f.
– Produktivitätswachstum im Vergleich, 76, 470f.
– Protektionismus in, 268
Europäische Union (EU), 33, 285
Europäische Wirtschaftsgemeinschaft (EWG), 340
Evergreening, 170, 206, 395, 400
Evolution, 107, 426, 479, 481
– gesellschaftliche, 427, 437, 439
– Institutionen, der, 345f.
– Überzeugungen, der, 427, 435f.
EWG, *siehe* Europäische Wirtschaftsgemeinschaft
Ex-ante-Wettbewerb, 170–77, 181, 489, 491
Export-Import-Bank, 357
Ex-post-Wettbewerb, 170, 181, 489, 491
externe Agglomerationseffekte, 476
externe Effekte, 28, 77, 215, 223, 232, 336f., 348–50, 356, 358, 397, 446, 448, 516
– Information und, 349
– Lernen, und, 32, 49, 110, 135, 139, 157, 191–94, 198, 255, 259f., 272–74, 360, 386, 450–54, 459, 504f., 506, 519
– negative und positive, 50

F

F&E, *siehe* Forschung und Entwicklung
F&E-Ausgaben, 74, 76, 83, 92, 164f., 475, 486f.
F&E-Steuer, 212
Faktorausstattung, 55–57, 114
finanzielle Beschränkungen 174f.
Finanzkrise von 2008, 79, 89, 189, 310, 341, 351–53, 358, 367, 432, 471, 485, 516, 517
Finanzmärkte, 33, 50, 89, 269
– Liberalisierung der, 54, 310, 315, 341f., 349f., 366f., 440, 453
– Regulierung der, 362
Finanzpolitik, 310, 347–63
– Industriepolitik, und, 356–361
– lernende Sektoren, und, 359–61
– Makroinstabilität, und, 347, 354, 362, 365–67
– Umlenkung von Mitteln, und, 309, 356f.
– Ziel der, 347
Finanzsektor, 366f., 397, 499, 501
– Entwicklung eines robusten, 144f., 170, 208, 212f., 228f., 292, 336, 347–49
– Liberalisierung des, 349, 453
– Regulierung des, 51, 70, 111, 356f., 516

Finnland, 64f.
Florida, 351
Folgeinnovationen, 490, *siehe* auch Anschlussinnovationen
Ford, Henry, 523
Foreign Corrupt Practices Act, 314
Forschung Subventionierung, 343
Forschung und Entwicklung (F&E), 26f., 148, 162f., 342
– Anreize zu, 139f., 167, 504, 525, 527
– Ausmaß von, 167f., 241–43, 494, 503
– Finanzierung von, 48f., 138, 245, 488, 519
– in Entwicklungsländern, 423
– Investitionen in, 148, 150f., 155, 199f., 515
– Muster von, 244f.
– öffentlich (staatlich) finanzierte, 143, 407f., 528
– Ökonomie von, 44f.
– Stoßrichtung von, 171, 244
– Schutz geistigen Eigentums und, 405
– Risiken von, 125, 138, 188f., 195, 198–2
– Zuweisung von Ressourcen zu, 188
Fortschrittsrate, 46
Frankreich, 227
– Produktivitätswachstum im Vergleich, 75
Freihandel, 19, 25–27, 267, 322f., 325, 505, 513, *siehe* auch Liberalisierung, Handelspolitik
– Autarkie versus, 275, 296–298
– Lernen und, 96f.
Freihandelsabkommen, 6
Freihandelszonen, 326

G

G7-Staaten, 74f.
garantierter Beschaffungsfonds, 410
Gates Foundation, 410
Gegenwartswert, 172, 176, 185, 268, 278
Geldpolitik, 89f., 150, 369
Gemeinschaftsgüter, Einhegung von, 204, 390, 398, 495
geografische und kulturelle Lokalisierung,112f.
Georgia, 351f.
Geschichte der Telekommunikation, 328
Geschichte und Innovationen, 318, 344
geschlossene Volkswirtschaft, 32, 251
gesellschaftliches Wohlergehen, 24f., 47, 185, 190, 212–20, 251, 402
– Innovationen und, 246–49
– Maß für, 226, 237, 445, 498, 503
– Maximierung des, 185, 212, 473
Gewinnmaximierung, 172
Glaubenssysteme
– als soziale Konstrukte, 107, 119–21, 427–37, 482
– dysfunktionale, 432–34
Gleichgewichtsfalle, 254
Gleichgewichtsfiktion, 119, 121, 124, 428, 437, 445, 460, 502

Gleichgewichtsüberzeugungen, 428–31
globale Finanzkrise von 2008, *siehe* Finanzkrise von 2008
Google, 13, 119, 476, 483
Greenwald, Bruce, 16, 19, 21, 433, 474, 490, 492f., 496, 516, 517, 520, 528
Greenwald-Stiglitz-Programm
Griliches, Zvi, 466f.
Großbritannien, 6, 225, 330, 472, 517
– Finanzmarktliberalisierung in, 341f.
– Produktivitätswachstum im Vergleich, 75
Große Depression, *siehe* Weltwirtschaftskrise
Große Rezession, 218, 334
Grossman, Sanford, 17, 22, 129, 471, 475, 503, 516
Gupta, Poonam, 350, 512, 516

H

Habakkuk, H. J., 216, 496, 500
Handel
– Eingriffe in den, 27f., 236, 294f., 323–26, 346
– Lernen durch, 96f., 288, 503
Handelsinterventionen, 28
– historische Erfahrungen mit, 330f.
– optimale 275–81, 286, 298f.
Harberger, Arnold C., 78
Hausmann, Ricardo, 483
Heckscher, Eli, 55
Henry, Claude, 22, 522
Hidalgo, Cesar A., 111
Hold-up-Patent, 170, 205f., 245, 417, 421, 490
Hold-up-Problem, 393, 424
Hold-up-Versuch, 525
Hoover, Herbert, 149, 532
Howitt, Peter, 22, 468, 489, 492
Human Development Index, 227

I

Importbeschränkungen, *siehe* Einfuhrbeschränkungen
Importsubstitution, 330, 332
Indien, 68, 289, 333, 472, 481, 515
– Glasfasertechnik, 119
Industriepolitik, 13, 18, 53, 90, 307f., 319, 449
– Auswirkungen in entwickelten Ländern, 303f.
– Finanzkrise von 2008, und
– Finanzpolitik als Instrument der, 348, 356–61
– für aufholende Länder, 283f., 303
– historische Erfahrungen mit, 329–33, 340
– in afrikanischen Ländern, 345
– in China, 280, 290, 330, 340, 373f.
– in den USA, 60, 328–330, 340, 349, 357, 361, 502
– in Indien, 333
– in Japan, 33, 340
– in Korea, 329, 340
– in Kriegszeiten, 331
– in Lateinamerika, 332
– in Ostasien,331, 340, 357, 373
– Instrumente der, 310
– Klimawandel und, 404

– nach dem Zweiten Weltkrieg, 33
– politische Ökonomie und, 334–42
– Schließung von Wissenslücken und, 287, 311, 376, 383, 424
– Staatsführung und institutionelle Reformen, 338f.
– Strategien, 60, 329, 333, 343f., 378
– Strukturanpassung, und, 287, 311f.
– traditionelles Argument gegen, 251
– und Entwicklungsländer, 311–18, 345
– und Handelspolitik, 322
– und natürliche Ressourcen, 317, 345
– und Second-Best-Theorie, 342
– Unumgänglichkeit von, 308–10
– Versagen der, 335
– Wechselkurspolitik als Instrument der, 280–82, 370f.
– Ziele der, 54, 96, 237, 251, 319–21, 336, 453
– zur Korrektur von Marktversagen, 307, 334
Industriesektor
– Förderung des, 32, 87, 146, 278, 286, 339
– Größe des, 146, 259, 293, 300f.
– Wachstum des, 275
Infant-Economy-Argument, 19, 28, 32, 34f., 55, 250, 266–304, 329, 350, 452, 457
Infant-Industrie-Argument, 27f., 267–72, 374, 506
Informationsökonomik, 188, 448
Innovation, sozial optimale, 491, 492
Innovationen
– Arbeitskräfteknappheit und, 116, 216f., 500
– Arbeitsnachfrage und
– arbeitssparende, 216–19, 239, 247, 318
– Bestreitbarkeit und, 163–65, 210
– Bürokratie, und, 109f., 138, 183, 229, 459, 532
– endogene Marktstruktur und 181–83
– endogene und Markteffizienz, 188
– Erträge aus 477, 487f., 492, 502, 515, 532
– faktorbegünstigende, 213, 493
– Großunternehmen und, 139f.
– Industrieunternehmen als Quelle von, 28, 141f.,
– Konsumentenwohlfahrt und, 202, 207, 257
– Marktstruktur und, 177–86
– Patentwettläufe und,166–68
– Portfolioansatz für, 411–20
– qualifikationsverzerrte, 216, 219f.
– übermäßige Arbeitslosigkeit, und, 220, 398
– Vergütungsmodelle und, 173
– Wettbewerbsintensität und 223f., 388
– Wissensverbreitung, und 141f., 192, 387, 399, 405, 448, 457
Innovationsanreize 140, 178, 216
– im Duopolfall, 180
– im Monopol, 180, 185, 388, 525f.

– intrinsische, 126
– Open-Source-Bewegung und, 124
– Patentsystem und, 411–13, 417, 524
– Preissystem und, 411–13, 525f.
– Rechte am geistigen Eigentum und, 54, 399
– verzerrte, 207f., 338, 394–399, 405f., 417, 424, 454
– Wettbewerb, und 152, 154, 173f., 177f., 182
Innovationsanreize, *siehe auch* staatliche Eingriffe
Innovationsgeschwindigkeit, *siehe* Innovationstempo
Innovationsneigung, 229, 385, 388
Innovationsniveau, 46, 139, 181, 456
– Determinanten, 223f.
– im Bertrand-Wettbewerb, 491
– globales, 228
– im Duopolfall, 184
– im Monopolfall, 184, 256f., 455
– optimales, 190
– sozial optimales, 388, 491
– verzerrtes, 157
Innovationspolitik, 13, 248, 283, 300
Innovationsprozess, 34, 43, 190, 203, 209, 238f., 244, 468
– Beschaffenheit des, 170, 177, 180, 201
– optimal gestalteter, 204
– stochastischer, 230
Innovationssystem, 44, 224, 384, 406–22
Innovationstempo, 10, 13, 16, 24, 43, 183, 191, 232, 235, 381, 464
– Determinanten des, 237, 273, 398
– Marktstruktur und, 152, 174, 185, 207, 504
– optimales, 225
– Patentwettlauf und, 172
– Risiko und, 179
– Schutz geistigen Eigentums und, 34, 86, 174, 244, 387, 389, 406
– Wissenspool, und, 204f.
Innovationsführer, 159, 225–31, 234
Innovationsführerschaft,224
Innovationswettbewerb, 174
Innovator
– Monopolist, als, 153f., 162f., 167, 172–74, 180, 184f., 202, 207, 229f., 388f.
International Trade Commission, 394
internationale Handelsabkommen, 7–11, 54, 287, 292, 325, 374, 396
Internationale Kommission für die Messung wirtschaftlicher Leistung und sozialen Fortschritts, 444, 498, 503
Internationaler Währungsfonds (IWF), 312, 320, 353, 355, 371
Internet Explorer, 161
Internet, 96, 98, 106, 231, 328, 382, 407, 476
Internetblase, 119
Interventionen, *siehe* staatliche Interventionen
intrinsische Anreize, 126
Investitionspolitik, 34, 375–84
Investitionssubventionen, 508

Italien, 323, 468
– Produktivitätswachstum im Vergleich, 75
IWF, *siehe* Internationaler Währungsfonds

J
Jaffe, Adam, 516, 522
Japan
– ausländische Direktinvestitionen in, 375
– demografischer Wandel in, 102
– dynamischer komparativer Vorteil, 59
– Entwicklungsstrategien (Industrie) in, 33, 378
– Handelspolitik in, 340
– Infrastruktur in, 32
– Produktionsmöglichkeiten in, 69
– Produktivitätswachstum im Vergleich, 75f.,
Just-in-time-Produktion, 58, 94, 111, 127, 225, 227, 377, 473

K
Kaldor, Nicholas, 21, 82, 464,
Kanada, Produktivitätswachstum im Vergleich, 75
Kapital, 23, 33, 45, 57, 64, 78–81, 114, 144, 222, 326, 347f., 407, 437
– für Forschung und Entwicklung (F&E), 153
– Grenzprodukt von, 472, 496
– Schattenpreis von, 217, 337, 486
– Umlenkung von, 309
– Zugang zu, 148, 175, 179, 183f., 229, 269f., 337, 357, 359–61, 375, 507
Kapitalabflüsse, 347, 356, 366
Kapitalallokation, 360
Kapitalismus, 78, 119, 246, *siehe auch* neoklassisches Modell
– Bedeutung von Innovationen im, 101, 152f., 236
– staatlich gelenkter in China, 330
– US-amerikanische Spielart des, 237, 499
Kapitalmärkte, 198–1, 269–71
Kapitalmarktliberalisierung, 348, 353–56, 362, 365, 372, 451, 518
Kapitalquote, 496
Kapitalströme, 359, 362, 365–68
Kapitalverkehr, 323, 347, 350, 362, 366
– Regulierung des, 369
Kapitalverkehrskontrollen, 347, 353, 370
Katalysator für Lernen, 93–95, 100, 104–6, 108, 130, 142
Klimawandel, 17f., 50, 107, 404, 479
Knight, Frank, 119, 242
kognitive Fähigkeiten, 102
kognitive Hindernisse, 121, *siehe auch* Glaubenssysteme und soziale Konstrukte
kognitive Verzerrung, 481
kognitiver Rahmen, 100, 106–8, 120–23, 429, 436f., 478
kollektive Güter, 321
konjunkturelle Stabilität, 31
Konjunkturabschwung, 216, 365, 451
Konjunkturpolitik, 34, 310, 364
Konjunkturschwankungen, 15, 200, 310, 451

Kommunismus, 64, 67, 477, 534
Kommunistisches Manifest, 40
komparativer Vorteil, 6, 28, 88, 139, 168, 276–78, 296f., 303, 322, 449, 477
– Änderung des, 293f.
– dynamischer, 30, 56f., 274, 318, 326f.
– in einer offenen Volkswirtschaft, 266f.
– langfristiger, 449
– Neudefinition der Theorie des, 55–61
– statischer, 30, 56f., 274, 326f.
– Südkoreas, 56, 59, 273–75, 329, 343f.
Kompensationssysteme, *siehe* Vergütungssysteme
Konsum, 40
– gegenwärtiger versus zukünftiger, 79, 130, 190
– im Diamond-Mirrlees-Modell, 294f.
– im Modell der geschlossenen Volkswirtschaft, 260–63
– multiple Gleichgewichte und, 303
– optimale Eingriffe in den Handel und 294–299
Konsumentenwohlfahrt, 202, 207, 257
Konsummöglichkeitenkurve, 296, 299
Konsumsteuer, 280, 485
Konsumverzicht, 191, 308, 453
Kontakte (voneinander lernen), 95–97, 100, 104–6, 108, 112
Koordination, 208, 412f., 460
– globale, 510
– mangelnde, 412, 421
– Risiko und, 417–19
Koordinationsversagen, 208f., 417
Korruption, 314, 509
Kreditverbriefung, 357
Krugman, Paul, 55, 501
Krugman-Dixit-Stiglitz-Modell, 55

L

Landwirtschaft, 28, 112f., 139–46, 251, 267, 476, 478f., 506
Landwirtschaft Auswirkungen von Quoten, 296–299
– in China, 66, 68, 281, 468
– in den Vereinigten Staaten, 328
– Industriesektor, und, 28, 111, 145f., 259
– kollektive, 66
– Modellbetriebe in der, 96
– Produktivitätsanstieg in der, 214, 471
– Strukturanpassungsprogramme und, 312
Lateinamerika, 68, 511, 515
– Finanzmarktliberalisierung, und, 350
– Industriepolitik in, 332
– US-Einwanderungsgesetz, und, 363
Learning by Doing, 24f., 28, 30, 35, 44, 90, 116, 138, 148, 196, 251, 267f., 302
– erweitertes Konzept, 92–97
– Produktionskosten, und, 156
lebenslanges Lernen, 98f., 101, 381
Lebensqualität, 65, 228

Lebensstandard, 5, 9, 24, 29f., 63f., 78f., 100, 131, 234, 247, 282, 307, 406, 426, 435, 443, 448, 452, 460–62, 464, 467
– Beitrag von Innovationen zum, 51, 170, 224f., 232
– bis zum Jahr 1800, 39f., 42, 106, 311
– Bruttoinlandsprodukt und, 226
– Handelsbeschränkungen und, 97
– in einer lernenden Volkswirtschaft, 46
– Schutz geistigen Eigentums und, 388, 394
Lebensversicherungsgesellschaften, 70
Lernarchitektur, 10, 86, 100, 105, 136f., 408, 491
Lernelastizität, 32, 197, 252f., 256–59, 264f., 504
– Spillover-Effekte und, 252, 266, 371
Lernen
– als Katalysator, 95
– als Kennzeichen des modernen Zeitalters, 41
– Ausmaß des, 95f., 105
– Beweggründe für, 125–28
– Determinanten des, 84, 87, 100–9, 120, 134, 136, 481
– durch Erfahrung, 118
– durch Handel, 96f., 100, 486
– Einstellung zum, 100, 106–9, 117, 446, 460
– exogenes, 77, 459
– Freihandel und, 25f.
– gesellschaftliches, 97, 288
– Instrumente zur Förderung von, 138, 236, 272, 289, 310, 326, 347, 364, 381, 414, 453, 458
– kumulatives, 140
– lokalisiertes, 110–18
– Lokalisierung des, 30, 112f., 145f.
– Mobilität und, 95f., 130, 142, 145f., 241, 423, 457
– Muster des, 244f.
– Nachfrageelastizität und, 256
– Offenheit und 288f.
– optimales, 356, 494
– soziale und private Erträge, 194, 203
– von anderen, 95f.
– zwei Aspekte des, 62
Lernen lernen, 94, 113f.
lernende Gesellschaft, 12f., 30f., 46, 52, 83, 85f., 99, 134, 249, 275, 307, 315, 338, 347, 364, 425
lernende Volkswirtschaft, 25, 85, 272, 308, 364, 376, 439, 452, 456
lernendes Unternehmen, 137
Lerner, Josh, 499, 522, 527
Lernfähigkeit, 44, 83f., 100–3, 108f., 117, 197, 457, 522
– Altersstruktur und, 102
– einer Gesellschaft, 58f., 84, 87, 94, 102, 292, 344, 450
– einer Volkswirtschaft, 56, 58, 67, 274f., 510
– eines Unternehmens, 71, 102, 197, 472
– komparative, 59, 449
– spezifische und allgemeine, 91, 134

Lernhindernisse, 118–25
Lernkanäle, 422
Lernkatalysator, *siehe* Katalysator für Lernen
Lernkurve, 72, 197, 264, 486, 504
Lernnutzen, 32, 197f., 253, 255, 258, 261f., 279, 340,
– ausländischer Direktinvestitionen, 377
– gesellschaftlicher, 454
– indirekter, 421
Lernprozesse, 8f., 28–31, 43f., 104, 108, 199, 251, 315–18, 344, 450–61
– ausländische Direktinvestitionen und, 325, 364, 375, 378
– Ergebnisse von, 71
– Finanzierung von, 210, 268, 411
– Förderung von, 310, 325f., 331, 347, 364, 375, 378f.
– Handel, und, 96f., 288
– Handelsabkommen und, 292
– im Industriesektor, 28, 267
– im Monopol, 255
– indigene, 317
– Inputs für, 100
– Investitionen im Ausland und, 379
– Investitionen in, 287
– Kosten von, 210
– künftige, 207
– makroökonomische Bedingungen, 146–51, 347
– Marktmechanismus und, 47–49, 240f., 307, 342
– Niveau von, 244
– Notwendigkeit von, 89f.
– Rolle des Staats, 51–53
– Schutz geistigen Eigentums und, 34
– Schutz geistigen Eigentums und, 386, 405, 423
– Technologie und, 98f., 115
– Unterinvestitionen in, 126, 131, 157
– Verständnis von, 82f.
Lernstrategien, 379, 483
Lernumgebung, 74, 105, 108, 137, 307, 446
Liberalisierung, 514
– der Finanzmärkte 33, 54, 150, 310, 315, 341, 349–53, 364, 366f., 440, 451, 453, 513
– der Kapitalmärkte, 353–56, 364f., 372, 440, 451, 453, 511, 513, 518
– des Handels, 8, 288, 323f., 330f., 333, 440f., 478, 513f.
– Politische Ökonomie, und, 341f.
Lin, Justin, 22, 56, 59, 327
List, Friedrich, 506
Litauen, 65
Löhne, 8, 72, 213–15, 238f., 320, 368, 497, 500
Lohnsubventionen, 218
lokalisierter technischer Wandel, 115f.
lokalisiertes Lernen, 110–18
Louisiana, 351
Lundvall, Bengt Åke, 476, 522, 526

M

MacCready, Paul, 91, 475
Makroinstabilität, 348, 516
Makrostabilität, 347, 354, 362, 365–67

Malaysia, 378
Managerkapitalismus, 456, 502, 522
Markteffizienz, 12f., 23f., 47–49, 152, 163–65, 187, 190, 220, 433
Markteffizienzhypothese, 129
Markteintritt, 164–68, 182, 184, 200, 205, 208, 388, 393, 396, 417, 491, 508
Markteintrittsbarrieren, 161, 199, 210, 230, 255f., 388, 396, 483
Markteintrittskosten, 182, 256, 491
Markteintrittsoptimum, 208f.
Marktergebnis, 219, 342
– im Monopol, 263, 388
Marktgleichgewicht, 24, 130, 198, 216f., 250, 255f., 279, 449f., 456, 491, 493, 494
Marktstruktur, 43, 152, 181, 343, 454, 468, 475
– endogene, 49, 181–83
– „natürliche", 159
– Innovationen, mit, 43, 155–86, 190f., 197, 343, 450
– Spillover-Effekte, und, 157
Marktunvollkommenheiten, 196, 199–1, 210f., 216, 222, 231, 270, 368, 433, 518
Marktversagen, 79, 110, 198–0, 208, 220, 237, 240–43, 313, 321, 334, 349, 432–34, 453, 493, 533
– Arten (Formen) von, 188f., 210, 243, 272, 307, 336
– Auswirkungen von, 237, 253, 268f., 456
– mehrfaches (multiples), 196, 269–71
– Ursachen von, 241, 272, 342
Marxismus, 122
Maskus, Keith E., 522
Massenarbeitslosigkeit, 74
Mazzucato, Mariana, 407, 499
Medicare, 528
Mellon, Andrew, 149
mentale Einstellung, 100, 106–8, 117f., 173, 426f., 446, 460
Merkantilismus, 322
Me-too-Innovationen, 202f.
Mian, Atif, 350
Micco, Alejandro, 350
Microsoft, 403, 492, 526
Migration, 57, 141, 145, 292, 362f.
Mindestlöhne, 215, 319
Mirrlees, James, 21, 294f., 464
Mississippi, 351f.
Mitchell, Wesley Clair, 15
Mitteleuropa, 65
Mittelumlenkung, 309, 338, 356f., 421
Mobilität, 95f., 130, 142, 145f., 241, 423, 457
Modellbetriebe, 96
Modelle langfristigen Wachstums unter Berücksichtigung von Lernen, 268, 301
Monopol, 48f., 152, 255–58
– beständiges, 31, 162f.
– myopisches (kurzsichtiges), 258
– natürliches, 156, 158f., 195
– nichtmyopisches, 258
– staatlich reguliertes, 44, 229f.
Monopole Abfolge von, 154, 389
Monopolgleichgewicht, 156
Monopolist als Innovator, 153f., 162f., 167, 172–74, 180, 184f., 202, 207, 229f., 388f.

Monopolist, 154, 156, 162–64, 167
monopolistische Konkurrenz, 157f., 196, 255–57, 259, 491
Monopolmacht, 152, 154, 179, 203, 255–58, 396, 505
– Schutz geistigen Eigentums und, 388, 409, 421, 424
– Unterproduktion infolge von, 158, 196f., 503
– Vergänglichkeit von, 160–63, 245, 398
Monopolrente, 48
Mozilla Firefox, 162
multiple Gleichgewichte, 55, 109, 234, 254, 287, 303f., 431, 451, 459, 510, 532
Myanmar, 331
Myrdal, Gunnar, 426f.
Myriad Genetics, 203f., 397, 490, 526

N

Nachahmer-Innovationen, *siehe* Me-too-Innovationen
Nachfrageelastizität, 211, 245, 256–58, 264f., 409f., 416f., 491, 504
Nalebuff, Barry, 21, 166f., 485, 489, 495, 527
Nash-Cournot-Gleichgewicht, 156, 183
Nash-Cournot-Modell, 183
Nash-Gleichgewicht, 96, 437
natürliche Ressourcen, 6, 317f., 370, 377
– Unterbewertung von, 247, 317
natürliche Umwelt (Lebensgrundlagen), 77, 247, 336, 345, 398
Nelson, Richard, 22, 476, 523, 526, 529
neoklassische Analyse, 80, 190
neoklassische Ideologie, 434
neoklassische Politik, 131
neoklassische Wachstumstheorie, 300
neoklassisches Modell, 52, 85, 365, 425f., 448f., 462
Netscape 161f.
New England Telephone, 72
New York Telephone, 72
Newton, Isaac, 103
Nichtausschließbarkeit, 193
Nichtrivalität, 192f.
Nordhaus, William D., 44, 464
Nordkorea, 64f.
North Carolina, 351f.
Northwestern Mutual Life, 70
Nutzenfunktion, 494
Nutzensteuer, 212, 415f.

O

OECD, *siehe* Organisation für wirtschaftliche Entwicklung und Zusammenarbeit
OECD-Länder, 499
Offenlegungspflichten, 124, 127, 205, 411, 424, 490
öffentliche Güter, 193, 240, 380, 509
Ohio Valley, 93
Ohlin, Bertil, 55
Oligopol, 195, 285, 316, 352
Open-Source, 411–14, 419, 423f., 452
Open-Source-Bewegung, 103, 408
Open-Source-Browser, 162

optimale Subvention, 32, 253f., 256–58, 262–65, 280f.
optimale Verfahren, *siehe* bewährte Methoden
Organisation für wirtschaftliche Entwicklung und Zusammenarbeit (OECD), 472, 487, 498, 499
Ostasien
– exportorientierte Wachstumsstrategien, 60
– Industrialisierung in, 330
– Industriepolitik in, 332, 335, 345, 357
– Institutionen, Gestaltung von, 338
– Investitionen im Ausland, 379f.
– Kapitalverkehrskontrollen, 353
– Kapitalströme, 353f.
– Lebensqualität in, 65
– Wachstumsstrategie, 60, 314, 330, 503
Österreich 64f.
Osteuropa, 68, 471

P

Pareto-Effizienz (Pareto-effizient), 24, 47, 187, 255f., 307, 449, 493, 516, 534
Pareto-Ineffizienz, 459
Patent, 127, 160, 162, 400, 402, 412f., 523, 524
– als Innovationshindernis, 174, 390, 392f., 396
– auf die BRAC-Gene, 203, 490, 526
– Gewährung und Durchsetzung, 404f.
– minderwertiges, 524
– pharmazeutische, 529
– schwaches, 392
Patentdickicht, 392, 398, 417, 421, 424, 490, 495, 496
Patentgesetz, 391, 456
Patent-Hold-up, 398
Patentinhaber (Gewinne des), 166, 202, 204–6, 248, 389
Patentpool, 392, 403, 480, 526, 527
Patentrecht, 127, 224, 401
– amerikanisches, 402
Patentsystem, 25, 71, 126, 170, 177, 202, 211, 244, 270, 404–24, 491
– als Innovationshemmnis, 392f., 417
– amerikanisches, 490, 524
– Preissystem als Alternative, 417–20, 525f., 527
Patenttroll, 206, 392
Patentwettläufe, 166, 172f., 184, 208, 397, 448, 488
Pauschalsteuer, 251, 260, 322, 343, 488, 491
Perleman, Michael, 522
pharmazeutische Industrie, 180, 227
Phoenix Mutual Life Insurance, 70
PISA, 229, 499
Polen, 64f., 477
Politische Ökonomie, 325, 334–42, 441
Portfolioansatz für Innovationen, 411–20
Portugal, 6, 55
potentielle Konkurrenten, 161–63, 168f., 172, 184, 206, 245, 388, 455, 493, 508

potentieller Wettbewerb, 163–65, 210, 455
Preiselastizität, 416, 503f.
Preissystem (Markt), 207, 474
Preissystem (zur Förderung von Innovationen), 417–20, 525f., 527
Principal-Agent-Probleme, 360, 489
Produktionsfunktion, 114f., 471, 510
Produktionsmethoden, 58, 94, 111
Produktionsmodell, 60, 252
Produktionsmöglichkeitengrenze (-kurve), 6, 45f., 61, 63, 69–74, 77–84, 131f., 213, 253, 257, 260–63, 296–298, 449, 473, 484
Produktivitätskonvergenz, 71
Produktivitätsunterschiede, 69, 113, 136
Produktivitätswachstum, 23–31, 68, 72–76, 117
– endogenes, 301
– in China, 66–68, 469, 470f., 472
– in den G7-Ländern, 74f.
– in den USA, 226
– in der Landwirtschaft, 143, 214
– in der Luftfahrtindustrie, 486f.
– in der Weltwirtschaftskrise der 1930er Jahre, 485
– in Rezessionen, 147
– in Skandinavien, 233f.
– in Südkorea, 293
– Technologie und, 73f.
– Ursachen, 8f., 41, 44–46, 52, 69, 140, 144f., 466f.

Q
Qualitätszirkel, 225, 227, 473

R
Rashid, Hamid, 22, 350, 513
rationale Erwartungen, 428, 430f., 436, 531, 533
Real Networks, 161
Reallöhne, 197, 257, 318
Reallohnsenkungen, 505
Recht auf Entwicklung, 530
Rechte am geistigen Eigentum, 51, 54, 243f., 313, 376, 385
– Alternativen, 406–11
– Ausgestaltung, 399,402, 524, 529
– Beschränkung, 403f., 423
– Datenexklusivität, 395f.
– Einhegung von Gemeinschaftsgütern, und, 204, 390, 398, 495
– entwicklungsorientierte, 421f.
– Evergreening, und, 170, 206, 395, 400
– Geheimhaltung, und, 390, 405, 423, 446
– Haftungssystem, 524
– implizite Besteuerung, 415
– Lernen, und, 104, 385f., 424
– lernfreundliche, 405f.
– mathematische Fortschritte, und, 126, 399
– Monopolgewinne, und, 211, 409f., 415, 527
– nationales Innovationssystem, und, 406–20, 451f.
– Patentsystem, und, 392
– Rechtsstreitigkeiten und, 206, 391–93, 400, 412, 418f., 421f.

– Reformen, 386, 399–6, 422
– soziale und private Erträge von, 386–399
– staatlich finanzierte Forschung als Alternative, 527f.
– strengere, 86, 177, 205, 386, 402, 423, 434, 454
– Transaktionskosten, und, 419
– Verzerrungen durch, 386f.
– Wirkung auf F&E, 103
– wirtschaftliche Entwicklung, und, 420–23
– Wissenspool, und, 174f., 177, 204f., 398, 454, 490
Renten, 64, 126, 161, 170, 176, 180, 202f., 206, 271, 286, 392, 394, 491, 509
– nachhaltige, 344
– Wettbewerb um, 338
Rent-Seeking, 126, 228–35, 242, 334, 337f., 416, 459, 493, 500
Rent-Stealing, 173f., 180f., 202f., 489f., 509
Reserven, 282f., 290–92, 371–74, 470, 510
Rettungspaket des IWF, 355
Revolution des Lernens, 39, 106
– dynamischer komparativer Vorteil, 55–61
– Kapitalakkumulation versus Lernen, 40f., 45, 66–68, 76
– Rolle des Staates in der, 50–54
Rezession, 9, 78, 147–50, 218, 456, 486, 488
Ricardo, David, 322
Rigiditäten
– gesellschaftliche, 213
– mentale, 118
Rio de Janeiro, Vereinbarung von, 404
Risiko, 148, 175, 180, 198
– Koordination, und, 417–19, 458
– von Rechtsstreitigkeiten, 400, 412
Risikomärkte, 49, 198–1, 207f., 272, 322, 433, 492, 506, 513
Robinson, James, 224, 534
Rodrik, Dani, 22, 330, 483, 485, 509, 515
Romer, Paul, 22, 468, 494, 510
Royal Society for the Encouragement of Arts, Manufactures and Commerce, 408
ruinöser Wettbewerb, 224

S

Sah, Raaj Kumar, 21, 480, 484f.
Salter, W. E. G., 216, 467, 497, 500
Samuelson, Paul, 21, 191, 322, 464, 467, 496, 513
schöpferische Zerstörung, 150, 154, 220, 223, 233, 248
Schumpeter, Joseph A., 12, 31, 40–52, 149–55, 159–63, 184, 187, 197, 210, 223, 244–47, 260, 455, 468, 488
Schutzzölle, 330, 340, *siehe auch* Einführzölle, Zollschranken
Selbstselektion, *siehe* Eigenselektion
Selden, George Baldwin, 391, 523
Selektion, 221, 412
Shapiro, Carl, 21, 216, 490, 495, 512, 523
Shapiro-Stiglitz-Modell, 216
Skalenerträge, 27, 195, 344, 499
– abnehmende, 158

– konstante, 41, 275
– Marktmacht und, 343
skandinavische Länder, 226f., 443f.
skandinavisches Modell, 224f., 231–38
Small Business Administration, 357
Smith, Adam, 5, 12, 24, 47, 187, 240, 322,
Social Choice and Individual Value (Arrow), 15
Solow, Robert, 13, 18–26, 29, 13, 18–26, 29, 33, 35,40, 42, 63, 79, 219, 287, 300, 448, 463, 466, 497
South Carolina, 351f.
soziale Konstrukte, *siehe* Glaubenssysteme und soziale Konstrukte
soziale Sicherung, 226, 383, 443, 452, 519, 452
sozialer Schutz, 232, 383, 442
sozialistische Länder, 64–68
sozialistische Planwirtschaft, 66, 474
sozialistische Volkswirtschaften, 64
Spanien, 64f.
Sparquote, 69, 79–81
– Wachstumsrate, und, 23, 83, 131, 354, 375, 464
Spence, Michael, 22, 488
Spillover-Effekte, 31, 49, 58, 87, 108, 110, 126, 178, 192, 200, 259, 273, 339, 362, 376f., 509
– institutionelle, 111f., 266, 454
– intersektorale, 259f., 275, 377, 504f.
– Lernelastizität, und, 252
– Marktstruktur, und, 155–59
– räumliche, 507f.
– technologische, 144, 159, 266, 269, 454, 506
– unternehmensübergreifende, 157, 207
– unvollkommene, 157, 195, 259
– vollkommene (vollständige), 158, 195, 254, 276, 278, 293, 494, 508
– von Innovationen, 125
– vom Industriesektor auf die übrige Wirtschaft, 143–45
Spillover-Lerneffekte, 41f., 52f., 58, 110–18, 136, 150, 181, 240, 252, 264–67, 271f., 274, 277, 284–88, 307, 375–80, 389, 454f., 477
staatliche Eingriffe, *siehe* staatliche Interventionen
staatliche Interventionen, 19, 31f., 52, 54, 60, 81, 131, 246, 249–51, 254–56, 271, 284–86, 294, 310, 313, 320, 327, 340, 369, 378, 455, 488
– in aufholenden Ländern, 266f.
– industriepolitische, 307, 336f.
– Kritik an, 124, 268
– optimale, 253f., 259, 264f., 453
– Wohlfahrtskosten von, 290
Starrheiten, *siehe* Rigiditäten
statische Ineffizienz und dynamische Effizienz, 134
Steady-State-Gleichgewicht, 303
Stern, Scott, 519
Steuern und Subventionen, 251, 280, 488, 494, 505

Steuern, 77, 231, 284f., 320, 508
– verzerrende, 252, 322, 343
Stiglitz, Joseph, 18, 110, 119, 128f., 162, 166, 255, 361, 427, 433, 463ff.
Strukturanpassungsprogramme, 313, 329, 511
Substitutionselastizität, 496
Subvention, optimale, 32, 253f., 256–58, 262–65, 280f.
Subventionen, 53, 268f., 378f.
– gezielte, 249
– Kosten von 285, 322, 509
Südkorea, 64f., 113, 327
– Auswirkungen der Krise von 2008
– Handelsbeschränkungen, 328
– Industriepolitik in, 328f.
– komparativer Vorteil, 56, 59, 273–75, 328f., 343f.
– Quotenautarkie, 298
Südostasien, 65

T

Taiwan, 64f., 340
technischer Fortschritt, 40, 217, 464
Technologie, 25, 48, 58f., 69, 111, 168, 249, 309, 318, 343, 376, 500f., 508
– arbeitsintensive, 115f.
– Endogenisierung, 25
– Erwerb von, 379f., 423
– Investitionen in, 131, 234–37, 494, 515
– kapitalintensive, 115f.
– Kontrolle über eine, 159f.
– landwirtschaftliche, 478f.
– Lernprozesse, und, 94, 98f.
– Produktivitätswachstum, und, 73f.
Technologietransfer, 379
technologischer Wandel, 21, 67, 98, 115, 327, 376, 381, 426, 435, 463, 469
Thailand, 64f., 355, 518
Transatlantische Handels- und Investitionspartnerschaft (TTIP), 6, 11
Transformationsländer, 67
Transpazifische Partnerschaft (TPP), 6
TRIPS-Abkommen, 54, 289, 385, 404, 422, 529
Tschechien, 64f., 471
Turing, Alan, 192, 225, 228

U

Überschüsse und Reserven, *siehe* Reserven
Überzeugungen
– als soziale Konstrukte, *siehe* Glaubenssysteme als soziale Konstrukte
– Beständigkeit von, 432–34, 479f.
– bezüglich der Evolutionstheorie, 481
– dysfunktionale, 432–34
– Realität, und, 47, 100, 107, 120–22, 460f., 482, 502
– Wandel von 434–38, 476
Umweltbelastungen, 218, 336
United Nations Development Programme (UNDP), 227
unsichtbare Hand, 24, 47, 187, 240
Unterbeschäftigung, 456, *siehe auch* Arbeitslosigkeit

Unterhaltungsindustrie, 385, 526, 529
Unternehmen
– geografische Lokalisierung von, 145f.
– innovatives, 138
– Konzentration und Verbreitung von Wissen im, 141f.
– lernendes, 136–46
– Organisation von und Innovationen in, 140f.
Unternehmer, 119, 133, 242, 475, 507, *siehe auch* Entrepreneur
Unternehmertum, 151, 475
unvollkommene Risikomärkte, 49, 198–1, 210, 272, 433, 468, 492, 506
unvollkommene Versicherungsmärkte, 533
Uruguay-Runde, 349, 385, 422, 478

V

VCR-Technologie, 495
Verbrauchssubventionen, 295
Verdier, Thierry, 224
Vereinigte Staaten, 6f., 27f., 69, 78, 107, 176, 213, 229, 281, 325, 416, 419, 438f., 444, 473, 480, 481, 482, 485, 490, 496, 497, 498, 501, 512
– als Innovationsführer, 225–31
– Automobilindustrie in den, 483
– dynamischer komparativer Vorteil, 59
– Einwanderungsgesetz der, 363
– Entwicklung des Computers in den, 225
– Faktorausstattung der, 55f.
– Finanzsektor in den, 341f., 357
– Förderprogramme für Unternehmer in den, 361
– Geldpolitik in den, 89f., 369
– Handelsabkommen, und, 11, 289, 385, 396, 529
– Handelspolitik in den, 328, 330, 340
– Industrialisierungsstrategie in den, 60
– Industriepolitik in den, 328, 330, 491
– Investitionsquoten in den, 76, 473
– langfristige Defizite der, 290
– mittlere Einkommen/Löhne in den, 246, 497
– Mobilität in den, 443
– Monetarismus in den, 332
– öffentlich finanzierte Forschung in den, 143, 407, 515, 528
– Patentrecht in den, 392–94, 401, 404
– Patentsystem der, 414, 523f.
– Produktivitätswachstum im Vergleich, 75f.
– Regulierung der Banken in den, 349–51, 518
– Schutz der Rechte am geistigen Eigentum in den, 405, 454
– technologische Entwicklung in den, 230f.
– Ungleichheit in den, 235, 247, 323, 443
– Wettbewerbsgesetze der, 492
– Wirtschaft der im 19. Jahrhundert, 217
– Wirtschaftsleistung im Zweiten Weltkrieg, 74

Vergütungsmodelle, 173, 489
Vergütungssysteme, 221
Vergütungsvereinbarungen, 495
versunkene Kosten, 164f.,223, 240
verzerrte Wahrnehmungen, 118f.
Vetternwirtschaft, 314
Vietnam, 64, 68
Virginia, 351f.,
Volcker, Paul, 213

W

Wachstumsmodell (Solow)
Wachstumsmodelle, 42f., 287, 494
Wachstumspolitik, 35, 132, 310, 364–84
Wachstumstheorie, 35, 132, 300f.
Wacziarg, Romain, 514
Wagniskapital, 7, 152, 183f., 228, 499
Währungen, überbewertete, 323
Währungspolitik, 310
Währungsreserven, 290, 371, 374, 510, *siehe* auch Reserven
Walras, Léon, 153
Wang, Yan, 350
Washington-Consensus, 30, 53f., 131, 289, 308, 313–15, 329, 348, 379, 440, 460f., 478, 511
Watson, James, 192, 225
WCED, *siehe* World Commission on Environment and Development
Wechselkurse, 259, 287, 521
– und Industriepolitik, 280–82, 309
Wechselkursinterventionen, 53, 290, 372, 458
Wechselkurspolitik, 281f., 310, 364, 368–74
Weiss, Andrew, 22, 128, 486, 506, 520
Weltbank, 312, 410, 469, 500
Welthandelsorganisation (WHO), 54, 281, 288, 290, 292, 325f., 346, 380, 524
Weltorganisation für geistiges Eigentum (WIPO), 421, 478, 529
Weltwirtschaftskrise der 1930er Jahre, 153, 214, 485
Wettbewerb
– im Cournot-Modell, 178
– im Duopol, 178, 180, 184f.
– Innovationstempo, und, 174, 191, 205
– monopolistischer, 157f., 196–198, 255–57, 259, 491
– ruinöser, 224
– schumpeterianischer, 187, 455
– unvollkommener, 49, 154f., 180, 201, 206, 210, 242, 271, 459, 473, 489f., 494, 502
– Unvollkommenheiten des, 284–86
– vollkommener, 48, 157f., 238, 252f., 256, 322, 502, 504, 505
Wettbewerbsgleichgewicht, 23f., 187, 194, 253, 256–59, 261–64, 276, 504
Wettbewerbsrecht, 248, 492
Wettbewerbstheorie, 153f.
WHO, *siehe* Welthandelsorganisation
Winter, Sidney, 22
WIPO, *siehe* Weltorganisation für geistiges Eigentum

wirtschaftliche Entwicklung und geistiges Eigentum, 420–23
Wissen
– als Anreiz für F&E, 155
– als Katalysator, 86, 104
– als öffentliches Gut, 191–94, 200, 241, 387, 405, 468, 493
– implizites, 57, 95, 124, 301
– spezifische Eigenschaften, 45, 189, 468
– Zugang zu, 10, 100, 103, 106, 142, 419, 421f., 454, 478
Wissen, *siehe auch* Lernen, Forschung und Entwicklung, Technologie
Wissenslücke, 29, 42, 53, 103, 113, 117, 236f., 282, 287, 302f., 311, 329, 376, 383, 420, 424, 461, 510
Wissensökonomik, 188, 448
Wissenspool, 10
– gemeinsamer 174f., 177, 204f., 398, 454
Wissensrevolution, 449
Wissensstrom, grenzüberschreitender, 113, 317, 376
Wissensübertragung, 123–25
Wissensverbreitung, 141–43, 192f., 371, 387, 390, 399, 405, 409, 414, 423, 449, 451, 457
Wohlfahrtsökonomik, 23, 307
– Hauptsatz der, 187
Woodford, Michael, 20, 22

X

Xerox, 140, 160, 485
X-Ineffizienzen, 489

Y

Yeyati, Eduardo Levy, 350
Young, Alwyn, 467, 475

Z

Zinselastizität, 519
Zollschranken, 29, 277f., 280, 322f., 326, 330, 340, 514, 515, *siehe auch* Einführzölle, Schutzzölle
Zwangslizenz, 402, 404f., 422, 529
Zwei-Sektoren-Modell, 251, 260f., 273
Zweiter Weltkrieg 230f.
– Handelspolitik nach dem, 33
– Produktivitätswachstum nach dem, 226
– Wirtschaft der USA im, 74f.
– Wirtschaftsentwicklung nach dem, 64–69